梅州年鉴

2011

梅州市人民政府地方志办公室 编

方志出版社

图书在版编目（C I P）数据

梅州年鉴．2011 / 梅州市人民政府地方志办公室编
．-- 北京：方志出版社，2011.11
ISBN 978-7-5144-0337-4

Ⅰ．①梅… Ⅱ．①梅… Ⅲ．①梅州市-2011-年鉴
Ⅳ．①Z526.53

中国版本图书馆CTP数据核字（2011）第236456号

梅州年鉴（2011）

编　　者：梅州市人民政府地方志办公室
责任编辑：黄　彦

出 版 者：方 志 出 版 社
（北京市建国门内大街 5 号中国社会科学院科研大楼 12 层）
邮编　100732
发　　行：方志出版社发行部
（010）85195814　85196281
经　　销：新华书店
法律顾问：北京市大禹律师事务所
印　　刷：蕉岭县教育文用厂

开　　本：787×1092　　　1/16
印　　张：28
字　　数：681千
版　　次：2011年 11 月第 1 版　　2011 年 11月第 1 次印刷
印　　数：0001～1300册

ISBN　978-7-5144-0337-4/K·279　　　定价：180.00元

编辑说明

一、《梅州年鉴》由中共梅州市委、梅州市人民政府主办，梅州市人民政府地方志办公室组织编纂。自1993年创刊以来，每年出版一卷，旨在全面、系统、准确地反映梅州市政治经济和社会各项事业发展情况，为社会各界和海外人士了解和研究梅州提供综合信息和资料，为编纂梅州地方志积累资料。

二、《梅州年鉴》2011年卷着重记载2010年梅州市自然和社会发展的基本情况，由文字、图片两部分组成。正文内容采用分类编辑法，以篇目、分目、条目组成主体部分。全书设置卷首、特辑、大事记、概况、领导机关、民主党派、人民团体、法制、地方军事、经济管理、农业、工业、交通、邮电、外经贸·口岸、国内贸易、财税·金融·保险·证券、城乡基本建设、旅游、教育、科学技术、文化·传媒、卫生、体育、社会生活、县（市、区）建设、社会经济统计资料、文献法规选编、名录等，约60万字。

三、本年鉴稿件由梅州市辖区内有关单位提供，所有稿件均经供稿单位领导审阅。统计数据采用法定计量单位，社会经济统计资料由市统计局提供。

四、本年鉴类目、分目、条目的标题分别以不同字号和版式编排。其中，条目用黑体加【 】表示；个别包含多方面资料的条目，则用楷体标题标明各段资料的主题；稿件作者署名标在文后。

五、本年鉴的编辑出版工作得到全市各级领导的重视关心和各有关单位的通力合作及社会各界的大力支持，在此深表谢意。不足之处，敬请批评指正。

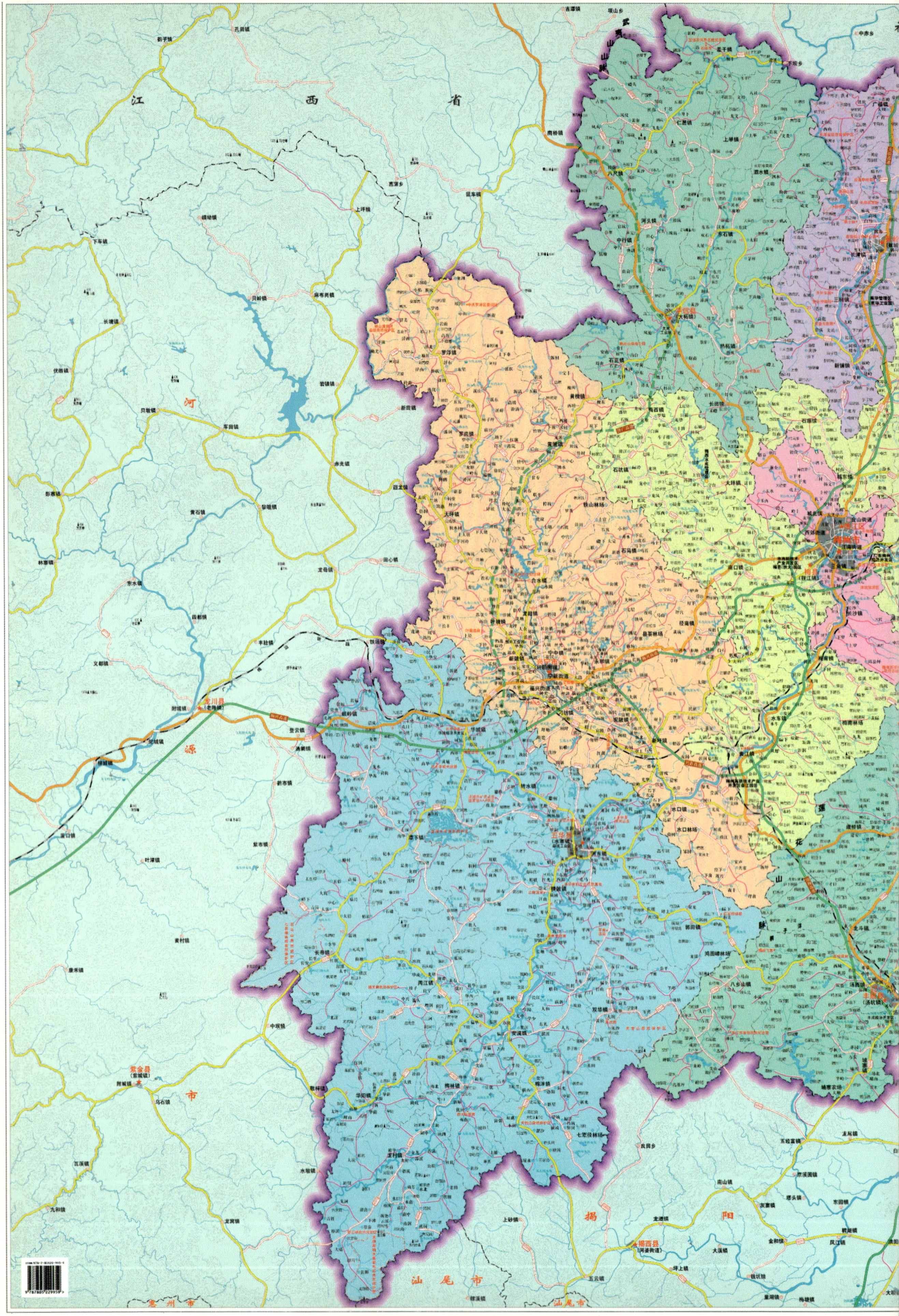

江西省
河源市
龙川县
紫金县
揭阳
揭西县
汕尾市
梅州市

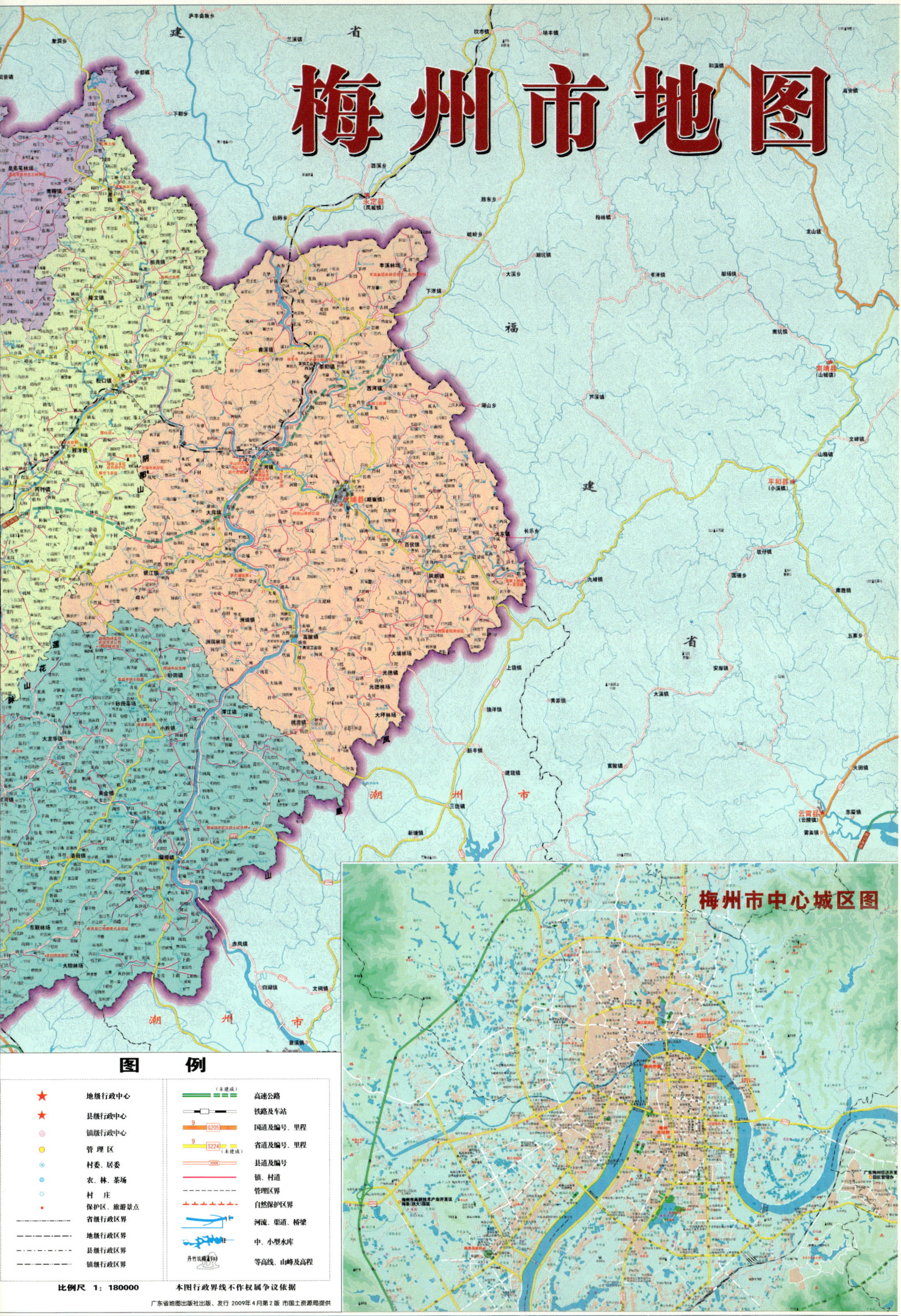

梅州市地图
梅州市中心城区图
图例
地级行政中心
县级行政中心
镇级行政中心
管理区
村委、居委
农、林、茶场
村庄
保护区、旅游景点
省级行政区界
地级行政区界
县级行政区界
镇级行政区界
高速公路
铁路及车站
国道及编号、里程
省道及编号、里程
县道及编号
镇、村道
管理区界
自然保护区界
河流、渠道、桥梁
中、小型水库
等高线、山峰及高程
比例尺 1：180000
本图行政界线不作权属争议依据
广东省地图出版社出版、发行 2009年4月第2版 市国土资源局提供

2010年1月11日，粤北地区现场会首站在梅州举行。中共中央政治局委员、省委书记汪洋主持会议，省长黄华华代表省委、省政府作讲话。图为汪洋（前排右二）、黄华华（前排右一）现场会期间在梅州职业技术学校视察。（梅州日报社提供）

2010年1月11日，中共中央政治局委员、广东省委书记汪洋，省长黄华华，省委常委、常务副省长肖志恒，省委常委、秘书长徐少华，省人大常委会副主任王宁生，副省长雷于蓝、万庆良，省政协副主席陈蔚文等参加粤北地区现场会的领导，出席梅（州）龙（岩）高速公路一期工程——梅（州）大（埔）高速公路开工仪式。（梅州日报社提供）

2010年1月18日，省政协副主席王珣章在梅江区长沙镇凌送来希望学校落成庆典上讲话。（曾仕谦 叶志明摄）

2010年1月25～26日，省政协副主席、省卫生厅厅长姚志彬（中）率队到五华县开展“规划到户、责任到人”扶贫开发工作。（五华县方志办提供）

2010年5月20～21日，省政协主席黄龙云率队到省政协办公厅帮扶的兴宁市叶塘镇石新村，检查“规划到户、责任到人”扶贫开发工作。图为检查期间黄龙云（左三）到兴宁市政协机关调研。（市政协提供）

2010年6月8日，副省长雷于蓝到梅州调研指导人口与计划生育工作。图为雷于蓝（右一）到梅县新城办事处流动人口出租屋管理中心听取相关工作情况汇报。（梅州日报社提供 肖根平摄）

2010年7月6日，省人大常委会副主任、省总工会主席邓维龙（右一）率队到丰顺县留隍镇黄礤村慰问贫困户。（丰顺县扶贫开发局提供）

2010年7月9～10日，广东省副省长，广州市委副书记、市长万庆良率领广州市政府代表团一行40人，到梅州考察扶贫开发、“产业转移”和“劳动力转移”工作。（梅州日报社提供）

2010年7月18日，梅州市在市委礼堂召开全市领导干部大会，省委常委、组织部部长胡泽君到会。图为胡泽君在会上宣布省委关于梅州市主要领导职务调整的决定。（梅州日报社提供）

2010年8月19日，省委副书记、省纪委书记朱明国参加在梅州举行的闽粤赣边三市廉洁文化建设工作暨梅州市“纪委开放日”图片展揭幕仪式。图为朱明国（前排左二）在参观图片展。（古礼贤 摄）

2010年8月19～20日，副省长李容根参加在兴宁市召开的全省油茶产业发展现场会。图为李容根（前排左二）在苗圃场参观。（陈潮华 摄）

2010年9月15～16日，省委常委、组织部部长李玉妹（7月起任）到梅州调研基层党组织建设工作。图为李玉妹（前排中）在梅县雁洋镇长教村调研。（钟小丰 摄）

2010年11月2日，副省长宋海到梅州调研考察农村金融改革发展的情况。图为宋海（右三）参加全省山区首家村镇银行——梅县客家村镇银行剪彩开业仪式。(梅县客家村镇银行提供)

2010年12月2日，省委常委、副省长肖志恒到梅州调研社会保障和重点项目建设。图为肖志恒（左五）在梅县丙村镇新圩村了解农村社保情况。（古礼贤 摄）

2010年12月18日，第四届中国（梅州）国际客家山歌文化节在梅城剑英体育馆开幕。原全国政协副主席叶选平，省人大常委会副主任谢强华，省政府副省长雷于蓝，省政协副主席、省妇联主席温兰子等出席了开幕式。图为叶选平、谢强华、雷于蓝、温兰子等领导共同为山歌文化节推杆开幕。（梅州日报社提供）

2010年12月19日，省政协副主席、省妇联主席温兰子率慰问组到梅州，慰问单亲特困母亲，给她们送上御寒毛毯和慰问品、慰问金。(市妇联提供)

2010年12月9日，省人大常委会主任欧广源到梅州出席林风眠诞辰110周年纪念大会。图为欧广源（前排右）在纪念大会上赠送题词。（钟小丰 摄）

2010年12月26～27日，省委常委、广州市委书记张广宁率领广州市党政代表团到梅州考察扶贫开发、“产业转移”和“劳动力转移”工作。图为张广宁（左三）在五华县潭下镇杞水村考察扶贫开发工作。（钟小丰 摄）

2010年2月9日，市委书记刘日知到梅县隆文镇檀江村、梅州村慰问贫困户。图为刘日知（前左三）在梅州村李少振家中慰问。（梅州日报社提供 肖根平摄）

2010年8月16～22日，市委书记李嘉（7月起任）率领广东省经贸文化交流团梅州分团，赴台湾参加“台湾·广东周”活动。图为李嘉（右）向台湾世界客属总会总会长、中国国民党荣誉主席吴伯雄赠送梅州市非物质文化遗产大图典。（梅州日报社提供 肖根平摄）

2010年10月24日，第16届亚运会火炬传递梅州站活动举行，市委副书记、代市长朱泽君递交第一棒火炬，并与最后一棒火炬手共同点燃亚运火种盆。图为朱泽君将点燃的火炬交到第一棒火炬手陈秋琦手中。（梅州日报社提供）

2010年6月8日，市政协主席温华光（前左一）、副主席李再先（右二）率领市政协部分委员，到蕉岭县对“保护山林资源，建设生态梅州”情况进行专题视察。（市政协提供）

2010年9月1日，市人大常委会党组书记、代主任古小平（前右三），副主任刘广新（前右二）、陈卫平（前右一）、雷近芳（前右四）、陈林荣（前左一）视察创建国家卫生城市工作，市委常委、常务副市长李金元（前左二）陪同视察。（钟雄浩 摄）

2010年7月22日，市委副书记陈小山（左一）在平远县长田镇广东新大地油茶基地调研。（市委办提供）

2010年4月，市委常委、宣传部部长林碧红（右二）到大埔县枫朗镇上木村看望慰问贫困户，调研扶贫开发工作。（市委宣传部提供）

2010年10月24日，市委常委、政法委书记、公安局局长黄伟闻（右二）在亚运安保火炬传递现场指挥。（何志林 摄）

2010年12月17日，市委常委、常务副市长李金元（前排中）在梅城堤下路检查排涝工程建设。（梅州城区江南东片人居环境改善工程建设指挥部办公室提供）

2010年2月25日，市委常委、市纪委书记李纯德（左一）在梅城江南归读公园参加义务植树活动。（市纪委办提供）

2010年1月28日，市委常委、组织部部长翁永卫（右三）到梅江区城北镇干才村慰问贫困户。（市委组织部提供）

2010年1月28日，市委常委、常务副市长张远方（左四）检查客都大道建设工作。（市府办提供）

2010年11月1日，市委常委、梅州军分区司令员曾友爱（右四）检查征兵宣传工作。（梅州军分区提供）

2010年9月27日，梅州市（香港）乡情通报会期间，市委常委、秘书长彭耀新（左）拜访著名乡贤田家炳并互赠纪念品。（市委办提供）

2010年3月19日，市人大常委会副主任胡国和（前排中）率队督办改造整治梅城新洲路重点工程。(钟雄浩摄)

2010年8月28日，副市长邓建华（右）到梅县雁洋镇检查指导金柚生产。（市府办提供）

2010年10月15日，副市长叶胜坤（前排右）参加在梅州举行的，梅州市政府与东莞证券资本市场合作协议暨东莞证券与嘉和电器上市辅导协议签署仪式。（市府办提供）

2010年1月7日，副市长陈建青（左三）到大埔三河酒业公司调研。（市府办提供）

2010年9月11日，副市长陈丽霞（左二）到梅江区西郊卫生院检查麻疹疫苗强化工作。（市府办提供）

2010年11月12日，市政协副主席曾百友（右六）、郑少伟（左二）、张光明（右四）率视察团视察梅州城区创建国家卫生城市工作，副市长陈丽霞（右七）陪同视察。(市政协提供)

2010年11月8～9日，市政协副主席陈良海（前排中）率调研组，围绕基层文化基础设施“三馆一场”建设情况进行专题调研。（市政协提供）

2010年10月11日，市政协副主席李再先（左三）率视察团视察梅城道路状况。（市政协提供）

2010年12月8日，市政协副主席邹浩元（右二）、张光明（中）率部分政协委员到梅县视察体育场馆建设情况和运动员集训情况。（市政协提供）

2010年10月13日，市政协副主席蓝德清（前右）率调研组对“加强梅州市农村公路建设”重点提案进行专题督办调研。（市政协提供）

2010年9月5日，市政协副主席温纯青（左三）参加云南黄金集团考察活动。(市政协提供)

第四届中国（梅州）国际客家山歌文化节

第四届中国（梅州）国际客家山歌文化节18日上午在梅城剑英体育馆隆重开幕，领导和嘉宾1500多人出席了开幕式。图为第四届中国国际客家山歌文化节开幕式现场。

原全国人大常委、金利来集团有限公司董事局主席曾宪梓在开幕式上讲话。

副省长雷于蓝在开幕式上讲话

市委书记李嘉在开幕式上致辞

开幕式上，为客家文化生态保护实验区授牌。图为文化部非物质文化遗产司副司长屈盛瑞 为梅州授牌，市委副书记、代市长朱泽君接牌。

开幕式上，梅州市委、市政府增聘于建嵘等21名梅州市发展战略顾问，李嘉、朱泽君向发展战略顾问颁发聘书。

开幕式上，李嘉、朱泽君与中科白云基金董事长刘子静、中科招商董事长单祥双共同为中国客属地区首支股权投资基金——中科客家股权投资基金揭牌。

开幕式上，梅州市政府与嘉应投资实业有限公司签订战略投资合作框架协议书。图为朱泽君和嘉应集团控股有限公司董事长梁亮胜共同签订战略投资合作框架协议书。

开幕式上，梅州市政府与南方广播影视传媒集团、南方报业传媒集团签订"共建客家文化创意产业园战略合作框架协议"。

开幕仪式结束后，举行客家非物质文化遗产项目展演、客家山歌擂台赛、客家山歌新秀幼苗表演赛、第四届全球“客家妹”形象使者大赛、客家文化发展战略国际高峰论坛等活动，和一批重点工程项目落成剪彩、开工、签约等系列活动。其中，梅县机场飞行区扩建工程开工、世界客都大道和西环高速三期建成通车、一批市政、旅游道路提升工程竣工；梅县荷树园电厂三期工程开工；国内房地产巨头碧桂园进驻梅州、本土房地产项目“锦发·君城”商住区奠基，客天下深航国际酒店开业、梅州豪生国际大酒店奠基。

“客家非物质文化遗产项目展演”山歌表演唱《梅江船歌》（高讯 摄）

客家山歌擂台赛

客家山歌新秀幼苗表演赛上，小朋友在表演山歌表演唱《大埔细妹有歌才》。（高讯 摄）

“客家妹”形象使者大赛总决赛冠军卢扬（中）、亚军徐璐璐（左）、季军黄昊阳（右）。（高讯 摄）

2010年客家文化发展战略高峰论坛会场（钟小丰 摄）

梅县机场飞行区扩建工程开工

世界客都大道和西环高速三期建成通车

省道223线改造提升工程竣工仪式

梅县荷树园电厂三期工程开工仪式

国内房地产巨头碧桂园进驻梅州。图为江北人居环境改善工程梅江碧桂园奠基仪式。

梅县“三旧”改造示范项目“锦发·君城”商住区奠基仪式

客天下深航国际酒店正式开业

梅州豪生国际大酒店奠基仪式（钟小丰 摄）

梅江区“十一五”工作回顾

2010年12月30日，市委书记李嘉（左二）、在区委书记谢耀琪（右一）、区长潘小韬（左一）陪同下调研绿色的经济崛起。

“十一五”时期，梅江区在市委、市政府的正确领导下，深入贯彻落实科学发展观，积极应对煤炭行业退出、落后产能淘汰、国际金融危机等严峻挑战，在建设“繁荣梅江、文明梅江、法治梅江、安康梅江、活力梅江”发展思路基础上，提出并实施了建设全市“绿色现代产业集聚区、宜居宜业示范区、文化发展繁荣区、社会管理先进区”的发展新思路，圆满完成了“十一五”各项目标任务，全区经济、政治、文化、生态、社会和党的建设取得显著成效。在2009年、2010年度全市县处级党政领导班子和领导干部落实科学发展观考评中，综合得分名列全市首位、第二位。

2010年12月17日，市委副书记、代市长朱泽君（中）在区委书记谢耀琪（右一）、区长潘小韬（左一）陪同下调研宜居城乡工程建设。

2007年2月，区委书记彭耀新（前一）、区长谢耀琪（左一）出席建设“五个梅江”摄影书画作品展。

区委书记谢耀琪（右三）慰问廉租房户。

区长潘小韬（右一）调研文化建设。

——经济实力显著增强。2010年，全区完成生产总值25.87亿元，比2005年翻了一番，年均增长11.9%；财政一般预算收入实现2.78亿元，大幅超额完成“十一五”规划的1.5亿元目标，总量从2005年全市排名第六进位至第四，年均增长27.2%，高于全市平均水平6.5个百分点；固定资产投资完成9.73亿元，年均增长24.8%。外贸经济稳步增长，2010年进出口以及实际利用外资增幅均排名全市第一。

梅江区“十一五”期间地区生产总值

梅江区“十一五”期间工业总产值

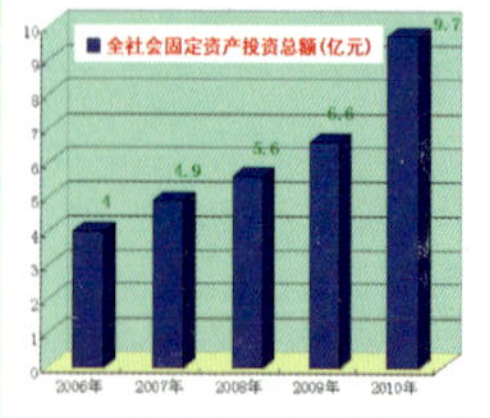

梅江区“十一五”期间全社会固定资产投资总额

梅江区“十一五”期间财政一般预算收入

——招商引资成效明显。抓住省、市大力推进产业转移以及广州市花都区对口帮扶梅江区等机遇，依托广梅产业园的优势载体，制订更加完善的招商责任制和奖励办法，千方百计引进项目促进发展。五年全区共引进项目800多个，计划投资超200亿元。累计引进10个项目进驻广梅产业园，固定资产投资额4.17亿元，其中亿元以上项目2个，招商实绩市考核排名第一。

加强投资环境推介，提高招商引资水平，有针对性地引进好项目、大项目。图为五洲电路集团。

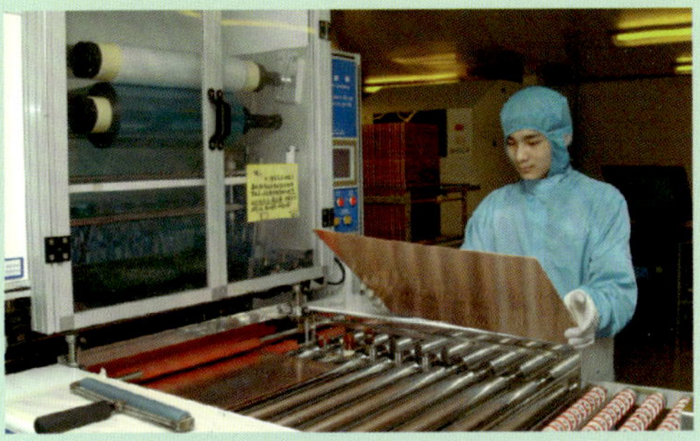
电子信息产业前景广阔

——产业结构日益优化。依托城区优势调整优化产业结构，提高经济发展质量，2010年三次产业结构调整为17.3∶32.3∶50.4。第三产业发展更加突出，客天下通过国家4A景区评审，深航国际大酒店、金沙湾圣廷苑大酒店获评五星级称号，全区旅游接待人数和旅游总收入分别是2005年的2.4倍和2.2倍；商品房销售面积、销售额年均分别增长19.8%和52.6%；全社会消费品零售总额年均增长21.6%；工业总产值年均增长13.5%；建设优质农产品生产基地140个面积2万多亩，培育省、市级农业龙头企业24家，农业总产值年均增长5.7%。

梅州市首家五星级酒店—— 客天下深航国际酒店

全市最大农产品出口企业——裕丰食品公司

千亩兰花基地带动农民致富

——城乡面貌焕然一新。牢固树立市区一体意识，举全区之力完成东山教育基地、客家公园、江南东片、S223线、东堤改造、客天下旅游产业园、世界客都大道、广州大桥、梅县机场扩建、G206国道、梅大高速等市重点工程建设任务，打造城市建设新亮点。积极参与“双创”活动，全面完成生态环境建设和城乡卫生环境整治工作任务，为“创园”工作顺利通过国检验收、“创卫”工作通过国检暗访作出了突出贡献。加大“三旧”改造、绿道建设、路边山边水边“三边”整治、名镇名村建设、新农村建设等工作力度，优化城乡人居环境。

全面动员、全民参与创建“国家卫生城市”活动，城乡面貌焕然一新。图为江南街道奉三居民组改造后的城中村。

全国首个“旅游产业园”——客天下旅游产业园

牢固树立大局意识，举全区之力落实好各项市重点工程建设任务，促城区环境大改善。图为世界客都大道。

深入开展十万群山森林围城活动，营造山青林茂、碧水蓝天的自然生态环境。图为湖天一色的三角镇泮坑风景区。

结合新农村建设，加强村庄整体规划，改变“有新居无新村”的现象。图为三角镇东升农村新貌。

——文教事业蓬勃发展。教育事业稳步发展，在全市县级率先实行教师工资统发、率先通过“普高”督导验收、率先创建“广东省教育强区”、率先实现教育强镇（街）全覆盖，适龄儿童入学率达100%，初中毛入学率达115%，高中阶段毛入学率达98.3%。加快发展文化事业，全面修复梅州学宫，新建区文化馆、图书馆，6个镇（街）文化活动中心均达省二级以上标准，文化先进镇（街）创建率居全市首位。加强客家古居民、文物的保护利用，精心编印《梅江古韵》画册，文物普查在全市率先通过省专家组验收。大力加强精神文明建设，获评省级文明单位1个、文明社区2个、文明镇1个。

莘莘学子勤奋攻读

坚持把教育事业摆在优先发展的位置，投入1.4亿元开展“创强”活动，率先在全市获授省“教育强区”称号。图为嘉应中学新建的标准塑胶运动场

梅州学宫修葺一新

——各项改革稳步推进。致力理顺市辖区管理体制，以扎实有效的工作赢得市委、市政府的关心、支持和倾斜，于2007年推动市区利益共同体成功建立。依法全面完成43家国有企业和13家集体企业改革转制任务，为轻装上阵加速经济发展创造了更加有利的条件。全面完成政府机构改革和事业单位分类改革任务，基层站所全部下放镇（街）管理，初步建立了责权利相统一的服务型政府运行机制。在全市县级率先规范津贴补贴，机关事业单位干部职工福利待遇稳步提高。

区委区政府行政大院

——社会事业全面进步。全面启动医药卫生体制改革，加大投入完善医疗卫生公共设施，疾病预防控制工作连续四年被市政府评为优秀等次，新建梅州市中医医院门诊大楼。计划生育工作连续12年获省先进称号，连续6年保持“国优”荣誉。民政工作被评为全国先进，村务公开工作获评省民主管理示范区，19个社区被省命名为“六好”平安和谐社区。双拥工作连续7次获评省双拥模范区，并荣获“全国爱国拥军模范单位”殊荣。科技事业稳步发展，五年共获科技进步奖38项，专利授权128项，科技对经济增长的贡献率达33%。坚持“体教结合”之路推进体育事业发展，共获得全国冠军58项；所有行政村建有1个农民健身运动场。侨务工作累计接受海外捐款5000多万元，经济普查工作获评全国先进，《梅江区志》通过市政府终审。

加强公共卫生服务体系建设，促进城乡基本公共卫生服务均等化。图为新落成的梅州市中医医院门诊大楼。

——民生状况持续改善。坚持以人为本，集中财力改善重点民生状况，努力让人民共享改革发展成果。2010年，农民人均纯收入达8023元，城镇居民人均可支配收入达14728元，年均增长11.3%、11.1%。全力以赴抓好扶贫“双到”工作，在省2010年度考评中被评定为优秀等次。在全市率先挂牌成立村级劳动保障服务站、率先推行城乡居民最低生活保障对象分类施保办法；在全省山区率先启动城乡居民社会养老保险工作，财政出资为贫困村60周岁以上贫困农民统一购买社会养老保险。农村合作医疗和城镇居民基本医疗保险参保覆盖率达100%，基本实现全民医保。建成启用全市县级面积最大、功能最完善的区老干活动中心。全面加强平安建设，连续7年获得“社会治安综合治理优秀区”称号，所有镇（街）实现“平安镇街”创建目标，人民群众的安全感不断增强。

扎实开展创建文化先进镇（街）活动，全民加强基层文化阵地建设，活跃群众文化生活。图为“梅江区十佳群众文艺队”的广场文化演出。

全市县级建筑面积最大、功能最齐全的梅江区梁挺生博士老人活动中心。

以“政府买单”方式，免费培训45周岁以下农村劳动力，加快劳动力转移就业。图为在城西职校举办的2008年就业招聘会。

——自身建设不断加强。广泛听取民主党派、工商联、无党派人士和各人民团体意见，办理人大代表建议70件、政协委员提案167件，办复率100%。全面落实科学发展观考核评价办法，严格执行镇（街）党政一把手每月绩效考核办法和区直单位季度考核办法，实现绩效考核全覆盖。全面落实党风廉政建设责任制，加强对重点项目建设、大额政府采购等领域的审计监督和行政监察，坚决防范可能出现的腐败现象，严肃查处违法违规行为。

基层党员通过远程电教系统学习党的方针政策和农业技能。图为城北镇干光村党员学习日。

倡导“重品行讲素质，凭实绩论任用”的正确用人导向，重实际、务实事、求实效氛围浓厚。图为城北明阳村换届选举。

（图片除署名外由梅江区委区府办新闻股提供）

兴宁市"十一五"工作回顾

"十一五"期间，兴宁市委、市政府全面贯彻落实科学发展观，深入实施"新型工贸市、文化先进市、宜业宜居市"发展战略，以建设"工贸新城、人文秀区、绿色兴宁"为目标，突出"发展经济、改善民生、维护稳定"三大重点，抢抓机遇，锐意创新，奋力拼搏，使全市呈现出政治稳定、经济发展、民生改善、社会和谐的崭新局面。

——过去的五年，是国民经济持续增长、综合实力明显增强的五年。

生产总值由2005年的49.34亿元增至2010年的98.96亿元（下同），年均增长11.83%。地方财政一般预算收入由1.36亿元增至3.24亿元，年均增长18.9%，全社会固定资产投资由14.87亿元增至23.95亿元，年均增长17.46%。城镇居民年人均可支配收入由7299元增加到10690元，农村居民年人均纯收入由4400元增加到6856元。

工业经济提速增效。加快工业结构调整，培育形成了机电、电力两大支柱产业和建材、机械、化工、轻工、冶金、工艺、纺织、医药、电子、食品加工等十大行业的发展格局。2010年完成工业总产值100.3亿元，年均增长13.88%，规模以上工业完成产值42.9亿元,年均增长19.5%。

农村经济稳步增长。2010年农业总产值实现41.81亿元,比2005年增加19.76亿元，年均增长5.55%。特色产业种植面积达47.2万亩。本市被评为"中国油茶之乡"、"全国粮食生产先进县"、"全国重点产茶县"，列入全国东南沿海出口蔬菜重点区域基地县。

第三产业快速发展。传统商贸业得到提升，现代物流、超市、专卖、连锁等新型业态不断涌现。全市社会消费品零售总额由23.16亿元增至49.15亿元，年均增长17.59%。

——过去的五年，是改革开放纵深推进、发展活力不断增强的五年。

招商引资成效显著。五年来，共引进投资企业106家，投资总额88亿元，引进云山汽车等带动能力强的亿元以上项目8个。全力推进广州（梅州）产业转移园征地拆迁工作，园区建设蓄势待发。与东莞石碣共建了梅州首个被省认定的产业转移工业园——东莞石碣（兴宁）产业转移工业园，全市进园企业46家，投产32家，累计实现园区工业总产值25.5亿元，工业增加值8亿元，税收8500万元，成为本市重要的产业聚集地和财税增长点。外贸出口增势强劲。

——过去的五年，是基础设施日益完善、城乡面貌大为改观的五年。

交通网络日趋完善。五年来，先后开通梅河、兴畲2条高速公路，促成济广高速、鹰汕铁路2条国家级重点交通干线途经兴宁，投入7.8亿多元，完成了G205、S226、X015等国、省、县道扩宽升级改造和4条三级公路改造，兴建刁坊大桥等4座大桥，完成行政村公路硬底化1265公里，提前两年完成455个行政村道水泥硬底化任务。全市公路通车里程和每百平方公里密度居全省山区县（市）前列。

城乡建设日新月异。启动东风新区、城南新区、城西旧城改造等城市景观改造建设，建成明珠体育公园、会展中心等170多个市政工程项目，实施一水厂迁建、城南亲水公园等10多个城市基础设施建设。中心城区建成区面积由13平方公里扩大到24.9平方公里，城镇化水平由26.7%提高到45.3%，城市人口由18万人增加到25万人，建成区绿化覆盖率达37.5%，人均公共绿地13.68平方米。

生态环境不断优化。加强环境污染整治和水资源保护，全市森林覆盖率达65.1%。神光山旅游景区被评为国家AAA级旅游景区和省森林生态旅游示范基地。兴宁市被列为国家级生态发展区。

——过去的五年，是民生民利不断改善、生活质量稳步提高的五年。

五年来，共投入教育、科技、文化、卫生、社会保障、农林水等惠及民生的资金达47.15亿元，约占财政支出的74.5%。全市城镇新增就业人数2.57万人，城乡安居工程扎实推进，新型农村社会养老保险参保人数达12万人，城镇居民医疗保险和新型农村合作医疗参保率达92%、99.4%。建成市疾控中心大楼等一批医疗基础设施，完成10间卫生院改造。完成农村饮水安全工程22宗，受益群众12万人。

——过去的五年，是社会事业协调发展、公共服务明显提升的五年。

教育事业成绩显著。坚持优先发展教育，加大教育投入。全面落实九年制免费义务教育，完成义务教育阶段学校危房校舍改造任务。学前教育、义务教育、高中教育、职业教育和特殊教育全面发展。兴宁市“小财政办大教育”经验得到省政府肯定并在全省推广。

文体事业蓬勃发展。成功举办第二届文化艺术节，评选出“十大古民居”和百家“特色古民居”并授匾保护，完成兴宁学宫、两海会馆、兴城古北门、古城墙的修复，“杯花舞”和“竹板歌”被批准为省级非物质文化遗产保护项目，荣获“中国杯花舞之乡”称号，完成第三次全国文物普查实地调查和《兴宁市志》的修编。兴宁市被评为省文化先进（县）市。

平安建设扎实推进。坚持“打防管控”并举，启动城区社会治安视频监控，应急管理机制和制度进一步完善，政治安定、社会稳定、人民安居乐业的局面得到巩固和发展。

华润（兴宁）电力建成投产（兴宁市委办新闻股提供）

东莞石碣（兴宁）产业转移工业园一角（兴宁市委办新闻股提供　摄于2008年8月30日）

2009年兴宁获“中国油茶之乡”称号（兴宁市委办新闻股提供）

种植油茶已成为兴宁农民致富的重要途径（兴宁市委办新闻股提供　摄于2009年10月19日）

改造后的兴南大道（兴宁市委办新闻股提供　摄于2009年10月4日）

改造后的兴城宁江路（兴宁市委办新闻股提供　摄于2009年7月14日）

靓丽的兴城东风新区一角（兴宁方志办提供）

宁江沿岸重点堤围除险加固工程誓师大会（兴宁市委办新闻股提供）

改造后的宁江西堤（兴宁市委办新闻股提供 摄于2010年4月1日）

兴城西区旧城改造项目（兴宁市委办新闻股提供 摄于2010年9月14日）

功能完善的明珠体育公园（兴宁市方志办提供 摄于2011年6月14日）

合水水库加固扩建工程于2009年1月完工（兴宁市委办新闻股提供　摄于2009年5月13日）

优美的生态环境驻留了白鹭的脚步（何志林摄于2008年5月27日）

兴宁十大古民居之一——宁新大圳花罗墩长兴围（兴宁市委办新闻股提供　摄于2009年10月27日）

国家重点技校——兴宁技工学校

2010年9月28日，广东云山汽车有限公司城市客车下线。（兴宁市委办新闻股提供）

梅县“十一五”工作回顾

中国共产党梅县委员会

推动绿色崛起　实现科学发展

——梅县统筹城乡发展的工作汇报

尊敬的省委汪洋书记：

成绩可嘉，继续努力，再上台阶。
汪洋
23/6/11

您好！ 2009 年以来，我县按照您对梅县“要在探索山区科学发展道路上提供示范”殷切要求，全面落实省委省政府“三促进一保持”和“加快转型升级，建设幸福广东”以及梅州市委市政府推动绿色崛起的工作部署，认真实施“培育绿色产业，建设宜居家园，打造客都明珠”的发展战略，立足生态发展，积极探索和实践山区科学发展模式，扎实推进统筹城乡发展，着力为全省山区发展提供示范和启迪。

经过两年多的扎实工作，我县经济社会发展实现了新的跨越。2010 年，全县生产总值 128.54 亿元、人均生产总值 2.28 万元、财政一般预算收入 7.58 亿元，分别比 2008 年增长 27.7%、26.5%和 63.3%。去年，在全省县域经济综合发展力评比中，梅县跃居第四，其中财政一般预算收入在全省山区五市 30 个县（市）中排名第三，极大地提升了梅县在全省山区县经济发展格局中的地位。今年 1-5 月份，各项经济指标又继续以两位数高速增长，规模以上工业总产值 56.43 亿元，增长 23.8%；固定资产投资

汪洋 第1748号

- 1 -

“十一五”时期，梅县按照建设“广东山区科学发展示范县”的要求，实施“七大发展战略”和“培育绿色产业，建设宜居家园，打造客都明珠”的科学发展之路，实现经济社会飞跃发展。经济实力显著增强。五年间，全县生产总值和人均生产总值年均分别增长12%和11.8%。2010年分别达到128.54亿元和2.28万元；财政一般预算收入和税收分别为7.58亿元和13.83亿元，年均增长23.6%和19.3%。二三产业快速发展。工业企业由2005年的99家增加到117家，产值超亿元有22家；工业总产值和增加值年均增长均为14.7%。2010年全县旅游接待人数396万人次，旅游收入34亿元，分别比2005年增长1.2倍和3.12倍；第三产业增加值实现37.7亿元，年均增长13.6%。招商引资和对外贸易成效显著。五年间共引进项目206个，计划投资总额128.32亿元；实际利用外资1.31亿美元，比“十一五”时期增长50.3%；2010年外贸进出口总额达4.29亿美元，年均增长27%。基础设施明显改善。五年间，固定资产投资146.51亿元，比“十一五”时期增长19.4%,其中交通、运输、能源等基础设施投资达53.47亿元，在全市率先完成县道沙土路改造，全面实现行政村通水泥公路，全县公路通车里程达2093公里，密度达每百平方公里76公里，居全市前列。城乡建设大力推进。五年间，新县城建设投入资金20亿元，建成区面积由2005年的7.1平方公里增至12.31平方公里。民生福祉大提高。五年间，民生领域投入资金41.73亿元，比“十一五”时期增加20.69亿元；新型农村合作医疗参合率由2005年52%提高到99%；“五险”参保人数20.79万元，是2005年2.07倍，有18万人参加农村养老保险，实行农房统保政策。解决12.66万人饮水不安全问题，农民人均纯收入和城镇居民可支配收入2010年达7743元和14728元，年均增长7.6%和9.2%。文化教育大发展。“全国文化先进县”通过复查验收，成功创建市文化先进镇8个，成立“农家书屋”172个；五年间教育支出11.7亿元，年均增长23.6%，提前一年实现“广东省教育强县”创建目标。

2009年9月3日，广东超华科技股份有限公司（代码002288）成功挂牌上市，是梅县继梅雁、宝丽华上市后的第三个上市公司。

至2010年10月，美国卡莱（梅州）橡胶制品有限公司整体搬迁到梅县雁洋镇。

经改造后的梅州旅游黄金线——S223线梅县西丙村阳段

2010年10月17日，总投资5000万元的梅县松口发清大桥建成通车剪彩。

2007年5月13日，叶剑英纪念园举行落成剪彩庆典活动。

投入4000万元新建程江镇中心小学教学楼2010年11月经省验收

2009年4月20日，梅县举行农村养老金首发仪式。2010年10月，列为广东省第二批农村养老保险试点县。

2009年7月，梅县举办全省农村饮水安全建设与管理现场会。

（图片除署名外由梅县方志办提供）

平远县"十一五"工作回顾

"十一五"期间，平远县委、县政府团结带领全县人民，牢固树立和全面落实科学发展观，按照市委、市政府关于"推动绿色崛起、实现科学发展"的战略部署，全面实施"生态经济县、文化先进县、安康和谐县"三大发展战略，积极探索实践符合山区科学发展的路径，通过"攻项目优结构、建园区筑平台、保稳定惠民生、强党建促发展"等八大举措，连续举办了六届脐橙旅游节，强力推进了"十大重点工程"，努力办好了"十件惠民实事"，成功申报了"中央苏区县"（2011年8月23日，中共中央党史研究室正式发文确认平远为"中央苏区县"），县域经济进入了跨越发展的快车道、腾飞期，掀起了交通水利、工业园区、山水城镇等项目建设热潮，谱写了文化、教育事业新篇章，走上了生态经济科学发展之路。2010年，全县完成地区生产总值35.2亿元，五年翻了近一番，发展速度明显加快；县级一般预算财政收入1.6亿元，是"十五"期末的2.6倍，五年年均增长20.7%，高出"十五"时期7.9个百分点；一般预算支出6.9亿元，五年年均增长20.8%；全口径税收收入3.2亿元，五年年均增长17.4%。平远县经济建设和社会发展成绩辉煌，令人瞩目和振奋。

2006年10月29日落成剪彩的平远中学新校区（林广平　摄）

2008年6月，中共中央政治局委员、广东省委书记汪洋（中）到平远县热柘镇磜上村革命老区考察。（林永升摄）

2009年4月28日，重建的程旼故居落成剪彩。（黎锴摄）

2009年9月22日落成剪彩的平远县红军纪念园（朱其广摄）

平远南台卧佛山

2010年4月24日开工建设的广东南台卧佛山大佛寺（林申绪摄）

2009年3月30日，平远率先在广东山区县实行农保制度，省委常委、副省长肖志恒（中）等省市县领导出席启动仪式。

2007年12月，平远公安局举行“保平安迎盛会誓师大会”。

2010年4月投产的广东荻赛尔机械铸造股份有限公司车间一角（刘国浩摄）

2010年12月8日正式开业的平远粤运汽车总站（刘国浩摄）

2010年12月23日投运的广东电网220千伏梅州平远富远变电站

2009年建成的平远县县城防洪堤雷公陂段

2008年12月1至3日，平远县举行第四届脐橙旅游节暨特色农业产业发展高峰论坛系列活动。期间，脐橙拼图打破吉尼斯世界纪录。（黎锴摄）

优质稻基地一角（刘国浩摄）

世界最大的一瓶山茶油

南药基地一角（黎锴摄）

（图片除署名外由平远县方志办提供）

2009年2月7日，省原人大副主任、省总工会原主席汤维英（前中），市长李嘉（前右二），县委书记周章新（前右一），县长林健雄（前左二）等参加蕉岭县元宵经贸洽谈活动暨重点项目落成、奠基仪式。（涂永平摄）

2008年12月，蕉岭被省食品安全委员会定为“广东省食品安全示范县”。图为2007年12月22日，省经贸党组成员、省检查组组长戚真理率领的省产品质量和食品安全专项整治检查组到蕉检查食品安全工作。（蕉岭县食品药品监督管理局提供）

蕉岭县“十一五”工作回顾

“十一五”时期，蕉岭县委、县政府坚持以科学发展观为指导，深入实施“四个县”发展战略和“发展、富民、保平安”的工作思路，凝心聚力，共谋发展，取得了经济社会发展新成效，各项目标任务圆满完成。

2010年全县生产总值42.95亿元，是2005年22.63亿元的1.9倍，年均增长11.6%；来源于蕉岭的财政总收入5.68亿元，是2005年2.32亿元的2.4倍，年均增长19.6%；财政一般预算收入2.62亿元，是2005年1.04亿元的2.5倍，年均增长20.3%。一是结构调整步伐加快。生态工业稳步发展，农业产业化水平不断提高，以旅游为龙头的第三产业发展势头喜人，重点项目建设成效显著。二是发展环境不断优化。基础设施日臻完善，城乡面貌大为改观，生态优势巩固提升，体制环境不断改善，政务环境继续优化。三是民生福祉持续改善。公共财政重点向民生倾斜，社会保障明显加强，群众住房难、饮水难、读书难问题得到较好解决，扶贫开发"双到"工作取得阶段性成果，劳动力培训转移就业成效明显，群众安全感进一步增强。四是社会建设扎实推进。教育事业发展迈上新台阶，文化事业蓬勃发展，科技、体育、卫生等各项事业全面发展。

“十一五”期间蕉岭县荣获了全国文明县城、全国文化先进单位、全国计划生育优质服务先进县、全国残疾人工作先进县、全国基本农田保护工作先进单位、全国农技推广示范县、全国白内障无障碍县、中国生态文明县、中国金融生态县、国家可持续发展实验区、广东省山区首个教育强县、南岭生态区生态发展试点县、广东省食品安全示范县等20多个国家和省级荣誉称号。

2010年12月，广东蕉岭长潭旅游区荣获国家AAAA级旅游区称号。（魏小良摄）

广东蕉岭长潭省级自然保护区（魏小良摄）

2010年4月，蕉岭被中国金融年会、中国金融生态城市评价体系办公室、中国金融研究院中国金融网评为“中国金融生态县”。图为2010年9月12日蕉岭县召开农信联社VIP客户座谈会会场。（蕉岭县金融办提供）

2010年1月，蕉岭被省政府评为广东省山区首个教育强县。图为蕉岭中学。（蕉岭县教育局提供）

蕉岭县友邦小学“千人活动”展演特色教育成果（蕉岭县教育局提供）

2010年8月4日，蕉岭召开全县创建信用镇村户工作动员大会。（蕉岭县金融办提供）

2009年12月，国家林业局认定镇山省级公园升格为国家级森林公园。图为群众在镇山国家森林公园进行体育健身活动。（魏小良摄）

2009年12月，蕉岭被国土资源部、农业部授予全国基本农田保护工作先进单位。图为蕉岭县三圳镇基本农田保护区。（蕉岭县农业局提供）

2009年9月，蕉岭被农业部授予“全国农技推广示范县”。图为机械插秧现场。（蕉岭县农业局提供）

2009年11月，蕉岭被国家文化部授予“全国文化先进单位”称图为民间文艺表演。（魏小良摄）

塔牌日产5000吨新型干法旋窑熟料生产基地及余热发电厂（广东塔牌集团股份有限公司提供）

三圳镇新农村建设一景（魏小良摄）

2009年10月，蕉岭被国家体育总局定为“全国群众体育先进单位、全国实施农民体育健身工程先进县”。图为新建成的蕉岭（南沙）体育馆。（魏小良摄）

机关女子篮球比赛（魏小良摄）

2009年6月，蕉岭被中国生态小康论坛组委会和《求是》、《小康》杂志社评为中国生态文明县。图为蕉岭县一山村。（何志林摄）

逢甲大道（魏小良摄）

蕉岭县委、县政府大力发展富民产业。图为南磜镇毛竹基地。（蕉岭县林业局提供）

石窟河畔绿道（涂永平摄）

2008年1月，蕉岭县被省委、省政府授予“广东省文明县城”；2009年1月被中央文明委授予“全国文明县城”。图为蕉城新貌。（李超明摄）

蕉城龙门广场夜景（陈碧信摄）

旧城改造建成的蕉城府前路（魏小良摄）

蕉城居住小区新世纪花园（魏小良摄）

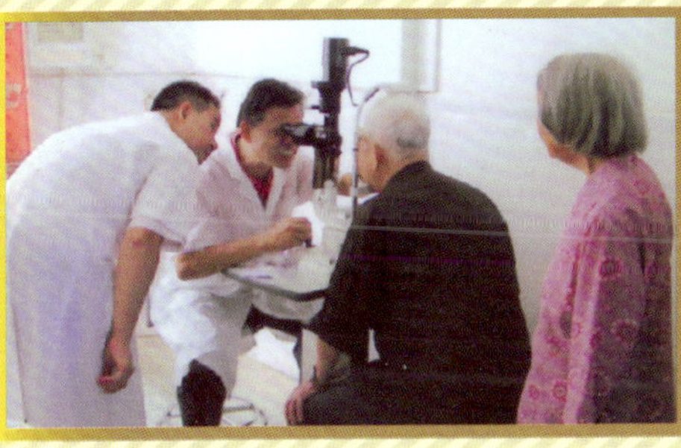

2006年6月，蕉岭被国务院残疾人工作委员会授予“全国残疾人工作先进县”；2009年12月，被全国残疾人康复工作办公室评为“全国白内障无障碍县”。图为2009年7月23日，由涂炎辉乡贤资助，为白内障患者免费实施复明手术。（蕉岭县残联提供）

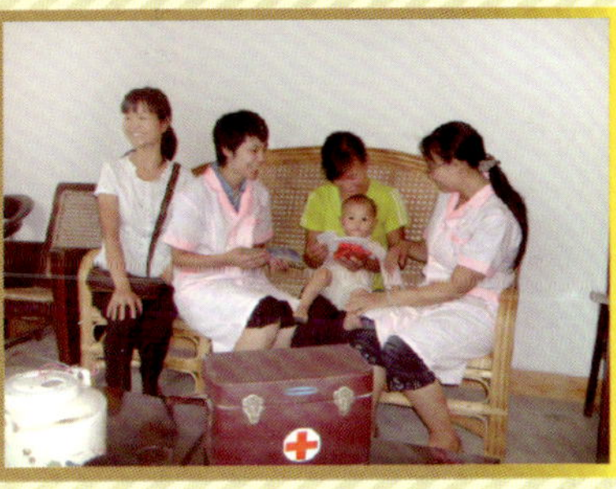

2007年12月，蕉岭被国家人口计生委授予“全国计划生育优质服务先进县”。图为县计生技术服务人员把生殖健康知识送到农户家中。（蕉岭县人口和计划生育局提供）

2006年6月，丘逢甲故居被国务院核定为全国重点文物保护单位。图为蕉岭县丘逢甲故居 。（黄镜亮摄）

2006年9月，蕉岭被国家水利部、财政部授予全国农田水利建设先进县。图为改造后的石窟河堤围蕉城段。（杜农友摄）

大埔县“十一五”工作回顾

三河坝战役纪念园

2006年1月竣工的三河中山大桥（陈访交提供）

2006年改造完工的县城新城路

枫朗镇西岩山茶叶生产基地

百侯镇优质烤烟基地

2007年改造完工的S221线湖寮至茶阳路段

大埔陶瓷产品

银江镇黄花菜生产基地一瞥

大埔蜜柚新产品——红肉蜜柚

2007年建成的银江镇坑口农民新村

2008年建成的县城内环西路

2009年4月动工扩建的县城防洪堤

2008年10月建成的县城北环公路

2008年改造完工的高陂镇陂村陂寨堤

2008年改造完工的县城城北路

中国最美的小城——埔城新貌（杨开城摄于2009年11月）

2009年建成的青溪汀江大桥

2009年建成的220千伏大埔（土岭）输变电站

2008年11月，大埔县被命名为“中国民间文化艺术之乡——广东汉乐之乡”。图为2008年11月14日首届大埔国际广东汉乐周开幕

2009年建成发电的佐田（茶阳）水电站

县城绿色住宅小区——丽水湾

2008年11月落成剪彩的大埔县文化中心

① 2009年9月竣工的县城湿地公园（污水处理厂）

② 2010年改造完工的县城大兴路

③ 2010年，大埔县获“中国乡村旅游示范县”称号。图为大东镇坪山千亩梯田景区（何小力摄）

④ 2009年1月8日，大埔县被中共中央党史研究室确认为广东省首个中央苏区县。图为2009年5月8日召开的庆祝大会会场（丘佳纳摄）

⑤ 2009年10月1日竣工开园的县城西岭中国书法公园

⑥ 2010年12月13日，大埔县百侯镇被评为“中国历史文化名镇”。图为中西合璧的客家古民居“肇庆堂”

①	
②	③
	④
⑤	⑥

(图片除署名外由大埔县方志办提供)

丰顺县『十一五』工作回顾

“十一五”时期，丰顺县委、县政府坚持以科学发展观为统领，紧紧围绕“三促进一保持”要求和“推动绿色崛起，实现科学发展”战略，坚持以“保增长、促改革、重民生、抓作风”为主线，团结和带领全县人民，解放思想，与时俱进，破难攻坚，扎实工作，全县经济建设、政治建设、文化建设、社会建设以及生态文明建设都取得了历史性成就，谱写了幸福丰顺的美好新篇章。

2010年，全县完成生产总值58.7亿元，比2005年（下同）增长81.9%，年均增长12.7%，其中第一 产业增加值14.75亿元，年均增长5.8%，第二产业增加值28.57亿元，年均增长17.4%，第三产业增加值15.38亿元，年均增长11.7%；县级财政一般预算收入2.53亿元，比增164%，年均增长21.5%，首次被省授予“加快县域财政发展奖”；全县工业总产值62.77亿元，比增120%，年均增长17.1%，其中规模以上工业企业产值43.92亿元，比增149.7%，年均增长20.1%；全县外贸出口总额2.59亿美元，比增165.9%，年均增长21.6%；社会消费品零售总额24.6亿元，比增142.2%，年均增长19.4%；全县各项储蓄存款余额55.63亿元，比增83.77%，年均增长12.9%。农村居民年人均纯收入由3880元增加到5892元。

一是产业结构不断优化、发展质量明显提高。2010年电声产业产值21.53亿元，比增133.8%；木具产业产值4.26亿元，比增34.8%。龙鲸河被评为国家3A级旅游景区，黄花村被评为广东省旅游特色村、中国生态文化村，邓屋温泉区被省旅游局评为首批广东省温泉示范基地。二是基础设施不断完善、城乡面貌发生明显变化。五年来，完成全社会固定资产投资68.95亿元，年均增长12.3%。三是招商引资和项目建设成果丰硕、发展后劲明显增强。五年来，全县共引进外来投资项目53个（其中引进投资超亿元项目13个），投资总额达82.14亿元，已完成投资21.13亿元，创税2.9亿元。四是环境保护不断强化、生态文明建设取得重大进展。投入资金8500多万元，对6家电镀配套车间进行全面整改。五年来，共投入造林资金5057.8万元，森林覆盖率提高到66%，创建生态镇4个、生态村105个。五是民生事业明显改善、城乡居民得到更多实惠。全县共筹措扶贫资金4.1亿元，其中县级财政投入2170万元，落实帮扶项目398个。六是全面加强社会管理、实现社会和谐稳定。七是各项事业协调发展、社会事业取得显著成效。八是服务效能不断提高、执行能力有效加强。

丰顺县锦江美景城小区（卢胜文摄于2009年9月7日 ）

丰顺县建桥古村落——建桥围（蓝新干摄于2008年）

丰顺县埔寨火龙果基地（卢胜文摄于2007年7月1日）

北斗镇拾荷新貌（丰顺县史志办提供　2010年7月20日摄）

砂田镇黄花村新貌　（丰顺县史志办提供　2007年10月3日摄）

X950线大龙华华东至梅县西阳——华阳公路新貌（丰顺县大龙华镇提供 2007年10月摄）

丰顺中学新校区（丰顺县史志办提供　2006年摄）

2009年7月16日，由丰顺县承办的市六运会、中学生田径会、第五届残运会开幕式在丰顺中学体育场举行。（蓝新干摄）

2009年12月5日，丰顺县政府在千江温泉酒店举行丰顺县第三届温泉文化旅游节活动。（丰顺县旅游局提供）

黄金中学新校区（蓝新干摄于2010年3月）

2007年1月10日，丰顺召开李坚真诞辰百年纪念活动。（蓝新干摄）

坚真纪念馆（黄喜勤摄于2010年9月）

2009年4月30日，丰顺县在龙岗镇马图村举办“唱响60年，红色土地，绿色崛起——走进革命老区马图暨马山绿茶首届采茶节”。（丰顺县史志办提供）

畲族舞蹈《木柏灵刀舞》参加梅州市第三届客家山歌旅游节获得特别优秀演出奖（蓝新干摄于2009年）

培英电声有限公司生产车间（卢胜文摄于2009年）

五华县“十一五”工作回顾

“十一五”时期，五华县在省、市的正确领导下，紧紧围绕“三年打基础，五年大提速，强势推进经济社会跨越发展”总目标，全面贯彻“工业立县、教育优先、民生为重、和谐五华”发展理念，全县经济社会各项事业取得新的突破，超额完成“十一五”规划的目标和任务。一是凝心聚力实现一系列历史突破。新争取超50亿元项目列入省重点项目1个（梅州抽水蓄能电站项目），新增投资超10亿元的项目1个（白石嶂钼矿），新出现股份制企业3家（长乐烧酒业、康奇力药业、辉胜达电器），新建“小南北”北通道33.2公里，新建大型污水处理厂1家。二是凝心聚力创造一系列历史新高。全县GDP增速2007年首次突破两位数，2008年、2009年增速均居全市第一。县财政一般预算收入2007年首次突破1亿元，2010年增长速度达31.7%。新增产值超亿元7家、纳税超千万元的工业企业1家。高考3A线以上绝对数2009年首次居全市第一、2010年再居全市第一，顺利完成普高目标，人口计生工作首次升省二类县管理，并实现省优质服务先进县。2010年全县民生领域支出占财政总支出的77.2%。三是凝心聚力妥处一系列历史难题。大幅化解教育、公路、乡镇负债。基本完成国企改革。妥善解决县酒厂集资、县经济开发区建设安置等一批历史疑难问题。

五华县城工业园区（万自明 摄）

2008年 11月1日，五华白石嶂钼矿举行开工暨办公楼奠基典礼。(县委新闻办提供)

五华县城鸿云花园（吴耀东 摄）

蒲丽顶省级森林公园（万自明 摄）

“广东省八大遗址之一”的五华西汉南越王赵佗行宫遗址（万自明 摄）

2011年2月修缮完工的长乐学宫（万自明 摄）

“海选”村官我投一票（万自明 摄）

丰华公司联合收割机在作业（五华县农业局提供）

被誉为秀才村的华城镇城镇村设立高考龙虎榜激励学子奋发成才（万自明 摄）

宽畅整洁秀美的水华线环城段（万自明 摄）

五华热矿泥山庄（吴耀东 摄）

（图片除署名外由五华县方志办提供）

把握契机开拓创新
梅州市侨联工作亮点纷呈

8月5日—6日，梅州市第六次归侨侨眷代表大会在市委礼堂隆重召开。中国侨联副主席、省侨联主席王荣宝、市委书记李嘉、市委副书记陈小山分别作了重要讲话。代市长朱泽君等市五套班子主要领导、分管领导参加了开幕式。印尼国际日报董事长熊德龙先生等100多位嘉宾和300多位代表、特邀代表参加了大会。

2010年，市侨联在市委、市政府的正确领导和关心支持下，在省侨联的指导下，开创侨联工作新局面。特别是市侨联积极筹集一批帮扶资金，创造性地开展“侨界养老行动”、“侨界助学行动”、“侨界关爱行动”，取得明显成效，得到市委、市政府主要领导和省侨联领导的充分肯定。12月14日，市委李嘉书记在市侨联汇报材料上作重要批示：“很主动、很创新、很有成效，很值得各单位学习。”12月25日，市政府朱泽君市长又作出重要批示：“市侨联开展此项工作很好！工作积极主动，富有创新精神，既筹集了资金，又帮扶了侨界困难群体，此举应予在全市大力宣传推广。”2011年3月16日在市侨联全委（扩大）会议上，省侨联林圣德副主席对市侨联2010年工作的评价是：风风火火、勤勤恳恳、扎扎实实，有思路、有行动、有措施、有成效，认为梅州市侨联的工作走在全省前列，为各市侨联提供了很多很好的经验，有些经验省侨联还可以借鉴。市委分管领导陈小山副书记充分肯定市侨联2010年的工作，认为：2010年市侨联在维护侨益、关注民生、对外联络、组织队伍建设、处理历史遗留问题、提高侨联干部素质等方面取得明显成效，工作积极主动，有新作为、有新成效，侨联把“冷门”慢慢做成了“热门”。市委创先争优办公室第8期简报印发《市侨联“三个着眼”创先争优 开创侨联工作新局面》的报道，充分肯定市侨联一年来的成绩。

一是召开一场盛会。2010年8月初隆重召开梅州市第六次归侨侨眷代表大会，规格之高、标准之高、参会嘉宾人员之多前所未有。会议选举主席朱瑛，副主席汤志平、邓锐、曾智明、余鹏春、陈彩银、邓振龙、曾浩仁；聘请一批荣誉、名誉职务，壮大侨联组织队伍。二是筹集一笔帮扶资金共700多万元。拿出300多万元开展"侨界养老行动"，第一批为1700多名70岁以上的困难归侨购买养老保险；分别拿出近20万元和10多万元开展"侨界助学行动"、"侨界关爱行动"。三是积极推进侨联"五有"建设。推进4个县级、38个镇级侨联进行换届，侨联组织由原来的77个增至90个。四是三项维权机制并举，成立梅州市侨联法律顾问团，建立主席接访日制度，建立和完善来访登记、沟通处理、案件移交、跟踪服务等信访工作机制。五是提升了一批宣传载体。对《梅州侨联通讯》进行改版，重新申建有自己一级域名的市侨联网站。六是主动走出去，加强对外联络和沟通。七是提升侨联干部素质。在侨联系统内开展“以自强求重视，以努力求支持，以贡献求地位，以优势求发展”的“四求”学习教育活动。加强业务培训，举办140多人的全市侨联干部培训班。八是妥善解决10多年未解决的市侨联发展公司历史遗留问题，职工得到安置。

单位负责人：朱 瑛
办公地址：梅州市嘉应东路侨联大厦
邮政编码：514021
联系电话：2259118

在梅州市第六次归侨侨眷代表大会上，曾宪梓先生等13位乡贤和领导被聘为市侨联荣誉主席，王俊宏先生等44位乡贤被聘为名誉主席，邓绍光先生等67位乡贤被聘为顾问。图为中共梅州市委书记李嘉同志为熊德龙先生颁授市侨联荣誉主席聘书。

梅州市侨联从4月底开始筹集"梅州市侨界仁爱帮扶基金"，至目前共筹集资金700多万元。图为市委陈小山副书记在市第六次归侨侨眷代表大会上接受捐款。

11月，梅州市侨联从帮扶基金中拿出300多万元为1700多位70岁以上困难归侨购买农村养老保险。11月27日在梅州迎宾馆隆重举行"侨界养老行动"社保卡发放仪式。

11月1日，市委副书记陈小山、市委党校常务副校长肖伟良、市侨联主席朱瑛点击开通梅州市侨联网站。

11月1日，梅州市侨联在市委党校举办全市侨联干部培训班，市、县、镇共140多位侨联干部参加培训。市委陈小山副书记参加了开班典礼，并作了重要讲话。

2010年12月24日-2011年1月2日，梅州市侨联首次组团出访印尼、新加坡。图为访问团拜访印尼梅州会馆。

8月，市侨联在丙村中学举行"侨界助学行动"首批资助了180多名侨界贫困子女读书。图为市侨联领导、王俊宏先生伉俪与部分受助的学生合影留念。

12月4日，梅州市侨联举行《中华人民共和国归侨侨眷权益保护法》颁布二十周年座谈会。

5月25日，梅州市侨联举行法律顾问团成立启动仪式。

梅州市侨联发展公司于1998年因多方面因素停止经营，公司15名职工一直下岗在家待业，经常上访市委、市政府和市侨联等部门。今年以来，市侨联积极寻找途径，在市委、市政府有关领导的高度重视和有关部门的支持下，于12月初妥善解决了10多年一直未解决的历史遗留问题。图为市侨联发展公司职工代表向市侨联赠送"勤政为民"的锦旗。

兴宁警察开放日

飞扬的激情——梅州市公安机关“红歌会”。

2010年是我市全面推进“绿色的经济崛起”，社会经济呈现崭新发展的一年，也是我市公安机关围绕中心、大力作为，平安建设取得新突破的一年。全市各级公安机关在市委、市政府和省公安厅的正确领导下，围绕“平安亚运、平安梅州”目标，准确把握新形势下平安建设的新要求、新挑战，以信息化建设为引领，以“长安杯”创建活动为载体，以亚运安保为重点，大力创新社会管理机制，深化人事制度改革，着力提升公安机关应对新挑战的新能力，有力维护了我市和谐稳定的社会环境。2010年，全

2011年迎春

今日警情现场大赛颁奖

梅州公安

亚运火炬传递

亚运火炬传递

网友见面会

竞争上岗第七次票决

广东梅州梅县石扇派出所民警和巴庄村村民亲切交谈，了解社会治安情况，关爱老少，密切警民关系。

市公众安全感和公安工作群众满意度继续名列全省前茅；刑事发案总量连续第7年保持下降趋势，命案侦破率高达95.3%；交通、消防、治安等安全管理在事故总量低、伤亡人数少的伤低风险状态下安全运行，“平安梅州”建设再获新丰收。

2011年全市公安工作会议

推动国税事业 服务梅州绿色

中国税务

"十一五"时期，全市国税系统在省局和市委市政府的正确领导下，深入贯彻落实科学发展观，牢记"为国聚财、为民收税"的使命，全面完成了"十一五"各项工作任务。

税收收入持续稳定增长

"十一五"时期，我市国税收入实现稳定增长，年均增长7.81%，连年超额完成省局下达的收入任务。税收规模由2005年的41.09亿元，上升到2010年的59.87亿元，从规模上实现了一个大的跨越，位于全省中游水平。五年共组织工商税收收入262.65亿元,是"十五"时期总收入（114.87亿元）的2.29倍。五年来，组织地方财政收入累计达到33.51亿元（此为直接入库数,不包涵中央对我市增值税、消费税的基数返还和转移支付补助）。特别是去年，我们面对结构性减税和税源增长乏力等困难局面，千方百计抓收入，不仅完成了省局下达的年度收入任务，市本级税收收入实现3.24亿元，增长16.11%，超额完成了市委、市政府下达的增长目标，为平衡地方财政、促进梅州绿色的经济崛起作出了积极贡献。此外，共办理出口退、免、抵、调税23.40亿元，比"十五"时期多办理14.58亿元，增长165.50%。

依法治税水平明显提升

围绕"税收、民生、发展"的主题，坚持常年宣传与税收宣传月重点宣传相结合，开展了税收专题讲座、建立税宣教育基地、赠阅税收报刊等多形式宣传。特别是2010年在全市组织了大型税收宣传文艺巡回演出活动，收到良好效果。

同时，加大了稽查打击力度，2010年稽查收入首次突破亿元大关，达到10986.06万元；加大了执法检查与监督力度，连续多年实现税收执法零复议、零诉讼；加强了信息化建设，强化了纳税评估，提高了税收管理员工作绩效规范了征管档案管理，税收征管质效稳步提高。

此外，坚持以思想教育为基础、以班子建设为龙头、以制度建设为主线、以提高执政能力

2010年9月6日梅州市代市长朱泽君（前左一）到国税系统调研

广东省国税局党组书记、局长李永恒(前左一)深入梅州国税检查指导工作，对近年来梅州国税"三个文明"建设取得的成绩给予充分肯定

科学发展的经济崛起

为目标，大力加强干部队伍建设，提升干部职工依法治税水平。据统计，“十一五”期间，全市国税系统先后有5个单位（个人）被国家人事部、国家税务总局或省委、省政府以上单位授予荣誉称号，316个单位（个人）被省局或梅州市评为先进集体或先进个人。

纳税服务建设成效明显

该局启动了办税服务厅规范化建设。除个别因特殊原因批准暂缓施行外，全市城区范围内的办税服务厅已全部完成内标识规范化建设安装，进度较快的梅县局、兴宁局的农村分局办税服务厅已全部改造完成，从而进一步美化、优化了办税环境。深入打造纳税服务品牌，主要是推行了“一个模式，十项制度”（即“一三六八”服务模式，纳税服务“十项制度”）和开展了“5+5+10”活动（即开展“五比五看”和“十个一点”活动）。大力推行了网上办税，全市共推广了7082户，占全市可推广8301户的85.32%。其中：一般纳税人为2351户，占全市可推广2476户的94.95%，小规模纳税人为4448户，占全市可推广5825户的76.36%。拓宽了征纳沟通渠道，大力加强了国税网站建设，梅州国税网站成了纳税人了解国税工作和税收政策的重要窗口，通过“梅州民声”、“行风热线”、局长接访日、特约监察员座谈会等形式加强了征纳沟通互动。优质的服务，赢得了纳税人的赞誉，得到了各级党政一致好评，在社会上树立了国税的良好形象。市局机关连续八年被梅州市委、市政府评为“机关作风建设先进单位”;所有参评的县级局也全部评为当地的“先进单位”。

梅州市国税局领导班子在研究机关作风建设。

纳税人参与“税收●发展●民生”活动签字仪式

2010年税收宣传文艺巡回汇演，首场演出结束后领导与全体演职人员合影

2010年梅州市地

廉政文化建设得到纪委肯定（林文钊摄）

高标准建成社保费征管档案库（蓝绽摄）

李万清局亲临企业了解网络发票开具情况（林文钊摄）

1. 税费收入再创新高。全市地税部门共组织税费收入63.34亿元，同比增收12.62亿元，增长24.9%。其中，地方税收收入33.52亿元，同比增收6.52亿元，增长24.1%；社保费收入24.35亿元，同比增收4.21亿元，增长20.9%。

2. 网上办税办费和在线开票实现新突破。全市开通网报企业占企业总户数的78.82%，查帐征收企业网报开通率和使用率达到100%；全市在线开票纳税户占符合上线户数的87.81%。

3. 全面完成专业化税源管理新模式改革。全面完成“以信息共享为基础，以分类管理为核心，以征管流程为导向，优化服务，强化评估”的专业化税源管理新模式改革。

4. 高标准建设社保费征管档案库。按统一规范的标准完成县级局社保费征管档案库建设，走在全省地税系统前列。

5. 全面规范办税服务厅设施和服务标准。在全市城区办税服务厅全面推行“排队叫号、服务评价、视频监控”三位一体管理平台，并推行广东地税12366纳税服务热线，纳税服务水平明显提高。

6. 全面推行县级局班子政绩考核和基层税务人员能级管理和绩效考核。增强了考核的科学性和考核结果准确性，并激发了基层税务人员的工作潜能。

7. 大力推进地税文化建设。全年出版《心灵驿站》2期，举办“梅州地税讲坛”11期，市、县、分局办公场所文化氛围浓厚，干部职工文体活动丰富多彩，初步形成具有梅州地税特色的家园文化。

8. 承担省局立项的“广东地税全责征收社保费对帐软

方税务局十件大事

件”开发任务，并协助省局有关部门做好“契税和耕地占用税软件”开发。

9. 市县两级地税部门与公安部门成立联合执法办公室，加大打击假发票违法犯罪行为，取得明显成效。全年联合公安部门查处制售假发票案件6宗，打掉制售假发票团伙4个，抓获违法犯罪嫌疑人12人，捣毁制售假发票窝点5个，收缴作案机器27台，缴获假发票20多万份，并破获公安部督办的“9.14”兴宁假发票案件。

10. 梅州地税系统政风行风成绩显著。在全省地税系统政风行风评议中，梅州地税综合满意度为93.20分，在全省20个市局中排名第二。同时，在省政府开展的首批四个部门基层站所政风行风评议活动中，全市地税系统38个参与评议的基层分局全部被评为满意单位，其中37个基层分局获得当地第一名，1个分局获得第二名。

（市地税局郭程望）

承担开发广东地税全责征收社保费对帐软件（郭程望摄）

地税部门与公安部门成立联合执法办公室（林文钊摄）

文体活动丰富多彩（林文钊摄）

不断推进文化建设（郭程望摄）

辉煌十一五

（图文：罗楚伟）

陈丽霞副市长检查免疫接种工作

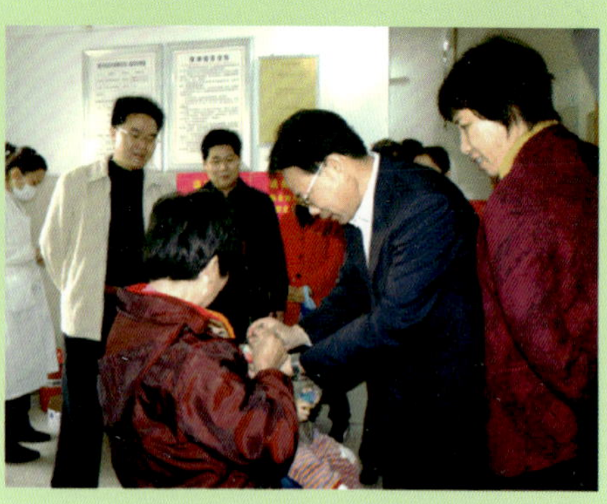

张奕明局长给儿童喂服糖丸

张奕明局长深入基层

“十一五”时期是梅州市社会经济发展取得巨大成就的五年，也是卫生事业取得长足进步的五年。五年来，全市医疗卫生系统紧紧围绕市委、市政府的重大决策部署，调整发展思路，强化体系建设，改革运行机制，提高服务水平，较好地完成了各项目标任务，为促进全市经济社会发展，保障人民群众身体健康和生命安全作出了积极贡献。主要亮点有五：

一是医药卫生体制改革稳步推进。市政府3年新增投入19亿元，全力推动深化医药卫生体制改革。目前，新型农村合作医疗实现全市农村常住人口全覆盖，全市参合率达99.94%，筹资标准和补偿水平大幅提高，缓解了农民看病就医难问题。全市110个基层医疗卫生机构全面实施基本药物制度并实行零差率销售，覆盖率达到100%，提前1年完成省下达我市的任务。基层医疗卫生服务体系不断健全。全面启动6项重大和9项基本公共卫生服务项目。积极开展公立医院试点改革，民营医疗机构发展步伐加快。

二是医疗卫生服务能力全面提升。全市乡镇卫生院实行省卫生经费专项补助，村卫生站实行村医补助政策。县级医院、乡镇卫生院、社区服务机构大规模开展规范化、标准化建设，近年来先后获得中央和省扩大内需投资项目85个，争取中央和省建设资金超过1亿元；随着市人民医院新门诊大楼、新住院大楼的落成投入使用，嘉应医学院附属医院正式开业，全市卫生资源配置进一步优化，市、县、镇三级医疗网络进一步健全，医疗服务能力明显加强。人民群众医疗服务需求得到更好满足，看病就医更加方便。

三是公共卫生服务能力显著提高。扩大国家免疫规划顺利实施，免疫规划从6种扩大到13种。百万儿童麻疹强化免疫全面完成，麻疹发病率由16/100万下降到0.5/100万。甲型H1N1流感、人禽流感、手足口病等疫情得到有效处置，连续5年未发生重大传染病暴发流行疫情。未发生重大食物中毒事件。艾滋病疫情得到有效遏制。地方病、结核病、麻风病及皮

梅县建成全省山区县最大规模妇幼保健院

全嘉应学院医学院举行纪念“5.12”国际护士节授帽仪式

卫生大发展

肤病、精神病等慢性病防治成效得到进一步巩固。全面实现消除碘缺乏病目标。重性精神疾病管理工作有序推进，500名贫困家庭重症精神病人免费“解锁行动”成功实施。全市婴儿死亡率从7.85‰下降到4.33‰，五岁以下儿童死亡率从8.67‰下降到5.38‰，孕产妇死亡率从21.04/10万下降到8.84/10万。综合应急能力不断加强。

四是中医药事业蓬勃发展。全市建成1个省中医名院和1个全省农村中医工作先进县，建成4个市级重点中医专科，确立了一批全国、全省中医专科建设单位和43名省、市中医名医培养对象。60%以上乡镇卫生院中医科、中药房进行了规范化改造。培养了一大批中医药适宜人才。中医药服务能力和水平大幅提高。

五是爱国卫生运动成效显著。创建“国家卫生城市”工作顺利通过省级考核和国家暗访。建成省、市卫生镇和卫生村一批。农村卫生厕所普及率提高到92.68%，农村环境卫生明显改善。城乡除“四害”工作进一步得到巩固和发展。

地　址：梅州市江南梅龙东路市医科大楼
负责人：张奕明
电　话：2390126
传　真：2247479

全市深化医药卫生体制改革动员大会（2010年7月1日）

梅州市召开创建国家卫生城市誓师大会（2010年7月6日）

市卫生局在蕉岭县召开全市实施基本药物制度工作现场会

全防治结核病公益宣传和免费义诊现场

中山大学校长黄达人与梅州市人民医院院长林新华签订协议

全中山大学附属梅州医院揭牌

黄达人（左三）、李嘉等为中山大学附属梅州医院揭牌。（图片来源：梅州日报）

塔牌日产5000T新型干法旋全景

文福镇经济社会发展基本情况

文福镇位于蕉岭县城以北12公里，是近代抗日志士，爱国诗人、教育家丘逢甲的故乡。辖乌土、红星、鹤湖、白湖、长隆、坑头、暗石、逢甲8个村委会（142个村民小组）和1个居委会。全镇总人口21472人，农业人口17075人，总面积122平方公里。文福镇自然资源丰富，石灰石储量约5亿吨，还有锰、铅、锌、铁、稀土等丰富的矿产资源，是蕉岭县工业重镇，是省、市建材专业镇和省级技术创新镇。

梅州市现代烟草农业示范工场

蕉岭古八景之一文福古塔

文福镇名贵树木展示基地

近年来，文福镇党委、政府紧紧围绕蕉岭县委、县政府提出的“发展、富民、保平安”的发展战略，坚持以发展绿色生态工业为重点，积极探索绿色的经济崛起发展新路，实现了全镇经济社会的平稳健康快速发展。一、工业企业快速发展。该镇紧紧依托资源优势、地缘优势和品牌优势，抓住获得“省、市级建材专业镇”和“省级技术创新示范点”的契机,支持重点企业的生产发展，工业经济得到全面快速发展。至目前，辖区内包括塔牌集团和油坑集团属下的不同类型的企业共有100多家。二、农业产业稳步发展。在稳定粮食生产的同时，该镇始终把农业结构调整作为增加农民收入的主要手段，不断推进发展新的模式，促进农业产业化，提升农产品的质量和效益。（一）是发展朝阳产业。近年

来，该镇大力发展名贵树木种植，坚持干部带动群众，基地辐射农户，加快名贵树木产业的发展，至目前，全镇种植面积达3535亩，其中百亩以上种植基地有2个,正在备耕种植百亩以上基地有3个。（二）是巩固优势产业。建设现代烟草农业示范工场，烤烟种植面积达1750亩；仙人草、甜玉米、蔬菜等经济作物种植面积达2500亩；沙田柚、蜜柚种植面积达4176亩，全镇现有1个市级2个县级农业龙头企业。（三）是壮大规模养殖。泰昌养猪场、长隆豪猪场、谷口野猪场规模不断壮大，群众养殖热情不断增强，目前全镇养猪存栏量达2.3万头。三、第三产业蓬勃发展。该镇坚持把休闲度假“慢生活”旅游业作为转变发展方式、推动绿色的经济崛起的重点产业来抓。充分利用文福镇的人文和自然资源优势，加快完善旅游基础设施，以国家重点文物保护单位丘蓬甲故居为亮点和长潭长东至文福逢甲交通线路开通的机会，积极开发人文观光旅游，形成以逢甲故居和仙桥飞渡为主线，客家民居古村落、丘成桐先生祖屋和文福古塔为幅射的经济休闲旅游圈。以发展建材产业和旅游业来带动运输、维修、餐饮等配套服务产业，带动该镇经济的发展，培育出新的经济增长点，不断提高人民生活质量。

丘逢甲故居

梅州市人民政府地方志办公室

2010年，梅州市人民政府地方志办公室全面贯彻落实国务院《地方志工作条例》和《广东省地方志工作规定》，围绕市委、市政府和省地方志办公室的工作部署，全面、深入开展地方志的各项工作。

一、完善地方志工作长效机制

2010年，市和各县（市、区）年鉴编纂经费均列入了政府年度财政预算。五华、蕉岭、大埔、梅江区增加了办公场地，增加了电脑、打印机、数码相机等办公设备。

二、全面、高质量推进第二轮方志编修工作

1、《梅州市志》（1979～2000）多次修改，至2010年5月形成《梅州市志》（终审稿）。7月，省地方志办公室复审小组同意呈送终审。10月22日，省政府召开《梅州市志》终审会议，认为《梅州市志》基本达到出版要求。会后根据省地方志书审查委员会委员意见进行修改，于12月中旬送方志出版社出版。

2、县级志书审查。至2010年底，全市各县(市、区)志均通过复审、终审，位居全省第一。

三、按时按质完成年鉴编纂任务

《广东年鉴·2010》梅州部分编纂按时按质完成。《梅州年鉴》及各县（市、区）《年鉴》编纂，除丰顺二年一鉴外，市和其他各县（市、区）均一年一鉴，在全省保持领先位置。

四、开展地方志信息化建设

1、充实方志馆藏书。至2010年底，征集写梅州的书和梅州人写的书2000多册，收集全国客家地区史志资料和收集整理志书、年鉴、牒谱等，均进行分类收藏、整理。

2010年4月1日，市政府召开全市地方志工作会议，图为副市长陈丽霞为2009年度全市方志系统先进集体和先进个人进行颁奖。（黄智福 摄）

2010年3月，市方志办对各县进行第二轮修志督查，图为市方志办主任丘洪松带队到五华县督查。(黄智福 摄)

2、建立地情网站。2010年，结合省地情三级网站建设，市及所属县（市、区）全部建立地情网站，与全省市级以上地方志部门联网，同时向社会开放。

五、开发利用地方志资源

1、2010年11月27日与梅州日报社联合主办纪念古直诞辰125周年系列活动。

2、为市委宣传部《客家文稿》、为市城乡规划局《梅州传统客家民居》提供修改建议，参加市城乡规划局主持的“梅州世界客都大道入口广场城市雕塑设计方案”评标工作等。

3、指导和参与编纂完成《梅州城市市政公用事业志》。

六、扶贫“双到”工作

至2010年底，帮扶梅江区城北镇杨文村，55户贫困户人年均纯收入2500元以下33户75人，2501～3000元6户31人，3001元～3500元5户11人，3500元以上11户33人；入股分红农业龙头企业，使村级集体经济收入达到三万元以上。

2010年6月2日，梅州市第二轮修志第一部出版发行的志书《梅县志》（1979～2000）举行首发式。（梅县方志办提供）

2010年7月1日，举行特殊党日活动，组织杨文村村干部、村民组长和贫困户，到蕉岭县三圳镇参观。（黄智福 摄）

2010年11月27日，市方志办、梅州日报社联合举办纪念客家先贤古直诞辰125周年系列活动。（高迅 摄）

扬帆起航的梅州市招商和经济合作局

2011年8月，为适应新形势下的新要求，市委、市政府高度重视，将原市招商局与经协办的职能进行整合，新组建了市招商和经济合作局。

新起点开启新征程，新机遇促进新跨越。新组建的招商和经济合作局职能更强、责任更重，承担着统领、指导、协调全市招商引资和对口帮扶、区域合作等工作。在市委、市政府的坚强领导下，全局上下必将同心同德、务实创新，在思想上更合心，在工作上更合力，在行动上更合拍，严格按照市委五届八次全会“打好三场硬仗、突破三项重点、实现一个确保”的工作部署和李嘉书记“以百分之二百的精力抓好招商引资”的工作要求，全力打好招商引资这场硬仗，我市招商引资和经济协作工作一定能够创造出更加出色的业绩，为我市加快产业结构调整、转化优势资源、促进产业聚集，“全力加快绿色的经济崛起，建设富庶美丽幸福新梅州”作出更大的贡献。

梅州市招商和经济合作局
联系电话（传真）：2188381
局长：陈志宁

市委书记李嘉（前排中）到梅州经济开发区调研

朱泽君市长、陈志宁局长会见光大集团投资考察团

在第五届海峡两岸客家高峰论坛上，我市成功签约项1002亿元

市招商和经济合作局局长、梅州经济开发区管委会主任陈志宁（中）赴深圳龙岗考察海航集团城市综合体项目

中华人民共和国民政部
Ministry of Civil Affairs of the People's Republic of China

先行先试 抢抓机遇
全力推动民政民生建设创新路

李嘉书记与省民政厅刘洪厅长探讨加快梅州民政民生建设事宜。

梅州市民政局率先全市举行“广东扶贫济困日”捐款仪式，黄会康局长带头捐款。

国家民政部部长李立国听取梅州市争创“全国双拥模范城”工作情况汇报。

广东粤东救灾物资储备仓库建成投入使用。

2010年来，60多项工作和个人获部、省表彰，多篇工作经验和理论文章获省以上表彰和奖励，工作得到民政部李立国部长、省厅和市主要领导的肯定和基层群众的好评。

（一）扶贫济困捐助工作全省领先。一是组织工作全省领先。二是接收捐款全省领先。已经市、县审计核定2.03亿元（含认捐），一度在全省地级以上市排名第二，其中市直3099万元，超过市委、市政府原预期计划。

（二）低保救助制度进一步完善，连年获省奖励。低保实现全面扩保，全面完成农村年人均纯收入低于1500元的困难对象纳入低保救助的任务。调整低保标准，积极推进分类施保工作，完善城乡特困群众医疗救助制度。低保工作在2009年获省390万奖励金的基础上，2010年底又获省683万的奖励。

（三）积极争创“全国双拥模范城”。各项主要工作基本完成。特别是李嘉、朱泽君、邓建华等党政军主要领导拜访民政部李部长，专题汇报市双拥和民政工作，得到充分肯定，为市争创“全国双拥模范城”打下较好的基础。

（四）福彩发行再创佳绩，提前四个半月领先全省完成任务。2010年8月份已率先全省超额完成省下达的年度任务，全年福彩销量突破2亿元，完成任务率在全省排第二位。

（五）不断完善农房统保制度。2008年，在全省率先建立政策性农房免费统保制度，并不断修改完善，2010年全市共赔付农户2400多户、理赔资金539.7万元，比2008年增加388万元，受灾群众增加大实惠。

（六）市级民生重点项目建设全面加快，救灾能力明显增强。市民政局争取中央、省计划外项目资金1600多万元兴办的四个民生项目中，粤东救灾物资仓库已建成投入使用，2010年6月份省已进库几千万元物资，并在“狮子山”台风灾害中发挥大作用，半天时间就从该仓库调运2000床棉被等救灾物资到丰顺县，其他粤东受灾区也及时得到该仓库发出的救灾物品。

（七）多项工作获部、省肯定表彰。全市民政工作60多项工作获表彰。一是市民政局等3个单位（个人）被民政部评为全国五保供养工作先进；二是是老年文艺调演获省金奖、铜奖各一个；三是梅江区等四个县（区）被省命名为村务公开民主管理示范县，全市还有21个社区被省命名表彰为六好平安和谐社区；四是市局被市委、市政府、军分区评为爱国拥军模范单位；市局被市委、市政府授予落实科学发展观先进单位。五是多篇工作经验和理论文章获省以上表彰和奖励等。

此外，基层民主政治和平安社区建设，社会组织管理，为老服务，婚登，殡改，创卫等各方面工作都获佳绩。

市供销合作社积极构建现代流通网服务"三农"
全省系统综合业绩考核一等奖"五连冠"

2010年全市供销合作社系统经营总额364993万元，同比增长12.9%；338家农民专业合作社实现助农增收1.26亿元……凭借优异成绩，梅州市供销合作社荣获2010年全省供销合作社系统综合业绩考核一等奖，至此，连续五年获得全省供销合作社系统综合业绩考核一等奖。

近年来，市供销合作社紧紧围绕市委、市政府提出的“推动绿色的经济崛起，实现科学发展”战略，抢抓机遇，攻坚克难，加大改革发展力度，积极参与和推进农业产业化经营，率先在全省供销合作社系统中创新“联合发展”模式——与省供销社合作共建农村梅州市现代流通网络体系示范点，为全省供销社系统建设农村现代流通网络体系作出了典型示范，为促进农业增效、农民增收和助推梅州绿色的经济崛起作出积极贡献，得到省供销合作联社的充分肯定。

市供销合作社按照市场经济规则，建立现代企业制度，大胆吸纳社会法人和自然人投资入股，先后组建了7家有限责任公司，培育13家龙头企业，建立农家店1169家、配送中心5家,累计组建农民专业合作社338家（其中14家入选全国总社“千社千品”富农工程，2家被评为全国总社示范专业合作社，111家被评为省级示范专业合作社），入社农户21678户，带动农户80264户。随着梅州供销合作社加快构建运转高效、功能完备、城乡并举、工贸并重的农村现代经营服务新体系，梅州市农村初步构建了日用消费品下乡、农副产品进城的“双向流通”网络，有效地解决了农民“买难”和“卖难”问题，取得良好的社会效益和经济效益，2007年以来全市供销合作社系统经营总额年均递增20.3%，平均每年实现助农增收1亿元以上，2010年利润总额比2007年翻一番，累计偿还历史债务5.75亿元、占总债务的75%。

市供销社积极构建农产品现代流通网络图为梅州裕民农产品有限公司开业揭幕

市供销社积极开拓农产品销售市场图为该社与广州市社签订销售农产品战略合作协议

市供销社与广东天保公司签订共建梅州再生资源现代流通网络战略合作协议

梅州市经济和信息化局

2010年，在市委、市政府的正确领导下，坚持以科学发展为主题，以转变经济发展方式为主线，以加快产业转型升级为核心，以新的思维超前谋划、抢抓机遇、扎实工作，集聚全力过好队伍建设、经济运行、结构调整、节能降耗、招商引资、国企改革“六个关”，推动了工业商贸经济和信息化建设的跨越发展。全市规模以上工业完成增加值164.33亿元，增长18.7%，位居全省第13位。完成工业总产值458.77亿元，增长25.2%，实现了提档进位。全年完成工业投资63.43亿元，增长18.8%。万元GDP能耗下降3.23%，“十一五”期间万元GDP能耗累计下降16.98%，超额完成省下达的下降16%的任务。完成社会消费品零售总额319.05亿元，增长19.4%。

2011年，围绕市委、市政府工作部署，突出“五抓五促”：抓目标、促增长，抓招商、促发展，抓降耗、促淘汰，抓科技、促转型，抓服务、促转变，全力推动各项工作。积极开展“全省经信一家亲”活动，主动与省内外大型企业对接，成功引进了梅州华兴精铜、柳菱宏通、嘉睿电子等项目，实现招商引资新突破。积极发挥部门职能作用，全力以赴做好参评竞标省工作，广州（梅州）产业转移工业园成功竞得全省十个重点园区之一。积极落实“省市共同推进传统产业转型升级行动方案”，推进“省市共建战略性战略性新兴产业（高端电路板）基地和“循环经济工业园”建设。积极推进广晟梅州中国南方稀土科技城建设，努力打造成为“国际知名、国内一流、广东唯一”的战略性新兴产业示范基地。继续稳步推进国企改革，加快信息化建设步伐，促进工业化、信息化、城镇化、国际化、生态化“五化”融合发展，不断创新企业服务形式和内容，促进机关作风建设，确保“十二五”工业经济开好头、起好步，为实现梅州绿色的经济崛起、建设富庶美丽幸福新梅州作出更大的努力。

联系地址：梅州市江南署前路6号
邮政编码：514023
联系电话：(0753)2251366
传　　真：(0753)2251362
单位负责人：管金华

管金华局长在节能监察中心挂牌仪式上致辞

省经信委副主任毕志坚、市政府副市长陈建青为节能监察中心成立揭幕

梅州市经济和信息化局办公大楼

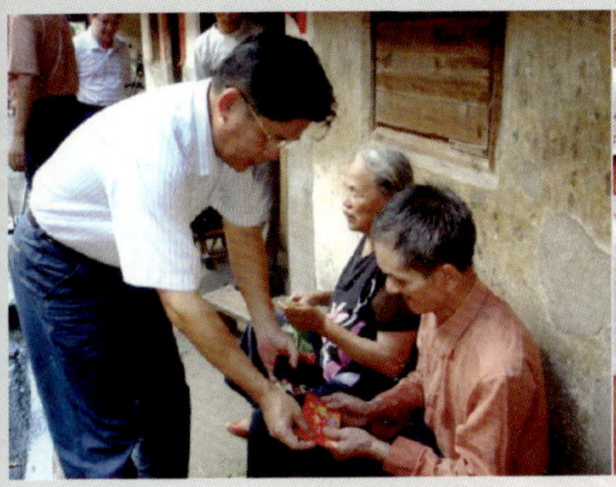

梅州市安全生产监督管理局

梅州市安监局承担指导协调全市安全生产工作，依法行使综合监督管理职权，依法监督管理非煤矿山、危险化学品和烟花爆竹安全生产工作，承担市安全生产委员会的日常工作等14项工作职责。

“十一五”期间，我局在市委、市政府的正确领导和省安监局的指导支持下，深入实践科学发展观，坚持安全发展，立足预防为主，强化综合监管，巩固和发展了我市安全生产的良好形势，为梅州实现绿色的经济崛起提供了良好的安全生产环境。2010年全市发生各类生产安全事故295起、死亡176人，与2005年发生各类生产安全事故642起、死亡497人对比，分别减少了347起和321人，各类事故死亡人数降幅大大超过全省平均水平。

2010年，我市各类事故死亡人数控制首次位居全省之首；地方党政领导干部安全生产“一岗双责”试点工作经验首次在全省全面推广；全市杜绝了重特大生产安全事故，消防火灾领域杜绝了较大伤亡事故，危化品、烟花爆竹、民爆器材、水上交通、特种作业等行业（领域）杜绝了人员死亡事故。一是标本兼治，全力落实安全生产监管责任和企业主体责任，全市建立起市县镇村四级监管巡查队伍，市委、市政府出台了安全生产“一岗双责”意见。二是打防结合，全力抓好隐患排查和“打非治违”。全市整治隐患9182项，查处各类违法行为25万多宗，培训“三项岗位”等人员3万多人，安全生产应急救援指挥中心投入使用。三是统筹兼顾，全力完成市委市府中心任务。扶贫“双到”工作被市委市政府和梅县县委、县政府分别评为先进单位。

梅州市安监局办公室

二〇一一年四月二十五日

单位地址：梅州市彬芳大道47号
负 责 人：卜勇祥
联系电话：2262625
传真电话：2302129

充分发挥技术支撑作用 保障梅州特种设备安全

广东省梅州市特种设备检验所（以下简称特检所）于1982年经原梅县地区编制委员会批准成立梅县地区锅炉压力容器检验所；于1988年经原梅县地区编制委员会批准更名为"梅州市劳动安全检测站"，隶属于梅州市劳动局;1999年整体划转到梅州市质量技术监督局，是梅州市质量技术监督局直属公益性事业单位。

特检所以法律法规为依据，以技术为手段，致力于特种设备的监督检验、在用定期检验以及各种委托检验，为产品质量、安全生产和技术进步服务；承担特种设备安全监察和质量监督中的技术性、组织性和事务性工作，是特种设备安全监察行政立法和执法的技术支撑。特检所依照有关法律、法规，从事特种设备的法定检验、委托检验、技术鉴定、安全评定、失效分析、技术服务。

特检所具有独立法人地位，现有职工26人，专业技术人员占职工总人数90%以上，固定资产400多万元，拥有各种国内外先进检验检测仪器设备200多台套。特检所于2010年通过国家质监总局资质鉴定复审，获得国家质量监督检验检疫总局颁发的《中华人民共和国特种设备检验检测机构核准证》，是国家授权的锅炉、压力容器、压力管道、电梯、起重机、场（厂）内机车的法定检验机构。

2010年全市有注册特种设备5000台套，在用特种设备3900台套，至2010年底共检验在用特种设备3795台套；检验覆盖率达到97.3%，有效确保全市特种设备安全运行，为梅州特种设备安全工作做出了应用的贡献。

杨维勇

领导班子在研究部署工作

所领导班子检查锅炉水（介）质检验工作

梅州市疾病预防控制中心

抓好免疫规划 建设健康梅州

自1978年实施免疫规划以来，通过落实预防接种，全省共减少麻疹、百日咳、白喉、脊髓灰质炎、结核、破伤风等疾病发病1320万多人，减少死亡48万多人。梅州市连续17年保持无脊髓灰质炎状态，十多年无白喉、百日咳病例报告，全市麻疹疫情大幅下降，5岁以下儿童乙肝表面抗原携带率显著下降，流脑、乙脑等发病率稳步下降，疫苗可预防传染病得到很好的控制。

2010年“消除麻疹，控制乙肝，你我共参与”预防接种宣传周活动现场

按照国家和省统一部署，梅州市于2008年9月1日实施扩大免疫规划，免疫规划疫苗种类由7种逐步扩大到目前13种，预防的传染病由8种增至12种，免疫规划服务内容得到进一步拓展。2010年全市儿童卡介苗、脊灰、百白破、白破、麻疹、乙肝、乙脑等儿童免疫规划疫苗的接种率均达到95%以上。

梅州市免疫规划疫苗（一类苗、免费）13种，：乙肝疫苗、卡介苗、脊灰疫苗、麻疹疫苗、麻腮风疫苗、麻风疫苗、麻腮疫苗、乙脑疫苗、白破疫苗、无细胞百白破疫苗、甲肝疫苗、A群流脑疫苗、A+C群流脑疫苗。二类疫苗有：水痘疫苗、口服轮状病毒疫苗、Hib疫苗、狂犬疫苗、肺炎疫苗等，属公民自愿自费接种的。不管是一类苗还是二类疫苗，预防疾病的作用是同等的，均是疾病预防控制所需要的。

在各级政府的重视领导下和社会各界的大力支持下，通过疾控工作人员的共同努力，梅州市免疫规划工作取得了显著成效。市疾控中心被省卫生厅评为“2009、2010年度麻疹防控优秀单位”。

单位地址：梅州市华南大道138号
负责人：邹兴梅
电话：2326862
传真：2326819

陈丽霞副市长（左二）在市疾控中心邹兴梅主任（左一）陪同下，到梅江区检查儿童免疫规划工作。

梅州市卫生局张奕明局长（左二）、市疾控中心杨劲英副主任（右一）检查疾控责任制落实情况

2010年梅州市疾控工作责任制考核（蕉岭）现场会

建设平安名城 服务绿色崛起

——梅州市公安局梅江分局

梅江分局坚持严管、严防、严查、严打相结合，不断夯实治安管理基础，从源头上遏制违法犯罪活动和重大事故的发生。图为市公安局副局长兼梅江分局局长王成首亲临一线检查指导特种行业管理工作。

2010年，梅江公安分局党委带领全体民警，在各级党委、政府和上级公安机关的正确领导下，以科学发展观为指引，正确把握新形势下平安建设的新要求、新挑战，以“平安亚运、平安梅州”为目标，紧紧围绕亚运安保等公安中心工作，通过全力创建“长安杯”，实现了社会持续平安稳定；通过全力深化社会管理“六项创新”工作，努力将创新成果转化为战斗力，大大提升了公安机关应对新挑战的新能力；通过深入推进“大走访”开门评警活动，开创了警民和谐新局面，实现了警民关系更和谐；通过积极创新队伍管理新模式，坚持从严治警制度，落实从优待警措施，强化警营文化建设，实现了警心凝聚和警力提升。

梅江分局将公安机关“大走访”开门评警活动视构建和谐警民关系、推动公安工作和队伍建设全面发展的“助推器”，全力开创警民和谐新局面。图为市公安局副局长兼梅江分局局长王成首到社区走访。

面对新形势、新任务和新挑战，梅江公安分局将紧扣“平安建设”这一中心，坚定“落实科学发展观，加快推动梅州绿色的经济崛起”的战略思想，紧紧围绕各项公安中心工作，全警动员，全力以赴，全面提升公安工作水平，以“责任、勇气、智慧、荣誉”的警队核心价值观武装全警，全力推进队伍正规化建设,进一步擦亮“平安名城”金字招牌，全面打造“平安、和谐、宜居、宜业”的城市环境，为建设平安、富庶、美丽、幸福新梅州作出更大贡献。

服务群众

卡点查车

警民联防

张晓辉引领宣誓

兴宁法院审判大楼

全国优秀法院表彰大会

前进中的兴宁市人民法院

兴宁法院处于我省东北部山区，辖17个镇、3个街道办事处，面积二千一百多平方公里，人口110多万。兴宁法院成立于1950年5月1日，是粤东最早设立的基层法院之一。法院现有在编人员129人，其中法官89人。兴宁法院设有刑事审判庭、民商事审判庭、行政审判庭、执行局等17个内设部门和四个派出中心法庭。2010年4月成立兴宁市法官协会。

在党组书记、院长张晓辉同志带领下，兴宁法院新一届班子团结全院干警，始终坚持“三个至上”指导思想和“为大局服务、为人民司法”工作主题，充分发挥审判职能作用，积极推进“社会矛盾化解、社会管理创新、公正廉洁执法”三项重点工作，深入开展“人民法官为人民”等主题实践活动，以“崇德、公正、为民、进取”的院训为工作指引，各项工作上均取得了良好成绩，得到上级的充分肯定。2010年，先后被广东省高级人民法院、最高人民法院授予“全省优秀法院”、“全国优秀法院”荣誉称号。2011年8月，被广东省高级人民法院评为“无执行积案先进法院”。

兴宁法院获颁“全国优秀法院”荣誉称号

兴宁法院坚持“纪律工作抓不好，一切工作都归零”的廉政理念，加强对审判执行的全方位监督，构建廉洁司法、公正执法的良好氛围，近13年来，兴宁法院没有出现过违法、违纪的和人事。兴宁法院坚持抓好审判执行职能，2010年里，共受理各类案件4500件，结案4484件，结案率达99.6%。兴宁法院坚持创新进取，不断推进审判方式改革和积极探讨司法为民的途径方式，大力开展量刑规范化、主动执行、巡回审判等工作。竭力化解民事矛盾纠纷，率先成立“劳动争议巡回法庭、三固定乡镇民事纠纷巡回法庭”，自2010年至2011年6月，调撤民事纠纷3676件，调撤率达86%，居梅州各基层法院前列。兴宁法院大力开展司法公开工作，打造“阳光法院、阳光审判”，广纳善言，院长张晓辉同志经常带领院党组成员走访人大代表、政协委员和人民群众，听取他们对法院工作的意见和建议。兴宁法院在硬件基础较薄弱的情况下，结合客家特色和自身的特色，建设法院文化，设立院史荣誉室、图书阅览室、文化长廊、党员活动室、干警书画摄影作品展、多功能视频放影厅、主题文化墙等多种载体，开展文体活动，提升干警综合素质，使干警的情操得以升华，达到以法院文化建设促进队伍建设、促进审判事业的目的。兴宁法院将紧紧围绕“为大局服务、为人民司法”工作主题，为梅州“绿色的经济崛起”和建设“美丽富庶幸福新梅州”而不懈努力。

兴宁法院团结务实的党组成员

兴宁市气象局

兴宁市气象局始建于1958年8月，主要业务范围包括气象探测、气象通信、气象预警预报及环境气象预报制作和发布、气象防灾减灾、气象科技服务、防雷安全管理、人工影响天气、气象影视制作、重大项目规划气候风险评估等。

近年来，兴宁市气象局在上级气象部门和地方党委、政府的正确领导下，牢固树立"公共气象、安全气象、资源气象"的发展理念，坚持"以人为本，无微不至，无所不在"的服务宗旨，把加强气象现代化建设，切实提高预报准确率作为工作的重中之重，通过提升服务能力、优化服务手段和拓展服务方式，使气象服务以“更准、更快、覆盖面更广”的特点走进政府各级部门，走进千家万户。由于各项工作成绩突出，兴宁市气象局先后被中国气象局评为“全国气象部门廉政文化示范点”，被广东省气象局评为“新型台站”、被梅州市政府评为“文明单位”，被梅州市气象局评为“先进单位”、被兴宁市委市府评为“先进基层党组织”、“文明机关”。

2010年，兴宁市气象局大力开展观测环境综合改造，解决了探测环境保护问题，升级完善了气象灾害预警平台，进一步提升了气象服务及防灾减灾能力，通过深入开展创先争优活动，内强素质、外树形象，为绿色经济崛起、建设富庶美丽幸福新梅州提供最优质的气象服务。

气象观测业务楼启用

气象文化书画展室

兴宁市气象局
地址：兴宁市兴城镇兴田二路
电话：3391638
传真：3386700
负责人：张华江

现代气象预警业务平台

花园式观测环境

广东省蕉岭县林业局

镇山森林公园胜利通过国家级评审

长潭省级自然保护区风貌

做强做大名贵树木产业

大力扶持发展毛竹产业

蕉岭县是广东省南岭山地森林生态及生物多样性功能区三个示范县之一，全县有林业用地面积115万亩，森林覆盖率78.9%，活立木总蓄积576万立方米。辖区内有镇山国家森林公园、长潭省级自然保护区、皇佑笔市级自然保护区。

多年来，我县被国家和省评为“全国造林绿化百佳县”、“全国林业生态建设先进县”、“全国绿化模范县”、“全国森林防火工作先进单位”、“全国生态文明县”、“全国文明县城”、“广东省林业生态县””和“广东省林业工作先进集体”。

蕉岭林业坚持以现代林业理念为指导，以保护和改善生态环境为重点，大力调整林业产业结构，不断优化城乡生态环境，取得了明显成效，为推动我县经济社会发展发挥了重要作用。近两年来，县委、县政府十分重视林业生态建设和人民生活的改善，先后出台了《关于扶持毛竹产业发展的决定》（蕉委发〔2008〕3号）、《中共蕉岭县委、蕉岭县人民政府关于扶持发展名贵树木产业的决定》蕉委发[2008]23号，通过大力扶持发展名贵树木、毛竹等产业，引领群众发展富民产业增收致富，促进农村经济发展，扎实推进新农村建设。现已种植珍稀名贵树木三万六千多亩、毛竹林面积现已达到15万亩，初步实现了生态良好、生产发展、生活富裕、人与自然和谐相处的林业生态环境。

今后蕉岭林业将以生态建设为中心，加强保护和培育森林资源，弘扬生态文化，发展生态旅游，努力构建和谐统一的生态林业、生态文化和林业产业三大体系，全面推进林业现代建设。

单位名称：广东省蕉岭县林业局
单位地址：广东省蕉岭县蕉城镇向阳路
联系电话：0753-7872726
法人代表：温裕良

长潭风光

长潭镇位于蕉岭县城西郊，石窟河贯穿全境，东与蕉城镇隔河相望。全镇行政区域面积91.59平方公里，下辖白马、新泉、高陵、麻坑、长潭、长东、百美、神岗、堑垣、浒竹、上村11个村委会和1个居委会，2010年底全镇户籍人口18186人。有长潭国家4A级旅游景区和长潭省级自然保护区。境内资源丰富，长潭库区林场、长潭电厂、闽粤赣释迦文化中心、一线天瀑布、长潭水库、蓬莱仙境、高台庵、桫椤珍稀园、澳洲山庄、水上农家乐等多个自然人文景点。

生机勃勃的名贵树木基地

近年来，我镇紧紧围绕县委、县政府实施“经济宽裕县、环境友好县、文化先进县、社会和谐县”“四个县”发展战略和“发展、富民、保平安”工作思路，以打造独具魅力的旅游专业镇为目标，抢抓机遇，加快发展，全力推进绿色的经济崛起。我镇先后获得“广东省教育强镇”、“广东省教育强市先进集体”、“梅州市党员干部下访先进集体”、“梅州市人口与计划生育目标管理责任制考核优秀达标单位”、“梅州市人口与计划生育工作先进单位”、“梅州市平安家庭创建活动先进示范镇”、“梅州市体育先进镇”、“梅州市五四红旗团委”、以及“蕉岭县文明镇”等县级先进单位荣誉称号，长潭旅游区还被评为“国家4A级景区”。2010年，全镇生产总值达2.29亿元，农民人均纯收入7087元。

优美、便民的办公环境

下一步该镇总的工作思路是：我镇坚持以科学发展观为指导，以转变发展方式为主线，以培育绿色产业为核心，以优化发展环境重点，以改善民生为根本，以和谐稳定为保障，大力推进“四个镇”战略。积极响应县委、县府发展名贵树木种植的号召，把名贵树木产业打造成产业特色、群众致富的支柱产业。发挥自身资源优势，改造提升竹制品、水电、酿酒、有机农业等优势产品，大力培育特色产业。开发生态人文资源，打响长潭旅游品牌。加强基础设施建设，优化村居环境，创建文明镇、村，确保社会政治稳定，人民群众安居乐业，各项事业科学协调发展。

地址：石窟河桃源西路（堑垣禾坪）
电话：0753—7851859
电传：0753—7850478
单位负责人：谢志鸿（党委书记、人大主席）

秀丽的长潭山水

蕉岭县广福镇公推直选镇党委领导班子

党员大会现场

党员进入会场

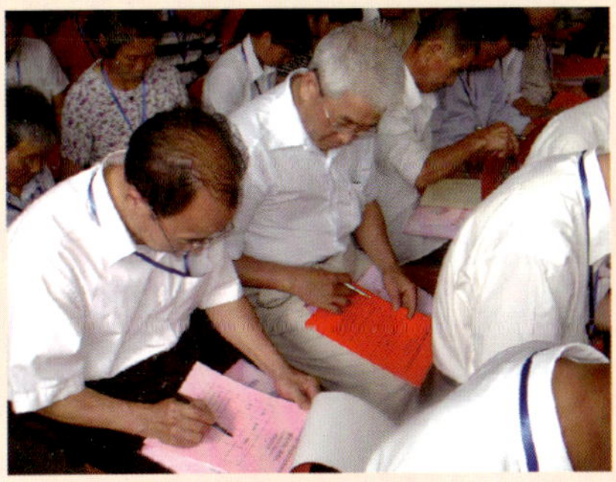
党员填写选票

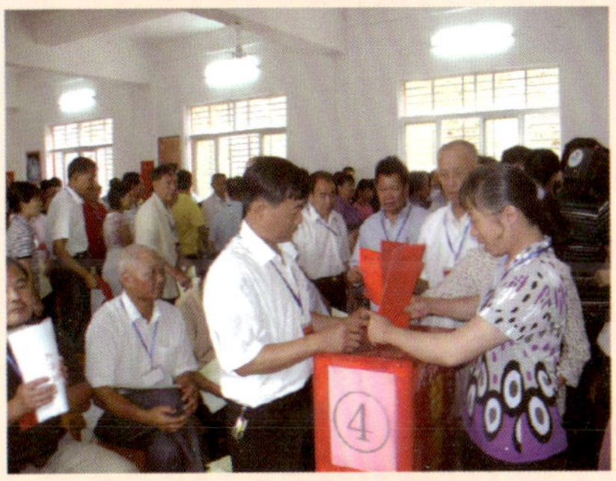
党员投票

2011年6月12日上午，蕉岭县广福镇共有525名党员投下宝贵的选票，在全省第一次直接选举产生了乡镇党委领导班子，创造了广东干部人事制度改革的新历史。

根据蕉岭县县委的部署，广福镇被定为在全县范围内公推直选镇党委领导班子试点单位。公推直选工作从5月中旬开始，经过公开报名、资格审查、公开推荐、对象公示、组织考察、县委常委会差额票决、试岗调研、差额直接选举等环节，至6月中旬完成。被定为公推直选试点以来，该镇在上级有关部门的具体指导下，坚持公开、平等、竞争、择优的原则，充分尊重党员干部群众的民主权利，严格按照制订的工作方案的要求、步骤和程序，加强组织领导，加大宣传力度，严肃工作纪律，认真组织做好公推直选各项工作。

全县共有53名符合条件的干部参加竞选，通过县、镇公开推荐、县委组织部考察、县委常委会差额票决等程序，差额产生了14名党委班子候选人，其中党委书记、副书记（镇长人选）、专职副书记2选1，党委委员8选6。6月12日上午，广福镇召开全体党员大会，应到会党员534名，实到会党员525名，参会率达98.3%。大会严格按照党内选举的有关程序，差额直接选举产生了9名镇党委领导班子成员和5名镇纪委班子成员。其中党委书记、副书记和纪委书记均为连选连任，且以高票当选。

新一任广福镇党委、纪委领导班子的顺利选举产生，创新了干部选拔方式，丰富了党内直接选举方法，增强了新一届班子成员的责任感和使命感，为“打造闽粤边陲重镇，建设宽裕宜居幸福新广福”提供了坚强的组织保证。

动员大会

梅州市曾憲梓中學

——打造特色名校 构建和谐校园

2011年3月底朱泽君市长来校视察

广东省2010年普通高中教师职务培训校本培训现南瓜会

教师进行电化教学

梅州市曾宪梓中学创办于1993年，是原全国人大常委会委员、香港金利来集团有限公司董事局主席曾宪梓博士捐资兴建,为市直属公办全寄宿制重点高中，广东省一级学校。现有高中班级37个，学生2032人，教职工152人，其中高级职称56人。

学校位于江南城区，占地面积70789平方米，环境优美，布局合理。多年来，学校不断完善教育教学、办公、生活设施和设备。建有千兆校园网和现代化校园智能广播系统，拥有58个多媒体教学平台以及计算机、实验、语音、电子阅览室等各种设备先进的专用课室，基本实现了教学、管理信息化、数字化。

办学18年来，学校根据“面向全体、全面发展”的办学理念，以"高品味、高质量、有特色"的办学目标，始终遵循“勤俭诚信、自主发展”的校训，全力打造出“以宪梓精神激励人，以自主发展塑造人，以心理健康教育完善人”的鲜明办学特色，取得了显著的办学成果：连续15年高考取得大面积丰收，应届毕业生（含择校生）省大专入围率达90%以上，其中本科录取率达75%以上，重点大学录取率达30%以上，曾有多位学生获得语文、物理、历史的全省“单科状元”。学校多次评为广东省“文明单位”，还先后被评为广东省“绿色学校”、“美丽校园”、“体育卫生先进单位”、“中小学心理健康教育示范学校”、“广东省安全文明校园”、“广东省国家级示范性高中”、“广东省普通高中教学水平优秀学校”。

2011年2月念慈科学大楼剪彩曾宪梓讲话

中国农业银行
AGRICULTURAL BANK OF CHINA

梅州分行

【中国农业银行股份有限公司梅州分行】2010年，在梅州市委、市政府和省行党委的正确领导和大力支持下，农行梅州分行紧紧围绕市委市政府“绿色的经济崛起”发展战略目标，以促进当地经济发展为己任，主动作为，锐意进取，加强经营管理，开展金融创新，切实防范风险，有效地推动了梅州农行各项业务持续、稳健、快速发展。年末，全行各项存款余额145.36亿元，比年初增加25.68亿,各项贷款余额58.69亿元，比年初净增12.14亿元，存、贷款市场份额均排在同业第一。

以信贷投放为切入点，积极促进地方经济发展。 一是以“促发展，保民生”为目的，大力发展个人贷款。成立专门的个人贷款集中经营中心。大力发展个人住房按揭贷款，全年个人住房按揭贷款比年初增加2.83亿元，是去年同期增量的三倍，领先当地同业；支持民营企业、个体工商户的发展，发放个人综合授信贷款、个人生产经营贷款，全年个人贷款年增量达6.92亿元，在梅州当地市场中市场份额及增量份额分别为44.18%、42.98%。二是积极探索支持梅州企业发展的新方式。积极支持我市重点项目、工程、企业和产业转移、招商引资等项目。全年累计法人客户投放贷款222笔，金额17.96亿元；积极改进中小信贷业务操作流程。小企业贷款余额比年初增加2.98亿元，缓解了中小企业融资难问题；积极探索业务和产品创新，为梅州上市公司提供了更多的支持和服务。

深化“三农”服务措施，积极履行社会责任。一是制订《惠农卡和农户小额贷款指导意见》，至2010年底，梅州农行小额农贷累计授信10622户达3.1亿元，惠及近3.2万农户，人均近9700元。二是高度重视新农合、贷款贴息等代理项目的拓展。三是认真落实“一县一策”工作方案， 2010年发放涉农贷款近9.6亿元，极大地带动了县域经济特色产业发展。

大埔农行在该县西河镇车龙村开展“送金融知识下乡”活动

以网点综合治理为抓手，切实提高整体服务水平。 一是加快网点装修改造，推进渠道建设。去年累计新建、改建网点9个，安装自助柜员机13台，全行总数达106台。二是加大优化地方金融环境的力度。全年累计投放POS机具574多台、借记卡净增量达11万张、投入转账电话3030部、个人电子银行注册客户比年初增加了两倍达到24.6万户，使梅州市民充分享受到现代金融方便、快捷的服务。三是巩固文明标准服务导入成果。组织神秘人定期、不定期进行明察暗访，确保推动全行服务水平再上新台阶。

农行梅州分行积极开展“送金融知识进社区”

以金融知识普及为目的，多种形式加大宣传力度。 一是积极开展理财知识宣传活动，全年开展了近20场次理财沙龙活动，培养广大市民科学、正确的理财观念和习惯。二是持续为市民提供理财咨询，在《梅州日报》开辟《基金周评》专栏等为市民提供专业理财快讯，协办梅州市广播电视台《财富屋家》、《事事关心》等专题栏目。三是积极开展“送金融知识”下乡、反洗钱、反假货币、征信知识宣传等活动。宣传国家的惠农政策、辨别真假人民币、征信对个人的影响等知识，深受农户的好评与欢迎。

朱泽君市长、叶胜坤副市长到梅州农行指导工作

梅州农行积极支持汽车以旧换新活动

中国移动通信 CHINA MOBILE 移动信息专家

一路为您，

——中国移动通信集团广

与梅州市人民政府签订无线城市战略合作协议

崔志顺总经理为2011梅州龙舟赛点睛

115位学童梅

中国移动广东公司梅州分公司（以下简称梅州移动），1999年1月28日正式挂牌成立，下设7部5中心8个县分公司，拥有员工近900人。从1999年至今，梅州移动以“移动改变生活”为己任，保持了快速稳健发展，是梅州地区开办移动通信业务最早、发展最快的移动通信服务运营企业。

• 用户及运营

2000年梅州移动通信用户数突破10万户，2006年12月跨越100万，截至2011年8月，已超过220万户；2010年完成折前收入近12.4亿（向地方政府纳税2500万元）。

• 基础网络建设

梅州移动全力推进“TD+WLAN+EDGE”的立体无线网络覆盖建设，实现全市各大高校及景区100%信号覆盖，本地网覆盖率超过99.9%，梅州市区WLAN热点区域全覆盖。

• 信息化建设

（1）深化政企合作

2009年6月，中国移动广东公司与梅州市人民政府签订了战略合作协议。

2011年5月26日，梅州市人民政府与中国移动广东有限公司联合举办了“无线城市战略合作协议签约暨正式启用仪式”，广东移动将在五年内投入15个亿致力于梅州无线城市建设，仪式的举行标志着无线城市平台正式投入使用，开启了梅州信息化建设的新篇章。

（2）政务信息化

围绕市委市政府建设“效能政府”、“阳光政府”的工作部署，开展了梅州市政务OA、梅州市应急平台、梅州市行政服务中心信息化集成项目、省电子监察8个子系统接入项目、市公安OA协同办公平台、梅州市民声平台、梅州市政府门户WAP建设等项目，政务信息化建设覆盖市级各政府单位，用户数达3000余人，形成梅州市“电子纪检监察平台、政务OA平台、应急指挥平台”三足鼎立之势，全面推动梅州市政务信息化向纵深发展。

移动改变生活

东有限公司梅州分公司简介

情会亲结对受助

2011年新年音乐会

爱心义卖迎“广东扶贫济困日”

（3）行业信息化

教育信息化：为学校引入“平安校园”视频监控，校讯通应用覆盖了全市92%的城乡学校，为40多万定制用户提供校园信息化服务。

医疗信息化：携手梅州市大医院推出医讯通、预约挂号等应用，为广大患者提供了一条求医问药、医患互动的绿色通道。

商家联盟建设项目：集“吃、住、行、娱、购、游”六方面大型商家优惠信息于一身，为民众提供物超所值的产品和服务，为商家带来优质客户和良好宣传。

“旅游通”平台：助力“客家生态旅游示范区”和“梅州客家旅游特色区”建设，推广客家特色旅游。

农信通：为梅州11万用户免费提供栽培技术、农业政策、市场行情等信息。

（4）数字民生

便民通道：为市民提供了每月水电费、社保、公积金缴纳情况的手机、网络查询方式。

一卡通：实现身份识别、商品购买等功能，先后在梅州市委食堂、畲江工业园食堂等8家政企单位的开展了项目建设。

就业通：有效解决“找工难”和“招工难”问题，通使用以来注册用户达1.66万名，登录达10.7万人次，成功创造就业机会达6700多个。

● 社会责任

梅州移动在关注业务运营的同时，以信息化手段传递关爱、传递财富、传递和谐，积极履行社会责任，关心关注社会公益事业。创新开展文化梅州八项工程，新年音乐会等系列主题活动深入民心，获得委市政府高度赞誉。积极开展、参与“贫困母亲帮扶计划”、“梅城会亲”、“广东扶贫济困日”捐助等社会公益活动，全情开展扶贫开发工作，年均公益事业投入超百万元，彰显了“正德厚生 臻于至善”责任型企业社会形象。

广东塔牌集团股份有限公司

塔牌 TA PAI

广东塔牌

广东塔牌集团股份有限公司（下称“公司”）是一家被列入国家重点支持发展和《广东省建材行业结构调整实施方案》鼓励扶持发展的以水泥为主业、跨地区、跨行业、关联多元化发展的梅州市骨干企业集团之一的大型企业集团。

目前已形成广东惠州、梅州、福建武平“三大”水泥生产基地，拥有9个大中型熟料、水泥生产企业，资产总额48亿元，水泥生产规模1100多万吨，员工3000多人，其中管理和技术人员800多人。

公司产品“塔牌”水泥先后荣获“国家质量免检产品”、“全国用户满意产品”、“广东省名牌产品”、“广东省著名商标”等荣誉，在粤东地区是广大用户的首选品牌，并畅销深圳、广州、东

三角发达城市，以及福建、江西毗邻省的部分地区，成为高速公路、水电大坝、铁路、机场和高层建筑等大型工程、重点工程和搅拌站市场指定专用建筑材料。

为进一步贯彻落实国家和省、市行业产业结构调整政策和规划，塔牌集团制定了“十二五”发展目标：水泥生产规模力争实现2000万吨以上，资产总额实现60亿元，年销售收入和利税分别实现60亿元和10亿元，力争保持广东行业第一的优势，保持中国水泥行业十强行列。目前，塔牌集团正抓住水泥行业产业升级的历史性机遇，充分利用公司地处粤闽赣三省交界处以及当地石灰石资源丰富的地理优势，继续构建和优化产业布局，在巩固并扩大粤东市场占有率的基础上，实现市场区域向珠江三角洲的纵深拓展和向闽赣等周边省份的辐射。

2003年10月，中共中央政治局委员、广东省委书记张德江到塔牌视察

2004年3月，黄华华省长到塔牌考察时与钟烈华董事长亲切交谈

2004年5月，谢强华副省长到塔牌视察

塔牌员工住宅小区

梅县雁南飞茶田景区

国家5A级旅游景区——梅县雁南飞茶田景区位于叶剑英元帅的故乡，是广东宝丽华集团有限公司投资开发的一个融茶叶生产和旅游度假于一体的开放式旅游景区，雁南飞茶田以源远流长的客家文化、博大精深的茶文化和生态优美的旅游文化为内涵，兴建的最有客家特色的围龙大酒店、围龙食府荣获中国建筑工程最高奖——鲁班奖。赏心悦目的自然环境和园林艺术，传统与现代相得益彰的围龙屋建筑，精彩优美的客家歌舞和茶艺表演，可口的客家美食，吸引了无数海内外游客前来休闲度假，雁南飞先后荣获国家5A级旅游景区、全国精神文明建设先进单位、全国模范劳动关系和谐企业、全国五一劳动

彩 茶

奖状、全国青年文明号、国家建筑工程“鲁班奖”、全国绿化模范单位、全国农业旅游示范点、中华餐饮名店、全国三八红旗先进集体等二十多项荣誉称号，先后接待了很多党和国家领导人以及四海宾朋，成为客都梅州最具代表性的城市客厅和城市名片。

云雾缭绕的雁南飞

雁南飞神石

嘉州
嘉州红茶
传承客家文化
打造客家品
嘉州 红茶坊
加盟热线：4006992611
茶
广东昌恒农业开发有限公司
公司网址：www.gdchny.com
旗舰店电话：0753-2256722　地址：梅州市嘉应东路4号

嘉州红茶

JAZHOUHONGCHA

梅州旗舰店

嘉州红茶梅州旗舰店-嘉州茶友会所，会所内全部选用鸡翅木、黄花梨家俱古朴高雅，琴声古乐，小桥流水，泼墨书香，翠竹倚墙，是茶友品茶、聊茶、玩茶的高端茶友会所；店内为您精心准备“嘉州牌”系列高山天然茶，各式特色茶食品、茶点，特色茶艺表演、书画鉴赏、曲艺欣赏、雅座品茗；“一茶一曲一知己，人缘茶缘嘉州缘”，嘉州红茶竭诚邀请您共续茶缘，与您共享嘉州时光。

全国加盟销售热线：400-699-2611

蕉岭县浒竹酒厂

JIAOLINGXIANHUZHUJIUCHANG

蕉岭县农业龙头企业——蕉岭县浒竹酒厂，成立于1986年，坐落在广东省梅州市蕉岭县蕉城镇，厂区占地2万多平方米，年生产能力3千吨，建有稻米、葛根原材料标准化生产基地，拥有国内先进的酿酒生产设备，工艺精湛，技术力量雄厚，被评为广东省酒类产品质量监测单位，是一家具有客家传统特色的米香型白酒和葛根酒生产骨干企业。

“补中益气”作用的糯米，含有大量“黄酮类物质”的葛根，特制的上等酒曲，清澈无染的山泉，客家传承千年的秘方及古法工艺，严格的管理规程，造就了优质酒品—“梅岭情” 糯米白（露）酒和“葛酒”系列产品。所产酒品，诸味协调，丰厚纯爽，极具南酒之醇和、北酒之绵香，是难得的客家特酿佳饮，畅销全国各地，深受广大消费者的欢迎。

作为生产安全健康食品的企业，酒厂秉承“生产优质产品，创造一流企业”的宗旨，严格按照IS09001：2000质量管理体系标准进行生产，采用传统工艺及封闭式无菌灌装操作流程。酒厂先进化验设备齐全，检验程序严密，所产米香型白酒、露酒、葛根酒等产品质量稳定，品质优良，经法定质量检测机构检验完全符合国家食品安全标准。

浒竹酒厂全体员工忠实恪守“以质量求生存，以诚信求发展”的经营理念，与社会各界携手擦亮“梅岭情”、“葛酒”品牌，打造产销一体化的现代产业酒业基地，为蕉岭这颗“客都明珠”添光增彩。

中葛酒

葛原产我国，有关葛文化的记载至少有二千五百年，在古代广为种植，用于治病、酿酒、解酒毒、荒年充饥。《本草纲目》记载：“葛根，气味甘、辛、平，无毒，止渴，排毒，利大小便，解酒，去烦热。”《中药大辞典》载：葛根，具清热解毒，解痉镇痛，升阳解肌，透疹止泻，增加脑和冠状血流，改善脑微循环等作用。临床上用于高血压、高血脂、冠心病、心绞痛、脑血栓、头痛、头晕、颈项强痛、突发性耳聋、肺炎等病，疗效显著。而且葛根中含有的大量黄酮类物质还具有防癌、丰富女性荷尔蒙诱导素和春量素醇（诱导素具有丰胸美容的功效）的作用。

葛酒 露酒

厂　址：蕉岭县蕉城镇叟乐村　　销售电话：0753-7899588

广东省金霖竹业有限公司简介

广东省金霖竹业有限公司创建于2005年8月，是全省唯一一家毛竹深加工企业，生产、研发新型节能环保建材产品和精美环保竹类家居装饰材料及生活用品，是中国优秀民营企业、省级林业龙头企业、省科技节能环保认可单位、市扶贫龙头企业和市巾帼创业示范基地。2009年，公司生产“金霖”牌竹胶合板、竹碳化床席、竹碳化保健枕系列产品，被中国建筑装饰装修材料协会认定为“中国绿色、环保、节能建材产品”；总经理蔡小珊女士被选为梅州市第五次妇代会代表，获得“梅州市巾帼贡献奖”，被中国民营企业家协会授予“中国优秀民营企业家”，2010年度被中国国际经济发展研究中心评为“百名改革创新风云人物”、“中国绿色经济建设百名杰出人物”等荣誉称号。

该公司位于蕉岭县长潭镇，建有厂房占地2万多平方米。企业自办毛竹基地，在蓝坊镇、南礤镇的分厂有多条半成品和产品深加工生产线，年生产加工毛竹15000吨以上，2009年产值达2100万元，实现利税280万元。该公司还采取“公司+基地+农户”的模式，辐射带动蓝坊镇、南礤镇、长潭镇、新铺镇等群众发展毛竹生产和劳动力就业，与当地1500多户老区群众签订了5—10年的长期合作协议，带动农户创收致富。

该公司采用先进的生产经营方式和发展管理模式，与浙江大学、南京林业大学、华南农业大学林学院专家、教授以及相关企业达成长期合作伙伴关系，共同研发、创新、制作竹文化美术精品，竹家居生活用品，竹建筑装饰、装修材料等产品筑材料及竹工艺品，创新竹工艺美术

公司的各类产品

床上用品

竹炭颈椎保健枕

自行车运动爱好者畅游金霖名贵树木基地绿道

农展会实景

2010年5月9日，中国工程院院士、南京林业大学教授张齐生（中）华南农业大学校长陈晓阳（右二），省科技厅副厅长钟小平（左三），蕉岭县县长林建雄（右三），华南农业大学博士高振忠（左一）到公司考察留影。

2011年6月23日省政协副主席、妇联主席温兰子（前左二）到公司视察。

2011年8月22日，省委宣传部副部长、省文改办主任、省文资办主任赖斌（前右一），南方报业传媒集团总经理黄晓东（前左二），蕉岭县代县长陈伟明（右三）等省、市、县领导到公司视察。

2011年11月10日省人大常委会副主任王宁生（前右一）到金霖生态农业参观考察。

产品和竹建筑装饰、装修的材料产品，制作和创作竹文化。产品获得了质监部门的认证和国家级生产认证，被评定名优产品，是梅州市同行业中唯一获认证的企业。金霖竹业产品是目前广东首家生产企业，具有广阔的市场前景，产品已成功进驻国家重点工程建设，如广州地铁、深圳港口、珠海码头、天汕高速公路工程、宝丽华电厂、客天下旅游产业园、特供中建集团东南亚涉外工程等，市场反响良好。

2010年，该公司依托风景秀丽的蕉岭长潭水库景区，利用依山傍水的得天独厚地理位置和借助自身深厚竹文化的优越条件，投资500多万元，发展名贵树木产业和绿道休闲旅游业。目前该基地已发展名贵树木200多亩，种植有香樟、黄花梨、竹柏、罗汉松、萌香等20多种名贵树木，建成青红瓷砖铺基、巨竹做护栏的绿道2公里长，河岸绿道两旁，绿影婆娑，俨然一幅美丽山水景致图。该公司规划下一步将继续扩大基地规模，再扩展200亩名贵树木基地、300亩的现代农业产业园，打造一个竹文化产品展示、名贵树木展示、休闲与观光产业链。

2010年3月3日，总经理蔡小珊获梅州市巾帼贡献奖，接受采访。

公司的各类产品

竹模板

竹工艺产品

竹炭U型保健枕

竹工艺产品

建筑模板

董事长：林建伟 **手机：13902788036**
总经理：蔡小珊 **手机：13923029189**
电话：0753-7511582 **传真：0753-7512923**
邮箱：jljlbc@163.com **网址：http://www.jljlzy.com**
地址：广东省梅州市蕉岭县长潭旅游区

胜顺发休闲山庄

休闲山庄一角

梅县胜顺发休闲山庄是梅州市民城郊休闲好去处

集休闲度假、拓展运动、农事体验于一体的梅县胜顺发庄园被评为广东省星级农家乐，成为梅县首家星级农家乐，梅州市民城郊休闲又有了好去处。

胜顺发休闲山庄位于梅县西阳镇龙坑村，地理位置得天独厚，西接客天下旅游产业园，南与东升工业园为邻，占地面积400多亩。园内群山环抱、碧波荡漾、空气清新，环境优美，种有大量无公害水果、蔬菜，乡土气息浓郁，给人以回归田园之情，极具古香古色乡村风情。园内有综合接待能力的大型度假村依山傍水，客房设计全部为农家木屋，里面设施有水上娱乐运动。山庄为游客提供大量当地特色的农事、民俗文化、观光休闲体验活动，其中农事活动有水果采摘、蔬菜采摘、传统农耕；民俗文化活动有乡村歌舞表演、品茶；观光休闲活动有垂钓、漂流、登山、烧烤、野餐等，还提供全鱼、全鸭、全鹅、全猪、全牛宴等丰富的客家美食和绿色食品农家菜，让游客寄情山水，回归自然。开窗领略大自然，关门尽享豪华居；梦里犹听鸟音脆，醒时顿闻松木香。置身胜顺发庄园，没有都市的喧嚣，忘却尘世的烦恼。

休闲山庄总经理黄忠庆

该山庄最大特点是休闲度假和农事结合，庄园的前途命运和当地的农民收入和农村工作连成一体，以庄园大发展带动当地农户奔康致富。他同时表示，近年来梅州旅游业发展迅猛，该山庄将充分利用被评为梅州首家星级农家乐契机，依托“客天下旅游产业园”及“高观音”圣庙等周边现有景点优势，全力打造国家3A级景区、广东省星级农家乐示范点和梅州市自驾游示范基地，为梅州旅游事业快速健康发展作出积极的贡献。

总经理：黄忠庆
电话：07532881698
传真：07532881698
网址：http://mzssf.kedumz.com

休闲山庄竹楼外景

休闲山庄厢房

休闲山庄住房内设备

休闲山庄全体员工向全世界华人拜年

休闲山庄一角

休闲山庄单体竹楼

客家银行 情系客家

梅县客家村镇银行成立于2010年11月，是梅州首家具有法人地位的商业银行，是广东省中小企业融资服务示范机构。

本行内设综合管理部、会计结算部、信贷管理部、风险管理部、小企业金融服务中心、客户服务中心等6个职能部门，目前辖内有总行营业部、仲元支行和畲江支行等3个营业机构。

本行以“绿色经营、创新服务、稳健发展”的经营理念，热诚为企事业单位和广大群众提供优质高效的存款、贷款、理财、支付结算、代收代付、网上银行、手机银行、银联卡等金融服务。

省市领导为客家村镇银行开业剪彩

宋海副省长出席我行开业仪式并作重要讲话

宋海副省长莅临我行指导并与李东强董事长亲切交谈

朱泽君市长出席我行开业仪式并讲话

叶胜坤副市长率市直相关部门到我行调研

客家村镇银行
HAKKA COUNTY BANK
服务热线：2532666

总行地址：梅州市华侨城宪梓北路50号
仲元支行地址：梅州市仲元东路51号
畲江支行地址：梅县畲江镇家三横街39号

冠力綫藝®
ISO9001認證企業

总经理：钟庆明

企業簡介

Company brief introduction

深圳市冠力綫藝有限公司成立于2004年，是一般納税人企業，現有在職員工500多人，并且2007年在廣東梅州市蕉嶺縣設立分廠，生產車間占地1萬多平方米，員工300多人，目前已成爲總廠的生產基地。公司已通過ISO9001：2000國際質量體系認證和ISO14001：2004衛生環境認證以及美國UL764安規綫束生產認證。全部産品通過美國UL安規認證和加拿大CSA認證并符合歐盟ROHS和REACH環保要求，而且能滿足客户的要求生產更高環保等級的産品，包括不含磷苯二甲酸鹽（N6P）、PAHS、無滷等産品。

本公司專業生産各種規格電子綫，端子綫，排綫，DC綫，數據綫，屏蔽綫，信號綫，高温綫，音視頻綫和各種電器專用的特殊電子連接綫。産品廣泛用于汽車，電腦周邊，液晶電視，顯示器，醫療設備，LED，儀器儀表，機頂盒，復印機，傳真機，電源，充電器，馬達，音響，空調，冰箱，玩具，教學設備，家用電器以及電路板等産品的連接領域。

本公司有數十名資深綫材開發設計工程人員和自己的生産基地，技術力量雄厚，設備精良，工廠制作工藝先進。具有自己獨特的質量管理體系來滿足客户的品質需求。公司一貫秉承“以質量求生存，以科技求發展”爲企業宗旨，願同廣大客户携手共進，共創輝煌。

分厂大门

总厂外景

总厂电话：0755-27796466
传　　真：0755-27797022

分厂电话：0753-7899993
传　　真：0753-7899998

梅州市老黄历实业有限公司

弘扬祖宗的经典 描绘心中的天下

——《老黄历》文化特色工艺产品

没有长在土里的根哪有伸向蓝天的绿叶，血脉传承连着过去、现在和未来，连着您和我。

传承和记忆，应用包括景德镇陶瓷、书画等中华传统文化的载体来弘扬各地方、各民族特色的文化，打造有潜力的精品，是我们老黄历的宗旨。

多年来，我们的产品获得各界人士的认可和支持，一直作为部、省、市、县、区、局等各级政府及社会团体、企业公司的奖品和馈赠礼品。

花一样的钱，收到不一样的效果。老黄历产品让您显得更有品味，让您的团队更有档次，让您的家庭多一份有自己文化特色而又升值无限的藏品，通过我们的产品弘扬祖宗文化，描绘出自己心中的天下。

组织公司员工参观考察景德镇古窑址

客家围龙屋

中原院屋得南迁，半月池塘太极圆。
抗御相安有山靠，儿孙满膝乐无边。

老黄历
廖晓鹏 诗/刻

董事长、总经理：黄文献
地址：梅州市沿江金岸86-87号
电话：0753-6117777 6127777

目　录

民主党派

人民团体

法　制

地方军事

经济管理

农　业

工　业

交 通

邮 电

国内贸易

外经贸·口岸

财税·金融·保险·证券

城乡基本建设

旅　游

卫　生

体　育

社会生活

县(市、区)建设

社会经济统计资料

文献法规选编

名 录

彩 图

第四届中国(梅州)国际客家山歌文化节

2010年12月18日上午,由梅州市委市政府、省文化厅、南方报业传媒集团、南方广播影视传媒集团联合主办的第四届中国(梅州)国际客家山歌文化节在梅城剑英体育馆开幕。本届山歌文化节内容丰富,形式多样,旨在以客家山歌为媒,文化搭台、经济项目唱戏,期间举行客家山歌擂台赛、客家山歌新秀幼苗表演赛、全球“客家妹”形象使者大赛、客家文化发展战略高峰论坛和一批重点工程项目落成剪彩、开工、签约等系列活动。

原全国政协副主席叶选平,原全国政协常委、少将叶选宁,原全国人大常委、金利来集团有限公司董事局主席曾宪梓,省人大常委会副主任谢强华,省政府副省长雷于蓝,省政协副主席、省妇联主席温兰子,原北京市检察院检察长何访拔,原省政协副主席黄浩,文化部非物质文化遗产司副司长屈盛瑞,中共中央党史研究室第一研究部副主任李蓉,省人大常委梁灿盛,省文化厅厅长方健宏,南方广播影视传媒集团总裁张惠建,南方报业传媒集团总经理张东明,省邮政管理局局长罗建青,省机场管理集团公司总裁刘子静,省机场管理集团公司党委书记卢光霖,原省发改委主任、广东国际经济协会会长陈善如,香港特别行政区太平绅士、香港何冬青基金会主席何冬青,香港嘉应商会会长、丝宝集团董事长梁亮胜,香港梅州联会会长、裕华国货公司总经理余鹏春,香港梅州联会咨议会主席、香港星光集团有限公司主席林光如,印尼国际日报报业集团董事长、美国熊氏集团主席熊德龙,广东省政协委员、香港昌盛集团有限公司董事长邹锡昌,全国青联港澳委员、南方国际集团董事长、地中海国际集团董事长黄华,香港有权集团董事长、香港梅县同乡会理事长李有权,碧桂园集团总裁莫斌,省工商联副主席、宝丽华集团董事局主席叶华能,市政协副主席、大百汇集团董事长温纯青,海外侨胞、港澳台同胞,梅州市发展战略顾问,以及来自客属地区惠州、河源、清远、赣州等兄弟市的领导和嘉宾;梅州市委书记李嘉,市委副书记、代市长朱泽君,市政协主席温华光,市人大常委会代主任古小平,市委副书记陈小山等市委、市人大、市政府、市政协、市纪委全体领导,嘉应学院、市法院、市检察院主要领导,各县(市、区)委书记、县(市、区)长,市直和中央、省属驻梅单位干部职工共3000多人参加开幕式。

开幕式上，曾宪梓、雷于蓝发表讲话，李嘉致辞。省委宣传部副部长顾作义宣读省委常委、宣传部部长林雄的贺信，屈盛瑞宣读《文化部办公厅关于设立客家文化(梅州)保护实验区的复函》并授牌。陈小山主持开幕式。

曾宪梓对家乡日新月异的变化给予高度评价。他说，作为一名梅州的游子，为家乡的事业出点力做点事、为家乡的发展鼓与呼，这是他有生之年最大的心愿。他希望梅州市委、市政府发挥“文化之乡”优势，挖掘利用好客家文化资源，大力发展文化事业和文化产业，促进文化与经贸、旅游深度融合，推动经济加快发展。同时希望社会各界继续关注梅州、支持梅州、投资梅州。

林雄在贺信中对第四届中国(梅州)国际客家山歌文化节的举行表示祝贺。他指出，近年来，梅州市坚决按照省委、省政府的决策部署，把加快山区文化建设步伐作为全市加快转变经济发展方式、推动绿色崛起的重要突破口，积极实施建设“文化梅州”发展战略，努力推动全市经济、政治、社会、文化建设“四位一体”全面发展并取得显著成效，特别是通过举办客家山歌节等系列文化活动，全面展示客家文化的独特魅力，进一步擦亮梅州“世界客都”品牌，全面提升梅州“文化名城”形象。他希望梅州以此次盛会为契机，认真贯彻落实省委、省政府关于文化强省建设的战略部署，加快转变文化发展方式，进一步加强国家级客家文化生态保护区建设，加强客家文化交流合作，扩大客家文化的影响，努力推动全市文化发展迈上新台阶。

雷于蓝讲话指出，省委、省政府对文化建设高度重视，今年 7 月召开的省委十届七次全会，吹响南粤大地建设文化强省的号角。梅州作为集客家文化之大成的世界客都，作为享誉海内外的文化之乡，在文化强省的大战略下，理应更有作为，也一定会更有作为。她希望梅州继续发挥好文化之乡的优势，大力弘扬客家人崇文重教的优良传统，不断巩固文化建设的各项成果，在发展文化事业和文化产业、努力增强文化辐射力和影响力、保持客家文化的良好形象等方面继续下工夫，在促进文化与经济融合发展、加快绿色的经济崛起方面创造新经验，为广东建设文化强省作出新的贡献。

李嘉对前来参加此次活动的海内外嘉宾和领导表示欢迎和感谢。他指出，梅州举办客家山歌文化节，就是为了更好地促进客家文化的交流合作，更好地促进文化与经济的深度融合，更好地推动梅州绿色崛起、科学发展。他充满深情地说，有客家山歌的地方，就会给人们带来幸福快乐；有客家文化的地方，就会充满激情、充满希望；有太阳升起的地方，就会有客家人创造的辉煌。

开幕式上，梅州市委、市政府增聘于建嵘等 21 名梅州市发展战略顾问，李嘉、朱泽君向发展战略顾问颁发聘书。

2010 年，梅州市政府和中科白云基金、广东中科招商(基金)管理公司联合有关企业发起设立中国客属地区首支股权投资基金——中科客家股权投资基金，总规模 10 亿元。开幕式上，李嘉、朱泽君与中科白云基金董事长刘子静、中科招商董事长单祥双共同为中科客家股权投资基金揭牌。

为进一步加大对外开放，促进梅港合作与交流，提高利用外资水平，实施“回乡创业工程”，推动梅州绿色的经济崛起，嘉应集团控股有限公司决定协助梅州市人民政府实施农业、旅游、房地产、矿业等项目的投资开发，投资总额人民币 10 亿元。开幕式上，朱泽君和嘉应集团控股有限公司董事长梁亮胜共同签订战略投资合作框架协议书。

开幕式期间，南方广播影视传媒集团、南方报业传媒集团与梅州市政府签约，共同打造具备国家级规模的梅州客家文化产业基地。项目预计 10 年投资 50 亿人民币，把该基地建设成为国内最具有品牌价值的客家文化产业新亮点、新标杆。

开幕仪式结束后，与会领导、嘉宾共同观看客家非物质文化遗产项目展演。

(刘森元)

扶贫开发

【概述】 2010年,全市各级党委、政府认真贯彻落实省委、省政府的决策部署,整合资源,统筹谋划,综合施策,扶贫“双到”(规划到户、责任到人)工作收到明显成效。全市有劳动能力的38605户16.48万人中,2010年人均纯收入超过2500元的19051户7.99万人,占49.35%。帮助1.6万户、1.85万人参加农村社会养老保险,居全省各市之首。帮助纳入低保8485户、3.68万人,符合低保条件的贫困户实现动态管理下的应保尽保。帮助纳入农村合作医疗5.89万户,部分贫困村实现贫困户与非贫困户免费加入农村合作医疗全覆盖。培训贫困农民6.32万人(次)。组织劳务输出1.67万人。帮助贫困村贫困户实施危房改造2988户。新发展各类种植基地4.4万亩,其中油茶1.69万亩、水果1.23万亩、茶叶3473亩。发展养鸡(鸭)88.48万只、养猪(牛)3.92万(头)、养鱼3035亩。帮助新建文化卫生设施1439宗。完成公路硬底化改造774.6公里。改善农田8.31万亩。解决饮水不安全问题4.35万户。

【全面落实帮扶责任】 市、县党政领导班子成员全部挂村到户。市成立6个指导督查组,各分片包干20个市直单位,指导督查帮扶工作。成立由市委、市政府分管领导任组长的两个督查组,每季度开展一次专项督查,并将督查结果在全市范围内通报。市党政领导班子成员每半年分别到挂点县(市、区)开展督查工作,市人大常委会、市政协每年开展五次专题视察活动。2010年,市委、市政府领导专题督查“双到”工作达68人次。全市551个贫困村全部完成对接,规划到户率达100%,并按数字化管理要求登记造册,录入电脑实行动态管理。其中省直单位帮扶71个村、5620户,广州市帮扶230个村、24373户,梅州市直单位帮扶119个村、7634户,各县(市、区)帮扶131个村、6688户。各级帮扶单位共派出21146位干部参与结对帮扶,驻村干部达1300多人。

【建立高效工作机制】 成立由市委书记任组长、市长任第一副组长、市直30个主要部门“一把手”为成员的领导小组,协调指导全市“双到”工作;建立与省直和中直驻粤单位、广州市高层协调机制,形成地方党委、政府与各级帮扶单位联动的工作格局;建立定期研究制度,市委、市政府每季度召开一次专题会议,每半年对帮扶单位的进展情况进行排队,年终进行考核评比;建立典型带动制度,制定实施《梅州市扶贫开发“规划到户责任到人”工作示范村建设实施方案》,抓两头促中间,动态管理30个示范村和30个后进单位;建立考评制度,制定出台扶贫“双到”工作《考评办法》,将“双到”工作列入党委、政府领导干部政绩考核内容,作为干部考核任用的重要依据。

【拓宽渠道,增加投入】 2010年,全市落实帮扶资金8.14亿元,实施集体经济项目1716个,户帮扶项目7万个。市委、市政府每年安排2000万元专项资金并逐年递增10%,各县(市、区)按每村不低于50万元的标准把“双到”工作专项资金纳入财政预算。广泛动员各类社会团体、民间组织、企业家、个体工商户、港澳台同胞、海内外乡贤等社会力量,积极参与扶贫“双到”工作。在6月30日广东“扶贫济困日”活动中,共募集扶贫资金2.05亿元,位居各地级市前列。

【创新帮扶模式】

特色产业帮扶 积极开展“扶贫—绿色行动”,引导鼓励贫困户发展油茶等特色种养业,全市新开发 50 亩以上种植基地 469 个,兴办养殖基地 91 个。

龙头企业帮扶　引入市场机制,通过"龙头企业+基地+贫困户"的方式,与贫困村、贫困户对接,有效提升贫困村、贫困户的产业化水平。全市有 300 多家农业龙头企业和专业合作组织与 400 多个贫困村对接发展,带动贫困户约 1.74 万户。

招商项目帮扶　通过投资水电站,引进电子厂、工艺厂,建设苗圃场、烤烟房等,开辟新的增收渠道。既解决贫困户就业,又壮大集体经济。全市共引进项目 116 个,投资总额 5200 多万元。

社会保障帮扶　立足长远脱贫,强化基础保障,引导各帮扶单位为贫困户购买"新农合"和缴纳农村社会养老保险。各级帮扶单位共筹集资金 5332 万元,帮助 1.6 万户、1.85 万人参加农村社会养老保险;帮助纳入低保 8485 户、3.68 万人;帮助纳入农村合作医疗 5.89 万户。

学技就业帮扶　通过各种方式,开展劳动技能培训,资助贫困户子女入读技工学校,帮助贫困户青壮年劳力转移就业。帮扶单位共培训贫困农民 6.32 万人次,组织劳务输出 1.67 万人,资助贫困学生 5922 人。

安居工程帮扶　帮助贫困户进行危房改造。2010 年计划改造农村贫困户危房 3808 户,面积 329841 平方米,实际完成 3948 户,改造面积 343728 平方米。

金融帮扶　由帮扶单位筹集贷款担保金,建立村级贷款担保模式。全年帮扶单位共帮助 892 户贫困户贷款 2126.8 万元。

【加大宣传力度】　制定《梅州市扶贫开发"规划到户责任到人"工作信息宣传制度》,充分利用报刊、电台、电视台等新闻媒体,大力宣传报道扶贫"双到"工作,取得较好成效,有力地推动扶贫"双到"工作。2010 年,省扶贫信息网刊登梅州扶贫"双到"信息 133 篇;省扶贫"双到"《工作动态》刊登梅州扶贫"双到"工作经验做法 24 篇;全市扶贫"双到"《工作动态》印发 58 期,其中专刊 4 期,刊发经验材料、信息等 198 篇。

【扶持老区建设】　贯彻落实省政府办公厅《印发广东省〈不具备生产生活条件贫困村庄搬迁安置工作实施方案〉的通知》和省扶贫办《关于做好不具备生产生活条件贫困村庄造册登记工作的通知》精神,做好边远分散老区村庄调查摸底、登记造册和搬迁工作。对全市离村委会 6 公里以上、200 人以下的存在严重地质灾害的边远村庄进行调查摸底、登记造册。全市共有 639 条村 12600 户列入搬迁计划。2010 年投入老区建设资金 265 万元,对全市 76 条老区村庄的道路、饮水等公共基础设施进行改造。

【扶持移民】　2010 年投入资金 649 万元,扶持库区和移民安置区移民种植化州橘、烤烟、油茶、脐橙、南药(仙人草)、红肉蜜柚等经济作物 1000 多公顷,造经济林 1500 多亩,扶持移民网箱养鱼、养猪和养蜂等生产项目和基础设施建设项目。投入资金 19.7 万元,对全部省属水库移民每人给予 15 元农村合作医疗补助,帮助移民解决就医难的问题。举办移民劳动培训班 12 期,培训移民 600 多人次,输出移民剩余劳动力 400 多人。2010 年省属水库移民年人均收入 2960 元,比上年增长 400 元。市级省属水库移民实现零上访,县级受(办)理移民来信来访案件也逐年下降,无越级上访和重大矛盾纠纷案件,有效地保持库区和移民安置区的社会稳定。

(周芳文)

责任编辑:邓柳茹

大事记

(2010年)

1　月

1日　梅州市发行流动人口“居住证”。

5日　梅州绿色工农产品在香港工展会上，现场销售1619万港元，签订金额2.8亿港元。

梅江区西区市场拆除重建。

6~7日　梅州市消除碘缺乏病工作通过省级综合考评。

7日　广汽强华(梅州)汽车零部件公司在畲江工业园挂牌成立。

11日　省委书记汪洋、省长黄华华到梅视察，并召开粤北地区现场会，要求梅州全力提高“双转移”水平，加快实现绿色经济崛起。

梅(州)龙(岩)高速公路一期工程动工兴建，梅州至大埔全长61.18公里，总投资59.57亿元。

15日　位于七孔闸与芹洋的广州大桥动工兴建，全长1300米，总投资2.5亿元。

梅州出现日食奇观。

15~18日　深圳台商协会投资考察团一行100多人到梅考察，共商发展投资大计，有20家企业达成投资意向，总额超过30亿元。

18日　凌国强捐款250万元建造长沙凌送来希望学校，举行落成庆典仪式。

19~21日　市政协召开五届四次会议，完成各项议程，通过会议决议，选举郑少伟为市政协副主席，肖国强为秘书长。

20~22日　召开市五届人大常委会五次会议，李嘉作政府工作报告，选举陈卫平、胡国和为市人大常委会副主任，古汉斌为秘书长，陈丽霞为市政府副市长。

21日　市政府与中国南方航空公司签订框架协议，共同推介梅州旅游品牌。

23日　香港佐田董事长张新辉投资6800万元兴建的梅花湾酒店开业。

24日　梅县松口发现1处宋代古瓷窑遗址，占地近2万平方米，遗存大量宋、元时期瓷器残片。

27日　广东威华集团出资筹建林风眠艺术园，计划投资5亿元，占地面积约250亩。

28日　客天下旅游产业园正式开园。以梅州原生态的自然山水、深厚的客家文化为依托，集科研、教育、培训、生态、文化、休闲、度假、居住和旅游于一体的客家文化生态旅游产业园，是全国首个旅游产业园,项目总投资30亿元,占地面积2000公顷。

是月　梅州被评为“最具民俗风情自驾游目的地”。

梅县松口发清大桥桥体合龙。横跨梅江河,总投资约5186万元。

香港150多人到平远探险登山旅游。

广东宝丰陶瓷科技发展股份有限公司成立,是梅州市第一家外商投资股份有限公司,注册资金3008万元。

2　月

3日　平远县在曼陀山庄举行首届茶花节启动仪式。

3~6日　全国政协原副主席杨汝岱到梅参观考察。

5日　梅州市人力资源和社会保障局挂牌成立。

7~18日　梅州市举办第26届迎春花市。

11日　市委书记刘日知、市长李嘉首次给网友拜年,发出一封拜年信。

24日　兴宁市政府首期投资1000多万元修复明代古城墙北门及其附属138米城墙的工程竣工开放。

26日　蕉华工业园区举行庆典活动,庆祝广东省蕉岭华侨农场成立50周年,并举行投资3.23亿元的12个工程项目剪彩、奠基活动。现场还签订3.3亿元入园企业合同。

是月　梅州市被命名为“国家园林城市”。

中国工程院院士廖万清回到家乡梅州参观考察。

大埔县被授予“中国小吃名县”称号。

3　月

2日　丰顺县举行第八届世界丰顺同乡联谊会暨北京大学2010地方经济发展论坛。同日晚,举行慈善文艺晚会,参加第八届世界丰顺同乡联谊会的海内外乡亲慷慨解囊,为丰顺县事关群众切身利益的八大民生工程捐出善款。

4日　旅港乡贤余捷庆、陈梅冰夫妇捐资100万元,资助梅县建设技工学校。

6~8日　中国侨商联合会率团到梅考察投资环境。

7~8日　中央纪委副书记张毅到梅考察,要求积极推进惩防腐败体系建设。

11日　蕉岭县举行南方大豆种植示范基地启动仪式,扶助农村增收致富。

梅江区城北镇种植百亩兰花,计划投资1200万元,打造粤东最大的兰花种植出口基地。

11~12日　省委常委、副省长肖志恒到梅视察指导,要求加大力度加快进度发展经济和改善民生。

12日　穗梅劳务对接招聘会在畲江工业园举行,4000多名求职者达成就业意向。

梅城归读公园认种认捐活动告一段落,共收到社会各界捐款372.92万元。

15日　市属专业招商外出半月,有投资总额近4亿元的8个项目拟落户畲江工业园区。

17日　梅州龙丰垃圾场清洁发展项目获“中国人居环境范例奖”。

全市旅游产业发展大会在客天下举行,市委书记李嘉要求加快发展旅游先锋产业,全力打造

"客家文化生态旅游示范区"。

19~21日　马来西亚客人到梅访问，进行客家山歌艺术交流。

23日　梅州城区全面启动实施道路整治工程，总投资3700多万元，涉及约300条(段)街道的维修或硬底化。

26日　梅州市高尔夫球协会成立，余锋光当选为理事会主席。

29日　梅江区引进众成实业公司生产的高科技产品终端测试仪，填补了国内空白。

是月　梅江区引进两个投资亿元以上的招商项目，落户畲江工业园。

丰顺县太平寺佛印阁落成，是由丰顺乡贤、广东常裕总裁陈绍常投资100多万元兴建。

五华县投资1.71亿元改造S238线安流龙中至桥江塘唇段。

五华龙村抽水蓄能电站被列入广东省低碳项目，首期计划投资24亿元，装机60万千瓦。

大埔县新建县人民医院动工，是市重点工程，建筑面积4万平方米，总投资1.5亿元。

4　月

1日　全市召开交通运输工作会议，计划投资38亿元加强交通建设。

7日　曾宪梓捐资100万元，支持梅县扶大宪梓中心小学建设。

8日　梅州市水务局挂牌组建。

9日　梅州市人民政府金融工作局挂牌成立。

13日　梅州市经济和信息化局挂牌成立。

15~19日　梅州市在第107届广交会上总成交额1.18亿多美元。

19~21日　梅州市12家企业参加广东产品江西、福建行暨开拓市场活动，签订购销合同10亿元。

27日　梅州城区出现日晕奇观。

28日　梅州市交通运输局挂牌成立。

29日　梅州市与广东省工商联签订协议，共同推进产业转移和产业发展战略合作。

丰顺县举行龙鲸河漂流AAA级旅游区挂牌仪式。

是月　梅州市计划投资5.2亿元，建设韩江、梅江沿岸180公里重点堤围项目。

总投资1.5亿元的500千伏嘉应至上寨(梅州段)线路工程完成主体施工，梅州打通电网北部通道。

梅州市属7个专业招商队，两个月时间引进计划投资25.74亿元。

梅州市刁东田、刘兴宏、梁雅佳、龙思学、徐有权当选全国劳动模范。

蕉华工业园区搭平台促招商，共引进9家企业，投资总额达3.8亿元。

大埔乡贤、市俊发公司总经理蔡俊发捐资100万元，支持大埔洲瑞镇教育事业。

五华县棉洋镇联西村发现明朝皇帝朱元璋赐建牌坊，高约4.5米，宽约3.8米。

5　月

5日　梅州市在第107届广交会上成交金额达2.6亿美元，参展企业成交额和价格双增长。

5~7 日　梅州市北部和东北部降大暴雨,6 县(市)37 镇共 2.37 万多人受灾。

8 日　福建浦城至梅州计划建设 200 公里时速铁路,总投资估算 468 亿元。

9 日　梅州市举行关爱困难群体参加农村养老保险慈善晚会,现场筹集善款 689 万元。

10 日　江西鹰潭至梅州铁路通过评审,全长约 580 公里,总投资估算 394.2 亿元。其中梅州境内 73.3 公里,投资估算 30 亿元。

13 日　梅州市经信局与华润电力(风能)开发有限公司签订合作框架协议,在梅州市投资开发风电。开发容量为 30~45 万千瓦,投资规模为 30~45 亿元。

14~15 日　中共中央委员、国家工商总局党组书记、局长周伯华到梅考察调研基层工商部门工作,要求转变工商职能、服务经济发展。

19 日　台湾玻璃工业集团公司总经理林柏实到梅考察,拟建世界先进的光伏玻璃生产基地,预计首期投资 1.28 亿美元。

20 日　梅州市直机关派出 164 名干部到 119 个贫困村担任村官,开展扶贫“双到”工作。

20~21 日　省政协主席黄龙云到兴宁叶塘石新村检查扶贫“双到”工作,要求确保高质量完成扶贫开发任务。

26 日　梅州被文化部设立为国家级客家文化生态保护实验区。

28 日　大埔西岭中国书法公园落成,同时举行广东文艺采风创作基地合作签约和当代中国书法名家作品开展仪式。这是广东省首个中国书法公园。

是月　兴宁市建设国家高标准示范农田项目成功立项,总投资 3300 万元,其中国家财政项目资金 2400 万元。

丰顺乡贤、南洋糖业公司董事长冯小华出资 500 万元,支持丰顺教育事业。

6　月

2 日　丰顺县与香港登丰公司举行签约仪式,其旗下 12 家企业整体搬迁落户梅州畲江工业园区,总投资 8.27 亿元。

《梅县志(1979~2000)》举行首发仪式,这是梅州市第二轮修志工作中第一部出版发行的志书。全书 130 万字。

5 日　汕头宜华集团董事长刘绍喜捐资 100 万元,支持平远仁居宜华城南希望小学建设。

8 日　副省长雷于蓝到梅调研计生工作,要求巩固成果再上台阶,为全省创造更多新亮点新经验。

9 日　兴宁市人口计生服务站大楼落成,总投资 1500 多万元,建筑面积 7000 多平方米。

梅州市客家山歌协会成立,童爱娜当选会长。

12~13 日　广州军区政委张阳中将到梅考察,要求加强双拥共建,推进国防建设。

18~21 日　梅州市参加东莞第二届广东外博会,完成贸易成交额 2.3 亿元。

20 日　蕉岭境内 205 国道发生一起重大车祸,4 人当场死亡。

21~23 日　市长李嘉率团参加香港粤港经济技术贸易合作交流会,引进外商投资近 2 亿美元,签订进出口贸易成交货单总额 3400 万美元。

24~26 日　梅州市普降大暴雨,大埔等 5 县 21 个镇遭水灾,1.6 万多人受灾,造成直接经济损失 6227 万元。

28 日　蕉岭皇马水泥公司因电网跳闸发生工伤事故，造成 4 人死亡。

29 日　梅州城区天然气管道过江工程动工，总投资 150 万元。

30 日　梅州市举行首个“广东扶贫济困日”活动捐助仪式，共收到捐助款物 2.05 亿元，居全省第二。

是月　香港丝宝集团董事长兼行政总裁梁亮胜、古尔夫夫妇捐资 1100 万港元，支持梅县新县城人民医院建设。

7 月

5 日　中山大学与梅州市人民医院签署《医教研合作协议》，并举行中山大学附属梅州医院揭牌仪式。

6 日　梅州市召开创建国家卫生城市誓师大会，市长李嘉要求全市上下全力以赴，全面动员，全民动手，打一场攻坚战，确保如期实现目标。

9~10 日　副省长、广州市市长万庆良率广州市政府代表团到梅考察，共推扶贫开发“双到”和“双转移”工作取得新突破。

12 日　梅州市地名委员会召开第一次会议，讨论地名管理办法，拟重新制作城区路牌。

16 日　在广东省第十三届运动会上，梅州运动员何光在男子甲组三级跳中两破省少年男子甲组纪录，乒乓球项目收获 1 枚银牌和 1 枚铜牌，实现历史性突破。

18 日　省委常委、组织部部长胡泽君到梅宣布省委决定，刘日知任省委副秘书长，李嘉任梅州市委书记、提名为市人大常委会主任候选人，朱泽君任梅州市委副书记、提名为市长候选人。

22~25 日　梅州绿色产品热销澳门市场，在 2010 粤澳名优商品展销会上现场销售额达 202 万港元，签订对外成交意向 1000 万美元。

是月　广东鸿源集团董事长何全君为兴宁市石马镇捐资 200 万元，支持扶贫济困工作。

深圳富源集团董事长缪寿良博士捐款 300 万元，支持五华扶贫济困工作。

梅县水车镇茶山村被命名为“中国古村落(客家民居)”。

8 月

4 日　大埔县测得最高气温 38.6℃，为广东省入夏以来最高气温。梅州城区测得最高气温 38.4℃。

6 日　市委书记李嘉就任梅州军分区党委第一书记。

梅州市召开第六次归侨侨眷代表大会，朱瑛当选主席，汤志平、邓锐等 7 人当选副主席。并筹集到仁爱帮扶基金 437.5 万元。

7 日　广发银行梅州分行以全新的银团贷款形式向江南东片人居环境改善工程相关开发项目投放 9.8 亿元贷款，全力支持梅州城区打造宜居城市。

14 日　梅州市在全省率先召开以旧城镇、旧厂房、旧村庄改造为主要内容的“三旧”改造项目推介会，有 45 个“三旧”改造项目，其中 10 个项目签订改造意向合同。同时，南方工业城改造工程

(凯旋门花园)正式动工,投资10亿元。

18日　曾宪梓博士捐资100万元,支持梅州城区绿化建设。

19日　梅州市举行第三届闽粤赣三市“红土清风”论坛,加强区域交流,推进反腐倡廉。

19~20日　副省长李容根到兴宁参加全省油茶产业发展现场会,要求落实政策、科学规划、合理布局,推动油茶产业健康发展。

25日　新西兰华侨、广东瑞华集团董事长兼总裁卓定华捐资1000万元,兴建五华伟梅华侨中学。

25~26日　省委常委、副省长肖志恒到梅调研检查,要求加快推进重点工作和重点项目。

26~29日　梅州组团参加广州博览会,现场零售4120万元,签约金额5.08亿元经贸合作项目。

28日　梅州代表团参加第六届“泛珠三角”洽谈会,签约19个项目,涉及合同金额27.02亿元。

是月　曾宪梓捐资300万元,兴建嘉应学院学生公寓“曾智明大楼”。

广东威华集团设立“威华·林风眠助学金”,连续20年、每年投100万元资助梅州贫困学生上大学。

梅县叶剑英纪念园、平远县红军纪念园、大埔县“八一”起义军三河坝战役纪念园被评为广东省红色旅游示范基地。

五洲电路集团董事长蔡志浩捐资100万元,修筑白渡至新铺南山6公里长的水泥公路。

9　月

4日　广东新濠畔投资集团董事长兼总经理刘穗龙捐资100万元,在梅县松源中学设立“少模奖学金”。

10日　平远县举行中国华南LED芯片产学研基地投资项目签约仪式,总投资36亿元。

11日　梅州市启动30万儿童麻疹疫苗免费接种工作。

15日　梅州市新建奇龙坑垃圾填埋场启用,总投资1.5亿元,日处理生活垃圾496吨。

15~16日　李玉妹(7月起任省委常委、组织部长)到梅调研基层党组织建设工作,要求梅州要走出山区党建新路子。

18日　梅州市36家企业参加第七届中国国际中小企业博览会,达成意向合作金额2.34亿元。

19~20日　中共梅州市委五届七次全体(扩大)会议召开,市委书记李嘉作题为《只争朝夕,破难攻坚,全力加快梅州绿色的经济崛起》的主题报告。

29日　市委、市政府召开全市工业经济暨招商引资工作会议,要求狠抓工业提速,大力调整产业结构,全力以赴抓好招商引资工作。

是月　五华县长布镇长安村怡亚通长安希望小学落成,由深圳怡亚通公司捐资500万元兴建。

10　月

9日　田家炳捐资300万元,资助大埔迁建县人民医院。

12日　梅州市剑英图书馆被评为国家二级图书馆。

16日 曾宪梓、梁亮胜率香港嘉应商会新一届会董回梅，共叙乡情、共商家乡发展大计。

曾宪梓博士捐资300万元，支持梅县扶大宪梓中学建设。

五华横陂中学举行建校100周年庆典，共获捐款630多万元，用于改善学校教育教学条件。

市委、市政府举行梅州城区江北人居环境改善工程八一路改造项目和周溪河堤防护岸工程项目动工仪式，并召开会议专题研究梅州城区江北人居环境改善工程建设问题。

18~29日 市委书记李嘉率梅州分团赴埃及、印度等国开展系列经贸活动，签约项目投资总额达1.17亿美元。

20日 梅州钱币展览馆在梅城开馆，这是粤东首家综合性钱币展览馆。

24日 第16届亚运会火炬在梅州城区传递。

29日 梅县在雁洋镇卡莱(梅州)橡胶制品有限公司举行卡莱公司整体搬迁暨新建硫化车间等3个项目落成庆典活动。公司新落成的3个项目总投资1亿元。

深圳市富源实业集团董事长缪寿良捐资300万元，兴建嘉应学院实训中心大楼。

是月 梅州代表团在第108届广交会第一期交易中，总成交1.5亿美元。在第二期交易中，75家企业总成交1.56亿美元。

嘉应学院召开第二次校友代表大会，共获捐款999万元，其中广州美之臣集团总裁陈公颜捐款480万元；深圳飞马城公司董事长、总经理刘伟华捐款300万元兴建“飞马城学生活动中心”。

广东万绿达公司董事长李远峰捐资300万元，兴建五华河东大嵩小学纪念楼。

富力地产联席董事长张力、廖冬芬夫妇捐款168万元，兴建梅县丙村中学冬芬楼。

第一批20辆梅州产“白云牌”城市客车在兴宁城区投入运营。

梅县雁南飞茶田有限公司获“全国生态文化示范企业”称号，丰顺县砂田镇黄花村获“全国生态文化示范村”称号。

11 月

2日 副省长宋海到梅州调研，希望梅州在全省农村金融改革创新、科学发展中发挥示范带动作用。

3日 全省山区首家村镇银行“梅县客家村镇银行”在梅县正式开业。这是梅州市首家具有独立法人资格的股份制商业银行。

4日 广东省第五次台商协会会长联谊座谈会在雁南飞召开。

5日 梅州分团参加第108届广交会，累计成交3.3亿美元。

7日 香港固特科技园项目在蕉岭试产，总投资1.56亿元，年产值将达6亿元。

15日 印尼华侨考察团到蕉岭考察，黄德新捐资100万元，支持蕉岭中学新校区建设。

23日 瑞士龙沙集团捐资150万元，支持兴建蕉岭油坑龙沙小学。

25日 省政协筹资500万元，帮扶兴宁市叶塘镇石新村。

26日 侨胞陈志明捐资200万元，支持蕉岭中学新校区建设。

30日 五华县举行“番禺·五华手牵手工业楼”奠基仪式，番禺区投资1000万元在五华建工业楼，租金收益归17个挂扶贫困村。

是月 平远南台药业与深圳美善堂签约合作成立“广东南台美善堂保健品厂”，共建灵芝产业链基地，总投资2亿元，首期投资5200万元。

梅县投入4000万元改造S223线雁洋段，致力打造“国际旅游特色镇”。

梅州龙丰垃圾场CDM项目荣获“迪拜奖”全球百佳。

平远县获“中国油茶之乡”称号。

12 月

1日　经过农业、科技、质监部门专家组成的专家组认真评选，由梅县雁洋镇梅盛水果专业合作社选送的“梅盛牌”金柚获得今年全市优质金柚金奖。银奖由梅县隆文镇梅燕水果专业合作社选送的“梅燕牌”金柚、梅县松口镇木子金柚专业合作社选送的“木子牌”金柚获得。此外还评出3个优胜奖。

2日　省委常委、副省长肖志恒到梅调研，强调要积极完善社会保障，加快重点项目建设。

3~7日　梅州市举行第二届名优农产品展销会、梅台农业合作交流会暨客家美食文化节。吸引18万人次观展，总交易额850万元，签订投资和订货项目159个，总金额20.49亿元。

4日　平远县举行第六届脐橙旅游节。开幕式上，国家经济林协会和省委宣传部分别为平远县颁发“中国油茶之乡”和“广东省首批红色旅游示范基地”牌匾。有14个经贸项目举行签约仪式，总投资26.28亿元。

6日　丰顺县举行第四届温泉文化旅游节。

大埔县举行第二届西岩茶香旅游节。

8日　梅州代表团参加在汕头举行的第六届“山洽会”，签约72个投资合作项目，总投资188.15亿元。

9日　梅州市举行林风眠诞辰110周年系列纪念活动，内容包括“林风眠诞辰110周年纪念大会”、“林风眠师生画作联展”、“林风眠故居修复工程竣工剪彩”等。“林风眠诞辰110周年纪念大会”由广东省人民政府主办，中共梅州市委、梅州市人民政府承办。

11日　由市委、市政府主办的客家山歌新秀培训班在市艺术学校开班，有70多人，全部实行免费教学。

14日　广东省质监局与市政府签署合作框架协议，要求以质量强市，助推绿色产业在全省实现突围。

14~15日　广汽集团到梅考察，共建广汽产业园，规划3000亩，选址畲江工业园。

16~20日　原全国政协副主席叶选平、原全国政协常委、少将叶选宁专程回到家乡梅州视察，并出席第四届中国（梅州）国际客家山歌文化节相关活动。

18日　由梅州市委市政府、省文化厅、南方报业传媒集团、南方广播影视传媒集团联合主办的第四届中国国际客家山歌文化节在梅州开幕。在开幕式上，梅州市增聘于建嵘等21名市发展战略顾问，举行3个投资文化产业项目的签约和揭幕仪式，涉及投资金额约70亿元。其中，最大的投资项目是，南方广播影视传媒集团、南方报业传媒集团与梅州市政府共同投资兴建具备国家级规模的梅州客家文化产业基地。项目预计10年投资50亿元人民币，把该基地建设成为国内最具有品牌价值的客家文化产业新亮点、新标杆。

梅州市足球训练基地在梅县雁洋奠基。占地面积247.7亩，建筑面积10962平方米，估算总投资1.49亿元。建成后,将成为能同时接待10支以上球队训练,集训练、教育教学、食宿、理疗康复为一体的综合性体育训练基地。

国家级客家文化生态保护实验区在梅州正式挂牌。

梅县机场飞行区扩建工程开工,总投资4.5亿元,飞行区等级提升到4C。

世界客都大道正式通车。工程投资5.87亿元,全长3.5公里,路宽100米。

西环高速三期工程建成通车,总投资约3.78亿元,全长4.82公里。

江北人居环境改善工程梅江碧桂园奠基,碧桂园集团计划投资60亿元,首期投资20亿元,开发300多亩土地。

19日　梅州市委、市政府联合广东省社科联、南方报业传媒集团、南方广播影视传媒集团、南方新闻网,在嘉应学院举办2010客家文化发展战略高峰论坛。深圳市文联专职副主席杨宏海,上海社会科学院教授丘峰,台湾台北大学教授丘昌泰,华南理工大学客家文化研究所所长、教授谭元亨,广东商学院旅游学院教授吴建华,中国城市规划设计研究院城市规划师所萌等专家学者出席论坛并发表演讲。

第四届全球"客家妹"形象使者大赛总决赛在梅城亮胜客家艺术中心举行,卢扬、徐璐璐、黄昊阳分别获得冠、亚、季军。肖佩茹获得最佳才智奖,王轶彤获得最佳上镜奖,卢扬获得网络最具人气奖。

26~27日　省委常委、广州市市委书记张广宁率广州党政代表团到梅州考察扶贫开发"双到"和"双转移"工作,互促共进,助力梅州加快绿色的经济崛起。

27日　丰顺县举行千江集团投资9.8亿元开发的韩江东山水利枢纽工程竣工庆典。

是月　梅州市组团参加第19届中国食品博览会暨交易会,现场销售金额183.3万元,签订合同总金额1328.6万元。

梅州市举行"第四届广东自驾旅游日暨梅州金柚飘香自驾旅游周"系列活动。

梅县被评为中国最具民俗文化特色旅游目的地,是广东省唯一的获奖地区。

梅县水车茶山村被评为中国历史文化名村,成为梅州市首个获此殊荣的村。

大埔县百侯镇被授予中国历史文化名镇,是梅州市唯一获此殊荣的乡镇。

(廖晓鹏)

责任编辑:廖晓鹏

概　况

自 然 地 理

【位置、范围、面积】 梅州市位于广东省东北部，地理位置坐标为北纬 23°23′~24°56′，东经 115°18′~116°56′之间。地处闽、粤、赣三省交界处。辖梅江区、梅县、平远县、蕉岭县、大埔县、丰顺县、五华县，代管兴宁市。总面积 15876.06 平方公里。市政府设在梅江区江南新中路。

【地质、地形、地貌】 梅州市地质构造比较复杂，主要由花岗岩、喷出岩、变质岩、砂页岩、红色岩和灰岩六大岩石构成台地、丘陵、山地、阶地和平原五大类地貌类型。全市山地面积占 24.3%；丘陵及台地、阶地面积占 56.6%；平原面积占 13.7%；河流和水库等水面积占 5.4%。

山脉　市境地处五岭山脉以南，地势北高南低，山系主要由武夷山脉、莲花山脉、凤凰山脉等三列山脉组成。海拔千米以上的高峰有 140 多座，其中位于丰顺县的铜鼓嶂海拔 1560 米，是梅州第一高峰。

盆地　境内主要盆地有兴宁盆地，面积 320 平方公里；梅江盆地，面积约 110 平方公里；蕉岭谷地，面积约 100 平方公里；汤坑盆地，面积约 100 平方公里。

河流　境内主要河流有韩江，全长 470 公里(梅州境内长 343 平方公里)，流域 30112 平方公里(梅州境内 14673 平方公里)；梅江，全长 307 公里(梅州境内长 271 公里)，流域面积 13329 平方公里(梅州境内 10888 平方公里)；汀江，全长 323 公里(梅州境内 55 公里)，流域面积 11802 平方公里(梅州境内 1333 平方公里)；同时还有琴江、五华河、宁江、程江、石窟河、梅潭河、松源河、丰良河等。此外，东江亦沿市境西北的兴宁市边境流过，在梅州境内河段长 24.8 公里，流域面积 260 平方公里。

【气候】 梅州市属亚热带季风气候区，是南亚热带和中亚热带气候区的过渡地带。以大埔县茶阳经梅县松口、蕉岭县蕉城、平远县石正、兴宁市岗背为分界线，平远、蕉岭、梅县北部为中亚热带气候区，五华、兴宁、大埔和平远、蕉岭、梅县南部为南亚热带区。

2010 年梅州市各县(市)年平均气温在 20.8℃~21.6℃之间，全市平均为 21.3℃，较常年平均(指1971~2000 年平均值，下同)偏高 0.3℃，较上年下降 0.4℃。年内各月平均气温与历史同期偏差较大，其中：1~3 月全市各县(市)偏高幅度都在 1℃以上，4、6 月偏低 1℃~2℃，7~9 月偏高 1℃及以上，其余各月属正常。2 月冷暖变化很大，以梅县站为例，中旬平均气温比历史同期异常偏低 5.5℃，下旬则比历史同期异常偏高 6.2℃。年极端最低气温为–2.1℃(12 月 17 日平远测得)；年极端最高气温为 38.6℃(8 月 3 日大埔测得)。

各县(市)年总雨量在 1416.1~1889.6 毫米之间，全市平均为 1692.5 毫米，比多年平均偏多 4%。各县(市)雨量与常年比较，蕉岭、兴宁、大埔、五华偏多 1 成左右，平远属正常，梅县、丰顺属略偏少。年内降水时空分布不均匀，雨量相对集中，1~2 月、6 月、9 月、12 月降水偏多，其余月份降水偏少。2010 年，开汛时间为 4 月 8 日，入汛时间比常年平均稍早。年内全市最大日雨量 226.1 毫米(5 月 6 日蕉岭观测站测得)。各县(市)年总日照时数在 1542.6~1930.1 小时之间，全市平均为 1694 小时，比多年平均少 5%。

梅州地处低纬，近临南海，受太平洋和山地的特定地形影响，夏日长，冬日短，全年气温高、冷热悬殊、光照充足、气流闭塞、雨水丰盈且集中，属亚热带季风气候。

【自然资源】

矿产资源 梅州市已发现的矿产有 54 种，已开发利用矿产有 40 种，共有矿区 274 个。金属类有铁、锰、铜、铅、锌、钨、锡、铋、钼、银、锑、钒、钛、钴、稀土氧化物等，非金属类有煤、石灰石、瓷土、石膏、大理石、钾长石等。

水资源 梅州市水资源丰富，境内多年平均降雨总量 251.6 亿立方米，多年平均径流量 128.7 亿立方米，过境客水量 127 亿立方米。全市人均拥有本地水资源量 2579 立方米。境内水力资源理论蕴藏量为 131.37 万千瓦。地下热水资源丰富、水温高、水质好、流量大。如丰顺汤坑邓屋温泉，水温高 82℃~91℃，流量为 4459 公升/秒。

动物资源 梅州市动植物种类繁多，经济价值较大的主要兽类和鸟类有 200 多种，两栖、爬行类动物有 100 种以上。

植物资源 境内有 2000 多种高等植物，经考察采集和记载的就有 1084 种，隶属于 182 个科、598 属。其中蕨类植物 19 科、29 属、41 种；果子植物 7 科、11 属、14 种；双子叶植物 134 科、471 属、908 种；单子叶植物 22 科、87 属、121 种。按树种分类有：材用植物，药用植物，油脂植物，芳香植物，纤维植物，淀粉植物，果类植物，蜜源植物，鞣料植物，还有属于花卉、观赏和庭园绿化类的野生植物。

旅游资源 梅州市山清水秀，气候宜人。境内有不少名山古寺，文物古迹，名人故居，温泉瀑布，秀丽湖山。改革开放以来，海内外热心人士又捐建一批亭台楼榭，修葺许多名寺古迹，增添食宿游乐设施。境内主要旅游区(点)有：千年古刹阴那山灵光寺，叶剑英纪念园，中国客家博物馆，清末爱国诗人、政治家黄遵宪故居人境庐，千佛塔，泮坑瀑布，梅县雁南飞、雁鸣湖旅游度假村、阴那山天文科普园、松源王寿山，兴宁合水湖山、神光山，五华益塘水库、热矿泥山庄，平远南台山、五指石，蕉岭长潭胜景、丘逢甲故居、释迦文化中心，大埔丰溪自然保护区，丰顺汤坑温泉、龙归寨瀑布、龙鲸河漂流等。

民族、人口、语言

【民族】 据 2000 年人口普查，梅州市境内有 40 个民族居住，其中汉族占 99.94%；畲族有 430 人，主要居住于丰顺境内；此外，因工作关系或婚姻嫁娶，在梅州市内居住的少数民族，人口为 1200 人，其中有壮、瑶、满、回、蒙古、苗、黎、土家、侗、高山、彝、朝鲜、藏、锡伯、哈尼、布依、维吾尔、傈僳、水、仫佬、京、哈萨克等族。外国人加入中国籍的有两人。

【人口】 据抽样调查推算，全市人口出生率为 10.94‰，死亡率为 5.70‰，自然增长率为 5.24‰。公安部门统计全市年末户籍人口为 514.75 万人，其中非农人口 126.23 万人。

【语言】 梅州市为客家人比较集中的聚居地，客家话为主要语言。境内除丰顺县的汤坑、汤南、留隍、东留等 4 个镇约 11 万人使用潮汕方言外，绝大部分人都使用客家方言。

（市方志办）

【行政区划】

梅州市行政区划

单位：个

县　别	镇政府名称	街道办	镇	街道办	居委会	居民小组	村委会	村民小组	自然村数	备注
梅江区	城北 三角 长沙	金山 江南 西郊	3	3	39	237	54	767	55	1999年11月15日经市政府同意，梅县程江镇、扶大镇各割出一部分成立新城街道办事处，未经省政府批准。
兴宁市	宁中 永和 径南 水口 新圩 坭陂 刁坊 新陂 叶塘 大坪 罗岗 罗浮 石马 合水 龙田 黄陂 黄槐	兴田 福兴 宁新	17	3	35	623	455	11353	2813	
梅　县	程江 城东 石扇 梅西 大坪 石坑 南口 水车 梅南 西阳 丙村 雁洋 白渡 隆文 桃尧 松口 畬江 松源	新城	18	1	36	199	382	4633	2373	
平远县	大柘 仁居 差干 八尺 河头 中行 上举 泗水 东石 长田 热柘 石正		12		7	41	136	1448	1890	
蕉岭县	长潭 蓝坊 南礤 蕉城 广福 三圳 文福 新铺		8		10	96	97	1502	147	
大埔县	青溪 银江 洲瑞 大东 湖寮 高陂 茶阳 大麻 三河 西河 枫朗 百侯 桃源 光德		14		10	105	244	4038	1686	
丰顺县	汤坑 汤西 汤南 埔寨 八乡山 北斗 丰良 建桥 龙岗 潘田 黄金 留隍 大龙华 潭江 小胜 砂田		16		18	107	261	3317	2191	
五华县	华城 岐岭 潭下 转水 水寨 河东 双华 郭田 横陂 长布 周江 华阳 安流 棉洋 梅林 龙村		16		34	535	411	7384	2000	
合　计			104	7	189	1943	2040	34442	13155	

注：填报单位：梅州市民政局

经济社会发展概况

【概述】 2010年，梅州市深入贯彻落实科学发展观，按照中央和省的决策部署，实施“双转移”战略，强力推进园区建设和招商引资，加快绿色现代产业体系建设，奋力谋求绿色的经济崛起，全市国民经济保持平稳较快发展，经济运行质量进一步提高，人民生活水平不断改善。2010年全市生产总值612.36亿元，比增14.1%。经济结构进一步调整，2010年生产总值中三次产业构成为20.6:41.6:37.8，对比“十五”期末的2005年，第一产业比重下降2.5个百分点，第二、三产业比重分别上升0.5个百分点和2.0个百分点。民营经济增加值335.17亿元，增长16.7%。人均生产总值14724元，增长13.4%。

【第一产业】 全年第一产业增加值125.99亿元，增长6.9%。推动传统农业“绿色再造”，大力发展精致高效农业，加快建设广东省韩江上游油茶、茶叶产业带，全市油茶种植面积为50万亩，成为全省最大的油茶生产加工基地，广东新大地、广东顺兴等14家农业企业进入“全省现代农业项目100强”行列。新增国家级农业标准化示范区5个，新增省级以上名牌产品20个，“梅县台湾农民创业园”成为首批国家级台湾农民创业园。全年农业总产值201.85亿元，增长6.1%。全年粮食种植面积21.84万公顷、总产119.86万吨，分别比上年减少0.3%和增长0.1%。

【第二产业】 全年第二产业增加值254.94亿元，增长18.9%。制订《梅州市绿色现代产业体系建设规划》，出台《关于促进中小企业平稳健康发展的实施办法》，采取政策引导、资源整合、技术改造、品牌建设等措施，突出发展先进制造业、电子信息产业和新能源等战略新兴产业，着力推动烟草、电力、建材、矿业等传统产业“绿色转型”，白石嶂钼矿、塔牌新型干法水泥等20个项目入选省“现代产业500强”。全年完成全部工业增加值208.54亿元，比增17.9%，其中规模以上工业增加值164.33亿元，同比增长18.7%。烟草、电力、建材、电子信息、机电制造、矿业加工等六大支柱产业增加值108.2亿元，比增16.7%。国有及国有控股企业增加值增长9.6%；集体企业增加值增长13.6%；股份制企业增加值增长25.0%；外商及港澳台投资企业增加值增长22.8%；私营企业增加值增长36.9%。工业产品销售率97.3%。全年全部工业用电量40.89亿千瓦时，比增6.4%。全年资质等级以上建筑企业134个，比增2.3%；实现总产值126.49亿元，增长26.8%；实现利润总额9.22亿元，增长22.9%；利税总额15.09亿元，增长23.6%。建筑施工企业房屋建筑施工面积1293万平方米，比增12.8%，房屋竣工面积480万平方米，比上年减少2.3%。

【第三产业】 全年第三产业增加值231.43亿元，增长12.4%。全年社会消费品零售总额319.05亿元，比增19.4%。其中城镇消费品零售总额198.22亿元，比增19.4%；农村消费品零售总额120.83亿元，比增19.4%。社会消费品零售总额中，批发零售贸易业实现294.79亿元，比增19.3%，住宿和餐饮业零售额24.26亿元，比增20.9%。大力培育旅游先锋产业，以省市共建“客家文化生态旅游示范区”为抓手，推动生态、文化、农业、工业与旅游相融合，建成重点景区23处，AAA以上景区11个，雁南飞晋升为国家AAAAA级景区，梅州市被确定为“广东省旅游综合改革示范市”，梅县被评为18个“中国最具民俗文化特色旅游目的地”之一。全市旅游住宿设施接待过夜国内外旅客523

万人次,比增29.4%,其中国内旅游者514.3万人次,比增29.8%。旅游总收入72.83亿元(含旅游外汇收入折本币收入、销售旅游商品收入以及旅游服务收入),比增44.8%。全年交通运输、仓储和邮政业实现增加值20.04亿元,比增14.9%。各种交通运输方式完成货物周转量83.13亿吨公里,增长19.8%,其中公路72.52亿吨公里,增长23.0%;完成旅客周转量55.40亿人公里,增长20.7%,其中公路51.77亿人公里,增长20.5%。年末全市汽车拥有量10.67万辆,比增23.2%。其中私人汽车拥有量8.84万辆,比增27.6%。本年新注册汽车1.85万辆,增长31.2%。

【招商引资和园区建设】 出台《进一步加强招商引资工作的意见》和《招商引资绩效考核办法》,实施"乡贤回乡创业工程",大力加强农业、旅游、文化、房地产招商。全市新引进项目300个,计划投资总额220亿元,为加快绿色的经济崛起注入动力。按照"生态园区、工业新城"发展定位,制定《关于加快广州(梅州)产业转移工业园发展的决定》,推行市县共建共享,创新管理体制,全力推进园区规划和建设,园区首期4.03平方公里开发建设全面完成,二期开发中4.5平方公里加快推进,园区配套设施不断完善。蓝宝石晶体、品尚光电、紫晶光电、五羊摩托、珠江啤酒等一批重大项目落户园区,进园企业累计为85家,计划投资总额近百亿元,已投产企业34家。蕉华工业园、东莞石碣(兴宁)产业转移园、丰顺开发区、五华工业区等工业园区建设步伐加快。

【固定资产和基础设施】 全年完成全社会固定资产投资195.52亿元(含小部分跨区域投资),比增20.0%。全社会固定资产投资中,城镇固定资产投资157.15亿元,增长16.6%,其中,房地产开发投资26.18亿元,增长70.3%;农村固定资产投资38.36亿元,增长36.2%。全社会固定资产投资按产业分:第一产业投资5.26亿元,比增97.3%;第二产业投资63.43亿元,增长18.8%,第三产业投资126.83亿元,增长18.6%。实现到汕头市、广州市、深圳市通高速公路,基本实现村村通公路(建制村2042个全部通公路及水泥硬底化)、通电话、通广播、通电视,实现市区到各县(市、区)县城一小时交通圈的目标。年末全市公路通车里程15860公里,其中高速公路通车里程259公里。每百平方公里公路密度为100.2公里。全年邮政、电信业业务总收入18.22亿元,增长8.0%。年末,全市移动电话用户241.65万户,增长17.7%;固定电话用户73.39万户,减少15.7%,其中城市电话用户35.15万户,减少14.9%;乡村电话用户38.24万户,减少16.3%。年末计算机互联网用户25.14万户,增长9.4%。据市区居民家庭住户抽样调查,每百户城市居民家庭拥有固定电话82部,移动电话205.5部,接入计算机互联网用户66台。

【财政税收和金融保险】 财政持续增长,全年地方财政一般预算收入38.95亿元,增长26.6%;其中税收收入28.98亿元,增长25.0%。金融形势稳定,全市金融业增加值16.70亿元,比增4.4%。年末金融机构各项本外币存款余额839.63亿元,比年初增长19.0%。城乡居民储蓄存款余额582.20亿元,比年初增长16.1%。金融机构各项本外币贷款余额331.10亿元,比年初增长20.7%。财产、人寿保险费收入17.08亿元,按同口径计算比增23.9%,其中:财产保险保费收入4.44亿元,比增21.7%,已决赔款2.50亿元,比增10.5%;人寿保险费收入12.64亿元,比增24.6%。

【外经外贸和利用外资】 外贸持续增长,全年进出口总额11.73亿美元,比增48.7%。出口总额9.51亿美元,增长41.8%,其中"三资"企业出口5.13亿美元,增长52.7%,其他类型企业出口4.38亿美元,增长30.7%。出口总额中一般贸易出口6.9亿美元,比增31.6%,占出口总额的72.6%。全年新签利用外资合同项目 133 个,合同协议金额 2.04 亿美元,比上年减少 3.5%,实际利用外商直接投资 0.89 亿美元(按国家商务部确认口径),比增 11.9%。

【物价水平和人民生活】 市场物价略有上升,市区居民消费价格总指数为 102.8%,上升 2.8%,市区商品零售价格总指数为 103.6%,上升 3.6%。全市工业品出厂价格指数 103.8%,上升 3.8%。2010 年年末企业景气指数和企业家信心指数分别为 129.4%和 132.97%,分别比上年下降 6.25 个百分点和8.43 个百分点。梅州市区居民年人均可支配收入 14728 元,剔除价格上涨因素,实际增长 9.2%;农村居民年人均纯收入 6367 元,增长 18.1%,剔除价格上涨因素,实际增长 14.0%。强力推进扶贫开发"双到"工作,采取产业帮扶、龙头企业帮扶、招商引资项目帮扶、学技就业帮扶、社会保障帮扶、安居工程帮扶、金融帮扶等多种形式,全市落实帮扶资金近 6 亿元,实际投入 4.28 亿元,实施集体经济项目 1716 个,户帮扶项目 6 万多个,被省考评组评定为优秀档次。落实《梅州市农村劳动力培训转移就业目标责任制考核评价办法》,实施农村劳动力"两清"行动(应届大中专、高中毕业生和退伍复员军人当年实现清一色培训技能转移就业),全年免费培训农村劳动力 6.4 万人,新增转移就业 16.7 万人,超额完成省下达任务。全年城镇新增就业 32737 人,就业困难人员实现再就业 3058 人。年末城镇实有登记失业人员 14200 人,城镇登记失业率 2.48%,比上年末下降 0.05 个百分点。全市已参加基本养老保险的职工有 63.52 万人,参加工伤保险的有 18.85 万人,参加职工基本医疗保险的有 29.52 万人,参加职工失业保险的有 22.16 万人,参加生育保险的有 19.84 万人。城镇居民基本医疗保险已有 43.15 万人参保;新型农村合作医疗保险有 345.78 万人参保;新型农村合作医疗保险覆盖率 98.4%。全市五大险种社会保险费收入 23.96 亿元,比上年增收 4.18 亿元,增长 21.0%。全市各类社会福利单位收养人数 3272 人,其中 117 间敬老院入院人数 2601 人,社会福利院床位 600 个。全年城乡各种社会救济对象得到各级政府救济人数 296874 人次。全市享受低保救济的困难群众 278959 人,其中城镇 19015 人,农村 259944 人。社会服务设施 1842 个。目前,全市各乡镇已初步建立农村社会保障网络。据抽样调查推算,全市人口出生率为 10.94‰,死亡率为 5.70‰,自然增长率为 5.24‰。全市年末户籍人口为 514.75 万人,其中非农人口 126.23 万人。

【科教文化和卫生体育】 年末县及县级以上科研机构 15 个。年末国有企事业单位拥有自然和社会科学专业技术人员 77043 人。全市获市级及以上科技成果奖 47 项,其中省级 1 项。全市专利申请量 575 件,比增 18.6%;专利授权量 531 件,比增 91.7%。全市累计专利申请量 2965 件,专利授权量 1958 件。创建"教育强市"步伐加快,新增两个教育强县(区)、27 个"教育强镇(街)"。推进省市共建劳动力资源开发示范市和山区职教基地,加快 10 所国家级示范性高中、5 所超万人、6 所超 5000 人职业(技工)学校建设,全市普通高等教育当年实际招生人数 5737 人,在校学生 20673 人,毕业生 4283 人。各类中等职业教育、普通高中、初中、小学、幼儿园、技工学校和特殊教育快速发展。小学人口入学率 100%,初中人口入学率 100%,小学毕业生升学率 100%,初中毕业生升学率 99.0%,高中毕业生升学率 78.81%。编制《梅州市建设文化强市规划纲要(2011~2020 年)》,扎实推进客家围龙屋申报世界文化遗产工作,推动中国客家博物馆和剑英图书馆升格为"国家一级馆"。成功举办"第四届中国(梅州)国际客家山歌文化节"和"客家流行音乐金曲榜"等系列活动。梅州被确定为全国第五个国家级文化生态保护实验区。大埔百侯镇、梅县茶山村分别被授予中国历史文化名镇、名村称号。文化事业繁荣发展,年末,全市共有艺术表演团体 11 个(不含广东汉剧院)、文化馆9个、公共图书馆10个、博物馆9个、广播电台8座、电视台8座、有线电视台8座,电影放映单位10个,全市电视覆盖率98.7%。全年出版报纸2925万份、各类期刊126.72万册,公共图书馆藏书1079.6万册。医疗卫生条件持续改善,年末全市共有卫生机构3745个,拥有病床10702张,卫生专业技术人员17323人。体育事业取得新成绩,全年全市运动员在参加省级以上比赛中,共获奖牌32块,其中:金牌7块,银牌11块,铜牌14块。全市各级组织举办县级及以上各种运动竞赛会2次,参加运动会的运动员3.0万人次。人均体育场地面积0.98平方米。

【生态建设和环境保护】 扎实推进全省首个省市共建的"生态文明(林业)示范点"建设,深入开展"绿满梅州"大行动,推进山边、水边、路边"三边"整治,成功创建国家园林城市,创建国家卫生城市。全年林业更新造林面积3882公顷,低产林改造5638公顷,木材砍伐量34.6万立方米,年末森林覆盖率69.4%。落实节能减排责任,全面完成节能减排任务,单位GDP能耗下降3.9%。全市共有环境监测站9个。当年环境污染治理投资总额8.2亿元。共建成污水处理厂9座,城市污水日处理能力为17.6万立方米;城市污水集中处理率为71.0%;城市生活垃圾无害化处理率为100%。废水排放达标率为97.1%,烟尘排放达标率96.3%。全市主要江河水质、饮用水源水质、备用水源地水质均为Ⅱ~Ⅲ类水质,水环境质量总体良好。全市空气质量优良率为100%,工业固体废物处置利用率为99.5%。"三废"综合利用产品产值为1.41亿元。全市设立县级以上自然保护区51个,面积17.40万公顷。

(刘森元)

横向经济联合与协作

【穗梅对口帮扶】 2010年,全市经协系统深入贯彻落实省委书记汪洋、省长黄华华的重要批示精神,按照省、市关于对口帮扶和"双转移"战略的决策、部署,坚持"优势互补、互惠互利、长期合作、共同发展"的原则,拓宽帮扶平台,全方位、宽领域、深层次开展对口帮扶工作,各项工作取得新成果。2010年,广州市提供帮扶资金1.96亿元,支持建设公益性项目559个;两市经贸合作项目14个,总值13.23亿元,广州市捐款捐物合计4000万元,培训各类人才26676人,资助贫困生上学561人;梅州市向广州输出劳动力6638人,接待广州游客51万人次。

对接互动 注重加强高层领导间、政府间、部门间、行业间的沟通和交流,全方位开展对接互动,形成广泛的对口帮扶、合作网络。7月9~10日,副省长、广州市市委副书记、市长万庆良,副市长甘新、曹鉴燎率领广州市政府代表团一行40人,到梅州现场考察广州大桥等对口援建项目和"双转移"工作,并召开广州—梅州两市工作交流座谈会。市长李嘉等领导陪同考察,并出席交流座谈会。12月26~27日,省委常委、广州市市委书记张广宁,市委常委、常务副市长邬毅敏,市委常委、秘书长陈如桂,副市长甘新,市政协副主席孙峰,市政府副秘书长陈绍康率领广州市党政代表团,到广州(梅州)产业转移工业园考察"双转移"工作进展情况,并召开座谈会。梅州市市委书记李嘉,市委副书记、代市长朱泽君等领导参加座谈和考察。5月31日~6月1日,广州市协作办、梅州市协作办共同组织8个省、自治区和15个市、县共23个驻穗办事机构的代表到梅考察,达成招商协作协议。梅江区、兴宁市、梅县、蕉岭县、平远县、大埔县、五华县、丰顺县与广州市8个对口帮扶的区(市)通过相互组织党政代表团、企业家考察团等形式,广泛开展工作对接,商谈对口帮扶工作。

园区共建 围绕把广州(梅州)产业转移工业园打造成全省示范性园区的目标,以园区规划为龙头,以园区建设为着力点,以强华与广汽集团合作的"两机"项目为突破口,以产业对接为核心,

联手推进园区建设，着力推动上下游企业进园落户，全力打造园区汽车零部件产业集群，并带动电气机械制造、通讯电子设备、金属制品等相关产业发展。据统计，至2010年广州市共拨付园区共建资金2.54亿元，其中建设资金2.5亿元，环评经费83.4万元，规划费用315.61万元。

经贸合作　以互利双赢为目标，以项目合作为纽带，拓展合作空间，扩宽合作领域，务实开展经贸合作。8月26日至29日，市委常委、常务副市长张远方，市政府副秘书长、市协作办主任何小卫率领市经协办、各县(市、区)政府和参展企业的负责人，参加2010年广州博览会，组织开展经贸合作洽谈和项目对接，参展企业现场销售各类产品金额4120万元，与广州、深圳、东莞等珠三角地区10家企业签订5.08亿元的经贸合作项目合同，涉及电子、电声、轻纺、食品、药品等领域。2010年，总投资超过8.15亿元的广东海丰鞋业有限公司、广东省云山汽车有限公司、广州柴油机厂等经贸合作项目先后建成投产。

民生帮扶　广州梅州对口帮扶工作第六次联席会议以来，围绕山区群众就业难、读书难、行路难、看病难、住房难、饮水难等民生问题，加大民生帮扶力度。据统计，广州市提供帮扶资金1.96亿元，支持建设公益性项目559个；捐款捐物合计4000万元，培训各类人才26676人，资助贫困生上学561人；梅州市向广州输出劳动力6638人，接待广州游客51万人次。

部门协作　按照“重在持续、重在提升、重在运作、重在实效”的工作要领，穗梅各部门不断拓宽协作领域，采取项目帮扶、资金帮扶、培训帮扶和干部交流等方式，不断丰富合作内容，全方位、深层次开展部门间协作，全面推动对口帮扶工作向纵深方向发展。

【闽粤赣边区域协作】 2010年，全市各级各有关部门以绿色崛起理念为统揽，认真贯彻落实省政府关于“支持粤东北地区参与海峡西岸经济区建设”的工作部署和闽粤赣十三市第十四次党政领导联席会议精神，深入开展经济、技术、资源、市场、交通基础设施等方面的协作，务实推进闽粤赣区域协作。

互访交流　采取“走出去”、“请进来”相结合的方式，组织开展一系列交流合作活动，进一步密切合作关系。1月13日~14日，福建龙岩、江西赣州、广东梅州三市无线电管理部门在梅召开闽粤赣边际(三市)无线电管理工作协调会议，共同研究和探讨加强无线电管理协作事宜，举办2010年三市无线电监测技术演练，原则通过《闽粤赣边际(三市)无线电管理应急预案》。2月2日，受梅州市政府委托，市政府副秘书长、市协作办主任何小卫带队到汕头海关，共商两地海关通关工作。2月7日，蕉岭县县委书记周章新、县长林健雄率党政代表团分赴福建武平、上杭县参观考察城区规划及市政建设等工作，武平、上杭两地党政班子主要领导陪同考察。3月5日，汕头市副市长林梃带领汕头市有关部门负责人到梅州，考察举办省第四届“山洽会”的做法和经验，副市长陈建青陪同考察活动。6月6日，由梅州市收藏家协会主办、梅州市根艺协会和梅县博物馆协办的“2010年梅州市首届闽、粤、赣收藏鉴赏研讨交流大会”在梅城举行，福建龙岩市、江西赣州市和梅州市等三省客家地区的民间收藏爱好者进行收藏鉴赏交流活动。8月19日，第三届闽粤赣边三市“红土清风”论坛在梅州开幕，来自中央，闽粤赣三省，梅州、龙岩、赣州三市纪检监察干部和有关专家学者齐聚一堂，围绕“弘扬客家传统美德推动廉洁文化建设”主题，共同交流探讨反腐倡廉建设实践经验，共谋反腐倡廉建设科学发展。省委副书记、省纪委书记朱明国参加会议。12月6日，粤东五市政协联谊座谈会在汕尾市召开，汕头市、梅州市、揭阳市、潮州市、汕尾市的政协秘书长及有关人员参加会议，共同探讨做好政协工作的新思路和新途径。12月9~10日，闽粤赣边九县政协第33次联系协作会在蕉岭县召开，蕉岭县、大埔县、平远县，江西寻乌县、安远县、会昌县，福建武平县、上杭县、永定县等三省九县的政协领导参加会议，首次交流政协调研视察专题工作经验。12月22~23日，闽粤赣十三市党政领导第十五次联席会议在福建省厦门市召开，市政府副秘书长、市协作办主任何小卫带队参加会议，讨论通过《推进闽粤赣十三市区域经济合作行动纲领》，听取闽粤赣十三市区域合作工作报告，审议工业、交通、农业、工商、旅游、港口、物流等合作意见。

经贸对接　按照政府搭台、经贸唱戏的思路，打造经贸合作平台，努力构建持久、稳定的经济贸易合作伙伴关系。4月，陈建青副市长率企业家参加"广东产品江西、福建行暨开拓市场活动"，签订购销合同10亿元。

交通共建　结合新时期区域协作的特点，以交通网络互联互通为重点，加快公路、铁路等交通基础设施建设步伐。一是高速公路建设提速。西环高速公路累计完成投资3.047亿元。梅龙高速公路一期工程—梅大高速公路三角至三河段累计完成投资6.56亿元，预计2012年建成投入使用。济广高速公路平远至兴宁段、梅大高速东延线三河至省界段列入2010年全省新开工建设的重点预备项目，汕湛高速五华段开展立项前期工作和初步设计工作，预计2011年动工建设。二是启动鹰梅、浦梅铁路建设工作。按照一级双线电气化、时速200公里的标准设计，启动鹰梅、浦梅两条新铁路建设的前期工作。其中鹰梅铁路梅州境内73.3公里、投资估算30亿元，完成预可研编制；浦梅铁路总投资估算468亿元，预计2011年底全线开工建设，2015年8月可全线建成通车。三是强化运管协作。规范闽粤赣边际运管协作班线管理，对梅州、赣州和龙岩三市审批的客运班线，互相为运输企业办理相关手续，允许旅游客运企业持当地省级运管机构核发的旅游包车牌自由通行，并加强运政执法协作，全方位开展运管协作。

农业合作　加强与福建省、江西省的交流与合作，引导企业大胆"走出去"，发挥各自的比较优势，收购江西、福建的粮食、油茶果、茶油、蜜柚等优良品种，开展食粮、油茶深加工，并加大优质农产品、先进农技的"引进来"力度，从福建省引进水稻新组合优1259、金山优2155，从江西省引进水稻新组合直优316、山优桂3等水稻新组合品种，引进福建省红泥龙塑料沼气工程技术，努力提升农业生产水平。同时，充分发挥林业边界联防会议作用，在蕉岭县召开湘粤赣闽护林联防工作会议，加强与各毗邻市的信息沟通，突出防范森林火灾。

旅游协作　以"客源互送、促销互动"为目标，主动联合闽粤赣边邻有关市，突破旅游合作"屏障"，建立健全分层协调机制，认真参与区域旅游品牌共建，扎实推进"梅赣龙客家旅游圈"、"粤赣闽十三地市旅游合作圈"和"粤赣闽千里客家文化长廊"等区域旅游合作，旅游对接协作实现互利共赢。6月，组团到龙岩、三明两市开展旅游推介交流活动，联手谋划"千人自驾系列团"、"千人游互动"等活动。7月17日，龙岩"千人自驾系列团"首团到梅州旅游观光，在雁鸣湖旅游度假村启动龙岩"千车万人游梅州"活动。8月16~19日，三明市旅游局局长陈欣率一行44人到梅州开展旅游宣传推介活动。9月8日，组团参加厦门第六届海峡旅游博览会，展示"世界客都·休闲梅州"旅游城市总体形象，推介全市主要旅游产品，并与福建旅行社签署旅游合作协议。

【海峡西岸经济区建设】 2010年，全市各级有关部门紧紧抓住党中央、国务院深入实施海西发展战略的有利时机，以加快融入海西为着眼点，以加强梅台合作交流为切入点，开展宽领域、多层次的区域交流与合作，全面建设海西经济区。

全面对接　市、县经协作部门紧紧抓住海西经济区上升为中央决策和国家战略的重大机遇，借助梅州列入海西经济区的契机，出台并实施《关于加强与海峡西岸经济区对接，进一步扩大区域协作的意见》，成立由市长和分管副市长为正、副组长的领导小组，全面启动对接海西经济区工作，探索建立多层次、宽领域、全方位的工作机制。

搭建平台　市、县经协部门充分发挥联系广泛的优势，主动为各级有关部门开展区域协作提供便利和穿针引线，搭建各类合作平台。3月，福州市经委组团到梅州进行经贸交流活动，商讨加强共同建设海西区经济相关工作和双方经贸合作事项。4月21日，在福建省福州举行的粤闽旅游合作交流会上，梅州市旅游机构与福建部分旅行社签署业务合作协议，建立长期合作交流机制，共同打造跨省区客家文化、滨海旅游精品线路。8月，陈建青副市长率领梅州分团参加在福州举行的第六届泛珠三角区域合作与发展论坛暨经贸洽谈会，召开乡情通报会，与福建、江西、广西、香港等地区有关企业签约项目19个，涉及合同金额27.02亿元。11月8~12日，由工信部、国台办、福建省政府共同主办的首届海峡两岸机械产业博览会暨第七届中国龙岩投资项目洽谈会在福建省龙岩市举行。作为首届海峡两岸机械产业博览会的协办方之一，梅州市政府副秘书长、市协作办主任何小卫率团参加博览会，开展一系列展、谈、会等活动，推介投资环境。

梅台合作　发挥地缘、人缘、文化、产业等优势，先行先试开展对台联络、联谊活动，开展梅台合作。8月，梅州市市委书记李嘉和市委常委、常务副市长李金元率领梅州经贸文化交流团访问台湾，开展“合作之旅”，促成涉及经济、文化、教育、农业、旅游等多个领域的项目签约。8月17日，梅州市文化广电新闻出版局与台北市龙阁文化传播有限公司共同签订梅台《两岸文化交流合作意向协议书》；梅州市广播电视台也与台湾德韦多媒体有限公司签订关于第四届中国梅州国际山歌节全球客家妹形象使者大赛的合作意向协议，并与苗栗县民俗戏曲研进会签订关于2010客家流行音乐金曲榜两岸歌手演唱会的协议；广东客都文化发展有限公司与台湾中华演艺总会签订关于梅台两地客家文化交流互动、《客家意象》节目赴台演出等两项协议；梅州市旅游协会与台北旅行商业同业公会签订关于梅台两地旅游合作的框架协议；梅州市旅游总公司与台湾今喜旅行社签订梅台两地旅行社交流合作的框架协议；广之旅国际旅行社梅州分公司与台湾康福国际旅行社签订梅台两地旅行社交流合作的框架协议。8月19日，梅州市旅游协会与苗栗县观光协会签订梅州与苗栗旅游合作框架协议；嘉应学院台湾的苗栗联合大学签订学术交流备忘录。同时，就启动“客家人游世界客都活动”达成共识。8月20日，在台南大亿丽致酒店举办海峡两岸农业合作论坛暨粤台农业合作项目签约会，签订两项农业合作协议，其中，梅州市嘉丰农业发展有限公司与台湾钜洲生物科技有限公司签订投资250万美元落户梅州的生物有机肥生产项目协议。梅州美适集团与台南县农会签订150万美元的文旦柚等农产品现场采购协议。梅州市农业局与台湾大翔集团签订关于梅州农民创业园招商的协议。

【外地驻梅办事机构】　着眼于“双向互动、双向辐射”，启动外地驻梅办事机构“服务年”活动，开展交流活动，及时解决合理诉求，强化外地驻梅办事机构服务绿色崛起的功能。3月19日，组织东莞证券梅州分公司、梅州市苏宁电器有限公司等负责人，到广州(梅州)产业转移工业园对接考察，激发和引导外地驻梅办事机构服务绿色的经济崛起。10月16日，东莞证券与市政府签署《资本市场合作协议暨东莞证券与嘉和电器上市辅导协议》，并担任市政府资本市场发展战略顾问公司，为企业进入资本市场提供服务。梅州中燃城市燃气发展有限公司先后开展“中国燃气杯”十大新闻评选、《消防法》知识竞赛等活动，梅州苏宁电器开展“1+1 阳光行”公益活动，主动服务绿色的经济崛起。2010年，上门为广东三元麦当劳食品有限公司梅州分店等6家外地驻梅办事机构办理登记备案手续，全市累计办理登记备案手续45家。

(徐向阳)

精神文明建设

2010年,梅州市精神文明建设以建设社会主义核心价值体系为根本,开展"好客之都·文明相伴"系列活动,扎实推进公民思想道德建设,着力深化群众性精神文明创建活动,进一步提高市民文明素质和城乡文明程度。

开展"好客之都·文明相伴"系列活动 5月19日,在梅城东山教育基地院士广场举行"好客之都·文明相伴"系列活动启动仪式暨"除陋习、树新风"万人签名活动。市政府副市长陈丽霞主持仪式,市委常委、宣传部部长林碧红发表讲话,活动主办单位代表宣读《开展"好客之都·文明相伴"系列活动的倡议书》,市职业学校的学生代表作表态性发言,参加仪式的领导和群众在写有"好客之都·文明相伴""除陋习、树新风"字样的横幅上签名。大埔县在大埔文化广场举行"弘扬生态文明、共建绿色大埔"系列活动启动仪式暨"除陋习、树新风"万人签名活动;开展"十大陋习"评议活动,通过书面言论、大众短信、彩信、互联网等平台进行剖析、评议,并提出整治陋习的措施。提出影响梅州文明形象的陋习66项。通过媒体、网络等形式让市民投票评议,最后评议确定十大陋习:随地吐痰擤鼻涕,垃圾污物随处扔,乱穿马路闯红灯,举止不雅讲粗话,乱涂乱画乱张贴,占道经营乱摆卖,公共场所乱吸烟,不守秩序不排队,车辆抢道乱停放,噪声噪音喧扰人;在全市开展以"存好心、说好话、做好事"为主要内容的"我推荐,我评议身边好人"活动,发动各地各单位推荐"身边好人",选树和宣传一批先进典型,进一步弘扬学习、关爱、崇尚、争当道德模范的良好风尚。全市推荐出85位"身边好人",梅州日报社、市广播电视台等主要媒体宣传推介33名"身边好人"的事迹。经评审有10位入选2010年"梅州好人榜",并举行隆重的颁奖晚会。梅州日报社、市广播电视台等主要媒体报道宣传9个省文明单位、4个省文明县城的先进事迹,引导广大干部群众学习模范、争做模范;5月26日,启动文明宣传用语征集活动,征集全国各地的文明用语5000多条。市民通过媒体和网络投票,评选出50条文明健康、富有创意、具有浓郁地方特色、适于传播的优秀文明宣传用语,在全市新闻媒体、网络、户外广告、宣传栏等各种宣传载体进行宣传推广;举办"做个文明好客的梅州人"征文活动,收到稿件193篇,在《梅州日报》设立专栏刊登23篇,评选出优秀文章14篇。开展"好客之都·文明相伴"摄影大赛,收到稿件347幅,评选出优秀照片18幅,在《梅州日报》选登;组织编写《梅州市民文明礼仪手册》和《梅州市志愿服务手册》,并以之为基本教材,组织文明礼仪知识讲座,聘请嘉大教授讲授礼仪知识。此外,还开展以"关爱生命、文明出行"为主题的文明交通行动等活动。

开展公民道德实践活动 利用春节、元宵、清明等传统节日,以弘扬民族优秀文化传统和爱国主义精神为主题,组织开展"我们的节日"主题活动,吸引广大市民积极参与,引导人们认知传统、继承传统、弘扬传统,增进爱国主义情感。先后开展道德春联进万家、网上拜大年、元宵山歌擂台赛、清明祭奠革命先烈、端午龙舟赛、国际山歌节等民俗活动,大力弘扬中华民族优秀文化传统。把全国道德模范入围奖获得者彭彩金和梅州十大道德楷模的先进事迹作为推进公民道德建设的生动教材,充分利用大众传媒、基层宣传阵地和群众文化活动等多种形式,大力宣传道德模范的先进事迹,引导广大干部群众学习模范、争做模范。加强先进典型的挖掘和培养,继续深化"做人民满意的公务员"、"身边好人"评议活动,引导人们在日常工作生活中从点滴做起,积小善为大德,形成良好道德风尚。梅江区广泛开展"五德"(政德、师德、医德、商德、公德)主题实践活动,以道德魅力感染人、提高人。梅县开展"好父亲、好母亲"评选活动。平远县开展第三届"五星道德楷模"(敬业奉献之星、孝老爱亲之星、见义勇为之星、诚实守信之星、助人为乐之星)评选活动。大埔县开展"农村十好”(好乡贤、好教师、好支书、好村民组长、好公公、好婆婆、好父亲、好母亲、好儿女、好媳妇)评选活动，树立道德模范，推进公民道德建设。4月23日“世界读书日”，在市剑英图书馆举行全民阅读启动暨捐书赠书展书仪式。8月20~25日，在市购书中心开展南国书香暨梅州书展，开展以“让读书成为快乐的生活方式”为主题的读书活动。全市以领导干部和青少年为主要对象，利用书市、书展，举办读书节、读书征文、读书演讲等，开展各项评比活动，吸引人们广泛参与，使阅读成为人们的生活习惯。据统计，全市共成立“创建学习型组织、争做知识型职工”全民阅读领导小组875个，建立读书小组3578个。全市有1个单位被授予全国学习型先进班组，6人被评为全国知识型先进个人，有省级“书香校园”9所、市级14所，建有农家书屋870个、职工书屋66个。全市有38个镇(街)申报文化先进镇(街道)。

加强未成年人思想道德建设　继续抓好社会文化环境净化工作，开展净化网络、网吧、荧屏声频、校园周边环境整治。1~10月，全市清理本地网上有害信息19856条，取缔黑网吧127户，没收电脑683台套，切断黑网吧信号101户，收缴盗版音像制品2481张(盒)，查缴非法出版物2303册。继续开展“做一个有道德的人”主题活动，组织全市未成年人参与“向国旗敬礼”、“千万少年快乐阅读”、“美德少年”评选等活动，引导未成年人学会做人、学会生活、学会求知、学会发展。组织开展“迎亚运讲文明树新风”志愿服务活动，动员人们参加普及文明礼仪、改善公共环境、维护社会秩序。全年全市参与志愿服务1.6万人次，为社会提供5万多小时志愿服务。启动第四届中国客家山歌旅游节志愿服务大行动，成立梅州市发展志愿服务事业指导委员会和梅州市志愿者联合会，编辑出版《梅州志愿服务手册》，指导推动志愿服务。

开展群众性精神文明创建活动　全市创建文明城市、文明县城热潮迭起。梅州城区结合创建国家卫生城市工作，强化城市管理，创建工作迈出坚实步伐。蕉岭县继续围绕“精致、绿色、和谐”的定位，进一步加强对县城的规划与建设，强化县城秩序、绿化、亮化、卫生等方面的日常管理，确保全国文明县城的荣誉。梅县、大埔县以获得“广东省文明县城”称号为契机，巩固和发展创建工作成果。梅县开展拆建扩绿，加强管理，增添设施，不断提高县城环境整体水平。大埔县提出争创全国文明县城目标，启动公共文明指数测评，发放创建倡议书，加大创建力度。五华县细化创建方案，落实责任，强化措施，推进创建工作。平远县以抓好“一建设四整治一提高”(抓好市政建设，抓好环境卫生、市容市貌、交通秩序、文化市场整治，提高市民文明素质)的创建工作思路，推进创建工作。兴宁市重点抓“二河二路一公园”(宁江河、和山河，宁江大道、神秀路，城南亲水公园)建设，加强老城区改造，强化市容市貌整治，提高美化、绿化、亮化、净化水平。全市生态文明村创建继续深化，制订并下发《梅州市创建生态文明村的实施意见》。各县(市、区)均确定创建基础较好的生态文明村试点，作为以点带面典型，推动创建工作。全市各地围绕建设宜居乡村、美好家园的创建目标，倡导环保理念，突出生态主题，开展“五星级”(经济好、村容好、生态好、民风好、管理好)生态文明村创建活动。11月，在五华县召开全市创建生态文明村工作现场会，总结推广各地的创建做法。全市文明行业、文明单位创建继续拓展，修订、印发《梅州市精神文明建设委员会成员单位工作职责和履行细则》，编辑出版《梅州市精神文明建设先进典型材料汇编》，加强创建经验与成效的展示，调动各行业、各单位文明创建的积极性。各行业、各单位以增强诚信意识、提高服务水平为主题，推进文明行业、文明单位、文明窗口的创建。新增加“文明风景旅游区(景点)”、“十佳文明导游”、“文明市场”等创建活动，深化拓展文明行业的创建活动，评选表彰10个文明风景旅游区和十佳文明导游。推荐鸿都社区为“广东省科普示范社区”，中国移动梅州分公司为广东省“迎亚运文明示范窗口”。

(市文明办)

党的建设

2010年,梅州市各级党委深入贯彻落实科学发展观,紧紧围绕"绿色崛起、科学发展"战略部署,坚持"有载体、有特色、有亮点、创品牌"的工作思路,不断提升党建工作科学化水平,党的基层组织建设和党员队伍建设成效显著,为加快绿色的经济崛起提供强有力的组织保证。

推进创先争优活动 将创先争优活动作为学习实践活动的重要延伸,把"绿色崛起、科学发展"作为活动主题,广泛开展争创"推动绿色崛起四强基层党组织"、争当"推动绿色崛起四优共产党员、四好党组织书记、星级村官"等四项特色争创活动。按照"一行业一特色"、"一单位一品牌"、"一类别一载体"的要求,注重创新载体,加强分类指导,建立党员领导干部联系点制度,树立和挖掘各类型典型示范点38个。开展先进基层党组织和优秀共产党员具体标准讨论和领导点评活动,全市2068名领导参加点评,3487个基层党组织和10.5万党员被点评。广大党员干部在履行职责、服务群众、改进作风等方面亮身份、表承诺、争先锋,各地各部门在创建"三名城一基地"、招商引资、重点工作、重大项目建设等工作中比业绩、争先进,不断推动经济发展提质增量,解决群众最关心、最直接、最现实的利益问题。省级以上重点媒体多次报道梅州市开展争创活动的情况,中央创先办《工作简报》刊登信息1篇,省委创先办《工作简报》刊登信息9篇,上稿数位居全省第一。

推进统筹城乡基层党建 注重在工作方法、活动载体、党建模式和考核机制上探索创新,成立各级统筹城乡基层党建领导小组909个,建立100多个领导干部联系点,开展"五送五帮五促"活动,实行百分制量化考核办法,初步形成信息互动、人才互育、活动互联、资源共享、党员共管、经费保障的"三互二共一保障"统筹城乡基层党建新格局。开展竞争性选拔驻村干部工作,通过民主推荐、竞职演说、考察考核等竞争性选拔干部形式,从优秀正科级干部中选派15名驻村干部,从一般干部及副科级干部中选派104名驻村干部,对原来是驻村干部的按干部管理权限提拔一级职务,对新选拔的驻村干部在完成帮扶任务后,按干部管理权限提拔一级职务,有效推进扶贫开发"双到"和统筹城乡基层党建工作的深入开展。

提高基层党的组织生活质量 着力推进组织生活理念创新、内容创新、形式创新和管理创新,在全市各级基层党组织中推行"1+3"菜单自选组织生活模式,对党的组织生活内容和方式进行创新。("1"是指基本组织生活模式,为规定动作;"3"是指自主组织生活模式、实践组织生活模式和开放组织生活模式等3种模式,为自选动作)。要求各级基层党组织在完成规定动作的同时,必须在3种自选动作中选取1~2种活动形式过好组织生活,进一步提升组织生活的活力。分领域建立12个省级和100个市级党的组织生活创新工作试点单位,以点带面推进全市党的组织生活创新工作。

全面开展"实施知识转型工程,创建学习型党组织"活动。采用"五学两考核"的方法,推行自主式、互动式、结对式、实践式、链条式等五种学习模式,组织上级党组织对下级党组织进行考核、单位党组织对党员进行考核,确保各级党组织和党员的学习质量。全面实施干部大培训计划,制订《关于进一步推动大规模培训干部的实施意见》,充分发挥我国香港地区和新加坡干部培训基地的作用,在增城、华东等发达地区新设立培训基地,选拔400多名处级干部到清华大学、浙江大学、中山大学等名校培训学习,全年共组织各类型党员学习培训5000多场次,参与党员30多万人次,参训率为95%以上。实施"领导力、执行力、实践力"提升工程,在全市各级领导班子和领导干部中,通过组织一次集中学习、召开一次专题讨论会、开展一次专题调研、一次主题实践活动和一次专题民主生活会等"五个一"活动,使各级领导干部的能力素质更能适应推动绿色崛起、加快转变经济发展方式的要求。整合各种资源加快“大组工网”建设进度，办好“点播课堂”、“网络课堂”、“直播课堂”、“实践课堂”和“短信课堂”五大课堂，构建党员干部网络在线学习平台，推动各级党员干部知识转型。

推进基层党内民主建设　制订梅州市贯彻落实党代表任期制工作“1+5”文件，进一步健全和完善党代表任期制工作规则，理顺运行机制。建立具有梅州特色的党代表“三联三询三评三访”机制，形成党组织、党代表、人民群众三位一体的联系体系，畅通党代表联系党员群众和反映党员群众意愿的渠道。全年，全市各级党代表通过开展联系活动，协助有关代表团(组)解决实际问题132个，收集党员群众的意见建议607条，为群众办好事实事3689件，共投入资金800多万元。

增强农村基层工作力量　制定出台《梅州市选聘高校毕业生到村任职实施办法(试行)》，力争通过5年时间，面向全国选聘1900名本科以上高校毕业生到村任职，逐步实现全市90%的行政村一村一名大学生村官。2010年首次选聘300名包括中国政法大学、中山大学、华南农业大学、华南师范大学等省内外重点院校毕业生下派到村任职，为基层农村后备干部队伍注入新生力量。全市所有新招录的412名公务员均下派到农村进行为期1年的挂职锻炼，进一步充实农村基层干部队伍力量。

强化农村基层组织工作保障　出台《关于做好离任村(社区)干部生活补助发放工作办法》，统筹解决全市2040个行政村和189个社区32432名离任村(社区)干部生活补助问题。争取省有关部门的支持，大范围解决全市农村基层组织工作经费保障。进一步拓宽村干部政治出路，选拔9名优秀村党组织书记担任乡镇领导干部，选拔9名优秀大学生村官进入乡镇公务员队伍，选拔3名服务基层的大学生进入乡镇公务员队伍，从村党组织书记和村委会主任中招聘16名镇(街)事业单位工作人员。

(市委组织部)

党风廉政建设

2010年，全市各级纪检监察机关，认真贯彻党的十七大和中纪委、省纪委全会精神，不断构建完善具有梅州特色的开放动态创新的惩治和预防腐败体系。11月，省党风廉政建设责任制领导小组对梅州落实党风廉政建设责任制、推进反腐倡廉建设情况进行检查，梅州被评为“好”等次，并给予“开创了山区市党风廉政建设新局面”的高度评价。

【监督检查】运用定期督查、跟踪监察、暗访调查等形式，加强对“扩内需、促增长”、转变经济发展方式、创卫、扶贫“双到”等工作的监督检查，对新增扩内需中央投资项目168项，总投资15.2亿元的民生工程及基础设施建设项目跟踪监督，坚持覆盖全面、责任到人，对84个工程建设项目中存在的172个问题进行查纠。全市工程建设领域立案6宗，给予党纪政纪处分8人。对因工作不力，影响市重点工程、重点项目建设的4名责任人依法依规按相关程序进行问责，有力推动市委、市政府开展中心工作。市、县两级行政效能投诉中心受理各类群众投诉17件，纠正或督促整改影响行政效能行为13件，查处影响行政效能案件7件，给予党纪处分1人、政纪处分4人。

【廉政教育】坚持以党性党风党纪教育为重点，在基层广泛培植廉洁理念，全市廉洁文化创建活动呈现新亮点。广泛开展廉洁文化进公共场所，选择市公路局、市电大为示范点，在全市形成深入推进廉洁文化进办公场所活动的示范机制。举办专题讲座300场次、组织观看专题片500场次等，有效促进贯彻落实《廉政准则》。全市党政干部因公出国人数同比压减20%；公务购车费用同比下降6.1%，纠正违规购置公务用车问题5宗；61个市直机关“三公”费用情况纳入市综合型电子监察系统监管，公务接待费用同比压减4.2%；以党政机关名义主办的晚会、展览、庆典、论坛活动的费用支出同比下降31%。

【优化环境】 开通网上信访举报平台，进一步完善群众诉求表达、受理、督办、反馈等工作机制，构建群众工作的新模式。全市政风行风热线听取和解决群众咨询投诉反映问题1461件(次)。查处涉及强农惠农资金违纪违法案件35宗，查处医药购销和医疗服务方面不正之风案(事)件7宗12人，查处违反自律和诚信建设的商业贿赂案件39件，查处私设“小金库”单位12个。引导民主权利规范有序行使，从形式、途径、机制等方面完善政务、党务、厂务和村务公开工作。针对基层民主监督薄弱的实际，改造升级农村党廉信息公开平台；指导蕉岭县试点探索村务监事会、入户听诉等做法，总结提炼为“村务监督委员会”制度在全市推广。在经济和信息化、科技系统组织开展民主评议政风行风工作，在市级电子监察系统新增行政效能投诉、政府采购等8个子系统，开通市级行政服务中心和中小企业服务等平台，基本解决“多头受理”、“分散审批”等弊端，进一步密切党群干群关系，优化全市发展环境。

【惩治腐败】 坚持把查办案件工作摆在更加突出的位置，着力创新办案理念、丰富办案手段、健全办案机制，不断探索适合山区特色的案件查处工作之路，省纪委副书记赵振华在梅州市办案工作汇报材料上作出“梅州的办案工作有思路、有力度、有规范，发全省地级以上市学习参考”的批示。全市纪检监察机关新立案301件，同比去年上升7.9%；查处大要案113件；查处“一把手”案件38件；乡镇办案139件，乡镇办案率为100%；通过查处违纪违法案件为国家和集体挽回经济损失2802.9万元，同比上升78.9%。通过调整办案人员、充实办案人才库、组建陪护队伍等，加强对办案工作的监管，形成分工合作、各负其责的安全文明办案工作机制。同时，为536名受到诬告误告的党员干部澄清是非，对167名党员干部进行回访教育，对原市房产管理局违规办理房产证等5宗典型案件通报全市，帮助43个发案单位修订完善制度169项。

【创新机制】 针对建设工程项目“以大化小”、“超预算”问题，对54个市直单位的建设工程项目，在工程立项、设计变更、验收结算等环节进行备案管理；针对政府投资项目存在监督缺位、错位现象，在丰顺县试点探索成立政府公共财政投资审核监督中心，加强对政府投资项目资金的监管。全市招投标工程694项，通过招投标节约资金1.68亿元；经营性土地招标拍卖挂牌出让110宗，出让金额4.6亿元；全市国有(集体)产权进场标的52宗，溢价率21.3%；全市政府采购中心实际采购金额5.4亿元，节约率9%；全市网上阳光采购药品5.2亿元，让利患者1.6亿元。全市削减行政审批项目187项，减幅为54.9%。从审批程序、经费安排、证照管理等方面加强对党员干部出国(境)的监管，及时制止一起以培训为名持因私护照赴港行为。全市纪委负责人与下级党政主要负责人谈话318人(次)、任前廉政谈话1026人(次)、诫勉谈话68人(次)。针对农村基层党风廉政建设责任制工作考评容易流于形式、责任追究不够到位等问题，在平远县、五华县探索党政“一把手”向纪委全委会述廉制度，强化纪委全委会的监督职能；在大埔县推行百分制量化考评党廉责任制度，推动县直单位、镇、村“一把手”落实党廉责任。

【提高能力】 开展“提高队伍素质、提高执行能力”、“创先争优”主题实践活动，着力提高纪检监察干部履职尽责能力，进一步做好“党的忠诚卫士”，当好“群众的贴心人”。通过“一室一课”、“纪检监察学习论坛”等活动，倡导崇尚学习、善于研究、学以致用的浓厚氛围，在《中国纪检监察报》、《党风廉政建设》等中央级媒体刊物发表反腐倡廉建设题材的文章170篇，其中《中国纪检监察报》38篇。全市新设县级纪检监察派驻机构46个，划收编制230名；从完善派驻模式、人员编制、干部管理、后勤保障等方面下工夫，全面推进纪检监察派驻机构统一管理。市纪委监察局机关调进8人、调出2人、基层单位挂职4人、轮岗24人(次)、提拔重用13人(次)，中央纪委、广东省纪委先后刊发信息推荐梅州市纪委培养使用干部机制的做法和经验。针对派驻机构统一管理后，纪检监察干部增多的实际，采取办班培训、委托培训等方式，选送115人(次)参加各级培训，提高纪检干部服务、保障和促进科学发展的能力。举行首届“纪检监察开放日”活动，增强纪检监察工作透明度，主动、公开接受群众监督。

(梁英浩、丘海春)

责任编辑：邓柳茹

2010年5月19日，梅州市开展除陋习树新风万人签名活动。（市精神文明办提供）

领导机关

市委

【市委主要会议】

市委五届六次全会　2010 年 1 月 9 日，中共梅州市委五届六次全体(扩大)会议在梅城召开。全会主题是：深入贯彻落实党的十七届四中全会、中央经济工作会议和省委十届六次全会精神，总结 2009 年工作，研究部署 2010 年各项工作任务，动员全市上下进一步振奋精神，抢抓机遇，推进经济社会健康较快发展，全力谋求绿色崛起新突破。市委书记刘日知代表市委常委会向全会作报告，市委副书记、市长李嘉作总结讲话。全会认为，2009 年是梅州市经受考验、克难奋进的一年，面对国际金融危机带来的严峻挑战，市委常委会认真贯彻汪洋书记、黄华华省长来梅视察重要指示精神，坚决落实省委、省政府决策部署，紧扣“推动绿色崛起、实现科学发展”这一主题，以“双转移”(产业转移、劳动力转移)工作为抓手，以重大项目建设为主线，着力创建“三名城一基地”(广东生态、文化、平安名城，绿色现代产业基地)，全市经济社会实现健康较快发展，具体体现为“六个新”：应对危机有新业绩，“双转移”工作有新进展，“三名城”建设有新成效，惠民工作有新提高，世界客商大会有新成果，班子建设得到新肯定。全年完成生产总值 511 亿元，比增 9.8%；人均生产总值 12360 元，比增 9.5%；地方一般预算财政收入 30.77 亿元，增长 13.5%，增幅高于全省平均水平 3.25 个百分点，名列全省第 12 位。全会指出，2010 年的形势是：总体形势向好，局部面临挑战。会议要求，全市上下一定要认清形势，不因成绩而放松要求，不因困难而裹足不前，以更强的决心、更大的力度、更实的作风，全力谋求“绿色崛起”新突破。全会提出，2010 年全市工作的总体要求是：认真贯彻落实党的十七届四中全会、中央经济工作会议和省委十届六次全会精神，坚持以推动“绿色崛起”统领经济社会发展全局，立足“优环境、促发展、惠民生”，全力开展“每县(市、区)都有大项目，每个部门都有重头工作，市县镇村四级联创三名城”行动，努力开创梅州科学发展新局面。通过努力，全市生产总值增长 10%，财政一般预算收入增长 10%，城镇居民人均可支配收入增长 5%，农村居民人均纯收入增长6.5%，城镇登记失业率控制在 3.5%以内，单位生产总值能耗下降 3.5%左右，人口自然增长率控制在 6.3‰以内。全会强调，2010 年要突出做好五项重点工作。一要全力推动经济提质增量。更加注重做强特色产业，更加注重重大项目建设，更加注重提高招商质量，更加重视扩大消费需求。二要着力提升宜居城乡建设水平。突出创建“国家卫生城市”，加快建设“生态名城”。突出创建“中国客家文化生态保护区”，加快建设“文化名城”。突出创建“长安杯”，加快建设“平安名城”。三要尽力改善重点民生。进一步扩大就业，进一步完善社会保障，进一步推进“规划到户、责任到人”扶贫开发。深化“两无”创建活动，稳定低生育水平，提高人口素质。四要努力提高领导干部执行力。以良好的精神状态推动执行，以坚强的干部队伍推动执行，以严格的业绩考核推动执行，以有力的效能监督推动执行。进一步加强民主法治建设，增强党的执政能力、保持党的先进性。五要以2010山歌旅游节为载体，展示“绿色崛起”的新成果，展示世界客都的新形象。全会号召，全市各级党组织、全体共产党员和广大人民群众，紧密团结在以胡锦涛为总书记的党中央周围，在省委、省政府的坚强领导下，高举中国特色社会主义伟大旗帜，深入学习实践科学发展观，同心同德，开拓进取，加快建设“四个梅州”，全力推动“绿色崛起”，努力开创梅州更加美好的明天。全会根据党章的相关规定，决定递补市委候补委员李明权、李理和为市委委员。

学习贯彻粤北山区工作会议、粤北地区（梅州市）现场会精神大会　1月27日，市委、市政府召开大会，进一步传达学习粤北山区工作会议和粤北地区（梅州市）现场会（以下并称“两场会”）精神，部署贯彻落实工作。会议由市委副书记陈小山主持，市委书记刘日知作重要讲话。市长李嘉在会上传达“两场会”精神，并提出具体贯彻意见。会议印发《中共梅州市委 梅州市人民政府关于加强招商引资工作的意见》（征求意见稿）。会议强调，全市上下要深入学习领会两场会议的精神，找准薄弱环节，瞄准主攻方向，全力以赴招商引资，承接产业转移，加快推动绿色的经济崛起。刘日知指出，“两场会”是省委、省政府为进一步推动粤北山区转入科学发展轨道、实现跨越发展而召开的重要会议，也是举全省之力推动区域协调发展的再鼓劲、再动员大会，即将出台《关于促进粤北山区跨越发展的指导意见》，必将更好地促进山区五市实现绿色崛起、跨越发展。学习贯彻好“两场会”精神，总的要求是“三名城建设力度不减，双转移工作加压升温”。全市上下要深入学习领会会议精神，研究部署落实意见，特别是认真总结这几年推进以招商引资为重点的“双转移”工作，找准薄弱环节，瞄准主攻方向，以更高的目标要求、更足的信心、更大的力度、更好的效果，千方百计承接产业转移，以招商引资的新突破，加快推动绿色的经济崛起。刘日知强调，加强招商引资工作，信心要更足。要做到“三个正确看待”：一要正确看待发展成果，二要正确看待发展机遇，三要正确看待发展条件。推进招商引资工作，力度要更大。一要组建最强的招商队伍，二要实行最优的激励政策，三要提供最好的服务保障，四要落实最严的责任考核。创新招商引资方式，效果要更好。一要确保引进好项目大项目，二要确保园区开发取得突破，三要确保财税收入持续增长，四要确保生态环境巩固提升。李嘉强调，学习贯彻好“两场会”精神，要在五个方面下工夫。一要积极抢抓“双转移”机遇，全力以赴抓好园区建设和招商引资。二要按照新型工业化的要求，加快打造绿色现代产业基地。三要更加突出扩大内需，努力增强内需对经济发展的拉动作用。四要以推进基本公共服务均等化为方向，积极做好保障和改善民生的各项工作。五要以打造服务型政府为重点，不断优化发展环境。

深入学习实践科学发展观活动总结大会　2月10日，市委召开大会，全面回顾总结梅州第一、二批科学发展观学习实践活动情况，研究部署进一步巩固和扩大学习实践活动成果的各项工作。会议由市长李嘉主持，市委书记、市委学习实践活动领导小组组长刘日知，省委学习实践活动第一巡回检查组组长陈均伦出席会议并作重要讲话。市委副书记陈小山宣读市委学习实践活动领导小组表彰决定，市委常委、组织部部长翁永卫对学习实践活动作总结，并部署下一步的工作。会议指出，全市紧紧围绕“党员干部受教育、科学发展上水平、人民群众得实惠”的总要求，牢牢抓住“推动绿色崛起、实现科学发展”这个主题，认真办好省委汪洋书记学习实践活动联系点，做好规定动作，创新自选动作，圆满完成学习实践活动的各项任务。具体体现在“四个更加、四个更好”：一是更加注重学习,更好地提升了思想解放的水平。二是更加注重实际,更好地促进了各项工作的开展。三是更加注重长效,更好地推动了体制机制的创新。四是更加注重互动,更好地形成了干事创业的整体合力。会议强调,深入学习实践科学发展观是一项长期的战略任务,必须持之以恒、常抓不懈。各级各部门要高度重视做好后续工作,更加有效地抓好学习实践活动的整改落实,适时开展"回头看",以更大的成果来推动绿色崛起、实现科学发展。要着重在五个方面下工夫:一是理论武装不放松,不断探索和完善绿色崛起新路。二是联系实践不放松,不断开创和彰显自身工作特色。三是整改落实不放松,不断改善和保障重点民生。四是深化运用不放松,不断健全和形成长效机制。五是班子建设不放松,不断提高领导科学发展能力。陈均伦对梅州市开展学习实践活动所取得的成效给予充分肯定,认为梅州市委高度重视、科学谋划部署,学习实践活动主题鲜明突出、工作扎实有力、实践特色明显,在思想、实践、惠民等三方面取得明显的阶段性成效。陈均伦强调,学习实践活动基本结束之后,还要继续抓好四项工作。一是继续坚持不懈抓学习。二是继续狠抓整改落实。三是建立健全体现科学发展观要求的长效机制。四是继续加强党的基层组织建设。

"三名城"创建暨机关作风、八大"民声窗口"、韩江梅江沿岸重点堤围除险加固建设先进表彰大会　2月25日,市委、市政府召开大会,隆重表彰"三名城"创建、机关作风建设、八大"民声窗口"("民生820"、行政审批电子监察、"行风热线"、"梅州民声"、局长〈主任〉接访、干部下访、村〈居〉情民意联络员和"佢看民生"专栏)和韩江梅江沿岸重点堤围除险加固建设的先进集体和先进个人。会议由市长李嘉主持,市委书记刘日知作讲话。市委副书记陈小山宣读《中共梅州市委梅州市人民政府关于表彰"三名城"创建先进单位和先进个人的决定》、《中共梅州市委梅州市人民政府关于表彰2009年度八大"民声窗口"先进集体和先进个人的决定》、《中共梅州市委梅州市人民政府关于表彰梅州市2009年度韩江梅江沿岸重点堤围除险加固建设先进单位的决定》和《中共梅州市委梅州市人民政府关于市直机关作风评议、"切实转变作风推动科学发展"主题实践活动情况的通报》。会议指出,"三名城"创建工作开局良好,取得明显成效。一是提升了优势。二是扩大了影响。三是实惠了百姓。四是积累了经验。五是锻炼了队伍。会议强调,"三名城"创建是一项目标性、长效性很强的工作,各级各部门一定要认识再深化、行动再落实,做到标准再提高、进度再加快、投入再增加,坚持市县镇村四级联创,合力攻坚克难,全面统筹推进,确保取得阶段性成果,使"三名城"成为最亮品牌,成为推动全市"绿色崛起"的重要基石。同时,要采取切实有效的措施,确保韩江梅江沿岸180公里重点堤围除险加固工程建设如期完成、确保"创卫"国检顺利过关。

全市领导干部大会　7月18日,召开全市领导干部大会,省委常委、组织部部长胡泽君和省委组织部副部长林存德到会。会议宣布省委关于梅州市主要领导职务调整的决定:刘日知任省委副秘书长,不再担任梅州市市委书记、市人大常委会主任;李嘉任梅州市市委书记,提名为梅州市人大常委会主任候选人,不再担任梅州市市长职务;朱泽君任梅州市委委员、常委、副书记,提名为梅州市市长候选人。胡泽君在会上回顾总结近几年梅州各项事业发展的历程和取得的成绩,指出这几年是梅州经济社会发展速度最快、效益最好、人民群众得到实惠最多的时期之一,经济社会各方面都呈现出欣欣向荣的崭新局面,初步探索走出一条山区绿色发展、科学发展的新路子。胡泽君代表省委对刘日知担任市委书记7年多的时间里所做的大量卓有成效的工作、作出积极的贡献表示充分肯定。胡泽君分别介绍李嘉、朱泽君两人的基本情况,指出省委认为由李嘉、朱泽君担任梅州市委、市政府主要领导职务是合适的,相信两位同志一定能在中央和省委的正确领导下,团结带领全市领导班子和广大干部群众,继续解放思想,大胆开拓创新,认真履行职责,扎实做好工作,推动梅州经济社会发展再上新水平。刘日知在讲话中表示完全拥护、坚决服从省委的决定,对省委和省委组织部对他担任梅州市委书记以来所取得成绩的充分肯定表示感谢；同时表示今后将继续尽力支持梅州的各项工作，并衷心祝愿梅州在新的领导班子带领下，取得更好更大更快的发展。李嘉表示，将切实按照“情为民所系、权为民所用、利为民所谋”的要求，紧紧依靠班子成员的集体智慧，紧紧依靠广大干部队伍的艰苦努力，紧紧依靠全市人民的共同奋斗，紧紧依靠华侨、港澳台同胞和在外乡贤的大力支持，为梅州绿色崛起、科学发展尽心尽力、尽职尽责。结合梅州当前形势，主要从几个方面努力：一是以“双转移”为契机，全力推动绿色的经济崛起。二是以扶贫“双到”为重点，努力推进民生更大改善。三是以环境建设为突破口，奋力增创梅州发展新优势。四是以“创先争优”为载体，着力打造一支为民、务实、创新、廉洁的干部队伍。朱泽君表示，有信心、有决心在省委、省政府和梅州市委的领导下，在李嘉为班长的带领下，与班子成员一道，精诚团结，艰苦奋斗，依法行政，高效服务，敢于创新、敢于突破、敢于负责，自觉接受人大常委会监督，紧紧依靠全市干部群众，坚持一切从实际出发，充分发挥梅州优势，推动梅州科学发展、实现绿色崛起。一是以发展经济为主线，积极探索山区科学发展之路。二是以人民群众满意为目标，建设富庶、幸福、美丽梅州。三是以造福梅州为己任，奉献自己的智慧和力量。

市委五届七次全会　9月19~20日，市委五届七次全体（扩大）会议在梅城召开。全会主题是：以科学发展观为指导，深入贯彻中央和省关于加快转变经济发展方式的一系列决策部署，认真落实省委十届六次、七次全会，粤北山区工作会议和粤北地区（梅州市）现场会精神，进一步动员全市干部群众认清新形势，抢抓新机遇，明确新目标，落实新举措，全力加快梅州绿色的经济崛起，努力开创“绿色崛起、科学发展”的新局面。市委书记李嘉代表市委常委会作《只争朝夕，破难攻坚，全力加快梅州绿色的经济崛起》的主题报告和总结讲话，市委副书记、代市长朱泽君在全会上作讲话并对《关于加快绿色的经济崛起的若干意见》稿作起草说明，市委常委、组织部部长翁永卫通报关于2009年县处级党政领导班子和领导干部落实科学发展观考评结果。全会审议《关于加快绿色的经济崛起的若干意见》稿和市委常委会《今年以来的主要工作情况报告》，讨论《梅州市绿色现代产业体系建设规划（2010～2015）》稿，并差额票决部分市直单位副职人选。全会高度评价全年市委常委会的工作。一致认为，在省委、省政府的正确领导下，市委常委会深入贯彻落实科学发展观，认真落实省委十届六次、七次全会和粤北山区工作会议、粤北地区（梅州市）现场会精神，坚持以推动“绿色崛起”为统领，以加快转变经济发展方式为主线，千方百计优环境，全力以赴促发展，不遗余力惠民生，全市经济社会保持平稳较快发展的良好势头。全会指出，近年来，积极探索从“四个梅州”到“绿色崛起”的山区科学发展新路，全市科学发展的思想基础进一步夯实，经济社会发展条件显著改善，蓄势待发的态势初步形成。实践证明，“绿色崛起”发展战略完全符合科学发展观的要求，完全符合生态发展区的实际，完全符合梅州人民的愿望，必须坚定不移走绿色崛起、科学发展道路。全会强调，加快绿色的经济崛起，是形势所迫、群众期盼，是省委、省政府的新要求。梅州加快绿色的经济崛起，机遇难得，条件具备，前景可期。全市上下务必树立只争朝夕、奋力争先、破难攻坚的精神状态和雄心壮志，以更加主动的姿态，以更加实干的作风，以更加创新的举措，推动梅州经济社会实现脱胎换骨的转变，走出一条在青山绿水中异军突起、跨越发展的新路。全会提出，当前和今后一个时期，梅州加快绿色的经济崛起的总体要求是：深入贯彻落实科学发展观，全面落实省委、省政府关于促进粤北山区跨越发展的新要求、新部署，以实施《珠江三角洲地区改革发展规划纲要》、“双转移”、扶贫开发“双到”和建设文化强省战略为契机，坚持走生态文明发展道路，加快转变经济发展方式，主动承接产业转移，推动产业生态化和生态产业化，打造以新型特色工业、旅游先锋产业、绿色现代农业、商贸物流业和特色文化产业为重点的主体产业群，构建具有梅州特色

的生态型、循环型、低碳型的现代产业体系，努力实现发展理念、发展战略、发展模式、发展水平的新跨越，争当广东山区科学发展先行市。按照这一总体要求，力争用5到10年的时间，把梅州打造成为广东重要的绿色现代产业基地，实现“三年大提速、五年上台阶、十年大跨越”的发展目标。到2013年，绿色现代产业体系建设加快推进，全市生产总值860亿元，年均增长13%以上，人均GDP19300元，年均增长12%以上，万元GDP能耗逐年下降，县域综合实力和竞争力明显增强；到2015年，绿色现代产业体系初具雏形，形成新型特色工业和现代服务业“双轮驱动”的产业发展格局，生产总值突破1200亿元，比2010年翻一番，年均增长15%以上，人均GDP突破26400元，年均增长14%以上，三次产业结构更为合理；到2020年，绿色现代产业体系基本形成，全市生产总值突破2400亿元，人均GDP突破5万元，综合经济实力为全省中等水平，与全省同步实现全面建设小康社会的奋斗目标。全会强调，加快绿色的经济崛起，要明确目标任务，着力抓好六个关键环节。一是要突出转型升级，推动产业大调整。要加快推进传统工业绿色转型，全力推动战略产业集聚发展，做旺做特旅游先锋产业，大力发展绿色现代农业，做强做活商贸物流业，积极培育特色文化产业。二是要突出扩容提档，推动园区大开发。三是要突出选优择强，推动项目大招商。四是要突出客都特色，推动城市大发展。五是要突出宜居宜业，推动环境大优化。六是要突出转移就业，推动民生大改善。全会认为，会议进一步统一了思想，振奋了精神，明确了奋斗目标，是一次解放思想、改革创新、团结奋进的会议，必将对梅州未来发展产生重要影响。全会作出的部署，立足山区实际，着眼梅州加快绿色的经济崛起的要求，既是广大人民群众的强烈愿望，也是广大党员干部解放思想形成的普遍共识，提出的目标任务经过努力是完全可以实现的。全会号召，全市各级党组织、广大党员干部和人民群众要紧密团结在以胡锦涛为总书记的党中央周围，在省委、省政府的正确领导下，以邓小平理论和“三个代表”重要思想为指导，深入贯彻落实科学发展观，同心同德，振奋精神，只争朝夕，破难攻坚，为加快推动绿色的经济崛起作出新的更大的贡献！

工业经济暨招商引资工作会议 9月29日，市委、市政府召开全市工业经济暨招商引资工作会议，贯彻落实全省工业经济工作会议和市委五届七次全会精神，为加快梅州工业经济发展和招商引资步伐再鼓劲、再升温。市委书记李嘉，市委副书记、代市长朱泽君在会上强调，要狠抓工业提速，大力调整产业结构，全力以赴抓好招商引资工作，确保完成全年工业经济指标和招商引资任务。李嘉指出，梅州工业经济的发展必须大力调整产业结构。要及早谋划好一、二、三产业的布局，大力推进三大产业协调发展。对于招商引资工作，李嘉指出，招商引资是实现绿色的经济崛起的突破口和主要抓手，市、县两级要各有侧重，改进招商引资方式，注重项目策划，积极引进占地少、能耗低、污染小、效益好的企业，着力引进科技含量高、投资强度高、土地利用率高、产业带动能力强的绩优型、科技型项目，不断集聚提升壮大主导产业。要对招商引资工作进行严格考核、严格问责、兑现奖惩，推动招商引资工作再上新台阶。必须营造浓厚的崇商重企氛围，着力优化崇商重企的环境，全力加快绿色的经济崛起。朱泽君要求各级各部门一定要明确任务，全力以赴，确保工业经济又好又快发展，坚决完成省对市、市对县的各项指标任务。朱泽君对招商引资工作提出三点要求：一是统一思想，强化认识，建设和引进产业关联度大、产品链条长、带动能力强的生产力骨干项目。二是加强项目策划，招大商招好商，坚持高起点策划、高水平规划，创新招商方式，大力实施乡贤回归创业工程。三是利用“三旧”改造有利时机，盘活存量土地，千方百计提高招商引资的承载力。

扶贫开发“规划到户、责任到人”工作会议 10月8日，市委、市政府召开扶贫开发“规划到户、责任到人”工作会议，总结前三季度工作，部署下一阶段工作，动员全市上下以更大的决心、更新的举措、更实的作风，推动全市扶贫开发“双到”工作取得更大成效。市委书记李嘉，市委副书记、代市长朱泽君,省扶贫办副巡视员陈成云等出席会议并讲话,市委副书记陈小山部署下一阶段工作。广州市扶贫"双到"工作驻梅工作队和大埔县、梅县松口镇、市邮政局、广东新大地生物科技股份有限公司有关负责人在会上发言。陈成云充分肯定梅州市的扶贫开发"双到"工作,认为梅州"双到"工作站位高、力度大、亮点多、成效好。对如何做好下一步扶贫"双到"工作,他提出三点要求:一是主动学习,深化认识,拓宽视野,乘势而上;二是注重实效,攻坚克难,扬长补短,有力推进;三是注重协调,形成合力,科学推进,防止粗疏。李嘉在讲话中指出,扶贫开发"双到"工作是省委、省政府的重大战略部署,是梅州绿色的经济崛起的重要内容,也是梅州加快脱贫致富、加快建设和谐社会、加快改善民生的重要举措。李嘉强调,各级各有关部门一定要吃透精神、一定要找准差距、一定要实现目标。要更加重视强化主体作用,抓住机遇,更加主动跟中央和省直、广州市帮扶单位协调沟通,着力推动"双到"工作与"双转移"、农业产业化、旅游先锋产业、构建农村社会保障体系、教育强市、干部培养、统筹城乡基层党建等工作紧密结合,使"双到"工作更有成效。要落实更严的问责,对思想不重视、措施不得力、工作不落实、任务完不成的单位,市委、市政府将依照省、市的《考评办法》和《问责办法》,实行最严格的行政问责制度,严肃追究单位主要领导、分管领导和直接责任人的责任。要按照三年目标、年度计划和省《问责暂行办法》,查漏补缺,及时完善,加快进度,早见成效,确保"双到"工作完成目标任务,力争扶贫"双到"工作走在全省山区市前列。朱泽君结合扶贫"双到"工作目标任务和当前工作实际提出三点意见。一是主动不被动,依靠不依赖,切实增强推进扶贫开发"双到"工作的紧迫感和责任感。二是明晰帮扶思路,找准扶贫开发路径,切实提高"双到"工作的针对性和实效性。要摸清底子,认真分析致贫原因;抓住根本,通过发展产业带动农民奔康致富;突出关键,想方设法转移农民;标本兼治,建立完善脱贫长效机制;自强自立,乘势而上力争尽快富起来,真正做到"扶贫扶到点子上、开发开出生产力"。三是落实帮扶责任,强化督导检查,确保按时完成扶贫开发"双到"工作任务。

全市经济工作会议 11月16日,市委、市政府召开经济工作会议,总结分析当前经济运行情况,研究部署下一阶段经济工作任务。市委书记李嘉,市委副书记、代市长朱泽君作讲话。市统计局、市经信局、市发改局、市交通运输局、市财政局、市外经贸局、市农业局、市招商局、广州(梅州)产业转移园负责人,分别汇报前三季度相关工作情况。各县(市、区)对照任务分析经济运行中存在的问题,提出下一步工作措施。李嘉强调,要按照加快绿色的经济崛起的总体要求,明确目标、明确责任,全力以赴、全面冲刺,强力抓招商引资,强力抓重点项目,努力完成全年经济工作各项目标任务。对如何做好下一阶段的经济工作,李嘉指出,各级各部门一定要立足当前、着眼长远,按照绿色崛起、科学发展的总体要求和"三年大提速、五年上台阶、十年大跨越"的发展目标,积极、主动、创造性地开展各项经济工作。一是明确目标、明确责任。二是全力以赴、全面冲刺。三是强力抓招商引资,强力抓重点项目。四是长短结合,将调结构与加快发展有机统一起来。五是着力谋划"十二五",努力实现"开门红"。朱泽君对当前的经济工作提出六点要求:一是增强信心,奋起直追,确保完成年初预定目标和省下达的目标。二是长短结合,突出重点,扎实抓好招商引资。三是依法依规,破难攻坚,加快淘汰落后产能,加快经济发展方式转变。四是只争朝夕,系统谋划,切实做好"十二五"规划。五是查找差距,真抓实干,抓紧抓好扶贫开发"双到"工作。六是排查整改,落实责任,认真抓好安全生产工作。

全市文化建设工作会议 11月18日,召开全市文化建设工作会议,深入贯彻落实省委十届七次全会、全省宣传文化工作会议以及市委五届七次全会精神,进一步动员全市上下统一思想、唱响主旋律、办好文化事业、发展文化产业。市委副书记、代市长朱泽君主持会议,市委书记李嘉作重要讲话。市委常委、宣传部部长林碧红通报全市宣传文化建设情况,并作《梅州市建设文化强市规划纲要(2011~2020年)》(讨论稿)和《客家文化(梅州)生态保护实验区总体规划(规划大纲)》(征求意见稿)的起草情况说明。会议提出,梅州推进文化强市建设的总体要求是:高举中国特色社会主义伟大旗帜,以邓小平理论和"三个代表"重要思想为指导,深入贯彻落实科学发展观,牢牢把握社会主义先进文化的前进方向,集中主题、集中智慧、集中力量、集中财力、集中资源,积极探索文化科学发展方式,全面推动文化大发展大繁荣,把梅州建设成为广东区域文化品牌建设示范市、世界客家文化中心区、全球客家人的心灵家园。李嘉强调,要用"绿色崛起、科学发展"理念统揽文化强市建设工作,突出提升梅州人文精神,突出建设客家文化品牌,突出打造文化产业,突出改善文化民生,以敢为人先、开拓进取的精神谋划未来文化发展的宏伟蓝图,以"坐不住、等不起、慢不得"的历史使命感和责任感扎实做好当前工作,推动文化大发展、大繁荣,提升文化软实力,加快建设文化强市,加快推动梅州绿色的经济崛起。要切实按照中央、省的部署,把握机遇,顺势而为,从更高层次去谋划,以更大力度去推动文化强市建设,努力为"绿色崛起、科学发展"提供强大的动力支撑。会议要求,各级各部门一定要把建设广东文化强市作为一项重大的战略任务,加强领导,求真务实,努力营造建设文化强市的良好氛围。一要切实加强对建设文化强市的领导。二要制定实施加快文化强市建设的政策措施。三要建设担当文化强市重任的人才队伍。四要发动社会各界共创共建文化强市,形成党委统一领导、党委宣传部门组织协调、行政主管部门具体实施,有关部门各负其责、社会力量和人民群众积极参与的文化建设新格局。

全市旅游工作会议　11月26日,市委、市政府召开全市旅游工作会议。会议由市委副书记陈小山主持,市委书记李嘉,市委副书记、代市长朱泽君出席会议并讲话。会议通报全市旅游产业近年来发展情况。李嘉强调,全市上下要进一步形成发展旅游先锋产业的共识,按照大产业、大规划、大招商的总体思路,掀起新一轮旅游产业的发展热潮,助推绿色的经济崛起。李嘉指出,全市上下要从绿色的经济崛起的战略高度,进一步深化对发展旅游先锋产业重要性的认识,增强紧迫感、责任感,全市动员、全民参与,只争朝夕、破难攻坚,掀起梅州旅游先锋产业的新一轮大发展热潮。要结合梅州自身资源优势和客观情况,将旅游产业当做大产业来系统谋划,让旅游产业与现代农业、客家文化、生态林业、新型工业、现代体育等各个领域充分对接。要真正跳出"旅游"看旅游,让旅游产业遍布城乡各处,营造处处都是旅游环境、人人都是旅游参与者的浓厚氛围,让梅州的秀美山水、厚重文化变为发展绿色的经济的最可宝贵资源,将梅州打造成"广东的香格里拉"。李嘉强调,梅州要把旅游先锋产业打造成大产业,首先要大规划。必须进行大规模的规划与策划,打破市与县、县与县、县与镇的行政区划束缚,整合资源统筹发展。其次要大招商。必须瞄准旅游大产业的各个领域,与大旅游集团对接、与大旅行社对接、与先进发达地区对接,通过高起点的外向战略合作,推动梅州旅游先锋产业大发展。对如何为旅游产业大发展提供保障,李嘉提出两点要求。一是抓好干部和旅游从业人员的大培训。二是抓好督促检查。必须定期对各地发展旅游产业取得的成效进行检查,一级抓一级,强化工作落实。朱泽君指出,旅游产业是一业带旺百业的朝阳产业,是扩大投资、拉动消费、解决就业、统筹城乡、解决"三农"问题、实现富民旺市的重要举措。各级各部门一定要达成共识,充分研究规律、层层落实责任、完善配套政策,以旅游先锋产业助推绿色的经济崛起。一要着力实施政府主导战略,创建客家文化生态旅游示范区。二要着力凸显客家文化,构建富有特色的旅游产业体系。三要着力推进旅游投资开发,在打造旅游精品上实现新突破。四要着力提高旅游队伍综合素质,在优化旅游管理和服务上实现新突破。朱泽君强调,各级各部门在发展旅游产业过程中要做到"五个善于":一是善于发现和发掘。二是善于保护和利用。三是善于策划和规划。四是善于包装和推介。五是善于行动和推动。(余　强)

【综合新闻信息工作】 2010年综合部门做好市委五届六次、七次全会、粤北地区(梅州)现场会、第二届农展会、客家山歌文化节等重大会议活动的文稿起草工作。参与《关于加快绿色的经济崛起的若干意见》等政策性文件的起草。继续编印好内部刊物《梅办通报》和《参阅信息》。新闻部门加强与新闻媒体的联络互动,制订完善《市委新闻稿发送工作规范》、《关于加强与新闻媒体沟通联络的意见》等制度,围绕"重大题材、重大典型、重大活动"策划新闻报道,在《南方日报》、《南方杂志》、广东电视台、新华网等新闻媒体发表稿件330多篇,编辑出版60多万字的报道集锦《传媒见证梅州绿色崛起》,重点组织梅州绿色的经济崛起专题报道,进一步扩大梅州对外影响,进一步擦亮世界客都梅州的品牌。信息部门坚持"提质增量,每日一报",注重特色信息报送。全年采写报省《梅州信息》278期,被省采用148条,得到省领导肯定性批示11条,采用数、批示数均居21个地级市第9位,采用数量和质量位居山区市首位,信息工作被评为全省先进。

【督促检查工作】 督查部门围绕市委五届七次全会、市委常委(扩大)会议等重大决策部署,建立健全督查督办制度,加大督办力度。全年向省委办公厅上报《梅州市督查专报》15期,采用10期,得到省领导批示5期,省委办公厅《督查通报》单篇刊发4篇;承办省委办公厅交办的决策督查事项12件,上报《情况报告》12篇,综合采用8件。协助中办、省委办公厅在梅州市开展专项督查或调研4次。完成28场市委常委会议、常委扩大会议和党政领导班子民主生活会的会议服务工作。编印《市委常委会议纪要》28期,发出《市委常委会议决定事项督办通知》19份。《市委专题工作会议决定事项督办通知》8份。编发《督查通报》4期、《工作会议纪要》20期。承办省委领导批示查办件4件,市委主要领导批示件363件,市委其他领导批示件35件,推动党委各项决策部署的落实。

【办文办会工作】 办文部门严格核文把关,努力提高办文效率和质量。全年办理公文近千件,呈批400多件,审核印发市委、市委办文件181件,《梅办通报》19期,传真电报300多件。传阅中央、省文件900多件,分发文件4万多件。市委电子信息交换系统发送非密级公文600多份。收发寄送信件5万多份。印制文件、材料近10万份。编印《2010年梅州市情手册》、《2010年电话号码本》。会务部门增强工作的计划性和预见性,科学建立和完善会务活动的各项管理制度。全年共承办、协办各类会议活动198场(次),办理会议(活动)呈批295件、通知217件、电报68件,完成"扶贫济困日"活动、市党政考察团赴五市参观考察和深圳、香港(梅州)乡情通报会、加快绿色的经济崛起专家问策会、市委五届七次全会、第二届农展会暨梅台农业合作交流会、林风眠诞辰110周年纪念活动、第四届中国(梅州)国际山歌文化节等各项大型会议活动的会务工作。编写出版《办文办会公务实用手册》。

【后勤服务工作】 市委机关后勤建设和服务工作取得新突破。在不花财政一分钱的前提下,成功开办市委办公室机关食堂。组织实施市委综合办公大楼天面隔热、防水层等消防设施改造和市委宣传部、市纪委办公大楼的维修改造工作。同时,继续抓好"有梅人家"食堂的日常管理和市委领导生活服务工作。配合做好市委、市政府各项大型会议活动的物资配送、分发等各项工作。

【值班保卫工作】 值班部门从"打基础、搭网络、建机制、抓规范、强手段、提素质"入手,重点做好紧急、突发信息的处理工作,制订《梅州市紧急信息报送工作暂行规定》。全年接转市委和办公室领导的文件、资料、信件、物件等1200多件,协助收集会议名单和咨询领导参会300多场(次),处理领导交办电话通知30多次，接收公安及法院要情、专报1400多期，呈送上级机关领导到梅重要活动报告表61份，收集、整理、编发市领导《一周工作安排》50多期。重新修订《关于严格执行领导干部外出请示报告制度的通知》，办理全市领导干部外出报告400多份。与中国电信梅州分公司合作建设市委通信值班调度指挥系统。保卫部门认真抓好市委大院值班制度的落实，重点做好“亚运会”、“亚残运会”期间的各项安全保卫工作，抓好“人防、物防、技防”和消防工作责任制的落实，定期检查维护各种安全监控防护设施，确保市委大院和梅南大院未出现各类重大安全责任事故，综治工作连续多年被评为先进。

（曾建宇）

【组织工作】

基层党组织和党员队伍建设 一是抓好在扶贫“双到”中统筹城乡基层党建工作。开展“五送五帮五促”活动，实行百分制量化考核，初步形成信息互动、人才互育、活动互联、资源共享、党员共管、经费保障“六个体系”的统筹城乡基层党建新格局。从优秀正、副科级干部中竞争性选派119名驻村干部，有效推进扶贫“双到”和统筹城乡基层党建工作的深入开展。二是创新“1+3”模式提高基层党的组织生活质量。在全市各级基层党组织中创新推行“1+3”菜单自选组织生活模式，分领域建立12个省级和100个市级组织生活创新工作试点单位，以点带面推进全市基层党组织的组织生活创新。三是采用“五学两考核”的方法，全面开展“实施知识转型工程，创建学习型党组织”活动。推行自主式、互动式、结对式、实践式、链条式等五种学习模式，采取上级党组织对下级党组织进行考核、单位党组织对党员进行考核，确保党员的学习质量。同时，加快“大组工网”建设进度，办好“点播课堂”、“网络课堂”、“直播课堂”、“实践课堂”和“短信课堂”五大课堂，构建党员干部网络在线学习平台。四是推进基层党内民主建设，畅通党员意愿表达绿色通道。制订梅州市贯彻落实党代表任期制工作“1+5”文件，建立具有梅州特色的党代表“三联三询三评三访”机制，形成党组织、党代表、人民群众“三位一体”的联系体系。全年，各级党代表通过联系活动，收集意见建议607条，投入800多万元，协助解决实际问题132个，为群众办好事实事3689件。五是选派大学生村官，增强农村基层工作力量。制定出台《梅州市选聘高校毕业生到村任职实施办法(试行)》，力争5年内逐步实现90%的行政村一村一名大学生村官。2010年率先在全省山区市选聘300名省内外高校优秀本科以上毕业生到村任职，为基层农村后备干部队伍注入新生力量。同时，把全市所有新招录的412名公务员下派农村进行为期1年的挂职锻炼，充实农村基层干部队伍力量。六是进一步强化农村基层组织工作保障。出台《关于做好离任村(社区)干部生活补助发放工作办法》，统筹解决全市32432名离任村(社区)干部生活补助问题。争取省有关部门的支持，大范围解决农村基层组织工作经费保障。进一步拓宽村干部政治出路，选拔37名优秀村、社区干部进入镇公务员或事业干部队伍。平远建立四项党员帮扶制度，从党员信誉贷款、就业推荐和培训等着手，为农村党员提供无抵押“信誉贷款”259万元，有力推动党员创业就业。

领导班子和干部队伍建设 在全市各级领导班子和领导干部中实施“领导力、执行力、实践力”提升工程，通过组织集中学习、开展专题讨论、专题调研和主题实践活动，着力解决领导干部在“三力”方面存在的问题，形成加强“三力”建设的长效机制。严格按照《干部任用条例》和七个规范性文件选好配强各级领导班子，全年市委常委会讨论市管干部任免8次共296名，其中提任领导职务47名，提任非领导职务干部52名。继续做好《梅州市县处级党政领导班子和领导干部落实科学发展观评价指标体系及考核评价试行办法》的指标解释和试算论证工作，认真开展考核评价工作,使《考核评价办法》真正发挥“指挥棒”作用。切实抓好四项监督制度学习宣传、贯彻执行和机制创新,开展自查自纠,有效减少和避免选人用人上的不正之风。出台《梅州市委组织部干部监督函询办法》,认真开展科学规范和有效监督县委书记用人行为试点和提高选人用人公信度示范县创建活动。坚持任中审计与离任审计、定期审计与随机审计相结合,深入开展领导干部经济责任审计工作,提交任期经济责任审计委托 26 人(次),对 17 名任正职满一年的干部跟踪考察,进一步提高干部工作规范化水平。

干部人事制度改革　在干部选拔任用工作中继续坚持做到“两前移一扩大一公开”。继续实施领导职位空缺预告、市直单位党政正职差额提名制度,首次采取市委全委会直接推选市直单位正职提名人选,初始提名产生市水务局、市人口和计划生育局、市委党史研究室、市文联、市民族宗教事务局等 5 名市直单位正职人选和市国土资源局局长推荐人选。采取“两公开五差额”方式,从镇党委书记中差额票决市人口和计划生育局、市交通运输局、市水务局和市食品药品监督管理局等 4 名市直单位副职。面向全国公开选拔市直单位副职。在全省率先开展党员公推直选镇党委书记试点工作,公推直选两名乡镇党委书记,选人用人公信度得到稳步提高。

干部教育培训和人才工作　一是创新培训形式和内容开展大规模培训干部和人才的活动。全年调训干部 114 人次,调训率 99%;举办 11 个党校主体班次,培训干部近千人次;举办 5 期“新知识大讲堂”专题讲座,培训科级干部 1500 多人;举办 3 期加快经济发展方式转变专题研讨班,培训处级领导干部近千名;在浙江大学、苏州大学各举办两期专题培训班,120 位处级干部参加培训;认真推进干部信息能力提升工程,已培训干部 14374 人,培训率 50.36%,考试合格率 96.07%;同时通过开设“现代产业基础知识”网络专栏,编印《干部知识结构转型升级学习手册百问》,举办全市现代产业基础知识竞赛等,基本完成大规模培训干部工作提出的任务。继续选送各类人才到梅州人才培训香港基地、新加坡基地培训,在香港理工大学和新加坡国立大学各举办两期培训班;继续与清华大学合作,办好第三期企业经营管理人才战略培训班;继续依托嘉应学院选拔培养“党政干部战略后备人才”;组织选派 20 名优秀年轻干部到广州挂职锻炼;实施“万名村干部培训工程”和加强村干部学历教育,提升村干部整体素质;实施“万名农村实用人才培训规划”,加强农村实用人才开发培养。二是大力加强干部人才培训基地建设。在完善现有人才培训基地基础上,分层次打造三大培训基地:在广州依托中山大学、华南农业大学建立干部人才培训基地,重点培训处级领导干部和党政干部战略后备人才;在增城建立干部培训基地,以学习科学发展的“增城模式”为主,重点培训乡镇党政主要领导和市、县科级干部;在华东依托“两校两山一港一江”,建立华东干部培训基地,以学习发达地区加快转变经济发展方式的做法、经验为主,以经济线干部为重点学习对象并拓展到处级以上干部。三是进一步创新人才工作机制。研究制订《鼓励企业设立博士后科研工作站暂行规定》,加强博士后高层次人才的引进和管理。出台《引进创新科研团队和领军人才实施办法》,计划在 3 到 5 年内面向海内外引进 3 至 5 个创新科研团队和 10 名领军人才。制订《加强农村实用人才队伍建设实施办法》,进一步加强农村实用人才的培养和管理。整合各部门力量,启动《梅州市中长期人才发展规划》起草编制工作。

(市委组织部)

【宣传工作】 2010 年,全市宣传思想文化工作坚持以科学发展观为指导,按照“高举旗帜、围绕大局、服务人民、改革创新”的方针,扣紧中心,创新思路,扎实工作,努力为全市深入实施“推动绿色崛起、实现科学发展”战略提供精神动力和文化支撑。

开展理论学习研讨活动 制订并组织实施《关于推进全市学习型党组织建设的实施办法》,创办《建设学习型党组织工作简报》,营造良好的学习氛围;印发市县两级中心组年度学习计划,全年市委中心组集中学习13次。聘请知名专家教授为"开放梅州论坛"作专题辅导报告,深受广大党员干部的欢迎和好评;举办全市宣传委员暨市直单位党委中心组学习秘书培训班,促进市、县、镇三级宣传理论骨干理论素质的提高。依托"百课下基层"理论宣讲平台,组织开展科学发展观、党的十七届五中全会精神等的学习宣讲活动。在"梅州宣传网"开设"理论天地"专栏,拓展全市干部理论学习的渠道;加强宣传、挖掘潜力,扩大"网络学习天地"服务系统的使用覆盖面。围绕梅州历史文化、"三名城"建设等方面的主题,开展社科知识有奖竞赛活动。与中国社科院建立合作关系,确定联合举办客家文化发展战略高峰论坛、开展专题调研、提供决策咨询、建立研究基地、加强宣传推介等合作项目。组织举办"'优环境促发展惠民生'大家谈"征文研讨活动,推出一批有价值、有深度的理论调研成果。承办"全国首届红色收藏表彰暨红色文化研讨会",全国各地红色收藏爱好者、红色文化研究学者等200多人参加会议。

做好宣传舆论工作 突出抓好加快经济发展方式转变、推动绿色的经济崛起、创建国家卫生城市、第四届中国(梅州)国际客家山歌文化节、扶贫开发"双到"等宣传报道工作。市级主要新闻媒体开设"绿色经济 富民强县"、"绿色的经济崛起看县(区)"等系列报道栏目,取得很好的宣传效果。加大上送新闻作品的力度,在中央和省级新闻媒体刊播的新闻作品有较大幅度增加。完善新闻工作领导责任制、岗位责任制和责任追究制。继续办好《梅州宣传舆论导向》,不断提高新闻宣传管理水平。"侄看民生"、"民生820"和"行风热线"等主要民生栏目,着力关注民生、反映民声、沟通民意,深受广大群众的欢迎和好评,受到市委、市政府充分肯定。办好办活《国际日报》梅州乡情版和南方网"客都梅州"频道;建成"梅州宣传网"网站,开辟互联网宣传新阵地。完成客家历史文化电视专题片——《客家》的拍摄制作工作;做好"迎亚运新闻采访团"等各地新闻媒体记者到梅采访接待工作,召开"2010梅州客家文化之旅"等6场新闻发布会,举办全市新闻发言人培训班。监控和清理网上不良和有害信息。组织评论员开展网上评论活动,有效引导网上舆论。

开展精神文明创建活动 举办"评陋习、树新风"万人签名、"我推荐,我评议身边好人"、文明宣传用语征集、"做文明好客梅州人"征文摄影大赛等各项活动。"我推荐,我评议身边好人"活动在全市范围推荐一批"身边好人",评选出10位登上"2010年梅州好人榜",选树和宣传先进典型,梅州城乡积极向上的文明之风日益浓厚。召开全市未成年人思想道德建设工作会议。大力抓好社会文化环境净化工作,建立健全学校、社会、家庭"三结合"的未成年人教育网络,清除一批网上有害信息,取缔一批黑网吧。举办读书知识竞赛、评选"书香校园"、"书香家庭"等活动,倡导热爱阅读的良好社会风尚,为青少年健康成长营造浓郁的书香氛围。以创建国家卫生城市为契机,梅州城区加强整治环境突出问题,强化城市管理,文明整洁程度明显提高。制订《梅州市创建生态文明村的实施意见》,在五华县召开全市创建生态文明村工作现场会,以点带面,推动创建工作。开展"十佳文明风景旅游区(景点)"、"十佳文明导游"、"文明市场"等创建活动,不断拓展创建文明行业。

加大文化建设步伐 12月中旬在梅城举行为期3天的第四届中国(梅州)国际客家山歌文化节。客家山歌文化节隆重热烈、圆满。全面展示客家文化的独特魅力,进一步擦亮梅州"世界客都"品牌,提升梅州"文化名城"形象。国家级客家文化(梅州)生态保护实验区申报成功,成为全国第五个国家级文化生态保护实验区。客家围龙屋申报世界文化遗产工作被省政府确定为省文化厅负责跟进的重点项目。中国客家博物馆申报国家一级馆工作取得新进展,客家匾额馆的布展工作已完成。出版发行《梅州非物质文化遗产大图典》成立梅州市山歌协会。开展"中国文化遗产日"系列活动。编制《梅州市建设文化强市规划纲要(2011~2020年)》,进一步传承和弘扬客家文化。继续推进古村落的申报、保护和开发,大埔县百侯镇被授予"中国历史文化镇"称号;梅县茶山村被命名为"中国古村落(客家民居)";丰顺县黄花村被确定为第二批"全国生态文化村"。《桃花雨》参加第九届中国艺术节演出,荣获"文华优秀剧目奖"。新创作的大型山歌剧《红婚纱》已申报为广东省第二届重点文艺剧目。《客家意象》赴广州、深圳、惠州、东莞、中山等地巡演以及到湖南张家界旅游景区展演,均受到欢迎和好评。组织文艺队伍赴台参加"台湾·广东周"演出,获得圆满成功。完成梅县、兴宁、五华、平远等县4个文化共享工程基层中心建设。修订完善《梅州市文化先进镇(街道)评选标准与考核办法》,加大"文化先进镇(街道)"的创建评比力度,继续组织开展"文化大戏千村行"活动,组织送戏下乡演出413场;开展"广东汉剧进校园、园区、社区"活动。大力实施农村电影"2131工程",完成农村电影放映任务1万多场。启动"客家山歌手培养战略工程"、"客家山歌创作战略工程",挂牌成立"双工程"培训基地。

抓好文化体制改革　2010年,按照中央和省相关精神,深入推进全市文化体制改革工作。组建省广播电视网络股份有限公司梅州分公司;6个县(市)级新华书店的改革工作已全面完成;市文广新局所属5个经营性文化事业单位改革有序推进,市演出管理站、市新闻图片社、市文物商店、市区电影公司等4家单位的改革方案已交市政府审批,市百花洲影剧院已核销事业单位性质。推进县(市)级电影院、文艺团体的转企改制工作。抓住文化强省建设机遇,发展客家特色文化产业。在第四届中国(梅州)国际客家山歌文化节上,与南方广播影视传媒集团、南方报业传媒集团签约,计划投资50亿元共同兴建"梅州客家文化产业基地",推动客家文化产业发展壮大。加快数字电视产业化发展,完成梅州城区及各县县城数字电视整转工作。嘉数广电网络有限公司推出"客都宽带"业务,为梅州市民提供高速宽带互联网接入服务,实现上网、看电视同步进行。客都电影院不断向基层和周边市县延伸扩展,大埔、蕉岭影院已顺利开业。

(汤铭琛)

【统战工作】

开展"三促进一保持"系列行动　根据省委统战部的部署,全市统一战线开展"促进提高自主创新能力、促进传统产业转型升级、促进建设现代产业体系,保持经济平稳较快发展"(简称"三促进一保持")系列行动。在上年组织开展11项系列行动的基础上,2010年着重开展"三为三送"(为园区送项目,为企业送温暖,为农村送科技)系列行动。全年全市统一战线洽谈招商引资项目26个,达成意向投资项目15个,成功引进投资项目9个,总投资4.92亿元。组织走访企业218家,帮助解决用地、用工、融资等问题155个,其中帮助融资2.87亿元。先后开展"为农村送科技"行动36次,其中组织义诊18次,为群众义诊4520人次,送医送药价值35万元;组织农技讲座56场,为3850户农户讲授农技技术;送科技书籍1.7万册,价值6.78万元;募捐75万元,支援玉树地震灾区。市委统战部先后联系6家企业到梅州考察,其中3个项目已确定意向投资,1个投资3000万元的项目落户产业转移园。市工商联联络省工商联与市政府签订《推进产业转移和产业发展战略合作协议》;与中国建设银行梅州分行签订《扶持中小企业发展战略合作协议》,争取为30家工商联会员企业发放贷款2.36亿元;发动广大会员参与广东首个"扶贫济困日"活动,全市会员共捐款2985万元。市委台办促进梅台经贸、农业、文化、旅游交流合作,签订多项合作协议。市外事侨务局推动香港乡贤"回归创业工程",达成投资10亿元进行农业、旅游、矿业等开发意向。市侨联筹集"侨界仁爱帮扶基金"571.5万元,开展侨界养老行动和侨界助学行动。市民宗局深入实施"扶贫奔康工程”,由45个宗教活动场所连续3年帮扶120户贫困户,投入扶贫资金近40万元。

促进多党合作事业发展 市委统战部协助民主党派加强自身建设,为民主党派和无党派人士参政议政、民主监督搭桥铺路,促进政党关系更加和谐。一是协助民主党派加强自身建设。围绕坚持和完善中国共产党领导的多党合作制度,以开展树立和践行社会主义核心价值体系学习教育活动为抓手,引导各民主党派加强自身建设。把树立和践行社会主义核心价值体系与回报社会感恩行动、推动梅州加快绿色的经济崛起、“三名城一基地”建设、扶贫开发“双到”等工作结合起来,多措并举,使学习教育活动取得较好成效。二是开辟党外人士调研工作“绿色通道”。制定《梅州市民主党派、工商联和无党派代表人士开展调研活动实施办法》,由市委办、市府办印发。该《实施办法》就民主党派、工商联和无党派代表人士的调研事项范围、调研主要形式、调研相关程序和调研工作协调、调研成果采纳反馈等作出明确规定。三是加强党外干部队伍建设。组织开展党外干部队伍建设调研,了解党外人士的政治诉求,制定党外干部培养选拔的相应对策。向市、县(市、区)党委推荐优秀党外干部,全年有3名民主党派干部被任用为市政府工作部门副职。重视党外干部的培养教育,选派党外干部到省社会主义学院培训;12月中旬,市委统战部联合市委组织部、市社会主义学院举办党外干部培训班,全市党外干部80人参加培训。四是有效改善民主党派的工作条件。协调增加民主党派的工作经费。2010年争取市政府拨出专款25万元,为市民主党派机关装修两个会议室。

探索统战工作社会化新形式 根据梅州实际,围绕打好客家牌,以文化统战、侨界统战为重点,探索统战工作社会化。大力挖掘、整合、利用、提升统战资源。先后两次推荐申报10个单位为“广东省统一战线基地”,中国客家博物馆被列为首批“广东省统一战线基地”,并举行隆重挂牌仪式。开展聘请“统一战线联络员”工作,市委统战部首批聘请18名“联络员”。充分利用海联会、台联会、客联会、客商大会秘书处等平台,先后派员参与或组团参加台湾客家文化周、中山·黄埔·两岸情论坛、世界客属第23届恳亲大会、第四届海峡两岸客家高峰论坛、港澳客属社团庆典和举办梅台农业合作交流会、客家文化山歌节等活动,引导支持家乡建设。市委统战部保持与港澳台及海外梅州主要社团和客籍代表人士的联络沟通,不断充实乡情数据库资料;协助做好成立香港广东客属社团联合总会筹备工作,支持香港梅州联会、澳门兴宁同乡会举办客家文化节,协助香港梅州联会举办“爱心传递活动”,联系香港“摘星计划”组织、香港中华文教促进会资助梅州市48名贫困大学生。

做好新的社会阶层人士工作 探索新的社会阶层人士统战工作新路子,在调查研究、建立制度、培养人物、搭建平台、开展活动等方面取得新进展,着力引导非公有制经济健康发展和非公有制经济人士健康成长。市委统战部牵头协调工商局、工商联等单位,指导非公有制经济组织开展“创先争优”活动。五华县委统战部、工商联引导非公有制经济组织在“创先争优”活动中“争当五先锋”,得到好评。大埔县委统战部在“创先争优”活动中,围绕部分小水电企业上网难问题,提出“加快推进农网发行和供电配网工程建设”建议,得到县委、县政府高度重视,投入2000万元建设土岭220千伏、三河110千伏的输变电工程,为全县200多间小水电企业上网输电提供“绿色通道”。引导非公有制经济人士参与回报社会感恩行动。与扶贫开发“规划到户、责任到人”工作有机结合,把感恩行动范围扩大到“六老”(老革命、老党员、老模范、老军人、老统战对象、老区困难群众),开展帮扶活动,取得较好效果。全市统战部门争取党委、政府重视,协调有关部门,较好解决900多名原工商业者及遗属特困补助和社保、医保等遗留问题。

加强民族宗教事务管理 继续多方筹集资金帮助丰顺县凤坪畲族村改善生产条件和教育医疗设施;重视做好城市民族工作,促进各民族相互交融;精心组织排练畲族舞蹈《祈福》参加全省首届少数民族文艺汇演,选送摄影作品参加全省民族团结进步摄影展,首次组团参加全省第四届少数民族传统体育运动会，获得好成绩。认真贯彻落实《宗教事务条例》，规范行政许可事项和审批程序，依法加强宗教事务管理，全面排查可能影响上海世博会、广州亚运会社会稳定的因素，把矛盾化解在基层、解决在萌芽状态。妥善处理兴宁、五华、丰顺等地的非法宗教活动，保持宗教界的和谐稳定。梅县实行统战工作包片挂镇责任制，并将宗教工作列入镇级年度绩效考核范围。加强宗教团体建设，提高自我管理水平。做好教职人员学习培训和教职认定备案工作，提高教职人员综合素质。协助成立市道教协会。引导宗教为经济社会发展服务，开展创建“和谐寺观教堂”达标评比活动，选送的59处宗教活动场所已被省民族宗教委确定为第一批达标场所。2010年全市宗教界捐助扶贫救灾等社会公益事业款物3000多万元。丰顺县着力做好畲族文化和佛教文化的开发工作；梅州千佛塔寺和大埔万福寺、平远南台山大佛寺分别引进2400万元、1120万元和2750万元助力建设旅游景区；兴宁市基督教会、佛教协会兴办“长者之家”、“慈光安养院”，为老人提供养老和临终关怀等。

（黄国乔）

【党史工作】

申报中央苏区县工作 根据市委、市政府的统一部署，市县两级分别成立以主要领导为组长的申苏工作领导小组。多次组织有关人员赴中央党史研究室、中央档案馆、中国革命军事博物馆、国家第二历史档案馆、南京图书馆、广东省委党史研究室、广东省档案馆、广东省立中山图书馆，福建长汀、古田和江西省档案馆有关档案馆、博物馆、图书馆、纪念馆等查阅原始档案、文献和报刊资料。全年查阅资料3000多册，阅读近500本书籍，复印资料1000多份8000多页。专程前往华南师范大学等高等院校请教有关学者、教授，并获得一些珍贵的、具有一定研究价值的历史资料。市、县两级分别召开多场研究论证会，邀请党史专家、学者和革命老前辈参加，听取对各县(市、区)申报工作的意见和建议。专门邀请中央党史室第一研究部李蓉副主任到梅指导和实地考察；先后9次前往广州向省委党史室领导汇报申报工作。通过争取支持、交流汇报，加深对梅州在土地革命战争时期斗争历史的了解和认识。

革命遗址普查 4月，中央党史研究室部署开展全国性革命遗址普查工作，梅州经过组织准备、全面普查、汇总上报三个阶段，历时8个月圆满完成普查工作。据统计，全市有革命遗址376处(其中国家文物保护单位2个，省级文物保护单位6个，市级文物保护单位2个，县级文物保护单位37个，未定329个)，其他遗址43处(其中省级文物保护单位3个，县级文物保护单位11个，未定39个)。

编辑出版《广东省梅州市抗战时期人口伤亡和财产损失》 《广东省梅州市抗战时期人口伤亡和财产损失》是国家社科基金特别委托项目和中国抗战损失课题调研成果丛书。收录内容包括照片、调研报告、档案资料、文献资料、口述资料、大事记、伤亡名录及统计表等，反映抗战时期梅州市现辖的兴宁市、梅县(含梅江区)、平远县、蕉岭县、大埔县、丰顺县、五华县1市6县的人口伤亡和财产损失情况。

党史宣传教育 配合丰顺县成功举办红十一军成立80周年纪念活动。创新宣传教育方式，利用现有红色资源，充分发挥爱国主义基地作用，不断扩大宣传教育覆盖面。全年全市参观革命历史纪念馆累计为3万多人次。

（张志平）

【保密工作】 2010年,各级保密组织和保密部门认真贯彻落实全国、全省保密工作会议精神,认真学习宣传贯彻新《保密法》,加强领导,规范管理,完成各项工作任务,全年无泄密事故。

抓好新《保密法》学习宣传工作 10月20日,在梅城召开全市学习贯彻新《保密法》动员大会。会议传达贯彻省保密委(扩大)会议精神;总结全市的保密工作情况,提出工作意见;向梅州市保密技术专家小组成员颁发聘书;市委常委、秘书长、市委保密委主任彭耀新到会并作动员讲话。

市委宣传部、市保密局、司法局、普法办联合转发《关于开展〈中华人民共和国保守国家秘密法〉学习宣传活动有关事项的通知》,对全市学习贯彻新《保密法》提出明确要求。全市征订下发新《保密法》、《保密法》释义各10000本、宣传挂图300多套。在《梅州日报》全文刊登新《保密法》及其《宣传提纲》。在市、县(市、区)电视台黄金时间滚动播放新《保密法》宣传标语。利用移动通信短信平台,在移动手机用户播发"保密格言警句"。更新市、县(市、区)保密工作网站内容,全文刊登新《保密法》及问答、释义等。组织全市书法、摄影爱好者参与省保密局举办的"筑牢保密防线"金城杯首届摄影、书法比赛活动。据统计,全市共报送参展作品123件,其中书法作品43幅,摄影作品80幅。其中:市直选送的书法作品被评为三等奖、梅县选送的书法作品被评为优秀奖。市、县(市、区)保密部门领导深入到市、县(市、区)直属机关单位为干部职工上专题辅导课,解读新《保密法》,宣传新《保密法》。全年全市召开学习贯彻新《保密法》专题会议18场,1600多人参加;召开各类座谈会62场,3800多人参加;悬挂宣传横幅47条,张贴宣传标语354条,张贴宣传挂图300多套;播放保密教育警示片7部。

加强涉密计算机技防能力 继续在全市党政机关和涉密单位开展涉密计算机安装监管软件、强制配备保密安全U盘排查工作,对涉密计算机漏报、瞒报的单位做好补报和强制配备工作,全市党政机关单位涉密计算机安装监管软件和强制配备保密安全U盘做到不漏一机一盘(安全U盘)。有效解决梅州党政机关涉密单位计算机和移动存储介质存在的泄密隐患,提高保密防护能力。

审核定点维修维护单位资格 根据《广东省国家保密局关于涉密计算机、通信和办公自动化设备定点维修维护管理的规定》等有关文件要求,对申报涉密计算机定点维修维护单位资格3家公司进行考察、保密技术安全检查、申报项目资格核查后,同意符合条件的两家公司为梅州市首批涉密计算机、通信和办公自动化设备定点维修维护单位,发放"广东省涉密设备定点维修维护证"和"岗位证"。

加强各类招生考试保密管理 由保密、教育、公安等相关部门组成市、县(市、区)各类招生统一考试安全领导小组和应急处置领导小组,制订应急预案,切实加强对全市考试工作的统一领导。市保密局、公安局、招生办联合对各县(市、区)高考、中考试卷保密室安全设施建设进行保密安全检查,并重点对平远县新建国家统一考试试卷保密室,按有关规定进行选址预审、标准审核,严格按《国家教育考试考务安全保密工作规定》标准进行检查验收和审批工作,确保试卷保密室全面达标。分别对高考、中考考务人员、试卷押运人员和中招命题人员进行保密教育,实行严格的保密工作责任制和责任追究制度。实行高考、中考全过程的保密管理和监督。强化检查和信息报告制度。确保试卷保管和考务工作的万无一失,顺利完成高考、中考任务。

抓好各项保密管理任务落实 一是抓党政一把手保密工作。9月配合省保密部门对市党政一把手办公室保密环境和计算机及移动存储介质的保密管理情况进行专项检查。新任市委书记李嘉,副书记、代市长朱泽君带头签订《保密承诺书》,为全市各级领导干部作出表率。二是抓保密技术专项检查。涉密计算机二级监管工作逐步完善,检查设备进一步优化,监管工作更加规范。三是抓3G手机使用的保密管理。会同有关部门联合下发《贯彻落实〈关于加强3G移动终端使用保密管理的通知〉的意见》,对3G移动终端保密工作提出具体要求。四是抓保密通联工作。2010年,全市各级保密行政管理部门认真贯彻落实国家和省保密局关于加强《保密工作》通联工作的指示精神。向上级保密刊物投稿,认真做好《保密工作》杂志的征订发行工作。2010年,全市共有41篇(条)保密工作经验文章、信息被国家和省保密部门采用。其中《军地共携手、南天筑长城》被《保密工作》杂志社采用,在全国推广。全市征订2010年《保密工作》杂志913份,市保密局和梅县、丰顺、大埔、五华、兴宁等6个通联站被《保密工作》杂志社评为2010年度先进单位。为提高领导干部的保密防范意识,先后编印《保密技术防范常识》、《计算机木马防护知识小手册》6000本,发至全市党政机关单位科以上干部学习使用。举办全市政务公开保密审查和保密信息工作培训班,进一步规范政务公开保密审查程序和保密信息报送工作。组织力量全面完成各县(市、区)志书保密审查任务。五是抓保密队伍建设。成立梅州市保密技术专家小组,成员由市保密、公安、国安、经信、移动、电信、和嘉应学院等部门计算机专家组成,为做好全市保密技术检查服务提供强有力的支持;派出干部参加省举办的保密业务培训学习;派出技术人员参加粤东五市保密技术联合检查;参与市直机关赴外地考察和招投标工作的保密管理,切实做好各项服务工作。

(王　挺)

【党校教育】

教学工作　2010年,市委党校举办主体班14期培训1840人;部门班25期,培训3369人;承接会议10场,2015人;接待团队、散客1017人。主体班教学采取集中讲授,分组讨论、外出参观的方式,开展体验式、情景模式等教学活动,不断创新教学方式。组织正处级培训班学员到深圳调研,中青班开展“三到”(到农村去、到军营去、到革命根据地去)教学体验活动。6~7月,举办三期处级干部研讨班,邀请7名华南理工大学、华南农业大学等高等院校专家教授讲课。采用本地和异地相结合的教学方式,全市正处职(级)干部培训班在梅州、深圳两地开展理论学习、参观活动;全市镇(街道)党政主要负责人培训班到增城市培训参观学习。函授教育工作有序开展。全市8个班共474名村“两委”干部在读省委党校函授大专班。

科研工作　2010年,有科研成果52篇,其中,主编教材(手册)1本,在省级报刊(有CN刊号)公开发表论文6篇,省级内部资料性刊物发表论文2篇,在市级报刊发表论文39篇,入选省级研讨会论文4篇。提交市委、市政府调研报告3篇。获科研成果奖3篇,分别是《发展战略性新兴产业 补梅州绿色经济发展“短板”的建议》、《集群化推动现代产业发展》、《实施产业集群战略降解地缘劣势》。校刊《梅州学习与研究》按季刊的要求出版4期,《动态摘引》每月出版2期。

举办建校45周年系列活动　11月8日上午,市委党校举行建校45周年纪念大会,原省委委员、省委党校校长肖如川,省社会主义学院党组副书记、常务副院长杨正根,省委党校副校长池俊胜,梅州市委副书记陈小山,驻澳办广东联络部副主任肖小平,梅州市委常委、组织部长、党校校长翁永卫,梅州市委常委、秘书长彭耀新,嘉应学院党委书记李俊夫等领导出席大会。市直有关部门领导,省委党校部分处室负责人和老领导、教授,省社会主义学院和省社会科学研究院部分领导,江西、福建、广西有关党校的领导、老师,全省地级以上市委党校负责人,全市各县(市、区)委、政府有关单位负责人和各县(市、区)委党校常务副校长(校长)等500多人参加纪念大会。下午,在市委党校教学科研楼举办由中国井冈山干部学院党史教学研究中心黄仲芳教授作题为《弘扬井冈山精神 加强党性修养》的报告会、举办“客家文化传承与发展”理论研讨会。市委党校建校45周年庆典活动中,开展“九个一”活动,即一个建设项目(正在兴建的学员楼)、一场纪念大会、一部校史、一场报告会、一场理论研讨会、一次图片展、一本画册、一片 VCD 资料片和一次全市党校系统球类比赛活动。

（郭国忠）

【老干部工作】 2010 年，全市有离休干部 2231 人，其中市直离休干部 348 人。接管省属离休干部 77 人。副厅级以上退休干部 41 人。

落实离退休干部政治待遇 以创建“支部班子好、党员队伍好、组织设置好、活动开展好、群众反映好”党支部，争当“学习活动好、教育后代好、发挥作用好、保持本色好”党员为目标，在离退休干部党支部和党员中深入开展创先争优活动。举办离退休干部党支部书记培训班和离退休干部党支部建设经验交流会，推进离退休干部党支部建设。为老干部订阅《2010 年广东老干部政治理论读本》1514 本、《秋光》杂志 3040 份。5 月，组织在城居住的厅级离退休干部到平远县参观考察。

落实离休干部生活待遇 离休干部离休费按时足额发放，医药费按规定实报实销。全市离休干部生活补贴比上年提高 38%。离休干部月人均收入 3226 元（市直离休干部月人均收入 5012 元），财政支付离休费 2881.59 万元。全市 814 名企业离休干部参加医疗统筹，财政共支付医药费 1420.85 万元，省转移支付补助医药费 498 万元。

丰富老干部精神文化生活 老干部学习活动场所建设纳入社会事业发展总体规划，大力推进学习活动场所建设。市老干部活动中心投资 60 万元，建成占地面积 800 平方米的气排球场及完善附属设施。梅江区投资 1000 万元，置换占地面积 3000 平方米，建筑面积 5000 平方米的厂房，重新进行规划、设计、装修，建成的老干部活动中心有 20 个学习活动室，可供 1000 人次进行学习活动。以老干部活动中心为阵地，组织开展丰富多彩、积极向上的文体活动，在元旦、春节、三八节、五一节、国庆节等重大节日，组织开展联欢活动、比赛活动，举办书画展。10 月份举办梅州市第三届老年人体育运动会，比赛项目有乒乓球、太极拳（剑、扇）、门球、柔力球、老年气排球 5 个项目，全市广大离退休干部在运动会上展示开展健身运动的风采。市直、大埔县、丰顺县、平远县、蕉岭县均成立老干部大学，以发展老年教育，构建和谐社会为目标，抓好专业教学质量和开展学员活动，形成梅州特色的课程和品牌教学，激发老同志学习兴趣，丰富离退休干部精神文化生活。

发挥离退休干部的作用 为离退休干部服务推动梅州绿色的经济崛起发挥作用搭建平台。支持引导广大老同志本着自觉自愿、量力而行的原则，以关工委、老年体协、老促会、老游击战士联谊会、老年书画家协会、老干部大学为组织，发挥老干部的政治优势、经验优势和智力优势，在全市经济社会各个领域，建言献策，推动项目建设，促进社会和谐等方面，发挥特别的作用。如：市关工委和市老促会分别在学校建设改造、劳动力技能培训转移、青少年思想道德教育及深化老区建设宣传、申报中央苏区县、开发红色资源、改善老区群众生产生活条件等方面，做了大量的工作。梅州市老促会被评为全国老区工作先进集体，罗德宜副会长被评为“全国老区工作先进个人”，受到中国老区建设促进会的表彰。

（钟雄恩）

【信访工作】

2010 年，全市信访部门受理群众来信来访 16098 件次，同比下降 29.7%，其中来信下降 42.2%、来访下降 21.5%；到省集体上访和进京非正常上访分别下降 25.7%、41.7%。实现市委、市政府年初提出的工作目标任务，保障全国、省、市“两会”、上海世博会、亚运火炬梅州站传递、广州亚运会、第四届中国客家山歌旅游节等重要敏感时期的社会平安稳定。

化解矛盾纠纷 坚持定期和不定期开展矛盾纠纷大排查大化解活动。全市排查出322宗信访突出问题,成功化解295宗,化解率91.6%。其中“三跨三分离”案件7宗,结案率87.5%。较好地协调解决8个县(市、区)所有原工商业者政策兑现问题、东山教育基地拆迁安置办证问题和市水产供销公司转制遗留问题等信访问题,有效维护群众的合法权益。在全市范围内集中开展市、县(市、区)、乡镇(街道)三级领导干部基层接访、上门探访、带案下访和基层巡访活动(简称“四访”活动),对排查出来的问题进行综合施策,分类化解。全年市、县、镇三级领导干部1563人次参加“四访”活动,接访群众1996批4141人次,上门探访老上访户352人,包案处理重点信访案件294宗,下基层巡访检查332次。

拓宽信访工作平台 推进市、县人民来访接待厅建设。8个县(市、区)按照省要求,建设完成县级人民来访接待厅与县级综治信访维稳中心合署办公。市级人民来访接待大厅建设按照“满足需要、布局合理、服务群众”原则,于2010年10月建设完成并投入使用。全面推广应用全国信访信息系统。全市投入462万元配套完善信访信息系统的软、硬件建设,并于7月1日前开通8个县(市、区)的全国信访信息系统,省、市、县(市、区)实现三级互联互通。9月,开通手机信访,手机信访短信接收号码统一为“10639888753”,移动、电信、联通用户均可通过此号码向有关部门提出信访诉求。通过举办信访知识咨询日活动、召开座谈会、挂横幅贴标语、发放宣传资料等措施,开展《信访条例》实施5周年宣传活动。推进《信访条例》贯彻实施。

完善信访工作机制 建立市、县(市、区)委书记定期研判信访突出问题例会制度和市委常委会定期研究信访维稳问题会议制度;制订印发《梅州市解决特殊疑难信访问题专项资金管理暂行办法实施细则》、《到市非正常上访处置预案》、《到省进京非正常上访处置预案》等3个政策性文件,进一步完善信访工作机制体制,推动复杂疑难信访案件化解,依法规范信访秩序。

(廖海平)

【机关工委】 2010年,市直机关党的工作围绕市委、市政府工作部署,坚持服务中心、建设队伍,以创建学习型党组织为抓手,以创先争优活动为牵引,以主题实践活动为载体,着力推动作风转变,不断提高机关党建科学化水平,在加快绿色的经济崛起中发挥重要作用。

推进学习型党组织建设 坚持把建设学习型党组织作为加强机关思想政治工作的主要载体,作为提高机关干部能力的有效途径,以学习讲坛、专题调研等形式,组织广大党员干部深入学习省市全会、粤北山区工作会议和粤北地区(梅州市)现场会精神,引导大家自觉把理论学习与正确研判形势、深刻理解转变经济发展方式的战略意义结合起来,与落实市委、市政府重要工作部署结合起来,进一步统一思想行动,坚定信心决心。七一前夕,结合纪念中国共产党诞辰89周年,与嘉应学院文学院、艺术学院,联合举办“勤学励志笃行”读书活动汇报会,树立见贤思齐、勤于学习的良好氛围。

开展创先争优活动 按照市委部署要求,坚持抓点带面,稳步推进的原则,着力抓好市级示范点建设。制订并下发《市直机关开展创先争优活动的实施意见》,会同13个系统党委,经自下而上、民主推荐、层层选拔,确定16个各类型基层党组织为市直机关基层党建工作示范点和7个市级创争活动示范点,并及时调研督察创争动态、下拨经费规范软硬件建设,协调市广播电视台、梅州日报社等主流媒体,总结并推广示范点的新鲜做法和成功经验,通过挖掘亮点宣扬、树立典型示范、召开现场会推介等形式,引导和带动市直机关创先争优活动的深入开展。通过召开专题组织生活会、学习讨论会等形式,围绕“五个好”和“五带头”的基本要求,引导市直机关各级基层党组织联系各自工作职责和党员的本职岗位，广泛开展先进基层党组织和优秀共产党员具体标准大讨论，总结提炼先进基层党组织和优秀共产党员的标准，形成学先进、赶先进、创佳绩的良好氛围。把服务加快绿色的经济崛起的重要工作步骤，在加快经济发展方式转变，承接产业转移中，发挥自身优势，借助外力，主动作为，积极争取，2010年，机关工委承接梅州市金平发展有限公司投资项目，引进计划固定资产投资额2000万元，实际投资800万元。在扶贫规划到户、责任到人工作中，采取有力措施，扎实推进，扶贫“双到”工作做到“人到、钱到、项目到”，先后投入各项帮扶资金106万元，帮扶村面貌发生较大变化。

加强作风建设 坚持把转变作风作为提高机关效能的突破口，紧贴市委、市政府中心工作拓展评议内容，把重点工作、招商引资效能监察、扶贫“双到”工作、“创卫”工作以及落实招商引资任务和责任制等7个方面的情况纳入作风评议考核，7项分值共计占总分100分的50%。协调相关主管单位按照客观评分标准和明确依据，对市直、中央和省属驻梅单位进行量化考核，不断增强评议的客观性和公正性。扩大群众参与，在实行群众评议、企业评议、两代表一委员评议的基础上，采取网络点击、《梅州日报》剪寄、现场填写等方式，收集社会各界人士关于市直机关作风的意见和建议。2010年，对78个市直和中央、省属驻梅单位以及93个科室(下属单位)的机关作风建设情况进行综合评议。收回《评议表》37483份，其中，网络11450份、报纸23647份、现场评议2386份，评议结果的代表性和公信力进一步增强。注重把机关作风评议与民主评议政风行风结合起来，贯彻落实市政府《关于开展招商引资效能监察的通知》精神，6月底，与市纪委效能室组成联合工作组，集中对市直机关服务市属三个工业园区，开展“招商引资效能监察”，促进服务企业工作；11月底，协同市纪委纠风室，从市人大常委会、政府、八大“民声窗口”等单位聘请21人为行评代表，通过“听”、“看”、“访”、“查”、“议”等程序，对市经济和信息化、市科技系统组织开展民主评议政风行风工作，促进良好的政风行风常态化建设。围绕提高机关工作效能、优化发展环境、服务项目建设、浓厚干事创业氛围等重点，制定“提高执行力，推进大行动”主题实践活动方案，明确阶段性工作任务和开展活动的方法步骤。采取开辟专栏专题、举办问卷调查、编发简报信息等形式进行宣传；通过召开座谈会、发放征求意见函等途径广泛征求意见，深入查找在服务大局、机关作风、制度建设等方面存在的差距和不足，认真研究整改，提高活动成效。

机关党建工作 坚持把学习贯彻《中国共产党党和国家机关基层组织工作条例》作为机关党建工作的重要内容，以学习贯彻《条例》为动力，坚实组织基础，提升机关党建科学化水平。广泛开展学习宣传活动，抓好《条例》的贯彻落实。及时向市直各单位下发关于学习贯彻《条例》的通知，把《条例》的精神及时传达到机关各级党组织和广大党员干部中，营造学《条例》、用《条例》、落实《条例》的浓厚氛围。按照《条例》要求，推进党组织生活创新，规范党员发展，扎实做好党员党性分析和民主评议、党费收支公示、流动党员管理等日常工作。6月，对市直机关300余名积极分子进行集中培训，强化思想认识，切实把好党员“入口关”。结合市委中心工作和重大节日，有针对性地组织开展各具特色、主题鲜明的党建活动。先后组织开展“崇尚健康、倡导低碳”党员签名、“迎亚运·游绿道”自行车行等活力团队活动。元旦、春节期间，市直机关工委、各系统党委及各级基层党组织共拨出20多万元党费用于慰问困难党员。

(刘文江)

市人大常委会

【市五届人大五次会议】 2010年1月20~22日，梅州市第五届人民代表大会第五次会议在梅州城区召开。会议的主要议程是听取和审议由市长李嘉所作的梅州市人民政府工作报告；审议梅州市2009年国民经济和社会发展计划执行情况与2010年国民经济和社会发展计划草案报告，批准梅州市2010年国民经济和社会发展计划；审议梅州市2009年预算执行情况和2010年预算草案报告，批准梅州市市本级2010年预算；听取和审议由市人大常委会常务副主任古小平所作的《梅州市人民代表大会常务委员会工作报告》；听取和审议由市中级人民法院院长钟勇生所作的《梅州市中级人民法院工作报告》；听取和审议由市人民检察院检察长何梅林所作的《梅州市人民检察院工作报告》；依法补选陈卫平、胡国和为市人大常委会副主任，古汉斌为市人大常委会秘书长，陈丽霞为市政府副市长，伍卫华、何海燕、廖海文为市五届人大常委会委员。会议对政府工作报告等6个报告分别作出决议。

【监督工作】 2010年，常委会依法履行职责，不断加强和改进监督工作，先后召开7次常委会会议，听取和审议"一府两院"15个专项工作报告，开展专项视察、组织代表活动、组织执法检查和调研活动共40次，对政府各项工作起到很大的推动作用。

加强重大决策落实监督 常委会把推动市委重大决策的部署落实作为人大常委会监督工作的重中之重，着力加强对经济工作的监督，大力支持"一府两院"按照各自工作报告提出的目标任务做好工作，确保全年经济社会发展任务的顺利完成。紧紧围绕绿色的经济崛起战略，听取和审议市政府关于推进招商引资工作、加快劳动力转移和解决企业用工难问题、交通建设、妇女与儿童发展规划实施情况、清凉山水源水质保护防污染议案办理、知识产权工作、林权改革工作、审计工作、计划执行情况、消防工作、扶贫开发"双到"工作等多项专题报告。对《水法》、《台湾同胞投资保护法》、《档案法》、《律师法》等法律法规实施情况进行检查。加强关系到梅州市经济社会发展大局的国民经济和社会发展计划及财政预算执行情况的监督，进一步完善实时在线财政预算监督系统，对财政预算资金进行在线监督和绩效评价，努力提高财政资金的使用效益，实现对预算从程序上监督向实质性监督的转化。

加强解决民生问题监督 常委会综合运用各种法定监督手段，督促"一府两院"及有关部门下大力气解决群众的实际困难，提高群众生活质量；常委会不断加大对司法工作的监督，保障宪法法律的有效实施和人民群众的合法权益，推进社会主义民主法制建设。常委会把信访工作作为密切联系群众、维护社会稳定的一项重要工作。全年处理来信来访1678件次，其中接待群众来访382批785人次；发函交办重点案29件，办结率为100%；审核并向上级函报重点信案办理情况17件。常委会把"依法治市"列入重要议事日程，科学整合资源，着力构建法治梅州宣传教育大格局，不断创新法治梅州的体制机制，不断完善法律监督机制，努力营造良好的法治环境，形成全社会共同参与法治梅州建设的良好格局，依法促进经济平衡较快发展，维护社会和谐稳定。

【决定重大事项】 常委会根据工作需要，依法讨论、决定本行政区域内的重大事项，特别对政府重大项目投资和预算调整等作出决定。常委会还依法审议通过由市政府提请的关系梅州经济社会发展的关于调整《梅江河水保洁防污染议案》中部分保洁指标实施方案的议案等。

【人事任免】 常委会坚持党管干部与依法任免相结合，规范和创新并用，努力做好人事任免工作，依法任免56名地方国家机关工作人员。常委会严格执行对拟任命干部的任前法律知识考试和对被任命干部进行年终书面述职的相关规定，做好征求常委会组成人员对常委会任命干部工作的意见建议的收集整理工作，并将这些意见建议反馈给被任命干部。

【代表工作】 常委会探索代表工作新途径、新形式，切实把提高代表素质与发挥代表作用结合起来，让代表更好履行职责。抓培训，提高代表素质。常委会打破代表培训的局限性，主动与全国、省人大常委会培训中心联系，定期为梅州举办培训班，组织代表分别到北戴河全国人大常委会培训中心和省人大培训基地培训。抓服务，改善代表履职条件。继续为代表订阅和寄送人大常委会报刊等学习资料。扩大代表知情知政渠道，组织多层次的专业小组活动和一系列的执法检查、专题调研、百庭观摩、视察活动等，通过多种形式及时向代表通报情况，邀请代表列席常委会会议和参加执法检查等活动。抓督办，促进代表建议办理工作。2010年，常委会首次开展督办重点建议的活动，重点督办的彬芳大道《关于制定富华中纤有限公司搬迁时间表》和《关于改造和整治城区新洲路有关问题的建议》的重点建议，经过常委会领导多次到现场督办、协调，得到妥善解决。

抓制度，加强和完善代表工作机制。常委会出台《关于评选表彰优秀市人大代表的方案》，有效地提高代表履职的自觉性和积极性，促进全市人大工作和民主法治建设的深入发展。2010年，有36名代表被评为优秀市人大代表。

【人大理论研究与人大制度宣传工作】 常委会努力构建“立体宣传网络”，宣传工作更有广度深度。常委会构建起报纸、电视、电台、网站、杂志、信息等宽领域、高覆盖的立体宣传网络，进一步完善宣传工作机制，丰富宣传内容，创新宣传方式，提高宣传工作水平，进一步提高广大人民群众的民主法制意识。认真办好《常委会会刊》、《梅州人大》、《梅州人大工作信息》和人大网站，开展各项专题调研工作，注重进行人大制度理论研究工作，努力探索创新人大工作。

（钟雄浩）

市人民政府

【市政府常务会议】 2010年召开12次市政府常务会议，主要讨论通过如下内容：《中共梅州市委梅州市人民政府关于加强招商引资工作的意见》、《梅州市城市规划区城市规划管理办法》、《关于推进“三旧”改造促进节约集约用地的实施意见》、（同意继续执行）《关于促进梅州市房地产行业平稳健康发展若干意见》及相关配套政策、《梅州城区市政基础设施和市辖工业园区工程建设项目招商管理办法（试行）》、《关于加强梅州市流动人口计划生育服务管理工作的实施意见》、《梅州市城区农贸市场规划》、《梅州市优抚对象医疗保障实施办法》、《梅州市重点环境问题联合督办办法》、《梅州城区“三旧”改造专项规划》、《开展招商引资效能监察实施意见》、《梅州市促进外商投资企业发展的若干激励措施》、《关于加强企业用工保障工作的若干意见》、《关于进一步加强审计工作的意见》、《梅州市重点项目联合督办办法（试行）》、《梅州市医药卫生体制改革近期重点实施方案（2009~2011年）》、《市直重点部门资金情况审计监督方案》、《关于加强与海西经济区对接进一步扩大区域协作的意见》、《梅州市振兴“足球之乡”十年规划》、《梅州市环境保护规划纲要（2007~2020年）》及《梅州市环境保护规划纲要（2007~2020年）实施方案》、《关于结合民用建筑修建防空地下室的意见》、《梅州市"三旧"改造实施细则》、《梅州市林业体制改革专项借款分配方案》、《梅州市基本养老保险和失业保险市级统筹实施办法》、《梅州市优秀农民专业合作社评选办法(试行)》、《关于加快梅台农业交流合作的实施意见》、《梅州城区低收入住房困难家庭购买自住商品房货币补贴办法》、《梅州市拥军优属实施办法》、《梅州市扶持残疾人实施办法》、《梅州市中小学幼儿园安全管理工作细则》、《中共梅州市委、梅州市人民政府关于实行党政领导干部安全生产"一岗双责"的意见(试行)》、《梅州市落实安全生产"一岗双责"责任制考核办法(试行)》、《梅州市落实企业安全生产主体责任的规定》、《梅州市农村劳动力培训转移就业目标责任制考核评价办法》、《中共梅州市委、梅州市人民政府关于加快广州(梅州)产业转移工业园发展的决定》、《梅州市招商引资绩效考核办法》、《广州(梅州)产业转移工业园工业投资项目评审及管理办法(试行)》、《梅州市农村宴席食品安全管理办法 (试行)》、《梅州市市区经营性大型户外广告设置经营权招标拍卖实施办法》、《梅州市创建双拥模范城(县)工作奖励办法》、《梅州市优抚对象义务兵家庭享受优待金实施办法》、《梅州市地名管理实施办法》、《梅州博士后管理工作暂行办法》、《梅州市农民工申请积分制入户城镇实施办法(试行)》、《梅州市中小学校舍安全工程规划(2010~2011)实施方案》、《梅州市残疾人就业保障金征缴实施细则》、《关于开展质量强市活动的实施意见》、《梅州市实施技术标准战略的意见》、《梅州市实施技术标准战略奖励办法》、《梅州市行政服务中心管理办法(试行)》及《梅州市行政服务中心行政审批事项办理程序及管理办法(试行)》、《中共梅州市委办公室梅州市人民政府办公室关于建设宜居城乡的实施意见》、《关于建立服务企业直通车制度意见》、《梅州市公益性岗位申报和安置困难群体就业实施办法》、《梅州市基本医疗保险和生育保险及工伤保险市级统筹暂行办法》等文件。同意统一为村级计生专干办理社会劳动保险;同意为农村独生子女家庭、纯二女扎家庭以及城镇独生子女贫困家庭办理计生家庭意外保险,每户每年 30 元,其中,市级承担 10 元,县级承担 20 元;同意市物价局、市教育局拟定的中小学服务性收费(包括校外活动费、中小学生伙食费、城镇小学生午休管理费以及校车费)标准,进一步规范梅州市中小学服务性收费。

研究审议《政府工作报告》(征求意见稿)、《梅州市国民经济和社会发展第十二个五年规划纲要》(草案)、《关于 2010 年梅州市国民经济和社会发展计划执行情况与 2011 年计划草案的报告》(送审稿)、2011 年市本级财政收支预算编制工作、梅州市国民经济和社会发展"十二五"规划基本思路;研究部署梅州市地质灾害防治工作、依法行政工作、工业经济工作、省对梅州市落实科学发展观考核有关工作、全市安全生产工作、全市校园安全保障工作,以及市本级第五轮行政审批事项清理工作,同意将市本级行政许可项目由原来的 362 项削减到 175 项。

(徐晓东)

【政府采购】 为进一步提高采购效率,简化采购程序,经政府采购管理部门同意,对电脑、打印机、空调、电视机等通用类办公设备和电器设备实行协议供货制度,通过公开招标,确定联想、惠普、格力、松下等 40 多个品牌为协议供货品牌(品牌最高优惠率 50%),梅州城区有 70 家供应商协议供货产品代理供应商。协议供货制度的实施,大大提高采购效率,简化采购程序,有效节约采购资金和采购成本。2010 年,举办各种方式的采购活动 93 场(次),采购预算金 7064.19 万元,实际采购金额 6065.62 万元,节约资金 998.57 万元,节约率为 14.14%。

(古新勇)

【金融服务工作】 2010 年,是国家继续实施适度宽松货币政策的一年,也是梅州市金融业继续得到快速发展机遇的一年。全市各级金融服务机构按照中央“保增长、调结构、促发展”的总体部署，充分发挥金融助推地方经济发展的作用，力促金融服务工作再上新台阶。

金融业发展速度加快　至12月末，银行业本外币各项存款839.63亿，比年初增长133.94亿，增幅18.98%；本外币各项贷款331.10亿元，比年初增长56.84亿，增幅20.73%。新增第一创业证券、联讯证券两家营业部；全市证券交易额1867.41亿元，比年初增长21.94亿元，增幅1.19%。保费收入17.08亿元，同比增长3.30亿，增幅23.91%。

投融资工作取得明显成效　有3家上市公司(宝新能源、塔牌集团、威华股份)分别通过发行中期票据、发行债券等形式筹集社会资金16.3亿元；促成“中科招商”旗下的“中科白云”基金与兴宁“富农食品”达成30%股权、对价5040万元的股权合作，是国内品牌风险基金首次参股梅州企业；牵头组建政府全额出资的梅州市客都金融控股有限公司，随后联合中科招商、广东白云基金，由金融控股公司参股的方式，于12月18日共同发起设立中国客属地区首支备案制股权投资基金；以“新BT”融资模式建设市政基础设施项目实现突破性进展，过江管网及污水处理厂二期和梅州法院侧“一纵两横”总投资4.7亿项目，是梅州市首例采用“新BT融资”模式建设的项目。

农村金融改革创新有序推进　11月3日，梅县客家村镇银行为广东省山区市梅州市首家村镇银行正式挂牌开业，宋海副省长出席揭幕仪式；梅州成为广东省首个发行使用市民卡的地级市；小额贷款公司实现各县(市、区)均有1家的目标，2010年小额贷款公司累计投放笔数377笔，累计投放金额13700.9万元，不良率为零。

企业上市工作稳步推进　采取重点扶持策略，争取市政府贴息资金对上市工作走在前面的5家拟上市企业进行重点扶持，减轻企业股改成本；采取专业服务策略，多次邀请知名券商到梅为上市后备企业提供技术指导。市政府与东莞证券签署合作协议，建立紧密合作关系；采取多元上市策略，指导企业结合自身实际和海外资本市场的上市特点，走海外上市之路。

惠农保险有效开展　农房统一保险方面，全面实现与全省统保方案的有效衔接，将原普通农房赔付标准提高到1万元，同时对13万户低保户赔付标准提高到1.3万元；以政府全额出资投保的方式，为梅州市农村独生子女家庭、纯二女结扎家庭、城镇独生子女贫困家庭(低保对象)办理计生家庭意外伤害保险；兴宁市水口镇水东村、罗浮镇中坑村、龙田镇高陂村、合水镇溪唇村、梅县城东镇汾水村、梅江区三角镇梅塘村等6个单位荣获“国寿保险先进村”称号。

(李豪新)

【住房公积金管理】 2010年，梅州市住房公积金管理中心紧紧围绕“强化归集、突出效应、规范管理、改进服务”的工作思路，超额完成各项工作目标，实现住房公积金管理工作的新发展、新突破，为全市的住房保障体系的完善和发展作出贡献。

加大住房公积金政策宣传力度，促进全市的公积金覆盖率提高，激发广大职工的维权意识，调动职工监督单位缴存住房公积金的积极性，引导职工合理使用住房公积金政策，利用住房公积金政策改善居住条件，实现住房保障，促进住房小康。全市2010年住房公积金归集7.99亿元，累计归集总额39.86亿元，归集余额25.88亿元；提取住房公积金3.83亿元，当年提取率为47.8%；累计提取13.98亿元；全市缴存覆盖率为74%。

随着梅州调整住房公积金的贷款最高限额、降低贷款首付比例、延长贷款时限、扩大购房提取范围、实行跨县(市、区)购房贷款等政策因素叠加作用下，2010年个人住房抵押贷款持续升温，全年全市发放住房公积金款7.75亿元，比上年同期增长20.4%；累计发放个人住房抵押贷款23.13

亿元，个贷余额16.86亿元；全年新增贷款4229户，累计发放贷款20054户；个贷逾期率为0.4‰；全市个贷率为65%。职工购房融资效应充分显现。

（钟志强）

【反走私工作】 2010年，市打私办按照“打防结合、综合治理、突出重点、坚持不懈”的工作方针，紧紧结合梅州地处反走私二线的实际，扎实开展反走私综合治理各项工作。

深入贯彻实施《广东省反走私综合治理工作规定》。从全面推进依法行政的高度，从维护市场经济秩序，促进经济社会平稳较快发展的根本任务出发，通过召开专题学习培训会议、制定《实施方案》、深入开展宣传活动等形式，认真学习贯彻《广东省反走私综合治理工作规定》，切实推动反走私各项工作依法开展，突出抓好打击成品油走私专项行动。按照省打私领导小组《关于迅速开展打击成品油走私专项行动的通知》，认真开展打击成品油走私专项行动，突出抓好打击水客走私专项行动。履行反走私职责，协调各方力量，着力加强对相关经营企业、私货汇聚市场、冻库的监管力度，着力加强对交通要道的巡查监控，着力加强宣传教育工作，认真抓好打击水客走私专项行动，突出抓好打击重点物品走私活动。切实按照省打私办《关于加强打击重点物品走私工作的意见》，结合实际，突出重点，组织协调各缉私执法部门，大力开展打击重点物品中转或过境走私活动，取得较好成效，突出抓好反走私日常监管工作。始终坚持守土有责的原则，采取抓创建活动、抓制度完善、抓调查研究、抓诚信建设、抓责任落实等措施，不断加强市场管理，对全市各县（市、区）、有关缉私部门2009~2010年反走私责任制落实情况进行考核、检查、评比，推动反走私工作重心下移。

据统计，全市全年出动执法人员7501人次，车辆1571辆次，检查各类经营场所11574间次，冷冻库121个次，汽车汽配门店556间次，检查油库、油站594个次；查获取缔储存涉嫌走私“红油”窝点3个、查获涉嫌走私“红油”87.19吨、无任何单证的柴油261.97吨；冻品361.265吨、非法入境冻品0.16吨；查获无合法来源手续洋酒550瓶；查获走私进口香烟4915条；各类食品共410公斤等。立案调查284宗，案值约517万元。

（梁　宁）

【招商引资工作】

完善政策体系　协助市委、市政府制订完善《关于加快绿色的经济崛起的若干意见》，意见明确梅州重点发展先进制造业、电子信息产业、战略性新兴产业三大战略产业和以烟草、电力、建材、矿业、陶瓷、酿酒为主的六大传统产业，为绿色招商指明发展方向。会同广州梅州产业转移园起草《关于加快广州（梅州）产业转移工业园发展的决定》。提出广梅转移园明确的发展方向，为转移园在园区开发、招商引资、产业集聚、体制创新、新城建设中取得突破性进展，打下坚实的政策和制度基础。起草《梅州市招商引资绩效考核办法（试行）》。拟从下年起采取新的形式、新的指标对各县（市、区）、市辖两大工业园区及市直7个部门、市属7个招商队进行绩效考核。实行广梅转移园“市县共建共享”政策，借力各县（市、区），共同打造广梅转移园；市招商局在上年派出招商引资人员、招商服务人员进驻的基础上，再派出7人组建第七招商队，为园区招商。市委、市政府抽调专业人员加强园区征地、拆迁和基础设施、厂房施工等方面的建设。抓好现有企业的扩产、升级改造、抱团发展等形式，让企业不断壮大。2010年，广梅转移园投产企业实现产值10.75亿元，实现税收1796万元，同比分别增长940%和159%。

加大招商力度　3月从全市优秀干部中抽调人员，组成7个驻外专业招商队，分别派驻珠三角、长三角、港澳台、国内其他地区，以及东南亚、欧美等国家，长期驻扎，全面加强与当地企业家、各类协会、大企业、大集团的联系和接触，宣传梅州环境及转移园政策，提升梅州招商引资形象。在广梅转移园实行“市县共享，责任共担”的政策，在要求各县(市、区)为转移园招商的同时，对各县(市、区)引入到转移园的企业税收，在扣除支持企业发展的费用外，全额归还给引进项目的县(市、区)，极大地调动县(市、区)的积极性。9月，市委、市政府在香港、深圳进行乡情通报会，为梅州特别是产业转移园进行推介。12月，第四届中国(梅州)国际客家山歌文化节期间，印制《梅州市招商项目》发给参会嘉宾和客商，加强对梅州的推介。

构建服务平台　继续优化招商引资服务平台。3月，将原隶属于市招商的梅州市行政服务中心整体搬迁至广梅转移园，实行服务端口前移，直接服务广梅转移园的投资者。10月，市委、市政府设立直属于市政府管理的梅州市行政服务中心，提升全市的行政服务和行政审批效率水平。

不断完善企业发展的相关配套，在广梅转移园，全力推进商业服务中心、银行、职校等配套设施的完善。市委、市政府还探索中小企业融资、担保等金融、投资配套，不断改善和提升梅州投资、融资环境，成立全市第一家基金公司、第一家村镇银行。

据统计，全市累计引进合同投资企业或项目316个，计划投资总额为231.78亿元，同比分别增长26%和60%。在建企业有475个，计划投资总额425.81亿元，2010年度完成投资总额61.03亿元，同比分别增长1%、42.5%、79%。进入建设项目的平均投资额比上年增加2593万元，增幅为40.8%。2010年度实现投产的企业有296家，完成投资额28.09亿元，同比分别增长24%和55%。包括在建企业的2010年度投入在内的实际投资金额为89.12亿元，同比增长80%。全市招商引资投产企业累计实现工业产值179.43亿元，同比增长24%。其中：梅江区、丰顺、五华、大埔增速超过20%，分别为46%、32%、23%和20%。实现税收8.26亿元，同比增长13%。丰顺、梅江区、大埔增速超过20%，分别为51%、34%、21%。实现出口产值47355万美元，同比增长40%。至年底，全市招商企业用工81808人，同比增长16%，企业用工压力明显降低。

全市工业园区企业全年实现工业产值93.96亿元，同比增长57%。实现工业增加值28.78亿元，同比增长59%。实现税收3.99亿元，同比增长28%。全年实现出口产值31953万美元，同比增长59%。至年底，用工人数为45994人，同比增长27%。

(赖永生)

【法制工作】

规范性文件审查　2010年，完成审查、审核文件143件，上报省法制办备案15件。审查园区协议、征地拆迁补偿、“三旧”改造项目等各类协议合同及为有关单位提供书面意见等68件。审查市政府常务会议、市长办公会议、市政府专题会议等《会议纪要》18份。答复省的法规、规章征求意见29件，答复市直部门征求意见14件。

围绕服务产业转移工业园建设、推进绿色的经济崛起的制度建设。审查《中共梅州市委梅州市人民政府关于加强招商引资工作的意见》、《广州(梅州)产业转移工业园工业企业(项目)准入条件和建设进度、入库税收考核规定》、《广州(梅州)产业转移工业园驻外专业招商队伍工作制度》、《中共梅州市委梅州市人民政府关于加快广州(梅州)产业转移工业园发展的决定》等文件，为进一步扩大招商引资，促进产业转移园发展发挥积极作用。

围绕城市建设和创卫工作的制度建设。审查《关于推进“三旧”改造促进节约集约用地的实施意见》、《关于加强城市园林绿化工作的意见》、《关于梅州城区饮食服务业推行使用清洁能源的通告》和《梅州市大型户外广告设施招标拍卖实施办法》等文件，对优化梅州城市环境，促进"创卫"工作的深入开展，打造宜居宜业的人居环境，发挥积极的作用。

围绕就业、医疗卫生等民生方面的制度建设。审查《梅州市推动全民创业的实施意见》、《梅州市公益性岗位申报和安置困难群体就业实施办法》、《关于深化医药卫生体制改革的实施意见》、《梅州市基本养老保险和失业保险市级统筹实施办法》和《梅州市农民工申请积分制入户城镇实施办法(试行)》等制度，对扩大就业，保障就业困难人员的生活和完善社会保障体系起到促进作用。

围绕服务争创双拥模范城的制度建设。审查《梅州市优抚对象医疗保障实施办法》、《梅州市拥军优属实施办法》、《梅州市创建双拥模范城工作奖励办法》、《梅州市优抚对象义务兵家庭享受优待金实施办法》等文件，为双拥模范城争创工作提供制度保障。

围绕服务质量强市活动的制度建设。审查《关于开展质量强市活动的实施意见》、《梅州市实施技术标准战略的意见》、《梅州市食品生产加工小作坊证照监管暂行规定》、《梅州市实施技术标准战略奖励办法》等文件，推进质量强市活动的深入开展。

行政执法监督　一是做好广东省行政执法证系统的管理工作。上报行政执法证2652个，发放执法证2069个；上报申请新用户开通材料24份，退回申请开通材料7份；办理申领行政执法督察证48个。二是进一步加强对全市各县(市、区)规范性文件备案审查的管理和监督。全年审查规范性文件12件，其中11件予以备案，1件部门规范性文件没有备案。三是举办1期全市依法行政培训班，有150多人参加培训。四是做好行政执法职权核准界定工作，收到并完成市府直属38个单位行政执法职权核准界定材料的审核工作，在市政府公众网站和梅州市法制局公众网站上予以公布。五是与市依法治市办联合开展全市各级政府和部门2010年贯彻落实《广东省行政执法责任制条例》的检查工作。六是开展全市规范行政处罚自由裁量权有关准备工作。

行政复议　2010年，全市复议机关共收到行政复议申请49宗，受理46宗，不予受理2宗，转送1宗。维持24宗，撤销1宗，协调处理后终止程序14宗，正在办理7宗。全年召开各种听证协调会25场次，接待来访当事人200多人次。同时，受理2宗行政应诉案件，2宗胜诉。

为加强行政复议工作，及时防范化解社会矛盾，更加注重行政复议的调解、引导、救济功能。一是逐步加大调解、和解力度，使办案调解和解工作常态化、制度化。全年经过调解，被申请人主动自纠、申请人与被申请人达成和解，由申请人主动撤回申请的案件有14件，占审结案件的32%。二是逐步将符合条件的信访案件纳入复议渠道，引导群众信法维权。为充分发挥行政复议在化解行政争议方面的独特作用，在上年对信访案件全面摸底的基础上，逐步将符合复议条件信访案件，纳入行政复议途径进行解决，引导群众信法维权。全年受理此类案件4宗。三是行政复议由内部层级监督功能为主向突出救济功能过渡，注重保护行政相对人的合法权益。全年召开案件听证会19场，案件协调会6场，给相对人提供充分陈述、申辩的平台，并当场让相对人与被申请人对证据进行质证，使行政复议成为群众维护合法权益的有效救济途径。

行政审批制度改革　上年底市政府召开全市深化行政审批制度改革工作会议，李嘉市长、李金元常务副市长提出要高标准、高质量圆满完成市本级政府第五轮行政审批项目清理工作，大力削减行政审批项目，缩小梅州市与省内先进市的差距，并将完成市本级第五轮行政审批项目清理工作、确保全市行政审批事项减少50%的目标任务列入2010年的市政府重点工作之一。为实现目标任务，市审改办做了大量基础性工作。通过半年多努力，市本级行政许可项目由362项削减到175项(含部分中央、省属单位)，减少187项，减幅54.9%，完成市政府交办的工作任务。

(罗桂军)

【地方志工作】

第二轮方志编修　至2010年年底，市及各县(市、区)志均通过复审、终审，编修进度位居全省地级市前列。10月22日，《梅州市志》(1979~2000)通过终审，12月中旬送方志出版社出版。《梅江区志》于12月17日通过终审；《梅县志》于2010年6月出版；《蕉岭县志》于9月27日通过终审；《大埔县志》于6月3日通过终审；《丰顺县志》于8月23日通过终审；《五华县志》于8月3日通过终审；《兴宁市志》于6月29日通过终审；《平远县志》于5月7日通过终审。

地方综合年鉴编纂　《广东年鉴·2010》梅州部分编纂工作。《广东年鉴·2010》梅州部分原由市政府办公室负责编纂，上年起由市方志办负责编纂。市方志办在人、财、物均无增加的困难条件下，想方设法，按时按质完成。完成《梅州年鉴》及各县(市、区)年鉴的编纂。除丰顺两年一鉴外，市和其他各县(市)均一年一鉴，在全省保持领先位置。

地方志信息化建设　至年底，征集写梅州的书和梅州人写的书2000多册，所收集全国客家地区史志资料、年鉴、牒谱等均进行分类收藏、整理；结合省地情三级网站建设工作，市及所属县(市、区)均建立地情网站，与全省市级以上地方志部门联网，向社会开放。至年底，梅州市地情网发布志书400多万字，年鉴300多万字，地情书30多万字，文章类20多万字，图片80幅。

开发利用地方志资源　为市委宣传部《客家文稿》、为市城乡规划局《梅州传统客家民居》提供修改建议，参加市城乡规划局主持的“梅州世界客都大道入口广场城市雕塑设计方案”评标工作；11月27日，与梅州日报社联合主办纪念古直诞辰125周年系列活动，挖掘和宣传梅州历史文化名人，彰显梅州厚重的历史文化。

(市方志办)

【外事侨务港澳工作】2010年，全市各级外事侨务港澳部门以科学发展观为指导，认真贯彻落实全省侨务、外事、港澳工作会议精神，进一步解放思想，更新观念，奋力推进外事侨务港澳工作创新发展。全年全市接受海外“三胞”捐赠各项公益福利事业资金1.8亿元人民币；接待华侨华人、港澳同胞及国际友人15000多人次；受理涉侨信访案件336宗；受理因公出国(境)报批材料51批260人次。

实施“回乡创业”工程　密切配合市委市政府“双转移”、打造绿色健康度假休闲区和发展旅游产业等中心工作的开展，实施“回乡创业工程”，加强推介，搭建桥梁，多渠道多形式做好侨商邀请和项目对接等工作，强化招商引资力度。推动梁亮胜、曾智明、张庆华、梁锡光、叶志明等香港乡贤参与梅市“回乡创业工程”，成立嘉应集团控股有限公司，投资10亿元，进行农业、旅游、房地产、矿业等项目的投资开发。

促进经贸合作交流　加强载体培育，促进经贸合作。通过举办乡情通报会、参加经贸洽谈会等形式，搭建多形式的经贸平台，促进梅州与海外在经贸方面的交流与合作。8月份，配合市委、市政府组团参加一年一度的香港美食节，召开以香港企业家代表和乡贤为主的座谈会，专程前往香港特别行政区渔农署，商谈梅港农业交流前期合作事宜，成功邀请香港组团参加12月在梅州举办的第三届名优农产品展销会。

参与重点项目建设　主动向海外“三胞”做好宣传、沟通和联络工作，搭建参与项目建设平台，引导海外乡亲参与筹建世界客商会馆、江北人居环境改善等重大项目、重大工程建设，为梅州的社会发展建言献策。

维护侨胞权益　不断加强整合社会力量，特别是借助市人大常委会侨工委、市政府“三胞”委、信访局、侨联、致公党等有关部门力量,协调处理侨务信访案件,为侨排忧解难。借助开展“侨法宣传月”等活动,不断加强侨法宣传,营造全社会关注侨益、维护侨益的良好氛围。

解决基层侨困　通过整合社会资源,依托社区服务中心,形成“社区为侨服务,侨为社区作贡献”的社区外事侨务港澳工作格局;通过开展“侨爱工程——万侨助万村”活动,促进农村基础设施、教育、文化、卫生、精神文明建设等方面的发展。

保护侨捐热情　不断加强对侨捐项目监督管理,依法保护归侨侨眷和海外侨胞的合法权益。继续引导海外“三胞”关心和支持家乡社会公益福利事业的发展。10月,通过省侨办的牵线搭桥,马来西亚常青国际集团执行主席张晓卿先生通过“星洲日报读者爱心助学计划”,决定连续10年每年捐资14万元扶助五华县200名贫困家庭子女完成学业。11月,香港梅州联会连续第五年在梅州举办“爱心传送活动”,捐款160万元用于资助嘉应学院贫困学子完成学业,100万元用于帮助梅州市贫困妇女儿童。

服务侨资企业　加强与梅州侨资企业的沟通与联系,深入侨资企业调研,及时帮助侨资企业解决生产过程中遇到的问题,以周到的服务,增强侨资企业扩大投资规模的信心。

服务“双到”工作　利用部门优势和“双到”工作的平台,发动广大港澳同胞、海外侨胞参与梅州扶贫济困活动,促进扶贫“双到”工作的新发展。6月30日“广东扶贫济困日”活动中,海外“三胞”热情参与、热烈响应和大力支持,共捐赠6600多万元,其中朱孟依家族捐款5080万元。

加强沟通联络,促进乡情乡谊　一是主动“请进来”,借助举办各类活动,展现梅州的发展新貌,凝聚侨心。10月,梅县举行侨捐项目工程系列庆典活动,香港嘉应商会组织60多人参加活动,让乡贤们切身体会家乡的建设发展。12月,成功举办第四届中国(梅州)国际客家山歌文化节活动,有近百名海外乡亲到梅州参加。二是主动“走出去”,通过参加海外社团庆典等各项活动,增进乡情,联络乡谊。三是做好接待服务,增进感情。11月,旅港嘉应五属同乡会组织100多人的访问团到梅州市及各县(市、区)进行考察访问;香港梅州联会组织70多人的访问团到梅州举行“爱心传送”活动;12月,接待400多位参加河源举办的世界客属恳亲大会后到梅州考察访问的客家乡亲。四是加强外事活动,接待美国、法国、马来西亚等国家驻广州总领事和塞舌尔共和国驻华大使等外宾的来访。6月,应塞舌尔维多利亚市政府的请求,梅州市政府赞助2万美元支持该市于2011年举办的太平洋岛国运动会,进一步巩固和发展梅州与塞舌尔维多利亚市友好城市关系。

办好华裔青少年夏令营活动　4月,梅州市外事侨务局举办一期来自泰国普吉的华裔青少年夏令营活动,以弘扬中华文化、客家文化为主题,组织泰国青少年与嘉应学院学生进行互动学习,增进他们对祖籍地的认同感。

加强出国(境)管理　要求所有因公出访团组在回国后7天内向梅州市外事侨务局提交《出国团组情况登记表》、《因公出国报告》及《因公出国报告评估表》,同时交回护照。严格执行有关规定认真做好因公出访审核、审批工作,对因公出国(境)团组从邀请信来源、出访任务、行程安排、人员结构、经费来源等方面进行严格审核把关,从严控制招商引资、文体交流等大型出国团组中党政干部的比例,坚决将招商引资、文体交流等大型出国团组中的党政干部人数比例控制在三分之一以内。全年党政干部出国实际成行数比上年减少10%。

(李山宾　李　娜)

【档案工作】

组织领导　2010年,市委、市政府领导高度重视,支持档案工作,为档案部门切实解决实际困难和问题，给市档案局（馆）增加两名编制，缓解人员紧缺问题。7月，由省政协常委、省政协文化和文史资料委员会副主任陈忠烈和省政协委员、省档案局长徐大章率领的省政协专题调研组一行15人在梅州市政协副主席张光明陪同下，对市县两级档案馆舍建设开展专题调研，调研组对梅州市各级党委、政府对档案工作的重视和支持给予充分肯定。

培训教育　各级档案部门深入开展向刘义权学习的活动，激发广大档案干部发扬刘义权立足本职、爱岗敬业、忠于职守、坚守平凡、创造非凡的无私奉献精神。市档案局还先后派出8人次参加省档案局、市委党校等单位组织的培训，市和各县（市、区）档案局长参加省档案局举办的档案局长培训班学习。全年全市举办各种档案业务培训班19期，培训各级档案人员911人。通过各种培训学习，提高档案工作人员的综合素质和实际操作技能。

执法监督　一是继续深入宣传贯彻《档案法》和《广东省档案条例》。充分利用电视、档案网站、报纸杂志等新闻媒体，大力宣传《档案法》和档案工作在为梅州市实现绿色的经济崛起中发挥的重要作用。切实提高社会对依法治档重要性的认识。二是开展《档案法》执法检查。2010年初，梅州市人大常委会研究决定，对全市贯彻实施《档案法》和《广东省档案条例》情况进行执法检查。梅州市政府按照《梅州市人大常委会检查〈档案法〉实施情况工作方案》的要求，组织市直有关部门和各县（市、区）对贯彻实施《档案法》和《广东省档案条例》情况进行认真细致的自查，并向市人大常委会报送自查报告。6月下旬，由市人大常委会副主任陈卫平任组长的执法检查组在市委常委、常务副市长李金元的陪同下对全市贯彻实施《档案法》和《广东省档案条例》情况进行检查。检查组采取听、看、议、查的方式，对市和部分县（市、区）贯彻实施档案法律法规情况以及档案馆的档案安全保管、收集、利用情况和现行文件及政府信息报送等情况进行执法检查。三是继续认真做好档案综合管理达标单位的复查工作，对升级后档案工作出现滑坡的单位提出批评，并限期整改。据统计，2010年全市共复查达标单位93个，合格率100%，有力地促进档案事业规范发展。四是宣传贯彻国家档案局第8号令，抓好《机关文书档案归档范围和保管期限表》的审批工作。市档案局对上报来的市直34个单位的《机关文书档案归档范围和保管期限表》进行审批后下发实施，进一步规范机关档案资源的源头管理。据统计，全市已完成706个单位的《机关文书档案归档范围和保管期限表》的审批工作，占71%，市直和大埔县已全部完成修订、审批工作。

目标管理　一是加大机关、企事业单位档案目标管理工作力度。2010年，全市机关、企事业单位通过档案目标管理验收上等级的单位44家。二是加强对重大建设项目档案工作的监督指导和验收。各级档案部门继续抓好省、市重大建设项目档案工作，加大对重点建设项目档案的监管力度，做到广覆盖、紧跟踪、勤指导、严验收。2010年验收梅州大堤南堤中心坝段应急除险加固、梅州市西环高速城东至扶大段、天（津）汕（尾）国家重点公路粤境蕉岭广福至梅县城东段、兴宁市温公水库安全除险加固等4个重点工程项目档案。

民生档案　一是围绕建立“三个体系”，抓好民生档案资源建设。各级档案部门紧紧抓住“档案工作服务民生”这个主题，采取切实有效措施，及时接收与民生有关、涉及人民群众的各类档案进馆。市档案馆全年接收市公证处1982~1994年的公证档案9773卷。二是抓好新农村建设档案、社区档案工作。2010年，市档案局和民政、农业部门联合转发省档案局、民政厅、农业厅关于印发《社会主义新农村建设档案工作示范县实施办法》的通知，并提出全市贯彻实施意见，市选定梅县、大埔县为梅州市创建省社会主义新农村建设档案工作示范县。继续加强社区档案建档跟踪指导服务，进一步完善社区档案工作管理体制，指导社区低保、医保、劳动力、再就业等建档工作，为创建和谐社区、文明社区、示范社区服务。三是开展对集体林权制度改革档案的指导工作。各级档案部门认真贯彻落实全国集体林权制度改革档案管理工作会议精神，与林业部门联合发文明确林改档案归档范围，加强对镇、村两级林改档案的监督指导，切实抓好林权改革档案的建档工作，做到林改档案工作与林权改革工作同步进行。

基础业务建设 一是做好国家综合档案馆年度评估工作。按照省档案局《关于全省国家综合档案馆实行年度评估的意见》和《关于进一步规范和完善全省国家综合档案馆年度评估工作的通知》文件要求，认真做好2010年档案馆的年度评估工作，严格对照评估标准进行自评，查漏补缺。经省档案局专家评审，全市9家国家综合档案馆均为“合格”。二是加大档案的接收、征集力度，不断丰富馆藏档案，优化馆藏结构。全市各级国家综合档案馆始终把收集、征集工作作为档案馆业务建设的重要工作，一年新进空白全宗10个，接收各门类档案25853卷又26414件。其中市档案馆接收4个空白全宗，接收26个单位的各门类档案12853卷又13310件，超额完成省局下达1000卷的任务。三是加强档案馆库管理，做好档案的保管保护工作，确保档案完整安全。2010年5月，省档案局组织档案安全检查组对梅州市进行档案安全专项检查，重点抽查蕉岭县、兴宁市档案局(馆)，检查组充分肯定梅州的档案安全工作。各级档案部门实行档案安全一把手负总责、分管领导为直接责任人的管理体制，并将档案安全工作细化分解、落实到每一个人，在局(馆)上下牢固树立“安全第一，预防为主”的观念，确保档案安全。五是馆藏档案鉴定开放工作。对馆藏形成满30年的档案进行鉴定和开放。据统计，2010年全市共鉴定到期应开放的文书档案8561卷又1077件向社会公布开放。四是档案信息化建设成效显著。各级档案部门加强馆藏档案条目的著录工作，全年录入档案条目案卷级4.66万条，文件级97.35万条。其中：市档案馆录入案卷级0.62万条，文件级2.72万条。市和梅江区、梅县、蕉岭、兴宁、丰顺、大埔县已全部实现馆藏档案条目数字化。市档案馆还重点加强馆藏重点档案的全文扫描工作，已扫描市委办3号全宗1949年至1952年的文书档案27卷2112页，实现馆藏部分重点档案的全文数字化。五是争取省局领导重视，建立档案修裱抢救中心，有效保护馆藏珍贵档案资源。梅州市档案修裱抢救中心在省档案局的关心、支持下于2010年3月中旬正式运作。中心制定有《梅州市档案修裱抢救中心规章制度》，对档案修裱抢救中心进行规范管理，全年抢救国家重点档案281卷37491页(A4纸)。六是加强档案编研工作，提高档案开发利用效果。认真贯彻落实省关于以档资政的指示，2010年市档案馆编印两期档案资政参考，分发到党政主要领导和有关部门，发挥档案服务领导决策的作用。2010年全市新增编研材料14种，其中市档案馆自编、合编3种有参考利用价值的编研材料。

档案理论研究 重视做好档案学会工作，在人力、时间、经费上给予大力支持，保证学会日常工作顺利开展。支持档案学会开展档案理论与实践的研究，组织会员撰写学术论文，参加省档案学会举办的学术讨论会。向《广东档案》、《粤档信息》、《梅州日报》、《梅州社会科学》等刊物投稿，全年有30篇稿件被采用。全年出版《梅州档案》、《梅档信息》10期。

档案公共服务 一是强化服务意识，抓好档案资料的提供利用工作。市档案馆为确保档案利用安全，专门成立“梅州市档案馆档案利用工作领导小组”，建立有档案、资料借阅登记簿，对查阅利用情况进行详细记录，做到审批、登记手续健全。全年全市接待利用者6249人，利用档案资料14839卷(册)又4440件。其中市档案馆接待利用者793人，利用档案资料856卷(册)又4203件。二是抓好档案信息网站建设工作。做到有专人管理，内容能够及时更新，方便公众了解全市的档案工作信息、档案机构信息和档案资源信息。同时，加强档案信息和网络安全管理，杜绝非公开的档案信息上网，确保档案信息和网络系统的安全。全年全市的档案网站点击率为75993次，其中市档案局的网站点击率为22298次。三是政府信息公开查阅广受欢迎。2010年10月，市档案馆“政府信息查阅室”进驻梅州市政府行政服务中心，为广大市民查阅政府信息、现行文件资料提供便利。市档案馆全年接收已公开现行文件和政府信息 881 份，接收上级文件汇编和政策法规性等资料 174 册。四是做好“爱国主义教育基地”建设工作。各级档案部门利用馆藏档案资源，开展内容丰富、生动活泼、具有时代感和吸引力的爱国主义教育基地建设工作。能够充分整合馆藏档案资源，将比较珍贵的有重要意义的实物、声像档案等收集整理，在特藏室珍藏展示，为爱国主义教育提供“活教材。全年全市举办展览 6 次，接待参观人数 735 人。

（凌秀凤）

【台湾事务】

涉台宣传　2010 年，梅州市全力推进涉台宣传工作，在梅州本地媒体、对台宣传网络和台湾岛内均进行较大声势的宣传活动。全年投入 30 多万元在台湾《民众日报》、《联合报》、《工商时报》刊登 42 版报道客家文化传承及客家文化生态保护实验区，梅州市与台湾的经济文化交流及未来发展，台湾农民创业园区及与台湾农业合作等方面内容的情况，全方位报道梅州市情况；“台湾·广东周”活动中，通过随团山歌演出宣传客家文化，签订大型民俗歌舞剧《客家意象》节目赴台演出协议；6 月，大埔籍著名书画家刘青人率团赴台参加“天下客家人·走马美丽大埔”摄影展开幕式，中国国民党荣誉主席连战、吴伯雄，台北市长郝龙斌等政要到贺。该摄影展展品 200 幅，是台湾公开展示的首个大陆县级民俗、风光摄影作品展，在台北展出后，由客家事务部门负责在岛内作 3 个月的巡回展出；全年在报刊、网络、电台等进行涉台宣传，特别是在粤台视窗网、你好台湾网、中国台湾网等媒体、网络开展涉台宣传，全市共刊登稿件 70 多篇。

对台经贸　梅州市台办在做好为现有台资企业服务的同时，开展对台招商引资。8~11 月，多次陪同市领导到台湾、珠三角等地联络、拜会台商，通报乡情；全年新增和扩资台资企业 5 家，投资总额 1638.9 万美元。到 2010 年年底，在梅州市注册的台资企业 201 家，投资总额 1.1 亿美元。

梅台农业合作交流　2010 年梅台两地农业合作交流亮点纷呈。一是派出两个农业团体和 20 多名农业专家到台湾学习考察取经。二是全年邀请 6 批 50 多人次的台湾农业专家学者到梅考察交流；三是建立两岸农业合作的载体。在各县(市、区)创建台湾农民创业示范园的基础上，5 月，经国家农业部、国台办批准设立广东梅州(梅县)台湾农民创业园核心区，为两地农业合作进一步创造条件。四是召开梅台农业合作交流会，为两地开展农业合作交流建立平台。五是签订多项农业合作交流协议。六是聘请一批台湾农业专家任梅州市农业发展顾问，建立经常性的合作交流机制。七是首次邀请台湾农业企业来梅州市参加农产品展销会。八是在“台湾·广东周”期间，梅州市首次与台湾签订 400 多万美元的产品采购协议。

对台交流联络接待　全年赴台进行文化交流有 6 批 183 人次。梅州市文化团体与台湾文化团体签订的文化交流合作项目有 5 项。台湾方面到梅开展文化交流较大规模的有 19 宗，498 人次。“台湾·广东周”活动中，梅州市组织 60 人的山歌表演团赴台演出。12 月中旬在梅州市举办的第四届中国(梅州)国际山歌文化节专门邀请 60 多位台湾山歌手和知名人士参加；嘉应学院以客研院为平台进行客家文化研究和学术交流，与台湾多间高等院校和研究机构签订学术交流协议。还有梅州市摄影、书画作品赴台参展等。全年有 6 个团组赴台拜访客家乡亲，台湾客家乡亲也先后有 8 个团组来梅州市开展乡情联谊活动；全年台胞来梅旅游观光的较大团组有 29 宗计 892 人次，接待来访台胞累计有 5630 多人次，梅州市因私赴台人员有 4517 人次。“台湾·广东周”期间，梅台两地签订多项旅游合作协议。

涉台重大活动 2010年是涉台重大活动最多的一年。8月中旬,组团赴台参加“台湾·广东周”活动;10月中旬,组团赴台考察台湾农业;11月上旬,在梅州市举办“全省台商协会会长联谊会”;12月上旬,在梅州市举办“梅台农业合作交流会”;12月中旬,在梅州市举办“第四届中国(梅州)国际客家山歌文化节”。“台湾·广东周”活动,梅州市组成经贸、文化、农业、旅游、企业界人士和山歌演职人员近百人参加的分团赴台,开展“合作之旅,乡情之旅”活动。

“台湾·广东周”活动 一是签订多项协议。在“台湾·广东周”活动期间,梅州市相关部门分别与台湾对口部门签订15个交流合作项目,涉及经贸、文化、教育、农业、旅游等多个领域,签约金额1.26亿美元。二是联络乡情乡谊。梅台两地客家同根同脉、同祖同宗,在血缘、语言、风俗习惯等方面一脉相承,梅州分团的客家山歌演出团用客家山歌,与台湾当地的客家乡亲沟通乡情乡谊。在台期间,梅州分团参观台北三峡客家文化园区,会见台北客家同乡会、台北客家事务局、台北客商总会、新竹县县长、苗栗县县长以及高雄市客家文化事务基金会的相关人士。在新竹参加义民节活动,与当地客家乡亲联谊。三是展示客家文化。梅州山歌表演团分别在新竹、苗栗两地举办专场演出,用客家山歌,展示客家文化的魅力;受到台湾客家乡亲的热烈欢迎。四是考察精致农业。“台湾·广东周”活动期间,梅州分团前往苗栗县三湾乡、南庄乡、公馆乡参观精致农业、现代农业、休闲观光旅游农业,考察农业与科研、文化、旅游观光和度假结合的经营运作模式,为推动梅台农业合作取得一手资料。

处理涉台突发事件和涉台投诉 市台办注重做好维护稳定工作。重新修订《梅州市台办涉台突发事件应急预案》,确保一旦发生突发事件能够快速启动应急机制,妥善处理涉台事件。对台胞和台商的投诉,做到高度重视,主动协调,耐心解释,尽量做到快速反馈,做到台胞满意。涉台投诉的妥善处理,一方面有利于营造良好的投资环境,吸引更多的台商来梅投资;另一方面有利于增进与台商、台胞的感情,增进他们对祖国的认同感和归属感。全年妥善处理4宗较大的涉台投诉;调处来信来访28宗。

(丘春芗)

政协梅州市委员会

【市政协五届四次会议】 中国人民政治协商会议第五届梅州市委员会第四次会议于2010年1月19~21日在梅城召开。416位政协委员中有389位出席大会。会议审议通过温华光主席代表市政协五届常委会所作的工作报告和李再先副主席所作的提案工作情况的报告;听取并讨论政府工作报告及其他报告,审议通过市政协五届四次会议期间提案情况的报告和五届四次会议决议。通过陈丽霞辞去政协第五届梅州市委员会副主席和委员职务议,廖运生辞去政协第五届梅州市委员会秘书长职务,程飚等5人辞去五届市政协常务委员职务的请求;选举郑少伟为政协第五届梅州市委员会副主席,肖国强为政协第五届梅州市委员会秘书长,王伟明、孙秋珍、张海涛、李友文、杨祥宇、陈元星、管雅7人为政协第五届梅州市委员会常务委员;市委书记刘日知在会议期间召开的界别委员代表座谈会上作重要讲话。会议号召,全市各级政协组织、各参加单位和全体政协委员,要在中共梅州市委的领导下,深入学习贯彻胡锦涛总书记在庆祝人民政协成立60周年大会的重要讲话,围绕市委、市政府2010年“优环境、促发展、惠民生”的总体要求和决策部署,切实搞好政治协商,推进民主监督,深入开展参政议政,发挥协调关系、汇集力量、建言献策、服务大局的作用,为梅州绿色崛起、科学发展献计出力。

【市政协常委会议】 2010年,市政协共召开5次常委会议:1.五届十五次常委会议于1月20日召开,审议部分常委辞职的请求、五届四次会议选举办法(草案)、增(递)补部分常委候选人名单(草案)及五届四次会议决议(草案)等有关文件。2.五届十六次常委会议于1月21日召开,听取五届四次会议各讨论组有关选举问题及审议五届四次会议决议(草案)情况,审议通过提案委员会关于五届四次会议期间提案情况的报告,确定递增补部分常务委员会组成人员候选人名单,通过五届四次会议选举办法(草案)和选举大会监票人、副总监票人、总监票人名单(草案)等。3.五届十七次常委会议于6月25日召开,围绕"推进广州(梅州)产业转移工业园建设"进行专题议政。4.五届十八次常委会议于9月21日召开,围绕"促进我市养老事业发展"进行专题议政。5.五届十九次常委会议于12月23日召开,讨论《政府工作报告》(征求意见稿)和《梅州市国民经济和社会发展第十二个五年规划纲要(草案)》;听取市政府领导作关于政府部门2010年办理政协提案情况通报;审议通过市政协常委会工作报告(草案)、提案工作情况的报告(草案)、各专门委员会工作报告(书面)、市政协五届五次会议有关事项等;增(递)补6名五届市政协委员会委员;表决通过市政协五届委员会部分专门委员会副主任名单,刘苑任经济委员会专职副主任,李森盛任社会法制和人口资源环境委员会专职副主任,李雪奇任科教卫体委员会专职副主任。

【调研视察】 2010年,市政协各专委会围绕"加快绿色的经济崛起、扶持促进和引导现有企业做强做大做优、传统工业走绿色低碳发展道路、绿色农业产业化、建设台湾农民创业园、做大做强农副产品加工企业、打造具有客家特色宜居城乡、进一步优化城乡环境、大力发展客都自驾游、客家文化与古民居古建筑保护和开发利用、推进无线城市建设、加强农村基层医疗卫生事业建设、发挥侨乡优势和加强侨务工作、构建和谐宗教"等19个专题开展调研;围绕"市重点项目建设、城市建设和管理、保护林业生态资源、集体林权制度改革、创建国家卫生城市、教育创强、基层公共文化服务设施建设、'三名城一基地'建设、振兴梅州足球、农村公路建设、扶贫开发'双到'工作"等17个专题开展视察,形成一批高质量的调研视察报告、专项建议案,许多意见建议得到市委、市政府的高度重视和充分采纳,推动党政决策的科学化、民主化。

【提案 宣传】 全年,市政协收到立案提案225件。通过撰写集体提案、重点提案调研、走访承办单位、现场督办、提案办理"回头看"及对优秀提案和提案承办先进单位、先进个人进行表彰等形式,提高提案质量和提案督办的组织度,增强提案工作的合力。争取市委、市政府出台有关文件,将政协提案办理工作纳入县处级党政领导班子和领导干部落实科学发展观的一项考核指标,推进办理工作落到实处。李嘉书记和朱泽君代市长等领导亲自领衔督办重点提案,并主持召开重点提案办理工作会,为推动全市提案工作的新发展提供良好环境。市政协主席、副主席领衔督办4件重点提案。发挥电台、电视台和报刊等新闻媒体在促进政协宣传、推动政协工作开展中的积极作用。发挥《梅州政协》宣传主阵地作用,对会刊进行改版,拓展报道面,增强可读性。加强网站维护与管理,增强市政协网站的报道时效。举办书画展和各种文化活动,组织书法家、画家,包括政协系统和社会各界的书画爱好者依托艺术手法,赞美改革开放、赞美世界客都。编辑出版《客都墨韵》、4期《梅州政协》会刊和12期《政协动态》。

【团结联谊】 为各民主党派和无党派人士参政议政、发表见解和主张搭建平台、搞好服务。加强与宗教界人士的团结联谊,推动宗教和睦。开展界别服务企业、科技信息交流、农科知识讲座、法律咨询、书画艺术大赛、文艺下乡、青少年书法大赛等活动,发挥界别在助推梅州科学发展、服务群众中的重要作用。探索开展同港澳台侨团结合作的新途径新方法,完善港澳委员发挥作用的工作机制,开展与海外侨胞的联谊交往活动。加强对县(市、区)政协工作的联系和指导。组织市政协历届委员联谊会领导及部分理事视察"广州(梅州)产业转移园"和"三名城一基地"建设情况。参加第三届闽粤赣十三市政协论坛和闽粤赣三省八市政协第二十次联系协作会议,就促进海西融合发展等方面进行交流。

【反映社情民意】 五届四次全会的16篇大会发言中,直接关注民生问题有6篇;委员所提交提案半数以上直接或间接涉及民生问题。坚持开展"下基层、访委员、听民意"活动、各界别小组形式多样的联系群众活动,以及举办主席约谈日和信息联系沟通等活动,创新反映社情民意的工作机制和工作方法。编发报送的《政协委员重要意见建议专报》和《梅州社情民意》,许多信息引起党政领导及有关部门的重视,促成一些群众广泛关注、社会反映强烈的问题得到较好解决落实。

【制度建设】 协助市委做好《中共梅州市委关于进一步加强和完善决策协商工作的意见》(草案)、《中共梅州市委关于进一步健全政协履职成果办理反馈工作的规定》(草案)的起草工作,以及研究制定《梅州市政协提案办理工作规程(试行)》、《梅州市政协提案办理工作评价考核暂行办法》等文件。《规定》、《意见》和《规程》、《办法》分别以市委和市委、市政府办公室文件下发,为全市政治协商工作、提案办理工作以及建立健全党委政府对政协履职成果的吸纳和转化机制,提供制度保障。编辑出版《政协梅州市委员会规章制度汇编》。

【送温暖、献爱心】 市、县(市、区)政协联合开展"扶贫送医"爱心活动——"亮康行动",全市政协筹集复明捐款177.27万元,为全市600多例贫困家庭白内障患者免费进行复明手术。政协各界别和广大政协委员在支援玉树灾区抗震救灾、响应广东"扶贫济困日"活动、兴办社会公益事业、资助贫困学生等方面,各尽所能,捐款捐物。全年政协委员热心捐资和筹资2200多万元。

(卢华强　邹要文)

市纪律检查委员会

【主要会议】

市纪委五届五次全会　1月27日,梅州市召开市纪委五届五次全会,认真传达贯彻中纪委五次、省纪委四次全会精神,总结2009年工作,研究部署2010年党风廉政建设和反腐败工作任务。市委书记刘日知在会上作重要讲话,市委常委、市纪委书记李纯德代表市纪委常委会作工作报告。刘日知在充分肯定上年纪检监察工作取得新的明显成效。强调围绕"大行动"推进全市反腐倡廉建设,一要明确目标推进"大行动";二要严格问责推进"大行动";三要端正作风推进"大行动"。李纯德代表市纪委常委会作的工作报告,总结2009年全市反腐倡廉工作,对2010年党风廉政建设和反腐败工作任务进行部署,强调一要加强监督检查,保障科学发展观的贯彻落实;二要强化教育监督,促进党员领导干部廉洁从政;三要推进制度创新,拓展源头防治腐败工作领域;四要切实转变作风,认真解决群众反映强烈的突出问题;五要加大办案力度,继续保持惩治腐败的强劲势头;六要锤炼队伍,提高纪检监察干部履职尽责能力。

新闻单位暨特约评论员、特邀监察员座谈会　1月22日，梅州市纪委监察局组织召开新闻单位暨特约评论员、特邀监察员迎春座谈会，座谈交流一年来开展新闻宣传和监督工作情况，为进一步深入开展反腐倡廉工作建言献策。市委常委、市纪委书记李纯德，市纪委副书记曾小华、周秋明、叶解春，市主要新闻单位有关领导、记者，中央、省新闻单位驻梅记者及特约评论员、特邀监察员共50多人参加会议。李纯德充分肯定过去一年，各主要新闻媒体和专家学者、特约评论员、特邀监察员充分发挥各自优势，坚持正确舆论导向，为促进反腐倡廉建设深入开展创造良好的环境和氛围。提出五点要求：一要把握正确导向，加强舆论引导；二要发挥特长优势，加大监督力度；三要认真履行职责，固紧桥梁纽带；四要创新方法手段，谋求更大影响；五要加强沟通协调、支持配合，形成全市反腐倡廉工作的整体合力。

纪检监察系统办公室主任暨信息工作会议　3月19日，市纪委召开全市纪检监察系统办公室主任暨信息工作会议，传达全省纪检监察系统秘书长、办公厅（室）主任会议精神，总结交流近年来纪检监察系统办公室工作，表彰全市纪检监察信息工作先进单位和个人。市委常委、市纪委书记李纯德强调，各级纪检监察系统办公室要以实际行动落实好省委常委、省纪委书记朱明国关于建设"一流、高效、团结、和谐"办公室的要求，努力提高四种能力：要提高文字综合能力；要提高组织协调能力；要提高督察督办能力；要提高服务保障能力。会议还对考核评为2009年度全市纪检监察信息工作先进集体的3个单位和16位先进个人进行表彰。

市直有关单位反腐倡廉工作责任分工会议　4月1日，梅州市召开2010年市直有关单位反腐倡廉工作责任分工会议，对2010年党风廉政建设和反腐败工作进行分工部署，将6大方面75项反腐倡廉工作任务分解落实到68个责任单位。市委常委、市纪委书记李纯德出席会议并讲话，市纪委副书记周秋明主持会议。李纯德要求，要重点抓好四个方面工作：一要从深化作风建设入手，切实提高执行力；二要从强化教育监督入手，深入贯彻《廉政准则》；三要从开展专项治理入手，推进厉行节约；四要从健全完善制度入手，扎实推进源头治腐。李纯德强调，要突出领导责任，实现党风廉政建设与业务工作同部署、同检查、同总结、同考核；突出真抓实干，制定周密方案，全力抓好所承担的工作任务的组织实施；突出协调配合，牵头部门和配合部门相互之间既要分工又要合作，健全完善各项工作协调机制；突出责任追究，以严格问责保障各项工作的扎实开展，确保全市反腐倡廉建设取得新成效。

市委反腐败协调小组会议　4月28日，中共梅州市委反腐败协调小组召开工作会议。市委常委、政法委书记、市公安局局长黄伟闻主持会议，市委常委、市纪委书记李纯德在会上作讲话，市委常委、组织部部长翁永卫通报表彰2008年度至2009年度查办大案要案先进集体和个人，市人民检察院检察长何梅林，市纪委副书记周秋明出席会议，市纪委、市委政法委、市法院、市检察院、市公安局、市审计局等与反腐败协调工作比较密切的有关单位领导列席会议。会议提出反腐败协调工作要达到四个增强：一要讲大局，增强反腐败协调工作的严肃性；二要讲规范，增强反腐败协调工作的原则性；三要讲方法，增强协调工作的创造性；四要讲效果，增强协调工作的实效性。

市纪委召开机关青年干部座谈会　5月11日，市纪委召开机关青年干部座谈会，市纪委常委、监察局副局长与21名机关年轻干部一起畅谈理想追求、工作体会和人生感受。座谈会气氛热烈，与会同志均作发言。主要体会和打算是：一要热爱工作岗位；二要维护良好氛围；三要珍惜发展机遇；四要积极进取。市委常委、市纪委书记李纯德在分析年轻干部现状和特点的基础上，勉励年轻干部要认真读书、干净干事、老实做人、阳光心态，争做一名优秀的纪检监察干部。

市政府第四次廉政工作会议　6月4日，市政府召开第四次廉政工作会议，贯彻落实国务院、省政府第三次廉政工作会议和省纪委四次全会、市纪委五届五次全会精神，总结去年市政府系统反腐倡廉工作，研究部署今年工作任务。市政府副市长，市长助理，市政府正、副秘书长，市有关单位负责人，各县(市、区)长、分管行政监察工作的副县(市、区)长和监察局局长出席会议。市监察局、市财政局、市住房和城乡建设局以及梅县、蕉岭县政府负责人分别作大会发言。市委副书记、市长李嘉在会上强调：一是要切实加强政府投资项目、公共资金和重点项目的监管；二是要切实保障人民群众的合法利益；三是要大力打造阳光、高效、廉洁的服务型政府。市委常委、市纪委书记李纯德对各级领导干部提出四点要求：一是应自觉接受监督；二是要敬畏法纪、遵章办事；三是不忘根本，再求才艺；四是勿存侥幸，拒绝诱惑，坚守底线。

全市纪检监察机关办案安全工作座谈会　6月21日，梅州市纪委召开全市纪检监察机关办案安全工作座谈会，传达贯彻上级纪委有关办案安全文件精神，总结全市上半年的案件检查工作并部署下半年案件检查工作。会上，市纪委副书周秋明作讲话，并提出四点要求切实提高安全办案工作：一要求认真传达上级纪委安全文明办案精神，提高安全办案的意识；二要求认真总结安全办案工作，举一反三，查缺补漏；三要求进一步明确安全办案与加大办案工作力度的关系，进一步保持惩治腐败的高压态势；四要求熟练掌握安全办案的技巧，提高应对突发事件的能力。

全市纪教月活动动员会　7月23日，梅州市召开2010年全市纪律教育学习月活动动员会。市委书记李嘉要求，纪律教育要增强“三性”：一要增强纪律教育的自觉性；二要增强纪律教育的针对性；三要增强纪律教育的有效性。市委常委、市纪委书记李纯德对全市纪律教育学习月活动进行部署，要求在扎实做好“规定动作”的同时，创新开展十项特色活动。一是举办领导干部党纪政纪法纪教育培训班；二是举办县级“五长”学习班；三是开展廉洁文化进办公场所活动；四是举办“红土清风”论坛；五是突出宣传“群众参与”反腐倡廉典型；六是开展“我爱我家”家庭廉洁教育活动；七是开展“春风拂面”征文活动；八是开展廉政公益广告创作展播活动；九是开展廉洁文化网上行活动；十是依托“411工程”开展学习教育活动。

第三届闽粤赣边三市“红土清风”论坛　8月19~20日，第三届闽粤赣边三市“红土清风”论坛在梅州市举行。广东省委副书记、省纪委书记朱明国以及中国廉政法制研究学会会长戴俭明，中央纪委研究室副主任孙飞，《中国监察》杂志社副社长刘利华，方正出版社副社长曹轩宁等中央纪委监察部有关领导；省纪委常委许泽红，省纪委常委、秘书长王兴宁，省监察学会会长谢谷粱等省纪委领导；中央党校原副校长杨春贵，中国纪检监察报社原社长张雷克，著名经济学家、红旗出版社原副总编辑黄苇町，中央党校经济学部主任赵振华，清华大学公共管理学院教授、廉政与治理研究中心主任任建明及来自中央，闽粤赣三省，梅州、龙岩、赣州三市的纪检监察干部和有关专家学者齐聚一堂，围绕“弘扬客家传统美德，推进廉洁文化建设”这一主题，共同交流探讨反腐倡廉建设实践经验，共谋反腐倡廉建设科学发展。省委副书记、省纪委书记朱明国在讲话时指出，举办闽粤赣边三市“红土清风”论坛，旨在搭建起一个研究反腐倡廉建设区域交流与合作课题的平台和载体，对于促进闽粤赣边反腐倡廉建设理论研究与实践探索，特别对于广东反腐倡廉建设的科学发展，具有重要的现实意义。一要注重突出特色；二要注重把握导向；三要注重交流协作。围绕挖掘和弘扬“红土地”廉洁文化，论坛期间重点举办六项活动：一是组织理论研讨；二是开展工作点评；三是举办闽粤赣边三市廉洁文化建设工作暨梅州市“纪委开放日”图片展；四是开展三市纪委书记与网友面对面座谈活动；五是观看文艺演出；六是参观廉政景观。

全市纪检监察信访举报工作座谈会议　12月21日，市纪委召开全市纪检监察信访举报工作座谈会议，会议传达学习全国纪检监察信访举报案件办理工作座谈会和全省纪检监察信访举报案件工作座谈会议精神；各县(市、区)纪委对信访举报案件工作作交流发言。市纪委副书记周秋明在讲话中指出，近年来，各级纪检监察机关紧紧围绕党委政府中心工作，充分发挥信访举报职能作用，解决大量群众信访问题，取得群众的信任，维护社会和谐稳定。他要求，全市各级纪检监察机关要提高思想认识，增强做好信访举报案件工作的责任感和自觉性；要加强组织领导，进一步加大信访举报案件工作力度；要落实好线索筛选、直接查办、交办督办等七个环节，提高信访举报案件工作的质量和水平；要抓好信访举报工作目标管理的落实，强化信访举报案件工作目标刚性；要密切配合市、县、镇、村换届选举工作，保障信访渠道畅通，加大信访监督力度，加强信访信息的综合分析，加强网络舆情搜索和处置，牢牢掌握工作主动权，不断推动信访举报工作深入开展。

【反腐倡廉】

学习宣传贯彻《廉政准则》 《中国共产党党员领导干部廉洁从政若干准则》颁布后，市纪委及时转发中纪委、省纪委关于深入开展《中国共产党党员领导干部廉洁从政若干准则》宣传教育活动的通知，并对学习贯彻《廉政准则》作出具体安排。通过电台、广播、报纸等媒体，对全市各级各单位学习贯彻情况进行跟踪报道。第三期《航标》及时刊登《廉洁从政法规“转正”》的文章，使党员干部对廉政准则的重要意义、出台背景、起草过程和深刻内涵有进一步的了解。全市各级各单位征订《廉政准则》12000册，做到党员领导干部人手一册，每个科室一册，方便及时组织学习。全市组织党员干部观看电教片205场次，受教育21000多人。各单位采取明察与暗访相结合、指导与规范相协调、督促与整改相统一的方式，及时解决落实不到位情况和惩处违规违纪行为。

强化对领导干部廉洁自律的监督 全市党政干部因公出国人数同比压减20%；公务购车费用同比下降6.1%，纠正违规购置公务用车问题5宗；61个市直机关“三公”费用情况纳入市综合型电子监察系统监管，公务接待费用同比压减4.2%；以党政机关名义主办的晚会、展览、庆典、论坛活动的费用支出同比下降31%。

举办五长“三纪”学习教育培训班 在纪教月期间，梅州市举办县级纪委书记、组织部部长、公安局局长、法院院长、检察长“三纪”教育学习班，市级“五长”分别给学员上课。市委书记李嘉参加座谈，市委常委、市纪委书记李纯德主持会议。在座谈会上，“五长”学员们围绕“推动绿色崛起、做廉政勤政表率”的主题踊跃发言，畅谈体会，剖析问题，提出许多建设性的意见建议。李嘉对“五长”学员提出四点期望：一要拓宽视野，提高工作站位；二要聚焦热点，深化问题调研；三要完善通道，消解廉政风险；四要牢记职责，发挥表率作用。

举办面向领导干部配偶、企业负责人、重要岗位负责人的三场“廉洁报告会” 在纪律教育学习月活动期间，举办面向领导干部配偶、企业负责人、重要岗位负责人的三场“廉洁报告会”，在全市树立崇尚廉洁的观念，形成“人人思廉、人人保廉、人人促廉、人人反腐”的文化环境。一是延伸覆盖面，扩大廉洁教育影响力。将教育触角由党员干部延伸至干部家属，组织市直和中央、省属驻梅单位副处实职以上领导干部配偶及县(市、区)党政主要领导干部配偶参加“家庭廉洁文化报告会”；由党政机关和国有企业延伸至民营企业，组织市属国有和国有控股企业、在梅规模以上企业负责人参加“守法创业报告会”；由领导干部延伸至重要岗位人员，组织市直和中央、省属驻梅单位重要岗位负责人(包括人事、财会和其他重要岗位人员)参加“廉洁操守报告会”。二是突出针对性，增强廉洁教育震撼力。根据报告会主题和与会人员特点，分别选放市纪委编制的《治家有方》专题片以及省纪委制发的《底线失守的代价》、《镜鉴》警示片，邀请市纪委常委邱开新、市检察院副检察长刘彩波、嘉应学院教授林勤青作专题报告。三是体现实效性，彰显廉洁教育感染力。“三场报告

会”共1500多人接受教育，普遍认为报告会体现市委、市政府和市纪委的关心和爱护，是党风廉政建设和反腐败工作关口前移的一个表现。

全面推广建立“村监委”制度 11月30日，梅州市委、市政府在蕉岭县召开全市农村民主监督现场会，全面推广建立“村务监督委员会”制度。市委常委、纪委书记李纯德，市政府副市长邓建华，市纪委副书记周秋明及各县(市、区)党委、政府、纪委负责人参加会议。会议要求各级各部门认真学习蕉岭经验，高度重视，密切配合，通力协作，充分利用2010年第四季度推行村支部和村委会(简称村“两委”)换届试点工作及次年上半年村“两委”换届的有利时机，在全市各行政村全面铺开“村监委”工作，切实推进全市农村基层党风廉政建设。

严格查办违纪违法案件 通过加强办案工作的组织领导、科学管理案件线索、完善办案装备等，进一步提高办案人员发现案源、突破案件和依法依纪办案能力，全市立案数位居全省第三。全市纪检监察机关新立案301件，同比去年上升7.9%；查处大要案113件；查处“一把手”案件38件；乡镇办案139件，乡镇办案率100%；通过查处违纪违法案件为国家和集体挽回经济损失2802.9万元，同比上升78.9%。同时，为536名受到诬告误告的党员干部澄清是非，对167名党员干部进行回访教育，对原市房产管理局违规办理房产证等5宗典型案件通报全市，帮助43个发案单位修订完善制度169项。

【监督检查】 运用定期督察、跟踪监察、暗访调查等形式，加强对“扩内需、促增长”、转变经济发展方式、创卫、扶贫“双到”等工作的监督检查，对新增扩内需中央投资项目168项，总投资15.2亿元的民生工程及基础设施建设项目跟踪监督。坚持覆盖全面、责任到人，对84个工程建设项目中存在的172个问题进行查纠。全市工程建设领域共立案6宗，给予党纪政纪处分8人。对因工作不力，影响市重点工程、重点项目建设的4名责任人依相关程序进行问责，以严明的纪律确保政令畅通，推动市委、市政府中心工作的开展。同时，坚决纠正影响政府公信力的不作为、乱作为等失职渎职行为，市、县两级行政效能投诉中心共受理各类群众投诉17件，纠正或督促整改影响行政效能行为13件，查处影响行政效能案件7件，给予党纪处分1人、政纪处分4人。

【工作创新】

举行首届“纪委开放日”活动 为增强纪检监察工作透明度，主动、公开接受群众监督，8月25日市纪委举行首届“纪委开放日”活动。“纪委开放日”图片展，以图文并茂的形式介绍市纪委的历史沿革、机构设置、职能任务、工作内容与程序及近年所取得的工作成绩等。在市纪委机关，应邀代表观看廉洁文化建设专题片、电子监察系统现场演示和网上举报系统，听取市纪委信访举报受理、纠风治乱、效能监察等有关工作情况介绍，面对面与市纪委领导、干部现场沟通交流等。通过“纪委开放日”活动，使社会各界人士对纪检监察工作有较深了解，消除对纪委的神秘感。

推动关键环节制度创新 针对建设工程项目“以大化小”、“超预算”问题，对54个市直单位的建设工程项目，在工程立项、设计变更、验收结算等环节进行备案管理；针对政府投资项目存在监督缺位、错位现象，在丰顺县试点探索成立政府公共财政投资审核监督中心，加强对政府投资项目资金的监管。全市招投标工程694项，通过招投标节约资金1.68亿元；经营性土地招标拍卖挂牌出让110宗，出让金额4.6亿元；全市国有(集体)产权进场标的52宗，溢价率21.3%；全市政府采购中心实际采购金额5.4亿元，节约率9%；全市网上阳光采购药品5.2亿元，让利患者1.6亿元。

【派驻机构管理】　至6月份,全市除蕉岭县外7个县(市、区)已实施纪检监察派驻机构统一管理,46个派驻纪检监察组已打开工作局面;蕉岭县被确定为省深化行政体制改革试点县,相关工作同步进行。市委高度重视,专题听取工作情况汇报、研究实施方案、解决相关问题,并对县级派驻机构统一管理工作提出明确要求。市纪委多次召集市委组织部、市编办、市财政局等部门相关负责人,研究统一管理的具体措施,解决遇到的问题。各县(市、区)认真协调、统筹兼顾,从县直和乡镇机关中调剂安排编制,选好配强派驻纪检监察组干部。全市除蕉岭县外的46个派驻纪检监察组均定编5人,共划收编制230个。各县(市、区)在制定人员选配方案时,严格按政治可靠、作风过硬、纪律严明的要求,把好选人用人关,做好纪检组人员的选配工作。各县(市、区)纪委争取党委、政府的重视支持,确保做到人员编制、办公场所、办公设备、办公经费"四落实"。各县(市、区)派驻纪检监察组的人员、公用经费和纪检监察业务费均按《关于加强地方县级纪检监察机关建设的若干意见》的要求,全额纳入县级财政预算,办公经费预算标准均参照当地公安、检察部门的预算标准核拨,并由县(市、区)纪委、监察局机关统一管理,为纪检监察组履行职责提供有力保障。针对派驻机构统一管理后,纪检监察干部增多的实际,市纪委采取办班培训、委托培训等方式,选送115人(次)参加各级培训,提高纪检干部服务、保障和促进科学发展的能力。

【"双提"活动】　结合纪检监察工作实际,市纪委监察局开展以"提升队伍素质、提高执行能力"为主题的十项活动(简称"双提"活动),以推动党员干部知识结构转型升级,提升基层党组织的生活质量,增强机关党组织的创造力、凝聚力和战斗力,提高纪检监察干部的执行能力。一是强化理论中心组学习活动;二是坚持开展"学习论坛"活动;三是举办"红土清风"论坛活动;四是组织"好书荐读"、"好文共赏"活动;五是开展正反典型影像资料观看活动;六是开展"春风拂面"征文活动;七是对照《廉政准则》自查自纠活动;八是交流学习心得体会活动;九是开展扶贫送智、济困送暖活动;十是组织文体活动。2010年,在《中国纪检监察报》、《党风廉政建设》等中央级媒体刊物发表反腐倡廉建设题材的文章170篇,其中《中国纪检监察报》38篇。

(梁英浩、丘海春)

责任编辑:邓柳茹

民主党派

市　民　革

【参政议政】 2010年，市民革深入学习贯彻科学发展观，扎实开展学习和实践社会主义核心价值体系活动，全面加强自身建设，认真履行参政党职能，市人大、政协“两会”期间，提交集体提案6份、个人提案和建议28份，大会发言《关于建设旅游强市，打造梅州旅游先锋产业的建议》得到市委、市政府的高度重视；集体提案《关于做好我市返乡农民工就业问题的建议》获优秀提案奖。

党员们立足本职，敬业爱岗，民革梅州市梅城一支部评为民革广东省先进基层组织，曾庆浩、叶小生评为民革广东省先进基层组织工作先进个人；叶洁、钟李锋被民革广东省委会评为开展“学习和实践社会主义核心价值体系”活动先进个人；伍德凤副主委任市科技局副局长，李绮琼提拔为梅江区鸿都小学副校长；蔡邦宏主持的《物理化学》课程获学校2010年精品课程，负责的《化学基础理论》教学团队获学校2010年优秀教学团队，出版21世纪应用型高等院校示范性实验教材《物理化学实验教程》，在核心期刊发表论文3篇，成为中国化学学会会员及广东省化学学会第六届理事会物理化学专业委员会委员；余立出版《月儿弯弯照九州》一、二集。

党员们充分发挥民革联系台胞广泛的优势，开展祖统联谊和招商引资工作，据不完全统计，共接待“三胞”240多人次，通过电话、书信等形式与“三胞”联系300多人次，发动为家乡道路、文化教育、新农村建设等公益事业捐款104.3万元。

【社会服务】 在促进提高自主创新能力、促进传统产业转型升级、促进建设现代产业体系，保持经济平稳较快发展（简称“三促进一保持”）系列行动中，精心组织策划，做到为园区送项目，为企业送温暖，为农村送科技（简称“三为三送”），先后到兴宁工业园区服务中心、树人木业茶油加工厂、联康药业等多家企业和梅县铁炉桥医院开展调研考察、走访活动，为企业解决实际困难；各级组织开展多次“送书下乡”活动，为农村图书室、乡镇中学等捐赠各类图书1000多册。在扶贫开发“双到”工作中，真帮实扶，在“广东扶贫济困日”活动中捐出帮扶资金3000元；在“扶贫送医”爱心活动——“亮康行动”捐款2000元。广大党员热心公益，为人民群众奉献爱心。民营医院院长钟李峰、副院长曾彩霞免费为梅县扶大宪梓中学250多位教师体检，免除费用7.5万元，为贫困患者送医送药1万多元;叶小生为学校建设、修筑道路、老人活动等捐资3万多元。

【队伍建设】 截至2010年12月底,全市民革党员203人,市委会辖2个(县级)委员会,3个支部。全市共有10个基层支部。

(冯秀芬)

市 民 盟

民盟梅州市委会辖梅县、兴宁市两个县委会,梅江区总支委员会;全市有29个支部,盟员603人,全市新发展盟员34人。

【参政议政】 民盟梅州市委在市政协五届四次会议上作题为《中小学布局调整后,亟待解决的几个问题》的大会发言,提出加大政府投入;集中主要财力、师资,在每个中心镇、乡镇,办好一间中心小学,建设成标准化的寄宿制学校;从软件建设上改善办学条件,提高教育质量,扭转农村生源不断流失的局面;切实重视学生饮食安全、人身安全、交通安全问题,改善学生住宿条件和交通条件,减轻群众负担,对边远山区学生进行补贴,加大对困难生、特困生救助力度;加强布局规划的科学性,提高透明度,加大宣传力度,纠正错误认识。提交"关于小学布局调整后加大财政投入,建设标准化小学的建议" 等5件集体提案, 盟员中市人大代表和市政协委员提交的个人建议和提案20件,县级委员会提交的集体和个人提案共22件。

【社会服务】 把社会服务和开展"三促进一保持"系列行动结合起来为企业送服务,为农村送科技。走访5家企业,协助2家公司解决环境污染问题,协助1家公司协调解决企业和周边群众的环境污染纠纷。给山区农村"快乐书屋"赠送农业科技、农村卫生医药常识等书籍200多本,举办养猪、种烟技能讲座各1场。全年全市民盟各级组织在各项捐款活动中,资助贫困学生6人4520元,白内障医疗项目3000元,为西南旱灾、玉树震灾、扶贫济困等捐款116420元。

【队伍建设】 制订《关于做好支部委员会换届工作的意见》, 建立和规范基层组织的管理机制,对全市的基层支部进行换届选举。2010年,有2人获"全国新型优秀教师"等国家级奖项3项 ,11人获"计算机教育软件评审活动获基础教育组多媒体课件奖"等省级奖项13项, 30人获市、县级奖项31项。

(钟进霭)

市 民 建

【参政议政】 梅州市人大、政协"两会"期间,民建梅州市委员会向政协大会提交题为《优化中小企业的人力资源环境,促进经济持续增长》(曾光辉执笔)大会发言1篇,提交提案17件,其中集体提案5件。市委会三个总支各自围绕梅州绿色崛起开展课题调研活动,如期完成课题并提交市委会讨论,确定《促进传统工业走绿色低碳发展的道路》(曾光辉主笔)作为2011年政协大发言,《梅州蔬菜质量安全存在的问题及建议》(侯善源主笔)作为大会书面发言。

【社会服务】 响应市委统战部的要求,开展"为园区送项目,为企业送温暖,为农村送科技"的"三为三送"行动。4月起,组织部分会员先后到梅州市吉祥通信有限公司、兴宁市佳佳工艺制品有限公司、梅州三省堂文化实业发展有限公司等九家企业,了解企业发展状况及企业存在的困难和问题,帮助会员企业解决一些实际问题,为企业提供法律咨询和其他服务。民建梅州市委员会组织部分律师会员到蕉岭与梅州市蕉华工业园区管理委员会联合举办法律咨询服务座谈会。律师会员杨辉和丘国中分别为约30位参会人员讲解《公司法》、《劳动合同法》等方面知识,解答企业生产、经营、管理过程中遇到的法律法规问题。深受园区领导欢迎。7月30日,市委会捐赠价值2000多元的书籍给蕉岭县新铺镇油坑村农村书屋。8月31日民建梅州市委员会与梅州市体育局联合到大埔县丰溪林场上山村举办灵芝种植技术培训班。会员梅州侨微生物科技有限公司总经理谢光辉为村民讲解种植灵芝方面知识,宣传合作意向,受到当地村民欢迎。

【理论研究】 民建梅州市委员会副主委曾光辉《注重实效建设参政党的内部监督机制》获民建中央2009年重点理论研究课题优秀成果二等奖;《民主党派代表性的议题应该纳入共产党执政能力建设的范畴》获民建广东省委2009年民建统一战线理论研究优秀成果一等奖。

【交流沟通】 5月12~14日,民建梅州市委员会承办2010年民建广东地方机关工作交流活动,佛山、阳江、汕头等11个地方民建组织的机关干部约30人参加交流活动。

【队伍建设】 5月,民建梅州市委员会副主委曾光辉转任梅州市体育局副局长。截至年底,民建梅州市委员会共有会员201人。全年发展会员5人,其中保险高管1人、律师1人。

(古广文)

市 民 进

2010年,民进梅州市委开展树立和践行社会主义核心价值体系的学习教育活动和"三促进一保持"系列活动,不断加强自身建设,履行参政议政职能,推进社会服务工作,取得较好成绩。

【参政议政】 组织开展"推进我市农产品商标品牌战略"、"完善道路交通设施建设,减少城市交通拥堵现象"、"加强落实《梅州市出生缺陷工作方案》"、"培育发展战略性新兴产业,推动我市绿色经济崛起"等各项调研活动,为建设梅州建言谋策。在市政协五届三次会议上,朱春粦副主委代表梅州民进作题为《推动农业产业化发展,促进我市生态城乡建设》的大会发言;李宙光副主委作题为《加快外向型经济发展,推动我市绿色崛起》的书面发言;向大会递交提案8件,社情民意2件,政协委员个人递交提案6件,人大议案2件。

【社会服务】 组织开展"三促进一保持"系列行动,5月20日,给蕉岭县三圳镇河西村文化室送去300多本农村种养技术书籍,并请专家为村民上一堂科学种养课。6月11日,市委会组织机关干部前往大埔县银江镇胜坑村开展结对帮扶活动,与挂钩贫困户共商发展生产计划,送上慰问品和慰问金，并捐赠3000元作为该村农田水利建设资金。6月27日，组织10多位医卫界专家会员到梅县雁洋镇中村举行送医送药活动，现场为300多名农村患者进行免费诊疗和保健咨询，并免费发放价值5000多元的药品。

【队伍建设】 4月30日，成立民进梅州市曾宪梓中学支部。6月20日，民进梅州市委会召开基层组织工作会议，23个支部主委在会上交流支部工作经验，并民主推荐先进候选支部。2010年发展新会员5人。

截至年底，全市民进组织有会员320人，总支部3个，基层支部25个。会员中省人大代表2人，市人大代表2人(常委会副主任1人)，市政协委员10人(常委3人)。此外，民进梅州市委组织会员参与省民进组织开展的网上评选“最具特色的支部活动”，高级中学支部、嘉应学院支部被授予“最具特色的支部活动”；编辑1期《梅州民进》；向民进广东省委网站和《广东民进》、市委统战部、市政协等单位提供宣传、议政信息，全年编发各种信息119篇，被各级部门采用110篇。

(朱春彝)

市农工党

【参政议政】 参与市、县(区)重大问题和重大决策的协商，全年出席中共党委和政府、政协召开的征求意见会、民主协商会、座谈会、专题报告会30多场次，分别就政府工作、经济工作等重大问题建言献策，为中共党委和政府民主决策、科学决策作出贡献。收集反映与民生息息相关的信息，协助中共党委和政府协调关系、化解矛盾。如群众反映强烈的关于拟在市中心血站前30米建变电站的项目一事，市委会与市政协联合开展调研，视察市中心血站工作流程、检测程序等情况，论证变电站的低频辐射对血液数据检测产生影响，建议取消项目，提案得到市政府主要领导的重视并批示。5月，参与市政协关于“我市农村医疗卫生事业发展情况”的专题调研。更深入了解当前梅州市农村医疗卫生事业发展的基本情况，调研组成员对加强梅州农村卫生事业发展提出意见和建议，形成调研报告报送有关部门。6月市政协副主席、市委会主委邹浩元率领市各民主党派机关干部20多人，到市食品药品监督管理局考察调研食品药监工作。调研组先后参观嘉应制药股份有限公司、杉维集团下属岭东大药房，了解食品药品生产、经营企业情况，并召开座谈会，听取全市食品药监工作汇报。

在2010年市人大、政协“两会”上，市委会提交题为《大力提升城市文化品位，有效推进三名城建设》的大会发言。市委会集体提案《关于规范公办幼儿园的收费标准建议》及林立新委员个人提案《关于加强我市油茶深加工产业建设的建议》被确定为市政府领导重点督办建议提案。在市“两会”上，共提交大会发言2件，集体提案18件，个人提案11件。梅县委员会在县“两会”上提交1件大会发言，8件个人提案，其中李钦祥提交《建议兴建梅县人民体育场》温焕祥、黄念先、黄建平、张逸淳联名提交《关于科技路华银商业大街安装路灯的建议》，李雪梅提交《关于加强新城区道路交通设施建设，提升城市品位的建议》被梅县政协评为2010年优秀提案。

广大农工党党员认真履行职责，爱岗敬业，在各自的工作岗位上取得一定成绩。如李利平副主委获梅州市第二届巾帼十杰称号，当选为2010年广州亚运会火炬传递梅州段第8号火炬手，获2010年度梅州市科学技术奖三等奖；刘鸣钟创作的女声独唱曲《客家茶情》获首届“民族之声”全国声乐、器乐作品征集和歌手、乐手选拔比赛金奖，由他创作并演奏的二胡独奏曲《离别》获银奖；

侯涛、钟远辉、林日亮获2010年度梅州市科学技术奖三等奖；钟锋被评为梅州市优秀教师；陈移山被评为蕉岭县优秀教学管理人员；黄近芳被评为蕉岭县教学、教育科研积极分子；刘阳获评丰顺县首届十佳医生、丰顺县先进科技工作者；卜苑青获梅江区教学年会论文一等奖；熊佳瑜在梅江区中学优质课评比中获二等奖；黄庭瑜、凌新军获梅江区教学年会论文二等奖；李艳雅被评为梅州市人民医院优秀护士长；陈丽娜被评为梅州市第三人民医院年度先进工作者；阚加粼被评为梅州市第三人民医院优秀护士；乔亚峰、叶振东被评为嘉应学院医学院优秀教师；练伟东被评为梅州市中医院临床研修先进人员等等。据不完全统计，广大党员在省级以上刊物发表论文25篇。市委会在《广东农工》、《梅州日报》、《梅州政协》等发表消息、通讯20余篇，李玮梅被农工党中央《前进论坛》杂志社聘为特约通讯员。

【社会服务】

开展“三促进一保持”系列行动　市委会通过开展形式多样的学习活动，宣传“三促进一保持”系列行动的重大意义和省(市)委、政府的有关政策，发挥机关工作人员和广大党员的作用，同心协力，推进工作开展，教育广大党员进一步增强深化改革的信心和决心，鼓励和引导大家立足本职，建功立业，为保持经济平稳较快发展作贡献。结合农工党自身情况，围绕“产业发展方式的转变及低碳经济”、“有机农业”、“工业园区引进人才”等专题进行调研，并形成提案或建议报送有关部门。

开展“三为三送”系列行动　市委会开展一系列以帮扶济困、服务人群、支持农村改革发展为重点的社会服务工作。6月开展为企业送温暖活动，走访农工党企业家并召开座谈会，听取梅州民兴医药公司发展情况介绍，为他们提供一些力所能及的帮助；开展为农村送科技活动，重点宣传有关防止土壤污染、保护土壤环境、低碳农业等科普知识，引导人们关注自身健康与环境的关系，进而自觉保护环境；为挂钩扶贫村提供经济上支持。

开展医疗义诊、“中国环境与健康宣传周”等活动　6月13日，市委会开展“中国环境与健康宣传周”活动，结合中央今年的宣传主题——土壤环境与健康，深入到梅县石坑镇澄坑村开展活动，张贴宣传画20多张，发放宣传册及资料100余份，受到广大村民的欢迎。做好扶贫“双到”工作出资3000元帮助大埔县胜坑村修圳道，机关干部为扶贫户。送慰问物资。制订帮扶计划。全体党员参与省扶贫日活动，踊跃捐款3万多元。向玉树地震灾区捐款约2万多元。在社会服务工作中，梅江区总支被农工党中央评为中国农工民主党2007~2009年社会服务工作先进基层组织，李玮梅被农工党中央评为“社会服务工作先进个人”。

【队伍建设】　市委会领导多次到基层调研，加强对县委会组织工作的指导，进一步完善各级组织领导班子制度建设。继续加强后备干部的培训和推荐工作。5月，市委农工党员任实职工作有所推进，副主委李利平任市卫生局副局长。全市各级组织认真执行《中国农工民主党组织发展工作规程》，坚持标准，严格程序，注重质量，把握速度，组织发展工作平稳有序。截至2010年11月底，全市党员总数321人，其中医药卫生界205人，占63.9%，科技界11人，占3.4%，文教界78人，占24.3%，其他界别28人，占8.7%；中级职称155人，占48.3%，高级职称68人，占21.2%。有3名农工党党员任副处级以上实职(其中1名是政府副处级实职)，有省政协委员1人，市政协委员11人，市人大代表4人，县(区)人大代表4人，县(区)政协委员16人，多渠道、多形式为梅州经济社会发展发挥作用。

(李玮梅)

市致公党

【参政议政】 2010 年，市致公党认真学习实践科学发展观，树立和践行社会主义核心价值体系，开展基层组织建设年活动，发挥参政党职能作用。

在人大、政协会议期间，市委会递交集体提案 10 宗，个人提案 13 宗，建议案 1 宗，并作题为《扶持台湾农民创业园发展，推动我市农业产业化进程》的政协大会发言。 其中，集体提案《关于加强和完善城市地下综合管网系统建设的建议》、《关于扶持台湾农民创业园发展，推动我市农业产业化进程的建议》得到市委、市政府的高度重视，分别经市委书记李嘉，市委副书记、代市长朱泽君亲自圈定领衔督办。

全年全市致公党员有 20 多人次获得各级单位表彰奖励。邱梅、温干强 2 人被致公党中央授予“基层组织建设年先进个人”称号；市直属支部和罗向明、温干强 2 人分别被致公党广东省委授予“基层组织建设年先进集体”和“先进个人”称号。李丹玲获中共梅州市委、市政府和梅州军分区授予的“拥军爱民先进个人”称号以及市委、市政府授予的“梅州巾帼贡献奖”；许春霞获“梅州巾帼贡献奖”和市“三八红旗手”、市“依法治市工作先进个人”等称号，并获得“梅州市科学技术奖二等奖”；邱梅获“巾帼贡献奖”、梅江区“科技进步二等奖”。

【社会服务】 2010 年，全市党员共接待“三胞”3032 人次，其中台胞 15 人次，另有 16 人次出国出境探亲旅游。协助发动“三胞”捐资家乡福利事业 6 宗、247 万元；协助发动引进外资 3 宗、1040 万元。

【队伍建设】 1 月 28 日，召开市委委员会议，进行届中调整领导班子。会议同意接受张练宗因年龄关系辞去致公党梅州市委员会委员、主委职务的请求。经过无记名投票选举，张晨当选为致公党梅州市委员会主委。10 月 15 日，召开市委委员扩大会议，进行届中增补市委委员选举。会议经过无记名投票选举，赖金平当选为市委委员。9 月 21 日，召开梅州市纪念致公党成立 85 周年大会，市委副书记陈小山代表中共梅州市委到会祝贺。截至年底，全市致公党员共 193 人，县级组织 1 个，总支部 2 个，基层支部 11 个。

(吴国辉)

市九三学社

【参政议政】 全体社员在市委会的组织下，围绕 “推动绿色崛起，实现科学发展”的发展战略，充分认识参政党肩负的历史使命，履行参政党职责，关心社情民意，为百姓办实事办好事。社员撰写提案建议，向市政协大会提交大会发言稿《改善城区供水环境，促进自来水事业健康持续发展》；撰写的提案有《关于缓解梅州城区交通堵塞问题的意见建议》、《关于改善小学生课桌椅的建议》、《关于南口镇维山村垃圾场污染梅江河水源的现状与对策的建议》、《关于加强医院食堂泔水管理的建议》、《关于建立和完善社区求救机制的建议》、《关于大力发展兰花产业的建议》等 7 份提案，其中《关于完善和改造城区自来水供水环境的建议》提案被评为 2010 年度优秀提案。关注民生的提案、建议，围绕梅州“双转移”、扶贫开发“双到”和建设文化强省战略工作目标，涉及经济社会发展中的重要问题，人民群众关注关心的热点难点，为政府做好参谋取得良好的实效。扶贫帮困、扶贫帮医、扶贫帮学活动搞得有声有色,开创扶贫"双到"工作的新局面。4月11日,由外科、内科、心脑血管等医务专家组成的梅州九三学社送医送药下乡义诊队,到大埔县人民医院,义务为老区人民看病就诊800多人次,免费发放药物价值近万元。

【社会服务】 全体社员做好本职工作,在各自的岗位上尽职尽责,结合自身专业特点为社会和地方经济工作服务, 并取得一定成绩。市社委会彭广福主委获得2010年申报国务院特殊津贴和获"中国医师奖"等荣誉;市社委会薛兴冰副主委在为推动梅州市域城乡总体规划和中心城市总体规划第三次修编,配合市重点建设项目的推动以及抓好村庄整治规划等工作中作出贡献,受到上级领导和社会各界认可;嘉应学院支社钟福生教授主持的"五华三黄鸡提纯复壮及生态养殖技术集成与应用示范"和"梅江流域生态环境现状调查及治理对策研究"分别获得广东省教育部产学研结合项目立项和梅州市科技计划重点项目支持;嘉应学院支社刘德良博士成功申报广东省科技厅科技计划项目:基于菌根技术的粤东矿区土地复垦与生态重建研究;嘉应学院支社杨晓冬博士成功申报广东省高校实验室管理委员会项目;刘德良、彭娜、杨晓冬等社员在国际SCI、国内核心等高级别学术刊物多次发表学术论文;杨晓冬博士指导学生获得中国高校实验物理教学研究会主办的第六届全国高等学校教学研讨会教学论文评比三等奖;教育支社的罗宝平社员编写的《药物化学》等3本高校教材,被科学出版社、第四军医大学出版社、北京大学医学出版社出版,印刷8.5万本。

【队伍建设】 创新工作机制和工作思路,充分调动各基层组织和骨干成员的积极性,有序推进组织建设。针对新时期、新阶段组织发展出现的新情况、新问题,社委会提出"转变观念、积极主动、注重质量、兼顾数量、保持特色、改善结构"的工作思路,根据需要认真做好发展基层组织、发展新会员工作。市社委会在原有4个支社的基础上,筹备成立梅江区支社。在发展新社员方面,严格按照社章程标准,在社会各界广泛吸纳人才入社,2010年发展新社员17名,其中高级职称1名、博士生1名、研究生1名,平均年龄33岁。

(唐红娟)

责任编辑:邓柳茹

人民团体

市总工会

2010年，市总工会按照市委的工作部署和省总工会提出的目标任务，落实“组织起来，切实维权”的工作方针，按照“扩大覆盖面、增强凝聚力”的基本要求，加快完善工会维权机制，注重激发基层工会活力，深化帮扶品牌创建工作，推动构建和谐劳动关系，工会各项工作稳步推进。

【依法维权】 向全市企业工会发出《关于妥善处理职工群体性事件维护职工合法权益的通知》，制定快速应对职工群体性事件预案，成立处理企业停工事件专责小组和由30名资深律师组成的法律服务律师团。协助市委、市政府调解金雁集团职工停工上访事件，引导职工依法依规提出正当利益诉求维护自身权益，协助企业尽快恢复正常生产和安全稳定。参与市金雁实业集团公司、梅工齿轮有限公司、市磁性材料厂和市管道煤气有限公司等四家企业的转制协调工作。抓好《劳动合同法》等相关法律、法规的贯彻落实，印制1万多份宣传资料下发到各县(市、区)。组织100家企业、40055名职工、2093个班组参加“安康杯”竞赛活动。选取27个单位确定为全市厂务公开民主管理示范点，验收37个厂务公开民主管理贯标认证单位。

【劳动竞赛】 组织市金雁集团、市供电局、市石油公司、市邮政局、市卷烟厂和各县(市、区)总工会开展劳动竞赛活动，激发职工学技术、练技能的热情，不断提高职工技术技能。做好全国劳模、省五一劳动奖章的评选推荐工作，筹备召开庆祝“五一”节暨劳模座谈会并进行系列宣传报道，落实全国劳模“三金”(春节慰问金、生活困难补助金、特困帮扶金)和因病致困劳模帮扶金发放制度。向在第十三届省运会上取得优异成绩的运动员何光、全市幼儿教师德育能力大赛一等奖获得者刘倩雯和全市职业技能大赛10名优胜者颁发“梅州市五一劳动奖章”。

【帮扶救助】 2010年元旦春节期间，各级工会组织筹集送温暖资金648万元，走访慰问困难企业920多个，慰问困难职工、困难劳模和农民工14000多户。在“三八”节、“六一”节和教师节前夕组织各类慰问活动。抓好“金秋助学”活动，筹集25.3万元对市直194名困难职工家庭学生进行帮扶资助。对市直59名患病困难职工和77名生活困难职工分别提供医疗救助和生活救助，发放帮扶资金18.55万元。参与其他形式的扶贫济困活动，在“广东扶贫济困日”活动中单位和个人累计捐款2.9万元，倡议全市各级工会组织开展“一瓶爱心水、真情润西南”活动，为广西灾区捐款48万多元。召开加强人文关怀改善用工环境专题会议，向全市基层工会下发通知要求开展职工人文关怀系列活动。职工互助医疗保障和女职工安康保险赔付对象19人，赔付金额28万元。筹措160多万帮扶资金，做好五华县潭下镇龙田村扶贫开发“双到”工作，市总工会被评为全市扶贫开发“双到”工作先进单位。

【提升素质】 发挥工会“大学校”作用，开展“共铸理想信念、共促科学发展”主题教育活动。继续推进全市工会系统创先争优活动和职工职业道德建设活动深入开展，提高职工队伍整体素质。抓好“职工书屋”建设，下拨专项补助经费，推动全市职工读书活动形成热潮。组织举办梅州城区青年教师基本功比赛和全市幼儿园教师德育专业能力大赛。组队参加全省第四届职工运动会的羽毛球比赛中获得较好名次。举办市直(省属)职工庆“五一”羽毛球比赛、全市工会系统干部职工“庆国庆·迎亚运”乒乓球比赛和迎新年“天翼3G杯”领导干部乒乓球友谊赛。

【组织建设】 分别召开以党建带工建联席会议成员单位工作座谈会和全市工会组建工作会议，对企业工会建设情况进行专题调研，明确组建目标。新成立广东梅州蕉华工业园区和畲江广州(梅州)产业转移工业园区工委会。全年新组建工会组织193个，新入会职工16510人。与市委组织部联合下发《关于加强乡镇(街道)工会工作委员会建设的意见》，全力推进乡镇工委会建设，全市110个乡镇(街道)均建立工委会，主任由乡镇党政副职担任。至年底，全市基层工会组织3225个，工会会员24.3万人。

(黄康威)

团市委

【引导青少年】 组织全市团员青年深入学习贯彻十七届五中全会精神，开展“我与祖国共奋进”、“祖国发展我成长·红领巾飘扬我自豪”等主题教育活动，引导青少年坚定跟党走中国特色社会主义道路。举办“团长”聚网论道、团干理论培训班等活动，向广大青年传达学习市委五届七次全会精神，坚定广大青年共同推动绿色经济崛起的决心和信心。开展农村青年、城市青年、企业青年和大学生四类青年分类引导试点工作。兴宁市新陂镇农村青年分类引导试点案例入选全团优秀案例。开展共青团“创先争优·青春建功”活动，促进基层团组织争创“五四红旗团委(支部)”、“青年文明号”，引导团员青年争当优秀团员、岗位能手。以重要节日为契机，开展学雷锋、祭奠革命英烈、争当“四好少年”等活动。

【组织青年投身经济社会建设】 开展青工技能培训和“青年就业创业大讲堂”活动，实施“农村青年春季培训行动”，举办实用技术培训班8场次，培训城乡失业人员4335人。举办“MM百万青年创业计划”进校园活动，引导大中专学生提高适应职业发展的专业能力和社会化技能。新建50个“青年就业创业见习基地”，为青年提供387个见习岗位。推进农村青年创业小额贷款工作，全市1103个项目通过农信联社、邮储银行评审获得贷款资格，贷款额度为3735.34万元。坚持“走出去”

和"请进来",定期主动加强与省青企协、省青商会行业协会和意向入园企业对接,先后邀请5批(次)珠三角发达地区青企协会员到梅考察。在全市贫困村抓好精神扶贫载体建设,筹集60多万元,建立20个"希望家园",其中五华县团委建立9个"希望家园",服务贫困村留守少年儿童健康成长。

【服务青少年成长发展】 做强做大扶助特困学生上大学品牌活动,发动香港嘉应商会、澳门嘉应同乡会等热心团体和社会各界人士奉献爱心,争取威华集团支持成立"威华·林风眠"助学金,连续20年每年出资100万元资助品学兼优的贫困大学生。全年筹集235.65万元助学金,比上年增长87%,帮助323名贫困学子圆大学梦。组织开展第三届"梅城会亲"活动,筹资12.4万元帮助124名贫困中小学生解决生活困难。发动全市青少年捐款、捐水、捐衣物帮助西南地区抗旱、甘肃玉树抗震救灾。成立市发展志愿服务事业指导委员会,召开第一次志愿者联合会代表大会,成立市志愿者联合会,为全市志愿服务事业发展奠定坚实基础。开展"创卫'四个一'"、"3小时"交通协管志愿服务活动,认真组织志愿者服务广州亚运会火炬(梅州站)平安传递、协助亚运场馆工作。梅江区、梅县、平远县、蕉岭县和曾宪梓中学等团委开展"平安过年、情暖梅州"志愿服务活动。

【代表和维护青少年合法权益】 注重通过"12355青少年服务热线"了解青少年普遍反映的利益诉求,维护青少年合法权益。宣传贯彻《广东省未成年人保护条例》和《广东省预防未成年人犯罪条例》,强化青少年的法制观念。市直各学校开展"远离毒品,珍爱生命"禁毒宣传教育活动。做好"圆梦计划·北大100"项目宣传发动工作,维护新生代产业工人发展权益。

【队伍建设】 坚持党建带团建,认真开展"活力在基层"主题团日活动和"飞扬的红领巾"主题队日活动竞赛,大胆探索和创新基层组织建设方式,不断扩大组织覆盖面,增强组织活力。全力推进"两新"组织团建工作,新建126家"两新"团组织,超额完成团省委下达任务数。在大埔县团委的配合下成立首个市级驻穗团工委,为联络和服务外出务工梅州青年搭建平台。在镇级团组织格局创新试点工作的基础上,以"第四届农村青年科技文化活动月"为载体,整体活跃农村共青团工作,平远县团委创设竞争性激励资金,极大活跃基层团委。出台《关于加强我市中小学校共青团和少先队工作的实施意见》,《关于加强中等职业学校共青团工作的意见》,全面加强学校团队工作,促进学生团员和少年儿童全面发展。按照建设学习型党组织的要求,完善团市委机关干部学习制度,建立团市委学习园地,提升机关干部业务素质和文化素养;举办全市团干部一级岗位培训班和少先队辅导员培训班,全面提升团队干部的综合素质。推进"两进三同"活动,践行党的群众工作路线,密切与广大青年的联系。大力做好扶贫"双到"工作,挂点帮扶丰顺县大龙华镇叶华村,投入扶贫资金45.7万元,为叶华村改善环境,加快贫困户脱贫奔康步伐。

(李文锋)

市妇联

【协调发展】

开展农村妇女增收致富专题调研 2010年4月~5月,会同市政协妇女专委会共同开展"梅州市农村妇女增收致富专题调研",制作"梅州市农村妇女情况调查表",深入基层调查,摸清全市农村妇女创业就业现状,为省、市推进农村妇女创业就业提供有效的依据。

推进妇女小额担保贷款工作 2010年3月~6月,联合市财政局、人力资源和社会保障局、中国人民银行转发广东省相关文件,并专门成立领导机构,制订实施方案,争取政府支持。2010年,全市争取财政贴息资金180万元,贷出资金219万元,帮助102名妇女创业。

发展巾帼南方大豆种植 2010年3月,广东省"创建南方大豆种植示范基地,扶助农村妇女增收致富"活动启动仪式在蕉岭县成功举办。以"政府+高校+企业+基地+农户"的形式,引进并大力发展南方大豆种植,利用"农信通"平台开通"大豆通",做好产中、产后跟踪服务工作。2010年,全市南方大豆春季种植6000亩(其中3月发动创建30亩以上的连片南方大豆种植示范基地900亩,居全省首位),夏季种植7000多亩。南方大豆与香港、深圳、东莞和梅州本地的大豆加工企业建立合作关系,与正大集团卜蜂莲花建立农超对接。

农村妇女劳动技能培训 依托在梅州市高级技工学校建立的梅州市妇女劳动力培训基地,联合市人力资源和社会保障局免费培训500名农村妇女劳动力,促进农村女劳动力就近就地转移就业。

培育树立示范基地,建立农民专业合作经济组织 2010年4月,广东省妇联和广东省农业厅联合授予兴宁泰丰畜牧发展有限公司"广东省巾帼创业示范基地",成为广东省首批22个"广东省巾帼创业示范基地"之一;引导"妇"字号龙头企业以"公司+妇代会+协会"、"公司+合作社+女能手+农户"、"公司+协会+基地+农户"等形式,建立女农民专业合作经济组织。全市有省"巾帼创业示范基地"1个,市级巾帼示范村45个,巾帼科技示范基地(点)11个;有以女性为主的县级以上农业龙头企业105家,"妇字号"种养大户210多户,妇女专业合作组织58个,有3个女农业专业合作组织获得国家级补助各10万元。

深化巾帼建功活动 2010年3月,与市电视台、梅州移动分公司成功举办"梅州市纪念'三八'国际劳动妇女节100周年暨表彰大会",隆重表彰"三八红旗集体"、"巾帼文明岗"等一大批先进集体和个人,争取以"中共梅州市委、梅州市人民政府"的名义授予王笑茹等10人为第二届"梅州巾帼十杰"和潘弘等100人为"梅州巾帼贡献奖"荣誉称号;推荐上报19个集体、2户家庭、16名个人受到全国或省妇联的表彰。在纪念大会上以艺术的手法大力宣传梅州妇女运动取得的成就和涌现出来的先进妇女典型。同时,在亮胜客家艺术中心举办"梅州巾帼建功风采展",并在《梅州日报》、梅州电视台和电台进行先进妇女、先进集体典型的系列报道,大力宣传先进妇女和先进集体的感人事迹。

【维护权益】

推进反家庭暴力工作 针对家庭暴力问题开展调研,争取人大常委会、公安、民政等部门的重视,推动反家庭暴力政策文件的出台;开展家庭暴力法律认定研讨,完善和扩大家庭暴力投诉点建设;同时突出"促进两性和谐,让家庭远离暴力"主题,通过咨询、竞赛、讲座等多种形式,广泛开展法律政策宣传活动。3月2日,市妇联联合市、区综治办、司法局、女法官协会等20多个单位举办"促进两性和谐,让家庭远离暴力"法律政策宣传咨询活动,由60多名法官、律师等志愿者为1000多名群众提供法律政策咨询服务,发放妇女法律法规及《反对家庭暴力小册子》等宣传资料3万多份,展出普法、反对家庭暴力宣传图版200多块。2010年,全市各级妇联开展以反家暴为主题的法律宣传活动81场(次),发放宣传资料30多万份,为3万多名群众提供法律政策咨询服务,举办反家暴、妇女法、维权培训班等及与媒体共辟宣传专栏(讲座)515期,宣传教育活动覆盖全市城乡80%以上,组织发动干部群众参与省预防和制止家庭暴力的问策活动,发表建言文章183篇。

发挥社会化维权机制　发挥维权联席制度，妇联陪审员、劳动保障监督员制度等社会化机制作用，推动涉及妇女儿童突出侵权问题的解决和维权工作社会化。加强与公安、司法、综治等部门合作，完善和扩大妇女基层维权服务站和“家庭暴力投诉点”的建设。健全市、县、镇三级妇女法援网络，加强广东省妇女维权与信息服务站（梅州站）的建设，依托维权志愿队伍和专家组，尽力为贫困妇女群众提供法律援助和服务。2010年，全市111镇（街）妇联全部进驻综治信访维稳中心，有339间维权站和家庭暴力投诉点依托维稳中心（站）开展维权工作，各级妇联与综治、公安等部门联手办起维护服务站121个、家庭暴力投诉点102个，调处侵权案件831宗。

做好信访工作　加强信访窗口建设，畅通“12338”妇女热线电话等信访渠道，健全妇联主席和法官接访日、信访排查、信访处理反馈，重大信访案件处理等方面的制度，推进妇女维权工作纳入镇（街）、村综治信访维稳中心（站）工作，依托综治信访维稳中心（站）平台，及时调解处理妇女群众的来电来信来访事件。2010年，市、县（市、区）两级妇联共接待处理群众来电来信来访案件1115宗，结案率为99%，同时化解一大批矛盾纠纷。

深化“平安家庭”创建活动　启动“小手牵大手，禁毒建和谐“主题活动，不断深化“不让黄赌毒邪进我家”、“预防艾滋病、健康全家人”等活动；并充分利用妇女“四禁”协会，开展禁赌禁毒宣传帮教，努力推进实现家庭无赌博、无毒品、无纠纷、无邪教、无犯罪。大力推进留守妇女儿童“平安家庭”创建活动，加大对留守妇女儿童扶贫帮困、安全教育力度，努力消除家庭中不平安的因素。开展总结评选表彰工作，推动创建活动全面开展。市妇联调整充实“平安家庭”创建活动协调机构，切实加强对创建活动的领导。2010年，市、县、镇三级共表彰“平安家庭”创建活动先进示范镇（街）110个，先进示范村（社区）320个，示范户3000户。同时认真总结推广点上经验，以点带面，有效推动平安家庭创建活动的全面开展。

【《两个规划》】

抓好“两纲”监测评估工作　2010年是实施《2001~2010年市妇女儿童发展规划》最后一年，市妇联充分发挥妇儿工委办的工作优势，全力以赴打好本期规划“攻坚战”，迎接终期评估。4月13日，召开“两个规划”推进会，贯彻落实全省推进2001~2010年妇女儿童发展规划全面达标工作会议精神，分析梅州市预警指标，研究攻坚措施，促进2010年指标达标。认真组织督促完成2009年度“两个规划”监测数据收集、汇总和报送工作，全面盘点规划目标的达标情况。据2009年监测评估显示：《妇女规划》38个主要定量指标中，有33项提前达标，有4项预测达标，有1项不达标；《儿童规划》37项指标中，有31项提前达标，有4项预测达标，有两项由于国家政策调整的原因导致达标困难，已列入不定量指标。12月，召开全市实施“两个规划”工作会议，部署全市本期规划终期评估及新规划编制工作。为顺利完成终期评估，市妇儿工委主要成员单位组成两个督导组分赴8个县（市、区）对《两个规划》达标情况进行督查，努力推进全市妇女儿童发展规划终期目标全面达标。

开展两癌筛查和妇科普查公益活动　4月8日，“关爱妇女·关注健康”——梅州妇女两病筛查活动启动仪式在梅县妇幼保健院举行，由市妇幼保健院提供专家、医疗设备及技术，采用乳腺彩色超声波检查及宫颈癌癌前病变液基细胞筛查方式，为全市2000多名妇女进行免费的“宫颈癌、乳腺癌”两病筛查。7月5日，第二期“珍爱生命、关爱女性”妇科普查公益活动启动仪式在五华县举行，广州益寿医院、番禺东方丽人医院、广州新时代医院对口帮扶梅州，派出流动医疗队为梅州1000多名农村困难妇女进行妇科病普查。对检查出患有严重妇科疾病或确诊患有乳腺癌、宫颈癌的贫困妇女予以救助治疗。

【扶贫济困】

帮扶贫困母亲　加大单亲特困“母亲安居房”援建工作，争取省妇联专项资金160万元援建梅州160户“母亲安居房”；市政府从2010年起至2012年，每年拨给100万元专项资金用于援建单亲特困母亲家庭安居房。实施“创新广东”信息化扶贫行动之贫困母亲帮扶计划。争取梅州移动公司支持，通过采取“爱心资金助生产、爱心频道助就业、移动信息助致富”的模式，投入145万元帮助全市450户贫困母亲家庭发展生产、增收致富。

扶助困境儿童　深入开展“爱心父母牵手困境儿童大联盟”行动，2010年全市共招募“爱心父母”3108名，“爱心父母”集体108个，筹集138.835万元结对帮扶4583名困境儿童。6月，市妇联以“广东省扶贫济困日”活动为契机，发动香港梅州联会等社会团体和企业共捐款111万元，成立梅州市妇女儿童专项扶助资金，用于扶助单亲特困母亲家庭或贫困妇女家庭发展生产、疾病救治、子女上学等；开展“爱心手牵手”活动。配合广东省妇女儿童基金会、广东省儿童福利会、武警广东省总队医院“爱心手牵手”救助孤贫儿童先天性心脏病工作，为全市符合条件的36名患病孤贫儿童做治疗手术。

救灾救助　4月14日，青海省玉树藏族自治州玉树县发生7.1级地震，市妇联迅速行动，团结动员全市广大妇女大力弘扬“一方有难，八方支援”的优良传统，开展多种形式的捐助活动，支援灾区开展抗震救灾的工作。全市妇联系统共发动捐款448388.7元和衣服、药品一批。9月16日~19日，“视觉第一广东行动梅州光明行”活动举行，市妇联争取广州狮子会、市残联康复医院的大力支持，出资20多万元，为全市100多名贫困白内障患者施行免费复明手术。

【家庭文化】

开展家庭教育宣传实践月活动　在全市推广和应用省妇联“家教通”网上家长学校各项服务，开展家庭教育征文活动，利用广东省“家庭教育公益大讲堂”平台，加大家庭道德教育宣传，教育引导儿童树立正确的理想信念，培养儿童优良品格。2010年，市妇联在家教宣传实践月期间撰写家庭教育论文15篇，举行家庭教育讲座8场，受益家长6000多人。

关爱留守儿童　联合华南农业大学、嘉应学院，凭借高校博士资源，持续开展“博士素质讲堂进学校进镇村”品牌活动，建立关爱留守儿童教育长效工作机制，逐步形成家庭、学校、社会“三位一体”的关爱服务体系。协助梅州电视台在《民生820》连续报道关于留守儿童的故事，扩大社会各界对留守儿童群体的关注力度。组织品学兼优的困境儿童、孤儿代表参加南方报业传媒集团“梅州会亲”和香港“温暖行动——励志人生”夏令营等活动，促进留守儿童健康成长。2010年，完成个体咨询126次，入户探望留守儿童380人，接待家长和孩子207人。

参与社会文化环境专项治理活动　一是继续深化“网络护卫”行动。继续完善梅州市护卫网络“巾帼志愿者”服务队，发动全市广大母亲抵制和举报不良信息网站，努力为广大少年儿童营造绿色网络环境。二是加强校园周边环境治理。针对一些地方接连发生的伤害在校小学生、幼儿园儿童的恶性案件，市妇联开展妇联系统自办幼儿园、妇女儿童活动中心的安全隐患排查，建立健全门卫、值班、巡逻、安全检查等安全管理制度，充实幼儿园及中心的安全保卫力量，加强技防建设，防止不法分子进入制造事端，切实保护儿童的安全。

【对外交流合作】　加强与各级党政部门、社团组织、周边地区、港澳台妇女和妇女组织等的沟通联系，与市委组织部联合举办“全市处级女领导干部系列活动”，与香港东九龙居民委员会联合举办

“双亲节”活动，承办3个全省妇联专题工作会议。同时，拓展合作交流空间，先后与香港、珠海、湛江、深圳、河源等妇联团体1000多人次开展学习交流活动，进一步拓宽教育、文化、维权、扶贫等合作领域，促进梅州妇女事业发展。

（侯可筠）

市工商联

【服务民营经济】 2010年，市工商联协助市委、市政府与省工商联建立推进产业转移和产业发展战略合作关系。4月、7月，省工商联党组书记杨浩明先后两次带领省工商联经贸考察团200多人到梅州参观考察，分别参观考察广州(梅州)产业转移园、梅县荷树园电厂、世界客商会馆规划用地，并与梅州市政府签订《推进产业转移和产业发展战略合作协议》，市委、市政府举行招商推介会，李嘉、朱泽君等领导出席会议。4月，市工商联与中国建设银行梅州市分行签订扶持中小企业发展战略合作协议，向银行推荐优质企业，市建行为辉胜达电器（梅州）有限公司等30家工商联会员企业发放贷款2.36亿元，缓解部分企业融资难的问题。市工商联围绕促进民营经济绿色崛起开展调研工作，与市政协经济委联合到各县和市直有关企业深入调研，并形成《扶持促进现有企业发展，加快绿色经济崛起》的专题调研报告，为党委、政府决策提供参考。5月、8月分别组织正、副主席和各县(市、区)工商联党组书记到上海世博园和陆丰甲湖湾宝新能源风力发电进行参观考察，开展主席企业学习交流活动。召开各县(市、区)工商联和直属商会负责人会议，传达贯彻省有关会议精神，引导会员企业加强对职工的人文关怀，改善企业用工环境。与人社局、市总工会等单位联合转发广东省《关于做好全国和谐劳动示范区工程工作的通知》和《广东宝丽华集团构建和谐劳动关系的调研报告》，推动民营企业构建和谐劳动关系的工作全面开展。抓好市民营企业投诉中心的工作，切实做好民营企业的维权服务。2010年，全市民营企业投诉机构会员企业投诉案件15起，调处涉案金额1358万元。调解企业经营分歧两起，做好化解矛盾的工作，有效地维护民营企业的合法权益。

【促进区域合作与发展】 注重加强与周边商会的沟通联络，共同促进区域合作与发展。组织梅州商会代表团参加广东省第二届新粤商大会、省光彩会会议、第五届大粤东企业发展高峰论坛、海西3省20市工商联协作会议和海峡西岸经济论坛等活动，撰写《加快转变经济发展方式，促进民营经济科学发展》和《融入海西经济圈，加快民营经济发展步伐》的论文。

【发展“光彩事业”】 注重做好引导工作，推动民营企业家参与“光彩事业”。6月3日，市工商联会在雁南飞举行全市工商联系统扶贫济困捐款启动仪式，现场筹集扶贫济困资金76万多元。在6月30日的“扶贫济困日活动”上，全市工商联系统共捐款2985.69万元。据不完全统计，2010年，全市参加“光彩事业”的私营企业有125个，投资实施项目24个，到位金额11030万元；捐款兴建学校、医院18所，到位金额7180万元；其他各种社会公益、赈灾扶贫捐赠金额15904万元。

【队伍建设】 一是抓好会员发展工作，全年新发展会员260名，会员总数4248名，成立市工商联湖南商会。认真组织全市工商联系统干部职工和工商联会员，常、执委学习中共中央《关于加强和改进新形势下工商联工作的意见》，与市委统战部合手成立两个调研宣讲组，分别到各县(市、区)进行宣讲活动和指导学习贯彻工作，进一步明确工商联工作的性质、特征、对象和任务，重点突出抓好两支队伍建设，强化崇商重企理念，服务非公有制企业的发展，为推动梅州绿色的经济崛起作出贡献。二是指导非公有制经济组织开展创先争优活动，建立雁南飞茶田景区党支部、梅州太平洋投资有限公司党支部、广东嘉和电器党支部等创先争优的联系点和典型示范单位。三是开展加强基层组织建设，推动民营经济绿色崛起考察活动。4月、6月，分两次组织100多名企业家到各县(市、区)开展全市工商联加强基层组织建设，推动民营经济绿色崛起考察活动，考察20多家会员企业和各县(市、区)工商联，通过学习交流和互帮互学，增强企业的信心，激发他们发展经济的热情。四是开展各种培训活动。继续与市委组织部、嘉应学院等单位联合举办清华大学人才战略培训班，2010年组织全市100多名企业管理人员参加为期一年半的培训。同时与宝丽华集团共同邀请中国启智训练第一人李强到梅州举办“开放梅州论坛”，全市企业家及市直副处级以上干部700多人参加。

（罗志东）

市社科联

【学会活动】 市社科联着重加强对各会员单位的沟通、协调工作，不断提升学会活动能力，指导各学术团体围绕市委、市政府发展战略或所在单位、行业的中心工作开展理论宣传、形势教育、业务培训、课题调研、学术研讨等社科活动。2010年市社科联所属的60个学会、协会、研究会和梅江区、平远县社科联，召开理论学习会(含学术报告会)68场次，举办理论研讨(含专题调研)活动116场次、学术交流活动74场次，完成上级部门或主管单位下达的调研任务(课题)235项，在市级以上刊物发表论文250多篇，出版专著(含调研成果集或论文集)9部，出版各类会刊(含报纸、杂志)165期。年底，市警察协会被评为全国标兵社会科学团体，市法官协会、市方志学会、市收藏家协会被评为全国先进社会科学团体。

【宣传教育】 1月，在全市社科工作会议上，组织各学会、协会、研究会负责人和理论骨干进行学习座谈，把全市社科理论界的思想认识统一到市委、市政府的中心工作上，为推动绿色崛起、实现科学发展出谋划策。2月，开展社科知识有奖竞赛活动，在《梅州日报》刊登有关梅州历史文化、客家民俗、推动绿色崛起、三名城建设等方面知识的竞赛试题，吸引全市5000多名社会各界群众参与，扩大宣传教育效果。4月，争取省社科联支持，邀请省委宣传部、省社科联组织的“后金融危机时期广东的形势与对策”专家宣讲团到梅州开展为期两天的形势宣传教育活动。继续在会刊《梅州社会科学》开设“推动绿色崛起”专栏，不断加大“绿色崛起”、“科学发展”、“三名城”建设等内容的学习宣传和研究力度。取消自办刊以来延续20多年的订阅制度，改为全部免费赠阅，服务广大读者。抽出专门力量搜集整理当前的社会热点、焦点、难点等方面的舆情信息和社科理论界、学术界名家、名嘴的精辟言论，特别是新思维、新观点、新提法、新建议，选取其中对梅州科学发展和绿色崛起、三名城建设有警示作用和借鉴意义的内容，不定期报送市有关领导和有关部门负责人，供领导科学决策参考。

【社科普及】 举办“2010梅州社科普及周暨社会科学学术年会活动”，派发各类科普宣传资料近2万份，组织社科理论学者下基层、进乡村开展社科知识宣讲10多场次，举办省委十届七次、八次全会和市委五届七次、八次全会全会精神的专题学术研讨会和主题学术报告会两场(次),有各级领导、干部、职工、社区群众、大中小学生等社会各界群众约3万多人次参与活动。加强全市4个省级社科普及示范基地建设,特别是阅览室、宣传栏、图书资料等各项建设,赠送一批书籍,扩大宣传教育功能。11月底与梅江区社科联、梅江区江南办事处梅龙社区居委会联合承办"社区社科知识普及咨询系列活动",活动内容包括生活常识讲座、实用知识咨询、有奖问答、派发宣传资料等。经常组织开展送知识下乡、送科技下乡、社科知识进社区、社科专家下基层等丰富多彩的宣传教育活动,提升基层群众的人文社科素质。

【研讨活动】 5月18日,市社科联联合市委党史室、市收藏家协会共同承办由市委、市政府主办的"全国首届红色收藏表彰暨红色文化研讨会"。来自全国各地及港澳台地区的红色收藏专家共400多人参加大会。大会进行红色文化学术研讨和红色文化研讨文集首发、红色藏品展览交流等系列活动,展示梅州深厚的历史文化底蕴和浓郁的红色收藏文化,进一步深化客家历史文化研究。

【交流合作】 4月,市社科联与嘉应学院客家文化研究基地共同承办"广东省地方历史文化研究基地工作会议",并向与会代表介绍交流梅州社科理论工作的有关情况;5月,中国社会科学院常务副院长王伟光在省社科联党组书记、院长田丰等有关领导陪同下到梅州考察调研。市社科联完成市委、市政府交办的联络跟进中国社科院与梅州市政府进行战略合作的具体事宜。

(丘国明)

市侨联

【第六次归侨侨眷代表大会】 8月5~6日,在梅城召开梅州市第六次归侨侨眷代表大会。中国侨联副主席、省侨联主席王荣宝,市委书记李嘉,市委副书记陈小山分别作讲话;代市长朱泽君等11位市五套班子主要领导、分管领导出席大会开幕式;曾宪梓、余国春等侨领,海外、港澳主要客属社团和兄弟市侨联发来贺信和贺电祝贺大会召开。熊德龙先生等100多位来自海外和港澳的嘉宾和300多位代表、特邀代表参加这场侨乡盛会。会议充实一名驻会副主席,增选5位兼职副主席,选配一批市直重要部门的领导加入到市侨联常委、委员班子,为更好地开展侨联工作奠定基础。会议在上届聘任95位名誉职务的基础上,增聘67位名誉职务,聘请13位市领导及杰出乡贤、侨领为荣誉主席。

【侨联组织】 一是加强与县级党政领导及侨联的沟通联系。市侨联深入各县(市、区)和部分镇(街道)侨联调研指导工作,充分了解基层侨联工作情况。加强与各县(市、区)党政领导的沟通联系,争取他们的重视和支持,推进侨联换届工作,配强配齐县级侨联领导班子。在县党政领导的重视支持下,有3个县级侨联调整配备年轻有活力的侨联班子和主要领导。推进4个县级、38个镇级侨联进行换届,壮大侨联的组织队伍。二是推进镇级侨联"五有"建设。于4月22日召开市侨联五届六次全委(扩大)会议暨镇级侨联"五有"(有组织、有队伍、有经费、有阵地、有活动)建设经验交流会,中国侨联副主席、省侨联主席王荣宝和市委副书记陈小山出席会议并作重要讲话,大埔县和城北镇、湖寮镇、西阳镇作经验介绍。会后县、镇两级借鉴会议经验,推进组织、队伍建设,侨联组织由原来的77个增至90个,推动38个多年未换届的乡镇进行换届。其中:蕉岭完成县级侨联换届工作,平远有侨联组织的6个镇全面完成换届,大埔15个镇(场)有13个完成换届。同时,抓好"五有"示范点建设,全市每个县(市、区)至少有1~2个示范点,推进实现重点侨乡镇达到"五有"要求。

【维护侨益】 一是成立梅州市侨联法律顾问团。5月25日成立梅州市侨联法律顾问团。顾问团由6位资深的法律专家组成,每月25日定为法律咨询服务日,派出法律专家"驻守"市侨联免费为侨界人士、侨界企业提供法律咨询服务,深受侨界欢迎。法律顾问团接受群众来信来访31人次。二是建立主席接访日制度。在做好日常信访工作的基础上,从6月份起,将每月15日定为主席接访日,由市侨联领导班子成员轮流接访,满足上访群众要求,加大沟通处理力度。主席接访日接受群众来信来访29人次。三是完善信访机制。建立健全侨界群众的诉求表达机制,保证诉求渠道畅通。从年初开始建立一整套来访登记、沟通处理、案件移交、跟踪服务等工作机制,提高来信来访的处理率,不少信访案件得到妥善处理,侨界群众较为满意。全年处理完来信来访案件18宗。

【扶贫治学】 据调查统计,全市有归侨1.6万多人,有50%左右还处于贫困线上。为切实帮助困难归侨侨眷解决生产、生活、子女就学等困难,于4月底开始启动筹集"梅州市侨界仁爱帮扶基金",领导班子成员,多次赴香港、澳门、深圳、中山、珠海、广州等地,筹集帮扶资金。至12月31日,共筹集帮扶资金626.9万元。一是开展"侨界养老行动"。从筹集到的帮扶资金中拿出300多万元,第一批为1700多名70周岁以上的困难归侨购买农村养老保险,投保金额每人1800元。从12月份起,已投保的困难归侨每人每月可领取87.14元保险金,基本解决70岁以上困难归侨养老保障问题。11月27日,市侨联举行"侨界养老行动"社保卡发放仪式。市委陈小山副书记等市领导和香港梅州联会"爱心传送"团的50多位成员及有关领导、嘉宾、捐款人代表、受资助的归侨代表等共300多人参加仪式。"侨界养老行动"活动的开展,开创全国、全省侨联工作之先河,得到省侨联领导以及市委、市政府领导的高度重视和充分肯定。二是开展"侨界助学行动"、"侨界关爱行动"。分别拿出20万元和10多万元帮助侨界困难家庭解决子女就学问题和扶持慰问困难侨界人士。

【对外宣传】 一是营造有利于侨联工作的氛围。借助市第六次侨代会的召开,加大侨联工作的宣传力度。争取重视,市委办《梅办通报》第14期将市委李嘉书记、陈小山副书记在第六次侨代会上的讲话全文印发,要求全市各级侨联组织认真贯彻学习。充分利用海内外华文媒体宣传侨联工作,《梅州日报》、美国和印尼《国际日报》等登载梅州召开第六次归侨侨眷代表大会的盛况和"侨界养老行动"社保卡发放仪式等活动,梅州电视台、梅州人民广播电台等作相应报道,在海内外引起良好的反响。一年内有关报刊28次,电视台、电台16次报道侨联工作。同时,以《归侨侨眷权益保护法》颁布实施20周年为契机,加大宣传力度,召开"梅州市侨联《归侨侨眷权益保护法》颁布20周年座谈会",来自各行业的50多位归侨侨界代表参加座谈会,进一步营造为侨服务、依法护侨的氛围。二是提升宣传载体品位。全面提升《梅州侨联通讯》和市侨联网站的品位。对《梅州侨联通讯》进行改版,进一步丰富内容,加大发行量;重新申建有自己一级域名的市侨联网站,通过改版更新,充实内容,增大信息量。网站开设"梅州概况"、"基层侨联"、"侨联动态"、"为侨服务"、"侨联四海"、"侨界风情"、"专题专栏"、"政策法规"、"华侨史话"、"咨询留言" 以及主席信箱等近20个栏目,链接党委、政府部门以及各地侨联的网站,浏览更方便、更快捷,内容更丰富。

【联情联谊】 扩大侨联与海外侨胞、港澳台同胞的联谊交往。2010年,首次组团出访新加坡、印尼，拜会新加坡和印尼的重要客属社团、乡贤，联系招商引资项目。2010 年，正副主席两次专程赴港澳拜会乡贤，市侨联领导先后 12 次跟随市领导赴印尼、马来西亚和我国港澳地区参加客属社团活动、拜访乡贤。同时，10 多次专程或顺道赴深圳、广州、珠海、中山、清远等地拜访乡贤和企业家。做好回乡侨领、港澳知名人士的联络接待工作，全年接待 105 批 1400 多人次。同时，把文化交流和培育华侨新生代工作摆上重要议事日程。组织安排两批新加坡启发学校学生在大埔和鸿都小学参观交流。拓展侨联文化交流渠道，推进侨资企业文化建设，梅县雁南飞茶田有限公司荣获首批广东省侨联“侨资企业文化特色之星”称号。探索侨联工作进社区、进园区、进厂区。

（邓 锐）

市文联

【概述】 2010 年，市文联主要工作：1.市文联组织或参与承办 “第二届广东省少儿美术优秀作品巡展”、“诗文书画——刘斯奋艺术综合展”、首届中华梅州“客天下杯”楹联大奖赛颁奖活动及第二期中华梅州“客天下杯”楹联大赛和楹联书法大奖赛；与市委宣传部、梅州日报社、中国移动、广东中烟公司联合举办《好客之都·文明相伴》摄影大赛；组织广大书画家们参加逢双月开展的“市文联书画展”。2.各协会全年开展种类文艺活动近 100 场。市剧协组织参加第九届中国艺术节，参评节目大型山歌剧《桃花雨》荣获“文华优秀剧目奖”，梅州文艺剧目首次获得文华奖奖项；梁素珍获广东省首届文艺终身成就奖；罗滨、罗纯生、丘煌、杨棉胜 4 人获从事新中国文艺工作 60 年的文艺工作者并由中国文联颁发证书和证章；缪德良荣获“中国通俗文学艺术终身成就奖”；曹仕红、宋焕南、林成钢、杨帆的书法作品入展“广东省中青展”，其中曹仕红获得三等奖；曾志雄诗作《我的诗歌》参加中国作家协会中国作家杂志社举办的“中国作家金秋笔会”评比，荣获一等奖，并入编《中国作家创作书系·中国作家创作获奖作品集(2010 卷)》；黄天胜书法作品荣获第三届“康有为奖书法大赛”优秀作品奖。市美协组织画家参加“中国古村落德安里粤东美术名家作品邀请展，并由人民美术出版社出版《中国古村落德安里粤东美术名家邀请展作品集》；市美协、书协写生创作写生基地在蕉岭石湖村挂牌；市美协组织开展梅州市纪念林风眠诞辰 110 周年美术作品展。老作家、中国作协会员、原市委宣传部部长罗滨，获得中国作家协会颁发的从事文学创作 60 年证书和证章，以及中国文联颁发的新中国文艺工作 60 年证书和证章；所创作的革命战争题材的长篇小说《征帆远影》，已由作家出版社出版；市作协主席罗青山在全国报刊发表杂文、文艺随笔 11 篇；市摄协举办《生态·文明蕉岭摄影大赛》、《生态杯》市级摄影大赛、《千年客邑·绿色兴宁》摄影大赛；市书协组织参加第四届广东省新人新作书法展；市书协组织书法家们到佛山采风，与当地书法家协会就如何开展以后的“梅佛联展”事宜展开讨论；市音协组织钢琴学会开展 2010 梅州市“集一杯”青少年钢琴比赛，共有 492 名青少年参加比赛；市音协指导和协助中国音乐家协会全国业余钢琴考级 2010 年梅州考区的组织及考试活动，有 340 多名青少年儿童参加梅州考区的考级；市音协主办 2010 梅州市“华银旅游杯”雁鸣湖首届梅州市青少年器乐表演大赛。3.各县(市、区)文联、各协会开展义务送春联活动。市书协组织书法家们进军区送春联；梅县文联组织书法家们到南口、雁洋、松口、华侨城等十多个乡镇和城区送春联；平远县文联配合县委宣传部、县文明办等单位，举办 “和谐春联送万家”活动；五华县委宣传部、县文联、县书协联合举办 “共建和谐家园”义务挥春活动；由兴宁市精神文明办公室、兴宁市文联主办，兴宁市书法家协会、兴宁移动公司承办的“送春联活动”分别在文化广场、鸿隆社区、鸿源社区、坭陂镇、龙田镇举行；梅江区文联、区书协多次组织书法家到农村,到企业开展送春联活动。

【文艺创作】 由市音协陈勋华主席、滕冬鸿副主席作曲、市剧协组织参加大型山歌剧《桃花雨》荣获第九届中国艺术节"文华优秀剧目奖",梅州文艺剧目首次获得文华奖奖项。市音协滕冬鸿副主席创作的独唱歌曲《吉祥山歌》,在福建龙岩由中国音乐家协会主办的"首届海峡客家歌曲创作演唱大赛"中,获得"最佳作曲奖"。美协会员在广东省第五届水彩粉画展中,有1件作品获奖,5件作品入选,在全省20多个地市中名列第六。张志祥画展作品《花之恋》获省优秀奖;杨新乔、何伟峰、叶维业的三篇散文入选省文联"我与文联"征文作品集。

【文艺出版】 做好《广东民间故事全书》梅州卷编纂工作,《广东民间故事全书梅州·梅县卷》已由岭南美术出版社正式出版发行。继续办好《嘉应文学》杂志。继续办好《文联简讯》、《围龙画刊》、《梅州书坛》、《嘉风》、《梅州硬书苑》等一系列报纸杂志,为作者提供展示作品的机会。

【古村落申报、保护和开发】 4月,由中国民间文艺家协会副主席、清华大学美术学院教授张锠,清华大学建筑学院规划研究所教授、博士生导师党安荣,清华大学建筑学院乡土研究所副教授、硕士生导师罗德胤,中国民间文艺家协会抢救工程办公室常务副主任王锦强,中国民间文艺家协会抢救工程办公室干部孔宏图,广东省民间文艺家协会主席罗学光组成的专家组一行6人,前往梅县水车镇茶山村考察,7月,梅县茶山村被评为"中国古村落(客家民居)"。继续做好兴宁市石马镇刁田村、梅江区的城北镇玉水村、梅江区的三角镇福禄岌、丰顺县丰良镇璜溪镇的邹家围等4个村申报第三批省级古村落工作,组织做好迎接中国民协和省民协专家的考察、论证准备工作。

(黄利春)

市残联

【组织建设】 市残联认真履行"代表、服务、管理"残疾人工作的职能,扎实推进残疾人社会保障体系和服务体系建设,解决残疾人最关心、最直接、最现实的利益问题。市委、市政府把发展残疾人事业纳入全市经济和社会发展规划。制定实施《关于全面开展梅州市基层残疾人组织规范化建设工作实施方案》、完善《梅州市扶助残疾人实施办法》。全市111个镇(街道)和2229个村(社区)均成立残疾人组织,配备专职委员,基层残疾人组织及残疾人专职委员100%覆盖,形成县级残联主导、镇(街道)残联为骨干、村(社区)残疾人协会为基础的二级残疾人组织网络。

10月21~22日,全省基层残疾人组织建设现场会在梅州召开。中国残联副主席吕世明,省残联理事长宋卓平等领导参加现场会。市委副书记、代市长朱泽君,市委常委、秘书长彭耀新,市政府副市长邓建华等会见吕世明一行。

【康复工作】 全市建立康复机构21个,初步形成市、县、镇、村、家庭五级残疾人康复网络。开展社区康复示范区培育活动,培训社区康复协调员300多人。市、县级残疾人日常康复经费按规定列入当地财政预算。2010年,市残联继续实施聋儿语训、白内障复明、脑瘫康复训练、肢残矫治、假肢装配等重点康复工程,组织实施"爱耳计划"、"脑瘫儿童救助"等重点康复项目,组织开展全市残疾人康复机构检查、督导和巡回义诊咨询活动,解决贫困残疾人康复难的突出问题。全市开展16个康复项目，8735 名残疾人得到康复服务，其中完成白内障复明手术 2139 例，低视力者配用助视器 60 名，聋儿训练 65 名、聋儿家长培训 122 名，智力残疾儿童康复训练 148 名、智力残疾儿童家长培训 134 名，脑瘫儿童康复训练 99 名，肢体残疾儿童矫治手术 30 例，肢体残疾人康复训练 314 名，精神病人服药 1850 人，辅助器具适配供应 3620 件、假肢装配 200 例、矫形器装配 45 例，建立 4 个康园网络中心，超额完成残疾人各项康复任务。丰顺县获得“全国残疾人社区康复示范县”称号。

【特殊教育】 全市残疾儿童少年特殊教育纳入义务教育总体规划，统一安排，同步实施。全市建有特殊学校 4 间、特教班 29 个，在读残疾学生 276 人，随班就读残疾学生 730 人，市特殊教育学校开设两个高中班。认真实施“扶残助学工程”，有 207 名贫困残疾学生和残疾人子女得到资助。残疾儿童少年入学率明显提高，37 名学生被中、高等院校录取。

【就业培训】 落实《残疾人就业条例》，残疾人就业脱贫与扶贫开发“双到”和“双转移”工作紧密结合，出台扶持政策，重点扶持贫困残疾人家庭脱贫。修改完善《梅州市残疾人就业保障金征缴实施细则》等文件。全面加强残疾人就业保障金的征管力度，统一由各级地税部门使用“大集中”接口系统征收残疾人就业保障金。以分散按比例安排残疾人就业为主渠道，充分发挥龙头企业和产业基地的作用，采取“公司+基地+残疾人+培训”的方式，抓好残疾人技能培训，统筹安排残疾人就业。梅江区、兴宁市鼓励和扶持残疾人创业带动就业，分别建立养兔、盲人按摩创业就业基地；梅县、平远、大埔结合当地特色产业，集中安置扶持残疾人就业。全市 12 个残疾人扶贫基地，举办各类培训班 72 场次，培训残疾人 3428 人次，扶持 1200 多名农村贫困残疾人脱贫。继续实施“助残春风行动”，帮助 682 名残疾人实现就业。扶持残疾人及其家庭成员种植油茶 2263 亩。培训中级盲人保健按摩师 20 人。全市残联系统 5 间福利企业，集中安置残疾人就业 101 人。全市新安置残疾人就业 1500 多人。

【文化体育】 全年新闻媒体刊播宣传残疾人事业稿件 232 篇，6 篇作品获全省 “残疾人事业好新闻”奖，认真组织节目参加广东省残疾人曲艺比赛，成功承办“全省自强模范和助残先进报告团暨残疾人艺术团”报告演出活动。

建立残疾人运动员多级培养体系，为省残运会及广州亚残运会等国内外重大残疾人体育赛事训练和输送残疾人运动员；在广东省第六届残运会上，梅州市代表团取得团体总分全省第 4 名，奖牌榜第 7 名的好成绩；在 2010 年广州亚残运会上，梅州市选送的梅州籍运动员曾海燕夺得四人混合 1000 米皮划艇冠军；梅州籍运动员为主力的脑瘫足球队获得亚军；梅州市组织训练的广东省自行车运动员梁贵华获得冠军，阮建平获得银牌并破世界纪录。

【信访维权】 实施《残疾人保障法》等法律法规和政策。落实信访工作责任制和领导接访日制度，加大执法监督力度，定期对残疾人工作和残疾人保障法等相关法律法规执行情况进行督察。建立和完善残疾人维权工作机制，维护残疾人合法权益。落实专人负责“行风热线”和“梅州民声”网上信访工作，对残疾人反映的问题，做到件件有回音，事事有着落。全年受理来信来电 166 件次，来访 385 人次，残疾人提供法律咨询 93 宗，法律援助 16 宗，确保全年无残疾人集体上访和越级上访。

【社会保障】 全市最低生活保障、新型农村合作医疗保险、城镇居民医疗保险基本实现残疾人口全覆盖。将 4882 名农村重度贫困残疾人全部免费纳入养老保险。五华县将残疾人康复中心康复项目列入该县城乡医保。帮助 82 户农村贫困残疾人家庭实施危房改造，优先解决 133 户城镇低收入残疾人家庭的住房困难问题。在扶贫开发“双到”工作中，优先解决农村贫困残疾人家庭子女上学、新型农村合作医疗保险、新型农村社会保险、危房改造等生产生活困难。认真做好“阳光家园”计划实施工作，拨出 60 万元，为 1170 名贫困残疾人提供托养服务。

【重点项目】 各级康复、就业、辅助器具等服务机构设施进一步完善，服务能力进一步提升。新建梅州市残疾人康复中心用地初步选定，各项筹备工作正在稳步推进。蕉岭县原“正英中心小学”6500 多平方米的教学楼和 6000 多平方米用地确定蕉岭县残疾人“五个一”工程建设基地，获省“五个一”工程首期竞争性扶持资金 300 万元。梅县原白宫镇政府办公场地划作梅县残疾人托养中心建设项目，并完成改造，设有 400 张床位，已接收 80 名重度残疾人入托。大埔、五华的重点项目建设也参加省“五个一”工程首期竞争性扶助资金的竞争。其他县（市、区）的重度残疾儿童教养学校、残疾人托养机构和“康园工疗”网络正在规划当中。8 个县（市、区）有 9 宗托养康复项目已上报省发改委转报国家发改委。

【社会环境】 春节、“全国助残日”、“国际残疾人日”等节日期间，各级党政领导亲自参加残联组织的活动，走访慰问残疾人。不断完善无障碍设施，城区重点干道修建盲道，重要公共场所和重要建筑物设置方便残疾人的无障碍设施。全市累计核发残疾人二代证 4.7 万本，残疾人的基础信息得到充实。“市残疾人扶助会” 接受社会捐赠款物一批，650 多名贫困残疾人得到救助；“志愿者助残”、“助残春风行动”、“帮助残疾人圆梦”等活动广泛开展；开展自强模范、助残先进和优秀残疾人工作者评比表彰工作，全市有 93 名先进集体和个人得到全国和省、市的表彰。

（陈桂礼）

责任编辑：郑柳茹

2010年6月30日，梅州市“广东扶贫济困日”活动捐助活动现场。（古礼贤摄）

法制

综　述

【服务大局】 2010年，全市政法部门紧紧围绕“全力加快绿色的经济崛起”战略，积极提供法律保障和服务。市公安局建立网上“一站式”办证服务中心，实现审批事项和各类证照网上办理。市检察院制定出台《强化法律监督全力服务保障“三名城”建设和“双转移”工作意见》，加强对重大招商项目和民生工程、基础设施建设的法律监督，保障项目推进和资金廉洁使用，净化投资发展环境。市法院在畲江经济开发区建设、梅大高速公路征地拆迁等各项重点工程建设中，采取挂点联系、提前介入、法律指导、快审快结等措施，共执结征地拆迁案件29件，面积10.5万平方米，大部分案件以和解方式执结，实现互利共赢。市司法局积极整合法律服务资源，组建政府、企业、工会和“三农”等法律服务顾问团，设立市公职律师事务所和创建广州（梅州）产业转移园法律服务中心，为政府及行政机关的重点建设项目提供法律服务。

【建立完善维稳机制】

主动维稳机制　全市公安机关以“大情报”为依托，建立维稳风险排查和提前介入机制、情报信息研判机制、重点人员稳控机制，实现“五个不发生”（没有发生危害国家安全和社会稳定的重大政治事件，没有发生影响重大的不安定因素，没有发生大规模的群体性事件，没有发生群体到省进京上访事件，没有发生涉警的公共危机事件）。

“大调解”维稳机制　各级法院、检察院、公安机关不断创新“大调解”模式，着力推动人民调解、行政调解、司法调解“三大调解”的有机衔接，探索建立“诉调对接”、“检调对接”、“公调对接”机制。司法行政系统深入开展人民调解“平安亚运百日大会战”活动，化解大量矛盾纠纷。全市共调解各类矛盾纠纷21496件，调解成功21044件，成功率达97.9%，防止民间纠纷引起自杀事件14件20人，防止民转刑案件135件670人。法院共审理各类合同纠纷案件3930件，审结涉及民生的各类案件5407件。

三级平台维稳机制　全市已全面完成县、镇、村综治信访维稳工作平台建设，建成8个县级中心、111个镇街中心，2202个村居工作站。全市三级平台建立以来，共接待来访群众15145人次，为群众提供法律咨询12243人次，受理矛盾纠纷17409件，解决17004件(其中县级中心受理2180件，调结2138件；镇级中心受理4913件，调结4643件；村级工作站受理10316件，调结10223件)，初步实现“小事不出村、大事不出镇、难事县终结”的目标，全市信访、上访案件明显下降。

“大维稳”研判机制　建立市、县两级党政一把手定期研判信访维稳突出问题例会制度，建立对重大事项进行社会风险评估制度。一年来，全市共召开维稳信息通报研判会12场次，排查研判各类社会矛盾纠纷155宗；维稳、公安等部门共收集各类情报信息1728条，研判上报预警信息923条，提前发现、预防、处置各类不安定因素368起，配合协助各级党委、政府调处化解124起。

【平安镇创建活动】　制定实施《梅州市创建平安镇(街道)评价指标体系及考核评价办法(试行)》。从2009年开始，梅州市开展为期三年的平安镇街创建工作。

【专项打击整治行动】　针对不同阶段的社会治安特点，及时组织开展专项打击行动。政法各部门对人民群众关心的治安乱点和突出治安问题，在打击犯罪、维护稳定方面逐步形成一套高效运行的协作机制。全市公安机关相继开展“长安101号、102号”、“平安亚运十大行动”等一系列行动，以及对娱乐服务场所涉毒、涉黄问题进行专项整治等，确保社会治安的持续稳定。2010年，全市共立各类刑事案件5825宗(破3456宗)，同比下降0.3%。检察机关受理公安机关提请逮捕犯罪嫌疑人1523人，批准逮捕1308人。受理公安机关移送审查起诉1755人，提起公诉1556人。法院审结一审刑事案件1143件，判处犯罪分子1711人，重刑率16%。

【多层次立体化治安防控】　一是建立社会公共安全视频“天网”。全市已建成社会公共安全视频监控点2000多个(其中梅州城区900多个)，在国道、省道建立省级、市级治安视频监控卡点11个。二是以路面巡警、交警、派出所民警、辅警为主力，建立网格化巡控与道路卡口系统24小时监控相结合的专业防控网。三是建立内部单位安全防控网。全市与公安机关报警系统联网的机关、企事业单位和金融网点、商场等重点单位、场所1260多个。四是建立以社区保安员、治安队等群防群治力量为主的社区防控网。全市建立治保会、联防队、护村队、护厂队等群防群治组织3272个11280人，城乡覆盖率达到75%；建立安全文明小区3065个，覆盖群众30多万户100多万人。全市“天网”、“地网”与“电子网”结合，人防、物防与技防结合，打击、防范与管理结合的立体治安防控网络基本形成。

【社会管理】

探索创新管理方式　全市公安机关以信息化为引领，大力推进“大情报”、“大网安”、“网上作战”、“一证通管理”、“工作执法一网考”、“服务措施一网办”六项社会管理方式，进一步提升应对维稳、网络安全、打击防控、人口管理、社会服务等方面的能力。大埔县创立推广“捆绑式综治警务”模式；平远县探索实行“无缝警务合作”、“外出人口联络服务站”等工作制度；蕉岭县突出实行“干部下访”制度；丰顺县建立社会帮扶救助机制；梅县建立重大疑难问题会商制度；兴宁市建立市级人大代表、政协委员参与市领导接访制度等。

突出高危人群管理　对社区闲散青少年、刑释解教人员、吸毒人员、五种矫正对象等高危人群，落实责任，管理到位。一是成立梅州市戒毒康复管理所，加强对强制戒毒人员的接收和入所教育等工作。二是联合出台《关于在全市开展社区矫正工作的实施意见》，推动未成年罪犯安置、帮教工作的落实。三是充分发挥共青团、妇联、劳动保障和政法等部门的优势，运用社会化管理、市场化安置手段，加强帮教扶持力度。

推行网络问政互动交流 在互联网上开设网上交流平台，做到问政于民、互动交流。市公安局开通“平安梅州”微博，实现警民“零距离”接触。市检察院开通网上信访诉求渠道(其中大埔县检察院率先在全市建立了视频接访系统)。市中级法院设置开通“便民电子邮箱”，收集群众意见、接收诉求信息、接受法律咨询、进行释法答疑等。市司法局开通“梅州市法律援助网”，接受群众网上在线法律咨询。

【公正执法】

强化执法监督巡视 根据中央的部署，结合市委政法委《关于建立执法监督巡视制度的意见》，深入开展“清理涉法涉诉信访积案”、“百万案件评查”、“办案安全防范专项检查”三项活动，对群众反映强烈的涉法涉诉信访案件、容易滋生腐败和发生违规违法的案件，客观公正地进行审查评议，依法处理，努力做到案结事了，息诉罢访。

推行执法办案全程录音录像 执法办案过程中，在讯问、拘押、庭审、监管场所实行全程录音录像。市法院已开通三级法院邮件系统，实现最高法院远程视频系统在梅州市提讯死刑被告人。

推行执法办案全程监督 市公安局建立“工作执法一网考”、“执法质量全程考”和“督察监察全面考”三大执法办案和执法监督体系，逐步向网络化、信息化转变。市中级法院与市检察院联合制定出台《量刑程序指导意见(试行)》，邀请市检察院检察长列席讨论刑事案件。检察机关建立健全刑事司法与行政执法衔接、轻微刑事案件快速办理机制，推进网上办案，实行“阳光检务”。

【队伍建设】 以深入开展学习实践科学发展观、“提高执行力，推动大行动”、“创先争优”等活动为契机，切实加强队伍建设，推进政法事业的新发展。公安机关大力推进作风、制度、责任追究等勤政廉政建设，建立完善诫勉提醒制、问责制、谈话制、明察暗访制等一系列制度；检察机关开展“恪守职业道德、促进公正廉洁执法”主题实践活动；人民法院严格执行“五个严禁”，积极开展“人民法官为人民”主题实践活动；司法行政机关深化“五谈”(谈思想、谈司法、谈岗位、谈分管、谈创新)、“法律援助便民服务”等主题实践活动，扎实开展执法大培训、岗位大练兵活动。2010年，全市政法各部门共获全国先进集体5个、先进个人3人；全省先进集体23个、先进个人28人；全市先进集体97个、先进个人295人。

(曾干英)

公 安

【概述】 大力推进维稳体系建设，巩固和谐稳定的良好社会局面。全年共发现、处置不安定因素370起，成功化解151起，列控重点人员537人，妥善处置DDS物流公司梅州分公司倒闭、少数军队退役人员到省进京上访、“三鸟”市场拆迁、金雁集团职工上访等重大不安定因素和苗头。实现“五个不发生”：全市没有发生危害国家安全和社会稳定的重大政治事件、没有发生影响重大的不安定因素、没有发生大规模的群体性事件、没有发生群体到省进京上访事件、没有发生涉警的公共危机事件。平远县公安局获“全国公安机关执法示范单位”、蕉岭县公安局再获“全省优秀公安局”称号。

【专项整治】 全市各级公安机关紧紧围绕创建“长安杯”的目标要求，牢固树立“少发一宗案，群众就多一分安全感”的平安理念，坚持着眼长远，立足当前，着力构建确保梅州市长治久安的社会治安立体打防控体系。深入开展“长安101号”、“创平安、迎亚运”专项行动暨“长安102号”行动、“平安亚运十大行动”等一系列专项行动。充分运用“网上作战”平台、DNA数据库、“三侦捆绑”等技术优势，打好合成战、信息战、科技战，始终把打击的重点对准命案、黑恶势力犯罪、暴力犯罪、“两抢一盗”等严重影响群众安全感的案件，打出警威，震慑犯罪。平安建设呈现“一个下降、八个上升、一个安全”的良好态势。“一个下降”是：刑事发案保持下降趋势，全年共立刑事案件5825宗，同比下降0.3%；“八个上升是”：全年破抢夺案件205宗，同比上升4.1%；破入室盗窃案件721宗，同比上升8.7%；破盗窃汽车案件28宗，同比上升7.7%；破制贩毒品案件57宗，同比上升26.7%；破寻衅滋事案件13宗，同比上升18.2%；批捕1382人，同比上升6.1%；抓获逃犯680人，同比上升32.8%；“一个安全”是：交通、消防、治安、监所等治安管理实现总体平稳安全。全年交通事故起数、死亡人数同比分别下降7.5%、20.2%，火灾事故仅发生33起，死亡2人，治安、监管场所保持多年零重大事故。

【治安管理】 全市各级公安机关以信息化为引领，大力推进情报信息、打击犯罪、虚拟社会管理、流动人口管理、队伍管理、警民关系等管理创新，应对挑战的能力进一步增强。建立技术监控全面覆盖，虚拟社会全面布警，涉警舆情有效应对的“虚拟社会”防控新格局。公众上网场所管理系统安装率达99%，互联网数据中心安全管理系统安装率达100%，城市网络出口管控率达85.1%，网上社区监控率达100%。全市所有重点网站设立“虚拟警察”和“报警岗亭”，重点单位全部设立网络警务室，全市141个派出所全部在网上建立社区警务室。组建由368名公共关系联络员、120名网络评论员为主体的舆情应对专业队伍，建立公共关系联络员和网络评论员考核制度、网上舆情应对制度等工作机制，网络舆情应对能力明显提升。

【交通管理】 为确保全市道路交通安全、有序、畅通，根据省厅交管局和市公安局的有关亚运安保工作部署，全市公安交警部门高度重视，及早部署，及早谋划，采取“以面保点，整体防控”的措施，大力开展交通安全隐患排查、交通秩序整治和交通安全检查，全力以赴做好环粤“安保圈”梅州辖区道路交通安保工作和亚运政策宣传，确保火炬在梅州传递、转场及亚运会、亚残运会期间辖区道路交通安全畅通。全年共排查出21处公路危险路段，已治理18处，其余3处因道路改造，正在治理中；深入企业、学校检查客运车辆8320辆次，校车3540辆次。亚运道路交通安全保障工作开展以来，全市各级公安交警部门共出动警力52397人次，出动警车18748辆次，设置执勤点95个，检查各类车辆83379辆次，共查处各类交通违法65388起。2010年10月1日至12月25日，共检查各类车辆约24260万辆，检查人员73369多人次，查获违法犯罪嫌疑人59人，假牌套牌车辆35辆，被盗抢车辆1辆。全市车管所共办理各类机动车业务129887宗，各类驾驶证业务380483宗，其中新车注册41413宗，初次申领机动车驾驶证41911宗。在全市各级公安交警部门的共同努力下，共查处各类交通违法239842起，查扣各类交通违法车辆12359辆次，拘留120人；全市共发生道路交通事故245宗、死亡155人、受伤213人，直接经济损失321554元，与上年同期相比，事故宗数和死亡人数分别下降1.619%、17.55%。

【消防工作】 一年来，全体消防官兵全警动员、全力以赴做好广州亚运安保、构筑“防火墙”工程等中心工作，深入开展火灾隐患排查整治，不断提升消防工作社会化水平，全市消防工作呈现良好的发展态势。至12月26日，共发生火灾34起，死亡2人，直接财产损失159.3万元。与上年同期相比，火灾四项指数一升两降，其中火灾起数上升70%，死亡人数持平，伤人数下降100%，直接财产损失下降27.76%，无重特大火灾事故发生。全市共检查单位1217家，发现火灾隐患845处，督促落实整改842处，责令“三停”5起，取缔、查封单位9家，行政拘留1人，罚款90.6万元。全市共排查建筑物417栋，发现火灾隐患55处，整改火灾隐患55处，办理消防违法违规案件11宗，罚款9.5万元。与市质监、市工商联合制定印发《梅州市消防产品专项治理工作方案》并联合开展专项行动。全市共排查在建建筑工程22个，消防产品生产、维修、销售单位47家，检查消防产品128件(套)，办理消防产品处罚案件16宗，罚款14.1万元。亚运消防安保行动期间，全市开展消防宣传教育活动42次，在县级以上媒体刊播新闻稿件241篇，电视播出消防公益广告2875条，发放宣传品和资料47000多份，培训重点单位12601人。

【亚运安保】 全市各级公安机关把亚运安保作为全年压倒一切的首要政治任务和头等大事，全警动员、全力以赴，以严之又严、细之又细的工作作风抓好各项安保机制落实。启动重大安保维稳工作机制，全年共排查、发现“涉亚”不安定因素82起，排查稳控“涉亚”重点人员120人，成功劝阻到省上访12起80多人次。设立环粤安保圈3个公安检查站，以铁的纪律、铁的作风严格把好环粤安保第一道防线。公安检查站启动运行至12月31日，共检查车辆16.85万辆、检查人员29.31万人次，抓获各类违法犯罪嫌疑人52人，在逃人员6名，吸贩毒人员25人，查获被盗抢机动车9辆，枪支2支、子弹2167发及其他物品一大批。深入组织开展“平安亚运十大行动”，构筑严密的平安网、安全管理网，保持低发案、高安全感的良好治安环境。突出安保重点，全力抓好亚运火炬传递(梅州站)活动、梅州市第四届国际旅游山歌节等重大活动安保工作的落实，圆满完成亚运安保的各项工作任务，取得大事不出、小事也不出的明显成效。

【警民关系】 全市各级公安机关积极做大做强警民关系和谐融洽的先行优势。围绕服务、交流、信任等促进和谐的元素，积极创新警民交流的新平台、高效服务的新渠道、深化情感信任的新桥梁，有力促进和谐警民关系的深入发展。

创新警民交流平台 开辟网上警民交流平台，设立网络发言人，开通梅州公安政务QQ群、“平安梅州”微博。以“梅州警视网”为依托，开设警民联系及问政专区，设立网上投诉、咨询、举报栏目；开设网上“在线访谈”栏目，形成网上与网下相结合、传统与科技相结合的“零距离”交流互动新格局。

创新高效服务渠道 建立网上“一站式”办证服务中心，把公安机关的交管、消防、治安、户政、出入境等能够在网上办理的公安业务审批项目全部实行网上受理，实现足不出户，在家轻点鼠标，就可以轻松办理各类证件或审批事项。已在网上办理设立交管、消防、治安、户政、出入境管理等部门审批项目26个，占公安机关总审批项目的60%，网上办证数量占总审批量的比例超过90%。

创新深化情感信任桥梁 在继续坚持开展“大走访”、“千警连千户”等传统有效的工作方法基础上，建立与党代表、人大代表、政协委员和廉政监督员的定期联络机制，及时了解存在问题，听取改进意见，进一步增强构建和谐警民关系的针对性和实效性。

(李　媚)

检　察

【概述】 2010年,全市检察系统加强与公安、法院协调配合,做好批捕起诉工作,维护社会和谐稳定。全年受理公安机关提请批准逮捕刑事案件995件1518人,批准逮捕886件1304人,受理公安机关移送审查起诉案件1137件1757人,提起公诉1093件1623人。继续保持对杀人、伤害等严重暴力犯罪和“两抢两盗”(抢劫、抢夺,入室盗窃、机动车盗窃)等影响群众安全感多发犯罪的高压打击态势。提前介入重特大案件,批捕重特大案件犯罪嫌疑人308人、起诉311人。把教育疏导、维护稳定、促进和谐贯穿执法办案始终。贯彻宽严相济刑事政策,开展轻微刑事案件和解、刑事案件特困被害人救助工作。通过送法下乡、发检察建议、上法制课、未成年人案件回访帮教等措施,开展校园安全工作专项监督,加强检察环节综治工作。延伸法律监督触角,推进派驻检察室建设。全市设立派驻镇街及开发区检察室30个,在受理线索、宣传预防、息诉罢访、化解矛盾方面积极发挥作用。创新参与社会管理方式。继续完善和规范轻微渎职侵权违规行为警示制度、行贿人警示谈话制度、民事督促起诉等制度,探索开展行政执法检察监督工作。针对执法办案中发现的社会管理问题,及时提出检察建议,督促加强社会管理创新。做好控告申诉检察工作,推进文明接待室创建活动,开展带案下访、上门探访活动,畅通群众表达诉求渠道。受理群众信访992件,处理“梅州民生”网上信访31件,接待来访群众457批次。两级检察长接待群众126批次、批办信件164件。开展主题为“依靠群众,反腐倡廉,服务大局”的举报宣传周活动,受理举报线索426件。立案复查刑事申诉案件3件,办理刑事赔偿案件2件。开展“化矛盾、保平安、迎亚运”排查清理涉检信访积案活动、“迎亚运”涉检信访百日专项排查活动。运用释法说理、引导和解、疏导稳控等措施,息诉罢访一批长期申诉、反映强烈的信访案件,没有发生到省进京涉检非正常上访案件,为“平安亚运”营造良好环境。2010年,“全省检察机关自身反腐倡廉成果展” 展出梅州市检察院重建以来无违纪违法事迹,是全省市级检察院中唯一单位。市检察院被评为省文明单位,何梅林检察长等4人被评为“全省检察机关先进个人”;兴宁市检察院被评为省文明单位,五华县、大埔县检察院被评为全省检察机关先进集体。

【查办和预防职务犯罪】 贯彻市委反腐倡廉建设部署和上级检察机关加大查办职务犯罪案件力度要求,围绕重点领域,突出查办大要案。立案侦查贪污贿赂案件54件60人,其中大案45件、县处级要案2件,通过办案追缴赃款和违法所得1208万多元。绝大部分案件采用“非羁押”侦查模式,实现侦结率、定罪准确率、事实认定准确率、提起公诉率、有罪判决率、服判率6个百分百。继续推进专项治理工作,立案侦查商业贿赂案件21件、工程建设领域职务犯罪案件17件、涉农职务犯罪案件25件。蕉岭县检察院成功追逃和查处原金丰水泥厂厂长林某挪用公款、贪污120多万元的案件,得到县委县政府和社会各界好评。立案侦查渎职侵权案件10件10人,移送审查起诉7人。开展查办工程建设领域渎职犯罪,危害能源资源、生态环境渎职犯罪等专项工作。两级检察院邀请人大代表、政协委员视察反渎职侵权工作,得到代表委员充分肯定。坚持惩防并举,扎实开展预防职务犯罪工作。推行“一案一评估、一案一建议、一案一教育”制度,达到“办理一案、教育一片、治理一面”效果。推进行业、系统预防工作,受理行贿犯罪档案查询48次,把好廉洁准入关,促进市场公平诚信机制建设。两级检察院领导带头深入机关、企业上法制课,开展预防宣讲、警示教育、案例剖析,提供预防咨询,发出检察建议,帮助提高广大公职人员的法制观念,及时协助有关方面消除制度漏洞。全市8667名基层干部签订《预防涉农职务犯罪承诺书》，强化廉政教育和约束，做法被新华网、南方日报报道，在全省基层组织预防职务犯罪工作会议作介绍。参与工程建设领域突出问题专项治理，开展重点工程建设项目和“三旧”改造过程中的专项预防。2010年对27个重大建设项目开展了专项预防，并逐步铺开预防承诺书签订制度，打造“阳光工程”、“廉洁工程”。

【诉讼监督】 贯彻省人大常委会《关于加强检察机关对诉讼活动法律监督工作的决定》，进一步加大刑事诉讼、民事审判和行政诉讼监督力度，保障法律统一正确实施，维护司法公正廉洁。强化刑事立案监督、侦查监督和审判监督。要求公安机关说明不立案理由9件，公安机关直接立案8件，通知公安机关立案1件。追加逮捕5人、追加起诉22人，决定不(予)批准逮捕159人、不起诉75人，提出刑事抗诉4件。落实检察长列席审判委员会制度。与市中级法院联合制定《量刑程序指导意见》，两级检察院对313件案件提出量刑建议，法院采纳率86.4%。落实职务犯罪案件一审判决两级院同步审查机制，加强和规范审判监督。

强化刑罚执行和监管活动监督。加强在押人员人权保护，检察官约见在押人员150人次，受理控告申诉21件。落实预防超期羁押措施，会同看守所、监狱开展清查事故隐患、促进安全监管专项活动，加强安全防范检查，向监管场所发出检察建议83条。严把留所服刑、减刑、假释、暂予监外执行监督关，会同有关部门开展减刑假释听证工作，纠正提请减刑、假释不当86件。加强社区矫正法律监督，建立矫正对象违法行为核查机制，纠正脱管、漏管70人。检察机关对看守所监管活动实行联网，加强同步动态监督。强化民事审判和行政诉讼监督。创新工作模式，市检察院与市综治办联合发文，在基层综治办聘请联络员，畅通申诉渠道，化解矛盾纠纷。受理不服法院判决、裁定申诉39件，立案33件，提请省检察院抗诉6件，提出抗诉1件。2宗抗诉案件获得法院支持，经再审调解后成功改判。市检察院首次实现民事抗诉案件检察长列席法院审判委员会。坚持抗诉与息诉并重，做好不抗诉案件息诉服判工作，维护司法权威。监督配合民事案件执行工作，参与民事执行联动和执行和解，合力解决执行难题。继续深化民事检察引导和解工作，促成和解息诉12件。

【“阳光检务”】 自觉把检察工作置于人大常委会和社会各界监督之下，深化“阳光检务”工作。加强检察网站建设，通过电子屏公开播放检务信息，开展触摸屏查询，借助信息技术拓宽“阳光检务”渠道。建立完善权利告知和不捕、不诉、不抗诉说理制度，保障诉讼当事人权利，增强检察工作透明度。深入街头、镇村开展法律宣传咨询，印发《阳光检务》手册，召开工作通报会、新闻单位座谈会，加大检察宣传力度。继续开展“检察开放日”活动，邀请社会各界人士走进检察机关，零距离接触检察工作。继续开展中层以上干部与人大代表、政协委员挂钩联络活动。深化人民监督员制度试点工作，邀请人民监督员监督案件1件1人。创新工作机制，推行批捕、起诉引导侦查和普通程序简易审、建议适用简易程序审机制，建立健全刑事司法与行政执法衔接、轻微刑事案件快速办理机制。强化执法监督，实施职务犯罪案件审查逮捕上提一级改革，配合市委政法委开展职务犯罪嫌疑人取保候审专项监督，评查2004年以来办理案件126件，均未发现质量问题。加强案件管理机制建设，市检察院和5个县级检察院建成案件管理中心(科)，统一交接、录入、分派案件，统一赃证物管理，加强办案系统性、程序性监管。10月，市人大常委会党组书记、代主任古小平率领常委会部分组成人员视察梅州检察工作，对全市检察工作给予充分肯定。

(邹宇平)

审　判

【概述】 2010年，全市法院坚持“为大局服务，为人民司法”工作主题，大力弘扬“公正、廉洁、为民”司法核心价值观，深入推进社会矛盾化解、社会管理创新、公正廉洁执法三项重点工作，能动履行审判职能，努力在整体工作上争当全国法院排头兵，各项工作取得明显成效，为梅州实现“绿色的经济崛起”提供有力司法服务和保障。全市法院全年受理各类案件16851件，审结16723件，结案率99.2%，同比上年分别增加7.6%、7.9%和上升0.2%。其中，市中级人民法院受理案件3002件，结案2993件，结案率99.7%。全市法院有7个集体、13名法官获省级以上荣誉称号，其中市中级人民法院被省委政法委员会评为“全省集中清理执行积案工作先进集体”，兴宁市人民法院荣获“全国优秀法院”称号，古丽霞法官被评为“全国维护妇女儿童权益先进个人”。

【刑事审判】 依法严惩故意杀人、故意伤害、“双抢双盗”等严重暴力性和多发性犯罪以及危害公共安全犯罪，维护社会治安稳定。全市法院审结一审刑事案件1143件、判处犯罪分子1711人，判处5年以上有期徒刑至死刑265人，占16.5%。审结故意杀人、抢劫、强奸等严重暴力犯罪案件409件680人，审结盗窃、交通肇事等严重危害群众安全感多发性犯罪案件386件412人。审结石育清职务侵占挪用资金案、钟胜富聚众扰乱社会秩序案、唐功昌等黑社会性质组织犯罪等社会影响大、新闻媒体关注的案件。实行量刑规范化改革，两级法院审理公诉机关提出量刑建议的案件209件，采纳公诉机关量刑意见的案件189件，适用量刑程序审理的案件实现“零上诉，零抗诉、零申诉、零信访”的良好效果。依法为58名符合救助条件刑事被告人指定辩护人，准确把握从轻和减轻法律规定，在判决发生法律效力的1605名罪犯中，适用缓刑583人，占36.3%，同比上升3.4个百分点。加大对未成年被告人保护力度，审结未成年罪犯187人，缓刑99人；市中级人民法院与市公安局、市检察院、市司法局联合签署《关于在全市开展社区矫正工作的实施意见》，推动未成年罪犯安置、帮教工作。审结减刑假释案件2226件。

【民商事行政纠纷化解】 全市法院受理民商事一审案件9372件，审结9278件，结案率99%，同比分别上升17.6%、17.9%和0.3%；受理一审行政案件152件，全部审结。受理借款、买卖、保险、电信、房地产开发等各类一审合同纠纷案件3957件，同比增长18.1%。其中，受理买卖合同纠纷案件285件，受理电信合同纠纷案件973件，同比分别增长20.8%和101.4%。全年执结涉重点工程项目征地拆迁案件29件，面积10.5万平方米，大部分案件以和解方式执结，确保各项重点工程建设顺利开展。蕉岭县法院稳妥处理蕉岭华侨新村购回土地系列案13件，收回土地13.65亩；兴宁市法院成功化解省“双转移”重点项目——广东云山汽车有限公司配套工程白云山庄建设用地矛盾纠纷，确保广东云山汽车有限公司顺利投产。加强婚姻家庭、损害赔偿、劳动争议、医疗纠纷等与民生密切相关案件审判工作，维护广大群众合法权益，全年受理一审婚姻家庭、继承纠纷案件3637件，同比增长5.8%；受理一审权属、侵权纠纷案件1777件，同比增长50.2%。全市法院除审结一、二审行政案件182件外，审查非诉执行案件176件，其中准予执行案件149件，不予执行27件。

【执行案件清理】 开展“无执行积案先进法院”创建活动，成立执行指挥中心，统一组织协调执行工作，构建执行联动工作机制。全年受理执行案件3313件，执结3283件，执结率99.1%，执结标的额5.9亿元，执行标的额实际到位率86.8%，执行和解率42.5%，取得“执行效率明显提高、执行到位率明显提高、执行申诉信访明显减少”的良好效果。开展法院之间委托执行案件专项清理活动，全年接受外地法院委托执行案件575件，全部执结。在兴宁市法院试点开展“主动执行”工作，执行到位率、执行和解率同比均提高30个百分点。开展专项执行活动，执结征收社会扶养费专项案件134件；加大对农村信用合作社为申请人的执行案件执行力度，执结此类案件474件，执行到位标的额6331.5万元。

【大调解工作】 贯彻“调解优先、调判结合”方针，将诉讼调解扩展到刑事、行政诉讼领域，延伸到立案、申诉审查、执行和审判监督环节，建立起“全程、全员、全面”调解工作机制，促进调解工作大发展，全市法院民商事一审案件调撤率75.8%，同比提高9.9%，居全省法院前列。积极探索化解行政争议新机制，加大行政诉讼案件协调和解力度，全年行政案件和解撤诉率70.1%。加强与行政调解、人民调解的沟通配合，提高诉调对接工作水平和效果。各基层法院开展对非诉讼调解协议予以司法确认活动，通过诉讼程序对772宗非诉讼调解协议进行司法确认，赋予非诉讼调解协议法律效力。

【信访维稳工作】 以开展“平安亚运”活动为契机，重点开展信访积案排查和化解工作。落实领导包案制度，建立中层以上领导干部信访轮值制度、重点信访事项听证制度、判后答疑和回访制度，注重源头治理。全年办理群众来信257件，接待来访469人次，其中院长接访64次195人，信访绝对数进一步下降。按照“事要解决”要求加大问题解决力度，至2010年4月中旬，顺利完成中央交办9件涉诉信访案。对经多次处理仍然不服的谢应南、范满云等老上访户，申请人大常委会、政法委等部门举行公开听证会，共同做好上访人息诉工作。

【审判质量管理监督】 制定《关于加强案件质量管理的意见》，全面加强对案件质量效率的管理和监督。进一步加强审判监督工作，切实维护当事人诉讼权利。受理二审案件626件，审结624件；受理申请再审案件12件，全部审结；受理再审案件7件，审结5件，同比分别减少36.4%和66.7%。基层法院案件质量和效率稳步提高，案件上诉率7.3%，发回重审、改判率9.8%，均达到省高级人民法院提出的争当全国法院排头兵指标。

【便民诉讼措施】 基层法院注重发挥人民法庭前沿阵地作用，纷纷设立巡回办案点，巡回审判进偏远镇街、乡村和林区，宣传法律。兴宁市人民法院和梅江区人民法院分别建立劳动争议和交通损害赔偿专业巡回法庭，依法快捷解决纠纷。兴宁市人民法院创新设置1000块“便民提示牌”，方便群众诉讼，设置开通“便民电子邮箱”，用于收集群众意见、接收诉求信息、接受法律咨询、进行释法答疑等。

【信息化建设和安保工作】 全市法院实现局域网建设，实现数据传输、网络打印和信息资源共享。完成市中级人民法院与省高级人民法院二级专网建设。“广东法院综合业务管理系统”在市中级人民法院及所辖基层法院、人民法庭正式上线运行，市中级人民法院到8个基层法院“三级专网”8条12兆线路建设和基层法院到24个人民法庭 “四级专网”24条2兆线路建设网络全面开通，最高人民法院通过远程视频系统在梅州直接提讯死刑被告人。全市法院不断完善机关大楼审判法庭的安检、监控设备等硬件设施，梅县人民法院投入10万元为每一位干警配置防刺背心、防刺手套、安全头盔，并购置一批警棍、盾牌和金属探测器等安保设施。加强法警值庭、值班，以及保安人员日常值班制，成立应急领导小组和应急队伍，加强与公安、武警等部门密切沟通，确保办公大楼、审判法庭和人员的安全。

【理论研讨】 开设“梅州法苑讲坛”，开展学术论坛，为干警探讨审判理论、探讨人生价值、交流工作经验、心得体会搭建平台。全年有10篇学术研讨、理论文章在最高人民法院、省高级人民法院获奖，市中级人民法院徐干忠法官被评为广东法院审判理论与审判业务专家。市中级人民法院承担全省法院重点调研课题《全省法院结对帮扶支援办案机制》调研任务；被上级采用的信息简报60篇，居全省各中院第3位；新闻宣传稿件被市级以上新闻单位采用430篇，其中被省级新闻媒体采用48篇，中央级新闻媒体采用50篇，居全省法院前列；所编写案例被最高人民法院采用13篇，省高级人民法院采用4篇，居全省法院前列。兴宁市人民法院成立梅州市首家基层法院法官协会，让基层法官有一个展现风采的平台。

（罗锡芳）

司 法

【概述】

加强基层社会维稳 2010年，全市司法行政系统充分发挥以“司法所为基础”的阵地作用，全面参与综治信访维稳中心建设；有力推进“司法主办”的“大调解”工作全面实施，深入开展“迎亚运，保平安，人民调解化解矛盾专项攻坚”等系列活动，全力维护基层和谐稳定。全市共调解纠纷21496件，调解成功21044件，成功率达97.9%，防止民间纠纷引起自杀事件14件20人，防止民转刑案件135件670人，共接收刑释解教人员513人，帮教502人，帮教率达98%，安置466人，安置率达91%。

加强重点场所管控 2010年，市劳教所乘成功创建“省级现代化文明劳教所”的良好势头，深化解放思想，主动更新发展观念，以“坐不住、等不起、慢不得”的工作态度强抓场所安全建设，不断健全完善各项管控措施，全面顺利完成强制戒毒人员的接收和入所教育等工作，实现场所连续9年无逃跑、无非正常死亡、无所内发案、无重大生产安全事故“四无”目标。

服务经济社会发展 2010年，全市法律服务队伍共为政府及行政机关的重点建设项目提供法律服务3080多场次，全市律师代理各类案件1300多宗，全市公证处办理各类公证14918件。全市司法鉴定机构共办理司法鉴定461宗，梅州仲裁委受理各类民商事案件12宗，涉及标的总额1280多万元。

2010年，全市司法行政系统受省部级集体表彰2个，个人表彰1人；受厅局级集体表彰11个、个人表彰(或记功)25人。

【普法教育】 市普法办与梅州日报社、梅州电视台合作，协办“涯看民生”、“民生820”、“维权820”等专栏，开展法律宣传教育；联合市依法治市办、广东汉剧院等单位，在广州(梅州)产业转移工业园和梅城文化公园举办“弘扬法治精神，促进社会和谐”为主题的法制文艺汇演；与有关单位联合举办“服务绿色崛起，争当法制宣传教育排头兵”研讨会，举办“环境保护与绿色崛起”为主题的全市处级领导干部法制讲座，推出“法制文艺节目全市巡演”活动等，切实提高普法实效。全市“五五”普法顺利通过省检查验收，获得省检查验收组“领导重视、机构健全、规划落实、部署周密、重点突出、思路创新、结合实际、成效显著”的评价。

【法律服务】 全市司法行政系统参与涉法涉诉案件及政府信访活动，协助政府信访部门依法办理信访案件。实施“领导挂镇、法制教育、干部培训、法律援助以及调解纠纷”的“五个一”工程。组织政府、企业、“三农”和工会法律服务团，深入开展“法律服务”进园区、进社区、进农村等主题活动。建立完善社区矫正民事行政检察工作联系制度、企信通短信沟通联系制度，全面铺开社区矫正工作。市法律援助处、公证处相继开通“梅州市法律援助网”“梅州公证网”。2010年，全市律师为社会各界担任常年法律顾问300多家，挽回经济损失2000多万元；办理各类案件2500多宗，非诉讼法律事务6700多件；为政府重点工程和公益性事务提供法律服务3000多场次。

【机制创新】 全市司法行政系统不断创新调解机制，建立“纠纷调处指导中心”、“矛盾纠纷调处研判指导小组”、“星级调委会”、“调解专家会诊”等调解工作机制，有效化解基层矛盾纠纷，维护基层和谐稳定。司法所年均调处化解各类矛盾纠纷2万宗以上，调解成功率97%以上。市戒毒康复所按照“做精做强戒毒康复所，巩固维护‘无毒市’”的发展思路，搭建戒毒康复所与地方、企业、院校的合作平台，建立所所交流合作机制、安置帮教衔接等机制，全力打造“梅州山区模式”的戒毒康复事业。

【基础设施建设】 按照省司法厅要求，全面落实基层司法所规范化建设，全市绝大部分司法所实现与镇街综治信访维稳中心共同办公。加强市戒毒康复管理所建设，打造“梅州特色”的戒毒康复管理工作。整合办公资源。重新维修建成“梅州市法律服务大楼”、设立法律服务办事大厅、修建司法干部培训中心(司法之家)，既解决原办公用房窘迫、服务窗口分散的现状，又极大地方便群众办事，提高办事效率。

【人才培养】 司法干部学校与嘉应学院成人教育学院联合举办行政管理、法律专业函授大专班。设立广东电大——梅州司法干部学校教学点，着手招收大专、本科学生，进一步拓展发展空间。参加国家司法考试再创佳绩，2010年，共有439名考生参加国家司法考试，通过率位居全省前列。

（市司法局）

责任编辑：廖晓鹏

梅州军分区

【概述】 2010年,军分区各级坚决贯彻上级决策指示,结合山区实际,持续推进学习实践活动向深度广度发展,深入培育当代革命军人核心价值观,突出强化完成多样化军事任务能力,坚持依法从严治军,狠抓基层"四个基本"建设,圆满完成年度各项工作任务,部队和民兵预备役建设呈现整体推进、稳步发展的良好势头。梅县人武部党委、军分区政治部机关党支部分别被省军区党委评为"先进党委"、"先进党支部",梅县人武部被省军区评为"标兵人武部",蕉岭、平远县人武部被省军区评为"先进人武部",五华县人武部部长彭润根、梅县人武部政委刘志彪被省军区评为"优秀团主官",梅县人武部部长彭思学等5人荣立三等功,军分区司令员曾友爱等11人分别被广州军区、广东省军区表彰为各类先进个人。

【思想政治建设】 大力加强中国特色社会主义理论体系武装,持续推进学习实践科学发展观活动向深度广度发展,确保部队政治坚定和纯洁巩固。深入开展培育当代革命军人核心价值观主题教育,成立教育活动领导小组,主要领导带头授课,使官兵励志律行有准则、立身做人有指南、履职尽责有热情。

【党管武装工作】 协调地方党委政府认真履行党管武装责任,有效落实党委议军会、武委会例会、党管武装述职、第一书记任职等制度,认真研究解决党管武装面临的新情况新问题。深入开展国防教育,积极探索在蕉岭油坑集团、梅县雁南飞茶田、五华辉胜达等民营企业建立民兵组织的方法路子。

【军事斗争准备】

经常性战备 以多样化任务为牵引,修订完善各类作战方案计划,配齐配强各类民兵作战保障和市县两级民兵应急救援专业力量。围绕应急应战行动中的重难点问题,组织现役官兵和民兵,按实际任务编组进行军地联合实兵演习。狠抓兵要地志修改、战备值班、作战数据采集和国防工程维护等经常性战备工作,部队保持良好的战备状态。梅县人武部在省军区国防工程维护管理评比检查中被评为先进单位。

军事训练　坚持按纲施训，首长机关和干部训练成效显著，迎接省军区作战能力评估暨军事训练检查考核成绩优异，五华、梅县和兴宁市人武部等3个单位被军分区评为军事训练先进单位，7人被评为军事训练先进个人。民兵训练，先后利用3个月时间，突出抓了民兵轻舟分队抗洪抢险专业技能集训、森林防火分队扑救山火、应急常驻分队维稳处突等使命课题训练演练，有效提高民兵遂行多样化军事任务能力。省防总、省军区联合考核工作组对轻舟机动五大队的抗洪救灾能力给予充分肯定，大埔县民兵轻舟分队被省政府、省军区评为“先进民兵轻舟队伍”。

国防动员　围绕提高快速动员能力，按照“平时服务、急时应急、战时应战”要求，狠抓了国防动员和后备力量建设。协调市经动办、人防办、交战办、科技装备动员办、政治动员办完成国防动员“十一五”规划贯彻落实情况自查自评，及时调整市、县两级国防动员委员会领导成员。认真抓好后备力量组织整顿工作，稳固107个乡镇民兵应急排，加强梅江区、梅县常驻民兵应急分队建设，民兵队伍组织结构进一步优化。认真抓好征兵工作。贯彻上级征兵工作决策部署和指示精神，重点抓宣传教育、抓廉洁征兵、抓兵员质量，广泛动员社会各界宣传兵役法、优惠政策和女兵征集条件，严把体格检查、政治审察、审批定兵“三关”，圆满完成1519名新兵征集任务。

【综合保障能力建设】　全面实行资金电子化划拨和公务卡支付结算及物资集中采购制度，建立健全纪检、财务、供应、审计和需求部门齐抓共管的工作机制。军分区被省军区评为“军人住房资金、军人保险资金决算管理先进单位”。深化住房制度改革，经济适用房实行小区物业管理，水电供应实行社会化保障。协调市工商局、公安局等部门认真开展“军服管理年”活动。住房专项清理完成率达100%，军分区被省军区评为“广东省军区住房专项清理工作先进单位”。严格执行政策规定，军用土地核查、住房建设管理和空余房地产租赁秩序正规，军分区被广州军区评为“营区房地产正规化管理达标单位”。基建营房保障不断完善，指导平远、丰顺县人武部综合楼工程开工建设，协调蕉岭县政府帮助解决蕉岭县人武部干部公寓楼建设问题，更新改造军分区机关营院供电设备、供水系统和办公区、室外公共照明系统，大力加强营院绿化美化，积极创建“绿色生态型营区”。

【正规化建设】　军分区各级严格落实安全管理责任制，层层签订《安全责任书》，大力纠治“非军事化”倾向。开展“迎亚运、抓稳定、树形象、作贡献”主题活动，突出抓好安全工作大发动、大排查、大整治、大检查活动和涉密军事信息安全管理等专项整治。亚运期间，蕉岭、平远县人武部高标准完成近两个月的备勤值班和军车检查验证任务，受到省政府、省军区的专项通令嘉奖。突出抓好武器装备安全管理，先后3次对全区8个武器仓库报废弹药、危险品进行彻底清查，促进军分区部队的集中统一和安全稳定。

【民兵基层建设】　依据《军队基层建设纲要》，扎实抓好民兵营(连)教育、队伍、制度、设置“四个基本”建设。军分区联合市委、市政府发出抓建《实施意见》，建立常委挂钩、抓建进度周报告、定期检查通报等制度，各人武部也相应加强组织领导，研究出台政策措施，有效解决经费、场地、装备保障等实际困难和问题，民兵营(连)部、“青年民兵之家”等基本设施配套建设质量不断提高。各县财政先后划拨专项经费260多万元，编兵单位自筹经费100多万元，征用和自筹装备4300多件(套)，形成军地互动、上下联动的良好抓建格局。至12月底，全市2119个村级民兵营(连)和重点民兵分队，提前半年完成抓建任务，达标率98.8%。

【参建参治和双拥】 以梅州争创“全国双拥模范城”为契机，充分发挥联系军地的桥梁纽带作用，组织发动部队和民兵预备役人员积极参加驻地经济社会建设。主动承担急难险重任务，丰顺、大埔县和兴宁市人武部协调组织驻军和民兵预备役人员参加抗洪抢险，抗击热带风暴“狮子山”和台风“凡亚比”，转移和疏散群众1万多人，抢运各种物资340多吨，清理水库、公路塌方5000多立方米。积极组织官兵、职工和民兵参加城市绿化植树造林活动，援建社会主义新农村蕉岭县文福镇逢甲村文化活动中心工程建设项目顺利竣工并投入使用。为旱区、地震灾区等受灾群众捐款10多万元，为援建希望学校捐款8万元。配合公安部门维护社会治安，组织民兵开展护村、护厂、护林等活动。梅县、梅江区民兵应急常驻分队在创建“国家卫生城市”、执行应急维稳和治安巡逻任务中发挥突出作用。《中国国防报》、《中国青年报》等报刊突出报道梅州双拥共建的典型事迹。

（杨红军）

武警梅州支队

【执勤】 2010年，出动兵力58起、1078人次，圆满完成“1012”、“1016”、客家山歌节等临时警卫、亚运火炬梅州站传递、春运执勤、长途武装押解、抢险救灾等任务。梅县中队、五华县中队成功处置人犯脱逃事件各1起，先后成功妥善处置兴宁“8·2”捕杀疯牛、平远“9·9”群体性械斗、“10·8”灭火救人任务，相关事迹先后被中央等媒体大力宣扬。亚运期间，派出274名官兵圆满完成32个民生目标、3个环粤安全检查站安全保卫任务，得到各级领导肯定。亚运安保执勤大队临时四中队被总部评为“亚运安保先进单位”，巫振新被总部评为“亚运安保先进个人”，支队和亚运安保执勤大队临时二中队被总队评为“亚运安保先进单位”，2名个人被总队评为“亚运卫士”，3名个人被总队评为“执勤能手”。

【训练】 投入经费60万元完善支队军事信息网、网络训练室、训练器材、场馆建设。坚持按纲施训，科学组训。以亚运安保“百日强化大练兵”为重点，突出抓好新兵入伍训练、专勤专训、勤训轮换、预提士官集训以及冲锋舟手、狙击手培训。部队军事训练水平整体提升，军官、士官军事素质明显增强。一中队排长赵崇书分别被总部、总队评为“优秀教练员”，兴宁中队班长张伟被总队评为“训练标兵”，83名官兵被支队评为“执勤能手、训练能手、技术能手”。

【思想政治建设】 扎实抓好党的创新理论武装，结合亚运安保任务，大力开展培育当代革命军人核心价值观主题教育、“我为亚运添光彩，我为祖国作贡献”专题教育，筑牢官兵理想信念；大力加强经常性思想教育、形势任务教育、“四反”教育，开展一人一事思想工作，扎实做好个别人、重点人防范转化工作，经常性基础性思想工作扎实，官兵思想稳定；大力宣扬学习身边典型活动，发挥新闻报道主阵地作用，建好用好政工信息网和网络学习室，发挥了政治工作服务保证作用；大力加强任务中政治工作研究演练，政治工作动中抓建能力明显提升，多次检查考评得到总队首长和工作组的充分肯定。亚运安保准备阶段政治工作经验做法被总队转发，《客都卫士报》被总队评为亚运安保战地快报第1名，政工信息网建设取得第3名，35人立功受奖。

【正规化建设】 贯彻广州市支队六中队现场会精神，大力推进支队正规化建设。研究制定《支队正规化建设两年规划》，抓好大埔中队正规化建设试点，坚持分批推进。推进执勤人防，物防，技防，联防“四防”一体化建设，全年治理执勤隐患22起，在全总队率先实现“零隐患”目标。投入经费700多万元，完成教导队营房和配套设施建设、梅州市中队道路改造、梅县中队哨楼建设、4个单位执勤目标监墙钢网墙安装、6个单位网络学习室建设、所有中队兵器室指纹联控门禁系统安装等，购置8台指挥运兵车，规划完成所有单位营区绿化美化。支队机关被国家绿委评为“全国绿化模范单位”。

【基层建设】 以《纲要》为指导，贯彻总队基层建设工作会议精神，抓基层规范化建设。兴宁市中队被总队评为“标兵中队”、“先进基层党组织”，并荣记集体三等功，五华县中队、大埔县中队被总队评为“先进中队”。

【综合保障建设】 贯彻后勤管理工作会议精神，抓后勤规范化管理，积极开展资产管理清查和增源节流，大力加强农副业生产，全年基本实现青菜自给，农副业生产收入20多万元，肉类自给率达到26%。教导队配套设施建设和机关、基层营区绿化美化工程如期完工，官兵福利、服装适体率和空调安装深受官兵称赞。加强后勤队伍建设，推进车辆武器装备信息化管理，加大卫生防病、防暑抗寒和计划生育工作力度，综合保障能力明显增强。后勤处被总队评为“先进后勤处”。

（温华楼）

梅州人民防空

【指挥通信建设】

建立人防指挥机构　市、县两级均按要求建立军地联合、平战结合、统一高效的人民防空指挥部，对人员的组成进行合理分工，明确目标任务，形成完善的应急指挥体系。

完成修订防空袭方案任务　市专门成立由军、地有关领导组成的防空袭方案修订工作领导小组，并召开专题会议部署信息化条件下城市防空袭方案修订工作，并已报省审核批准通过。

建成人防机动指挥所　机动指挥所的建成应用，大大提升了市人民防空的综合指挥能力和快速反应能力，为信息化条件下有效开展人民防空斗争提供了强大的技术支撑。同时，为梅州应急救援提供了灵活机动的指挥平台。

培养人防指挥人才　积极选送优秀干部参加军队指挥院校和省人防办组织的培训，还制定指挥人员训练计划，每个季度都按计划集中两天时间，组织指挥人员学习防空袭作战的指导思想、基本原则，学习防空袭方案的主要内容，学习各种作战文书的起草等组织指挥业务知识，有效地提高人防指挥人员的军事素质和综合指挥能力。

组训人防专业队伍　按照城市人口2‰的比例和国家规定的专业种类，进一步落实市、县两级人防专业队伍的组训工作，通信、抢险抢修等7个专业队组织更加健全、人员更加落实、训练更加到位。

组织人民防空演练　以提高实战能力为目的，积极组织人民防空纸上和实地演练，均达到预期的效果。

【通信警报建设】

防空警报网络日臻完善　梅州城区已建立完善的防空警报网络。根据城区不断扩大的情况，指导各县(市、区)适时完善防空警报网络。11月中旬,市、县两级成功组织防空警报试鸣,警报鸣响率、音响覆盖率均达到100%。

通信骨干业务技能日趋成熟　采取理论学习与实际操作相结合的方法,狠抓通信业务骨干的在岗训练,采取送出去和请进来等方式,积极选派人员参加省人防办举办的防空警报器安装维护培训班。

通信值班工作日益规范　建立严格的电台值班管理制度,落实专门人员负责电台值班工作,做到严守通信纪律,确保通信畅通。

【人防工程建设】 根据全市新建人防工程不断增加的情况,建立健全人防工程质量监督管理制度,严格执行《人民防空工程质量监督管理暂行办法》等政策规定,把好人防工程质量“三关”:一是审图关,按照国家、省有关规定,对设计方案、施工图纸实行严格的审查,发现问题及时提出修改意见;二是检查关,对施工工程实行跟踪检查,发现问题及时纠正;三是验收关,严格验收程序,保证新建人防工程质量。全市新建人防工程竣工验收合格率达100%。

【人防法规宣传教育】

加大人防法规宣传的力度　采用多种形式,全方位地开展人防宣传工作。一是充分利用各种宣传媒介宣传人防工作。市、县两级人防部门与本市各新闻媒体建立良好的关系,凡有重大活动,报纸、广播、电视等新闻单位都前来采访报道。同时,继续利用《人防工作简讯》和梅州人防网站这两个载体,及时宣传全市人防建设的新成就、新动态。二是结合防空警报试鸣,开展宣传周活动。通过多层次、多角度、多渠道地开展宣传教育活动,较好地营造了解人防、支持人防、参与人防建设的良好氛围,有效地促进了全市人防各项工作的顺利开展。

拓宽人防知识教育的路子　一是按省人防办下发的教材,印制《人民防空知识》4万多份,发放给全市各机关、事业、企业单位、社区居委居民和高等院校学生,开展大范围的宣传活动。二是市、县两级人防、教育部门在全市城区初级中学开展人防知识教育。重点在巩固和提高人防知识教育成效上下工夫。三是开展技能培训工作。邀请部队军事教官到市学艺中学、梅县宪梓中学、平远中学等相关学校,对初二学生进行防护技能培训,提高学生的防护技能。

加大人防行政执法的力度　一是加强人防执法队伍建设。对执法人员通过组织专题学习、选派培训等措施加强培训,有效地强化执法人员的法制观念,提高执法人员的综合素质。二是严格执行《行政执法评议考核制度》、《错案责任追究制度》等制度,规范行政执法行为。三是加大执法检查力度。市、县人防部门坚持开展经常性的行政执法,仅市本级全年就开展执法54次。

(刘杏文)

责任编辑:廖晓鹏

经济管理

发展和改革管理

【"十二五"规划纲要编制】 紧扣科学发展这一主题,突出"全力加快绿色的经济崛起,建设富庶美丽幸福新梅州"这一核心,提出梅州市"十二五" 发展战略、发展目标和主要任务。突出高速铁路、高速公路为重点的基础设施建设。其中广梅汕铁路扩能工程(梅州至惠州、汕头铁路)高速铁路,鹰梅、浦梅快速铁路,济广高速平远至兴宁段、平汕高速五华至陆河段(含畲江支线)、梅龙高速省界至三角段、梅州环城高速东环段、梅州至平远段、梅南、凤池水利枢纽工程等均列入国家和省"十二五"规划。注重保障和改善民生。在"十二五"规划指标体系中,保障和改善民生指标 28 个,占全部 39 个指标的 72%。在规划体例上,采用专栏形式,对梅州市未来五年发展目标、发展方向和布局进行具体细化,使规划更具体、明确;在规划内容上,增加规划实施保障措施,使规划更完善;在规划形成过程中,在互联网上开辟专栏,开展"我为梅州'十二五'规划建言献策"活动,宣传发动社会参与,确保规划形成的过程,是民主决策、集思广益、凝聚各方共识的过程。

【年度计划运行监测】 加强经济运行监测预测,坚持季度形势分析制度,加强经济形势、重点项目建设等情况的调查研究工作,重视跟踪计划实施情况,及时提出经济运行情况及相关应对措施和建议。全年全市经济社会各项预期目标全面完成或超额完成。全年全市生产总值实现 612.36 亿元,增长 14.1%,高于年初确定预期目标 4.1 个百分点。全年地方一般预算收入 38.95 亿元,增长 26.6%,高于年初确定预期目标 16.6 个百分点。全年全社会固定资产投资完成 195.52 亿元,增长 20%,高于年初确定预期目标 4 个百分点。全年社会消费品零售总额 319.05 亿元,增长 19.4%,高于年初确定预期目标 4.4 个百分点。全年外贸进出口总额 11.73 亿美元,增长 48.7%,高于年初确定预期目标 43.7 个百分点。其中进口 2.2 亿美元,增长 88.8%;出口 9.51 亿美元,增长 41.8%。"十一五"期间,全市单位生产总值能耗累计下降 17%,全面完成"十一五" 单位生产总值能耗下降 16%的目标。全年城镇(市区)居民人均可支配收入 14728 元,增长 12.3%,高于年初预期目标的 3.8 个百分点;农民人均纯收入 6367 元,增长 18.1%,高于年初预期目标的 10.6 个百分点。

【重点项目建设】 通过落实领导挂钩责任制、年度目标考核制,建设进度一月一通报制、重点问题专项督办制、沟通协调跟进制等有效机制,积极推进重点项目建设。全年重点项目投资额和完成投资率均创历年新高,成为历年来建设项目最多、投资额最大、涉及民生面最广的一年。全年重点项目累计完成投资 120.6 亿元,完成年度投资计划的 103%,比上年高 18 个百分点,重点项目完成投资占全社会固定资产投资 61.7%。五华钼矿、丰顺韩江东山水利枢纽工程、蕉岭油坑建材有限公司水泥熟料及纯低温余热发电、梅县荷树园电厂三期、梅县超华科技园、大埔县城防洪堤扩建工程、平远县汽车配件生产线首期、客天下旅游产业园、客都大道、归读公园安置区、西环高速三期、电网建设等项目进展顺利,超额完成年度投资建设任务。大埔发电厂、济广高速平兴段、梅大高速东延线、鹰梅、浦梅铁路等预备项目取得实质性进展。组织参加省 500 强项目遴选,2010 年入选省现代产业 500 强项目 20 个,居山区市前列。贯彻落实中央扩大内需政策成效明显。牢牢把握中央和省实施扩大内需一揽子政策的良好机遇,积极申报,积极跑动、沟通,全力争取项目资金落户梅州最大化,争取资金总额和项目建设进度均居山区市前列。至 2010 年,共安排中央预算内投资项目 149 个,总投资 7.38 亿元。其中 2010 年度下达投资计划 5.8 亿元,安排中央投资 1.75 亿元,省级配套 0.24 亿元,已完成 2.7 亿元,占下达投资计划的 47%。

【固定资产投资管理】 全年审批项目 282 项、核准项目 51 项、网上办理社会基建项目登记备案 96 宗、核准 423 个项目招标投标发包初步方案。

(吴特宏)

物价管理

【落实价费政策】 一是积极争取上级支持,切实落实电价政策,全力为企业增收减负。二是从 2010 年 12 月起将全市污水处理费标准综合平均征收标准调整至 0.90 元/立方米。三是进一步落实优惠政策。2010 年,全市工业园区和产业转移园区共免缴收费 1864.93 万元,落实市政府优惠政策少缴收费 2501.3 万元。四是规范数字电视收费。核定机顶盒和 IC 卡价格均低于省定标准。五是对公共场所车辆停放和部分景点实行免费政策。

【强化价费管理】 一是收费年审全市共取消行政事业性收费 16 项,涉及金额 1.43 亿元,减轻企业和人民群众的负担。二是开展涉企经营服务性收费专项治理和规范工作。三是出台梅州物业收费管理办法,规范梅州物业服务收费行为。四是全面规范教育收费行为。五是在省定的收费项目、标准内下浮 8%,制定《梅州市第一批新增医疗服务价格项目(试行)》。

【加强价格监督】 一是切实加强市场价格监测。二是加大节日市场价格巡查力度。三是开展全市行业协会收费专项检查。四是做好价格举报工作。2010 年,全市查处价格违法案件 79 宗,查处违纪金额 474.9 万元。五是做好梅州民声回复工作。

【开展惠民行动】 一是组织贯彻落实稳定物价政策,把有效的价格监管作为社会和谐稳定的重要保障。二是进一步加强农产品价格监督,市场秩序总体良好。三是做好开征价格调节基金的前期准备工作。

【推进基础建设】 一是加强价格监测、成本、认证等工作。二是加大价格宣传力度。三是开展“提高执行力，推进大行动”活动，加强队伍建设。

（梁启亮）

工商行政管理

【登记管理】

各类市场主体登记管理 全市工商部门落实首办责任制和服务承诺制，简化办事程序和手续，提高工作效率。新办企业登记5个工作日内发照，企业变更登记3个工作日内发照，名称和注销登记1个工作日办结，如遇特殊情况特殊对待，凡材料齐全、符合法定程序的当日即可发照。至2010年，全市各类市场主体总数109086户。其中2010年登记20215户，比上年增加15.9%。

做好动产抵押登记工作，帮助企业解决融资难问题。简化动产抵押登记工作程序，实现当场受理、当场登记，提高服务效能。全年办理动产抵押物登记145宗，帮助182户企业融资贷款20.2亿元，办理注册资本零首期24户，延长企业出资期限5户。全面落实进入产业转移园免收费用的政策，对36户企业免收登记注册费用25.08万元。

农民专业合作社登记管理 至2010年，全市共有农民专业合作社673户，与2009年同期相比增加265户，增长65%。其中2010年登记270户，直接带动农民就业3000多人。全市农民专业合作社主要是从事种植、养殖及购买农业生产资料方面，这三个行业的占有率达到总数的77%。在出资额方面，出资额在100万元以下的有440户，占总数的67%。

采取多项措施促进农民专业合作社发展。一是大力宣传《农民专业合作社法》、《农民专业合作社登记管理条例》和政府促进农民专业合作社发展的相关政策，增强农民群众的法律法规意识、发展致富意识，进一步营造扶持农民专业合作社发展的舆论氛围。二是把咨询辅导和登记注册结合起来，加大农民专业合作社登记的引导力度。对有意向成立农民专业合作社的农民群众或企业，做到提前介入，主动引导。三是加大农民专业合作社登记成立后的扶持力度。围绕本地区具有竞争优势的产业，重点引导、鼓励和扶持农民专业合作社开发具有地方特色的名优农产品，帮助农民专业合作社实行品牌化经营，形成各具特色的产业带、产业群。四是为农民专业合作社登记注册开辟“绿色通道”。本着简化程序、促进发展的原则，做到主动服务、对接服务、延伸服务和创新服务。对申请设立农民专业合作社登记，材料齐备并符合法定形式的，给予当场受理；条件许可的，当场核发营业执照。

外资企业登记管理 2010年，全市登记外资法人企业128户，比上年47户增加81户，增幅172.34%。新设立企业除1户为台资企业外，其他均为港资企业。新设立外资分支机构17户，比上年增加7户，增幅70%。办理注销外资企业14户（含分公司7户）；吊销73户（含分公司2户）。至年底，累计注销外资企业493户（含分公司125户）。办理股权转让，外资转内资法人企业11户，内资转外资1户。均属梅州市范围内的迁移。另有1户为外地登记迁入梅州市外资企业。办理股权出质登记2户。

投资总额、注册资本、外方认缴额三项指标比上年减幅较大。投资总额11646万美元，比上年减少22016万美元，减幅65.4%。注册资本9867万美元，比上年减少9321万美元，减幅48.58%。其中外方认缴出资额9477万美元，比上年减少9408万美元，减幅49.82%。新企业投资额户均90.98

万美元，比上年减少 625.23 万美元，减幅 87.30 %；户均注册资本 77.09 万美元，比上年减少 331.16 万美元，减幅 81.11%；户均外方认缴额 74.04 万美元，比上年减少 327.76 万美元，减幅 81.57%。

投资企业类型以外方独资为主。新设立 128 户法人企业中，独资 122 户，占 95.31%；合资 4 户，占 3.13%；合作企业 2 户，占 1.56%。大多数外方投资者采用独资方式，境外投资者认为大部分产业政策允许独资方式，且在设立、经营、决策等方面比较简单、主动、方便，减少一些手续、程序上的麻烦。

第三产业投向比重明显加大，首次超过以加工制造业为主的第二产业。新设企业投向第三产业的有 60 户，占 46.88%；其中行业门类属批发零售业或经营范围含有批发零售及进出口贸易的从事贸易型企业有 56 户。投向第二产业的企业有 57 户，占 44.53%，在梅州市历年的年报中首次退居其次。投向第一产业企业户数为 10 户，占 7.8%。

2010 年新发展投资较大企业两户，均为合资企业。其一是由香港汇华泰龙集团投资有限公司与境内企业广东锦珑矿山设备实业有限公司共同投资设立的梅州市汇聚华龙实业发展有限公司，投资总额 8000 万港元、注册资本 3200 万港元，经营范围为矿山设备及配件的制造、销售；矿产品加工等。另一是由香港龙盛国际集团有限公司与境内企业深圳美惠宝投资有限公司共同投资设立的兴宁市龙立农业开发有限公司，投资总额 1000 万美元、注册资本 500 万美元，经营范围为油茶种植开发、研发、销售。

【市场监管】 2010 年，全市工商部门查处各类经济违法违章案件 3067 宗，发出行政指导书 9539 份。查处各类公平交易、假冒伪劣等案件 3067 宗，案值 1148.7 万元。

规范食品经营主体资格 积极开展宣传活动，通过横幅、标语、上门宣传法律法规等形式，使辖区个体工商户对《食品安全法》、《食品流通许可证管理办法》、《流通环节食品安全监督管理办法》的相关内容了解掌握，自觉遵守法律法规的相关规定。提供优质服务，方便经营户办理“食品流通许可证”，按照“谁登记、谁规范、谁负责”的原则，由登记窗口负责在材料准备、组织评估、材料审查、审核报批等方面实行首办首问责任制、跟踪负责制。加强监管，规范管理，按照“谁监管、谁清理、谁负责”的原则，采取逐户排查的方式，确保在流通环节食品主体准入方面不出现监管盲区。

加强流通领域食品安全监管 健全食品安全监管长效机制，全面推广食品安全“信誉通”(市按省要求而制订的监管备案信息软件系统)。把好食品市场主体准入关，发放食品流通许可证 11143 份。抽查流通领域商品 420 批次，查处食品案件 266 宗。开展食品安全专项检查行动。重点对乳制品、豆制品、饮料、酒、儿童食品、糕点、营养保健品、调味品等与人民群众生活密切相关的食品进行检查；打击流通环节违法添加非食用物质和滥用食品添加剂专项执法检查；开展季节性、节日性食品专项执法检查。以元旦、春节、“五一”、端午、“六一”节等为重点，突出抓好应节食品的检查及日常食品安全监管，保障食品消费安全。全年办结食品案件 266 宗，案值 306.56 万元。

加强农资商品经营监管 一是督促指导农资商品经营户建立健全和落实内部质量管理制度，健全农资商品流通信息数据库。二是配合省工商局委托检验机构，对兴宁市、梅县农资商品经营户经营的农药、化肥进行抽检，共抽检化肥 55 个批次，其中合格的 50 个批次，占 90.9%，不合格的 5 个批次，占 9.1%；农药 5 个批次，全部合格。三是在春耕、夏播等重要农时季节，在全市范围内开展农资商品专项整治行动，出动执法人员 4233 人次、车辆 803 辆次，检查农资经营户 3867 户次，查获假冒伪劣农资商品 1410 公斤，立案查处 44 宗，案值 16.7 万元。

打假 一是以食品质量监测为手段，加大对销售假劣食品的打击力度。全市组织抽检食品、日

用品、电器、电缆,服装、鞋类、成品油、建材、装饰材料等共 884 批次,合格 538 批次,不合格 346 批次(其中:纯标签不合格 67 批次),合格率 60.86%。二是以打击“傍名牌”为突破口,开展反不正当竞争工作。根据红牛维生素饮料有限公司的投诉和省工商局《转发国家工商总局竞争执法局关于查处涉嫌违法销售仿冒“红牛”饮料的通知》,在全市进行查处涉嫌违法销售仿冒“红牛”饮料的专项行动。共查获涉嫌使用与他人知名商品近似的名称、包装、装潢的“红牛”饮料 32.5 箱(共 782 罐),立案 3 宗,责令整改 10 户。全年共查处不正当竞争案件 37 宗,案值 25.74 万元。三是开展为期 5 个月的建材整治专项行动。抽检钢筋、人造板、铝合金样品共 48 批次,合格 25 批次,不合格 23 批次,合格率 52.08%。抽查水泥 36 批次,合格 36 批次。立案 13 宗。四是开展打击非法拼组装汽车摩托车专项整治行动、液化石油气中掺混二甲醚问题专项整治行动、军服管理专项整治行动等。全年办结假冒、伪劣案件 407 宗,案值 210.63 万元。

打击走私贩私 与公安局、海关、检验检疫局、烟草专卖等多家部门联合开展执法检查 38 场(次),查获走私“红油”45.97 吨、无海关检验检疫证明水果 205 公斤、无合法来源洋酒 151 瓶和鸡翅、鸡爪、牛肉等冻品 237.73 吨。全市工商部门查处经营无合法来源进口商品案件 19 宗,案值 131.38 万元。

打击传销活动 开展“禁传销、保亚运”专项行动,加大对传销活动的刑事打击力度。市公安、工商联合查获传销窝点 90 个,清查遣散传销人员 2697 人次,立刑事案件 10 宗,刑事拘留传销人员 22 人,解救被骗人员 15 人,传销势头在梅州地区得到有效的遏制。

整治校园周边经营秩序 出动执法人员 3979 人次,1054 车次,检查经营户 8439 户,发现问题 114 户,立案查处 40 户,收缴仿人民币有奖销售卡片 400 张,仿人民币儿童玩具折纸 130 张,不合格食品、无 QS 食品等一批。通过整治活动,使广大经营户受到教育,使校园周边经营秩序得到明显好转。

商品交易市场信用分类认定 各工商所在采集、录入市场信用信息后,各县(市)工商局、梅江分局进行审查、修正和初步认定,市局进行审核,最终确定全市各个类别的市场共 57 个,与 2008 年度相比,减少 8 个,减幅为 12.3%。其中 B 类市场 34 个,减少 4 个,减幅为 10.5%;C 类市场 19 个,减少 5 个,减幅为 20.8%;D 类市场 4 个,增加 1 个,增幅为 33.3%。全市工商部门进一步加强对各类市场督促检查,规范经营行为,并做好相关服务工作,使全市市场信用分类监管工作架构更趋合理化、规范化。

贯彻实施国家工商总局颁布的《网络商品交易及有关服务行为管理暂行办法》 市工商局一是于 8 月 31 日通过视频举办网络市场监管业务培训,全系统机关相关人员及工商所正、副所长、业务骨干共 600 多人参加培训。二是核实全市 ICP 经营许可证企业信息和网络交易平台用户企业信息, 完成全市经营性网站经营企业和通过互联网开展商品及服务交易企业的调查摸底工作,掌握辖区内“涉网”企业的基本情况,为顺利开展网络市场监管打下基础。

“创卫”工作 7 月初,根据市政府创卫工作调整后的职责分工,梅州市工商局紧紧围绕规范社会办集贸市场、肉类销售进市场、流通环节食品安全监管、城区无烟草广告等主要任务开展工作。一是牵头整改完成社会办集贸市场内跨门经营,市场内卫生及秩序管理,蔬菜农药残留检测公示牌的设置等工作。二是开展猪肉销售必须进入市场或超市的整治。梅州城区主干道两侧猪肉门店已基本清除,梅县新城 136 户猪肉经营户已基本进入市场经营。三是进一步落实流通环节食品安全监管责任,对食品经营单位实行“网格化”监管。指定专人负责落实,通过推广使用“信誉通食品备案信息系统”,为食品安全构建信息化、高效的监管体系。四是加强梅州城区及梅县新城范围

内烟草广告的清理工作,共清除200多块带有烟草广告性质的广告牌和店牌。五是配合相关部门开展临时市场取缔、梅江区“六乱”整治、市场内外活禽经营整治、小餐饮及公共场所整治、食品加工小作坊整治、违禁野生动物整治、夜宵排档整治等工作。

【企业监管】

高危行业监管　完善工商所“经济户口”的监管档案,落实工商所网格化监管责任,消除监管盲区。7月,对拍卖行超范围经营问题进行专项整治,对梅江沿岸企业进行生产排污检查。8月,对“黑网吧”及无照经营进行检查。查处“黑网吧”127户,没收电脑设备683台,发函通知电信部门切断黑网吧信号101户,罚款9.14万元。9月25~29日,对市工商局登记的73户高危行业企业逐户进行专项检查,通过整治、检查、取缔,有效地减少和排除高危行业的安全隐患。开展春节前烟花爆竹、国庆前“三合一、多合一场所、非煤矿山、危险化学品、公共场所等行业专项检查。

综合治理无证无照经营行为　一是加大对无照经营行为的查处力度。10月11~21日,派出督查组对全市8个县级局无照经营情况进行督察。督查组重点对城乡结合部的工商所进行督察,每个工商所辖区共检查100户个体经营户。从督察整体情况看,各单位清理无照经营工作较上年有明显提高,无照经营率只占各单位总检查户数的2%。二是加大对企业违反登记法律法规行为的查处力度。查办案件27宗。三是重视来信来访,共受理投诉16件。对群众投诉的问题,件件抓落实。2010年,全市治理无照经营户1240户、罚款金额239.93万元。在全省无证无照经营综合治理工作考评中得分位居并列第五,被评为优秀等次。

年度企业检查　至6月底,参加年检企业1491户,占企业总数的96%,其中对41户企业进行实地年检。10月,对市工商局登记的71户未参加2009年度年检企业发出拟吊销营业执照告知书。

【商标广告监管】2010年,全市核准注册商标1372件,创梅州新注册商标数量的历史新高。新增省著名商标14件。全市累计有效注册商标6207件,省著名商标45件,中国驰名商标1件。严厉查处虚假违法广告和商标侵权行为,没收销毁侵权商品2134件。

商标管理　普及商标法律知识。主动深入企业,加强商标的宣传、推介,指导企业及时注册商标并正确使用商标,帮助企业完善注册商标使用、管理制度,督促企业在注册商标有效期满时及时续展注册,保护自身权益。

商标申报评审。协助广东健神科技股份有限公司等10户企业做好申报省著名商标的资料准备工作;协助广东塔牌集团股份有限公司做好“塔牌”商标申报中国驰名商标的各项材料准备、报送工作,现申报材料已经过省工商局商标处审核,送国家工商总局商标局等待评审。2010年7月,向省工商局推荐广东联康药业有限公司的“雄狮”、刘裕俭的“侨微”、梅县华银雁鸣湖旅游度假村有限公司的“雁鸣湖”、广东康奇力药业股份有限公司的“康奇力”、梅州市沐华齿轮有限公司的“沐华”、广东健神科技股份有限公司的“健神”、大埔县康达茶业有限公司的“凯达”、梅州市金穗生态农业发展有限公司的“辰曲”、李永生的“木子”、大埔县三河酒业有限公司的“三河坝”等10件商标申请认定省著名商标;推荐梅县雁南飞茶田有限公司的“雁南飞”、广东梅雁水电股份有限公司的“梅雁”、大埔县枫朗镇西岩茶场的“西竺”、广福建材(蕉岭)精化有限公司的“广福”、平远县粤东铸钢实业有限公司的“YUE DONG”、广东威华股份有限公司的“威利邦”、丰顺县黄金食品厂的“黄金”、梅县梅岭果品有限公司的“梅岭”等8件商标延续认定省著名商标。2010年12月,“雄狮”、“沐华”、“健神”、“凯达”、“辰曲”、“木子”、“三河坝” 等7件商标及 “雁南飞”、“梅雁”、“西竺”、“广福”、“YUE DONG”、“威利邦”、“黄金”、“梅岭” 等 8 件商标经省著名商标评审委员会评审通过，认定(延续)为省著名商标。

农业品牌培育和保护。抓好引导和协助申报农产品商标和地理标志及集体商标的注册工作，对已注册的农产品商标和地理标志引导其规范管理和使用。

商标侵权假冒行为处理。关注商标侵权行为的新动向，适时组织统一执法行动，打击对社会危害性较大的商标侵权行为，重点放在销售环节易出现商标侵权行为的全市各大型批发市场（商场)、超市。及时做好商标侵权投诉和上级交办的案件查处工作。2010 年，全市工商系统共查处商标案 69 宗，案值 23.43 万元，没收销毁侵权商品 2134 件。

开展保护世界博览会和亚运会标志专有权行动。采取有效措施，及时组织开展保护上海世界博览会标志和广州亚运会标志的执法行动，为上海世界博览会和广州亚运会召开创造良好的知识产权保护环境。

开展打击侵犯知识产权和制售假冒伪劣商品专项行动。2010 年，全市工商系统出动 712 人次，检查各类经营主体 542 户，检查批发市场和集贸市场 95 个，重点整治区域 8 处，查处商标侵权、不正当竞争和制售假冒伪劣商品案件 69 宗，为权利人挽回经济损失 10 多万元。

做好商标服务、公告登记工作。2010 年，梅州市在《商标公告》上被核准公告的商标共 1372 件，全市累计商标注册 6207 件。

广告管理　广告监测投诉处理。2010 年，抽查监测在《梅州日报》、《梅州市广播电视台》上发布的药品、保健食品、医疗服务广告 1527 条次，发现涉嫌违法广告 56 条次；集中监测药品、保健食品、医疗服务、食品、房地产、信用卡广告、网络涉性广告 1445 条次，发现涉嫌违法广告 47 条次。

查处违法广告。加大虚假违法广告的查处力度，重点查处各类虚假违法药品、医疗服务、保健食品、网络涉性广告，切实打压虚假违法广告反弹和蔓延的势头。2010 年，全市工商系统查处违法广告案件 104 件。根据市政府创建国家卫生城市的要求，抓好城区烟草广告的监督检查工作，确保“创卫”城区做到无烟草广告；同时，抓好户外广告和印刷品广告的监管，组织开展手机网站传播淫秽色情信息广告专项整治工作等。

开展广告文字专项检查工作。组织对辖区内利用电视、报纸、期刊、印刷品及户外等媒体和形式发布的广告中使用的语言文字情况进行专项清理检查。监测、检查各类广告 1176 条，未发现广告中语言文字使用不规范的违法行为。

做好广告经营资格检查工作。对全市 11 户持有“广告经营许可证”的广告经营单位进行年度检查。梅州市有广告经营单位 282 户(其中广告公司 165 户)，从业人员 2072 人，广告经营额 9770 万元。

【消费者权益保护】 2010 年，消费维权工作进一步推进，全市各级消委会共受理消费者投诉 764 件，调解 764 件，解决率达 100%，为消费者挽回经济损失 82.9 万元。

开展纪念“3·15”国际消费者权益日系列活动　“3·15”前夕，召开全市消委会秘书长工作会议，围绕中消协提出的“消费与服务”年主题全面部署“3·15”活动，通过开展宣传咨询活动、举办案例发布会、消费维权进校园等形式开展系列纪念活动。3 月 5 日，市消委会在市工商局七楼会议室举行2009 年梅州市消费维权十大典型案例发布会，向广大消费者发出警示和提醒。市消委会会长邓建忠向社会公布 2009 年全市消费维权十大典型案例，其中兴宁《服务“三农”解纠纷 情系百姓保护神》被省消委会采用列入 2009 年度广东省十大消费维权案例中。3 月 11 日，市消委会、梅江区消委会组织梅州供电局、《民生 820》、《梅州广播电视》周报、嘉应学院医学院附属医院、苏宁电器在梅江区长沙镇联合开展家电维修、用电安全、健康知识“三下乡”活动，深受农村消费者欢迎。“3·15”期间，全市各级工商部门和消委会共开展“3·15”宣传、咨询活动10场次(其中设立乡镇农村维权点两个)，参加现场宣传咨询服务活动的有消委会各成员单位、有关职能部门和群众约10万多人次；各级消委会现场受理消费者投诉30多件，发放宣传资料3.5万份，悬挂横幅标语宣传画100多条(幅)，现场进行真假商品对比、曝光假冒伪劣商品100个品种。

调解消费纠纷 2010年，运用“12315”投诉举报中心信息系统软件共接到消费者申诉咨询举报6362件，其中申诉358件、举报24件、咨询5980件，接待来信来访432多人次。全市各级消委会受理消费者投诉321件，调解321件，解决率达100%，为消费者挽回经济损失29.9万元。其中，欺诈行为得到加倍赔偿2.8万元；提供案情后由政府有关部门罚没款13.8万元。

拓宽消费维权领域 2010年，市消委会通过梅州市消委会消费维权网发布消委工作动态、维权资讯和消费指导等消费信息，引起全社会的广泛关注和有关部门重视，形成多部门协作、齐抓共管的消费维权局面。网上受理投诉23件，咨询14件，解决率100%。

开展服务领域消费者评议活动 根据省消委会《关于继续开展服务领域消费者评议活动的通知》等有关文件精神，为做好“消费与服务”年主题活动工作。针对全市消费者投诉的热点和难点问题，结合全市公共服务行业的实际，指导兴宁市消委会开展服务领域消费者满意度问卷调查活动。活动形式主要是通过问卷调查，了解广大消费者对于全市服务行业在服务质量、价格收费、广告宣传、“霸王条款”等服务内容的客观评价，增强全市服务企业和经营者的社会责任感，提高行业的整体服务质量和水平，促进全市公共服务行业健康、快速发展，营造安全、和谐、文明的消费环境。

(杨静、翁静珍、刘愉鹏、陈军忠、汪文冲、黄小汕、程淑娟)

质量技术监督管理

【安全监管】

食品安全监管 一是抓好安全培训，强化企业主体责任意识。全年共培训717家企业748人次。二是落实食品监管“六项制度”，确保监管到位。食品监管“六项”制度是：食品生产许可制度、食品抽样检验制度、食品企业监督检查制度、食品生产加工违法行为查处制度、食品安全信用档案制度、生产加工环节食品安全风险监测与信息交流制度。三是开展食品安全专项整顿。四是制订食品监督抽检计划，对全市406家获证企业实施监督抽查1462批次，内在质量合格率为94.6%。

特种设备安全监察 一是执行特种设备“三落实、二有证、一检验、一预案”制度，建立健全应急救援演练制度，夯实特种设备安全监察工作基础。三落实：落实安全生产责任制，落实安全管理机构、人员和各项管理制度及操作规程，落实定期检验制度。二有证：特种设备要有注册登记证，管理人员与操作人员要取得作业人员证。一检验：特种设备检验。一预案：特种设备事故应急救援预案。二是开展现场安全监察，着力消除事故隐患。对全市在用3881台(套)设备加强巡查监管，对77台(套)重点监控特种设备进行事故隐患排查。全年共检查生产单位10个，使用单位672家次，检验单位8个，施工现场375个，发现一般安全隐患98处，重大隐患40处，发出安全监察指令书241份，全部跟踪落实整改到位。三是开展对工业锅炉、气瓶、液化石油气掺混二甲醚等专项整治工作。

【公共检测平台建设】 一是抓大项目建设，全力做好国家深加工农产品及酒类质检中心项目及省汽车配件检验站等项目的调研论证及材料申报工作，以项目促发展，提升技术机构的整体实力和竞争力。二是着力提高队伍素质,加强在职人员培训,引进高学历人才,面向社会公开招聘7名本科以上学历的技术人员,改善队伍结构。三是加强检验检测能力建设,投入120万元购置一批较先进的检验检测设备。四是积极拓展项目,挖掘潜力,增加经济收入。全年全市技术机构累计实现业务收入1742.30万元,同比上年1525.46万元增长14.21%。

【打假治劣】 一是突出食品、特种设备、重点产品的执法检查。二是重点开展食品生产加工小作坊、液化石油气掺混二甲醚、建材等专项执法检查。全市出动执法人员7127人次,检查企业2502家次,立案486宗,现场处罚1438宗,涉案货值486.5万元。三是做好举报投诉工作,利用"12365"举报投诉平台,及时受理群众举报投诉案件,全年受理举报投诉案件36宗,已全部办结。

(罗爱华)

国土资源管理

【耕地保护】

落实耕地保护目标责任制 市与县、县与镇层层签订2010年度耕地保护目标责任书,进一步明确职责,落实责任,确保全市239.09万亩耕地保有量数量不减、质量不降。

抓好基本农田示范区建设 蕉岭县省级5万亩基本农田示范区建设进展顺利(分五期、每期1万亩),第一、二期建设于2010年11月动工。

建立完善耕地保护补偿机制 市政府制定年度耕地保护责任目标履行情况奖励办法,市财政安排资金40万元,对耕地保护综合考核和开发补充耕地单项考核排名较好的县(市、区)政府给予奖励。同时,各县(市、区)政府在财政资金较为困难的情况下,安排资金600万元用于奖励新增耕地项目开发、新增耕地后期种植管护及基本农田调整划定验收等工作。

开发耕地 发挥耕地后备资源较为丰富的优势,推进园地山坡地开发补充耕地工作,确保全市实现耕地占补平衡有节余。开发过程中注重抓好新耕地的质量和后期管护工作,对坡度超过25度、容易引发水土流失的地块一律不进行开发。同时,对开发后的新耕地,开展地力培育,落实种植,避免出现"开而不种"的丢荒现象。全市开发补充耕地项目100个,新增耕地5.8万亩,全部通过省级抽查验收。其中,20个项目新增耕地1.8万亩已核发市级验收确认函。提前超额完成省下达4万亩开发任务。

【用地保障】 市、县(市、区)两级土地利用总体规划修编工作已完成并上报省政府审批,镇级土地利用总体规划修编工作已完成并通过市政府审批。提前介入,加强指导,开辟重点项目用地报批绿色通道,完成建设项目用地预审16宗,累计组织31个批次和单独选址项目用地上报审批,涉及用地面积621.48公顷,较好地保障全市经济社会发展用地需求。

【节约集约用地】

落实土地管理共同责任制度 成立市政府分管副市长任组长,市政府副秘书长、市国土资源局局长任副组长,监察、财政、发改、劳动保障、建设、城乡规划、环境保护、林业、信访等部门领导为成员的市建设用地审批(审核)领导小组,将审批用地的"关口"前移,共同把关,严格审批。

促进工业园区土地集约利用 落实《梅州市工业用地管理暂行办法》,加强对工业园区用地监管，有效遏制工业用地粗放利用现象。

推进"三旧"改造　成立市政府主要领导挂帅的领导机构和各相关部门组成的工作机构；制订实施方案，以市政府名义颁发《关于推进"三旧"改造，促进节约集约用地实施意见》和《梅州市"三旧"改造工作实施细则》；开展调查摸底和上图建库，编制梅州城区"三旧"改造规划和年度实施计划，全市符合"三旧"改造条件的用地面积 49335 亩。2010 年 8 月 14 日，举行"三旧"改造项目推介会，向市内外一批实力强的企业家推介 45 个改造条件好、可操作性强的项目，其中 10 个项目现场签订改造意向合同，投资总额 36.9 亿元。45 个项目总面积达 4560 亩，包括旧城镇改造项目 18 个、旧厂房改造项目 12 个、旧村庄改造项目 15 个，范围涵盖全市 8 个县(市、区)。同时，举行投资 10 亿元的"三旧"改造示范项目——梅城南方工业城改造项目动工仪式。

【市场建设】 建立完善国土资源市场运营机制，土地、矿产资源收益实现最大值。全市出让土地 2008 宗，成交价款 16.6 亿元；有偿出让采矿权 21 宗，收取价款 657 万元。

【矿业开发】 开展稀土等矿产资源开发秩序专项整治活动，组织出动 1200 人次，取缔非法稀土矿点 7 个、扣押非法采矿设备一批，刑事拘留 2 人、行政处分 3 人，罚款 17 万元。协调与省属大型企业的矿业开发合作，推进五华县白石嶂钼矿等 13 个重点矿业项目开发。五华县白石嶂钼矿矿山主体工程基本完成，即将可试投产，国家矿山公园项目获得国土资源部批复同意。兴宁市霞岚钒钛磁铁矿开展尾矿泥综合利用实验研究等工作，拟定项目动工仪式方案。重点矿区勘查和资源整合稳步推进，平远县仁差钼、铀等多金属勘查、丰顺县潘田铅锌矿勘查取得初步成果；全面完成平远县黄畲仁居稀土矿区、梅县宝坑铁矿等 4 个省级重点督办矿区的资源整合任务。

【地质灾害防治】 编制并组织实施地质灾害防治方案，加大汛期地质灾害巡查监测力度。组织地质灾害巡查 1000 人次，开展对威胁 100 人以上的地质灾害隐患点的专项检查工作。举办地质灾害应急演练活动，聘请 11 位专家建立地质灾害防治专家库。筹措资金开展全市地质灾害治理搬迁行动，847 处地质灾害隐患点得到搬迁或工程治理。开展地质灾害预警预报工作，发布三级以上地质灾害气象预警预报 31 次，发送语音及文字短信 52421 条，成功预报地质灾害 2 起，1000 人及时避让。

【执法监察】 组织全市性动态巡查检查 5 次，关闭矿山督察 1 次，对全市 56 个镇进行督察。全市发现国土资源违法行为 329 宗，全部发出《责令停止土地违法行为通知书》，及时制止 308 宗，立案查处 21 宗，结案 18 宗。一批责任人受到刑事和政纪处理。开展 2009 年度土地卫片(卫星拍的照片)执法检查。依法查处违法用地 21 宗，涉及面积 944.19 亩，其中耕地 483.59 亩。整改并结案 21 宗，立案率、查处率、整改率、结案率达 100%。没收违法建筑物 3.8722 万平方米，复耕土地面积 66.1 亩，收缴罚款金额 190.12 万元，申请法院强制执行 7 宗，限期完善用地手续面积 675.1 亩。

【基础业务建设】 完成局办文窗口整体进驻市行政服务中心任务，建立完善"服务承诺制、首问负责制、限时办结制、行政公示制和一次申告查实待岗制"等 5 项服务制度。坚持"一站式管理、一条龙服务、一次性收费、一窗口办结"的便民措施，行政审批全面提速。全面完成第二次土地调查工作任务，建立市级土地利用数据库。启用广东省连续卫星定位服务系统，完成市、县城区、建成区、中心镇、建制镇建成区 320 平方公里 1:500 数字化地形地籍测量，建成连续运行卫星定位系统和基础地理信息数据库,完成梅州城区 GPS 控制网整体平差工作。建立省级档案馆,实行档案信息查询,有偿服务和土地登记资源公开查询,实现档案管理信息化。

（李盛春）

审计管理

【概述】 2010 年,全市审计机关紧紧围绕推动"绿色的经济崛起",加强财政资金、民生资金及对重点部门、重点资金、重点项目的审计监督,充分发挥审计"免疫系统"功能作用,努力增强审计工作的针对性、实效性和建设性。全市共完成审计(调查)单位 303 个,查出违规金额 9536 万元,管理不规范资金 78619 万元;审计作出处理应缴财政资金 2809 万元,核减投资额 4809 万元,应归还原渠道资金 1109 万元,应调账处理 17256 万元,挽回损失 349 万元;移送司法、纪检及有关部门案件及事项 4 件,涉及人员 3 人。

【重点审计】

财政预算执行审计　重点对本级财政预算执行及财政局、教育局、民政局、经信局、社保局等 31 个部门预算及财政收支进行审计,查出预算编报不真实 21686 万元、未按规定征收及缴纳预算收入 563 万元、隐瞒转移截留预算收入 1274 万元、资金滞留闲置 1019 万元等, 处理上缴财政 495 万元。

领导干部经济责任审计　对 32 位县(处)级干部进行离任或任中审计,其中县长 1 人、市直部门领导 10 人、县级"五长"(检察长,法院院长,组织部长,公安局长,纪检书记)21 人。审计查出违纪违规资金 2412 万元、管理不规范金额 12470 万元; 处理上缴入库 1352 万元, 其中上缴财政 1336 万元、补交税款 16 万元;出具审计结果报告、审计报告各 32 份,审计决定 12 份;提出合理化建议 69 条。同时县级局开展对 122 位镇(局)干部经济责任审计。

各项政策措施落实情况审计　对扩需促增项目、农业综合开发项目、企业改造项目等进行审计调查。

民生专项资金绩效审计　对农村饮水、城区供水、农村沼气、社保基金、住房公积金等民生专项资金进行绩效审计。审计单位 42 个,审计专项资金总额 770310 万元, 处理上缴财政 274 万元。通过绩效审计挽回经济损失 296 万元, 提出审计建议并被采纳 272 条, 审计后促进增收节支 2113 万元。

重点部门资金情况审计　按照市委、市政府的要求,对第一批 15 个重点部门资金情况开展专项审计调查。

重点建设项目跟踪审计　对全市中小学校舍安全建设、梅州产业转移园建设、兴宁城区防洪工程建设等项目进行跟踪审计。

【内部审计】 全市有内审机构 120 个(其中专职机构 45 个),内审人员 305 人(其中专职人员107 人)。完成审计项目 994 个,主要有经济责任审计 207 个、财务审计 232 个、基建审计 104 个、财务决算审签 111 个,查出损失浪费 383 万元,提出审计建议被采纳 174 条,增加效益 647 万元。同时,加强对村级财务和村官的审计督促,促进农村经济健康发展。

【审计规范化建设】 市审计局一方面争取省厅资金支持,帮助6个县级审计局搞好硬件设施规范化建设,取得明显成效,6个县局办公环境、硬件条件得到根本改善;另一方面致力推进“审计资源整合、组织方式、手段方法、质量管理”四个创新,推进审计业务规范化、程序化,提高依法行政、依法审计水平。

(古登信)

统计管理

【概述】 市统计局坚持以GDP核算为重点,紧密结合经济社会发展动态,及时跟踪和反映全市经济社会方面情况。重点把握重要指标数据收集工作,关注“双转移”及工业园区生产效益情况,以及重点项目及重点企业生产情况,确保统计数据真实、全面、客观反映梅州的经济社会运行情况,为党委、政府和社会各界决策管理提供可靠依据。深入开展调查分析研究,发挥参谋助手作用。全年撰写专业统计分析报告13篇;整理和提供2000~2009年梅州主要经济指标;每月专门为市政府调研室、市委政研室提供全市主要经济指标及相关指标;搜集、整理和上报粤北山区市主要经济指标数据,做好闽粤赣十三地级市交流资料整理、传递工作;协助完成梅州市“十二五”规划编制工作;协助完成2011年国民经济发展规划编制相关工作,对主要经济指标进行预测等工作;为“两会”等重要会议提供统计资料,为党政领导宏观管理和科学决策提供统计优质服务。

【统计咨询和服务】 及时发布《国民经济和社会发展统计公报》,每月及时编印《梅州统计月报》,及时向市领导报送快报数据资料,为市委、市政府经济形势分析会提供主要经济指标情况和经济形势分析材料,为市委、市政府提供专题报告以及统计咨询服务,并为市委、市政府重要会议提供统计资料。2010年,市统计局共撰写各类统计分析文章28篇,其中《梅州统计》13期,《梅州城调》2期,专送市领导报告13篇;向市政府和省统计局报送各类政务信息68篇、经济信息20篇;接受各部门和社会各界统计咨询320多次。全力配合做好全市县处级党政领导班子和领导干部落实科学发展观评价考核工作,积极参与并全力配合市经贸局、市发展和改革局等部门做好对各县(市、区)政府2009年节能目标完成情况和节能措施落实情况的考核工作,为党委、政府科学决策提供统计优质服务。

【GDP核算】 2010年,市统计局把做好GDP核算作为统计工作的重点,贯彻落实全市统计工作会议的工作部署,制定详细工作方案,采取积极措施,确保GDP核算数据质量。2010年,全市生产总值612.36亿元,比上年增长14.1%以上,规模以上工业增加值完成164.33亿元,比上年增长18.7%;全社会固定资产投资完成195.52亿元,比上年增长20%;社会消费品零售总额319.05亿元,比上年增长18%。

周密部署GDP核算工作　为确保全市GDP核算质量,市统计局组织召开多场会议,进行周密部署;并特别邀请省统计局领导召开培训会和举办专题讲座,为进一步提高GDP核算质量打下坚实基础。

提高部门统计数据质量　市统计局与市发改、经信、住建、邮电、供电、工业园区等部门加强沟通协调和指导,做好固定资产投资、重点项目、工业园区、骨干工业企业、建筑业、房地产业、劳动工资等事关GDP核算数据质量的统计工作。同时,认真贯彻省局召开的服务业统计工作会议精神,加强服务业的统计工作,加强与财政、税务、交通、金融等超级汇总单位的沟通,确保相关部门上报省直对口单位的数据与全市GDP核算数据相互衔接。

提高源头数据质量　加强清理清查,确保固定资产投资等主要统计数据准、全、实;加强检查指导,提高企业数据质量。

【人口普查】 第六次全国人口普查是一项重大的国情国力调查,是一项庞大的社会系统工程。全市统计部门充分发挥好牵头单位的作用,加强与各相关部门的沟通协调,积极争取相关部门对普查工作的支持与配合,形成上下联动,密切配合的工作机制。在普查工作中,扎实做好普查方案设计、试点工作、业务培训、业务指导、普查登记、数据处理等工作,高质量完成普查阶段性的工作任务。

制定普查指导员和普查员选调培训方案　对“两员”选调途径、职责纪律、组织管理、培训进度、培训要求进行统一部署,并严格按照时间节点,要求各级普查机构保质保量抓好落实。全市共抽调和培训21733名普查员和4887名普查指导员参与普查工作。

做好宣传发动工作　市人口普查办公室和市委宣传部联合召开全市第六次全国人口普查宣传工作会议,重点部署全市人口普查宣传工作。针对普查准备、普查登记复查、数据处理和普查成果发布三个阶段的任务和特点,对市有关部门、各县(市、区)、镇(街道)、村(居)委会、社区的宣传方式和宣传重点进行详细安排并抓好跟踪落实工作,真正使得第六次全国人口普查深入人心,家喻户晓为普查入户登记打下良好的基础。

抓好综合试点,积累普查经验　按照梅州市第六次全国人口普查工作的进度安排,4月中旬至6月中旬,在五华县水寨镇府前社区居委会进行梅州市第六次全国人口普查综合试点。综合试点工作经过宣传动员、“两员”选调培训、普查小区划分和地图绘制、调查摸底、入户登记、快速汇总等工作阶段,演练工作方法,积累工作经验,锻炼普查队伍,为完善普查方案和人口普查组织实施提供宝贵经验。

加强督察,确保质量　在入户普查登记阶段,市统计局组成4个督查组,分别到全市各县(市、区)普查登记一线检查指导普查工作,严把普查数据质量关。2010年底,省人口普查办公室对普查摸底、入户登记、事后质量、光电录入质量进行抽查,对普查组织工作、数据质量给予充分肯定。

【城镇住户大样本调查】 根据国家和省的统一部署,组织开展2010年城镇住户基本情况抽样调查工作。在梅江区3个街道办事处,34个居(村)委中,采用分层、二阶段、与大小成比例(PPS方法)的随机等距法抽取2000户城镇住户进行基本情况调查,全面调查了解梅州城区城镇居民生活状况及变化情况,为党委、政府制定政策进行宏观调控、制订“十二五”规划提供科学准确的信息和基础资料。

【社会发展水平综合评价指标调查】 2010年5月,市统计局与发改局联合对全市2009年社会发展水平综合评价指标数据的采集工作进行布置,对市直各主管部门上报的数据认真核对评估,做到每个指标均与省对口主管部门衔接,保证各项指标的准确性。

【统计方法制度改革】 按照省的统一部署,推进统计方法制度改革。一是根据省政府办公厅《关于进一步加强农村统计工作的通知》和省统计局《关于进一步加强农村统计工作的实施意见》,结合梅州统计工作实际,及时做好农村住户常年调查由530户扩大为770户相关工作,完成8县(市、区)被抽中的770农户常住人口3349人为样本的换户工作。同时,认真做好贸易业统计方法制度改革工作,确保相关数据的衔接。二是全面完成贸易统计从名录库的建设、更新和小样本的维护、数据比对到月度、季度、年度等各类报表的按时保质上报等各项常规工作,取得明显成效。三是高度重视统计名录库的维护和建设,加强和规范新开工固定资产投资项目管理,增强综合统计和部门统计之间的沟通、协作和交流,实现项目信息资源共享。

【统计普法宣传】 将新修订的《中华人民共和国统计法》纳入梅州市"五五"普法(2010年)学习考试的内容,把抓好各级党政领导、国家公务人员普法教育作为"五五"统计普法工作的重点。2010年,市统计局编印发放《统计法》1000册,发放《统计法》宣传画390份。

【统计执法检查】 根据广东省统计局《关于对统计调查环节进行专项整治的通知》和广东省统计局、监察厅、司法厅、国家统计局广东调查总队《关于转发国家统计局、监察部、司法部〈关于联合开展统计法和统计违法违纪行为处分规定贯彻执行情况大检查的通知〉的通知》文件精神,市统计局与市监察局、司法局、国家统计局梅州调查队联合对各县(市、区)及市直单位进行重点抽查。通过统计执法大检查,维护《统计法》的尊严,规范统计管理,增强社会各界特别是被检查单位领导和统计人员学法、懂法、守法的自觉性。

(市统计局)

国家统计局梅州调查队

【概述】 2010年,国家统计局梅州调查队以提高统计调查数据质量为中心,以提高统计调查分析水平为突破口,努力提高统计调查能力、提高统计调查数据质量、提高国家调查公信力,全面完成国家、总队部署的各项调查任务。在总队2010年度的业务考核中,主要畜禽监测调查获二等奖,专项调查、统计普法和执法工作、统计分析、纪检监察工作获三等奖。2010年8月,受大埔县委、县政府委托,梅州队组织开展"大埔县深化作风建设,提高执行力公众满意度调查";12月,受梅州市委组织部委托,组织开展"2010年梅州市各县(市、区)选人用人公信度民意调查"。

【调查服务】

强化沟通协调,提高调查参与度和配合度 梅州队充分发挥国家调查队的职能作用,加强与市、县两级相关部门和调查乡镇的沟通协调,加强对调查企业和调查户的回访联系,推动互动了解、争取支持配合,确保调查对象了解调查、支持调查、配合调查,推动调查工作顺利开展。

强化审核评估,提高调查数据质量 梅州队坚持在网点维护、资料采集、数据审核、分析评估、上报归档等方面严格执行《广东统计调查业务规范化标准》,并以抓好调查数据的抽查、回访、审核评估为重点,做到每一指标逐项过关,确保各项调查数据账实一致、机表一致,以真实、准确、完整的调查数据树立国家调查的权威性和公信度,切实提高调查数据质量。

强化检查指导,提高基层业务工作水平 每季度不定期地组织专业人员对规模以下工业、主要畜禽监测和企业景气调查单位进行回访和数据质量检查,规范基层调查业务。通过督促检查和业务考核不断增强基层调查人员的大局意识和责任心,从而提高基层业务水平。

【调研成果】 2010年，梅州队共撰写调查报告和调查信息37篇，其中国家统计局内部信息网采用3篇、总队采用12篇、《梅州日报》采用5篇、市政府《梅府信息》采用1篇；在总队组织的优秀统计分析报告评选中获三等奖1篇。撰写上报政务信息79篇，其中国家统计局内部信息网采用1篇、总队采用42篇。编辑《企业景气调查与监测》4期以及《龙岩、赣州、梅州三市主要经济指标数据》和《部分山区五市统计调查数据》等交流资料。

【统计宣传和执法检查】 加大统计宣传和统计执法检查力度。梅州队与市普法部门的沟通联系，将新《统计法》列入"五五"普法宣传计划。印制《统计法》和《统计违法违纪行为处分规定》宣传册，分发至所有调查对象，并组织开展新《统计法》有奖知识竞赛。开展统计执法检查和统计调查数据质量抽查，确保调查数据真实可靠。对发现的企业统计员没有持证上岗等问题，及时下发整改通知，要求相关人员参加年度考试培训，做到依法持证上岗。

【信息化建设】

建成梅州调查队内部信息网　按照"科学、全面、实用、有特色"的总体设计目标，2010年8月建成开通梅州调查队统计调查信息网，网站集成办公自动化系统，为交流信息搭建重要的平台和桥梁，为推进全队办公自动化提供有效载体。

更新换代计算机及相关设备　为确保调查数据在计算机处理、贮存和传输过程的安全，2010年，梅州队积极争取总队支持，更新4部台式计算机，为各专业科室配备笔记本电脑，并做到及时维护升级，确保全队信息化建设硬件有保障。

【基层调查网络建设】 2010年3月，在梅州城区各社区居委会中实行聘请基层调查员制度，规范聘用制度、培训制度、定期联络制度、征求意见制度、补偿奖励制度和解聘制度，使其成为国家调查队伍的有益补充。

【业务建设】 强化业务培训，提高调查业务技能。梅州队通过采取回访指导、现场讲解、集中培训、个别辅导等多种方式加强对调查人员进行业务培训，细致讲解抽样调查统计报表制度的有关内容及其指标解释、报表的审核要点、入户调查和评估方法等，全面提高调查员和辅助调查员的调查能力和业务水平。2010年4月，邀请总队领导和专家对全体干部职工进行统计调查信息、分析写作专题培训，取得良好效果。

（黄宇峰）

信息产业管理

【信息化建设】 重点推进无线城市建设，按计划完成各项指标任务。

制订《梅州市无线城市建设实施方案(暂行)》　组织参观珠三角等发达地区无线城市的建设，学习借鉴先进做法，同时对市属相关单位重点信息源进行调研。在此基础上制订《梅州市无线城市建设实施方案(暂行)》。

基础设施建设　市移动完成TD四期224个站点的勘查设计，完成80个室内覆盖站点定点，完成170个站点配套工程。WLAN建设方面，完成80个站点选点及设计会审，完成二机楼AC建设及入网，完成66个站点开通、80个站点设备安装。市电信全年累计投资超过3600万元，重点加快CDMA网络新建基站及WIFI热点的建设，开通3G基站450个，3G网络覆盖全市乡镇以上行政区域以及高速路、国道等区域；完成无线宽带WIFI热点363个，城市无线宽带覆盖率98%。市联通增加光缆线路220多公里，宽带1万多线，3G已建基站205个，启动WLAN投资计划。

公共数据平台信息资源建设 开展公共数据平台资源的采集和编制等，完成公共信息资源共享平台第一期建设任务。

示范项目建设 围绕电子政务、数字民生、信息兴业和网络文化等四大应用开展无线城市示范项目建设，共建设59项应用内容，大力拓展梅州商家联盟客户数，签约用户数达113家。“智慧梅州”网站入驻企事业单位1200多家，信息条数近3万条。提供新闻资讯、商家信息、百姓论坛、便民应用等服务。

开发和建设政府网站WAP版 通过政府网站WAP版应用，能及时了解梅州时政新闻及政府文件等政府公开信息，能访问行政审批电子监察系统并进行查询，能访问梅州民声网上信访系统并可进行咨询、投诉等。

开通一批无线城市服务平台 市移动开通的无线城市服务平台，累计点击数约2万次，累计用户访问量达5000人；共提供61项各类信息化应用，包括水、电、气、公积金查询、就业通、梅州民声网上信访等重点应用。市电信开通“智慧梅州”无线城市门户，提供新闻资讯、商家信息、百姓论坛、供电信息查询、交通违章查询、天气信息查询、宽带费用查询、航班、火车、汽车信息查询、机票、酒店预订、网上支付等便民应用服务。

宣传活动 市移动组织以“无线新生活，移动更精彩”为主题宣传活动，建设动力100体验厅并组织各种参观体验活动，与电台、报社等媒体联合开展“无线城市专题”宣传等。市联通与市经信局联合举办“2010年广东省信息化与工业化融合巡回培训活动梅州站的活动”等。

【电子政务建设】 2010年，大力推进全市政务OA建设。由梅州移动垫资286万元(政府分期免息还款)进行软件系统、信息中心机房建设、服务器部署、网络改造等建设。由梅州电信资助总价值约100万元并协助完成相应的硬件设备调试、建设。组织专家组对政务OA系统建设进行检查验收，并按相关要求分别与市移动和市电信签署政务OA建设合作协议。收录219个市直及县委县政府的机构和人员信息，开通市政府办、兴宁市政府、蕉岭县政府、市经济和信息化局、招商局、人力资源和社会保障局等各大系统，实现公文的畅顺流转，各单位共计流转公文数量达2000份，用户总数量近1000人。组织专场培训6场次，并实现对使用单位点对点实时服务。

【无线电管理】

做好重大考试防范无线电作弊保障工作 按上级要求，市经济信息局配合相关考试部门，在全国硕士生招生统一入学考试、普通高中学业水平考试、公务员录用考试、职称英语考试、卫生专业技术资格考试、国家司法考试、职业医师考试、成人高考等国家重大考试期间，派出技术人员进行考场巡查和信号监测，制定无线电安全保障方案及应急预案，做好国家统一大型考试的无线电监测巡查工作。

做好亚运会期间无线电通信安全保障工作 6月21~24日，“迎亚运2010年全省无线电安全应急保障技术演练活动”在佛山市三水区举行，全省21个地市共27个代表队参加演练比赛。比赛设移动监测车测向定位及干扰查找、徒步追查干扰源两个竞赛项目。经过两天激烈紧张的角逐，梅州代表队获得移动监测车测向定位及干扰查找比赛二等奖，徒步追查干扰源比赛三等奖，取得团体总分二等奖的好成绩。亚运会期间，保障梅州市各种无线电通信业务的正常有序运行，完成梅州亚运火炬传递、汕尾赛区、广州赛区无线电安全保障任务，获得“广州亚运会无线电安全保障先进集体奖”。

（市经济信息局）

酒类专卖管理

【酒类批发零售】 2010年，全市持有酒类批发许可证企业41家、持有酒类零售许可证企业3238家。据不完全统计，全市酒类销售总量20809吨，销售总额73900万元。全市酒类流通企业纳税额4744万元。全市酒类流通企业从业人员8265人。

【酒类执法】 根据《广东省酒类专卖管理条例》、《酒类流通管理办法》等规定和省经信委等有关部门的要求，梅州市积极开展酒类执法工作，防止假冒伪劣酒产品流通市场，切实维护酒类生产者、经营者和消费者的合法权益，取得一定实效。

【酒类企业状况】

长乐烧酒业推荐参评“中国小曲固态发酵白酒标准制定企业”资格　2010年3月23日，中国酿酒工业协会白酒分会秘书长赵建华、中国食品发酵工业研究院副院长熊政河等酒类行业专家，到五华县岐岭镇广东长乐烧酒业有限公司对参评“中国小曲固态白酒标准制定企业”的资格作最后的验收考核。据悉，全国仅4家企业被推荐参加该项评比，长乐烧酒业为其中之一。副市长陈建青会见验收专家组一行。

长乐烧酒业获“广东省果酒生产标准示范基地”称号　2010年8月6日，广东省酒类行业协会印发《关于同意设立广东省果酒生产标准试验基地的批复》，决定授予广东长乐烧酒业有限公司“广东省果酒生产标准试验基地”称号。

长乐烧酒业等企业荣获“广东省放心酒生产示范基地”称号　按照《广东省放心酒工程实施方案》精神和要求，梅州市一批生产上规模、厂房卫生条件符合标准、检测设备齐全、产品质量合格等符合省放心酒工程条件的酒类生产企业，申报“放心酒”生产示范基地称号。全市有广东长乐烧酒业有限公司、大埔县三河酒业有限公司、蕉岭县南国白珍珠酒业有限公司、广东省蕉岭县一线天酒业有限责任公司、梅州市玉纯酒业有限公司、五华县客属酒业有限公司、梅县客乡酿酒有限公司7家企业获得广东省酒类行业协会授予“放心酒”生产示范基地称号。

八乡情酒业年产5000吨白酒生产线建成投产　2010年12月5号，梅州市八乡情酒业有限公司投入3000多万元，兴建年产白酒5000吨的现代化酿酒生产线在平远县大河背风景区附近建成投产。预计年产值1亿多元，缴税2000多万元，安排农村就业人员200多人。

广州珠江啤酒公司年产酿造20万千升生产线落户梅州　2010年12月10日广州珠江啤酒股份有限公司发布公告，拟将总部部分酿造和灌装设备搬迁至全资子公司梅州珠江啤酒分装有限公司，梅州公司搬迁至广州(梅州)产业转移工业园进行技改扩建，实施年酿造20万千升和灌装5万千升啤酒工程项目，计划总投资为2.26亿元，达产后，预计年销售收入为26258万元，净利润为2176万元。

【酒类专业镇】 2010年7月24日,梅州市首个市级酒类专业镇“岐岭镇”在五华县岐岭镇挂牌。岐岭镇以打造“广东米香型白酒生产基地”为目标,将发展白酒产业作为提升区域竞争力的重要途径,全力支持广东长乐烧酒业有限公司、客联酒业有限公司等白酒企业发展。同时,正向有关部门申报省级酒类专业镇。

【酒类行业协会】 2010年12月28日，梅州市酒业工作大会暨市酒协年会在梅城田园大酒店召开。会议选举产生梅州市酒类行业协会第二届理事会班子成员,选举广东长乐烧酒业有限公司总经理曾钧为梅州市酒类行业协会会长,刘仰兴、叶云桂、叶木甦、谢远君、姚金喜、刘松光、曾秀峰、罗文广、梁晓强、汤凯、李燕扬、朱新建、蔡伟峰等13位同志为副会长。会议聘请省酒类专卖局副局长、省酒类协会会长、国家高级品酒师朱思旭,省酒类行业协会副会长、国家高级品酒师赵红,省酒类行业协会秘书长、国家高级品酒师彭洪,省酒类行业协会鉴评专家委员会主任莫耀清等4位同志为梅州市酒类行业协会顾问。

食品药品监管

【概述】 2010年,全市未发生重大食品药品安全事故,反映全市药品生产流通领域药品总体质量状况的评价性抽验合格率达99.17%,药品/医疗器械不良反应监测工作被省评为“先进”。

【药品、医疗器械、保健食品和化妆品监管】

市场准入监管　严格行政许可,严把药品、医疗器械、保健食品和化妆品“三品一械”市场准入关。

生产环节监管　实施药品生产企业驻厂监督制度、药品生产质量授权人制度和药品生产情况月报制度,加强GMP(《药品生产质量管理规范》)实施情况的监督,提高企业药品质量管理和控制水平,落实“企业是药品质量第一责任人”的责任。强化基本药物生产监管,完成梅州市有生产的45个基本药物品种生产工艺和处方核查。推进电子监管工作。推动7家医疗器械生产企业实施《医疗器械生产质量管理规范》和《广东省医疗器械生产企业管理者代表管理办法》,提高梅州市医药器械生产企业的管理水平。监督检查《保健食品良好生产规范》执行情况,整顿规范保健食品生产秩序。加强化妆品生产日常监管,开展化妆品生产企业违法添加剂等专项检查,保证产品质量安全。

流通环节监管　对全市经营特殊药品、生物制品、含麻黄碱复方制剂等重点品种的批发企业实施电子监管,推进医疗器械重点监管品种经营企业电子监管,提升药械重点品种监管效能。加强药品经营企业GSP(《药品经营质量管理规范》)认证和认证后跟踪检查,落实日常监管措施,规范“三品一械”经营秩序。

使用环节监管　加强医疗机构制剂配制质量和使用药品的质量监管,规范医院中药饮片购进行为,开展医疗机构在用分子筛制氧设备等专项检查,确保使用环节药械的质量安全。积极开展药品、医疗器械不良反应、事件报告和监测工作,在3月召开的全省药品、医疗器械不良反应监测工作会议上,梅州市不良反应监管工作再次被评为“先进”,连续六年受到省的表彰。

药品广告监测　一方面及时将监测到的违法药品广告移送工商部门依法查处;另一方面对发布药品广告频次高、篇幅大的药品列为重点监督品种,对经常发布药品广告的企业列为重点监督对象,并对打“擦边球”的药品广告主和经营企业进行“警戒”约谈。

稽查打假　开通梅州药监信息平台和“13823821100”药品质量投诉、举报专线;加强与相关部门、周边地区协作，形成合力。全年查办案件290宗，案值19.64万元，罚没金额55.60万元。

【检验检测】 以扩展检验项目和能力为重点，提升检验检测效能。有两项科研项目分别获得“广东药检系统科研项目”A级和B级立项；扩增食品、保健食品、餐饮具、化妆品、饮用水五个领域的检验能力，并顺利通过省质监局的实验室资质认定扩项评审；新增3家县级快筛快检实验室，技术监督的支撑作用显著提高。加大“三品一械”抽验力度。2010年全市完成医疗器械监督抽验22批、保健食品监督抽验23批次，合格率均为100%；完成化妆品评价性抽验50批次，合格率100%，监督抽验30批次，合格率96.67%；完成药品评价抽样480批次，合格率99.17%，与上年持平；完成药品监督抽验800批，靶向命中率39.88%，位居全省首位；完成梅州市8种中标的国家基本药物品种监督抽验，合格率100%。

【食品安全监管】 开展食品安全整顿工作，全市食品安全形势总体稳定。推进食品安全示范镇创建工作，梅江区城北镇、平远县八尺镇和长田镇、五华县水寨镇建成“市级食品安全示范镇”。加强农村宴席食品安全管理工作调研，出台《梅州市农村宴席食品安全管理办法》，解决梅州市农村宴席食品安全管理难的问题。

【促进医药产业发展】 贯彻落实《梅州市医药产业发展总体规划(2006~2015年)》，创新工作思路，重点打好“服务帮促”牌，促进医药产业发展。据不完全统计，2010年全市“三品一械”生产企业产值4亿元，同比增长33.33%；销售总额35亿元，同比增长14.57%；实现税利3.4亿元，同比增长13.34%；从业人员2.5万人，比上年略有增长。以南药凉粉草为主的中药材种植面积2.5万亩，中药材产业产值1.5亿元，同比增长50%。

扶持医药龙头企业 扶持广东嘉应制药上市后的兼并和扩大生产规模，推动广东康奇力药业、广东联康药业、广东庆发药业成功改制重组，支持广东康奇力药业、广东联康药业申报上市融资工作，引进国药控股有限公司、四川科伦药业、广州经济开发区宝兴生物科技有限公司等企业落户梅州，帮助指导华银医药科技有限公司、康立高科技有限公司等企业研发新产品。

扶持发展中药种植业 通过技术指导、资金帮扶、联系企业保价收购等措施，扶持发展中药种植业。扶持以平远南台药业为代表的南药种植基地建设，扶持丰顺新南方集团新种近3000亩青蒿和金银花。

(凌征昶)

粮食储备管理

【基础设施建设】

粮食交易中心筹建 项目于2008年立项，2009年列入《广东省粮食流通基础设施建设规划(2009~2015年)》。2010年，市粮食部门加强与相关部门的协调和沟通，想方设法加快筹建进度，筹资3000多万元，其中争取到省财政专项资金800万元。

粮食流通基础设施建设 积极向省争取资金，增加政府投入，并通过企业盘活资产、异地置换等措施筹资，努力完善粮食流通基础设施。兴宁市异地置换的2万吨中心仓库和梅县筹措1300万元(其中向省政府争取到500万元)新建的2万吨仓库全面完成投入使用。丰顺县粮食局完成建设

1万吨仓库的征地工作。

粮食仓储配套设施建设　完善粮食化验室设施，购置粮食输送设施，购置保粮设备、用具、器具，完善粮情检测保粮技术设备。全市各库点普遍完善电子测温系统建设，由传统保粮方式逐步向技术科学化迈进。

【仓储管理】

规范仓储管理　按照国务院《粮油储藏技术规范》、《储粮化学药剂管理和使用规范》的要求，全面推行规范化仓储管理。建立储粮岗位责任制度和粮情检测制度，健全粮情分析汇报制度，及早部署粮食收购轮换各项工作，有计划、有步骤地组织各级储备粮的销售、轮换。

开展粮食普查　开展春秋两季粮食普查，全面了解掌握各级储备粮的储存情况，通过对粮食库存实物、粮食库存账务、粮食库存质量和原粮卫生状况及储粮安全等进行全面、认真、细致检查，全市各级储备粮达到“数量真实，质量良好，储存安全”，做到“储得进、管得好、调得动、用得上”。

推广科学保粮　贯彻“以防为主，综合防治”的保粮方针，推广应用常规储粮、机械通风、三位一体电子测温、测湿等技术，大量购进磷化氢气体测定仪，对储粮进行多次探测验证，寻找熏蒸施药量的合理数据，彻底改变了过去凭经验放药的盲目性，极大地延缓了粮食的陈化，节约了费用，提高了效益。各粮食收储公司建设高标准的化验室，对进、出库粮食及库存粮食进行严格的质量检验，把好粮食质量关。

【新增储备】 2010年，全面完成省下达全市新增地方储备粮、应急大米、食用植物油任务。

广泛调研论证、及时下达指标　为保证新增储备任务分解的科学性，一方面进行广泛调研，因地制宜，制定切实可行的分配方案；另一方面积极沟通，反复征求各县(市)意见，达成共识，及时将任务分解方案下发到县(市)。

加强部门协作，严格落实责任　为确保新增储备粮油计划的全面落实，各级各有关部门严格按照上级文件精神，认真组织相关人员研究落实新增储备粮油的实施方案，落实责任。市粮食局成立督查组分赴各县(市)加强督察，抓进度、保质量，切实抓好粮食收购和规范管理，并加强与财政、农发行等相关单位的协调与沟通，确保储粮安全和各项计划任务的完成落实。财政部门严格实施储备粮管理办法和风险基金管理制度，积极筹集资金，足额拨付储备粮油费用和轮换费用，确保粮食储备保管经费的落实到位。农业发展银行加强对粮食企业账户管理，认真做好粮食购、销资金的封闭运行工作，贷款发放及时足额到位，保证储备粮油资金。

积极组织粮源、严格把好质量　一是树立全市一盘棋思想，在本市抢抓粮源。错开收购时间，适时购进，确保轮换成本的最小化。二是组织粮食部门业务人员多次到邻近省市主产区签订购销合同，积极争取外地粮源。三是对收购的粮食严格把好质量关，确保按时、按质、按量完成地方储备粮油的收购入库工作，保证粮食数量、质量安全。

【价格监测】 建立完善由收购、批发、零售环节组成的覆盖全市的粮油价格监测网络，指导和督促监测点做好价格监测信息的采集、报送、分析等工作，对粮油价格实时监测；坚持周报制度，建立价格监测网络，及时、全面掌握粮油市场动态和价格走势，为调控工作提供可靠信息依据。全市建立国家级监测点1个，省级监测点2个，市级监测点14个，县级监测点30个，形成国家、省、市、县、企业组成的粮油市场监测网络和体系，并正常高效运作，得到省粮食局的肯定。全市粮食市场大米价格基本在3.01元/公斤到3.10元/公斤(早籼)和3.15元/公斤到3.48元/公斤(晚籼)之间窄幅波动,市场供求平衡,消费心态稳定。

【应急机制建设】 为了提高政府粮食调控和抵御自然灾害能力,确保特殊时期粮食供应,重点完善粮食应急加工、粮食应急储备、粮食应急运输三个机制。

粮食应急加工机制　按照粮食应急预案的要求,确定粮食应急加工定点企业21家,签订《粮食应急保障预案指定企业责任书》,加工企业累计日加工能力达到大米1560吨,小麦粉200吨,毛油3吨(其中市级加工定点企业4个,日加工能力为大米350吨,小麦粉80吨),能保障应急的需求,确保粮食应急时企业能够正常运转。

粮食应急储备机制　在健全完善市、县(市)储备粮储备的基础上,新增应急成品粮、食用植物油储备,为粮食应急预案有效实施提供物资保障。

粮食应急运输机制　加强与交通运输部门、物流企业的沟通联系,将大型物流企业纳入粮食应急系统,确保应急运输体系时刻畅通无阻。全市确定运输应急单位18个,运输车辆64辆,应急运输能力1080吨。同时,根据地域分布确定符合条件的47个超市作为粮食应急定点销售网点。在军粮供应方面,进一步建立健全军供粮产供销统一化管理体系,强化军供粮质量监管,全面提升军供部门的综合服务水平,军供达到"不论远近、不论时间、不论气候,只要部队需要,供应保证到位"的要求。为部队后勤保障建设提供更加有力的保证。

【安全责任考核】

省政府对市政府届满前粮食安全责任考核　一是提前召开考核任务相关单位会议,明确责任。相关部门各司其职、密切配合,严格按照考核的有关事项要求,逐一对照,查缺补漏。二是分组到各县(市)督察指导各项应检工作的落实。三是严要求、高标准准备各项申报材料。在省政府对梅州市粮食安全责任届满前考核中,省考核组认为梅州市政府对粮食工作做到领导重视,措施落实,按照省政府的要求,及时做好地方储备粮油的收储工作,提前完成新增粮油计划任务,粮食工作扎实,成效明显。

市政府对各县(市)政府粮食安全责任考核　完成省政府对梅州市粮食安全责任届满前考核后,除兴宁市、梅县已由省政府检查组考核不再进行考核外,市政府对其他各县人民政府粮食安全责任进行届满前考核,并对当年新增储备粮油计划落实情况进行检查。通过考核和检查,进一步落实粮食工作各级政府负责制,增强政府宏观调控能力,确保全市的粮食安全。

(袁建欣)

责任编辑:廖晓鹏

农业

综述

【农业农村经济】 2010年,梅州市各级有关部门认真贯彻落实中央十七届五中全会、中央经济工作会议和省委十届六次全会和市委五届七次全会以及中央、省、市农村工作会议精神,以"稳粮保供给、增收惠民生、改革促统筹、强基增后劲"的基本思路,更新发展理念,转变发展方式,促进农业农村经济持续协调发展。全市农业总产值201.2亿元,比增6.7%;农业增加值123.5亿元,比增6.9%;农村居民人均纯收入6367元,比增18%。

【农业生产】

粮食生产 按稳定粮食播种面积,优化品种结构,提高单产水平的总体目标抓好粮食生产工作。2010年,粮食总产山区市排名第一,全省第三,实现连续20年增产增收,全面完成省粮食生产责任制考评指标。2010年全年粮食播种面积327.6万亩,比上年减1.0万亩,粮食总产119.86万吨,增产0.14万吨。其中水稻播种面积266.2万亩,总产104.27万吨,比上年减0.15万亩、减0.15万吨;玉米面积13.04万亩,总产3.54万吨,面积比上年增加0.73万亩。

特色产业 以市场需求为导向、科技创新为手段、质量效益为目标,重点发展红肉蜜柚、澳兰柚等优质柚类和脐橙、金橘、天草等优质水果新品种以及茶叶、油茶、南药、畜牧水产养殖,优化特色产业结构,提高效益。2010年,水果种植面积109.03万亩,总产83.27万吨;茶叶种植面积16.33万亩,总产1.14万吨;烤烟面积8.2万亩,总产1.15万吨;南药种植面积4.2万亩;水产养殖面积20.82万亩,产量8.87万吨,产值7.82亿元,分别比上年同期增3%和5%,新增特色渔业养殖面积1万亩。全市共建设规模优质水果示范基地38个,示范面积5.8万亩,新完成种植柚类、脐橙等优质水果2万亩,南药示范基地7个,示范面积1万亩,2010年,全市有两家企业柚类产品获得省名牌产品称号, 在2010年梅州市优质金柚评比活动中,1家企业获金奖,2家企业获银奖,3家企业获优胜奖。梅州桂丰源生态农业发展公司水产养殖场被授予"农业部水产健康养殖示范场",有两家水产养殖企业获出口认证。

龙头企业和农民专业合作组织 2010年,全市各级农业龙头企业321家,其中已授牌的国家级1家,省级18家,市级169家。各类农业龙头企业总产值预计达56.9亿元,带动农户40.8万户,户均年增收3098元以上。全市各类农产品加工企业218家,比上年增加13家;年加工产值44.13亿元,比上年增长12%,农产品加工率达25%。农民专业合作社累计587个,数量在全省前列,成员总数达20924人,带动非成员农户12万多户。

绿色农业　坚持以特取胜和扩量提质并重的原则,大力提高农产品市场竞争力。重点围绕金柚、脐橙、水稻、茶叶、蔬菜、水产等大宗农产品,大力推广农业标准化,开发无公害农产品、绿色食品、有机食品、名牌产品。2010年,全市获认证无公害农产品18种,认证面积7800亩,总产5.4万吨;绿色食品4种,批准产量8285吨;有机食品3种,批准产量1726吨。累计全市无公害认证产品总数142个,认证面积20.8万亩,总产24.123万吨;绿色食品18种,批准产量7.27万吨;有机食品20种,批准产量1.78万吨。新申报建设兰花(出口)标准化示范区和金柚标准化示范区。积极实施名牌带动战略,精心培育广东省名牌产品。2010年"岩中玉兔"、"健神茶"、"西岩奇山茶"、"马山牌绿茶"、"太子妃名柚"等9个产品获省级名牌。全市省级以上名牌产品达31个。2010年,全市蔬菜的农药残留检测平均合格率达到95.17%,茶叶质量安全监测合格率均达95.71%;大米、金柚、脐橙专项监测合格率均为100%;水产品合格率达98.7%,全市的农产品质量安全水平有较大幅度的提高。

农业招商引资　农业招商和产品订货。2010年,农业招商累计订立合同43个,金额12.20亿元,占全年任务的122%;农产品订货累计订立合同269个,金额21.91亿元,占全年任务的109.5%。

梅台农业合作。2010年6月,经国家农业部、国务院台湾事务局批准,在梅县松口镇设立广东梅州梅县台湾农民创业园,通过台湾农民创业园核心区建设,辐射带动全市其他功能区的发展,形成全市20个台湾农民创业园示范基地,建设水果、蔬菜、名优茶、油茶、南药、花卉、畜牧、水产、休闲农业9大辐射功能区、1个台湾农产品集散中心。

参展、会展和项目推介。组织两家企业参加第八届中国国际农产品交易会。梅州市木子专业合作社的"木子"金柚荣获第八届中国国际农产品交易会金奖;组织丙家企业近20种产品参加香港美食节;组织12家企业200种名优新农产品参加第三届广东现代农业博览会。成功举办梅州市第二届名优农产品展销暨梅台农业合作交流会,展会共有36个项目签约。其中招商项目12个,金额12.13亿万元;农产品订货项目20个,金额8.01亿元,农超对接项目4个。

农田水利基本建设　重点实施省级农田水利建设议案、整治农田、市县级基本农田示范区建设、中低产田改造和农业综合开发土地治理项目。2010年共投入1.54亿元,建设现代标准农田8.89万亩。其中整治农田面积1.7万亩,改造中低产田5.99万亩,基本农田示范区建设1.2万亩。

农业机械化水平　2010年,农机总动力达到125.7万千瓦,比上年增长4.5万千瓦,增长3.7%;拖拉机年末拥有量22369台,新增1021台;联合收割机年末拥有量1756台,新增288台,插秧机159台,新增102台。全市水稻机耕面积达到204.5万亩,占全市水稻总耕面积的76.8%;水稻机收面积为79.6万亩,占全市水稻种植面积的29.9%;机械化插秧面积2.71万亩,机插率1.02%。全市水稻机械化综合水平达40%,比上年提高3个百分点。

农村沼气建设　2010年,全市新建沼气池2828个,累计建池92038个,年可产沼气4600万立方米,折合节约标煤3.28万吨,相当于3.06万公顷林木生长量,可减少8.6万吨二氧化碳和0.25万吨二氧化硫的排放量;开展沼气综合利用达到2.2万公顷,年可增收节支9000多万元,可解决9.2万多农户的生产、生活用能,惠及人口达30万多人。

支农惠农补贴　做好种粮直补、农资直补、良种补贴、渔船柴油补贴、购机和沼气建池补贴等惠农政策的落实工作，调动农民、渔民生产积极性和生产生活条件。2010年，全市落实到位支农补贴资金2.05亿元，惠及农户120多万户，248艘渔业捕捞船。其中种粮直补和农资综合直补资金共计1.87亿元，渔船柴油补助金额27万元，购机农户享受财政补贴资金1793万元。

农业保险　市农业局会同市财政局、市金融办、市人保公司继续开展政策性农业保险试点工作。2010年全市有广东新丰盛有机种植有限公司等19家种植企业参保，参保面积10260亩，其中蔬菜3990亩，柚类、脐橙6270亩。

农业技术推广　推广良种良法。全市优质稻面积达214.22万亩，比上年增0.5万亩，占水稻播种面积的79.88%。超级稻种植面积达105万亩，占水稻播种面积的39.15%；特用玉米面积4.94万亩，占全市玉米种植面积的39.74%。全市建设粮食高产创建活动示范点140个，面积20万亩，其中国家级粮食高产创建示范面积达12万亩；省级示范面积达2万亩。全年发布各种病虫害的发生情报110期，开办病虫电视预报节目共55期。广泛推广测土配方施肥、水果套袋技术等良种良法等。全市推广高毒农药替代技术80万亩，测土配方施肥207万亩。

加强农科培训。全市各级农业部门深入实施“农业科技入户示范工程”，进一步加强农民技能培训，重点实施“农村青年创业培训工程”、“农村适用技术培训工程”、“绿色证书工程”、“54321工程”、“渔业科技入户示范工程”和加快农业信息化建设等，全年开展各类型培训120期，培训30000人次。其中举办2期镇级农业技术干部培训班，10期科学养鱼知识专题培训班培训，8期“水稻机械化育插秧技术培训班”，6期“农机维修人员培训班”，5期“农机监理业务培训班”，30期水稻抛秧、规范化栽培技术、测土配方施肥等先进实用技术培训班等。通过各类型培训，农民的科学种养水平明显提高，转岗转业的职业技能明显增强。

农业信息服务　完善农业信息收集和发布制度。重点加强“梅州农业信息网”、“梅州现代农业信息网”、“客都梅州农产品网”、“12316”农业系统公益服务热线和梅州电视台《梅州农业》专栏建设，定期组织发布农业信息、典型经验介绍和先进适用新技术，展示梅州农业形象，推介特色农产品，拓宽销售渠道，促进现代农业的发展。

农业法制建设　市农业局制订行政执法职权运行流程，完善行政审批电子监察系统，加大依法护农力度。2010年，共出动执法人员3854人次，检查化肥、农药、种子、杀鼠剂经营门店（摊档）4457个（次），查获违法农药614公斤、违法肥料3万多公斤及违法种子491公斤，立案32宗，结案32宗，案件查处率100%，挽回经济损失约81万多元。开展全市渔船安全大检查，共印发相关法律、法规宣传单500份；出动执法人员100多人次，检查渔船500艘，发出限期整改通知书3份，处罚教育违规渔船10艘（次），检查鱼苗专业户（场）45个，水产养殖场226个，渔药经营门市135家（次），查处水污染鱼案件5宗，较好地维护渔业生产秩序，保护江河渔业资源。

（市农业局）

种植业

【概述】

粮食作物　稳定粮食播种面积。全年粮食播种面积327.60万亩，粮食总产119.86万吨，比2009年增加0.14万吨。其中水稻播种面积266.20万亩，总产104.27万吨，与上年基本持平。优化粮食种植结构。加大优质稻、优质玉米推广力度，推广优质稻面积214.22万亩，比2009年增加0.5万亩，优质稻种植面积占到水稻总面积的80.47%；优质特用玉米稳定发展，玉米面积13.04万亩,其中特用玉米 4.94 万亩,占玉米总面积的 37.88%。

经济作物 种植面积 49.65 万亩。其中花生 21.64 万亩,总产 3.37 万吨;烟叶 8.72 万亩,总产 1.18 万吨;木薯 14.89 万亩,总产 12.96 万吨。

水果 种植面积 111.96 万亩,比上年增加 3.74 万亩;总产 100.62 万吨,比上年增加 7.46 万吨。其中柚类面积 40.58 万亩,比上年增加 0.59 万亩,总产 50.73 万吨,增加 2.73 万吨;柑橘橙面积 13.34 万亩,比上年增加 0.49 万亩,总产 14.91 万吨,增加 1.75 万吨;香(大)蕉 6.34 万亩,总产 6.61 万吨;龙眼 5.69 万亩,总产 2.60 万吨;荔枝 5.90 万亩,总产 2.07 万吨;柿子 5.07 万亩,总产 3.03 万吨;李子 9.74 万亩,总产 7.31 万吨。

茶叶 种植面积 16.14 万亩,比上年增加 1.84 万亩,总产 1.13 万吨,比上年略有增加。

蔬菜 种植面积 97.10 万亩,比上年增加 3.91 万亩,总产 16.65 万吨,增加 1.40 万吨。

【粮食生产】

落实粮食考评责任制 省政府下达的各项考评指标全面完成。

推广良种良法 重点推广五优 308、天优 998、天优 122、培杂泰丰、博优 998、Q 优 6 号等超级稻品种及其配套技术。2010 年推广杂交水稻面积 243.93 万亩,占水稻种植面积的 91.63%,推广优质稻面积 214.22 万亩,比上年增加 0.5 万亩。其中超级稻推广面积达 105 万亩,超级稻种植面积占到水稻种植面积的 39.44%,水稻良种覆盖率达 93%以上。

开展粮食高产创建活动 按照国家、省、市关于开展粮食高产创建活动的工作部署和要求,专门成立梅州市粮食高产创建活动领导小组和专家组,制订并印发《梅州市粮食高产创建活动实施方案》,通过开展粮食高产创建活动推动粮食生产发展,取得较好的成效。建设粮食高产创建活动示范点 140 个,面积达 20 万亩。其中国家级粮食高产创建示范县(市)兴宁市、五华县、梅县各 4 万亩;省级示范县丰顺县、平远县和大埔县各 2 万亩。全市水稻各级创高产示范点平均亩产均在 550 公斤以上。其中兴宁市创高产示范点的平均亩产早造 675.22 公斤,晚造千亩核心区平均亩产 696.1 公斤;五华县创高产示范点早造亩产达 643.98 公斤,晚造达 670.57 公斤;梅县创高产示范点早造亩产 631.1 公斤,晚造 669.65 公斤。平远县被评为"全国粮食生产先进县"。兴宁市和梅县被省农业厅评为"2010 年粮食创高活动先进单位",五华县被评为表扬单位。

【种粮直补和粮食综合直补】 2010 年,按照中央、省、市有关文件精神,认真落实调整后的粮食直补和农资综合直补政策。2010 年全市种粮直补和农资综合直补两种补贴的面积均为 282.13 万亩,其中种粮直补资金 1270.79 万元,农资综合直补 13824.16 万元;中央良种补贴面积 293.96 万亩,补贴资金 3654 万元。三种补贴资金共计 18748.95 万元,所有补贴资金均由财政部门用存扎发放到农民手中。

【优新品种引进、试验、示范】 2010 年,共引进 22 个杂交水稻、35 个糯(甜)玉米新组合进行试验,筛选梅州市适种优质新品种。经试验,有 4 个杂交水稻新品种通过品种审定小组审定。为进一步示范推广水稻新品种,按照省农业厅的部署,在兴宁市永和镇仁里村建立 1 个水稻新品种示范基地,全年共示范新品种 14 个,面积达 320 多亩。通过举办培训班,召开新品种现场观摩会等形式,加大水稻优新品种的示范,辐射带动优新品种的推广种植。在果树方面,大力推广红肉蜜柚、奥兰柚、可口柚等果树新品种,促进水果品种更新换代。

【农业实用技术推广应用】

推广水稻抛秧技术、水稻精确定量栽培技术、测土配方施肥等技术　2010年全市推广抛秧技术面积240.54万亩，推广尼龙薄膜育秧技术114.69万亩，旱育秧技术20.14万亩，推广施用配方肥面积207.24万亩，间套种技术43.73万亩，秸秆还田107.33万亩，病虫害综合防治490.10万亩，高毒农药替代技术80万亩。

推广果茶实用技术　推广以树形改造为核心的蜜柚丰产“留龙头”的修剪综合配套技术，水果套袋技术，“以螨治螨”生物防治新技术，优质水果出口注册生产技术，水果测土配方施肥和控释肥技术等。2010年，全市印发《病虫情报》197期，共19700多份，准确率达95%以上，农作物病虫综合防治面积687.5万亩。全市举办各种技术培训班27期，参加培训人数3000多人次，印发技术资料6000多份。

【发展南药产业】　南药发展势头良好，2010年，全市新种南药面积2.5万亩，建设规模南药示范基地7个，示范面积1万亩。

【发展冬季农业】　市、县两级农业局成立冬季农业生产工作领导机构，大力发展冬种粮食生产，提高复种指数，增加粮食面积和总产。全市冬种春收粮食作物面积18.2万亩，总产3.7万吨。

【种子质量监督管理】　开展种子执法年行动，清理种子持证经营企业资格，共清理种子经营许可证企业5家，没有发现不符合经营许可证条件的企业；出动执法人员检查种子市场1000多人次，检查门店833家(次)，印发执法年宣传资料0.8万份；查处种子案件立案6宗，结案6宗，没收违法种子491.5公斤，货值金额1.365万元，挽回经济损失28.86万元。全市未发现案值5万元以上种子大案要案。

【防灾减灾】　针对3月9~10日低温霜冻情况，市农业局迅速制订霜前树体覆盖、及时剪除冻坏新梢、追施液肥、喷射叶面肥等灾后复产技术措施，在10日晚梅州电视台《民生820》播放，取得较好的效果。

(市农业局)

水产业

【概述】　2010年，梅州市各级渔业主管部门以科学发展观为指导，紧紧围绕“推动绿色崛起，实现科学发展”，积极实施科技兴渔战略，优化发展特色渔业、绿色渔业和休闲渔业，着力提升渔产品质量安全水平，努力提高渔业综合效益，扎实推进现代渔业发展。全市实现水产养殖面积21.28万亩，水产品总产量9.03万吨，产值8.08亿元。

【发展特色现代渔业】　一是抓基地。重点抓好梅州市桂丰源生态农业发展有限公司和梅州市长汇农业科技有限公司现代渔业示范基地；梅江区正佳水产生态养殖场、平远县白玉蜗牛养殖专业合作社和梅县丙村嘉应锦鲤养殖场特色渔业示范基地。通过基地示范、辐射带动促进特色渔业发展，做大特色渔业。二是抓新品种引进。为调整梅州市渔业产业结构，梅州市桂丰源生态农业发展有限公司与华南师范大学生命科学院合作，华南师范大学生命科学院提供技术支持，引进河鲀进行养殖示范。三是抓市场。利用天然生态资源，养殖肉质鲜美的鱼，以“肉美价高”取胜。四是发展都市、城郊型垂钓休闲渔业。五是按照池塘高产养鱼模式，大力发展宜渔山塘水库养殖。梅州市桂丰源生态农业发展有限公司积极探索解决水库水产品捕捞难的状况，在坡度较小、水深较浅的库湾，库底设置张网，库面放置投饵机，大力发展池塘无公害高产养鱼模式水库养殖。年产商品鱼1300吨，综合年产值达1600万元，水库养鱼亩产量达610.8公斤。

【科技服务】 全市共举办专题培训班10期，培训600多人次；派出渔技人员500多人次下乡进行技术指导服务，印发资料15000多份，做到科技人员直接到户、良种良法直接到塘、技术要领直接到人。

【水产品质量安全管理】 一是抓日常监管。硝基呋喃类、孔雀石绿、氯霉素等违禁药物在水产苗种繁育和养殖生产环节的使用基本得到禁止。二是抓水产品药残监控抽检。全年共抽检78个样品，样品合格率98.7%，样品合格率比上年同期提高8%。三是抓水产品质量安全可追溯体系项目试点。安装可追溯体系建设系统软件，建立水产品可追溯体系，探索试行水产品标志管理，实现生产记录可查询、产品流向可跟踪、产品质量可追溯，努力提升水产品质量安全水平和市场竞争力。2010年，梅州市桂丰源生态农业发展有限公司所属水产养殖场被农业部办公厅授予农业部水产健康养殖示范场，平远县春兴白玉蜗牛养殖基地获出口认证，兴宁市生兴实业有限公司获得出境加工用水产养殖场登记备案。四是积极应对紫金矿业污水渗漏事故。2010年7月3日，紫金矿业发生污水渗漏事故后，专门成立事故应急领导小组，制订《梅州市农业局应对福建紫金矿业污水渗漏事故处置方案》，提出8项应对措施，有效维护渔民利益和渔区渔业生产秩序，进一步提升处置渔业安全事故的能力。五是加强标志管理。2010年3月15日和2010年6月25日，根据《广东省食用农产品标志管理规定》精神要求，梅州市各级渔业主管部门先后两次组织水产办(股)、渔政、技术推广站等共80人次联合执法，深入超市、水产品经营市场，检查农产品标志使用情况。经检查，未发现非法使用农产品标志情况。

【渔业资源管理】 积极配合全省人工增殖放生节活动和实施市委、市政府提出建设“生态梅州”发展战略，开展江河人工增殖放流鱼苗活动。6月6日，在梅江河城区河段开展人工增殖放流鱼苗活动，梅县、大埔、蕉岭在各自管辖河段开展人工增殖放流鱼苗活动，全市共放流各种鱼苗800万尾。加强内陆捕捞渔船管理，严格控制渔船数量和功率指标，确保252艘历史遗留捕捞渔船尽快纳入管理。开展全市渔船安全大检查做好渔船的检验、发证、换证工作，较好地维护渔业生产秩序，保护江河渔业资源。

畜牧业

【概述】 2010年，梅州畜牧业产值按生产价格计算达58.95亿元，比增1.66%，连续32年增长。全市生猪出栏252.85万头，比上年同期增长3.07%；牛、羊、禽、兔的出栏量分别是3.72万头、6.96万头、5996.23万只、76.39万只，分别比增3.91%、2.5%、0.77%、10.77%；肉类总产27.75万吨，比增3.04%；禽蛋产量2.7万吨，比增2.66%；奶类产量0.31万吨，比减26.19%。

【发展现代畜牧业】 全市加强现代畜牧业产业体系建设，大力推动产业化发展，提高畜牧业的整体效益，促进现代畜牧业的快速发展。全市加工畜产品产值达到3.6亿多元。全市畜牧业专业合作经济组织不断涌现。累计已达124个。至2010年全市有省级农业龙头(畜牧)企业7家、市级龙头40多家，万头以上瘦肉型猪场24个，年出栏肉鸡5万只以上规模家禽场(公司)达63个，有23个猪场列为全省重点生猪养殖场。

推进畜禽标准化生产　抓好养殖场规划合理化、管理科学化、生产标准化、防疫制度化、品种优良化建设；充分发挥市瘦肉型猪育种中心等示范基地、中央投资的生猪标准化规模养殖场改扩建项目的辐射带动作用；巩固和发展瘦肉型猪、肉牛、优质黄鸡、肉兔、牛羊奶、牧草六大畜牧生产基地；抓好种畜禽和畜禽场养殖备案管理，促进企业依法从事畜禽养殖，帮助和指导养殖场建立和进一步完善生产管理制度，从而推动畜牧业规模化发展，专业化经营，标准化生产，提高生产水平、产品质量和畜牧业整体效益，促进全市畜牧业健康持续快速发展。全市存栏生猪100头以上的养猪场已备案1477个。2010年全市有5个猪场、2个禽场列为农业部首批畜禽养殖标准化示范场。

发展猪鸡兔生产　促进瘦肉型猪、优质黄鸡、新西兰兔生产发展。2010年实施生猪标准化规模养殖场改扩建项目15个，投入资金3291万元，生猪良种补贴项目2个，投入资金240万元，母猪投保134870头，投入保费809.22万元，促进全市生猪生产的稳定发展。贯彻实施《广东省生猪生产发展总体规划和区域布局(2008~2020年)》和《梅州市生猪生产发展意见》，有力推进全市生猪产业升级。优质黄鸡产业方面，积极扶持引导丰顺温氏家禽公司、兴宁富农公司、梅县丰都养禽场等龙头企业采用“公司+基地+农户”的模式发展养鸡生产，推动全市家禽生产快速发展。丰顺温氏公司年家禽出栏量达2278万只，占全市家禽出栏量的三分之一。新西兰兔产业方面，配合扶贫“双到”工作，积极扶持梅县、平远新西兰兔生产基地的发展，肉兔业逐渐成为全市畜牧业的支柱产业之一。如梅县年出栏万只肉兔以上的规模养兔场有2个，年出栏千只以上的有78个，年出栏300只以上的有902个。平远县存栏千只以上新西兰兔5户。梅州嘉丰兔业公司在松口镇及周边县区带动农户养兔脱贫致富，发展5个养兔专业村，带动213户农户，每户年增收6000元，农户养兔热情高涨。特色养殖成效明显。梅江区绿壳蛋乌鸡、杂交野猪、兴宁客家黄畜牧有限公司土鸡蛋、蕉岭梅花仙香猪、平远竹鼠、大埔贵妃鸡、大埔斯红羊肉取得很好成效。

【发展生态畜牧业】

制定目标任务　按照生态养猪场发展的功能要求，积极推广生态和健康养殖，提倡采用沼气工程、零排放生态养猪技术工程和综合利用生猪粪便等废弃物，化害为宝，保护环境，确保畜产品质量安全，促进全市生猪生产科学发展和畜牧业的可持续发展，实现经济效益、社会效益和生态效益的统一。

抓好科学规划　加强畜禽养殖场备案管理工作，对新建养殖场严把动物防疫、环保等的准入关。2010年市财政投入100万元生态养猪补助资金对10个采用“畜—沼—果”生态工程技术、“零排放生态养猪技术”等技术的养猪场进行扶持，逐步达到养猪的生态、安全、高效。

发展畜禽生态养殖　各级畜牧兽医部门大力推动生态养殖发展，推广“猪—沼—果(林、菜、稻、鱼等)”的生态畜牧业模式，不少现代畜牧企业结合自身特色发展生态养猪，使生态养猪呈现良好发展势头。全市规模饲养场基本采用“畜—沼—果”或“畜—沼—鱼”、“草—畜—沼—鱼”的生态养殖模式，其中存栏生猪100头以上的1477个养猪场，有1456个养猪场建有沼气池(建有沼气池的养猪场比例达99%)，共建沼气池达12.25万立方米，利用猪粪、沼液沼渣共种植果树2.04万亩，水稻0.3万亩，名贵花木2.1万亩，养鱼8398亩，规模猪场粪污利用率达到99%以上，既实现养殖业的零排放，又解决种果树所需的有机肥，养鱼所需的饵料，生产生活所需的能源，实现资源的良性循环利用。

抓好设施建设　全市加快养殖场污水处理设施建设，大力在广大农村推广沼气建设，推广养殖场生化塘建设，鼓励规模化养殖场购置粪污干湿分离机。全市1000立方米以上的大型沼气池有20多个，全市24个万头猪场建有大中型沼气池，存栏生猪100头以上的猪场99%以上都建有沼气池。全市规模养殖场全部配套建有污染治理设施并投入运行，基本达到达标排放。

开展“发酵床”式零排放养猪试验示范　市畜牧兽医局和丰顺县开展“发酵床”式零排放养猪技术试验已初见成效，养猪技术完全达到零排放。

【重大动物疫病防控】　全市加强重大动物疫病防控工作，促进畜牧业健康发展。2010年全市没有发生高致病性禽流感等重大动物疫情，保护人民身体健康，维护公共卫生安全和社会稳定。

落实责任　2月2日在全市畜牧工作会议上，具体部署全市高致病性猪蓝耳病、禽流感、牲畜口蹄疫、猪瘟、鸡新城疫等重大动物疫病防控工作。各县(市、区)加强领导，周密部署，采取一切行之有效措施，严防禽流感等重大动物疫情的发生。3月25日，市政府召开全市动物防疫工作会议，对动物防疫进行部署，并要求全面落实动物防疫责任制和责任追究制。2010年县、镇、村、养殖户相互签订动物防疫责任承诺书，提高养殖户的防疫意识。

落实经费　为切实做好重大动物疫病防控工作，市政府将130万元防疫专项资金列入财政预算，全部用于购买疫苗、消毒药、防护用品、疫情监测、宣传培训及疫情处理。各县(市、区)积极落实防控专项经费共267.3万元。抓好中央扩大内需2009年动物防疫体系5个县级站43个镇级站687万元资金项目实施工作，进一步健全市、县、镇动物防疫体系。

强制免疫　全市采购禽流感疫苗4165万毫升，生猪口蹄疫浓缩疫苗573.2万毫升，牛羊口蹄疫浓缩疫苗50万毫升，猪蓝耳病疫苗427.66万头份。全市禽流感、口蹄疫、高致病性猪蓝耳病等免疫密度均达100%以上，构筑有效的免疫屏障。

疫情监测　完善市、县兽医实验(检验)室建设，市动物卫生监督所实验室于11月15日通过省的实验室资质认定计量认证，提高市级检验检测水平，进一步健全动物防疫网络和动物疫病可追溯体系。及时制定并下发全市重大动物疫病和重要人畜共患病的监测方案，扩大监测范围，增加监测数量和频次。2010年全市累计监测禽流感、猪流感、牲畜口蹄疫、猪蓝耳病等动物样品22748份，完成省下达的监测任务。

提高应急处置能力　市、县、镇均建立并加强应急预备队，建立有效应急机制。2010年全市共储备禽流感疫苗230万毫升，口蹄疫疫苗42万毫升，消毒药15吨，防护服4500多套。

督促检查　全市先后组织3次禽流感防控工作飞行检查、重大动物疫病防控工作督察，有效地促进防控工作开展。11月11日至14日，农业部动物防疫检查组到梅州市及五华县实地检查市、县两级实验室、免疫、监测、应急物资储备、防疫经费落实、乡镇兽医站建设、村级动物防疫员队伍建设等情况，调查走访了当地养殖场(户)，并与基层兽医工作者进行座谈交流，对重大动物疫病防控工作给予充分肯定。

宣传普及　宣传普及动物防疫知识，增强群众自觉防疫意识和防控能力，形成科学防控，群防群治的良好氛围。2010年，全市累计发放动物防疫宣传资料10多万份。

【畜产品质量安全监督管理】　全市进一步依法规范兽药、饲料和饲料添加剂生产经营以及质量监督管理工作，抓好检疫工作，确保畜产品质量安全。

加大执法力度,确保畜产品安全　加大对饲料、兽药的监督检验密度,打击生产、销售假劣兽药和饲料的行为,切实加强"瘦肉精"、"莱克多巴胺"、"三聚氰胺"等禁用药物的检测,确保人民群众肉食安全。2010年全市各级畜牧部门共组织开展畜牧投入品专项整治行动39次,出动执法人员1223人次,共检查市场115个,饲料、兽药生产企业237间(次),养殖场144个(次),饲料、兽药经营门店764间(次),整治家禽批发、屠宰门店180多家。全市开展生猪"瘦肉精"检测抽样12803头份,抽样合格率为99.9%。

加强检疫工作　重点抓好产地检疫、运输检疫、屠宰检疫工作,严格执行凭产地检疫证明、免疫耳标进入屠场制度,受检率达到100%,出证肉品合格率达到100%,使消费者吃上"放心肉",防止动物疫病传播。

推进健康养殖　积极推行二维码动物标志及养殖场养殖档案管理工作,建立动物防疫标志溯源系统,加强对畜产品生产等环节的监管,至2010年年底全市通过无公害认证的畜牧业企业90家,其中2010年新增27家。

加强乳品行业整治　市、县畜牧部门都成立鲜奶和乳制品质量专项检查工作小组,逐级落实畜产品质量安全属地管理责任,杜绝不合格鲜奶和乳制品流入市场。

保障大型活动期间肉食安全　2010年,在做好"迎亚运,保安全"动物及动物产品监管工作的基础上,圆满完成保障"梅州市第二届名优农产品展销会、梅台农业合作交流会暨客家美食文化节"、"第四届中国(梅州)国际山歌文化节"两个大型活动期间肉食品供应安全任务。

做好创建"国家卫生城市"活动有关家禽市场专项整治工作　整治家禽批发、屠宰门店180多家,取得明显成效,为通过国家创卫办暗访作出贡献。

【技术推广和良种繁育建设】　一是大力引进推广优良畜禽品种、牧草种子,加快猪牛品改和优质黄鸡、奶山羊、新西兰兔等良种繁育基地建设。抓好市畜禽良种场育种中心建设,初步建成区域性瘦肉型猪育种中心。积极实施"蕉岭黑猪"、"兴宁坭陂猪"、"五华三黄鸡"等地方良种的保护和开发利用工作。平远县新引进巴巴达番鸭品种,作为扶贫工作重点推广项目,引进番鸭苗12万羽、出栏商品番鸭8万只,农户增收40万元。二是加强科技创新,做好有关农业科技项目结题验收工作。平远县的"安全优质生鲜山羊奶生产技术"获市科技进步三等奖,"新西兰兔规范化养殖技术的应用与推广"获省农技推广三等奖。三是加强种畜禽的质量监督管理工作。开展《畜牧法》执法检查,严格执行种畜禽生产经营许可制度。四是加强技术培训。邀请有关专家开展技术讲座,举办全市品改、猪病防控培训4期共500名畜牧品改和动物防疫技术骨干参加培训。为配合扶贫"双到"工作,全市各级畜牧部门积极组织畜牧兽医专业技术人员深入到乡镇农村、畜禽养殖场举办各类培训班321期(次),有养殖专业户、贫困户23945人参加培训,发放技术资料36360份。市畜牧兽医局组织专家编写《农村畜禽养殖实用技术》手册5万册,下发各地贫困户。

(饶彩莲)

林　业

【概述】　2010年,全市各级林业部门按照"推动绿色崛起、实现科学发展"的战略部署,抓住"省市共建梅州市生态文明(林业)示范点"的契机,以发展现代林业为主题,突出抓好集体林权制度改革、林业生态工程建设、林业产业体系建设和森林资源保护等方面工作,全年共完成造林面积12.8

万亩。至2010年年底,全市有林业用地面积1827万亩,其中:有林地面积1614.15万亩;核定省级生态公益林744万亩,比上年增加125万亩;森林覆盖率69.4%;活立木总蓄积3789.96万立方米,林木年生长量184.93万立方米。森林火灾得到有效控制,破坏森林资源的违法行为得到有效遏制,护林员队伍建设、落实森林防火责任制、林业体制改革、油茶产业发展等多项工作走在全省前列,有效地推进生态名城建设。

【生态建设】

培育发展森林资源　全年累计投入资金1.38亿元,完成造林作业面积27.34万亩。其中宜林荒山造林15.4万亩,迹地更新5.71万亩,低产林改造6.23万亩,中幼林抚育7.49万亩。推进重点造林工程建设。全年完成沿海防护林工程5.28万亩,林分改造工程3.57万亩,东江、韩江水源林工程3.33万亩,珍贵树种基地0.45万亩。

实施林业生态文明万村绿大行动　按照省林业局的部署,组织开展送珍贵树苗、实用技术下乡活动,鼓励和引导农民在村旁、溪旁、路旁和房前屋后种植珍贵树种,努力实现村庄园林化、庭院花园化。全年完成"万村绿"大行动造林0.6万亩。

开展义务植树活动　全市参加义务植树活动人数193.5万人次,植树477万株,尽责率90%。

建设城郊森林公园　各县(市、区)已规划或正在建设的城郊森林公园有梅江区的泮坑、百岁山、客天下,梅县梅花山,平远县南台山,大埔县登山公园,五华县蒲丽顶,丰顺县万佛园,兴宁市神光山,蕉岭县镇山公园等10个,总投资近亿元。通过林分改造和道路、配套基础设施等建设,为市民提供休闲、娱乐、健身、亲近自然的宜居环境。其中平远县南台山、蕉岭县镇山公园升级国家级森林公园申报评审工作已通过初审。

开展创建生态镇村活动　按照市委、市政府《关于开展生态镇村创建活动的实施意见》要求,编制以创建生态镇村为重要内容的生态名城建设年度工作计划,结合"万村绿"行动,突出重点,分类指导,做好村镇绿化规划,重点抓好村镇风景林、绿化小区、村庄四旁、周围山地和乡村公路绿化建设,提升村镇绿化水平。

加强造林质量管理　调整树种结构,推广乡土优良阔叶树种与引进优良速生树种相结合,种植树种20多个,提高生态功能等级。

【生态保护】　坚持把森林资源保护作为林业生态建设的长期工作、基础工作来抓,加强执法监管,强化保障措施,努力巩固提升梅州林业生态优势。一是全面完成木材经营加工企业整治工作。整治关闭各类木材加工厂(点)1130个,占整治任务的100%,木材经营加工企业低水平重复建设、厂点过多过滥、布局不合理、管理不规范、资源浪费大的问题得到初步解决。二是严格控制木材采伐,加强木材流通管理。全年省下达商品材(主要桉树)采伐出材量52.92万立方米,实际出材量为36.82万立方米。严格控制原木出市运输,并对外来木材的经营管理进行全面的规范,做到木材合法合规有序流通。三是发挥森林公安、林政、林业综合执法队的职能作用,在全市范围内开展严厉打击非法占用林地采石采矿取土、盗砍滥伐林木等违法活动为主要内容、代号为"绿粤行动"的专项行动。全年受理各类森林和野生动物案件422宗,查处396宗。其中刑事案件立48宗、破获25宗,林业行政案件受理374起(查处371),打击处理违法犯罪人员555人次,收缴木材9805.45立方米,野生动物一批,查破省、市督办案件两宗。四是新建梅县九龙嶂和五华李望嶂两个市级自然保护区。

五是遏制森林火灾。全市按《梅州市森林防火责任究办法》和《关于加强基层护林防火工作的实施意见》的要求,全面落实县、镇、村各级承担的森林防火职责。聘请村级护林员4417人,建立扑火队伍1965支。争取省森林防火指挥部的支持,防火期内在梅县机场长驻一架米格—29型直升机实行航空护林，随时准备扑救山火。全年发生一般火灾4宗，比上年同期26宗减少22宗，减少84.6%;过火面积39.8公顷,比上年同期230.1公顷减少190.3公顷,减少82.7%;受害有林面积24.5公顷,比上年同期166.24公顷减少141.74公顷,减少85.2%;森林火灾受害率减少0.14,没有发生重特大森林火灾和人员伤亡事故。六是做好林业有害生物防治工作。以省、市、县签订《松材线虫病防治目标责任书》为契机,全面落实防治目标责任制,加强源头管理,强化监测和检疫执法,大力推行无公害防治,提高处置能力。全年全市林业有害生物发生面积24.29万亩,无成灾面积;防治作业面积13.31万亩,防治率54.7%;无公害防治率100%,测报准确率92.1%。

【林业产业】 全市各级林业部门在抓好生态建设和保护的同时,注重抓好林业产业的发展。以现代林业发展理念为指导,按生态产业化,产业生态化的要求,使林业生态、经济协调发展,促进山区兴林致富。一是全面优化油茶产业结构,提升产业发展水平。邀请全国知名油茶研发专家评审通过《梅州市油茶产业发展规划2011~2020》,与国家林业局油茶研究开发中心签订《油茶科技合作框架协议书》，与广东省新大地生物科技股份有限公司共同组建国家林业局油茶研究开发中心梅州分中心,成立广东油茶良种繁育中心和广东油茶产业开发中心。全年投入资金1.1亿元,种植油茶11.4万亩,总面积达50万亩。建立高产示范基地20个,良种繁育基地10个。建成规模油茶加工厂4家,年产油茶能力1.6万吨。油茶产业产值4亿元。新大地、树人木业、长荣、鸿利丰等4个油茶项目入选广东现代产业500强。平远县被授予广东省第2个“中国油茶之乡”。二是加快珍贵树种基地建设。全市企业和个人共种植各类珍贵树种0.45万亩,主要种植樟树、桂花、降香黄檀、罗汉松、红豆杉等名贵树种。三是发展森林生态旅游业。以梅县雁鸣湖、雁南飞、阴那山,梅江区百岁山、泮坑、客天下,五华县七目嶂,兴宁市神光山、铁山渡田河,平远县南台山、五指石、龙文黄田,蕉岭县长潭,大埔县丰溪,丰顺县八乡山、韩山等为重点的一批具有森林特色的生态旅游区,基础设施建设得到加强,森林资源得到有效保护,林分质量不断提高。

【林业体制改革】 一是集体林权制改革基本完成主体改革任务。按照《梅州市集体林权制度改革方案》,2010年年底基本完成主体改革任务的要求,建立市领导挂县联系制度、提前完成奖励制度和定期召开汇报会制度,加大考核、投入和督察力度,加快推进林改工作,至年底完成主体改革的80%。已投入资金3930万元,完成调查摸底(第一榜)公示的村、组有28289个,涉及面积1787万亩,占99.6%;票决通过林改方案的村、组28144个,涉及面积1777万亩,占99.1%;完成外业勘界、实地勾绘的村、组27745个,涉及面积1746万亩,占97.3%;完成林权登记(第二榜)公示的村、组27483个,涉及面积1730万亩,占96.4%。已发放林权证8.3万本,涉及面积1363万亩;发放股权证14.58万本,涉及面积191万亩。二是加大山林纠纷的调处力度。全市因林权制度改革的原因,山林权属争议引发的纠纷大幅增加,山林纠纷的宗数由林改前的175宗上升至1438宗,全年净增加1265宗。林业部门一手抓林改、一手抓调处,至12月31日,成功调处1190宗,仍有248宗因历史原因尚未调处。三是积极推进国有林场改革。市属5个国有林场经营管理体制改革方案已获市委、市政府批准,着手做好实施方案。

(丘锐清)

水利水电

【重点水利工程建设】 2010年,全市水利工程建设完成投资21.97亿元。按照省政府的工作要求,韩江梅江沿岸重点堤围、城乡水利防灾减灾、病险水库除险加固、农村饮水安全四项重点水利工程建设任务2010年年底要基本完成,2011年3月底前要全面完成。全市各级充分利用冬修水利的黄金季节,全面掀起建设高潮,打好四项工程建设攻坚战。

韩江梅江沿岸重点堤围除险加固建设　韩江梅江沿岸重点堤围除险加固建设是梅州市水利建设史上投资较大、涉及范围最广、受益人口最多的水利工程,是梅州市的一项重大民心工程、德政工程。工程共41条堤围180公里,涉及全市7个县(市)21个镇,总投资8.97亿元。工程自2007年年底启动,2010年进入攻坚建设阶段。在市委、市政府的领导和高度重视下,全市始终把此项工程作为重点工作抓紧抓好,千方百计攻坚破难,全力推进。经过上下近三年的艰苦奋战,累计完成投资8.7亿元,41宗堤围已基本完成建设任务,进入工程扫尾阶段,2011年3月底前将全面完成。

防灾减灾工程建设　梅州市列入全省城乡水利防灾减灾工程共12宗16项,包括8宗12项堤围、1宗大型水库和3宗中型水库的除险加固,总投资18.5亿元。经过4年多的努力,整体工程已进入收尾阶段,已投入资金15.3亿元,已竣工验收或销号的工程8宗。重点做好大埔县、五华县、丰顺县、兴宁市城防洪堤4宗堤围的扫尾工作,使全市各县(市)城市防洪标准达50~100年一遇。

水库除险加固　梅州市列入全省大中小型水库除险加固项目177宗,其中大型水库1宗,中型水库4宗,小型水库172宗,计划投资4.3亿元,已完成投资4亿多元,基本完成年度计划任务。

农村饮水安全工程建设　农村饮水安全工程建设在上年投资3.16亿元,完成125宗农村饮水安全工程,解决50.79万人的饮水不安全问题的基础上,完成33宗农村饮水安全工程和49宗农村学校师生饮水安全工程。共解决11.5579万农村人口和1.62万学校师生的饮水不安全问题。82宗工程项目被列入2010年度考核的农村饮水安全工程项目,解决13.18万人农村饮水不安全问题。累计完成投资6194.84万元,投资完成率为100.1%。各工程点的水源水、出厂水和末梢水水质均符合国家饮用水卫生标准。

【防汛抢险救灾】 2010年入汛前受上年秋冬降雨持续偏少影响,出现轻度旱情,进入汛期后没有发生大流域性重大的洪涝灾害,但于5月5~7日、22~23日、29~30日,6月24~27日遭受强降雨袭击和9月2~3日遭受第6号热带风暴袭击,造成局部地方受灾。梅州市旱涝态势总体较平稳,洪涝灾害损失相对较轻。

雨情　1~11月全市降雨量1641毫米,与多年平均值1588偏多53毫米。从时段分布来看,1月、2月、5月、6月、9月降雨量偏多,其他月份降雨量偏小。

5月5~6日梅州市北部和东北部出现一次强降水过程,局部地方降大暴雨,两天全市平均降雨量108.8毫米,有30个测站降雨量达200毫米以上,其中平远县泗水镇梅畲村雨量达302.5毫米。受强降雨影响,造成梅州市中北部平远、蕉岭、梅县、大埔4个县局部地方山洪暴发,石窟河、梅江河下游出现超警戒水位洪水。全市有21个镇1.2627万人受灾,倒塌房屋129间,农作物受灾2.985万亩,直接经济损失1.4亿元。

6月24~27日，全市连续4天出现大到暴雨，全市平均降雨量119毫米，平远县东石，丰顺县汤坑、大龙华等镇降雨量超过200毫米。洪水造成汀江、梅江、韩江沿河乡镇受浸，大埔县茶阳圩镇上水2.7米、高陂圩镇街道低洼处上水深2米，丰顺县潭江圩镇街道最低洼处上水2.4米。大埔、蕉岭、丰顺、平远、兴宁、五华6个县(市)38个镇2.0667万人受灾，倒塌房屋578间，转移安置人口1767人，山体滑坡造成2人死亡，直接经济损失1.06亿元。

9月2日第6号热带风暴"狮子山"中心过境梅州市，全市大部分县均出现大风天气，最大阵风为10级。受其影响，全市普降暴雨到大暴雨，局部出现特大暴雨。全市48小时平均降雨量151毫米，雨量超过400毫米的测站有3个，雨量超过300毫米的测站有12个，超过200毫米的测站有44个。强降雨造成局部地方山洪暴发、山体滑坡、民房倒塌、交通受阻、道路中断、供电中断、水利设施受损、农田受浸。丰顺、兴宁、梅县、大埔、梅江区、五华等6个县(市、区)47个镇14.6379万人受灾，紧急转移21238人，转移安置630人；倒塌房屋668间，农作物受灾面积14.4313千公顷，损坏公路86处，损坏堤防127处32.567公里，损坏护岸280处、灌溉设施642处，造成直接经济损失2.1亿元。

9月20日受第11号热带风暴"凡亚比"影响，梅州市普降大到暴雨，造成大埔、五华、丰顺局部地方受灾。农作物受浸2.28万亩，倒塌房屋190间(其中全倒户24户)，直接经济损失9187万元。

水情　入汛以来，梅州市梅江、汀江、韩江均发生超警戒水位洪水，全市13个水文测站中有10个测站出现超警戒水位洪水，丰良河于9月3日出现超10年一遇洪水。

灾情　据统计，全年全市有8个县(市、区)89个镇19.23万人受灾，倒塌房屋1303间，农作物受灾20.02千公顷，成灾12.24千公顷，停产工矿企业45个，公路中断156条次，供电中断73条次，损毁河堤206处、护岸361处、灌溉设施2385处，造成直接经济损失5.128亿元(1990年~2009年年平均洪涝灾害损失为5.4亿元)，其中水利设施损失2.479亿元。

【水务一体化改革】　4月8日，梅州市水务局正式挂牌组建。将城市供水、排水、污水处理等涉水事务、节水和防雨雪冰冻灾害工作，划归水务部门统一管理。水务管理体制改革迈出关键的一步。全市各县(市)也启动水务体制改革，组建县级水务局。

【城市供排水】　为缓解近期城区部分区域水压低、水量不足情况，满足城市化发展需求，加快推进城市供水、污水处理力度，城区供水管网改造、江北截流输污、江南污水处理厂二期和新水厂建设等4个工程项目，通过统一打包以BT模式进行建设，各项前期工作进展顺利。

(市水务局)

【梅西水库】

农村工作　全区粮食总产276吨；板栗总产45吨。茶叶总产65吨。比上年增长20%；柚果虽然减产，但由于质量高，价格比上年提高50%以上，实现减产不减收，柚农的收入没有受到大的影响。畜牧水产增长15%。全区农村人均收入达到6689元，比上年增长10.2%。

围绕"抓龙头、建基地、创特色、打品牌"的农业发展战略，重点引导、扶持库区农业公司创建农业龙头企业。天海公司在梅寨新开发种植300亩红心蜜柚。凤山茶叶公司新种植200亩茶叶。金丰园公司利用基地的发展山地养鸡，鱼塘养鸭，有山地鸡5000只，养鸭3000只，并建设食品加工厂对农产品进行深加工，提高产业化水平和经济效益。库区的千亩金柚基地获得农业部产品质量安全认证和“绿色食品”称号，凤山茶业公司的“梅尖银毫”和“玉露茶”等品牌获得多项国际、国内奖项。4家农业公司中已有两家已被确立为“市级农业龙头企业”。龙头企业通过“公司+基地+农户”的模式，使企业与农户的利益关系逐步走上合作双赢、互惠共利的轨道，带动库区和周边农户增产增收，同时还促进农民就业，增加劳务收入。2010年，全区共有4户农业生产发展典型户，人均收入1.2万元以上。

加大生态林业建设和保护力度。在与周边乡镇的分界线上，新开防火林带13.23公里，制定《护林防火实施方案》及《护林员管理与考核办法》等制度，把护林队的责任、措施落实到位，全年库区实现无山火事故的发生，为库区的生态旅游农业建设提供有力保障。

企业管理 全面完成《水利发展“十二五”规划》、《农村水电增效减排工程规划》等“十二五”规划期间的各项规划及水利工程普查工作。程江梯级水电厂的蓄水闸门通过安全鉴定。通过联合调度，企业大幅提高发电效益，在降雨量比多年平均降雨量少130毫升的情况下，梯级水电厂和工程管理处发电创新高，全年梯级水电厂实现发电2936万千瓦时，工程管理处实现发电933万千瓦时。

旅游开发 加强对库区水质的保护力度。针对库区水质出现蓝藻的问题，积极争取市水务局、市环保局等上级部门的支持，并引起梅州市政府高度重视，2010年6月13日由梅州市人民政府发布《梅西水库环境综合整治工作实施方案》，加强对库区各污染水源的治理和监管力度，维护库区青山绿水的良好环境。

鼓励发展种养结合的生态农业和农家乐旅游基地。金丰园农业公司的500亩农家乐基地已初具规模，成为全区生态旅游农业建设的新景点。库区的洞天湖酒店积极推出自驾游项目，吸引大量的游客前来度假，酒店还被评为“广东省星级农家乐”。

与梅州市金德宝投资有限公司签订投资规模为4.5亿元的投资意向书，拟以AAAAA的标准建设梅州市洞天湖温泉生态旅游景区，打造有别于雁南飞、雁鸣湖风格的特色温泉生态旅游品牌。已取得国土、环保、农业、旅游、水务、林业、招商局的同意，立项审批也取得市发改局的批准。洞天湖温泉生态旅游景区建成后将成为距梅州城区最近生态型旅游度假区。洞天湖生态旅游度假区被省农业旅游示范评定委员会评为“广东省省级农业旅游示范基地”。

移民工作 会同梅县梅西镇、大坪镇共同制定《梅西水库移民后期扶持资金管理实施暂行规定》，加大移民资金使用监督管理力度，确保资金透明运作，让移民实实在在受益。全年收到2009年度计划资金574.74万元，其中直接发放移民资金336.3万元，下拨5个自然村移民基础实施项目工程扶持资金188万元。收到移民后期扶持结余资金346万元，实施计划涉及大坪镇和梅西镇共14个移民工程。各项目工程正在实施过程中。

（钟智英）

供销合作经济

【概述】 2010年，梅州供销合作系统努力推进省市共建农村现代流通网络体系示范点工作，为促进农业增效、农民增收和助推梅州绿色的经济崛起作出积极贡献，得到省供销合作联社的充分肯定。2010年全市供销合作系统经营总额364993万元，同比增长12.9%；利润总额161万元，比增36%；全系统337家农民专业合作社实现助农增收1.26亿元。在全省供销合作社系统综合业绩考核中连续五年获优胜单位一等奖。

【建设农村现代流通网络】 2010年,全系统采取有力措施,全力推动省市共建示范点工作并取得明显成效。一是农资现代经营服务网络建设快速推进。市供销合作社按照《梅州市供销合作社农资现代流通网络发展规划》的要求,继续推进农业生产资料现代流通服务网络建设,促进梅州天禾农资配送有限公司与大埔县供销合作联社签订《共同组建梅州天禾农资配送有限公司大埔配送中心合作协议书》,成立梅州天禾大埔县农资配送中心,为全省供销社系统加强省市县联合与合作,共建农资现代流通网络作出示范。同时,全系统以梅州市天禾农资配送有限公司和市、县农业生产资料公司为依托,实行集中采购、统一配送,构筑全市统一品牌、统一经营的农资现代经营服务体系,充分发挥农资龙头企业、农资专业合作社和连锁配送终端网点的作用,初步实现全系统农资商品连锁配送经营。全年共销售各种化肥232400吨,农药2096吨,满足全市农业生产的需要。二是日用消费品现代经营网络建设稳步推进。全系统按照《梅州市供销合作社农村日用消费品现代流通网络发展规划(2009~2013年)》,通过采取创新经营机制、拓展经营网络、主动服务企业等措施,大力发展连锁、配送等新型业态,在县(市、区)主要集镇发展农村日用消费品连锁超市,建设区域配送中心,在乡村发展加盟店,初步构建上下贯通的农村日用消费品现代经营网络体系。至2010年年底,全系统共建有连锁超市、农家店1179家,配送中心5家,日用消费品销售总额5.6亿元,同比增长11%。三是全力推动农副产品现代流通网络建设。市供销合作社通过争取市委、市政府和省供销合作联社的重视支持,组建集农产品生产、加工、流通为一体的梅州裕民农产品有限公司,并与省供销合作联社直属企业合作成立广东新供销天润农产品有限公司梅州配送中心,与喜多多、自家人、乐万家等连锁超市签订“农超对接”战略合作协议,实现大型连锁超市与生产农产品的专业合作社对接。四是推动再生资源流通网络建设。推动“绿色回收进社区、进农村”活动,进一步健全和规范系统内的再生资源回收经营网点,净化废品回收市场,净化城乡环境和社会治安环境。

【组建农民专业合作社】 2010年,市供销合作社进一步加大指导力度,落实工作进度,完善专业合作社发展机制,全系统逐步形成政府扶持、供销社领办、社会参与、农民主体的良好氛围,全年组建72家农民专业合作社,超额完成省供销合作联社下达梅州市组建70家农民专业合作社任务。至此,全系统累计组建338家农民专业合作社,其中14家入选全国总社“千社千品”富农工程,两家被评为全国总社示范专业合作社,111家被评为省级示范专业合作社,10家注册商标,入社农户221671户,带动农户80264户,年实现助农增收1.26亿元。此外,全系统还组建1家县级农产品流通经纪人协会,有力地促进农副产品流通的健康、规范、持续发展。

【优化改革发展环境】 全系统把维护稳定工作与供销社改革发展工作同谋划、同部署、同推进,积极化解不稳定因素,妥善处理好历史遗留问题,改革发展环境进一步得到优化。至2010年年底,累计偿还历史债务5.75亿元、占总债务的75%;自筹资金7864万元,安置职工11813人;筹集4279万元,为2762名离退休人员办理社会养老保险,为1840名在职职工补交社劳保费,为2904名职工补偿领取失业救济金,解决1671名职工欠发工资问题,妥善解决历史遗留问题,有效地化解不稳定因素,维护社会的稳定。

(郑业矿、罗志伟)

气　象

【气候概述】 2010年梅州市气温正常,阶段性低温明显;降水分布不均,局部洪涝较重。各县(市)年平均气温在20.8℃~21.6℃之间,全市平均为21.3℃,较常年平均(指1971~2000年平均值,下同)偏高0.3℃。年内各月平均气温与历史同期偏差较大,其中1~3月全市各县(市)偏高幅度都在1℃以上,4、6月偏低1℃~2℃,7~9月偏高1℃及以上,其余各月属正常。2月冷暖变化很大,如梅县站中旬旬平均气温比历史同期异常偏低5.5℃,下旬则比历史同期异常偏高6.2℃。年极端最低气温为-2.1℃,12月17日出现在平远县;年极端最高气温为38.6℃,8月3日出现在大埔县。各县(市)年总雨量在1416.1~1889.6毫米之间,全市平均为1692.5毫米,比多年平均偏多4%。各县(市)雨量与常年比较,蕉岭、兴宁、大埔、五华偏多1成左右,平远属正常,梅县、丰顺属略偏少。年内降水时空分布不均匀,雨量相对集中,1~2月、6月、9月、12月降水偏多,其余月份降水偏少。2010年开汛时间为4月8日,入汛时间比常年平均稍早。5月6日在蕉岭观测站测得年内全市最大日雨量226.1毫米。各县(市)年总日照时数在1542.6~1930.1小时之间,全市平均为1694小时,比多年平均少5%。

【灾害性天气】 2010年梅州市天气复杂,出现低温冻害、热带气旋、强降水(包括暴雨)等灾害性天气。影响较大的灾害性天气有:

3月9~11日低温霜冻天气。受强冷空气影响,3月6~8日梅州市出现明显降温降雨,各地日平均气温大幅下降12℃左右。9~11日,受新一股冷空气补充影响,梅州普降中雨,各地气温再度下降,天气寒冷,出现低温霜(冰)冻天气。梅州只在1986、1994、2005年3月上旬出现过霜冻,而这次冷空气造成的霜冻比以上几次还稍迟约3天。经调查了解,由于梅州市茶叶产区多处高寒山区,受害最为严重,全市茶叶受灾面积超过7万亩,春茶减产25%左右,直接经济损失约1.5亿元。果树方面,脐橙生产受霜冻影响较大,全市脐橙受灾面积2万亩左右,减产20%以上,直接经济损失约3000万元。

6月24~27日强降水。受切变线和高空槽共同影响,24日8时到27日8时全市平均降雨量87.9毫米,其中42个中尺度自动站录得雨量100毫米以上降水,50~100毫米有56个站,全市最大雨量出现在蕉岭县文福镇,雨量155.3毫米。降水造成大埔、蕉岭、丰顺、平远、兴宁、五华6个县(市)22个镇1.6158万人受灾,倒塌房屋214间,转移安置人口1688人,农作物受灾1.64万亩,停产工矿企业12个,乡镇公路中断7条(次),损毁河堤、护岸16处、灌溉设施150处,造成直接经济损失6227万元。27日2时,五华县长布镇山体滑坡,造成2人死亡。

9月2~3日热带风暴"狮子山"。2010年第6号热带风暴"狮子山"于9月2日11时进入大埔县,横穿丰顺、梅县和兴宁。受其影响,全市中南部地区出现暴雨到大暴雨。9月2日8时至3日8时,各县(市)站测得雨量(毫米):五华169.6,兴宁155.5,丰顺242.0,梅县131.9,平远110.5,大埔48.4,蕉岭40.9;另外,全市108个自动站超过100毫米的有66个,50~100毫米的有25个,最大出现在丰顺龙岗280.0毫米。强降雨造成局部地方受灾,丰顺县、兴宁市、梅县、梅江区、大埔县47个镇2人受伤,10.06万人受灾,紧急转移安置969人,倒塌房屋433间,未接到人员伤亡报告,5.585千公顷农作物受灾,部分陂头等水利受损严重,造成直接经济损失1.51亿元,其中水利设施损失0.618亿元。

【气象服务】 2010年,梅州市春季终霜日期比常年偏晚,前汛期强降水次数多,后汛期热带气旋影响晚,冬季寒潮降温幅度大。3月9日至11日,出现低温霜(冰)冻天气,比1986年、1994年、2005年3月上旬出现的终霜日期推迟约3天,对春茶、脐橙等作物造成较大影响。开汛时间为4月8日,比常年平均稍早。5月6日蕉岭县城日雨量226.1毫米,打破当地日雨量最大记录。6月24日08时到27日08时,受切变线和高空槽共同影响,全市三天平均降雨量为87.9毫米。9月2日台风"狮子山"在福建漳浦登陆后横穿梅州市,台风中心附近最大阵风达到10级,全市普降大暴雨,局部特大暴雨。12月15~17日受寒潮影响,全市出现大面积冰冻天气,过程最低气温-2℃。这些天气过程,气象部门都做出准确的预报并及时、主动开展服务,启动内部应急响应19次,发布突发气象灾害预警信号442次,其中台风51次、暴雨102次、雷雨大风41次、高温53次、寒冷129次、森林火险65次、大雾1次,发送决策气象服务短信息9万多条,为防灾减灾提供决策依据,努力将灾害损失降到最低程度。2010年,气象部门与梅江区政府、蕉岭县国土资源局等单位联合举办气象信息员培训班,对乡村气象信息员进行培训,提高基层人员气象防灾应急响应能力。亚运会期间,在超强台风"鲇鱼"路径多变、逼近粤东沿海的复杂天气条件下,市气象局圆满完成火炬传递的气象保障任务,得到筹委会的表扬。为配合做好亚运、亚残运开(闭)幕式的人工消减雨工作,梅州市派出4个作业组赴清远执行任务5次。做好易燃易爆场所和厂矿、企业、乡镇、机关、学校等单位的防雷安全管理服务工作,做好广州大桥、新梅江大桥、广州(梅州)产业转移园等重点项目的防雷检测、雷击风险评估工作。

【基础设施建设】 五华地面气象观测场新址通过中国气象局综合观测司验收,12月31日20时正式切换到综合探测基地进行观测。兴宁气象探测环境改善工程全面完工。梅县完成观测场新站址的征地,气象雷达站完成供水和消防工程建设。能见度仪、土壤水分观测仪、新一代卫星接收设备、大埔核电项目专用自动气象站等建成并投入运行。

【科学研究和人才培养】 2010年市气象局有1个课题获得省气象局立项,2个课题在市科技局立项;发表论文27篇,其中核心刊物2篇;有1人获得高级工程师任职资格,6人获得工程师任职资格,中级以上职称人员39人。在首届广东省气象行业地面测报技能竞赛中,五华县气象局钟美英取得个人全能第一名,并囊括所有3个单项第一名;黄秀娟取得"地面气象报告编制"单项三等奖。全市有7人通过全国"质量优秀测报员"业务验收。全市7县(市)电视天气预报节目实现气象部门自主制作并在当地电视台播出。

(市气象局)

责任编辑:廖晓鹏

工业

综 述

【概述】 2010年,梅州工业经济实现较大幅度增长,全面超额完成省、市下达的11项经济指标,各项经济指标均达到两位数以上速度的增长。全市有规模以上企业502家,全年完成规模以上工业增加值164.33亿元,同比增长18.7%,比上年高出10.6个百分点,增速排在全省第13位,比上年前移4位,实现提档进位。完成工业总产值458.77亿元,同比增长25.2%。比上年提高15.9个百分点。

2010年全市11项工业经济主要指标完成情况

指标名称	省分解年度目标(%)	完成情况(%)	比超(百分点)
规模以上工业增加值增速(1~12月)	12.9	18.7	5.8
规模以上工业总产值增速(1~12月)	15.8	25.2	9.4
规模以上工业企业销售收入增速(1~11月)	14.5	23.81	9.31
规模以上工业企业利润增速(1~11月)	12.3	22.07	9.77
规模以上工业企业税收增速(1~11月)	11.6	13.47	1.87
工业投资增速(1~12月)	2	18.8	16.8
战略性新兴产业投资增速(1~12月)	8	12.5	4.5
制造业利用外资额增速(1~12月)	2.4	3	0.6
“十一五”期间单位GDP能耗目标	–16	16.98	–0.98
2010年单位GDP能耗目标	–2.26	3.23	–0.97
2010年单位工业增加值能耗奋斗目标	–3	15.3	–12.3

【招商引资】 市经济和信息化局成立3个招商专业小分队,做好内外招商工作,每位局领导及其分管科室和招商专业队都落实招商责任,并对招商责任完成情况进行定期报告和考核。2010年,先后主动与30多家企业进行意向接触,走出去沟通40多次230多人次,引来各地投资商40多批350多人次来梅考察,有力地推动招商引资工作。先后与瑞鑫电子有限公司(珠海华烁电子有限公司)正式签订投资1亿元入园建设LED照明项目战略合作框架协议,柳州五菱集团投资5亿元入园项目和云景房地产开发项目,以及华润电力公司风电项目、国家成品油战略储备库项目也已有明确的合作意向,项目意向投资总额80亿元。在第六届"山洽会"上签订72个总投资额为188亿多元的项目。

【结构调整】 贯彻实施市委、市政府《关于加快绿色的经济崛起的若干意见》,制订和落实具体的工作措施,大力推进先进制造业、电子信息产业、战略性新兴产业的发展和六大传统工业的绿色转型,加快构建绿色现代产业体系,加快梅州市经济发展方式的转变。重点是根据市委、市政府的工作部署,牵头与暨南大学产业经济研究院共同编制《梅州市绿色现代产业体系建设规划》,已在专家论证的基础上作最后的修改后提交市委、市政府审定。《规划》的编制将为梅州绿色现代产业发展进一步明确目标、方向和路径。与此同时,贯彻落实国家产业政策,抓好水泥产业的结构调整。一方面,加大落后水泥产能淘汰力度,2010年全市共淘汰落后水泥产能238万吨,全面完成省下达梅州市"十一五"淘汰落后水泥产能任务,为梅州工业今后的发展腾出空间和环境容量。另一方面,加强与国家和省有关部门的沟通,积极争取支持,加快梅州市新型干法旋窑水泥生产项目立项申报和建设,填补梅州市淘汰落后水泥产能后的产业空缺。

【产业转移】 充分发挥部门职能作用,做好产业转移园区的指导、协调、考核、管理、服务等工作;大力加强与省经信委的沟通,及时掌握政策变化和考核要求,全市两个产业转移园区顺利通过省考核。2010年广州(梅州)产业转移工业园首期4.03平方公里开发基本完成,各项配套设施逐步完善,一系列的通路、通电、通水工程已完成或接近完成,全年引进项目37家,计划投资总额45.15亿元,在洽谈、送审项目42个。

【技改创新】 2010年9月,省经信委与梅州市共同推进优势传统产业转型升级行动方案正式获得批准实施,成为全省第3个与省经信委签订省市共同推进传统产业转型升级行动方案的地级市。积极争取国家、省、市三级财政专项资金和产业政策的扶持,全年共有33个项目获得省技术改造扶持资金总额2000多万元,有14个项目获得省技术创新专项资金980万元。引导企业加大资金投入,2010年全市共有技术改造在建项目197项,累计完成投资30亿元,投资额比上年增长107%;全市共有技术创新在建项目33项,全年完成投资1.69亿元,同比增长19.01%。

【节能降耗】 高度重视节能工作,一直保持高压态势,特别是梅州市被省列入启动节能预警调控三级应急响应以后,进一步采取了一系列行之有效的调控措施,以铁的手腕抓好节能降耗工作。一是及早部署。先后制定印发《关于印发〈2010年梅州市节能减排实施方案〉的通知》、《关于启动全市节能预警调控三级应急响应的紧急通知》、《梅州市节能预警调控方案》等一系列文件,迅速落实省节能预警调控三级应急响应。二是强化措施。坚持以高压态势抓好节能降耗工作。对高能耗、高污染、资源型"两高一资"和产能过剩企业实施限产、停产;暂停"两高一资"和产能过剩行业项目的环评、核准和审批;已经批准的项目,暂缓开工建设;已经建成的,暂停投入生产。重点对38家“两高一资”企业采取限产和停产措施。三是加强监管。积极协助市政府对各县(市、区)落实节能预警调控三级应急响应进行专项督察,加强对已实施淘汰的钢铁、水泥企业严格监管,严防死灰复燃;加强社会用电管理,制订全市用电量控制目标,有效遏制全社会用电量的过快增长;加强督促检查,确保企业停产限产等各项措施真正落实到位;切实落实淘汰落后产能工作,严格执行差别电价政策;加强重点用能企业的节能管理;加强节能指标和GDP等经济指标的统计分析工作。四是推广先进。加大节能宣传,大力实施节能重点工程,推进企业节能技术改造,抓好节能灯推广项目,积极开展各项节能活动。梅州市成为全省13个启动节能预警三级响应的地级市中首批取消节能预警三级响应的4个市之一。节能降耗工作得到省政府督查组的充分肯定,省节能办以专题简报形式总结梅州市的经验做法,报送国家有关部门和省委、省政府主要领导,并在全省介绍推广。2010年全市单位GDP能耗比2005年下降16.98%,全面完成省政府下达的年度目标任务和“十一五”节能降耗目标任务。依托宝丽华荷树园电厂、塔牌集团和金雁集团,初步形成煤电、热电和铜加工产业循环链,大力推动企业清洁生产。

【信息化与工业化融合】 加快信息技术在先进制造业、优势传统产业等领域的推广应用,做好两化融合“4个100”示范工程申报工作,加强企业信息化人才培训,推动企业向敏捷制造、网络化制造、精细化管理发展。制定出台《梅州市无线城市建设实施方案(试行)》,加快梅州无线城市建设步伐。围绕落实科学发展观考核评价工作,突出抓好互联网网购普及,大大提高信息化发展指数。举办2010年广东省信息化与工业化融合巡回(梅州站)培训活动。

【行业管理】 做好全市生猪定点屠宰厂(场)设置规划及审核换牌换证工作,大力开展肉品质量安全专项整治工作,强化畜禽屠宰监管,确保市民吃上“放心肉”。突出加强民爆经营行业的安全监管,确保民爆经营安全、稳定、有序。深入开展流通行业专项整治执法检查行动和再生资源回收经营者备案工作,进一步规范市场秩序,促进市场的健康发展。

【国企改革】 制订改革转制方案,积极寻找战略合作伙伴,扎实推进企业改革。全力抓好市属金雁集团、齿轮厂和磁性材料厂3家国有企业改革转制工作,先后完成3家市属国有企业的清产核资、资产评估等基础性工作。成功引进柳州五菱集团实现梅州齿轮厂产权的整体转让,2011年2月15日举行整体产权交接仪式,将整体产权顺利移交给柳州五菱汽车有限责任公司。金雁集团、磁性材料厂改革转制工作也在加紧推进中。积极解决改革转制中的历史遗留问题,《市管道煤气有限公司职工安置方案》获得职代会通过,进入职工安置程序;妥善解决原省药材公司李远辉上访5年多关于工龄补偿年限认定问题及原梅州制药厂钟锡章上访反映推荐人大代表人选问题。

【民营经济】 贯彻落实市政府《关于促进中小企业平稳健康发展的实施办法》等一系列政策措施,帮助民营企业协调解决生产经营中的困难和问题,促进民营经济的健康发展。2010年全市民营企业完成工业产值284.68亿元,同比增长23.2%;实现税收21.73亿元,比增26.56%;出口总额41509万美元,比增28.23%。

【机电工业】 梅州市机电工业包括电气机械、汽车零部件和通用机械等三大优势行业,现有44家规模以上企业，2010年工业总产值55.85亿元，比上年同期增长49.2%，占全市工业总产值的12.17%。其中汽车零部件企业12家，工业总产值16.7亿元，比上年同期增长82.5%。骨干企业包括广东明珠球阀、梅工齿轮、BPW车轴、广汽强华汽车电器有限公司、广东井得电机有限公司、南丰电气有限公司、平远恒明公司等。主要优势产品包括精密球阀、汽车无刷发电机、车轴、螺旋伞齿轮、汽车铸件等。

【铜加工业】 2010年梅州市铜产量13993吨，比上年同期增长16.9%；铜加工材8913吨，比上年同期减少13.3%。以铜矿探、采、选、冶、深加工为主业的梅州市金雁实业集团公司逐渐走出金融危机的阴影，企业平稳发展，全年实现产值14.98亿元，比上年同期增长18.4%；实现销售收入13.21亿元，比上年同期增长68.7%；实现税金总额0.6079亿元，比上年同期增长259.4%；实现利润总额1.0288亿元，比上年同期增长345.3%。

【陶瓷工业】 陶瓷产业是全市出口创汇重要行业之一，陶瓷企业主要集中在大埔和丰顺，其中大埔县高陂镇是梅州市陶瓷生产集中地，主要产品包括日用陶瓷和艺术陶瓷。2010年全市共生产日用陶瓷7010件，同比增长57.6%。全市陶瓷行业完成工业总产值13.85亿元，比上年同期增长48.6%。大埔县还被中国陶瓷工业协会认定为“中国青花瓷之乡”。

【医药工业】 药业是梅州市的优势传统产业和潜力产业之一，全市医药产业以中成药为主，其中中药资源丰富，拥有完整的中药材种植、饮片加工、中成药生产和中药流通的产业链。全市有医药生产企业8家，已通过GMP认证企业6家，其中规模以上医药生产企业4家；有中药材种植企业5家，常年药材种植面积约3万亩。主要代表性产品有片剂、胶囊剂、颗粒剂、丸剂、散剂、注射剂、口服剂、溶液剂、乳膏剂、栓剂等18类剂型150多种产品。2010年，全市规模以上医药生产企业产值4.03亿元，比上年同期增长48.7%。

【电子信息工业】 2010年，全市电子信息产业实现产值66.57亿元，同比增长40%。全市主要骨干企业有20家，其中电子信息企业就有5家，分别是梅县恩华、线艺、超华集团，丰顺培英、泰昌公司。丰顺电声产品种类多，质量不断提高，自主品牌不断增加，产业规模不断扩大，电声产业已成为丰顺县的支柱产业。全县电声产业产值21.53亿元，占全县工业总产值49%，至2010年年底全县有年产值超千万元以上的企业有28家，年产值超亿元以上的企业有3家；年创税50万元以上的企业有27家，其中超百万元以上有17家。梅雁TFT显示器有限公司的热压成型年产2000万片大尺寸新型导光板项目，于2010年12月通过广东省发改委项目专家组的验收。梅州紫晶光电科技有限公司是广州晟力机械科技有限公司产业转移落户到广州(梅州)产业转移工业园的企业，承接原广州晟力机械科技有限公司在自动化工业领域的业务和研发积累，以及“三力”(SAMLINK)品牌资源，是全球四家光盘设备系统供应商之一，在BD—R、BD—RE光盘和工艺的研发方面具备与世界先进同步的技术水平。

【化学工业】 2010年，全市化工行业主要企业有13家，全年工业总产值60021万元，比上年增长45.8%；销售收入56997万元，比上年增长65.1%；利润总额8090万元，比上年增长2633.1%。

【包装印刷工业】 2010年,全市印刷行业主要企业4家,全年工业总产值7808万元,比上年增长66.7%;销售收入7319万元,比上年增长67.8%;利润总额803万元,比上年增长5253.3%。

【纺织制衣工业】 纺织工业包括纺织和制衣两大行业。其中纺织行业现有主要企业15家,2010年工业总产值29582万元,比上年增长48.1%;销售收入30242万元,比上年增长77.7%;利润总额3485万元,比上年增长222.7%。制衣行业现有主要企业14家,2010年工业总产值59158万元,比上年增长64.0%;销售收入52652万元,比上年增长107.2%;利润总额2562万元,比上年增盈2645万元。

【酿酒工业】 2010年,全市持有酒类生产许可证企业59家,持有酒类生产许可证100张(其中白酒国证15家、白酒省证31家、啤酒省证1家、白兰地省证1家、黄酒25家、配制酒27家)。据不完全统计,全市酒类生产总产量33269吨,销售总额38490万元。其中白酒产量16420吨,销售额24887万元;黄酒产量2675吨,销售额4874万元;果露酒产量1320吨,销售额5145万元;啤酒产量12320吨,销售额2535万元;其他酒产量533吨,销售额1049万元。全市酒类生产企业纳税额3828万元。全市酒类生产企业从业人员1983人。

(市经信局)

蕉华工业园区

【概述】 广东梅州蕉华工业园区(梅州市蕉华管理区、广东省蕉岭华侨农场)是省级开发区,土地总面积为26.04平方公里,全部属于国有。2010年年底户籍人口7805人,其中归难侨1570人。下属办事处4个,设有中学、小学和幼儿园各1所,医院1间,农贸市场1个。205国道和天(津)汕(尾)高速公路横贯园区。天汕高速公路在距离园区南、北端1公里处均有出入口。享受梅州市人民政府配套的各项优惠政策,实行积极的财政扶持政策。蕉华工业园区以铜材、铜制品加工、机械制造、食品加工及医药制造、电子信息、电气制造、建材等为主导产业。已落户园区的有梅州金塔水泥有限公司、梅州金达铜材有限公司、梅州市鸿利线路板有限公司等26家企业,产业集群和企业集群初具雏形。2010年,实现固定资产投资1.195亿元,同比增长20%;农业产值4011.5万元,同比增长5%;工业产值4.87亿元,同比增长12%;第三产业产值2030万元,同比增长8%;税收4426万元,同比增长3.3%,其中国税3759.8万元,同比增长1%,地税666.2万元,同比增长24%。

【招商引资】 实施《广东梅州蕉华工业园区管理委员会关于实行招商引资责任制的办法》,把招商引资任务具体落实到蕉华工业园区管理委员会班子成员和区属有关单位,实行招商引资奖励政策。实行“二分之一”招商办法,即二分之一的领导招商,二分之一的时间招商。全年共引进项目12个(均签订正式的入园协议书),预计投资总额达2.25亿元,有3家企业已竣工投产。实施区领导和部门责任人挂钩企业服务办法,提高园区服务水平。根据已投产企业和即将投产企业面临招工难的问题,主动与市用工办衔接,利用各种媒体资源,如《梅州日报》招聘栏、市辖工业园区招聘报、梅州电视台综合频道的跑马广告栏,协助解决招工难问题。对新进园的企业主动办理工商、税务登记,协助其到市相关部门办理立项、环评,沟通办理融资贷款等事宜。

【园区建设】 投入3000多万元开发北部工业平台土地，完善水、电、路等基础设施。至年底，已有8家企业落户。新一轮土地利用总体规划修编成果已送省、市国土资源部门备案，至2020年蕉华工业园区建设用地规模将达640公顷。园地山坡地开发耕地进展顺利。积极向公路交通部门申报公路建设计划，争取以大交通建设促进区位条件的根本改善。

【惠民工程】

推进归侨难侨危房改造工作　把归侨难侨安居工程与"三旧"改造、拆迁安置结合起来，按照统一规划、统一用地、统一设计、统一建设、居住相对集中的原则建设华侨新村。规划用地面积约7.5万平方米，总投资约8541万元。至年底，完成投资5000万元，兴建279套安居房和配套基础设施。不仅解决归侨难侨"住有所居"问题，而且解决拆迁户安置问题，还为工业园区的发展腾出不少土地。

兴建华侨新村文体广场　秉承"发展侨区特色文化，构建和谐美丽侨区"的理念，投入450万元兴建华侨新村文体广场。工程设计总面积2116.5平方米，是一座集文娱、休闲、健身、儿童活动为一体的综合性活动场所，可同时容纳2700人。

完善农场社会保障体系　2010年，全区加入新型农村合作医疗保险6488人，其中享受农村合作医疗补偿人数5852人次，补偿金额107.56万元；纳入社会养老保险3551人。积极稳妥推进被征地农民养老保险工作，通过与相关部门沟通衔接，明确征地建设项目按属地管理原则办理。做好最低生活保障救济工作，全年共发放低保救济金20.68万元，受益群众418人次。

家电、汽车、摩托车下乡补贴　全年补贴家电514台(次)，补贴金额6.93万元；汽车、摩托车70辆(次)，补贴金额9.55万元。

农田综合直补及粮种补贴　全年补贴农户1266户，农田面积7536.08亩次，补贴金额45.64万元。

（李虹洪）

梅州高技术产业开发区广州(梅州)产业转移工业园

【开发建设】 加强与兴宁、梅县县(市)、镇、村三级及市、县国土部门联动，大力推进二期中4.5平方公里征地拆迁工作，全年共取得2期8个批次共4746亩的用地批文，完成征地3162亩，拆除房屋136座。集中工程力量同步开展场地平整，至年底，共完成挖运土石方约160万立方米，基本完成年初提出的1平方公里建设用地的平基计划，初步实现土地连片开发，拉开园区发展架构，提高园区承载力。同时，继续加大投入，加快完善首期4.03平方公里在建区域以"水、路、电"为重点的基础设施建设，集中配套商贸、通信、物流、文体休闲、医疗卫生等服务设施。至年底，累计完成区内道路建设11.4公里，形成梅州大道、广州大道、中心大道和滨江路"两纵两横"的主干路网，并与梅河、汕梅两条高速公路及206国道顺畅联结，区内、区外交通便捷；园区商务中心、创业广场相继建成使用，新自来水厂、新梅江大桥等重点项目加快建设；邮政、通信、有线电视、银行、医院、技校等服务网点(培训点)已覆盖建成区。

【招商引资】 成立由市委书记任组长、市长任第一副组长的全市招商引资工作领导小组，有机整合园区建设指挥部办公室、园区管委会和市招商局的力量，并在全市范围抽调精干力量成立7个市属驻外专业招商队，全部压到园区建设和招商引资工作第一线，以基本“不过双休日、不请年休假”的连续作战精神，只争朝夕、破难攻坚，形成良好的干事创业氛围。围绕园区主导产业，创新思路，加强项目策划，积极对接珠三角产业转移，园区的引资项目质量不断提升、产业集聚加快发展。全年新引进企业37家，计划投资总额45.2亿元，其中亿元以上项目9个；属汽车配件、电子信息等主导产业项目29个，占比69%；实现知名企业、台湾企业、整机生产项目落户进园零的突破。另有一批涉及汽车零部件、电子信息等产业及知名企业、知名品牌的亿元以上大项目正跟进洽谈中。同时，依托共建伙伴广州的汽车产业优势，争取广汽集团合作，以园中园的形式策划建设广汽(梅州)汽车零部件摩托车产业园，加快园区产业集群发展。至年底，累计进园企业85家，计划投资总额64.8亿元，其中投产、试产企业34家。

【优质服务】 市委、市政府先后制订出台《关于加快广州(梅州)产业转移工业园发展的决定》、《关于加强招商引资工作的意见》、《关于加强企业用工保障工作的若干意见》等一系列政策措施；建立市委常委会、市政府常务会定期研究园区工作制度，市委、市政府主要领导坚持每月到园区现场办公1次，具体解决园区建设中存在的困难和问题；设立市行政服务中心园区分中心，实行“一条龙”服务投资者，着力提高政务效率。同时，大力抓好园区绿化、亮化、保洁、安全生产、治安维护工作；增开园区至兴宁、五华、丰顺城区企业员工免费专线车和至畲江圩镇免费穿梭巴士；实行“一企业一医疗册”就医制度，企业员工实行“一卡通”；积极开展广场文艺活动，送戏到园区，活跃丰富园区文体活动，增强园区吸引力。

(范建颂　钟伟才)

民营经济

【概述】

工业产值平稳增长　2010年民营经济增加值实现335.17亿元，比上年增长16.7%，占全市生产总值612.36亿元的54.73%。民营经济工业产值实现284亿元，增长23.2%，占全市工业产值622.91亿元的45.7%。

社会贡献不断提高　全市民营企业上缴税金21.73亿元，比上年同期增长26.56%，占全市税收93.38亿元的23.27%。全市50家先进民营企业的社会贡献率达到历史最好水平，销售总额达168.09亿元，净利润14.49亿元，纳税总额11.71亿元，增长16.3%。仅关键一项税收指标，入选企业平均达到2342万元。

企业总量不断扩张　新增私营企业1484家，累计发展8291家，比上年增长14.39%；新增注册资本24.37亿元，累计注册资本达到213.2亿元，增长27.37%。新增个体工商户18125家，累计达到94262家，累计注册资本21.5亿元，增长15.56%。

外贸出口稳步提高　全市民营企业共实现外贸出口总额41509万美元，比上年增长28.23%，占全市出口总额95100万美元的43.77%。

企业素质日益提高　宝新能源、塔牌集团、威华集团、明珠集团4家企业获评“广东省百强民营企业”称号，分别在全省排名为第14名、26名、68名和82名。全市累计发展民营科技企业79家，股改成功企业达到19家，正在股改企业有12家。

【营造环境】 按照“推动梅州绿色的经济崛起”的战略部署要求，坚持对民营经济采取“思想放开、政策放活、路子放宽、环境放松、扶持发展”的策略，不断加大民营经济的宣传力度，通过完善中小企业信息服务网、《梅州日报》和梅州电视系列报道等形式，认真开展民营经济的政策宣传、维权保护等，全方位为民营企业提供政策服务，先后向基层和企业免费发放政策法规资料 1500 多套。召开全市先进民营企业表彰暨民营企业家座谈会，会议表彰全市 50 家 2009 年度先进民营企业，座谈分析中小企业、民营企业发展现状和热点、难点问题，探索如何加快推进中小企业、民营企业的提升和发展。2010 年 4 月，召开梅州市中小企业协会会员大会，会议选举产生第二届理事会领导机构，选举陈建青副市长为协会第二届理事会名誉会长，选举涂礼俊局长为协会第二届理事会会长。

【招商引资】 一是成立领导工作机构，制定工作目标，抓好招商引资相关业务知识的集中培训，努力提高招商队伍的专业水平。二是加强在产业发展规划方面的研究，从产业布局的合理性、产业配套和延伸产业链的专业角度，为招商引资工作指明方向。三是广泛收集信息，落实保障措施，积极实施走出去战略，到招商引资的主攻地区，主攻招商对象。先后到广州市华限数控机床有限公司、广州天赐高新材料股份有限公司、广州市拓璞电器发展有限公司、广州博创注塑机公司等 6 家企业进行联络对接，其中与有转移意向的华限数控机床公司保持紧密的联系，并已具备签约条件，适时可正式签订投资意向合同。

【实施百企成长工程】 为全面贯彻落实市委五届六次全会和粤北地区现场会议精神，市中小企业局将大力开展招商引资和实施百家中小企业成长工程定为 2010 年的重头工作。通过集中时间和力量，多次征求各方意见，制定《梅州市百家中小企业成长工程实施办法》(送审稿)报市委、市政府。《实施办法》的主要内容包括组织实施的必要性、工作目标、基本原则、推荐条件和评价标准以及主要措施等，立足培育发展一批中小企业骨干群体，优化资源配置，推动产业结构调整，转变经济增长方式，助推一批成长型中小企业做专、做精、做强、做大，不断提升绿色产业竞争力。

【拓宽企业融资渠道】

协调银信部门加大对中小企业的信贷支持　中国建设银行梅州分行向兴宁市 3 家中小企业发放总额 1125 万元的“E 贷通”联保联贷贷款，在梅州同业中首先实现零的突破。举办融资推介会 5 期，其中中国人民银行梅州中心支行为中小企业在相关金融政策、信贷政策及新型融资产品“集合票据”业务作专题介绍，中国银行梅州分行向广大中小企业推介相关贸易融资产品。

协助企业谋划上市融资　鼓励和推动企业借助资本市场积极拓宽融资渠道，不断做大做强。2010 年 7 月，市中小企业局联合市金融工作局举办企业上市辅导培训班，上海思源管理咨询公司总裁李俊杰等为上市后备企业及有意向上市企业负责人 200 多人作上市辅导。

支持和鼓励信用担保公司做大做强　2010 年发展担保公司 3 家，累计达到 17 家；累计注册资本 7 亿元以上，共为 705 家中小企业提供担保贷款 12.9 亿元。

【推动企业转型升级】 支持中小企业加大研发投入，开发先进适用的技术、工艺和设备，研制适销对路的新产品，提高产品质量。鼓励中小企业抓住国家支持发展低碳经济这一有利时机，与科研院校联合起来，在低碳技术、清洁能源技术、精深加工技术及相关设备的研发和应用推广上早着手、早介入。引导中小企业利用原始的资本积累,高起点进入绿色食品、新材料、环保、节能和文化旅游等新兴产业领域。引导中小企业适应时代发展大势,加快进入生产性服务性领域。鼓励企业在科技研发、工业设计、技术咨询、信息服务、现代物流等生产性服务业领域发展,为梅州经济发展培育新的经济增长点。2010年,全市向国家和省申报技术改造、技术创新、产业化示范基地等各类项目达110多项(其中国家9项、省100多项),获批项目106项,扶持资金总额达3198.1万元。拉动新增投资12多亿元、产值8亿多元、税利2亿多元,出口创汇3200万美元,解决就业岗位5000个。

【完善服务体系】 一是制定出台《梅州市中小企业服务体系建设“十二五”规划》(讨论稿)和《梅州市中小企业公共服务示范平台管理暂行办法》,积极组织中小企业服务机构参与省、市示范单位认定与推广工作。二是做好省级公共服务十佳单位的推荐上报工作。2010年5月,通过组织发动、推荐上报、专家评审和现场考察等,市中小企业服务中心被省授予“中小企业公共服务十佳单位”称号。三是注重提高企业的经营管理水平。通过自主办班、与省局联办、与相关部门合办和网络办班等形式,进一步丰富和完善中小企业各种人才培训服务。先后举办企业上市融资、电子商务知识、水泥技术等10多期培训班,培训人数近2000人次,深受企业好评。四是筹集资金对服务大厅进行重新规划和升级改造,推进中小企业“一站式”服务大厅建设。五是加快电子商务平台建设步伐。为切实帮助中小企业提高信息化应用水平,有效降低经营成本,加强与用友畅捷通公司、梅州市开源资讯有限公司等大型信息化服务商的合作,大力推进梅州“客商网”(www.keshangwang.com.cn)建设。

【扩大企业产品市场】 努力发挥市场开拓服务机构作用,鼓励引导中小企业参与扩内需、走出去等各项活动,组织中小企业参加中小企业博览会,引导中小企业参与国际采购和跨国企业的配套协作采购。支持鼓励中小企业从事外经贸业务,在产品出口、进出口配额分配、出口退税、贸发基金使用等方面,保证民营企业享有国有企业同等待遇。积极推进中小企业加强经济技术交流与合作,宣传推广梅州中小企业产品,提高中小企业知名度。在第七届中国国际中小企业博览会上,全市组织36家优势企业参展参会,共设38个展位。同时投入资金对梅州展馆进行特装,充分展示“世界客都—中国梅州”的良好形象,得到省市领导的充分肯定。全市36家参展企业共达成签约意向项目20多个,意向合作金额达2.34亿元,比上届中博会达成的意向合作金额增长21.2%。

(陈福新)

电力工业

【梅州供电局】 2010年,梅州供电局共完成供电量51.13亿千瓦时,同比上升11.39%;完成售电量48.85亿千瓦时,同比上升14.08%;全口径用户平均停电时间28.6062小时,同比减少23.6708小时,全口径用户平均停电次数11.558次,同比减少4.389次;综合电压合格率98.59%;完成电网基建投资13.6309亿元,完成全年计划的105.16%。全年共建成和投产500千伏线路201.1千米,建成投产220千伏线路113.6千米,主变容量18万千伏安;建成投产110千伏变电容量为54万千伏安,线路177.16千米;建成和投产35千伏变电容量为0.8万千伏安,线路51千米。参与建设的500千伏嘉应变电站工程被南方电网公司命名为电网建设达标投产工程;220千伏土岭变电站工程被广东电网公司评为2009年度安全、优质、文明样板工程。被广东电网公司评为广州亚运会和亚残运会保障供电先进单位。

电网发展　一是坚持规划先行,2010年开展十项专题规划工作。其中梅州城区电力专项规划获得梅州市人民政府批复。全面完成梅州市2010~2015年电动汽车充电站规划、梅州市“十二五”配网自动化规划、“十二五”配网规划滚动修编、小型基建规划等多项重大规划专题研究工作。二是开展电网建设前期属地化管理,与各县(区)供电局签订加快电网建设目标责任书;出台《梅州市重点项目联合督办办法(试行)》,明确相关单位的职责并实行问责制,全年18项110千伏以上工程项目全部列入政府督办范围,有力地保障全市各重点工程项目按时投产。

电力供应　从做好电源的组织、完善主网结构、提高配网转供电能力等方面着手,有针对性地制定改进措施提升供电可靠率。编制完成《梅州供电局供电可靠性规划》,统筹2010年到2013年供电可靠性工作。制定《供电可靠性指标分解方案》,每月定期召开停电协调会,严格控制停电时间和次数,切实做到“先算后停”。以现场核查、资料检查、面对面沟通交流等方式促进县级子公司的供电可靠性各项措施的落实。积极推进配网带电作业,年内成功实施10千伏配网带电作业。2010年全市用电负荷连续四次创新高,最高负荷达88.74万千瓦,面对紧张的供电形势,通过合理安排运行方式、科学调度、加强需求侧管理等措施,确保梅州电力的可靠有序供应。全年城市用户年平均停电时间9.5083小时,同比减少4.611小时,城市用户年平均停电次数为2.172次,同比减少0.14次;农村用户平均停电时间24.4288小时,同比减少10.3717小时,用户平均停电次数5.512次,同比减少0.919次。

安全生产　牢固树立电网安全是企业生存发展生命线的意识,确保电网安全稳定运行和全年安全生产目标的实现。安全生产风险管理体系建设经南方电网公司组织专家进行审查评级,获得三钻及以上水平(三钻:指安全生产体系的等级),已达国内先进。开展20场应急演练,进一步健全电网事故应急处理机制,完善应急预案系统。对外来施工单位、农配网施工现场开展专项督查,全年共开展安全督察2003处5154次,发现并纠正处理一般性违章40起,违章率0.78%。同时对7个县级供电局进行督察和集中培训,提升县级供电局的安全管理水平。强化责任传递机制。层层分解安全生产目标,全员签订责任书,进一步完善安全生产问责制和激励机制。2010年实现连续安全生产2926天无考核事故,开创近年最好局面。

优质服务　开展“和谐南网迎亚运,优质服务树品牌”为主题的迎亚运活动,通过“低碳亚运、绿色崛起、电力先行”供电杯环梅州长距离自行车骑行、“亚运服务之星”评选等活动将“激情盛会,和谐亚洲”的亚运会理念融入到服务工作中。践行“以客户为中心”的服务理念,不断完善“一站妥”服务,全力推进“五零五百”工程建设,努力提升“95598”客户服务中心问题解决能力,大力拓展缴费渠道,进一步优化业务流程,提高办事效率。已开通24小时营业厅服务,推出银行代扣、网上缴费等8种缴费方式。全年平均用电方案答复及受理设计审查时间分别为6.06和4.87个工作日,对比服务承诺时限分别减少8.94和15.13个工作日。全口径“一站妥”服务比例达82.2%,客户综合满意率达100%。

(梅州供电局)

【广东粤嘉电力有限公司(梅县发电厂)】　2010年,广东粤嘉电力有限公司(梅县发电厂)以2425天的连续安全生产天数续创公司安全纪录新高,以全年20.0333亿千瓦时的上网电量提前25天完成粤电集团公司下达的年度电量考核任务。公司的各项管理工作进一步规范,人力资源管理进一步加强,精神文明建设进一步提升,企业文化建设进一步推进。2010年度公司获中国电力企业联合会授予的“全国电力行业优秀企业”称号。

上网电量 公司全年完成20.0333亿千瓦时的上网电量，提前25天完成粤电集团公司下达的19.1亿千瓦时的年度上网电量考核任务。2010年电量任务得到较好完成，是内外因共同作用的结果。内因：公司机组检修次数和检修时间减少，并且运行人员精心调整，设备维护到位，使机组在健康状况下持续运行。外因：一是受西电东送电量减少影响，二是500千伏线路的梅州嘉应站到河源上塞站通道提前于5月中旬建成投运，明显解决粤东地区电源外送受阻问题。

安全生产 2010年，公司加大安全的宣传教育力度，加大安全隐患的排查惩治力度，结合生产实际完善有关安全管理标准，按照《班组安全工作规范》要求规范班组日常安全生产、管理工作。做好第16届亚运会和第10届亚残运会的安全工作，共同确保平安亚运。公司安全形势稳定，全年连续安全生产纪录达2425天，再次取得历史性突破。

机组检修 9月4日至10月18日，5号机组第二次A级检修。这次检修与往年机组检修相比，具有检修项目多、外委项目多且首次实施电除尘改造项目、维修人员减少等"两多一少"的明显特点，但由于事前准备充分和精心策划、管理到位，机组检修顺利实现安全、质量和进度计划目标，并且其中的节能改造项目成效显著，机组检修后一次启动成功，检修工期比计划提前5天。

机组关停 公司3、4号机组由于未安装脱硫设施，按照环保部门、梅州市政府的要求应于2010年上半年关停。公司多方沟通协调，在做好3、4号机组关停的一系列方案汇编审批和各项准备工作后，在6月29日正式。机组关停后，公司只剩下两台机组(5、6号机组)运行，单机运行的几率和风险随之增高。为此，公司拟定总体单机运行方式要求，在实际执行中再不断完善，在5号机组A级检修期间，6号机组平稳地渡过单机运行期。

环保工作 2010年5号炉电除尘改造为袋式除尘器后，电耗大大降低，烟尘排放浓度控制在10毫克以下，取得明显的社会效益和经济效益；6号炉的烟尘排放浓度也远远低于广东省的排污标准；另外，工业、生活废水也基本实现零排放。2010年，公司(5、6号机组)获评"环保诚信企业"(绿牌)。公司清洁生产示范项目"5、6号脱硫剂给料输送系统技术改造"获省环保专项资金补助30万元。

企业管理 公司重视加强信息化和现代化建设，2010年投入使用班组管理、设备台账、员工考核、无纸化考试等系统，极大提升企业的信息化水平。2010年，公司继续深入开展创建优秀(星级)班组活动，班容班貌有进一步的改观，员工的安全意识和精神面貌也有进一步的提高。

富余人员安置 在3、4号机组关停后，根据公司严重超员的实际，为了减轻公司在岗人员的就业压力，参照2002年"三改"时适当放宽内退年龄限制的办法，特别是对于一些长病号、工作能力较差、学历低及长期在低岗位的员工，鼓励他们申请内退，以达到减少在岗人员的目的。共有164名员工自愿内退、4名员工自愿辞职，从而减轻公司超员的压力。

(广东粤嘉电力有限公司)

【广东粤电长潭发电有限责任公司】 2010年，在粤电集团公司和公司党、政班子的正确领导下，全体员工凝心聚力，围绕公司的中心工作和发展目标，以科学发展观为指导，进一步夯实基础，创新管理，全面提升安全生产水平和经营业绩。至12月31日，实现连续安全生产6375天，超额完成年度发电任务，实现工业总产值4721万元，创经营效益历年最好水平。公司安全生产、企业管理及"三个文明"建设再创佳绩，被广东省安全生产监督管理局授予广东省2010年度企业安全生产先进单位；顺利通过NOSA安健环管理"三星"评级；被广东省粤电集团有限公司授予2009年度财务决算报表编制先进单位、保险工作先进单位；被蕉岭县委、县政府授予第五个五年普法教育工作先进单位、2010年度热心公益事业先进单位等荣誉称号。

生产指标　全年发电量1.7亿千瓦时，上网电量1.68亿千瓦时；直接厂用电率0.42%；发电平均水耗10.08立方米/千瓦时；水能利用提高率15.84%；机组等效可用系数定额完成率101%；主设备、防洪设备设施完好率均100%；继电保护装置投入率、正确动作率100%；自动装置投入率100%，正确动作率98.1%；水情自动测报系统可用度99.5%；两措完成率100%；科技、技改修理项目完成率90%。

安全生产　继续落实"安全第一，预防为主、综合治理"的方针，通过完善安全生产责任制、健全安全生产管理制度、细化安全生产管理流程、强化安全生产技术等措施，扎实做好企业安全生产基础工作。修编完善《安全生产控制程序》、《发电运行控制程序》等67项规章制度和13项应急预案，为构建安全生产长效机制提供有力保障。扎实开展"安全生产年"、"安全生产月"和"安全思想大检查"活动，彻底查找思想上的"缺陷"、管理上的"漏洞"，狠抓安全生产各项规章制度的落实，切实做到防微杜渐、防患于未然。针对性开展水淹厂房、消防、黑启动等预案演习，有效提高各级人员的应急能力。牢牢把握"双基"工作重点，以标准化、规范化、精细化的要求，不断提升班组管理水平。开展设备安全性评价，针对存在问题制定措施，实施整改。加强检修管理，进一步规范检修过程，强调技术监督，提高检修质量，确保检修安全。加强缺陷管理，确保设备健康、安全、可靠运行。贯彻落实上级防汛工作会议精神，对防汛工作提前安排部署，确保防汛责任分解落实，防汛设备设施完好可靠，防汛人员、物资准备充裕。加强与市、县"三防"办和地调等有关单位沟通，做好水情预测和洪水预报工作，及时掌握水库流域汛情变化，科学调度，取得较好的经济效益和社会效益，水库安全度汛。

企业管理　公司致力于南非NOSA安健环管理体系建设，深入查找公司现有标准制度、设备状况、作业环境及职工安健环意识与NOSA标准的差距，认真组织整改。12月17日，经南非NOSA亚洲公司专家评审，公司取得NOSA"三星"评级。继续保持"三标"体系有效运行，实现持续改进。将创先工作规范化、常态化，保持"AAA"级先进发电企业称号。

（黄亮华）

烟草专卖

【概述】　广东省梅州市烟草专卖局成立于1983年11月，广东烟草梅州市有限公司成立于2001年10月。梅州市烟草专卖局(公司)根据专卖专营体制，负责梅州烟叶生产经营、卷烟销售和卷烟打假、专卖管理工作。市局(公司)下辖7个县级局(分公司)，内设1个稽查支队、8个稽查大队、24个稽查中队，21个烟叶站、5个收购点，1个卷烟配送中心、6个配送中转站，共有从业人员1320人。2010年，全市共销售卷烟15.5486万箱，销售烟叶20.4万担，实现卷烟销售收入25.54亿元(不含税)，同比增长6.99%。实现税利总额67370万元，同比增长6.26%。其中：实现税收3.17亿元，同比增长6.41%；利润3.57亿元，同比增长6.11%。成本费用得到较好控制，主要经济指标再创历史最高水平。

【烟草种植和收购】　2010年，全市种植烟草72866.5亩，签订合同3180份，收购烟叶20.3965万担，比上年增加136.41担；完成2010年度烟水工程项目79个，密集式烤房55座，烘烤工场附属设施1个，补贴购置农机具32台(套)，补贴资金885.36万元；全市规划形成5个烟叶基地单元，5

个标准化烟叶工作站，蕉岭在试点建设基础上，推进与工业企业共同建设设施完善、技术规范、特色明显的品牌导向型原料基地；全市发展种烟专业户484户、家庭农场1个、专业合作社27个，组建5个烟农综合服务合作社。

【卷烟营销】 落实卷烟品牌发展规划，品牌培育工作不断提升，卷烟销售结构稳步提高。销售卷烟品牌91个，其中销售重点骨干品牌19个，累计销量11.35万箱。规范开展卷烟零售客户分类测评及货源组织、分配工作，加强卷烟物流环节管理，经营管理质量再上水平。电子结算覆盖率达到89.31%，卷烟明码标价率达到100%，零售客户综合满意度达到94.2%。

【打假】 出动打假人数8858人次，查获假烟案74宗，假烟131.494万支，制假烟草机械10台，制假用烟丝108.22吨、烟叶139.40吨、卷烟纸0.05吨、滤嘴棒42万支；移送追刑案件6宗、抓捕制假人员14人、判刑12人；破获制售假烟网络案件2宗。

（罗 琪）

安全生产

【概述】 2010年，全市共发生各类事故295起、死亡176人、受伤215人、经济损失358万元，各类事故死亡人数同比下降15%，占省下达指标的87%，是全省各类事故死亡指标控制最好的市；全市发生道路交通安全事故245起，死亡155人，死亡人数比上年下降17%，死亡人数占省下达控制指标的84%；危险化学品、烟花爆竹、水上交通、民爆器材等行业领域实现零事故、零死亡；各县（市、区）事故指标控制较好，6个县（市）各类事故死亡人数控制在市下达指标范围内。

【"一岗双责"试点工作】 按照省安委会"一岗双责"试点工作要求，选取梅江区、兴宁市作为试点地区，并以构建党政领导监管责任和企业主体责任两个制度体系为重点，通过深入调研、广泛借鉴经验、积极探索实践，先后出台《中共梅州市委梅州市人民政府关于党政领导干部实行安全生产"一岗双责"的意见（试行）》、《梅州市落实安全生产"一岗双责"责任制考核办法（试行）》和《梅州市落实企业主体责任的规定》，着力构建"党委领导、政府监管、行业管理、企业负责、社会监督"的安全生产工作新格局。梅州市安全生产"一岗双责"试点工作经验得到省安委会的充分肯定，在广东省党政领导干部安全生产"一岗双责"工作会议上进行全省推广。

【"百日整治"专项行动】 针对上半年总体形势稳定，部分行业、地区事故多发、频发，较大事故没得到遏制的特点，结合中秋、国庆、亚运期间的安全生产工作，从7月上旬至10月底开展以安全生产大排查、大整治、大培训、大执法工作为重点的安全生产"百日整治"专项行动。共出动监管执法检查人数35000多人次，排查生产经营单位近2万家，投入资金2000多万元，完成隐患治理5000多宗，依法提请关闭企业3家，培训各类安全人员10809人次，较好地遏制形势有所反弹的势头，达到预期目标。

【监管机构建设】 市级综合应急救援支队和全市8个综合应急救援大队全部挂牌成立，全市108个镇各配置一辆消防三轮摩托车并全部建立镇级兼职消防队伍；全市有7个县（市、区）安监局与

92个乡镇签订行政执法委托书,委托率达80.7%;梅州市建立起2200多人的村(居)安全生产巡查员队伍,市、县、镇、村、企业五级监管巡查网络完成构建。

【应急管理】 各级各有关部门以应急备案、应急机制、应急体制、应急法制"一案三制"为重点,着力完善机构、预案、平台、队伍建设,切实抓好应急演练,扎实推进应急物资仓库、应急专家组和应急数据库建设,努力提高预防和应对事故灾难能力。市政府将原市国土局的办公大楼划拨给市安全生产应急救援指挥中心使用;160多家非煤矿山、危险化学品和烟花爆竹企业已完成应急预案修编工作;举行各类演练56次,出动各种机械设备165台,参加人员2563人;依托梅州市恒兴矿业有限公司五华白石嶂钼矿建设的"梅州市安全生产(矿山)应急救援物资仓库"已挂牌、47名专家取得应急预案评审专家资格。

【隐患排查】 全方位开展隐患排查治理和专项整治,确保"亚运"和梅州市国际山歌节等重要时段的安全生产形势稳定。共排查事故隐患9327项,完成整改9182项,整改率98%;重大隐患47项,整改40项,整改率85%,其他7项重大隐患由当地政府挂牌督办,并落实治理计划和安全措施应急预案。

【执法监察】 采取联合执法、专项执法、规范执法等形式,全力开展"打非治违"行动,严厉打击"三非"、"三违"、"三超"等行为,全年查处各类违法行为25万多宗。

【标准化建设】 投入450多万元建起梅州市安全生产应急指挥平台,录入800多家工矿商贸企业基本信息,录入近700条日常监管记录,录入400多篇应急预案,300多家企业在电子地图上进行定位,40家企业接入视频监控平台,制作30家企业的应急救援三维图和全景图。全市水泥行业安全生产规范化管理全面完成。6家危险化学品生产企业实施标准化建设,有两家已通过考评,有两家完成危险工艺自动化改造。全市露天非煤矿企业全部采用中深孔爆破技术,地下矿山全面采用机械通风技术,全部矿山正在推行机械化操作。全市加油站推广HAN阻隔防爆技术。全市道路危险货物运输车和旅游包车全部安装卫星定位汽车行驶记录仪,有1186辆重点车辆安装卫星定位汽车行驶记录仪。

【教育培训】 组织开展"安全生产月"、"交通安全进村、社区、学校"、"安康杯劳动竞赛"、"百日整治大培训"等形式多样的安全生产宣传教育活动。全市印发安全生产宣传教育资料26.5万份,培训企业负责人、安全管理人员7393人、特种作业人员4377人、村级巡查员2798人、农民工和其他从业人员16913人。

(市安监局)

责任编辑:廖晓鹏

交通

综述

2010年,全市交通系统努力抓建设、争计划、储项目。全力抓好以高速公路为重点的交通基础设施建设,全面抓好以"公、铁、空、水"等项目为主的立项前期节点工作,全市综合交通建设力度进一步加大。编制完成《梅州综合交通运输体系"十二五"规划》、《梅州市国家公路运输枢纽总体规划》、《汕寻高速兴宁至陆河段(含畲江支线)规划报告》等。全年完成交通建设投资37.26亿元,比上年增加9.66亿元,同比增长35%。全市建成高速公路4.82公里、新改建一级路15公里、二级路25公里、三级路180公里、四级路1488公里、新建桥梁10座。至2010年年底,全市公路通车总里程15860公里,其中高速公路259公里,一级公路37公里,二级公路2071公里,三、四级公路11112公里,每百平方公里公路密度100.15公里,公路通车总里程和公路密度均居全省山区市前列。铁路项目取得新突破。鹰梅、浦梅铁路已列入国家中长期铁路网规划,并完成预可研编制评审;浦梅铁路已通过预可研报告评审,正开展工可初测踏勘;两条铁路都已签订部省项目建设协议,铁道部已签发项目建议书的会签件。梅县机场扩建项目加快推进。完成征地拆迁,并实现动工。绿色健康度假休闲区景观路建设稳步推进。全市规划18条段绿色健康度假休闲区景观路建设,努力打造一批景观道路。站场建设有序推进。完成《梅州国家公路运输枢纽总体规划》编制,加强站场规划建设和城市公交管理,市客运中心站正筹备建设,至年底建成农村客运候车亭1088个。危桥改造力度进一步加大。基本完成138座危桥改造,完成渡口改造4座。

【公路建设和管理】

公路建设　高速公路发展势头迅猛。梅州西环三期高速建成通车;梅大高速三角至三河段加快推进;梅大高速东延线完成立项前期工作,已报省发改委最后核准;济广高速平远至兴宁段完成立项前12个专题及初步设计工作,已报国家发改委进入项目最后核准阶段;汕湛高速五华段正开展立项前期和初步设计工作;积极争取梅县畲江至五华华阳高速公路列入省"十二五"规划;梅河高速加铺沥青路面项目正式启动,完成程江至鸡雄山隧道5公里试验段建设;大(埔)潮(州港)高速等储备项目的调整已报省审批。至2010年年底,全市建成通车高速公路259公里,在建高速公路61.2公里,两年内计划动工项目162.5公里。五年内,梅州境内高速公路里程将达500公里,比现有里程再翻一番,实现县县通高速公路的目标。梅州至惠州高速铁路的规划研究工作积极开展。

国省干线改造加快。完成省道332线蕉岭段和省道223线蕉岭段路面大修工程,国道206线梅县机场至兴宁松陂段二级公路改造和国道205线华城至岐岭段二级公路大修完成路基工程。

农村公路建设再掀高潮。完成县道沙土路改造200公里,实现市委、市政府提出的消灭县道沙土路目标;完成新农村公路路面硬化改造工程980公里;300人革命老区自然村通公路工程全面启动。

公路管理　各级路政机构坚持依法治路,按章管路,公路养护管理得到进一步加强。国、省、县道年平均好路率93%,乡道年平均好路率92%。新建GBM工程159公里,绿色通道160公里。完成事故多发路段、危险地段整治40处;新建乡道硬水沟300公里,硬水沟实现覆盖全市43%乡道路网,全市7079公里接养乡道的路容、路况得到很大改善。

【公路工程】

省道S332线大埔旧汀江大桥拆除　4月6日,省道S332线大埔县青溪镇旧汀江大桥被成功爆破拆除。大埔县青溪镇旧汀江大桥是省道S332线重要桥梁之一,始建于1968年,全长145米,双曲拱桥。2007年经省、市公路部门检测鉴定为危桥。为提高出省通道的通行能力,保障桥梁安全,大埔县公路局于2008年在上游兴建1座长210米、宽12.5米的新桥。经过3个多月的积极筹备,在当地党委、政府及航道、海事、安监、三防等相关部门的支持下,6日正式成功实施爆破拆除。标志着承担梅州、福建两地经济发展40多年的旧汀江大桥正式退出历史舞台。

丰顺留隍大桥加固维修工程完工　经过9个月的紧张施工,省道334线丰顺留隍大桥于10月8日完成工程施工,比计划工期(10个月)提前近1个月。丰顺留隍大桥长593.6米、宽9米,属钢筋砼刚架拱桥,是梅州市境内最长的桥梁。经上级交通工程质检部门检测和专家论证,确定为四类桥,于2009年12底进行加固维修,工程批复预算为1558.3万元。

S223线梅城至雁洋段改造　12月18日,市委、市政府在秀兰大桥举行S223线梅城至雁洋段改造提升工程竣工仪式,市委常委、常务副市长张远方主持仪式并介绍项目建设进展情况。S223线梅城至雁洋段是梅城通往叶剑英纪念园、雁南飞、雁鸣湖和灵光寺、阴那山等旅游景区的重要交通要道,全长21.91公里。为提升该路段景观品位,打造旅游精品线路,市公路部门按照市委、市政府的要求,对该路段实施以沥青路面整治和亮化、绿化、美化为主要内容的改造提升工程,总投资5000万元。

梅州国道205线白渡大桥通车　通过近8个月的紧张施工,国道205线梅州段白渡大桥于8月5日正式放行通车。国道205线是梅州通往福建、广州、深圳等地的重要交通干线,是主要的政治、经济和旅游线路,其中白渡大桥是国道205线的枢纽控制大桥,全长293.04米,桥宽18米。2009年,经公路质监部门检测,该桥的主要构件出现严重的病害,重车通过时桥梁变形位移较大,被确定为四类危桥,存在较严重的安全隐患。对此,市、县公路部门迅速采取措施,于2009年12月15日起全面封闭加固维修,主要包括主梁梁底粘贴钢板、主梁翼缘板和横隔板重新浇筑湿接缝、重铺桥面铺装层、更换伸缩缝及支座和修复防撞栏扶手等。根据对加固后的白渡大桥进行现场静动载试验结果表明,加固效果达到设计要求,可以交付交通试运营。

国道205线梅州五华段路面大修　4月8日,国道205线华城至岐岭段路面大修工程正式动工建设。国道205线华城至岐岭段路线全长28.4公里,是梅州沟通珠三角地区的咽喉要道,担负着繁重的交通运输任务,对梅州经济社会发展起着举足轻重的作用。于1993年实施改造,2000年进行局部挖补式大修。随着经济的快速发展,车流量的急增,特别是受超载车辆的破坏,路面出现破碎、断裂、错台、脱空等病害,平均断板率达到22.7%,虽然不断进行修补,但仍不断出现新的病害,存在较大的安全隐患,严重制约着公路运营效益的发挥。为尽快改善交通环境,营造良好的路况迎接国检,梅州市公路部门积极取得省厅、省局支持,对该路段实施路面大修,总投资1.1亿元。

国道205线梅县段路面大修　9月5日，国道205线梅县太和亭至月梅段路面大修工程正式动工建设。国道205线梅县太和亭至月梅段全长28.37公里,为二级加宽公路,是梅州市连接福建、河源、惠州和珠三角等地区的交通要道。随着经济社会的发展,交通量迅速增长,交通拥挤情况严重,特别是超重车辆激增,使得道路破烂不堪,水泥砼路面板出现大量病害,行车安全系数大幅降低,日常养护维修已难以维持该路段的正常使用,严重制约当地经济的发展。为改善当地交通条件,市、县公路部门积极争取省交通运输厅和省公路局支持,实施路面大修,工程总投资10300万元。

国道206线梅县梅平径至梅城段路面大修　国道206线梅县梅平径至梅城段大修工程于8月20日正式开工建设。国道206线是连接广东与江西两省的重要交通要道,由于车流量大,加上大吨位及超限运输车辆的影响,路面损坏比较严重。市公路部门积极采取措施,筹措资金,抽调技术骨干和机械设备,进行大修改造。项目全长20.56公里,总投资约6072万元,路基宽12~14米,路面宽9米。

省道S238线梅州五华段改造　在省交通厅、省公路局的关心支持下,4月22日,总投资1.71亿元的省道S238线五华安流龙中至桥江塘唇段扩宽改造工程正式开工建设,计划于2011年年底完工。起点于安流镇龙中村,横跨安流新大桥,途径桥江村、双璜村、荣华村,终点于塘唇与揭西交界处,路线全长29.136公里,建设标准为二级公路,基本按原线路走向适当裁弯取直扩宽改造,由原来12米路基、9米路面,扩宽至15米路基、14米路面,设计行车时速为每小时60公里,全线分5个标段建设。省道S238线是梅州通往汕头等沿海经济特区的重要交通要道,也是五华县连接梅州、揭阳、潮汕等地区的主要交通运输通道。为进一步改善区域交通条件,保障交通安全,完善公路网络,促进当地经济快速发展具有十分重要的意义。

【运输管理】

提高城乡道路运输能力　农村客运班线新增36条,农村客运通达率进一步提高,全市104个乡镇全部实现通班车,符合通车条件的行政村通达率达89.3%。

提高交通运输保障能力　市汽运总公司成功改制后,加强站场建设和自营力度,运输保障能力增强,公路客货运输明显增长,全年完成客运量5049万人次和周转量629400万人公里。开展长途客运经营规范化管理试点工作。加强城区出租车、公共汽车管理,落实机构改革职能移交,对接管的出租车、公共汽车实施优化配置。

加大交通稽查和交通行政执法力度　出台《梅州市车辆超限超载长效治理实施方案》,为长期有效地开展治超工作提供制度保障。采取流动和固定稽查相结合的方法,进一步加强“治超”工作。全年出动交通行政执法人员17960人次,检查车辆17554辆次,查处非法营运174宗、超限超载806宗。完成(换)发放从业资格证38000人。

强化安全管理　全年陆上运输安全事故三项指标大幅下降，水上运输安全继续保持“四无”(无事故、无人员伤亡、无沉船、无经济损失),船舶安全面达100%。

推进机构改革　交通运输大部制改革顺利完成,交通综合行政执法改革工作深入推进,市、县两级交通综合行政执法机构基本实现正常化运作；市航运公司完成转制。

（郭进越、邓爱云）

梅州市粤运汽车运输有限公司

【概述】 2010年，公司全年发送旅客量530万人次，完成客运周转量18.5亿人公里，分别比上年增长20%和18%；实现营业收入12395.12万元，比上年的6224.41万元增长99.13%；利润总额388.87万元，净利润167.89万元，而上年利润总额-42.18万元、净利润-52.35万元，扭亏为盈。全年安全行驶里程1064.16万公里，比上年提高63.8%；责任事故12宗，比上年下降40%；责任死亡8人，比上年下降50%；责任受伤11人，比上年下降39.8%；直接经济损失238.5千元，比上年下降39.8%。

【春运】 2010年春运期间，投放运力821台，比上年增加1.6%。春运40天共发班43614个，比上年增加2.52%；共发送旅客604459人次，比上年增加3.4%；营业收入总额约4000万元，同比上年增加约150万元。其中投入自营车35台，发班1678个，发送旅客31056人次，平均实载率43.9%，营收约468万元。发生一般交通事故2宗，没有发生重大以上交通事故和综治案件，比上年下降100%，各项安全技术指标均达标。公司被省交通厅授予"2010年春运工作先进单位"。

【企业管理】

推进自营战略　确定梅州客运、江南、大埔公司为第一批回收自营公司，制订《梅州市粤运汽车运输有限公司自营车经营管理工作实施暂行方案》回收自营方案，明确回收目标、方法、步骤。出台促进回收自营工作的奖励办法。对3家子公司合同到期较为集中的重点客运班线的承包车辆实施回收自营。从2009年11月启动，至2010年12月，已完成79台回收任务。抓好已回收自营车的经营管理工作。公司专门制订《梅州市粤运汽车运输有限公司自营车经营管理工作实施暂行方案》。通过回收一台，投放一台，经营好一台，使回收的自营车逐步走上规范经营，效益得到逐步提高。在抓好自营车经营生产的同时，抓好尚未回收的承包车辆规范经营和提高租赁费，使公司整体经营呈现良好的态势。

打造粤运品牌　一是按"粤运车站"品牌标准，完成对梅州市客运总站、江南客运站及平远新客运站的包装，提升公司的形象。平远公司顺利搬进和启用新建的车站后，有效的提高服务质量和增加了客源。二是增加配客站点和送票上门服务，灵活票价政策等措施，使得客流量不断增加，经营效益逐步提高。三是按照当地政府和省汽运集团的要求，在不断完善现有站场客运设施的基础上，稳步推进梅州市汽车运输枢纽站和畲江新城客货运站的前期准备工作。畲江新城客货运站在12月的客家山歌节期间举行奠基仪式。

狠抓安全管理　一是年初层层签订"安全生产责任书"，将安全责任层层分解，落实到人。二是利用科学技术手段，加强车辆以及驾驶员的动态监控管理。三是落实安全生产工作会议制度，及时召开安全生产例会和季度安全生产领导小组会议，分析安全生产形势，查找问题，制定整改措施，防患于未然。四是在泰美和热水服务区设立长途班车中途休息站，防范和减少道路交通事故发生。五是对属下各单位修理厂进行全面的安全生产隐患专项整治和整改，消除安全生产中的各类安全隐患，为安全运输和车辆维修提供良好的条件，防范安全事故的发生。

加强增收节支　贯彻省集团公司"五统一"管理要求，自营车公司实行统一加油及统一投保；

同时并抓好自营车节油管理工作，严格按照核定标准和考核办法对自营车司机进行考核，降低燃油消耗成本。在省集团公司的大力支持下，取得路桥公司对全司自营车辆的优惠和支持。自营车辆定点维修，统一进行轮胎、维修配件采购，有效地降低维修成本。

抓好财务管理　公司严格按照省集团公司内部管理有关要求，制定《梅州市粤运汽车运输有限公司财务管理制度》及《梅州市粤运汽车运输有限公司资金使用暂行规定》，实现资金网上银行收支两条线管理，按《广东省汽车运输集团有限公司会计核算手册》及新会计准则进行财务核算，并多次组织财务人员进行培训，推行会计电算化工作，提高财务人员业务素质及工作效率，降低财务人员的工作强度。

（周国勉）

梅州火车站

梅州火车站位于粤东地区、梅州市彬芳大道南，是东至厦门、福州，西去广州、深圳，北到武昌、南达汕头的重要乘降站。途经梅州运行的旅客列车共有6对（12趟），其中跨省列车4对：分别是厦门至广州东方向K299/300次、厦门至昆明方向K231/2次、福州至深圳方向K635/6次、汕头至武昌方向797/800次；省内城际特快列车2对：分别是梅州至广州东方向T8367/8368次，梅州至深圳方向T8369/8370次。

梅州火车站自1994年10月建站开通客、货运业务以来，至2010年12月31日，连续4458天实现安全生产。

2010年，梅州火车站发送旅客约34万人（次），接待旅客约33.8万人次；客货年均运输收入约4800万元，（其中客运收入2800万元；货运收入2000万元）；年接发客货列车20000多列，办理货车装卸和中转120000辆，完成车辆在站平均停留时间17小时，车辆在站平均中转时间5小时。

（阳少元）

梅县机场公司

【概述】 2010年，梅县机场公司认真抓好生产经营工作，积极引进新项目，推进“两公司四基地”建设，较好地保证各项生产经营指标的完成。全年保障起降航班1550架次，比上年增长26.9%；完成旅客吞吐量4.94万人次，比上年增长46.2%；完成货物吞吐量56.9吨（含远程货站陆空联运货物36吨），比上年增长403.5%。

【拓展航空市场】 梅县机场公司抓住省机场集团和梅州市政府高度重视机场发展的良好机遇，积极拓展航空市场。

加密航班　争取市政府对2010年香港航班实行全额补贴及广州加密航班补贴政策，续签香港航班经营合同。广州航班加密以来，方便商务旅客当天往返广州，优化梅州的旅游、投资环境，航班运营超过预期效果，呈现出良性循环的态势。加密广州第三班和开通深圳航线争取到市政府的财政补贴，并与航空公司、中南管理局就航权及时刻问题进行深入的磋商。

建立粤北森林航空护林基地　2010年11月，米-26直升机以及飞龙通航机组正式进驻梅县机场，驻场时间为每年秋冬季4个月时间，已签订3年驻场协议。航空护林基地的建立，将进一步提高公司的经济效益和社会效益，预期带来可观的航空保障及后勤保障服务收入。

发展非航业务 飞翼商旅分公司加入“中国民用航空协会贵宾服务委员会”，成为全国机场贵宾服务联盟委员会第38家会员，以机场独有的资源优势为商旅客人提供全方位的优质服务。民航售票处整体免费进驻梅州市新行政服务中心，融入梅州市公共服务体系，为市民提供“一站式”航空运输服务。航空科普教育基地挂牌时机日趋成熟，组织3次中小学生航空科普教育活动，得到市教育局、团市委的大力支持，挂牌工作稳步推进。

【提升服务水平】 梅县机场公司以建立客都空港新形象为目标，以建立服务体系、推出特色服务、加强服务培训为重点，全面提高机场服务和运行质量。制定实施《服务质量标准》、《服务质量奖惩办法》，完善考核激励机制。推出特色服务。继推出富有特色的客家服饰窗口服装后，新推出旅客生日赠送贺卡、售票值机一条龙、为隔离区的旅客送热茶、雨天专人为旅客打伞、航班不正常时及时告知旅客航班信息、延误时间较长时为旅客提供贵宾室服务6项特色服务，提升旅客服务体验。加强服务人员素质培训，组织服务人员参加省机场集团亚运服务质量专题培训，外请教员开展服务礼仪培训，提高主动服务意识。争创一流空港服务品牌，飞翼商旅分公司为高端旅客提供全程贵宾服务，并向全程商旅服务延伸，不断提高专业化服务水平。

【提升安全管理水平】 梅县机场公司以“安全第一、预防为主、综合治理”安全工作方针为指导，坚持“以人为本、持续安全”的管理理念，以落实安全生产责任制为主线，以安全审计、亚运安保、安全绩效管理为重点，采取一切行之有效的措施，查堵安全生产中出现的各种隐患，认真落实安全生产责任制。全年公司未发生严重差错以上的问题，保证飞行安全、空防安全和航空地面安全，保持安全生产的平稳态势。

完成安全审计工作 公司按照迎审工作进程表精心做好迎审各项准备工作，多次主动邀请民航广东监管局督导组前来检查指导，按照局方指导意见对不符合项进行整改。5月，以93.99%的高符合率通过局方审计，并对审计报告中提出的93条不符合项和35条建议项，认真制定整改措施。11月，以必改项73.12%、建议项88.57%的高整改率通过局方安全后续审计，圆满完成安全审计工作，安全管理水平再上新台阶。

加强安全信息管理和应急管理 进一步完善安全信息管理实施细则，指定专人负责安全信息管理。3月，组织全体员工进行防毒面具使用培训；4月，邀请梅县消防大队为全体员工进行消防知识培训和基本灭火技巧演示；6月，组织应急救援桌面演练；11月，与梅州市消防部门联合举行“迎亚运消防知识宣传咨询活动”，通过开展专项活动，使员工安全意识和应急处置能力都得到较大的提高，促进公司安全发展。

【基础设施建设】 梅县机场飞行区扩建工程各项工作稳步推进，征地拆迁工作基本完成，环境影响评价获得省环保厅批复通过，可行性研究报告获得省发改委批复同意，初步设计获得民航中南地区管理局批复同意，扩建工程已于2010年12月举行开工庆典仪式，正式进入施工阶段。加大设施设备更新改造力度，完成滑行引导标记牌、风向标安装、标志整改、导航台防雷工程、航管楼改造工程、供水全自动控制系统改造等项目的更新改造任务。自筹资金兴建1座综合性体育馆，丰富职工文体生活。拟建贵宾楼项目得到省机场集团和梅州市政府大力支持，各项前期工作稳步推进。

（廖昌锐）

航道管理

【概述】 2010年,梅州辖区航道枯水期低于设计水位:梅江良江为42天,汀江旧寨为40天,韩江留隍为106天。全年耙沙21325立方米,扫床285公里,航道维护水深年保证率100%;维护航标355座,其中代设代管标志79座,年维护工程量111649座·天,航标维护正常率和航标正常率均达99%以上;船舶完好率和优秀率均达100%。

【航道建设】 2010年,梅州航道局全力推进梅江、汀江航道整治工程建设。9月8日,H2合同段疏浚工程通过交工验收。12月28~29日,H1合同段筑坝、护岸工程通过交工预验收。H4合同段船舶工程完成船体主体建造,进入机电和设备安装阶段。梅州市政府一次性足额安排落实梅江、汀江航道整治工程5%的地方配套资金694万元。协调解决茶阳水电站船闸提级建设项目监管及资金使用问题,推进茶阳水电站船闸提级建设补助项目的实施。韩江三河坝至汕头航道整治工程通过初步设计评审。

【航道维护】 严格执行《广东省航道管理条例》,加强航道日常维护管理,重点做好枯水、洪水和春运期等重点时段重点浅滩的维护管理。完成韩江留隍大桥、中兰和站口浅滩疏浚工程。清除韩江留隍大桥通航孔不明船主沉船和九河航段卵石滩、东山电站库区渔栅渔网碍航物。完成石窟河34公里航道测量任务。全年辖区航道未发生因航道主观原因出现堵塞船现象。加强与地方政府和涉水部门的沟通联系,妥善协调处理好水电站发电与航运的关系,保障辖区航道安全畅通。

【航标维护】 大力宣传《广东省航标管理办法》,严格执行《广东省航道局航标质量标准》,切实加强航标巡查和养护。新购置钢杆标15座,完成韩江东山水电站库区岸标的重新配备和设置工作。加强航标器材技术改造。一是改造电池电源接线,采用不锈钢材料制成的电源导体接线柱,减少电线的损耗和爬碱现象;二是更换航标电源线,使用质量较好的铜芯电缆线,并对电源走线进行规范整理,解决航标电源线连接不够稳的问题;三是购置并更换使用湖北荆州Φ90型一体化航标灯,通过技术改造,既减轻一线职工维护工作强度,又提高航标维护质量。全年辖区航道没有发生因标志失常而造成的海(机)损事故。

【船舶维护】 严格执行船舶三级保养制度,完成粤标701、粤标704、粤道监J701、粤道工71船舶年度修理任务。推进节能减排,对粤标701、粤标704船在水焗方面进行技术革新,提高倒车时螺旋桨的工作效能。全年船机技术随时处于适航状态,保证航标维护工作的需要。

【安全生产】 坚持用“安全发展”的理念指导安全生产和应急管理工作,严格落实安全生产责任制,深入开展安全专项治理和季节性安全防范工作,全年安全生产形势持续稳定。加强安全生产工作领导,层层落实安全生产责任,被省航道局评为安全生产目标管理达标单位。深入开展以“安全发展、预防为主”为主题的“安全生产月”和季节性危险天气防御以及安全应急演练活动,定期开展安全生产大检查,加强基建工程施工安全监管,建立重大危险源和安全隐患管理台账,实行动态监控,对排查发现的安全隐患限期落实整改。全年投入整改资金约80万元,完成大埔分局机关办公楼治安视频监控系统、松口航修站船排路轨维修等安全隐患整改13宗，实现全年安全生产无事故。

【航道审批和执法监管】 坚持依法行政审批，进驻梅州市行政服务中心实行窗口办公、网上受理，接受梅州市行政审批电子监察系统全程效能监督，严格按照审批权限和依照法定程序进行审批。全年受理航道行政审批26宗，没有违章审批和超期限审批行为。加强审批项目现场监管，3月31日至4月11日，对旧汀江大桥进行爆破拆除进行跟踪监管，并要求清除碍航遗留物；落实新汀江大桥桥涵标设置工作。坚持每月不少于两次航道巡查，加强通航水域涉航审批项目现场监管，全年巡查航道27次2347公里，辖区航道没有发生因监管不力造成违章建筑的现象。

（温力祥）

海事管理

【船舶管理】 一是加强船舶登记、发证审核管理。船舶登记违规发证率为0。二是严把船舶检验关，提高准入门槛。开展船舶检验工作，全年检验发证船舶398艘，并结合营运检验逐步开展打船检登记号钢印标志工作，造册登记，严防出现“大船小证、大机小证”等船证不符现象。开展客渡船维修和船底外部检查工作，提高船舶安全适航能力。开展“大船小证”综合治理工作，查出15艘存在“船证不符”，并发出《检验意见通知书》要求整改。规范船舶检验工作。对无牌无证船舶实施“关门、规范”，提高船舶登记、船舶检验权威性。三是研究解决梅州籍船舶检验发证历史遗留问题，并逐一提出整改措施。四是深入推进沙石船舶管理工作。针对沙船存在无证非法作业的行为，加大整治力度，督促相关船主办理手续。五是规范船舶签证行为。加大工作力度，对长潭水库旅游船实行定期签证。六是推进辖区载客船舶公司化管理工作，建立健全航运公司管理制度，提高公司管理人员安全意识。

【船员管理】 加强船员发证审核管理，严格遵守考试发证程序，全年没有违规签发船员证书行为。

【安全管理】 一是监管关口前移。组织召开桥梁建设通航论证会4次，从源头上维护水上通航环境安全。二是做好重大节日水上安全防范工作。加强与有关部门的沟通协调，督促及时处理，确保隐患消灭在萌芽状态。三是做好季节性安全防范工作。加强重点水域、重点船舶的现场监管，及时收集天气信息，确保辖区水上交通安全。四是做好突发情况下的安全防范工作。五是做好渡口渡船安全监督检查工作。六是做好危险天气渡运预警信息服务工作。重点时段派员现场维持秩序，确保群众过渡安全。七是加强沙石船舶现场监管。督促业主落实安全生产措施。八是加强重点水上水下工程施工管理。严把施工船准入关，强化现场监督关。

【执法检查】 加强与水利、航道、渔政等涉水管理部门的沟通，推进水上交通安全联合执法。加强重点水域巡航检查，并通过短信平台通知有关船舶遵守航行规则，有效消除事故隐患。开展“春运”、水上交通安全大检查、“安全生产月”等专项活动，打击超载、水上违章作业以及未按规定办理船舶签证和配员不足等违法违章行为，保障辖区通航安全。

【应急处置】 修改《梅州海事局防洪应急反应预案》和《梅州海事局防热带气旋应急反应预案》，规范全局应急工作。救助一艘船舱破损进水下沉渔船,并救起命悬一线的渔民。积极沟通各方,及时疏导化解亚运期间辖区枯水期韩江留隍合口航段两起堵船事件。

【基础设施建设】 一是争取广东海事局专项资金支持,建成4个CCTV监控点并投入使用。二是购置一批海事员现场执法装备,监管水平和信息化水平进一步提高。三是修缮海事处办公用房,改善办公环境。

【服务当地】 一是协助蓬辣滩电站和韩江东山水利枢纽完成船闸检修工作,确保船舶航行安全和检修工作顺利进行。二是发挥专业优势,及早介入留隍大桥维修加固工程和梅大高速公路第十一合同段的项目建设,为工程的顺利进展打好基础。三是积极服务地方重大水上活动。为端午龙舟赛活动、闽粤赣三省市纪委书记夜游梅江以及蕉岭县首届枫叶节暨第四届金橘节开幕式活动保驾护航;派出教员配合丰顺县政府做好防汛抢险民兵轻舟大队的培训工作。

(梅州海事局)

责任编辑:廖晓鹏

航道人员在检查航标(梅州航道局提供)

邮　电

邮　政

【概述】 2010 年，梅州市邮政局认真贯彻落实省邮政公司提出的转型发展要求，创新思维，攻坚克难，乘势而进，取得良好成绩。全市邮政收入比上年增长 27.8%，邮政企业完成省邮政公司计划的 104.8%，保持持续稳步增长。

【邮政业务】

邮务类　梅州市邮政局按照省公司关于速度、效益、规模、数量协调统一的原则，着力推进梅州邮政业务的转型发展，并取得明显的阶段性成果。函件方面，全市无名址函件累计收入从 4 月起超过贴票收入，成为梅州邮政函件的特色业务；贺卡常态化项目已全面启动，2011 年贺卡营销实现新突破；各局账单项目均有突破，全市累计制作账单 60 万件。集邮方面，在“文化新春”、喜洋洋与灰太狼、亚运等主题邮品的拉动下创新营销，效果明显。电子商务业务全年同比增长 38%，完成年度转型发展目标的 92%。包裹业务加大产品创新力度，推进“爱心包裹”和“家乡包裹”等产品。报刊业务发展平稳，实现 2011 年报刊大收订流转额目标。机要通信实现质量全红。

金融类　储蓄余额继续再创历史新高，超额完成省公司下达的净增计划。代理保险业务步入新高地。信用卡、基金定投、网上银行、个人理财等新兴业务发展势头迅猛。信贷公司业务再显创收亮点。在合规管理方面做到培训、教育、约束共为一体，共同打造合规文化的品牌形象。邮银双方共同开展“业务行为规范年”、“迎亚运、促内控、保平安”等活动，以“资金风险控制管理委员会”和“邮政金融资金安全联席会”为平台开展案件防控工作，加强内部沟通，紧密把控业务环节，规范业务行为，实现 2010 年邮政金融“零案发”目标。全市邮政金融“服务三农”收获较大，新增 4 个农保经办服务县域，邮政金融的社会知名度与品牌影响力得到增强。11 月 2 日与 12 月 2 日，省政府肖志恒副省长、宋海副省长分别视察梅州市邮政金融网点，对梅州邮政金融“服务‘三农’”工作给予充分肯定。

速递物流类　速递业务方面，以标准型业务、电子商务、代收货款、国际重点线路等业务为重点，积极参与市场竞争，努力做大速递业务。对重点客户实行派驻服务和全程跟踪服务，突出抓好全市范围内的国际业务大客户。派驻客户经理为客户提供全天候服务,紧盯客户和竞争对手的状态,制定个性化的营销方案,实现业务全占领。突出效益,做强同城业务。通过市场分析,把证照、车驾证等公安项目作为发展的重点,尤其把再次签注邮寄项目作为同城项目发展的重中之重,有效促进证照类项目的快速发展。大力发展生日礼仪、节日礼仪等礼品礼仪业务。物流业务方面,中邮快货业务比例不断上调,业务规模不断扩大。功能性物流业务向多元化转变。

【体制改革和机制创新】 2010年,梅州邮政主动适应企业参与市场竞争的需要,按照省公司的部署,继续深化体制改革和机制创新,大力推进企业体制机制改革,企业发展活力显著增强。一是邮政主业改革取得新进展,市速递物流有限公司和各县(市)分公司分别于6月29日、30日挂牌成立,速递物流股份制改革基本完成。二是完成机构编制调整工作。按照集团公司和省公司要求,坚持“精简规范、降本增效、适应发展”的原则,完成梅州市邮政局机构编制调整工作。通过机构调整,进一步精简机构,减少领导职数和管理人员,职能部门设置更加合理。

【管理方式转型】 一是深入推进营销体系建设,推进企业营销方式转型。二是强化计划财务管理,不断优化业务结构,优化成本结构,优化资产结构。三是强化人力资源管理,通过优化投递邮路、发展业务外包、中心支局设置等,推动各项盘活优化措施在全市各单位得到进一步落实。四是推进实物网建设,加快网点建设,优化网运流程。五加强信息网支撑和保障。六是强化安全和质监管理。

(黄　智)

电　信

【中国电信梅州分公司】 2010年,中国电信梅州分公司加强销售组织管埋,注重资源对重点市场、重点业务和渠道建设的保障,推进适应固移融合发展的网络运营支撑体系建设,致力服务地方社会经济,作出积极贡献。整体客户满意度同城排名第一,公司获“广东省用户满意企业”先进称号。

信息化推广应用　一是推进信息化在各领域的广泛应用。全面加快移动3G网络、宽带网络、行业信息化及综合信息网络建设,推进信息化在政务、商务、生活等领域的广泛应用,建设信息化村18个,信息化村宽带渗透率最高达67%。二是重点行业信息化应用取得突破。签订“物流E通”116家,发展行业应用客户400多户。完成30多所学校“平安校园”的建设。天翼家校通成功与学校签约。成功拓展一批校园翼机通和企业翼机通用户。工商信誉通在6个县(市、区)得到发展;发展一批警务E通发展定位和无线POS用户。三是签约或交付一批重、特大项目,提升梅州市信息化水平。签约市委组织部“大组工网”项目、市委通信值班调度系统、农村党风廉政建设平台项目和政务外网项目等一批重大项目。拓展“平安梅州”二期项目,完成对全市的整体覆盖,“平安乡镇”数量达到20多个。推进与重要客户的战略合作,与梅州市人力资源和社会保障局、广东电网梅州供电局、广东鸿艺集团等单位签署战略合作协议。打造广东山区市第一个“智慧家园”社区。联合中国人民银行、中国银行推出广东省首张符合银联标准的手机支付卡——天翼长城梅州市民卡。

资源统筹提升　一是全力推进光进铜退和宽带大提速工作,提升宽带网络能力提升。2010年宽带专业投资占比达到38%,同比提升18个百分点;新增EPON宽带端口7.5万线,新增EPON窄带端口13万线;农村4兆以上宽带端口占比达到60%,城市4兆以上宽带端口占比达到83%,城市12兆以上宽带端口占比达到49%。商务楼宇光缆通达率基本实现100%,行政村光缆通达率超过70%。二是通过开展派驻专家、制作故障处理手册、越级投诉百日整治等工作,提升前端宽带故障预处率,提升客户感知。2010年,移动网络覆盖进一步完善。行政村中心覆盖率达到84%。移动网络在梅州境内高速和国道覆盖率达到96%;1X梅州各城区总体覆盖率99.5%。

综合信息保障服务　完成全国"两会"、亚运会等重要时期的通信保障工作。完成客家山歌节等重大活动综合信息保障服务。

(曹　菲)

【中国移动通信梅州分公司】　2010年,中国移动通信集团广东有限公司梅州分公司实现持续稳健发展,全年实现净增市场占有率81.92%,有效巩固区域市场的主导地位。五华公司大力发展集群业务,市场占有率提升4.2个百分点。兴宁、丰顺公司市场占有率突破70%。大埔公司在集团客户维系和覆盖工作方面表现突出。规模发展家庭市场,家庭宽带用户实现零的突破。公司集体、个人共获10项省部级荣誉,有一个科技项目获国家级专利。

信息化建设　加强政务信息化建设,开展市行政服务中心、应急平台等重大项目建设,彰显移动政务信息化专家形象。打造无线城市精品应用,无线城市建设获得政府发文支持,共上线必接应用34项,本地信息化应用61项,商家联盟137家,在政务公开、民生信息接入和系统访问率等方面成绩显著。推广"大豆通"。"大豆通"是一个为农业产业项目开设的有针对性的信息服务平台。为进一步推动信息下乡、服务"三农",蕉岭移动公司得到华南农业大学大豆专家的技术支持,按照企业和种植户的供求信息,有效地指导农户进行种植管理。

网络建设　加大网络规划建设力度。完成GSM网13期、14期扩容及WLAN热点覆盖,完成TD三期建设和四期规划;推进PTN系统组网建设,完成GPON小区接入试点开通,宽带接入网、IP城域网基本具备服务能力。全面完善应急预案体系,开展防汛综合演练,高效开展汛期保障,实现汛期网络影响历年最小。创新性开展亚运火炬传递通信保障,实现"网络不中断,服务不打折"。

优化服务　全面开展"优+服务"质量提升活动。实施赠阅行动、生日关怀等高价值客户服务,落实重要集团首席拜访机制,推进客户透明消费专项工作,2010年客户满意度达80分,高于全省平均水平。优化信息化服务支撑体系。制定家庭宽带维护规范,实施集团客户分级服务,完善集团业务监控手段,增强对全业务运营的支撑能力。搭建面向全业务的市县一体化网络管理新模式,推动网络工作向分公司和客户延伸,一线网络服务能力得到全面加强。

(中国移动通信梅州分公司)

【中国联合网络通信梅州市分公司】　2010年,中国联合网络通信有限公司梅州市分公司全力推进业务发展,3G业务、2G业务、宽带业务、固话业务的市场份额稳步扩大,全年收入比上年增长9.55%。

业务发展　一是3G业务稳步发展。根据业务热点逐步推进资源覆盖和网络优化,覆盖各县(市、区)及重点乡镇的社会渠道核心网点已布局完成;借助IPHONE、乐PHONE等明星终端的拉动,进一步扩大3G在中高端用户群体的发展和影响力;通过针对性宣传提高3G认知度,以体验式营销开展流量经营和终端拉动,促进收入增长,用户增长趋势明显。二是2G业务有效发展。以手机礼包深入拓展农村和外来工市场,以2G极速上网和3G时尚体验全力拓展青少年和校园市场,新势力用户份额接近20%。三是宽固业务规模上量。实施宽带提速工程,进一步提高宽带接入能力,推广4兆等高速率宽带,为客户提供"接入+终端+服务"的一站式服务,从而为客户提供畅通无阻的宽带通信。重点解决装机不规范、用户网速感知差问题,城区及业务核心区域实现24小时装机服务,“无资源退单”发生率为零。四是集团业务突破发展。基础夯实,全面落实“重大客户、重大项目、中小企业重点目标市场、营销队伍”4项名单制管理,加大重点项目拓展、中小企业发展、行业应用推广等转型工作的推进力度。集客全业务收入同比增长51%。

网络建设 2010年,梅州联通将3G和宽带业务作为战略核心,统筹考虑现有2G业务和网络发展需求,增强并完善3G网络、2G网络、宽带接入网的能力,进一步增强基础传输网能力,提升网络对全业务的支撑能力。覆盖市区、县级以上城区的3G高速无线互联网已在梅州建成,并以其高速率、漫游广等优势为联通服务大众及集团用户提供有力的支撑;本地传输光缆总长达4800公里,1000多个基站,光路以及电路实现全市150多个乡镇的完全覆盖。本地光传输网络升级到4个10G,可将客户直接连接到互联网骨干节点。宽带覆盖7县(市)1区,容量达到3.1万线;互联网出口达到双路由10G带宽;接入间不断新建,达到43个。粤东片综合通信枢纽中心项目在市委市政府和各相关部门的大力支持下,取得重大进展,市委市政府已确定列入2011年投资项目。

信息化建设 2010年,梅州联通以3G行业应用为引领,大力拓展行业信息化,紧紧抓住政府及企业信息化广泛应用的难得历史机遇,发展WCDMA特有优势,行业信息化应用渐成规模,在收入持续增长的同时带动发展模式的强势转型。梅州联通在全市新拓展行业应用项目超过100个。强化行业应用能力支撑。建立行业应用及集客专属产品支撑队伍,积极为行业客户搭建学习行业信息化知识的平台,针对移动办公、视频监控、无线数传、手机应用、移动定位等行业应用产品,举办行业应用推荐会、展会推介、上门演示、集团客户战略合作等百场3G演示活动,共计1000多名行业客户分批次参加推介会;2010年还分别与经信局协办广东省信息化与工业化融合巡回培训活动、市制造业信息化暨嘉应学院政产学研工作会议,总结推广“两化”融合优秀企业的经验和做法,推进重点信息技术和行业解决方案的普及应用,用信息化助力山区制造业发展,促进制造业信息化的发展和经济社会的全面信息化。加快构建标准化的产品体系。推出基于移动办公类、视频监控类、无线数传类、手机应用类、移动定位类合计5大类23个重点行业应用。在金融证券、医疗卫生、电力能源、物流交通、旅游餐饮等行业领域开始扎根并日渐成熟,在业务规模和发展质量上取得新的突破。移动办公类包括移动警务综合应用、智能电网移动信息化综合应用、工商政务移动执法应用、金融系统便民业务移动受理应用等项目;视频监控类产品应用于校园视频监控、医院远程专家会诊、智能公交视频监控等项目,无线数传类产品应用于金融业无线POS、离行ATM机联网、电力、自来水无线抄表系统,烟草零售自助订烟系统等项目,手机应用类包括物流快递综合管理、手机银行、车主综合信息服务等项目,移动定位类包括物流车辆定位管理等项目。

跨行业战略合作 与四大国有银行及广发银行、各证券公司展开业务合作,并于2010年先后与梅州工商银行、农业银行签署《战略合作协议》,达成战略合作伙伴关系,在内部通信网、通信产品分期付款、无线POS、高端用户增值服务、联名卡及金融安全等方面继续加强合作;面向快速普及发展的移动互联网,共同研究和开发电子商务业务、手机银行、移动支付等金融支付和理财应用以及基于手机短信和手机视频的服务类应用,共同推进基于手机终端、依托WCDMA3G高速移动网络的移动金融服务,提升金融产品的品质与信息化应用水平。

综合信息保障服务 高度责任感确保重大活动通信畅通。在2010年亚运活动期间,联通梅州分公司成立通信保障工作领导小组,完善通信保障体系,制定详细的保障预案,从而实现固定通信网、移动通信网运行平稳,网络信息安全,全网话务量、网络流量以及各项关键指标正常。

企业品牌提升 通过提升网络质量,提高营业客服水平等措施,以及时3G新技术的运用,联通的品牌形象正有效提升。建立长期合作关系,通过地方电视台进入南广电视的集团项目与电视台进行资源置换，在本地电视台进行品牌类广告和软性专题广告节目的制作、投放，在本地经济类节目“财富屋家”不定期地进行营销活动的报道等，扩大联通 3G 品牌的知名度；继续以网页硬广形式和论坛软性操作的方式，在梅州时空、梅州网等主流本地网站发帖、跟帖，营造网友对联通 3G 关注氛围，扩大联通 3G 品牌和业务优势在互联网人群中的影响力；与汽车、金融、证券、酒店、房地产等高端消费客户集中的企业合作、通过资源置换的方式，互相进入对方客户群体开展主题活动宣传，如针对“购买中级以上轿车送 3G 高端手机”等，提升联通 3G 品牌在高端客户群体中的知名度和美誉度；开展聚类客户渗透宣传，通过 IPHONE 等高端手机的品牌效应拉动，到单位内部举办 IPHONE 俱乐部活动，举办企业通信应用普及主题活动，加深单位客户对联通 3G 网络品牌的认知；利用各类节假日时间段，在商业广场、高端小区等地方持续开展 3G 宣传路演活动(重点宣传终端捆绑优惠政策)，渗透到目标客户群中宣传 3G 优势，持续扩大影响力。

服务创先　梅州联通聚焦优势产品，在 3G 渠道建设上，颠覆传统营销模式，从用户的认识感知和体验操作上抓起，通过打造 3G 客户俱乐部、沃区及体验系统，令所有业务可视化、产品化，为快速打开 3G 销售新局面疏通脉络。加快在城区、各县城区建设标杆沃店和沃专区建设，并将在 3G 沃店建设中融入“体验式亲民营销”思想。装修及硬件投入都大面积采用“拆柜上墙”模式，自助式体验节省空间；引入摘机系统，信息显示与操作同步，同屏体验直接拉近客户距离；中岛柜新产品展示，体验与宣传合二为一立体呈现。强化营业厅的体验式销售，将营业厅打造成“示范店+俱乐部”的双重性质，定期对所在区域的 3G 用户和分销商发出体验邀请，邀请用户前来体验联通的 3G 优势业务，实现 3G 新业务营销从传统的“讲述式”向创新的“体验式”升级。对所有自有渠道和社会渠道销售人员 100%进行“3G 体验式营销”轮训，推进“顾问式、体验式、保姆式”销售，包括自有营业厅及分销渠道，通过分批次对营业人员进行现场模拟、视频演示、现场授课等强化培训，从服务礼仪、规范讲解术语到专属软件应用，都要在模拟实景及通过现场考试后才能参与体验区互动课堂和大型路演活动。配合 IPHONE 的上市推广，组建起一批有实力、有热情、技能扎实的 IPHONE 大使团队，并成功打造以“吸引、培养及引导”客户兴趣和需求的 3GIPHONE 俱乐部。通过举办不同主题的 IPHONE 俱乐部活动，紧密围绕 IPHONE 手机终端和 ITUNES 应用，为用户提供适合其需求的培训和业务辅导，活动开展以来，受到 IPHONE 用户的好评和赞赏。

(中国联通梅州市分公司)

责任编辑：廖晓鹏

国内贸易

综　述

2010年，在国家扩内需保增长惠民生政策的激励下，梅州市节日消费、旅游、汽车、家电下乡及餐饮市场活跃，流通领域继续保持了较高速度的增长。全市共完成社会零售总额319.05亿元，同比增长19.4%，其中批发、零售业完成294.79亿元比增19.3%，住宿和餐饮业完成24.26亿元比增20.9%，消费对经济增长的拉动作用明显增强。

【消费商品流通】

重点项目建设　梅州市经信局的家电下乡和以旧换新信息管理系统配套建设等3个项目被列入2010年省级现代流通业发展专项资金项目计划，共获省财政资金补助100万元；梅州市喜多多超市连锁有限公司的现代物流信息平台建设等3个项目被列入2010年省级现代服务业发展引导专项资金项目计划，共获省财政资金补助180万元；梅州市骅锋科技有限公司的家乐诚信在线产品交易等8个项目被列入2010年市级流通业发展专项资金项目计划，共获市财政资金补助60万元。

生猪定点屠宰管理　根据国家政策法规和全国生猪屠宰行业发展规划纲要要求，完成全市生猪定点屠宰厂(场)设置规划及审核换牌换证工作。

制订《梅州市牛羊定点屠宰厂(车间)设置规划》，征求省经信委和各县(市、区)及市直有关部门的意见，于2010年12月经市政府同意并印发至各县(市、区)实施。经逐步整合后全市有生猪定点屠宰厂(场)113间，其中机械化屠宰厂(场)45间，半机械化屠宰场13间，手工屠宰场55间。为帮助屠宰企业做好升级改造工作，争取省下拨专项整治资金55万元。

根据国家、省、市的有关部署，为确保亚运会、亚残会的食品安全，开展强化畜禽屠宰监管确保肉品质量安全专项整治、猪肉和酒类产品食品安全专项检查等工作。各级生猪屠宰管理部门通过抓日常监管、检验检疫、无害化处理、专项整治等工作，进一步规范企业经营行为，进一步提高生猪肉品质量，进一步规范肉品市场流通秩序。

2010年，全市社会生猪总屠宰量1263861头，生猪进点屠宰量1222641头，生猪屠宰进点率96.7%，县城生猪屠宰进点率100%，税收4153万元，屠宰服务费2288万元，检出病害猪并经无害化处理4755头。稽查执法出动41266人次，依法查处私宰点6个，罚没处理私宰、病害肉4325公斤。

万村千乡市场工程建设　2010年申报省级配送中心3个，国家级配送中心4个，国家级农家店170个，已通过交叉检查验收。

家电下乡和汽车家电以旧换新　2010年，全市经备案的家电下乡销售网点达690个，家电下乡销售量191401台(件)，销售金额4亿多元，财政发放补贴金额5044万多元；家电以旧换新经备案的回收网点36个、销售网点40个，共回收旧家电19956台(件)，销售新家电19191台(件)，销售总额68139872元，财政发放补贴资金430多万元。全市办理167辆汽车补贴资金申领手续，发放补贴资金254.7万元，拉动汽车消费3672.777万元，财政资金放大倍数为14.42倍。有效拉动农村和城乡消费，促进城乡居民家用电器、汽车的消费升级，扩大内需、拉动消费的政策效应明显。

【大型批发市场及超市】 梅州市较大型连锁经营企业有喜多多超市连锁有限公司、梅州市乐万家连锁超市有限公司、广东自家人商业连锁股份有限公司等。大、中型批发市场有梅州市三鸟批发市场、月梅农贸批发市场、鸿兴青果批发市场等。其中梅州市三鸟批发市场位于梅县白渡镇，占地面积100亩，以畜禽批发为主；月梅农贸批发市场位于梅江区金山月梅村，占地面积36亩，以蔬菜批发为主；鸿兴青果批发市场位于梅江区金山月梅村，占地面积6.4亩，以水果批发为主。

【餐饮服务业】 2010年，梅州市住宿和餐饮业继续保持较快发展的态势，住宿和餐饮业完成营业额24.26亿元，同比增长20.9%。

客家美食　2010年，梅州市政府举行梅州“十大美食”“十大名小食”认证活动。十大美食：招牌妙龄鸽、茶香蒸鸡、冬瓜蒸鸭、香焖鲩鱼、茶树菇煨鸡、五豆煮海参、红曲酿焖豆腐、盐水鸡、客都香焖肉鲍汁金薯。十大名小食：客家擂茶、客家鸭嫲丸、平远黄粄、喷香笋粄、大埔簿饼、兴宁蓼花、艾叶挥丸、大埔珍珠粄、客家萝卜糕、丰顺菜粄。在广州举行的“省长杯”技能大赛上，可园酒家的客家酿豆腐、客家扒鸭两项菜品被评为广东名菜。

梅州名厨　在新疆乌鲁木齐举行的第二十届中国厨师节上，梅州餐饮行业协会会长、雁南飞茶田度假村总经理叶祖根获“中华金厨奖”。

在广州市举行的“省长杯”技能大赛上，黄东伟、李连泰、张惜建、曾东玲获广东烹饪名师称号。

在市政府举办的梅州市职业技能大赛(传统工艺类)上，雁南飞围龙食府熊志达获“五一”、“五四”、“技术能手”、“优秀选手”称号，雁鸣湖旅游度假村杨文平获“技术能手”称号，雁鸣湖旅游度假村杨文平、锦发大酒店钟良获二等奖，富源大酒店黄裕纯、万秋楼黄东伟、雁南飞围龙食府叶百生获得三等奖。

2010年春节期间，享受国务院特殊津贴专家、客家菜“非物质文化传承人”、中国烹饪大师陈钢文，为中央电视台新闻频道共同关注栏目制作中国味道——客家菜制作节目，向全世界展示客家饮食文化风采，这是客家菜首次在中央电视台黄金时段展播。

【特种行业】

行业状况　2010年，梅州市誉诚拍卖公司被省经信委取消经营资格，全市拍卖企业减至5家。5家拍卖行从业员工79人(其中有拍卖从业资格的49人、拍卖师15人)，举行拍卖会100次，成交额29194.6万元，拍卖场次比上年增长12.36%，成交额下降25.76%。7家典当行从业人员42人，注册资本3500万元。实现典当总额5182.18万元、发生业务664笔、实现营业收入129.27万元、实现净利润16.67万元,分别比上年下降14.32%、增长4.54%、下降0.6%和增长120.5%。经省经信委备案的二手车交易市场5家,鉴定评估机构3个。5家二手车交易市场共交易二手汽车9539辆,交易金额28964万元,分别比上年增长29.32%和24.59%;交易二手摩托车341辆,交易金额161.00万元,分别比上年增长3.65%和186.2%。梅州市利民物资再生利用有限公司共拆解报废汽车和摩托车2447辆(正常报废412辆,非正常报废2035辆),比增34.00%。其中摩托车1828辆比增72.8%,客车219辆比增38.4%;轿车276辆比降16.6%;载货车124辆比增65.3%。

行业监管 围绕"规范、创新、发展"的总思路,主要通过对拍卖、典当、报废汽车回收拆解、二手车交易企业经营情况表的分析,及时掌握各行业经营情况和动态;通过开展定期不定期的调研和专项检查,及时发现企业存在的问题;督促企业及时整改,防范经营风险,确保特种行业的健康发展。

开展典当行年审工作。对全市需参加年审的6家典当企业报来的年审材料进行初步审查,全市6家典当企业通过省经信委的年审(家益、众信、金宝来、益民A类通过,平远县城镇、五华县晋坚B类通过)。

开展拍卖企业的年度核查工作。对梅州市拍卖行、广东中一拍卖有限公司、梅州市御源拍卖有限公司、梅州市金宝来拍卖有限公司、梅州市五华拍卖行等5家企业的年度核查材料进行初审,5家企业均为初审合格企业,并通过省经信委的年度核查。梅州市誉诚拍卖有限公司因未报送年度核查资料,被取消经营资格。

开展寄卖行经营管理调研和督察。全市共有寄卖行及其衍生业态企业111家,从业人员966人,平均注册资金为146万元。寄卖行普遍存在的问题主要是违规使用"当"字,超范围经营,没有或者交易台账不完整,设施简陋,制度不齐等。会同市相关部门现场纠正部分企业的不符合规定行为。向上级提出出台法规或规范性文件、明确各部门监管责任、提高准入门槛、实行总量控制、制定寄卖行建设规范和规章制度、规范寄卖行经营行为、开展专项整治行动等具体建议。

协助处置东道物流公司事件。按照市政府处置工作要求,由分管领导带队,迅速到市直主要物流企业,了解企业经营情况,排查存在的不稳定因素,防止类似事件的再度发生;主动与市邮政局、市交通局联系,收集全市相关行业的情况,及时向市政府汇报,为政府决策提供依据;督促物流企业,按照政府处置工作安排,做好东道物流公司倒闭的善后工作,努力控制负面影响面。

完成梅州市茂业二手车交易有限公司和梅州市诚恳二手车交易市场经营者备案资料的初审工作,并配合省经信委进行现场核查,梅州市茂业二手车交易有限公司将于2011年1月28日通过省经信委的备案。

(市经信局)

梅州盐业总公司

【概述】 2010年,梅州盐业总公司(盐务局)销售食盐22639吨,碘盐合格率100%,碘盐覆盖率100%,上缴利税622万元,较好地完成上级下达的各项任务指标,确保梅州市合格碘盐的正常供应。全年办理终结盐政案件6宗,查获非法盐产品1.495吨,较好地维护梅州市食盐市场的稳定。被省集团公司授予"企业质量管理优秀奖"、"碘盐覆盖率达标单位";被市国税局和地税局评为"A级纳税人"。

【市场监管】 梅州盐业总公司(盐务局)认真落实盐业行政管理职能,坚持不懈地抓好盐业市场监管,维护食盐市场的流通秩序,确保全市食盐市场稳定和食盐的安全。一是坚持日常检查与突击检查相结合,普通检查与重点检查相结合,开展食盐安全专项执法行动,加大对毗邻外省、市的边境地区和学校、工厂食堂、饭店、超市及食品加工企业等重点单位的监控与检查,有效预防食盐安全事故的发生。二是加强联合执法体系建设,与各职能部门协作配合,完善市场长效监管机制。总公司(局)积极配合市打假办开展食品加工用盐专项联合打假执法行动,进一步提高经营者及消费者的食盐安全意识,维护全市食盐流通秩序。三是抓好盐政执法队伍建设,加强盐政人员专业技能学习,规范执法行为,进一步提高盐政人员依法行政水平,加强盐政执法力量。共检查市场 908 个,店档 26313 个、食品加工企业 331 家、酒楼 774 家、单位食堂 280 家。查处盐业违法案件 6 宗,查获各类盐产品 1.495 吨。

【食盐专营】 梅州盐业总公司(盐务局)以市场需求为导向,加强调运信息的收集,增强调运工作的主动性和前瞻性。认真检查落实各类盐的库存情况,做到早计划、早衔接、早落实、早安排、早调运。在面临省内盐场欠产,省外盐购进进度放缓等困难局面下,按市场需求和实际及时上报、调整调运计划,较好地完成全年的调运工作,保障梅州市食盐市场的供应。

【碘盐质量管理】

落实食盐质量管理责任制 梅州盐业总公司(盐务局)分别与直属分公司、碘盐分装厂签订《食盐安全责任书》,明确食盐质量管理责任人。

加强生产过程的质量控制 按照 ISO 质量体系的标准,严把原盐的进货检验关,认真执行抽样检验制度。同时,严格执行碘盐生产制度,加强碘盐生产过程的检验控制,确保产品的质量达到国家产品标准。

做好 ISO9001 质量体系的贯标工作 将 ISO 质量标准贯彻到企业日常经营中,保证碘盐出厂合格率达 100%。

【碘盐监测评估】 2010 年是全面落实《全国重点地方病防治规划(2004~2010 年)》的最后一年,梅州盐业总公司(盐务局)根据《全国碘缺乏病监测方案(试行)》和《2010 年梅州市碘盐监测工作方案》的要求,积极配合省市疾控中心开展 2010 年居民户层次的碘盐监测工作。对全市 8 个县(市、区)72 个乡镇进行居民户层次抽样,共抽取 2316 份食用碘盐样。通过监测,碘盐覆盖率为 100%,碘盐合格率为 99.40%,合格碘盐食用率为 99.40%,均比上年度年有所上升;非碘盐率为 0,全市均未发现非碘盐,是开展监测以来最好的一年。

【食盐安全知识宣传】 利用开展"3·15 消费者权益日"、"5·15 防治碘缺乏病日"活动及市场巡查访销等机会,向食品生产者、销售者宣传食盐安全的意义和作用,增强食盐安全责任意识和诚信意识。发放各类宣传资料 44348 多份,宣传画 3000 多张,电视报道 20 次,取得较好的宣传效果。

(朱洪武)

梅州石油分公司

【概述】 2010年,面对复杂剧变的市场形势,中国石化广东梅州石油分公司以"全力以赴保障梅州成品油市场稳定供应"为己任,以"扩销增量、突出效益,夯实基础、提升管理,发展网点、增强后劲,构建文化、塑造形象"为工作主线,充分调动一切积极因素立足竞争、应对挑战,经营管理实现预期目标,全年销量突破38万吨,创历史新高,上缴税收2000多万元,企业安全运行,未发生各类等级事故。2010年11月,出现不同程度的柴油紧张局面,认真履行国有企业的社会责任,成立保供维稳工作机构,加强资源调运,增加资源投放(紧张时期日均柴油零售供应量超过500吨,比日均常量增长近六成),细化现场管理,突出保证重点路段、重点用油单位的柴油供应,全力保障梅州成品油市场柴油供应的稳定,得到政府和广大客户的充分肯定。

【成品油市场管理】 梅州石油分公司积极发挥梅州成品油供应主渠道作用,主动协助政府等相关职能部门加强成品油市场管理,联合开展打击成品油市场违法违规行为的行动,加大对成品油流通渠道、质量、数量、税收和经营安全的监管力度,保护消费者的合法权益,确保成品油经营安全,维护成品油供应正常秩序。

【企业管理】

推行信息化管理 以加油站视频监控系统为载体,基本建成远程全景现场管理系统,为辖区所有在营加油站的现场和安全管理安置全天候监控的"第三只眼"。公司各级管理人员可根据权限随意调看系统的任一画面,基本实现坐在办公室电脑前就能对接卸油、库存、资金回笼、规范化服务、安全、设备管理、经营纪律等加油站日常管理进行远程实时监控和可追溯监控,进一步降低管理成本,提高管理效率和水平。

规范油品计质量管理 严格执行清洗油罐制度,落实油品质量抽检制度,多方位监控油品质量,确保油品100%合格和计量准确,维护消费者的权益。

强化加油站基础管理 采取定期明察与随机暗访灵活结合的方式重点对加油站规范化服务、经营纪律、设备维护保养等情况进行巡查,引入神秘顾客监测机制,考评结果多次位居全省前列,有效推进辖区加油站管理和服务水平的提高,为广大客户提供更优质的服务。

强化制度管理 开展强化经营管理年活动,突出梳理完善直分销、零售、非油品、商品管理、发票管理等5项专业工作的管理制度,落实具体的防范措施,完善业务流程,用制度规避风险、用机制控制风险、用责任降低风险,实现经营管理活动"有制度可依,有制度必依"的长效管理。

加强资金监控 完善"资金监控系统"和"加油站投币系统",发挥财务稽查职能,采取现场检查与视频监控相结合的方式加大监管力度,有效防范资金风险。

【安全管理】 公司坚持"安全第一、预防为主、综合治理"的安全生产方针,以推进"我要安全"活动和《安全生产禁令》宣贯为着力点,抓好设备自查、隐患整改、应急演练、过程监管,提高员工安全意识和防范能力,安全管理实现上报等级事故为零。

开展"我要安全"主题活动 通过开展全员承诺、未遂事故共享、全员危害识别以及"设备管理

年”、“平安工地”、“安全生产月”等系列活动，使员工安全意识、责任意识得到增强，安全行为不断规范，违章行为逐渐减少，取到较好成效。

加强安全教育和培训　注重抓好新员工入职安全培训、三级安全教育和全员应急知识培训，不断提高员工安全意识和处置突发事件的能力。郊区、丙村、溪口等加油站先后发生进站加油车辆着火、偷盗油品、浮罐等22起未遂事故，均是员工及时发现并迅速妥善处理，把事故消灭在萌芽状态。

加强施工现场的安全监管　严格落实施工前安全教育，明确施工安全责任，严格按规定办理作业票，加强作业现场监管，及时纠正不安全行为8起，确保施工安全。

组织多种形式安全检查　组织节日安全检查、专项检查、夜间安全检查和月度安全检查31次，检查加油站513座次，发现并整改各类安全问题1125个。严格检查结果的运用，刚性落实奖惩，共处罚违章行为10人，安全考核处罚15人次、奖励101人次12500元。

整改安全隐患　按时完成省公司立项9座站否决项改造、4座站灾后修复、4座站灾后专项维修和17座站新配电柜安装工程。

（刘雄华　钟鹏程）

责任编辑：廖晓鹏

2010年12月3日，梅州召开第二届名优农产品展销暨梅台农业合作交流会。（古礼贤摄）

外经贸·口岸

外 经 贸

【概述】 2010年,全市外经贸部门按照"促进招商引资、促进市场开拓、促进出口产业基地建设,壮大外经贸经营主体、壮大外资规模、壮大外贸总量"的"三促进三壮大"工作思路,积极应对国内外复杂多变形势,采取有效措施,促进全市外经贸持续稳定发展。全年外贸进出口11.7亿美元、比上年增长48.7%,其中出口9.5亿美元、增长41.7%,进口2.2亿美元、增长88.3%,进出口、出口和进口增幅三项指标均居全省首位;实际利用外资8959万美元,增长11.9%,增幅居全省第六;规模以上外资企业产值128.8亿元,增长25.8%。获得全省进出口综合三等奖、吸收外商直接投资综合四等奖、外经工作三等奖、口岸大通关建设三等奖、承接加工贸易产业转移二等奖、外商投资加工贸易三等奖、一般贸易出口三等奖7个奖项。

【经营主体】 2010年,全市外经贸经营主体有新发展。全年新增外资企业133家,获自营进出口经营权的民营企业51家。全年进出口规模1000万美元以上的企业达18家,比上年增长4家,其中卡莱橡胶、线艺通信进出口额分别达1.76亿美元、1.63亿美元,增长131.1%、46.3%,实现进出口超亿美元企业"零"的突破。全市规模以上外商投资企业产值128.8亿元,比增25.8%。其中内销产值94.9亿元,比增23%。全年有两家企业到境外设立分支机构,雅达公司在罗马尼亚设立"雅达品牌办公文具特许加盟、境外产品展示中心",大仓公司在香港设立贸易公司。至年底,全市共有6家企业在海外投资或设立分支机构。"十一五"期间,全市外贸进出口总额37亿美元,其中出口30亿美元、进口7亿美元,分别比"十五"增长2.1倍、2.7倍和和1.9倍。合同外资金额12亿美元,比"十五"增长49%;实际使用外资金额4.92亿美元,按同口径对比也有较大增长。

【对外贸易】 全年进出口总值11.7亿美元,首次突破10亿美元大关,比2007年进出口额5.3亿美元翻了一番。实现"五个较快增长":一是一般贸易和加工贸易出口增长较快。全市一般贸易出口增长31.6%,占全市出口总值的73%;加工贸易出口增长78.8%,增幅高于全市出口增幅37个百分点,占全市出口总值的27%,比重比上年同期提高5.6个百分点。二是传统市场和部分新兴市场出口大幅增长。全年对日本、美国和我国香港地区等传统市场合计出口6.5亿美元，占全市出口总额的68.2%，同比分别增长70.1%、60.8%和49.9%，拉美、中东、东盟等新兴市场出口分别增长61.2%、35.4%和15.2%。三是民营企业和外商投资企业出口增长较快。全年民营企业出口4.15亿美元，增长28.2%；外商投资企业出口5.13亿美元，增长52.7%，比全市增幅高11个百分点。四是主要产品和特色产品出口实现较快增长。全年橡胶制品、家具、工艺品、机电产品和陶瓷出口分别同比增长1.2倍、57.3%、38.3%、35.3%和16.2%。五是各县(市、区)进出口均实现较快增长。其中梅县、丰顺出口额分别达4.3亿美元和1.95亿美元，分别增长73.9%和24%。

扩大对外贸易 一是组织企业参加国内外展会。累计组织200多家企业参加20多场国内外专业展会，积极开拓多元化国际市场，抢抓订单。重点组织企业参加广交会、广东—俄罗斯、东欧经贸合作洽谈会、巴西国际家庭礼品及用品博览会、印度孟买时尚汇展、粤澳名优商品展等展会，进一步开拓东欧、南美、南亚等新兴市场，结识一批新客户。其中春秋两届广交会组织173家企业参展、累计成交金额5.9亿美元。二是支持企业利用电子商务拓展海外市场。支持企业运用电子商务网上拓市，重点与阿里巴巴公司合作，联手推动50家企业加入其“出口通”业务。三是扩大外贸经营主体。引导有条件的民营企业申报进出口经营权，开展自营进出口业务。全年新增对外贸易经营者备案登记的企业51家，成为全市外贸进出口新的生力军。四是加强公平贸易基础工作。组织市直20多个单位参加省举办的应对反补贴调查工作培训，发动陶瓷、家具行业参与反倾销预警培训，完成省厅交办的“梅州电声产业竞争力与应对国际贸易摩擦”专题调研。

优化出口商品结构 一是引导和帮助企业实施科技兴贸和品牌战略。积极组织企业申报商务部优化机电和高新技术产品进出口结构资金项目6个、省“两新”资金项目28个，支持出口企业开展创新载体、境外专利和商标注册、质量认证、境外广告宣传推广、境外设立品牌营销服务和研发机构、自主品牌出口等业务，不断提高出口商品的技术含量和附加值。同时，有6家企业28个展位进入广交会品牌展区，增长一倍。二是提升农产品出口质量。组织企业申报省农轻纺专项资金。其中广东顺兴种养股份有限公司的“出口蜜柚标准化生产质量追溯管理系统”项目获得省专项资金支持，用于提高出口蜜柚的品质。三是推动绿色出口基地建设。制订出口基地建设工作计划，促进电子信息、汽配、电声、陶瓷、工艺、绿色农产品、家具、轻纺八大出口基地建设，全年八大产业基地出口额达6亿多美元，增幅达50%。

【招商引资】 全市实际利用外资8959万美元，同比增长11.9%；工业利用外资5249万美元，同比增长2.96%，超额完成省下达增长2.4%的目标任务；落实招商入园项目5宗，计划投资总额3.1亿元，计划固定资产投资总额2.22亿元，是两年考核期1亿元任务的2.2倍；实际固定资产投入额3064万元。此外，据不完全统计，全市外资企业以人民币利润工业再投资近3亿元，有力地促进实体经济的发展。

参加对外招商洽谈活动 组织参加省、市大型经贸交流活动13场，拜访国内外投资促进机构、商协会、企业100多家，接洽外商500人以上，达成投资意向、协议、合同46宗，投资总额69978万美元，其中外商投资金额59338万美元。各县(市、区)积极利用园区招商、节会招商、专业招商、中介招商、以商引商等方式，广泛接触客商，扩大招商成效。

承接外资产业转移 卡莱橡胶、国威电子、辉胜达电器等外向型企业的制造中心先后完成整体搬迁，宇通科技等一批企业新落户产业转移园区。

促进现有外资企业增资扩产 支持鼓励BPW车轴、卡莱橡胶轮胎、线艺集团、志浩科技、新丰

盛、创意陶瓷等企业发挥现有优势,不断增资扩产做强做大。

【协调服务】 一是加强政策服务。举办10多场次累计超千人次的各类政策宣讲及外经贸业务培训活动,落实各级外经贸促进政策专项资金4100多万元,提高企业政策运用水平,增强企业发展信心,促进外经贸持续稳定发展。二是加强协调联动。健全外经贸与财政、海关、商检、工商、外管、税务等职能部门的联席会议制度,与中行、工行等机构建立战略合作关系,密切关贸、检贸、税贸、汇贸、银贸协作。三是加强窗口服务。积极推进外经贸全部共5个审批项目整体进驻市行政服务中心,整合传统审批运作方式,简化手续,提高办事效率,扎实打造一流服务窗口。

(刘辉堂、李立杰)

梅州口岸

【概述】 2010年,梅州口岸通关量大幅增长。全年航空口岸出入境旅客3689人次,同比增长5.2%;出入境飞机210架次,增长0.96%。经梅州车检场进出境的车辆3558辆次,同比增长38.7%;进出口货物38825吨,增长56.6%;进出口贸易总值26512万美元,增长47.4%。有力促进经济社会发展,梅州市口岸局获得省口岸大通关建设三等奖。

【口岸协调与综合管理】 一是加强协调工作,营造优质通关环境。及时协调解决口岸运行中遇到的问题,积极敦促口岸查验经营单位改进服务方式,落实便捷通关措施,提高通关效率,服务和促进外商投资企业发展。先后协调解决国际候机楼部分设施破损、影响正常通关等问题。协助梅州博敏电子公司办理为争取上市转制所涉及的海关事宜。6月,承办粤东电子口岸企业入网网上审批系统应用情况座谈会,专题研究优化该系统、更好地服务企业的问题。二是加强综合管理,保障口岸通关安全。为保障2010年在广州举行的第16届亚运会和第10届亚残会顺利举行,专门成立梅州口岸做好广州亚运会和亚残会工作领导小组,制定安保工作方案及反恐应急预案。春运期间,专门成立梅州口岸春运安全工作领导小组,加强了口岸现场的安全管理,保证口岸的安全畅通。

【口岸设施项目建设】 梅州市口岸局开展揭阳潮汕国际机场开通对梅州口岸影响的专题调研,形成调研报告,提出对策与建议供市委、市政府作决策参考。市委、市政府有关揭阳潮汕国际机场开通对梅州经济与社会影响的应对措施中,把包含口岸物流的机场远程货站建设项目列入规划。年初,争取到省政府下拨的500万元口岸设施项目建设补助资金。向汕头海关正式申报梅州设立进出口快件监管中心项目。向汕头海关专题汇报保税仓建设项目的布局规划。编制"十二五"期间梅州口岸发展规划。完成新车检场的配电设施建设、美化绿化等工程。

【口岸开放与合作】 积极加强与各地口岸等部门的合作,努力提升梅州口岸开放水平。1月,市政府与省外经贸厅签订的《关于促进区域外经贸协调发展战略合作框架协议》纳入口岸建设的内容。11月,与中国外运长航集团广东分公司就口岸物流项目建设问题进行洽谈。12月,代表梅州市与闽粤赣12市的港口、口岸部门签订港口、口岸合作意见。

(余力翔)

梅州海关

【概述】 2010年，梅州海关审核进出口报关单6651份，监管进出境车辆3585辆(次)，进出口货物38398吨，进出口贸易总值26512万美元，监管进出境飞机210架(次)，验放进出境旅客4492人次，新办理三资企业注册备案149家，投资总额14781万美元，审批加工贸易合同109份，合同金额25721万美元，合同核销率100%，内销补税2298.08万元，签发征免税证明30份，引进设备金额381.8万美元，征收两税入库8516.08万元，同比增长111%。

【税收征管】 2010年，梅州海关按照总署和汕头海关关于加强综合治税工作的安排和部署，以税收工作为轴心，把“保质量、促增长、挖潜力”作为综合治税的重点，强化税收征管和优质服务上狠下工夫，取得显著成效。全年征收税款8516.08万元，同比增长111%，税款征收额创下历史新高。

完善协调机制　完善征税工作与通关监管、减免税、稽查、加工贸易等部门之间的协调配合机制，充分发挥现场监管、后续管理、打击走私三支重要力量在综合治税中的作用，不断提高税收征管的整体合力。

完善风险管理机制　对重点敏感商品的征管情况进行全方位监控，加大审价力度，提高归类水平，防止跑、冒、滴、漏，提高征管水平。

强化征税环节管理　开展关区税收征管监控分析、加工贸易后续管理，减免税货物的后续稽查等工作，确保应收尽收。

【监管稽查】 从加强审单管理，创新查验机制，落实各项监管制度入手，确保申报、查验、征税、风险布控等各项工作有条不紊，各业务环节配合协调。全年，在审单环节未发生一宗错审，在查验环节未发生漏查、错验或发生损害赔偿情事，在征税环节未发生一宗错归类、误征或漏征情事。在机场旅客监管方面，着重对毒品、反动、淫秽印刷品和音像制品的查缉，维护梅州空港进出境的良好秩序。2010年海关稽查企业29家，其中开展常规稽查20家，专项稽查9家，对4家企业稽查补税6845元，限期整改企业1家，查获违规案件1宗。在稽查过程中，做到严格执行《中华人民共和国海关稽查条例》、《〈中华人民共和国海关稽查条例〉实施办法》、《海关稽查操作规程》等稽查法律法规，以风险分析为先导，做到依法稽查，事实清楚，证据充分，程序合法。对于内部管理不规范或账务核算不符合海关监管要求的，及时提出限期整改措施，做到稽查一家，规范一家。

加工贸易企业监管　一是提供政策咨询服务。对前来有兴办加工贸易企业的工作对象给予政策的宣传，提供可行性意见和答复兴办加工贸易应具备的条件。二是规范和加强加工贸易企业的保证金台账管理。三是落实加工贸易企业中期核查制度。充分掌握企业的生产动态和经营状况，解决企业在生产中遇到的涉及海关的问题。同时对涉税风险较大的企业，开展专项辅导，指导企业规范经营，全年共开展中期核查企业45家。四是坚持落实合同催核制度。全年核销合同109份，合同结案率100%。五是加强内销归类审价及边角废料核销补税工作。2010年补税2298.08万元。

加工贸易、一般贸易和减免税设备常规稽查　稽查工作以“促进企业规范管理、守法自律”为目标，以“监督企业进出口行为、查发企业各类问题、验证企业守法状况、完善海关内部管理”为工作任务，采取总关指定和自选相结合的方式开展。通过对企业、商品进出口情况的真实性、合法性和规范性进行全过程的监督检查，有效地拓宽海关监管时空，规范企业行为。

风险管理　一是拓宽收集风险信息的渠道及撰写范围，提升风险信息工作水平，使风险信息真正为提高海关监管效能服务，发挥风险管理的先导作用。全年采用各类风险信息27条。二是加强与各业务部门的信息共享与互动合作，建立与各业务部门相互协作、互为条件的风险管理协调运行制度。

企业管理　一是做好企业注册管理工作。针对企业对相关换证程序不熟悉的实际情况，加强辅导，印发有关宣传资料，使企业了解换证的程序、需要提供的材料；采取电话通知、加强宣传、一次性告知、缩短办理时限等方式，主动为企业提供便利服务，受到企业的好评，并获得企业赠送锦旗一面。二是做好分类管理工作。贯彻“守法便利”的原则，在稽查和规范企业进出口行为的过程中，对符合A类管理条件的进出口企业大力宣传海关分类管理的做法，辅导符合条件的企业提升企业管理类别，使守法企业得到通关便利，贯彻“守法便利”的原则。

【打击走私】　落实反走私工作责任制，打击涉税和非涉税走私违法活动。对重点敏感商品进出口加强监控和风险分析。提高企业守法意识，规范企业的经营行为。推进关区走私综合治理，切实维护梅州进出境良好秩序。

【应急处置】　2010年，海关高度重视这项工作。一是制订《梅州海关应急处置预案》，成立应急处置领导小组，组建应急处置成员队伍，明确职责、任务和应急处置的方式方法，筹建应急物资储备仓。二是结合时势，加强教育，提高全体关员对应急处置重要性的认识，牢记应急事件无小事的观念。三是加强培训工作，先后派多人参加应急培训，并及时开展应急处置“二次培训”，重点提高应急队伍处置公共安全、消防安全的技能。四是加强检查，重点对机场办公现场、各业务现场、大楼、宿舍、厨房等重点地方安全检查，防患于未然。五是建立和完善矛盾纠纷排查制度和信息汇报制度，确保全面掌握情况和信息畅通。

【促进地方经济发展】

加强政策法规宣传　在“4·26世界知识产权日”、“8·8海关法制宣传日”、“12·4全国法制宣传日”等大型法制宣传活动期间，以送法上门、业务现场法制咨询、法律知识讲座、短信普法等形式向广大公民，特别是海关行政管理相对人重点宣传海关政策规章及国家法律法规，提高民众法制意识，营造良好和谐的执法环境。10月，成立加工贸易政策服务调查研究小组，深入大型加工贸易企业宣传国家优惠政策，并通过下发调查问卷的形式，征求收集企业在加工贸易转型升级过程中对政府工作的意见和建议，为地方党政制定相关经济政策建言献策。

优化通关环境　贯彻落实海关各项扶持地方经济发展的措施，履行海关对社会各界的服务承诺，确保“守法便利”原则的实施，提高通关效率，降低企业经营成本。9月，辖区某进出口企业反映该企业从汕头港进口价值163万美元的生产设备，但因设备较大、无法办理转关。得知上述情况后，立即派员到通关现场组织协调，顺利解决在通关过程中遇到的难题。

加强外贸统计分析　发挥海关在外贸统计分析上的优势，定期对梅州市外贸动态、趋势进行监测和分析，及时向地方党政及相关部门报送海关统计监测信息，为地方党政制定相关经济政策提供信息服务。

【业务探讨和理论研究】　《汕头海关贯彻落实〈海关大监管体系建设方案〉（试行）工作方案》下发

后，梅州海关一是抽调各科室主要负责人及业务骨干成立大监管体系建设研究小组，结合业务实际，对相关业务岗位性质、业务操作流程进行分类梳理。二是通过业务调研、座谈研讨等方式查找制约大监管体系建设的突出问题，分析原因，提出切实可行的建议和措施上报总关，为大监管体系建设出谋献策。在推进大监管体系建设的同时，对行政审批业务资源整合、现场业务集中审批等课题开展前期论证研究，探索在业务现场统一设立审批业务受理窗口的“一站式”工作模式，加强行政审批工作的专业化和规范化建设。在对梅州市机场旅监现场进行调研的过程中，针对梅州国际空港现场监管区的存在问题，组织人员撰写《梅州海关关于要求对梅州机场国际候机厅海关旅检现场格局不规范设置进行改造的报告》，得到梅州市委领导的高度评价。

（梅州海关）

梅州边检

【口岸管控】 梅州边检站与海关、检验检疫、机场公司、国安局、国保支队等部门签订协作机制，组成口岸联防联动体系，切实加强口岸管控能力。制订实施《梅州边检站军事业务考核奖惩办法》、《梅州边检站岗位练兵方案》，按照一月一练和岗位练兵要求，根据不同时期、不同任务加强敏感时期重点防护部署，组织开展口岸处突演练40多次，有效保证口岸安全。在总队组织的边检业务分片竞赛中，连续两次取得第一名的好成绩。学习杭州执法规范化建设经验，设立警务公开栏、开设对外服务网站，强化口岸服务规范建设，为地方经济建设提供优质高效通关服务，旅客满意率达到100%。

【安全管理】 梅州边检站把安全作为部队发展的基础。深入开展“全员保安全，稳定促发展”活动，组织观看安全警示片，强化条令条例和各种规章制度的学习，官兵安全意识、遵章守纪意识明显增强，在广东公安边防总队组织的条令条例网上考试中，梅州边检站三次取得边检站类第一名。加大检查督察力度，坚持每月一次安全形势分析、一次安全检查、一次安全工作预测，在领导作风、执法执勤、内外关系、安全管理等方面下真工夫、花大力气。2010年，部队安全工作稳定开展，无任何违规违纪现象的发生。实现“无案件、无事故、无信访、无投诉”目标。

（梅州边检站）

检验检疫

【概述】 2010年，梅州检验检疫局检验检疫出入境货物18324批，货值62564万美元，比上年同期分别增长18.96%和21.24%。其中出境货物17148批，货值58824万美元，比上年同期分别增长21.20%和25.95%。检出不合格出口商品5批，货值21万美元；入境货物1176批，货值3740万美元，比上年同期批数增长-6.29%，货值增长-23.67%。检出不合格进口商品1批，货值5万美元。

【检验】 一是加强对日用陶瓷的监管。日用陶瓷是梅州大宗传统出口商品，梅州检验检疫局要求企业严格按照质量管理体系组织生产，严格执行企业试烧制度和预检铅、镉溶出量制度，尤其加强对输美、输欧盟日用陶瓷的检验监管力度，对输美、输欧盟日用陶瓷进行批批出口前包装标志查验，有效保证输美、输欧盟日用陶瓷未出质量事故，确保出口日用陶瓷100%符合安全卫生要求。2010年，梅州检验检疫局检验出口陶瓷3337批，货值8564.2万美元。二是加强对输埃及等国家产品装运前检验工作。梅州检验检疫局严格按照国家质检总局要求，做好辖区内出口装运前检验产品的外观、安全和卫生项目检测及核价和监装，防治假冒伪劣产品输往埃及、埃塞俄比亚，制止商业欺诈行为。

【检疫】 梅州检验检疫局严把梅州往返香港航班入境人员检疫关，加大对入境飞机卫生处理力度，严格对飞机的客货仓及生活垃圾进行消毒处理，做好对入境旅客携带物查验工作。认真做好媒介生物监测和集装箱卫生处理工作，完成梅州口岸疟疾、登革热病媒生物（蚊类）的监测工作。

【促进地方经济发展】

开展"质量提升"活动 2010年，梅州检验检疫局按照国家质检总局"质量提升"活动工作部署和广东检验检疫局"质量提升"活动具体工作要求，进一步加强与地方政府和相关部门的沟通合作，引导和动员企业开展"质量提升"活动，推动企业质量管理上水平、产品质量上台阶。

开展"质量提升服务进万企"活动。梅州检验检疫局加大各项质量法律、法规、技术标准执行力度，通过上门召开企业座谈会、发放调查问卷等形式，深入了解企业产品质量管理状况，调研企业生产经营过程中的经验、存在问题和困难，掌握企业对检验检疫服务工作的需求，找准管理与服务的结合点，按照"一企一策"的原则确定帮扶企业名单，指导企业改进质量管理，完善质量保证体系。2010年，梅州检验检疫局先后在丰顺、大埔和局本部举办扬声器、陶瓷、家具企业分类管理和合格评定知识培训班。组织8位专家进行讲课，培训企业人数达300多人。

开展"质量对比提升"活动。梅州检验检疫局积极组织开展检验检疫政策法规宣贯解读培训班，鼓励、引导相关企业互相学习、比对，找差距、查原因、定措施，组织同行业企业到标杆企业进行交流学习观摩，努力提升企业的信用、质量保证能力和产品质量水平。5月，梅州检验检疫局专门召集全市出口注册柚园负责人座谈，大埔顺兴种养集团有限公司作为全省柚果出口龙头企业在会上讲授自己的管理经验，引导、帮扶其他果农改进生产加工方式，增强质量竞争意识，加快科技创新，实现产业转型升级和产品质量提升。

开展"窗口建设和证单质量提升"活动。梅州检验检疫局按广东检验检疫局要求积极开展"窗口建设和证单质量提升"活动，强化窗口建设，加强证单质量管理。在窗口建设方面，从基础设施、人员形象、政务公开等方面改进；在服务能力方面，从人员政策掌握、服务措施运行、信息化应用等方面提升；在工作质量方面，从备案登记、审单受理、现场检验检疫、结果登记、签证管理、证章管理、业务档案等方面改进提高。根据自查，梅州检验检疫局在《窗口建设和工作质量检查项目表》款下项目自评为539分(其中创新分6分)。5月，梅州检验检疫局检务科被评为广东检验检疫系统2008~2010年度检务工作先进集体。

做好出口工业产品分类管理工作。梅州检验检疫局组织对新《出口工业产品企业分类管理办法》、《广东检验检疫局出口机电产品合格评定若干程序》的学习和宣贯，按照风险分析、诚信评估、关键控制点、动态调整、整体把关的指导思想，全面推行出口工业产品合格评定机制，不断完善机电、轻纺和玩具等重点商品的合格评定程序，将分类管理合格评定和出口放行有机结合，进一步健全出口企业合格评定的档案资料管理，逐步实行档案资料电子化管理，切实提高检验检疫把关的针对性和有效性。2010年，梅州检验检疫局对梅州辖区63家出口工业产品生产企业进行评定，全部完成分类评定工作。

开展检测工作整顿活动。梅州检验检疫局全力配合做好实验室资质认定专项监督检查工作，围绕检测工作整顿的目标和任务，努力加强检测工作规范化管理，提升梅州检验检疫局在质量体系、规章制度、质量控制等方面的管理水平和技术能力。同时，梅州检验检疫局积极参加广东检验检疫局举办的“检测技能大比武活动”，共有13人参加网上知识竞赛，其中有4人参加广东检验检疫局第二片区检测技能现场操作大比武活动，取得了较好的成绩。

落实《关于促进梅州农产品食品出口合作备忘录》工作　一是推进出口农产品生产企业注册登记管理工作。对梅州农产品、食品出口企业在注册备案方面给予优先安排，同时主动动员符合条件的种养殖场积极开展检验检疫注册登记。2010年，有1家水生动物养殖场的注册申请资料提交广东检验检疫局动植处，有4家出口水果果园、2家出口水果包装厂、5家竹木藤草企业获得广东检验检疫局批准备案，有3家出口水果果园和3家出口水果包装厂完成延期换证。二是开展GAP(良好农业规范)的宣传和推介工作。三是加强对重点企业技术和信息扶持。及时提供国外的质量标准、检验检疫要求、农残限量标准及技术壁垒限制信息，指导企业改进生产加工工艺，提高管理水平。四是调整检疫性实蝇的检测布点。扩大监测覆盖面，并与广东检验检疫局技术中心签订《柑橘黑斑病防治科研》协议，继续开展试验项目的研究工作。五是加强对出口柚果的检验检疫监管。针对辖区内柚果出口存在农药残留、柚果成熟度、黑斑病、跨地区收购及供应货源等问题，2010年梅州检验检疫局加强出口柚果农药残留抽查力度，符合输入国要求才受理报检；专门设定蜜柚出口报检时间，规定8月5日后才接受蜜柚报检，有效保证辖区出口柚果的质量。强化出口柚果的挑选工作，组织专家培训选果工并经现场考核合格才准上岗。强化注册柚园监督，做好采前“产能核定”。对外地货源核查清楚，填好供、接货核销单并要求其提供具体装货照片，由梅州检验检疫局派员监装。2010年，梅州检验检疫局共检验检疫出口蜜柚3830.85吨、货值371.1万美元。未收到质量问题的反馈。

(梅州检验检疫局)

责任编辑：廖晓鹏

BPW(梅州)车轴有限公司生产车间（市外经贸局提供）

财税·金融·保险·证券

财　政

【经济概况】 2010年是“十一五”的期末之年,面对复杂的经济形势和各种挑战,一年来,梅州市各级在梅州市委、市政府的正确领导下,全面贯彻落实中央和省的决策部署,全力实施“双转移”战略,强力推进园区建设和招商引资,加快推进绿色现代产业体系建设,谋求绿色经济崛起的新突破,全市国民经济保持平稳较快增长,运行质量进一步提高。2010年,市经济运行总体向好,呈现稳步上升态势,运行质量进一步提高。其中地区生产总值、规模以上工业、固定资产投资增速是该市“十一五”时期最快的一年。主要特点表现为:“七增长、一上升、一平稳”。

经济增长,产业结构调整加快　据初步核算,2010年全市生产总值为612.36亿元,比上年增长14.1%,增速由第一季度的9.1%,到前二季度的11.8%,再到前三季度的12.8%,最后上升到14.1%,呈现逐季走高态势,增长速度在全省21个地级市中排行10位,增速分别比全省(12.2%)、全国(10.3%)平均水平高1.9个百分点和3.8个百分点,是该市“十一五”时期增速最快的一年。其中第一产业增加值125.99亿元,同比增长6.9%,拉动GDP增长1.3个百分点;第二产业增加值254.94亿元,同比增长18.9%,拉动GDP增长7.8个百分点,第二产业中工业增加值208.54亿元,同比增长17.9%,拉动GDP增长6.1个百分点;第三产业增加值231.43亿元,同比增长12.4%,拉动GDP增长5.0个百分点。三次产业的结构比例由2005年的23.1 : 41.1 : 35.8调整到2010年的20.6 : 41.6 : 37.8。与2005年相比,第一产业比重下降2.5个百分点,第二、三产业比重分别上升0.5和2.0个百分点。

工业增长,企业效益提高　2010年,全市规模以上工业企业502家,比2009年增加13家;工业增加值164.33亿元,比上年增长18.7%。2010年1~11月,规模以上工业企业利润总额实现28.05亿元,同比增长22.1%;工业经济效益指数208.6%,比全省平均水平(199.1%)高9.5个百分点。2010年规模以上工业增加值增速分别比全省(17.6%)、全国平均水平(15.7%)高1.1个百分点和3.0个百分点,是“十一五”期间该市工业增长最快的一年。全部工业增加值增速比GDP增速高3.8个百分点,贡献率达到43.3%,直接拉动GDP增长6.1个百分点。

投资增长,投资结构有所改善　2010年,全市全社会固定资产投资完成195.52亿元,同比增

长20.0%,是“十一五”期间增速最快的一年。城镇完成投资157.15亿元,同比增长16.6%;农村完成投资38.26亿元,同比增长36.2%。其中工业完成投资63.43亿元,同比增长18.8%,增幅比2009年提高5.7个百分点。全市房地产开发投资增长较快,房地产开发投资完成26.18亿元,大幅增长70.3%。

消费增长,社会需求旺盛　在国家扩大内需,刺激消费的政策下,2010年全市全社会消费品零售总额实现319.05亿元,同比增长19.4%。城镇198.23亿元,同比增长19.4%。批发、零售贸易业294.79亿元,增长19.3%;住宿和餐饮业24.26亿元,增长20.9%。全市房地产市场较为活跃,商品房销售面积和销售额分别比上年增长16.5%和57.8%。

出口较快增长,增幅位居全省第一　2010年全市贸易出口总额保持较好发展势头,全市全年贸易出口总额实现9.51亿美元,同比增长41.7%,增速居全省第一位,比全省增幅平均水平高15.4个百分点。

财政收入增长,总收入突破百亿元　2010年全市一般预算财政收入38.95亿元,同比增长26.6%,财政总收入实现114.46亿元,首次突破百亿元大关。从分地区看,一般预算财政收入增幅超过全市平均水平的有梅县、梅江区、五华、丰顺,同比分别增长38.1%、36.0%、31.7%和30.5%。全市地方财政支出117.69亿元,同比增长21.4%。

城乡居民收入增长,农村居民收入快于城镇　据抽样调查统计,2010年,市区居民可支配收入14728元,同比增长12.3%(未扣除物价因素)。农民人均现金收入6367元,同比增长18.1%(未扣除物价因素),农村居民收入增幅近年来首次快于城镇居民收入增幅。

物价继续小幅上升　2010年全市居民消费价格总指数102.8%,同比上升2.8%。主要是受食品和居住类价格上涨的影响,分别比上年增长5.8%和3.5%。工业品出厂价格指数103.8%,累计同比上升3.8%。

金融运行态势平稳,存、贷款增幅较大　至2010年年末,全市金融机构本外币存款余额839.63亿元,比年初增长19.0%,其中:城乡居民储蓄本外币存款余额582.20亿元,比年初增长16.1%。金融机构本外币各项贷款余额331.10亿元,比年初增长20.7%。其中,短期贷款67.74亿元,比年初增长19.5%;中长期贷款259.83亿元,比年初增长20.8%。

【财政工作】 2010年,梅州市各级财政部门在梅州市委、市政府的正确领导和上级财政部门的关心指导下,以科学发展观为统领,紧紧围绕绿色的经济崛起发展战略和年初确定的目标任务,牢固树立“跳出财政看财政,转变观念抓落实”的理财观念,按照“积极财政、有效财政、公共财政、规范财政”的要求,从“搞活财政、科学理财”入手,开拓创新,主动作为,圆满完成全年各项工作任务,来源于梅州的财政总收入首次突破百亿元大关,实现114.46亿元,全市一般预算收入完成38.95亿元,增长26.6%,增幅在全省21个地级市中排名第8位。一年来市局还先后获“全省地方财政总决算工作一等奖”、“全省会计管理工作考核一等奖”、“农村财会人员财政支农政策培训工作一等奖”、“广东省节能工作先进单位”、“全省污染源普查工作先进集体”、“市先进基层党组织”、“市‘双拥’工作先进单位”、市依法治市先进单位、市五届人大代表建议办理先进单位、市政协提案办理先进单位等称号。局党组书记、局长李钢被评为全国家电下乡工作先进个人。财政改革与发展取得新成就,有力地推动梅州市经济社会健康协调较快发展。

2010年,全市财政运行总体情况良好。据统计,来源于梅州的财政总收入完成114.46亿元,同比增收16.79亿元,增长17.19%。全市一般预算收入完成38.95亿元,同比增收8.18亿元,增长26.6%;全市一般预算支出完成117.69亿元,同比增支20.77亿元,增长21.43%。其中市本级一般预算收入完成13.57亿元，同比增收2.34亿元，增长20.78%；市本级一般预算支出完成27.44亿元，同比增支7.49亿元，增长37.49%。全市财政一般预算收入加上上级补助、上年结余、调入资金，收入总计128.22亿元；全市一般预算支出加上专项上解、增设预算周转金，支出总计119.18亿元。收支相抵，年终滚存结余9.04亿元(含专项结转8.88亿元)，净结余1621万元。其中：市本级财政一般预算收入加上上级补助、上年结余、县上解收入等，收入总计41.01亿元；市本级一般预算支出加上市补助县支出、专项上解及增设预算周转金，支出总计32.16亿元。收支相抵，年终滚存结余8.85亿元(含专项结转8.83亿元)，净结余169万元。上划中央"两税"完成46.2亿元，同比增加1.87亿元，增长4.23%；上划省"四税"完成7.16亿元，同比增加1.99亿元，增长38.53%。

抓科学聚财　坚持把确保收入稳定增长、均衡入库、提高收入质量作为财政工作的首要目标，主动加强与税务部门的沟通和协调，落实财税联席会议制度，深化预算执行分析，加强税源监控，提高征管效能，加大稽查力度，及时清缴欠税，严格控制减免税，严肃查处偷逃税，做到依法征收，应征尽收，确保税收收入稳定增长。进一步规范非税收入管理，严格执行"收支两条线"管理规定，实行以票管费，源头控管，确保非税收入按时足额上缴财政。此外，积极开拓税源，争取外税，想方设法增加财政收入。市本级和8个县(市、区)均超额完成人大常委会通过的预算收入任务，收入增幅均达到20%以上，全部可获得省财政新增转移支付补助，7个县(市、区)可获得市对县财政增收奖励。

抓发展生财　一是落实财政政策措施推动发展。认真落实财政支持企业发展，加快产业结构调整和鼓励企业技术创新、增资扩产的各项政策措施，积极支持企业参加广交会、海峡两岸经贸交流会、粤港交流会等经贸平台，开拓国际市场促进地方外贸出口，全年投入扶持资金4.06亿元，推动现有企业做强做大做优。投入扶持资金1695万元，推动农信社改革、农村金融改革创新试验区项目建设，促进地方金融事业发展，帮助解决中小企业融资难题，支持地方金融改革助推经济发展。落实家电、汽车、摩托车下乡补贴政策，及时兑付财政补贴资金1.47亿元，促进消费增长，拉动经济发展。助推发展。此外，市本级投入920万元支持重新修编旅游规划、自驾旅游日暨梅州金柚飘香自驾旅游周等旅游宣传营销主题活动，提升"世界客都"知名度，推动市旅游事业发展。二是狠抓招商引资加快发展。落实市委、市政府加快招商引资决策，筹集资金3433万元，全力支持全市招商引资工作；落实部门招商引资任务，成立招商引资领导小组，组织精干力量，打好回乡创业牌，成功引进梅州市威利邦电子科技有限公司覆铜板、铜箔项目(总投资4.6亿元，投产后年产值可达10亿元、新增税收6000万元以上)。安排6名领导干部提供全程跟踪服务，协助解决项目建设中的征地、环保、通信线路以及水、电等相关问题，加快项目建设进度，全力支持招商引资加快经济发展。三是积极筹资加大投入支持发展。千方百计筹集资金，坚持"有机会要抓住，没机会要创造机会"的工作思路，加强对上联系、沟通、汇报，及时了解上级的政策、项目、资金等信息，选准项目，积极争取上级财政支持；继续发挥财政投融资平台作用，努力克服国家清理、整顿、规范地方政府融资平台公司带来的不利影响，加大融资力度，创新融资方式。全年共争取到上级资金62亿元和新增融资2亿元，大力支持产业转移园区、进城大道、广州大桥、"创卫"、山歌节等市委、市政府重点项目和民心工程建设，广借外力推动该市经济社会加快发展。

抓统筹用财　严格按照经批准的预算安排支出、拨付资金，控制预算追加，既保证重点支出需要，又厉行节约，大力压缩一般性支出，把更多的财力腾出来用于保障和改善民生。2010年全市民生投入达84.65亿元，同比增加14.08亿元，增长20%，占财政一般预算支出的72%。一是加大投入推动"三农"加快发展。落实支农惠农政策，加大投入力度，支持发展绿色现代农业产业，大力推进梅州市韩江上游油茶茶叶产业带等现代农业发展项目建设，支持农业基础设施建设，支持防灾减灾抗灾，继续推进新农村建设，及时足额发放种粮补贴、能繁母猪补贴等各项惠农补贴，推动农村各项社会事业加快发展。全市农林水事务支出完成15.74亿元，同比增长16.8%。二是加大投入支持教科文事业加快发展。大力支持创建教育强市，落实中小学校公用经费，实施农村免费义务教育，落实困难家庭子女就学生活补助，实施中小学校舍安全工程，支持职业教育发展，加大投入支持教育优先发展。支持《客家意象》等重点剧目排演，支持向社会免费开放公共博物馆、纪念馆，支持实施农家书屋、农村电影放映等文化惠民工程，丰富农村文化生活，推动文体公益事业和广播电视事业改革发展。全市教育、科学技术、文化体育与传媒支出共完成27.01亿元，同比增长16.1%。三是加大投入促进社保事业快速发展。落实扶持政策促进农村劳动力培训转移就业工作，提高城乡低保补助标准，落实低保补助资金，做好农村特殊困难群体的生活救助工作，努力解决好优抚对象和部分企业军转干部生活困难问题，及时发放社会养老保险补助资金和救灾救济资金，通过加大社会保障资金投入力度，逐步建立城乡社会保障救助体系。全市社会保障和就业支出完成18.08亿元，同比增长15.33%。四是加大投入推进公共卫生体系建设。加大对医疗卫生管理、医疗服务、医疗保障、疾病预防控制、妇幼保健、农村卫生等投入，落实新型农村合作医疗补助、村医补助、城镇居民医疗保障、困难企业退休人员医疗保障、重症贫困精神病人免费治疗措施。全市医疗卫生支出完成10.64亿元，同比增长19.66%。五是加大投入推动平安梅州建设。继续加大政法部门办公办案、警力装备、基础设施建设等方面的投入，增强政法部门打击违法犯罪、维护社会稳定、保护群众利益的能力。全市公共安全支出完成6.86亿元，同比增长20.29%。

抓规范理财　深入推进部门预算、国库集中支付、政府采购、非税收入"收支两条线"管理、绩效评价、财务集中监管、财政投资评审等各项财政改革。加大财政投资项目评审力度。全市共完成工程审核项目1738项，完成送审总金额36.39亿元，核减金额5.64亿元，核减率为15.5%(其中市本级共完成送审总价13.77亿元，核减金额2.91亿元，核减率为21.1%)。抓好政府采购监管工作。全市实施采购预算5.96亿元，实际完成采购金额5.42亿元，节约资金0.54亿元，节约率9%(其中：市本级实施采购预算3.1亿元，实际采购金额2.84亿元，节约资金0.26亿元，资金节约率8.6%)。加强国有资产管理工作。认真开展市直行政事业单位资产清查核实工作；重点推进市金雁集团公司、市齿轮厂、市磁性材料厂三家国有企业产权制度改革；加强产权交易市场监督管理，严格规范资产处置行为，防止国有资产流失。盘活存量国有资产，促进国有资产保值增值，累计处置国有资产45宗，盘活国有资产8800万元。抓好会计规范化工作。进一步规范全市会计从业资格管理，宣传、培训、贯彻新企业会计准则，开展农村财会人员财政支农政策培训，积极推进会计从业资格无纸化考试改革，加强会计人员继续教育培训，组织好会计专业技术资格考试。做好财政票据的保管、发放、核销工作，加大财政票据监管力度，进一步规范收费票据使用行为。加强财政信息化建设。加快构建全市财政数据中心，大力推进财政信息化科学化建设。已实现财政内部信息一体化，做到"统一数据标准、统一平台、互通互用、实时掌握、动态监管"，建设取得突破性进展。强化财政资金监管。组织开展现代农业生产发展资金、强农惠农资金、家电下乡补贴资金、农村劳动力培训转移就业资金、农村饮水安全工程建设补助资金等财政专项资金检查，组织实施省产业园发展资金、省级安全生产专项资金等财政专项资金的绩效评价自评工作，继续开展"小金库"专项治理工作，不断增强财政资金使用和管理的安全性、规范性和有效性。

推进扶贫"双到"工作　在财政资金比较困难的情况下，多方筹集资金，全力支持扶贫"双到"工作，全年安排2000万元扶贫专项资金，专项用于全市扶贫工作。

（黄定锋）

税　务

【梅州国税】

税收收入　全市国税系统累计完成税收收入 598650 万元，同比增收 43088 万元，增长 7.76%，占省局计划考核任务的 100.86%。此外，除个人所得税减收以外其余均有不同程度的增长，其中国内增值税增长 6.89%、国内消费税增长 2.11%、企业所得税增长 46.49%、车辆购置税增长 53.41%、海关代征税收增长 115.87%。全市办理出口产品退税及免、抵调库 7.21 亿元，同比增长 45 %。其中办理出口退税 5.07 亿元，同比增长 50 %，"免、抵"调库 2.14 亿元，同比增长 34 %。省级收入和市县级收入增长较快，同比分别增长 14.84%和 10.51%。

征管质效　加强增值税评估，所得税评估，开展对连续亏损、所得税税负明显偏低、股权转让或变更企业、享受减免税企业的评估，对房地产行业的重点评估，税源的专业化管理取得实质成效；加强出口退税预警评估，全年全市累计评估户数 174 户，补征税款 37.7 万元，有效地防范退税风险。

依法治税　加大税收宣传力度。充分发挥网站宣传作用，扩大税收宣传的影响力的范围；举办税收宣传文艺巡回演出，由干部职工自编、自导、自演山歌、小品等群众喜闻乐见的文艺节目，在全市 7 县 1 区巡回演出，生动形象地宣传、普及税收知识；对全市纳税百强进行表彰。充分发挥稽查职能，加大案件查办力度，开展打击整治发票犯罪专项行动，特别是加大对重点行业使用发票情况和虚假发票"买方市场"整治工作力度；充分发挥执法监察职能，加强税收执法督察检查和重大税务案件审理工作，落实执法考核通报制度，规范税收执法行为。

信息管税　依托 CTAIS、征管辅助、税收决策支持和税收执法信息等系统深化征管数据的分析运用，有力地推进信息管税；完成各县(市、区)局、基层分局到市局的广域网络升级扩容和市局到省局的广域网络改造；网上办税得到进一步推广，全市共推广 7082 户，占全市可推广 8301 户的 85.32%，累计网上申报税款为 193960.24 万元。有 481 户纳税人使用增值税专用发票网上认证，累计网上认证发票 30876 份，网上认证通过率为 87.24%，有 172 户纳税人使用出口退税网上预审；完成全市税务与组织机构代码信息共享推广任务，为信息的共享创造良好的平台。

纳税服务　以开展"创先争优"活动为契机，大力开展机关和基层单位的政风行风建设，不断优化纳税服务；利用市政府"梅州民声"、"行风热线"、局长接访日、梅州国税网站"税企互动"等形式加强与纳税人的沟通，积极回应纳税人的咨询、投诉，确保征纳沟通渠道的畅通；积极做好"12366"纳税服务热线的开通准备工作；开通"纳税优先卡"绿色通道，成立重点企业"直通车"服务机构，协调解决重点企业涉税难点问题，指定专人定期听取重点企业的涉税诉求，帮助解决涉税问题；将原在月末统一审核审批出口退(免)税的惯例改为在月初增加审批一批重点联系企业出口退(免)税，从而加快重点联系企业的出口退(免)税审批速度，缓解企业的资金紧张问题。

队伍建设　大力加强党风廉政建设，掀起创建廉政文化教育基地的热潮，推广税务纪检监察管理信息系统，实现领导干部个人党廉档案集中信息化管理。创造性地提出"三爱三业"(即爱国、爱税、爱岗，敬业、专业、创业)作为梅州国税文化建设核心理念；大力加强教育培训，举办数据分析、纳税服务礼仪、大企业与国际税收业务等各类培训班 6 期，参训人员达 202 人次；结合自身实际推行副科级后备干部选拔制度；积极推广全省远程网络培训应用工作。

（刘才保、徐少华）

【梅州地税】

税收概况 2010年，全市地税部门共组织税费收入63.34亿元，同比增收12.62亿元，增长24.90%，税费收入首次突破60亿元大关。其中地方税收收入33.52亿元，同比增收6.52亿元，增长24.10%；社保费收入24.35亿元，同比增收4.21亿元，增长20.90%；其他规费收入5.47亿元，同比增收1.89亿元，增长52.7%。

税收特点 一是累计收入增幅前10月逐月下降，后两月反弹上升。受经济稳步回升、税收政策和一次性大额税源等因素推动，以及上年收入基数较低影响，2010年全市税收收入增长24.14%，规模首次突破30亿元大关，增幅达近三年历史新高，在全省21个地级市中居第13位，超过全省平均水平3.3个百分点。但受上年收入增幅明显前低后高影响，2010年累计收入增幅前10个月逐月不断下降，从1月的70.9%逐月下降到10月的21.71%，后两月有所反弹上升，使得2010年收入月均增幅仍然保持在30%以上。二是级次收入不均衡，省级收入远快于市县和中央级收入。受营业税特别是金融保险营业税及土地增值税等共享税种快速增长影响，2010年全市省级收入增长35.68%，增幅明显快于市县和中央级收入，其中省级共享收入同比增长37.86%，省级固定收入同比增长26.27%。受土地使用税调低税额标准收入出现下降9.95%和所得税增长缓慢的影响，2010年全市市县级收入增长24.08%，中央级收入仅增长13.75%，级次收入中增幅最低。三是收入增量主要集中在营业税和土地增值税，所占份额超过六成。受金融保险营业税和房地产营业税增长快速影响，2010年全市营业税收入10.72亿元，同比增长31.92%，增收2.59亿元。受预征率和核定征收率调整以及大力开展清算影响，2010年全市土地增值税收入2.39亿元，同比增长202.61%，增收1.6亿元，两税种共增收4.19亿元，占税收总收入增量的64.33%，拉动税收总收入约16个百分点增长。四是房地产建筑行业对税收发挥重要拉动作用，比重继续扩大。受房地产市场平稳上行、2011年全市执行新的土地增值税预征率和核定征收率导致大部分房地产商提前清缴土地增值税以及补办房产证人数增多影响，2010年全市来自房地产业税收同比增长84.82%，增收2.49亿元。受房地产市场平稳上行带动，2010年全市来自建筑业税收同比增长19.61%，增收9362万元。两行业对税收继续发挥着重要的拉动作用，占税收总收入的比重由2009年28.53%上升到2010年的33.2%。五是全部考核单位实现收入满堂红，但收入增幅大部分仍低于全市平均水平。从收入进度看，2010年全市8个考核单位全部完成市局下达的年初收入任务，实现收入满堂红，最快的梅县收入进度达到123.6%。但从收入增幅看，全市8个考核单位中除梅县增长33.87%和大埔增长27.75%外，其余单位收入增幅均低于全市平均水平，最低的仅增长11.58%。

税源分析 2010年，全市生产总值实现612.36亿元，比上年同期增长14.1%，在全省21个市中排行10位。全市规模以上工业增加值实现164.33亿元，同比增长18.7%。全市固定资产投资累计实现195.6亿元，同比增长20%，其中房地产开发投资完成26.18亿元，同比增长70.3%。全市社会消费品零售总额实现319.05亿元，同比增长19.4%。全市贸易出口总额9.51亿美元，同比增长41.7%。全市金融机构本外币各项贷款余额331.10亿元，比年初增长20.73%。全市经济运行平稳为税收收入较快增长提供坚实的税源基础。2010年全市建筑业和房地产业税收增长贡献率分别为14.36%和26.59%，较上年分别下降12.2和15.3个百分点。全市各注册类型登记户数48481户，其中国有企业968户，集体企业1086户，股份合作企业127户，联营企业62户，有限责任公司5870户，股份有限公司470户，私营企业608户，其他企业125户，港澳台投资业618户，外商投

资业 136 户，个体户 36968 户，民办非企业单位 27 户，事业单位 383 户，国家、党政机关 37 户，社会团体、群众自治组织 43 户，其他业户 953 户。

税收征管 一是加强税源调查和税收分析，制定科学的收入计划。年初，市局组成工作组深入各地及重点税源企业，认真开展税源调查，详细掌握税源分布状况，及时将任务逐级分解到基层，并对组织收入情况进行实时监控，掌握组织收入主动权。二是充分利用第三方信息，强化重点税源监管。充分利用发改局、统计局等相关部门数据，对全市 2010 年投资亿元以上重大建设项目投资、工程进度、纳税情况进行跟踪监控，强化管理职责。同时，对上年度缴纳地方税 30 万元以上重点税源企业进行动态管理，加强对纳税情况异常企业的分析，确保重点税源及时足额入库。三是强力推进网上报税工作，提高数据管税和办税服务水平。通过广泛宣传、分解任务、加强考核等措施，大力推进网上办税工作，取得显著成效。据统计，全市至年底，共开通网报企业 8287 户，占企业总户数的 78.82%，查账征收企业网报开通率和使用率达 100%。四是积极推广发票在线应用系统，提高以票控税水平。通过加强宣传、强化考核、抓好培训、优化服务等措施，推动工作的顺利开展，进一步提高税源监控水平。至年底，全市在线开票的企业有 1131 户，上线率达 87.81%，其中建安、房地产、娱乐业以及饮食业年纳税额 5 万元以上用票户上线率达 100%。五是大力开展税务稽查，规范行业税收秩序。重点抓好房地产及建安业、药品经销业、交通运输业等重点行业的税收专项检查工作，全年共查补入库 1931.63 万元，较好发挥稽查以查促管、以查促收的作用。同时，加强与市、县两级公安部门协作，深入开展打击发票违法犯罪活动专项行动，全年共开展 6 次联合行动，打掉制售假发票团伙 4 个，捣毁制售假发票窝点 5 个，抓获违法犯罪嫌疑人 12 人，收缴作案机器 27 台，缴获假发票 20 多万份，进一步规范经济税收秩序。六是全力做好社保费全责征收和“广东地税社保费全责征收对账软件”开发工作。按照“税费并重”的要求，不断完善税费一体化征管模式，大力推进扩面征缴和网上办费系统推广工作，强化费源控管，有效地促进收入的快速增长。七是大力推广专业化税源管理新模式，提升征管效能。坚持把体制的改革创新作为强化管理的手段，按照“统筹规划、因地制宜、积极稳妥、逐步推广”的原则，全面完成专业化税源管理新模式的推广工作，有效提升全市系统的税收征管效能，促进税收收入的持续稳定增长。

科技兴税 一是充分利用“大集中”税收分析系统，开展纳税评估工作，加强对税收数据的采集、管理和监控，及时发现基层税收管理工作中存在的问题并加以解决，从而有效地提高税收征管的质量和效率。二是继续优化和完善工商、地税信息联网系统和地税、公安(交警)机动车辆地方税收监控系统，加强税收源头控管，提高税收信息化管理水平。三是利用“大集中”征管系统掌握的海量信息，强化费源监管，全力做好社保费全责征收和扩面征缴工作。四是加大投入，加快办税服务厅规范化和信息化建设。全市系统建设并启用集“排队叫号、服务评价、视频监控”三位一体的服务管理平台，有效地解决纳税人排队等候时间长、办税人员服务态度不好引起投诉等问题，大大提升地税部门的工作效率和服务质量。五是为解决地税与社保部门之间社保费数据对账难题，市局受省局委托立项开发“广东地税社保费全责征收对账软件”，对账软件的成功开发，大大地提高梅州及全省的社保费征管质效。

税收执法 2010 年，全市地税系统继续把加强税收执法检查、全面规范税收执法作为一项重要工作来抓。一是抓好税收执法责任考核，每月对全市地税“大集中”系统及税收管理员平台的执法考核情况进行通报，指出存在问题，分析其原因，并提出整改要求，减少税收执法的违规行为。二是积极开展日常税收检查，着重对税收征管、税收票证、社保费等税费执法的重点岗位、重点人员和重要环节进行检查，以查促改、促规范。

纳税服务　一是以税收宣传月为契机，开展送税法进企业进园区、领导走访企业、召开行业座谈会、举行纳税百强新闻发布会、举办税收专题培训班、地税开放日等活动，扩大地税工作宣传，提高企业办税业务水平和纳税遵从度。二是加大投入，加快办税服务厅规范化和信息化建设。全市系统建设并启用集“排队叫号、服务评价、视频监控”三位一体的服务管理平台，有效地解决纳税人排队等候时间长、办税人员服务态度不好引起投诉等问题，大大提升地税部门的工作效率和服务质量。三是完善办税服务厅管理制度，强化岗责考核。先后制订《梅州市地方税务局办税服务厅考评办法》和《梅州市地方税务局城区办税服务厅标准》，在全市范围内开展“创特级”办税服务厅的活动，进一步明确了纳税岗位职责，促进了服务质量的提升。四是继续围绕税收热点、难点问题，利用当地主流媒体《梅州日报》开展全年性的“地方税收政策解读”宣传，全年共编发 24 期“地方税收政策解读”，举办 1 期税收知识有奖问答，取得较好宣传效果。五是优化整合服务信息资源，成功启用广东地税“12366”纳税服务热线。经过认真策划，精心组织，12 月 13 日，广东地税“12366”纳税服务热线在梅州市成功切换上线，为广大纳税人提供一个功能更强大、服务更优质的纳税服务系统平台。

教育培训　一是精心组织各类主体培训班。市局先后举办基层分局长、稽查人员、新录用公务员和协税员培训班，并在 8 月、9 月委托辽宁税务高等专科学校举办两期科级干部培训班。二是举办各类考试考核，以考促学。全年先后组织县级局 45 岁以上人员计算机操作技能考核、市局机关及稽查局副科以下干部公文写作知识和计算机操作技能考试、全市系统副科级干部综合素质考试，通过考试和技能考核，在全市系统掀起学习的热潮，达到以考促学的目的。三是抓好市级专业人才库的组建工作。制定下发《梅州市地税系统专业人才库建设暂行办法(试行)》，并认真做好市级专业人才库的组建工作。经统一考试、组织考核、局长办公会议审定等程序，确认首批 30 名人才库人员，正式建立梅州地税系统专业人才库，营造良好的人才成长氛围。四是拓宽培训教育渠道，积极推广使用广东地税远程教育培训系统。按照省局统一部署，大力做好教育培训网络系统推广应用工作，为干部提供差异化、个性化、无缝隙学习培训服务。同时，认真做好学分管理工作，准确、及时录入干部参加学习培训情况，调动干部参加学习培训的积极性和能动性。此外，市局还采取“走出去，请进来“等方式，组织人员外出参观学习、参加上级部门组织的各类业务培训、外请专家、教授到本局举办培训班、讲座等，加强对本系统干部职工的教育培训。

(林文钊)

金　融

【综述】

银行业经营效益良好　2010 年，梅州市银行业金融机构实现利润 11.07 亿元，同比增加 2.97 亿元，增长 36.7%。其中，农村信用社实现利润 1.68 亿元，是 2009 年利润总额的 3.17 倍。一是各项存款稳步增长，新增存款呈活期化趋势。12 月末，梅州市金融机构本外币各项存款余额 839.63 亿元，同比增长 18.98%，增幅比 2009 年同期高出 1.7 个百分点；比年初增加 133.94 亿元，同比多增 29.96 亿元。二是各项贷款呈快速冲高回落态势，但贷款增量仍处于历史较高水平。12 月末，梅州市贷款余额 331.1 亿元，同比增长 20.73%，较 2009 年同期回落 12.07 个百分点。全年新增贷款 56.84 亿元，较 2009 年同期少增 10.89 亿元，但较 2008 年同期多增 47.13 亿元，增量仍处于历史较高水平。从投放节奏看，呈前高后低态势，一、二、三、四季度分别新增贷款 24.61 亿元、12.73 亿元、14.1 亿元和 5.4 亿元。从期限看，信贷结构中长期化特征突出，项目贷款和住房贷款是推动中长期贷款快速增长的主要力量。从投向看，信贷结构继续优化，弱势金融领域支持得到加强。金融支持节能减排和淘汰落后产能取得新成效。三是金融主体建设取得良好进展。2010 年，梅州新增村镇银行 1 家，小额贷款公司 3 家(共 7 家)，新设证券公司营业部 2 家(共 5 家)。11 月 3 日，梅县客家村镇银行开业，是全省第 6 家、山区市第 1 家村镇银行。四是银行结售汇总额增幅较大。2010 年，梅州市银行结售汇总额为 11.26 亿美元，同比大幅增长 50.17%。其中，结汇收入 10.26 亿美元，同比增长 51.07%；售汇支出 1 亿美元，同比增长 8.91%。银行结售汇差额为 9.26 亿美元，同比增长 57.67%。其中，经常项目顺差额为 8.87 亿美元，同比增长 58.11%；资本与金融项目顺差额为 0.39 亿美元，同比增长 48.27%。

证券业市场竞争加剧　2010 年，梅州新增两家证券公司营业部，证券公司增至 5 家。1~12 月，辖区股票基金交易额 1968.62 亿元，同比增加 11.49%；资金账户新开户数 2.65 万户，同比增加 15.72%；证券公司利润总额 1.48 亿元，同比减少 60.64%。

保费收入持续增长　2010 年，梅州市商业保险覆盖面不断扩大，全市保险业共实现保费收入 16.8 亿元，同比增长 25.8%，赔付 1.3 亿元，同比增长 13.6%。

【人行梅州市中心支行】　2010 年，人民银行梅州市中心支行在广州分行党委和地方党政的正确领导下，在金融机构和社会各界的大力支持下，按照总、分行年初工作会议的部署，以《关于落实〈珠江三角洲地区改革发展规划纲要〉(2008~2020 年)推动金融业科学发展的若干意见》为指导，以更加奋发有为的状态扎实履行基层央行职责，推动地方经济金融的平稳较快发展。

创建金融生态示范市　成立以市长为组长的创建领导小组，制定创建金融生态示范市工作方案，确立创建活动的中短期和长期目标，创办《梅州金融生态》期刊，出台了一系列鼓励金融业发展的政策措施，大力开展社会公众和投资者教育，推动金融知识进社区、进学校、进农村，举办汇众智、谋发展的金融生态论坛，将现代金融知识培训纳入公务培训系统，深入推进“诚信梅州”的建设，切实加强对金融债权的保护。通过开展创建“金融生态示范市”活动，梅州金融产业发展的政策环境、法制环境、信用环境和服务环境不断优化，金融业发展速度不断加快，富有特色的山区金融产业体系加快构建，主要金融指标高于全省平均水平。11 月初，宋海副省长来梅考察时，对卓有成效开展创建“金融生态示范市”活动、探索一条金融支持地方经济发展的特色之路给予高度评价。

发行梅州市民卡　牵头开展梅州市民卡项目建设，并于 2010 年 8 月 17 日正式发行，梅州成为全国第三个、广东省第一个发行市民卡(金融 IC 卡)的城市。市民卡的发行，对广东全省范围的“一卡多用”产生较大的示范效应，引起上级行、各级政府、普通百姓和各类媒体的极大关注。2010 年 11 月 18 日，还诞生首个市民卡子产品——天翼长城梅州市民卡，成为全国第二、广东第一个发行手机支付金融 IC 卡的城市。

推进农村金融改革与发展　一是继续推进农信社改革。继续加强对农信社的后续监测考核，提出比较切合实际的具体思路，得到梅州市政府采纳，加强农信社支付结算系统建设，推动地方党政帮助农信社清收不良贷款，农信社综合经营能力不断增强。二是进一步改善农村支付环境。梅州各项涉农补贴项目实现非现金发放，农信银支付清算系统覆盖率达 100%，ATM、POS 和特约商户的乡镇覆盖率分别达到 15%、45%和 45%。在 2010 年 8 月举办的广东省改善农村支付环境推进会上，蕉岭县的成效和做法作为先进典型参展。三是推进信用村(镇)建设。梅州已建立信用村 13 个，已建立信用档案 33608 户，已评定信用农户数 27134 户；对已建立信用档案的农户发放贷款 27816 户，贷款余额 56838 万元。

创新金融服务　一是认真贯彻落实国家货币政策。合理引导市场预期，有效改善货币政策传导效率，督促金融机构结合国家和地方的产业政策制定信贷营销计划，确保信贷投入符合各项产业政策的规定。二是进一步强化监测分析能力。按照“大金融”理念完善经济金融调查分析体系，积极开展特色研究工作，形成一批有参考价值的调研分析报告，许多建议受到上级行和市党政领导的高度重视。三是积极推进重点领域和薄弱环节的信贷服务。进一步完善信贷政策导向评估制度，鼓励金融机构开展农村金融产品和服务方式创新，缓解“三农”发展资金瓶颈问题，进一步完善中小企业金融服务，拓宽中小企业融资渠道。四是建设支付清算高速通道。推广缴费一户通业务，是全省第一个开通缴费一户通的山区市。严格支付清算市场管理，积极营造和谐安全的支付环境。五是拓宽国库服务领域。加强国库分析，发挥服务决策作用。依托先进的支付工具，建立出口退税“快速通道”。加快出口退税退库资金到账速度，实现零在途，得到企业和地方政府的高度评价。利用现有国库电子化技术与网络资源，主动与地税、社保部门沟通协调，顺利实现梅州养老保险和失业保险市级统筹，有效提高财税部门的调配能力和征管效率。全面启动“双转移”专项补助资金国库直拨，切实保障企业利益。积极开展国债下乡活动，拓宽农民理财渠道，取得了良好的社会效果。六是完善货币发行与管理。科学组织发行基金调拨，连续多年的发行基金投放回笼计划实际执行准确率都达到90%以上，远远高于上级行规定的标准(85%)，并处于全省前列。建立有效的人民币流通预警机制，加大人民币管理检查力度，较好地维护人民币信誉。推行残缺污损人民币首兑责任制，建立人民币收付业务监督机制，增强社会公众爱护人民币意识。推进反假货币两个网络建设，进一步提高反假货币工作水平。至12月末，全市共建立反假货币两个网络建设工作站(点)1763个，超额完成广东省反假货币工作联席会议办公室下达的每个城市不少于3个工作站的要求。七是改进外汇管理与服务。创新核查模式，提高国际收支数据质量，得到省分局的充分肯定。加强监管，有效维护外汇市场秩序，对非居民个人违法违规行为案件的查处实现零的突破。抓好落实，切实推进外汇管理体制改革。促进对外贸易便利化，采取“以导促推、以查促推、以报促推”的方式，推动网上申报工作，深受银企欢迎。至12月末，已开通网上申报的企业达90%以上，其中已办理网上申报业务的企业有122家，累计390笔，合计金额1113.78万美元。八是推广跨境人民币结算业务。至12月末，梅州市累计发生跨境人民币结算业务49笔，金额31170.05万元。跨境人民币结算量占跨境收支总额3.64%，在全省排名靠前。

维护辖区金融稳定　一是完善与银监分局日常磋商机制和信息共享工作机制，通过全市金融工作会议、金融稳定与金融监管季度工作会议、梅州金融论坛等平台，互相通报金融监管情况，共同部署金融监管工作。二是将全市30多家金融机构纳入到金融行业自律组织，促使金融机构遵纪守法，互相配合，推动辖区金融的跨行业协作。三是班子成员和各科室定期集体走访各金融机构，深入调研金融机构经营状况。同时，督促金融机构完善金融业重大事项与重要信息报告制度，加强对金融机构的检查和指导，开展综合执法检查，促进依法合规经营，全年组织130人次开展各项执法检查32场次，处罚金额达17.6万元。开展金融机构突发事件应急演练，进一步完善应急处置预案。四是在2009年牵头建立梅州、龙岩、韶关、赣州、郴州等4省5地市的跨区域金融稳定协作组织的基础上，2010年又与粤北3市签订《清远、韶关、梅州、河源四市金融合作备忘录》，强化跨区域金融风险监测，加强信息交流共享，推动金融稳定长效机制的构建。五是加强对信贷大户、集团及关联企业信用风险监测评估，交流推广各家机构处置大额不良资产的经验做法，有效化解信贷集中风险较高等问题。六是全面提高反洗钱监管工作效能。

(刘役俊)

【梅州银监分局】

落实宏观经济政策 2010年，辖内银行业金融机构认真贯彻落实宏观经济政策，按照中央提出宏观经济从非常条件下的非常规措施向正常状态有序平稳过渡的目标，把握信贷投放节奏，各项业务经营指标向好的方面发展。至2010年年末不良贷款余额31.11亿元，比年初减少4.45亿元，不良贷款比率9.39%，比年初下降3.58个百分点。赢利能力有所增强。2010年辖区银行业实现账面赢利10.09亿元，比上年增盈1.98亿元，增幅24.51%。

以"三个办法、一个指引"为重点，推动贷款新规定的落实 将贯彻落实《固定资产贷款管理暂行办法》、《流动资金贷款管理暂行办法》、《个人贷款管理暂行办法》、《项目融资业务指引》"三个办法、一个指引"作为2010年工作的重中之重，要求各科室高度重视，以执行信贷新规定为抓手推动辖区银行业建立精细化信贷管理模式，提高信贷投放效能。为更好帮助银行监管人员和从业人员正确理解掌握、自觉贯彻落实贷款新规，组织监管人员参加省局的专题培训，并在年初专门印制《"三个办法、一个指引"学习手册》，分发到各监管人员和各银行业金融机构。加强"三个办法一个指引"的宣传引导，督导银行业金融机构落实信贷新规，改进业务管理流程，配套完善相应管理制度，注重把握信贷投放力度与节奏，进一步优化信贷投向与结构，真正实现经营和发展方式的转变。同时，把贯彻落实"三个办法、一个指引"作为现场检查的重点，对实施情况开展后评估和专题调研，推动有关规定的逐步完善，并将银行业执行新规情况作为市场准入、审慎监管强制措施和行政处罚的重要参考。此外，联系监管工作实际，针对银行业金融机构在落实贷款新规中存在的问题，由监管部门业务骨干对银行从业人员开展培训，进一步加深了对"三个办法、一个指引"的理解。

优化信贷结构，促进经济金融平稳较快发展 贯彻加强信贷结构调整、产业升级的指导意见，配合政策出台，及时了解辖区银行业支持地方经济发展情况。关注国务院抑制房价、央行上调存款准备金率等一系列政策的出台对辖区经济金融的影响，加强对房地产贷款业务的监督管理和窗口指导，引导银行业突出风险管控重点，坚守风险底线。坚持"有保有压"，把握好信贷投放的节奏和力度，大力支持支柱产业转型升级和战略新兴产业发展，明确调结构、惠民生的发展方向，加大对"三农"、中小企业、民营经济、社会保障等领域的支持力度，限制"两高一剩"行业的信贷投放，积极推动产业调整、节能减排、自主创新，为梅州转变经济增长方式和较快发展奠定基础。

密切关注风险点，积极防范主要风险 一是积极防范政府融资平台贷款风险。年初，制定《政府融资平台贷款监管工作方案》，明确工作原则，建立统计报告制度，指定牵头部门，有序组织实施风险监测与分类处置工作，并督促辖内银行业金融机构按照"逐包打开，逐笔核对，重新评估，整改保全"的原则对地方政府融资平台贷款进行全面清理，及时采取补救措施，确保信贷资产安全。下半年，按照银监会和广东银监局关于地方政府融资平台贷款清查工作的要求，通过分解数据、四方对账、分析定性、汇总报表、统一会谈、现场检查等步骤，加强对辖内银行业金融机构的督导和与地方政府及有关部门的沟通协调，开展对辖区地方政府融资平台贷款清查工作，进一步核清平台贷款的详细数据，逐户建立台账，对不同类别的平台贷款进行定性甄别、分类处置，有效缓释和化解平台贷款风险。二是开展现场检查与风险排查。按照广东银监局的工作安排，结合辖区实际，对辖区银行业开展20多项现场检查和多项明察暗访。针对现场检查和明察暗访发现的问题，向有关单位提出具有针对性、建设性的监管意见，如对贷记卡检查发现的问题采取审慎监管强制措施，对存在贷款分类偏离的责令限期调整贷款风险分类，对农信社大额社团贷款风险集中的情况发出《监管意见书》等。三是加强房地产行业信贷风险监管。针对辖内房地产开发投资大幅增长的情况，督促辖内银行业严格控制房地产开发贷款，对项目资本金不足、审批手续不完善、现金流无保证的房地产开发项目禁止发放贷款，并加强对已发放的房地产开发贷款的贷后管理，及时跟踪项目建设进程及现金回收全过程。同时落实房地产按揭贷款政策，严格控制二、三套房贷的发放。四是加强对集团客户信贷风险的监管。继续坚持风险监管为本的理念，以上市公司贷款情况、集团信贷风险授信监测为抓手，关注大额授信，督促有关贷款银行积极配合地方政府和企业做好有关风险防范化解工作。特别是努力实现梅雁集团企业经营持续好转，授信风险进一步实现较大缓解，有效防范和消除辖区最大的金融隐患。五是加强案件风险防控。继续保持案件防控高压态势，督导银行业金融机构认真落实银监会案件防控工作的任务和要求，认真落实“内控和案防制度执行年”的各项工作。采取“送法入行”形式提高商业银行有关政策法规及案防风险管控能力，监管部门业务骨干为辖内工商银行、农业银行、邮储银行、邮政局等单位宣讲银监会贷款新规等政策法规，努力提高从业人员的合规风险管理水平和遵章守纪的自觉性，取得较好成效。继续对农村中小金融机构开展3年案件专项治理工作，督促其制订可持续发展的经营策略，从基层网点入手强化案防执行力；在丰顺县农村信用合作联社“1106”案件发生后及时介入，督促丰顺县农村信用合作联社积极协助破案和追赃，组织辖内农村中小金融机构召开现场会，吸取教训、举一反三，加大内控制度的执行力，并由局领导带队对各农村信用合作联社库房管理进行突击检查。六是加强银行业信息科技风险监管。督促辖内银行业以广州亚运会为契机，建立、完善信息科技管理相关规章制度，重点对系统管理及外包管理开展信息科技风险专项审计工作，并对存在问题及时整改，确保广州亚运期间信息科技安全有效运行。按照省局的部署，制定《梅州银监分局客户风险信息共享制度》，建立辖内客户风险信息异议查询机制，开展客户风险统计专项检查等工作，扎实开展“建设防风险信息体系，促进银行业稳健发展”竞赛活动。七是加强行政许可及后续管理。严把市场准入关，共审核辖内银行机构迁址（含迁址并更名、临迁）23家，新设机构1家，终止营业1家；核准高管人员任职资格62人。

推进农村金融体制改革　按照银监会的工作部署，在市委、市政府的大力支持下，通过开展农村信用社股份制改革、组建新型农村金融机构等一系列措施推动农村金融体制改革工作，为农村经济发展提供充分的金融服务。

不断深化农村信用社体制改革。按照银监会和广东银监局对农村中小金融机构改革的总体思路，加强与市政府有关部门的沟通协调，及时汇报工作情况、遇到困难和存在问题，得到政府部门的高度重视，专门就此事聘请专家开展调研，制订具体的实施方案。在政府部门、人民银行和监管部门充分沟通的基础上，确定试点社，稳步推进改革工作。

组建新型农村金融机构，填补农村金融服务空白。按照银监会《关于调整放宽农村地区银行业金融机构准入政策更好支持社会主义新农村建设的若干意见》的要求，大力推动农村金融服务网点空白地区的新型农村金融机构组建工作，在省局的指导下，加强与市政府沟通、汇报，积极推动新型农村金融机构的组建工作，广东省非珠三角地区首家村镇银行——梅县客家村镇银行已于11月3日顺利开业。

采取限制农村机构退出手段，确保“三农”金融服务充分性。加强对农村地区金融服务充分性的调研，督导农村中小金融机构找准市场定位，加强支农工作，并按照银监会的要求限制农村机构市场退出，保证农村地区金融服务的覆盖面，为“三农”的发展提供充分的金融服务。

强化维稳、应急能力，不断提升银行业服务水平　针对2010年上半年工商银行梅州分行营业部发生公交公司人员挤占窗口缴存零钞和残钞事件、农业银行梅州分行某网点客户经理失当营销事件的发生，分局对辖区银行业服务工作提出新的要求，实施有效的工作措施，主要包括加强新闻宣传与舆情应对、优化区域网点设置、提高队伍素质等方面内容。

搭建银行业与新闻媒体间的沟通平台，形成良好互动协作关系。与梅州日报社总编辑就有关银行监管与服务、舆情监督与应对等宣传工作进行交流，在共同推动促进辖区银行业金融服务加强与完善方面达成共识。

与媒体建立良好的沟通合作关系，互通信息。加强主流媒体的舆情监测与引导，避免误读、揣读与新闻炒作，把准政策导向，多出合理有序、客观真实的新闻报道，形成良好的舆论氛围。

做好区域网点的优化配置工作。在提高基层网点金融服务水平的同时，防止出现金融服务空白点，努力提高对“三农”和小企业的金融服务质量。

注重员工队伍建设。将业务培训与员工思想教育结合在一起，风险防范与优质服务并重，不断提升银行业的自身形象与品牌价值。

开展“2010年银行业公众教育日活动”。提高社会公众对金融知识的了解，增强对金融风险的识别和防范能力，保护金融消费者的利益。

（黄 曦）

【工行梅州分行】 2010年，工商银行梅州分行积极应对复杂多变的宏观形势及金融危机，坚持科学发展观，在全行开展“学宿迁，找差距，振奋精神，争当标杆”的主题活动，强化责任意识，狠抓工作措施的落实，较好完成各项经营目标任务。2010年，工商银行梅州分行得到人民银行梅州市中心支行的通报表彰，获得“优化信贷结构先进单位”、“信贷支持‘三农’发展先进单位”、“绿色信贷先进单位”称号；获市政府“梅州市2010年金融贡献奖”、“梅州市金融生态示范市创建活动先进单位”、“2010年度金融创新奖”三项大奖，为全市金融机构获得表彰项目最多、等次最高、奖项最全的单位。

业务规模、资产质量、经营效益均取得历史性突破 总资产规模和存款余额分别突破130亿元、120亿元大关。经营利润创历史最高水平，经营结构持续优化，经营转型得到进一步推进。人均、网均等多项主要经营效率指标得到明显提升，保持同业领先优势。至12月31日，全行实现利润同比增幅35.43%。人均、网均利润分别同比增幅为33.24%和33.23%，创历年同期最好水平。全部存款增量是上年全年增量的8.47倍，实现跨越式的发展，取得历史最好成绩，实现同业第一目标。本外币存款增量居同业第一，增量占比为42.12%，同比增加34.93个百分点。各项贷款超额完成省行下达任务，完成省行下达任务154%，个人客户贷款业务创历史最好发展水平，小企业贷款余额和增量均在当地同业排位第一。其中，2010年年底涉农贷款余额37.9亿元，比年初增加6.6亿元。全年累计发放涉农贷款8亿元。中间业务收入同比翻番，增幅104.2%，居同业首位。不良贷款率和不良贷款额保持双下降，不良贷款率为0.27%，比年初下降0.07个百分点，领先系统和同业水平。风险管理水平进一步提高，确保全行安全运营，实现连续6年零案件、零重大违规违纪行为目标。

服务能力和品牌影响力大幅提升 尤其是在广州亚运会、亚残运会期间，实现亚运服务零投诉、生产运行零事故、媒体报道零负面。改革创新不断深化，金融服务功能进一步增强。一是在信贷、投资银行、票据、银行卡、贸易融资、贵金属、支付结算等业务方面推出多种新产品。抓住时机，积极推动银行卡分期付款等业务发展，信用卡分期付款业务实现跨越式发展。针对小企业信贷客户市场推出“网贷通”业务，受到广大小企业客户的欢迎。开办私人银行业务，并发展一批高端个人客户和潜在优质客户，私人银行业务成效显著，实现零的突破。推出贸易融资表外业务，办理首批跨境贸易人民币结算业务。为配合广州亚运会、亚残运会，发行以“祥和如意乐洋洋”亚运吉祥物为主题的亚运联名卡——工银亚运卡等5个创新产品，发行亚运纪念金银章、亚运金银条、金银币等

亚运吉祥物特许贵金属相关产品40多种,推出“黄金租赁”、“贵金属递延”等产品的销售服务,努力满足广大客户的亚运金融服务需求。二是不断加快创新步伐,针对信贷调控、通胀压力、加息预期等宏观经济因素影响下企业客户融资难情况,创新推出中期票据业务,为广东宝丽华新能源股份有限公司成功办理10亿元中期票据业务,开创广东省内银行业首单民营企业中期票据的先河,获梅州市2010年度金融创新奖一等奖。在全省首家推出集芯片和磁条于一体的梅州市民卡,成为梅州市乃至全省“一卡通”项目在市政领域的首发金融机构,建立分行“市民卡”商业模式,全年梅州市民卡发卡量达22,556张,取得较好成效。推出首例银银合作模式,完成与梅州首家梅县客家村镇银行《银银平台合作协议》项目。这些新业务和新产品较好地适应和满足客户的需求,进一步提升全行的市场竞争力。

系统内行长经营绩效考核等级大幅提升 2010年,工商银行梅州分行在全省分行行长经营绩效考核等级从上年的D++大幅提升到B+,上升9个等级。在总行二级分行经营绩效考评中等级为B++,排37位,比上年同期上升133位。全行思想认识和信心空前提高,员工朝气和活力进一步激发,业务营销更加高效快捷,全员履岗能力和绩效收入大大提升,分享全行改革发展的成果,实实在在谱写一曲“共创共健共享”新篇章。

(曹志光)

【建行梅州市分行】

构建和谐金融生态 积极践行“以客户为中心”的服务理念,履行服务大众、构建和谐社会的职责,加快网点转型步伐,树立金融服务品牌,竭尽全力推动梅州绿色的经济崛起。不断创新服务模式,提高个性化、专业化服务水平,使客户办理业务方便、快捷、高效。重视网点渠道建设,完成5个营业网点新装修改造,加大自助设备投入力度,增设自助设备11台,推出一系列便客、利客、惠客的服务措施,满足客户服务需求。深化服务内涵,提升企业品牌形象。加快网点转型步伐,延伸服务渠道,强化网点服务检查,落实“迎亚运金融服务主题周”工作,加强营业网点大堂服务,设置大堂经理引导客户,让更多的差别化和超值服务落到实处,多种形式提供非金融服务。举办各种投资理财讲座12场次,年末举行迎新春客户答谢交响音乐会,融洽银客关系。做好丰顺占上村扶贫“双到”工作,年终考核验收评分良好。推进创建金融生态示范市工作,加强政银、银企协作关系,保持良性互动。

支持经济建设 重点做好建设项目的金融支持,对梅大高速、梅瑞铁路、广梅汕复线、梅县机场扩建、大埔电厂、荷树园电厂、五华抽水蓄能电站、公路局、供电局等重点扶持,提供高效金融服务方案,全年累计投放贷款12亿元,全力支持地方经济建设。加大对城市综合治理改造的金融服务,支持城市道路、供排水、污水处理、天然气、环境综合治理等基础设施建设。参与农村金融改革综合试验区和农村金融生态环境示范市建设工作,加大对农村道路、电网、供水、农田灌溉等的金融支持,加强与相关产业转移工业园投资公司的业务合作,加大对园区建设的扶持,为入园企业提供结算、融资、理财、咨询等服务,推动产业转移和招商引资工作。加强金融创新,拓宽融资渠道,创新产品组合,推出“信贷工厂”、“流程银行”中小企业业务新模式,将中小企业贷款流程由原来的13道简化为4道,授信审批时间从以往1个月左右缩短到7~10个工作日,满足中小企业客户融资方面“短、频、急”的需求特点。通过“速贷通”、“成长之路”、“联贷联保”等为中小企业提供信贷支持,倾力支持梅州市中小企业发展。

调整业务结构 全年实现拨备前考核利润1.64亿元;中间业务净收入6997万元;全口径存款

比年初新增20亿元;其中一般性存款余额比年初新增20亿元,个人存款新增12亿元;企业存款比年初新增9亿元。各项贷款比年初增加8亿元,中小企业贷款新增3.24亿元。不良贷款率比年初下降7.77个百分点。全年保持零案件的良好态势,实现第七个"安全年"活动目标。积极开展"首季开门红"活动,对重大客户和优质项目实施提供服务,成功发放塔牌集团等重点优质客户贷款,银团贷款实现零突破。认真落实"服务质量年"活动要求,以"客户关系管理年"活动为契机,深化客户关系管理,开展"抓服务、促转型、增客户"活动,配置大堂主管及个人业务顾问,提高大堂服务营销能力。成功实现丰顺汤坑分理处网点跨县域迁址,彬芳支行迁址入驻梅州市行政服务中心,树立网点良好服务形象。利用政府大力支持小企业的各项政策以及工商联等有关平台,以小企业融资为突破口,带动业务发展,在省分行2010年度"对公客户满意度"调查中,以93.2分排名省分行系统第一,小企业客户满意度获满分。开展对公业务"每周一课""一周五品"培训,小企业业务11项新产品实现"破零",创新服务小企业发展。做好住房金融服务工作,积极拓展住房贷款覆盖面及营销渠道,抓好服务水平提升,大力发展经营消费贷款,完善产品结构,走访房地产开发商,深入了解楼盘开发进度及按揭业务需求,提供楼盘客户经理"一对一"上门及节假日客户经理值班制服务。

加强精细管理 以"贷后管理年"为契机,以结构调整和基础管理为主线,以资产质量为中心,强化主动风险管理;提高平行作业的效率和质量,全面提升风险管理能力,创新审批模式,提高信贷审批效率。加大风险提示和业务指导力度。以《风险提示书》的形式,下发风险提示3份,重大事项批复2份,起到预警和指导作用。在银监会推出"三个办法一个指引"后,从制度建设、关键环节、贷后管理方面强化落实,有效促进各项贷款业务合规稳健发展,不断提升资产质量。组织召开信贷客户(项目)风险诊断例会4次,对重点项目、中小企业项目进行风险诊断,剖析相关客户在财务性和非财务性方面的风险点,提出措施和对策。贷款主要投向A(a)级以上信用企业,在围绕大额不良"风险形态迁徙"思路开展处置后,促使不良贷款率大幅下降,提高存量贷款价值创造能力。

深化农村金融服务 贯彻执行国家信贷政策,按政策导向开展工作,做好农村金融服务工作。一是贯彻传达"三农"信贷政策,对中小企业特别是"三农"的加大支持力度,主动上门走访,根据客户需求提供合适的产品和业务支持;制定专门的政策、措施和制度,指定专人、专岗服务客户,进一步加大扶持"三农"发展的力度。加强与梅州市企信担保投资有限公司、广东省中小企业信用再担保有限公司的合作,走访十多家有资金需求的较具成长性的"三农"客户,并办理一批以担保公司担保的授信、融资业务。二是按照小企业贷款两个"不低于"(即贷款增速不低于全部贷款平均增速,贷款增量不低于上年水平)的监管要求,向5户三农客户发放贷款6380万元,比上年同期增加680万元,贷款金额增幅36%。涉农贷款余额为7765万元,增速达170%,高于全部贷款平均增速129%。

"安全年"工作成效明显 制订"安全年"活动实施细则,明确"四无三降两到位"的工作目标和活动步骤、责任分工,开展"一班一讲一主题"教育,每季开展违规违纪人员学习班,发送《致员工家属的一封信》和员工签署《廉洁合规从业承诺书》、《学习回执》,确保员工人人知晓,人人参与案件防控工作。开展员工不良行为集中排查,通过员工家访等"三内三外"方式排查。召开案例分析会等形式开展安全防范教育和培训,组织各类演练176次。全年成功防范堵截各类案件7宗,避免客户资金损失18.8万元,配合公安机关抓获犯罪嫌疑人2人。落实ATM日常安全巡查制度,组织重点巡查、伏击50次,清除假"告示"10张,不法分子利用ATM作案大幅度下降。坚持推行党风廉政建设责任制,明确反腐倡廉建设工作责任,落实"一岗双责",对廉洁从业开展一年两次的民主测评考核。签订《党风廉政建设责任书》,对中层管理人员开展廉洁合规从业谈话,对提拔干部进行任前廉政谈话。坚持和完善领导人员民主生活会、述职述廉、廉政事项报告等多项监督制度,执行干部选拔任用工作“四项监督制度”和“三重一大”的具体实施办法，对提拔领导人员、选拔后备人才和专业核心人才进行全程监督，加大集中采购现场监督力度，杜绝不正常活动，做好廉政监督工作。

（张益泰）

【中行梅州分行】 2010年，梅州中行认真落实省行“百亿利润”战略部署，经营管理取得可喜的业绩。营业利润、税后利润两项核心指标超额完成，分别实现营业利润、税后利润3亿元、2.4亿元，同比增幅翻两番。业务规模倍增式发展。分行汇总人民币资产余额为88亿元，新增9.5亿元，增幅为12.10%；人民币各项存款新增11亿元，汇总人民币负债余额为84亿元，新增7.5亿元，增幅为9.85%；人民币对公授信余额31亿元。不良资产实现双下降，比年初下降4.06个百分点。成功首发梅州“中银客天下联名信用卡”，全省首张地级市市民卡——梅州市民卡，全省首张手机支付卡——天翼长城市民卡。个人金融、银行卡中间业务收入突破千万大关。成功争揽征地拆迁补偿款、社保专项资金和财政性存款、军人保障卡业务，成功争揽土地交易中心账户，成功营销威华集团业务。三方存管、个人代发薪单位、个人有效户、个人网银、人民币对公结算账户、贷记卡当年新增数均居非重点行第一。获得总行“精神文明建设先进单位”、“职工职业道德建设先进单位”称号；获得省行“精神文明建设工作先进单位”、“品牌建设先进单位”、“党务宣传工作先进单位”、“先进职工之家”称号。

（刘井源、郑广义）

【中国农业银行股份有限公司梅州分行】 2010年，在梅州市委、市政府和省行党委的正确领导和大力支持下，农行梅州分行紧紧围绕市委、市政府“绿色的经济崛起”发展战略目标，以促进当地经济发展为己任，主动作为，锐意进取，加强经营管理，开展金融创新，切实防范风险，有效地推动梅州农行各项业务持续、稳健、快速发展。年末，全行各项存款余额145.36亿元，比年初增加25.68亿，存量市场份额为29.69%，排在同业首位，增量市场份额为30.9%，排在同业第二；各项贷款余额58.69亿元，比年初净增12.14亿元，存量市场份额为30.69%，增量市场份额为34.19%，存量、增量市场份额均排在同业第一；全年实现中间业务收入7825万元，实现拨备前利润18792万元，同比增盈4232万元。

信贷投放　2010年，面对市场流动性相对紧缩，央行实行贷款规模控制、银监会出台“三个办法一个指引”等经济金融形势对信贷运行产生的新影响，梅州农行及时、全面掌握最新政策及市场信息，紧跟市委、市政府规划，加大对地方关乎民生、关系地方经济发展、特色产业的信贷投入，确保把资金用在梅州经济社会发展的刀刃上，全年贷款投放力度在当地同业持续靠前。

发展个人贷款。一是积极争取上级行支持，主动深入市场、接近客户。2010年成立专门的个人贷款集中经营中心等措施，进一步简化流程、提高办贷效率。二是确保信贷规模优先满足百姓住房需要，大力发展关系民生的个人住房按揭贷款。全年个人住房按揭贷款比年初增加2.83亿元，是上年同期增量的3倍，无论是存量还是增量，都领先当地同业，是梅州地区发放个人住房贷款最多的银行。三是推动民营企业、个体工商户的发展。对处于起步阶段、经营前景较好、符合国家产业政策的民营企业、个体工商户等，针对其仍达不到企业贷款相关要求的状况，通过发放个人综合授信贷款、个人生产经营贷款等方式给予支持，2010年发放个人贷款年增量达6.92亿元。在梅州当地市场中，市场份额及增量份额分别为44.18%、42.98%。

探索支持梅州企业发展的新方式。一是积极支持市重点项目、重点工程、重点企业和产业转移、招商引资等项目。如支持茶阳水电站、兴宁市人民医院、“双转移”项目广东获赛尔机械铸造股份有限公司等。2010年,法人客户投放贷款222笔,金额17.96亿元。二是改进中小信贷业务操作流程。实行法人贷款网上作业审批决策流程单轨运行,对创新能力强、产品有竞争力、经营健康的优秀小企业,给予大力支持,小企业贷款余额比年初增加2.98亿元,为缓解中小企业融资难问题发挥积极的作用。三是为梅州上市公司提供更多的支持和服务,并取得明显成效,如协助威华股份公司发行短债4亿元,有效降低企业的财务费用,节约经营成本。服务“三农” 以专业的客户经理队伍为依托,严格落实上级行的“三包两挂”责任制(三包:包放,确保放得出;包管,确保管得住;包收,确保收得回。二挂:挂钩绩效工资;挂钩责任追究),积极发展惠农卡、农户小额贷款等业务,努力服务“三农”(农村、农业、农民)。一是结合梅州实际情况在上半年形成并下发《惠农卡和农户小额贷款指导意见》,严格惠农卡和小额农贷的发放对象和范围,全面加强风险管理,坚持依法合规办业务。至2010年年底,梅州农行小额农贷累计授信10622户达3.1亿元,惠及近3.2万农户,人均近9700元;目前,贷款户数近5600户,余额为2.3亿元。二是重视新型农村合作医疗保险、贷款贴息等代理项目的拓展,加强全市新农合项目工作的领导、协调工作。其中,丰顺支行以惠农卡为载体成功代理新农合项目,平远支行成功代理农村妇女小额贷款贴息项目。三是落实“一县一策”工作方案。结合各县不同产业及经济特色,找准助推县域经济发展的切入口,抓好县域城镇化基础设施项目、发展前景好的房地产开发项目、个人住房等贷款的发放,加大对特色经济区域林权、县域地产、小水电这3个领域的引导性、示范性资产投入。2010年发放涉农贷款近9.6亿元,极大地带动县域经济特色产业发展。如积极响应国家关于林权制度改革的号召,率先在梅州推出林权抵押贷款业务,针对梅州山林资源非常丰富的实际,积极向省行申请增加油茶树作为可抵押的林权树种之一,进一步扩大可抵押林权树种的范围,可抵押的树种达到5种。至年末,共有林权抵押贷款16户,贷款余额11192万元,比年初增加9192万元。

治理网点 一是加快网点装修改造,推进渠道建设。按照上级行要求高标准装修网点,累计新建、改建网点9个。加强网点管理,理顺业务流程,加大硬件投入和功能升级,累计安装自助柜员机13台,全行总数达106台。二是加大优化地方金融环境的力度,不断提高服务水平,全年投放POS机具574多台,借记卡净增量11万张,投入转账电话3030部,个人电子银行注册客户24.6万户。三是巩固文明标准服务导入成果。2010年,在完成所有网点文明标准服务导入后,抓住亚运会契机,建立网点文明标准服务长期评价机制,继续提高服务管理水平,组织人力进行定期、不定期明察暗访,在对分行的综合考评中加大对服务的考核。全年共组织4次网点文明标准服务专项检查,组织1次迎亚运巡回巡查,抽查网点数合计达179个。

普及金融知识 一是开展理财知识宣传活动。在加强媒体宣传的同时,组织专家团队,深入到全市网点和企事业单位,全年开展近20场次理财沙龙活动,进一步普及理财知识,培养广大市民科学、正确的理财观念和习惯。二是持续为市民提供理财咨询。在《梅州日报》开辟《基金周评》专栏等为市民提供专业理财快讯,协办梅州市广播电视台《财富屋家》、《事事关心》等专题栏目。三是开展“送金融知识”下乡、反洗钱、反假货币、征信知识宣传等活动。五华、大埔等支行,与当地团组织紧密联系,到村镇召开座谈会,宣传国家的惠农政策、辨别真假人民币、征信对个人的影响等知识,深受农户的好评与欢迎。

(徐淑玲)

【农发行梅州市分行】 2010年,各项贷款余额89465万元,比年初增长40.26%。全年发放各项贷款49396万元;各项存款余额10066万元;中间业务总收入比上年增长442.22%,实现账面利润

328 万元，超额完成省行下达任务。完成 5 年消化的计划。消化政策性财务挂账贷款 1510 万元，利息 206 万元。

加大客户营销力度 一是准确把握信贷政策，巩固发展政策性业务，继续做好储备、收购资金供应和管理，全年累计发放贷款 22096 万元。二是大力支持政府主导下的县域城镇建设贷款和新农村建设贷款，全年共发放 24400 万元，取得较好社会效益。三是继续维护和巩固原有客户，积极支持当地粮食加工企业做强做大，全年累计收回再贷加工企业粮食短期贷款 2600 万元。

加大不良贷款清收和呆账核销力度 一是加快呆账核销工作进程。二是积极清收不良贷款任务。三是抓好政策性财务挂账贷款和非经营性项目贷款到期消化工作。当年实际消化政策性财务挂账贷款 1510 万元，利息 206 万元，圆满完成 5 年消化的计划。

提高精细化管理执行力 一是加强贷后监管工作。开展企业贷款的跟踪管理，严格按照有关管理办法监督贷款资金的使用，严格执行贷款资金的审批制度，按月召开风险分析例会。规范发放政府融资平台贷款，对不同类别的平台贷款进行定性甄别、分类处置，以有效防范平台贷款风险。二是加强信贷计划和信息技术管理。严格执行资金审批权限制度，加强对资金请调的审核把关。做好信息技术日常维护管理，确保已上线各应用系统的安全运行。三是加强会计监督和检查辅导，做好反假货币、反洗钱工作。充分发挥会计远程监控系统的作用，对重要时段、重要环节进行监控。结合开展反假货币网络建设活动，积极开展反假货币宣传活动。认真做好反洗钱工作，完善反洗钱的有关内控制度。四是加强审计检查力度，按时按质完成常规审计项目。五是加强制度落实，做好办公室工作，为全行各项工作的顺利开展起到保障作用。

（农发行）

【广发银行梅州分行】 2010 年，广发银行梅州分行推进薪酬考核分配、费用资源分配、信贷管理流程等改革，破解人力资源不足、分销渠道建设滞后、流程机制不完善等问题，经营管理水平和市场竞争力提高，全年实现账面利润 6442 万元。

存款规模与基础客户量 一方面，各营业网点着力落实每周客户定量拜访制，存量重点存款大户关系维护良好，新的存款大户挖掘工作成效显著，客户量及存款量均实现稳定增长。另一方面，分行积极开展一系列的“迎行庆，创佳绩”业务营销竞赛活动和“盛情七月、赢在服务”为主题的储蓄存款营销竞赛，树立存款立行的理念，调动全员营销的积极性，经过全体员工的共同努力，分行存款形势喜人。2010 年企业存款账户新增 300 多户，是分行开业以来拓展企业客户量最多的一年。全年分行人民币日均存款 32.69 亿元，比上年增 5.16 亿元，增长 18.74%，完成全年任务指标的 106.48%；外币日均存款 448.41 万美元，比上午同期减少 29.75 万美元，完成全年计划任务的 97.48% 。

贷款规模、质量 一是找准市场定位，以“好融通”为抓手，大力拓展中小企业贷款和个人消费贷款业务。上市和准上市中小企业贷款业务方面取得新突破，有效扭转贷款业务持续徘徊的局面。二是重点开拓攻坚大客户和重要项目。由分行与国开行共同牵头的“梅州江南东片开发人居环境改善工程”银团项目贷款 9.8 亿元成功发放，其中分行承接 5.4 亿元的贷款额度，并取得结算代理行的资格，为分行的持续良性发展打下坚实的基础。三是大力抓好信贷质量管理。加大对存量正常、关注贷款的贷后管理工作，对出现风险预警的贷款纳入重点监控对象，提高对风险贷款的贷后检查频度；及时对新增不良贷款进行催收和回收工作等，不良贷款和不良贷款率实现“双降”。至 12 月底，分行各项贷款余额 17.08 亿元，比年初增加 1.65 亿元，增幅 10.69%。全年共清收处置不良贷款本金 4639 万元，不良贷款率 0.6%，比年初下降 3.03 个百分点，完成任务指标的 219.49%。

中间业务、电子银行业务 全年实现中间业务收入1538万元，比上年增长34.1%，完成任务指标100.2%。电子银行业务量月均6.79万笔，比上年增长143%。全年信用卡新增发卡达14000张，较上年同期发卡增长近30%；信用卡业务收入比上年同期增长达39.2%。此外，分行重点争取新一代社保卡项目，发挥业务、人员及相关资源优势，认真做好社保资金的划拨、医保发卡、以及信息沟通工作，最终分行成功获得首批新一代社保卡交易、清算合作银行的合作资格，并成为梅州市社会保障卡首发仪式的唯一协办银行，进一步扩大分行在当地的知名度和影响力，为巩固和扩大社保业务以及分行今后的持续发展打下坚实的基础。

提升服务水平 一是积极开展服务创优争先活动。设立文明规范服务示范单位、岗位能手、季度服务之星和年度服务明星等评比表彰项目，通过迎世博亚运、创千佳示范网点的契机，进一步提高分行服务软实力。11月，分行营业部一举通过中银协明察暗访考核验收，获得千佳文明规范服务示范单位的光荣称号。二是切实加大服务硬件投入。顺利完成分行本部搬迁，百花洲支行搬迁更名为嘉应支行、本部与百花洲自助银行的设立等工作，分行整体服务能力得到较大的提高，更好地满足百姓日常银行服务需求。三是认真抓好人才引进、人才调配以及培训开发等工作。全年先后组织两批社会招聘和一批校园招聘，有计划、有步骤引进人达30多人；先后两批对近50名在岗员工进行岗位轮换，特别是通过划分确定和充实利润中心客户经理队伍，有效实现客户经理从“兼职”到“专职”的角色转变；全年开展客户经理实务、社保卡新系统上线业务操作等分行层面培训达51场次，参训员工达1707人次；组织开展全行“赢在服务”知识与技能竞赛(考核)活动、客户经理信贷从业资格内部考试认证、个人理财内部认证考试和会计主管业务与技能考试等工作，以考促学，有效促进员工素质的提升；出台和下发《梅州分行培训积分制管理办法》、《梅州分行自学成才鼓励办法》等方案，努力营造良好的学习环境和氛围。

加强安全风险防控 一是强化宣传引导。认真组织学习“三个办法一个指引”等规章制度，营造良好的合规文化建设氛围，切实提高合规和风险防范意识。二是强化检查督促。深入组织开展“内控和案防制度执行年”等活动，切实加大检查督促力度，有效提高分行各项业务的内控管理水平。三是强化建章立制。认真梳理业务流程和制度，制订完善包括违规行为处理实施细则、会计主管管理办法、对账管理办法等规章制度，夯实内控基础。四是加强世博会、亚运期间安保工作，确保分行业务的正常运作。加强重点部位、风险点的检查、排查力度，排除各种潜在的安全风险隐患。五是积极有效地开展反洗钱管理工作。认真做好反洗钱的培训和宣传工作，提高分行员工的反洗钱意识与反洗钱操作水平。

（广发银行梅州分行）

保 险

【中国人寿保险股份有限公司梅州分公司】 中国人寿是国家控股的保险公司，也是中国最大的寿险公司，连续8年入选“世界500强”企业，2010年排位上升至118位。中国人寿梅州分公司是中国人寿的分支机构，是梅州市寿险市场的“主体企业”，下辖6县1市1区共8个支公司和139个营销服务部，网点覆盖率达95%，拥有从业人员2000多人，服务网络齐全，为广大群众提供全方位、多层次、宽领域的保险保障和日益完善的寿险服务。

2010年，中国人寿梅州分公司认真贯彻落实省分公司与梅州市政府签署的“战略合作意向书”和梅州市人口计生局和中国人寿梅州分公司签署计生合作协议，抓住大好机遇，全力推进“国寿保险先进村”的建设，积极参与梅州市创建金融生态市，在实现区域保险统筹、完善社会保障体系等方面进行积极探索，取得一定的成效。

2010 年，公司创新工作理念，深化体制改革，推进管理创新，转变发展方式，提升服务水平，优化产品结构，拓宽服务领域，公司业务发展跃上新台阶，全年实现总保费收入 7.1 亿元，同比增长 9.4%，继续巩固市场的领先地位，市场份额达 56%。

2010 年，公司给付各类保险金(包括死亡、伤残、医疗、满期、赔款、年金等)1.11 亿元，充分发挥保险的政治“稳定器”、经济“助推器”、防灾“减震器”、社会“和谐器”、幸福“保障器”的作用，对促进地方经济发展和保障群众生活安定作出应有的贡献。

(中国人寿梅州分公司)

【中国人民财产保险股份有限公司梅州市分公司】 2010 年，中国人民财产保险股份有限公司梅州市分公司实现保费收入 20177 万元，同比增长 23%。其中，车险业务累计保费收入 15283 万元，同比增长 28%，持续保持稳定高位增长；非车险业务累计保费收入 4894 万元，同比增长 9.35%；实收保费 20146 万元，同比增长 18%。主要工作举措：一是扎实有效开展“车险理赔、快速无忧”活动。制订《2010 年“车险理赔、快速无忧”活动方案》，进一步细化各项工作措施，量化各环节处理时限，有效提高理赔速度及服务质量，率先在全省系统获得省公司表彰奖励，客户反响良好。二是出台实施《梅州市分公司理赔跟踪服务暂行规定》，严格理赔跟踪服务考核，确保服务质量落实到位，提升客户服务水平。三是建立和完善公司内控管理制度，构建“环节细化、风险可控、落实有据”的管理体系，推进依法合规经营水平。

(中国人民财产保险股份有限公司梅州市分公司)

证　券

【广发证券梅州营业部】 2010 年，深市、沪市(股票交易所)成交量 515 亿元，利润总额 4150 万元，税收 1350 万元。

客户服务　一是以客户需求为中心，推广金管家服务体系。通过专业、细致、周到的服务，提升服务质量。在了解产品基础上，对客户实行分类管理，根据财智汇、财富汇、财经汇不同客户群体，把合适的产品推送给合适的客户，在充分了解客户的基础上，给客户做个性化投资顾问服务。二是以“金管家”咨询产品为推导，推进差异化服务。组织客户经理认真学习公司每天下发的晨会纪要、广发晨报、广发投资内参、广发投资速递等分析报告，及时将信息通过短信、邮件等方式告知客户。三是走访当地上市公司和企业、大客户，提供“保姆式”服务。

渠道建设　一是根据公司要求，结合当地市场环境，以拓展三方存管业务为契机，与合作银行沟通，在互惠互利基础上寻求更多的合作点。二是加大营销队伍建设，坚持每周开展营销人员培训工作，通过组织营销技巧、市场分析、合规等课程的讲授，进一步提高营销人员的综合素质和合规拓展业务。

融资融券业务和股指期货 IB 业务　营业部严格按照证监会和公司要求，开展融资融券业务和股指期 IB 业务。先后与建设银行、工商银行联合开展业务介绍会，并向投资者开展业务宣传会。

组织员工参加中期协股指期货IB业务培训，并按监管要求，设立股指期货IB业务专区。组织200名客户参加证券时报组织的股指期货知识竞赛。

投资者教育　一是落实投资者适当性管理制度，引导投资者理性参加投资。在“3·15”期间专场举办“倡导理性投资，为您专业服务”专题活动，大约有200多名客户参加，同时邀请梅州电台做“3·15”专题节目“打击非法证券活动”及股指期货和融资融券基础知识讲座。二是细化《营业部投资者教育实施工作方案》，引导各类证券投资者树立正确投资理念的目的。根据业务发展变化情况，不断调整投资者教育专栏的内容，包括增设反洗钱知识、风险案例介绍。同时，根据市场波动情况做好风险提示，不断提醒投资者调整投资策略、以防范市场风险。

其他　做好日常业务合规检查和相关制度学习。加强反洗钱制度学习，履行反洗钱义务，提高防范洗钱风险的能力。参加总公司模拟故障的应急应变演练。完善应急应变措施。

（广发证券梅州营业部）

【安信证券】 2010年，梅州新中路营业部实现股基成交量1256.67亿元，股基份额比上年增长12.2%；资产净流入8.96亿元，净增有效户10848户；理财产品销售6100万元，考核利润为10777万元，较好地完成各项经营管理指标。

客户服务　为更好地做强客户服务工作，开展有新中路特色的本土服务，营业部员工积极组建客户服务团队，推进客服工作转型，理顺客户服务工作思路。理财产品销售组为响应公司大零售战略计划、更好地销售理财产品，从兄弟营业部处学习经验，大胆迈开“各个击破”的理财产品销售的步伐。在2010年安信3号销售尚未拉开帷幕之时，理财产品销售组迅速根据当地客户的特别，系统地组织本部员工研讨目标客户群、任务分配、销售技巧、跟踪服务等内容的学习，全面提升理财产品的销售额度。技术支持组加强与部门、外界的交流和沟通，收集先进的客户服务经验，为各小组提供各种数据、公司内外的成功案例等，并在每周客服例会中，迅速记录、解决前台同事在工作中遇到的问题，提高营业部的服务水平。

业务开拓　一是期货业务开拓。配合公司IB期货业务的开展，在业务筹备、人员配备、场地设置、信息公告、行情和交易设施测试、风险控制流程、合规管理、投资者教育及适当性制度等方面进行落实。至12月31日，梅州共受理股指期货开户28户，商品期货开户21户，成交金额211.27亿元(其中股指期货157亿元)，手续费57.88万元(其中股指期货40.61万元)。二融资融券开拓。为给客户带来新的交易方式和赢利模式，争取在新的业务领域开辟新的发展空间，抓住机遇，申请融资融券业务资格并以获批。至12月31日，梅州融资融券客户开户共4户，融资授信额度580万元，融券授信额度30万元。

营销拓展　团队业绩：营销团队实现从数量到质量的转变，以市场策划渗透渠道合作，新增有效户3703户，资产净流入为2.03亿元，创造的净佣金收入为640.04万元，占中心部收入的4.65%，成交量为86.06亿元，占中心部成交量的6.85%。团队管理：对《安信证券梅州新中路营业部营销团队日常行为规范(试行)》的执行细则作进一步细化。渠道维护：在银行渠道方面，维持与中、农、工、建四大商业银行共12营业网点的合作关系。户外拓展：2010年组织团队到乡镇地区(丙村、南口、平远等地)进行营销拓展，并初步取得良好的效果。

运营管理　柜面业务：各项日常柜台操作业务合规、有序开展，本年未发生主要业务差错及违规事项。专项工作：根据营运中心4月下发文件要求，提前按质完成权证风险揭示书、创业板市场投资风险揭示书扫描上传工作。审计：配合公司稽核审计部门的审计工作，按照审计要求进行自查自纠，未发现营业部违规事项。反洗钱工作：提高营业部员工的反洗钱工作业务素质和广大投资者对反洗钱的认知程度，有效地防范和打击洗钱犯罪行为，取得良好的社会效果。

（安信证券梅州营业部）

责任编辑：廖晓鹏

2010年5月16日，中国农行梅州分行开展"送金融知识进社区"活动。（中国农行梅州分行提供）

城乡基本建设

综　述

2010年，梅州市坚持以科学发展观为统领，围绕“优环境、促发展、惠民生”的总体要求，坚持规划先行，统筹城乡协调发展，全面推进宜居城乡建设。

推进《梅州市城市总体规划》第三次修编和《梅州市域城乡总体规划》编制，完善中心城区控制性详细规划，开展梅州历史文化与城市特色风貌研究，组织编制《全市“三旧”改造专项规划》、《梅州城区道路交通改善规划》、《梅州城区绿道规划》、《梅江河沿岸夜景规划》。

严格按照总体规划实施建设，城镇建设稳步推进，城镇化进程加快，城镇的辐射功能日益增强。至年底，全市设市城市和县城建成区面积为114.44平方公里，与2009年相比，增加5.35平方公里，其中梅州城区（含梅县新县城）建成区面积45平方公里。完成建筑业总产值126.49亿元，上缴税收5.71亿元。完成房地产开发投资25.46亿元。

环境质量保持良好稳定，是全省城市空气质量达到国家一级标准的三个市之一。创建国家卫生城市工作取得阶段性成效，各项创建指标基本达到国家卫生城市要求。

（谢汉奎）

城乡规划

【概述】 2010年，梅州市城乡规划委员会坚持“政府组织、专家领衔、部门协作、公众参与、科学决策”方针，研究审议重大事项。全年共召开三次规委会，审议通过全市城乡规划管理中的23个重大事项。大埔县百侯镇和梅县水车镇茶山村被评为中国历史文化名镇（村）。

【规划编制】 贯彻“科学规划、依法规划、创新规划、民主规划”理念，推进《梅州市城市总体规划》第三次修编和《梅州市域城乡总体规划》编制，完善中心城区控制性详细规划，开展梅州历史文化与城市特色风貌研究，组织编制《全市“三旧”改造专项规划》、《梅州城区道路交通改善规划》、《梅州城区绿道规划》、《梅江河沿岸夜景规划》等。10月，举办“科学规划世界客都，建设宜业宜居新梅州”为主题的中心城区城市规划高峰论坛。来自国家住房和城乡建设部和新加坡及我国香港、清华、北大、同济、中大等高等学府、国内一流规划设计单位的知名专家学者，站在科学发展观的高度，围绕主题，讨论梅州城市未来发展战略和空间布局，为梅州塑造世界客都特色风貌，探索宜居宜业城市发展之路建言献策。

各县(市、区)增强规划意识，加大投入，村镇规划取得新进展。全市完成355个村庄整治规划。梅江区紧紧围绕“生态梅州”和创建“国家卫生城市”活动，推进人居环境改善工作，突出客家文化特色，完成泮坑公园的规划。兴宁市完成城镇化发展“十二五”规划92个行政村的村庄规划等多项规划编制工作。梅县积极推进城乡规划建设，完成西片区控制性详细规划和三个中心镇的总体规划。平远县按照“完善规划、优化布局、配齐功能、彰显特色、提升品位”的工作思路，出台相关政策，完成《县城“十二五”基础设施规划》、三个建制镇总体规划、生态工业园三期控制性规划和南台卧佛山文化旅游产业园系列规划。蕉岭县落实130万元的规划经费，进行县城城西和城南片区的控制性规划招标，完成两个建制镇的总体规划。大埔县编制《亲水公园的修建性详细规划》、《黄腾坑新农村示范基地的修建性详细规划》、《广东省龙潭寨文艺家创作采风基地修建性详细规划》等设计项目。丰顺县打造“温泉城、喇叭城、卫星城”建设，聘请专家对《县城总体规划》实施评估。五华县完成县城基础设施完善“十二五“规划和《五华县城镇化发展“十二五”规划》。

【规划管理】 制定《关于提高梅州城区主干路两侧建筑物、构筑物退让道路红线距离标准的通知》、《关于加强城区主要街道建筑高度、面宽规划管理的通知》、《关于加强梅州规划区范围内建筑物、构筑物退让河道距离的通知》、《梅州市建设工程竣工测量技术规程》等，规划管理走向规范化、法制化。全年审批修建性详细规划82项，出具用地规划条件68项；办理“建设用地规划许可证”70宗，面积71公顷；办理“建设工程规划许可证”317宗，占地面积38.04万平方米，建筑面积142.5万平方米；办理“临时建设工程规划许可证”150宗，累计建筑面积4.63万平方米；完成单体建设工程规划核实160宗。

【效能监察】 成立局违法建设处罚工作领导小组，规范执法工作。开展房地产开发领域违规变更规划调整容积率专项治理工作，共核查136个开发项目。

(钟国清)

城乡建设

【概述】 2010年，按照省委、省政府建设宜居城乡的部署，梅州市积极推进生态、文化、平安“三名城”建设，城乡环境不断改善，群众幸福感和安全感持续增强，初步形成客家特色鲜明、生态环境良好、社会和谐稳定的宜居城乡新格局。至年底，全市设市城市和县城建成区面积为114.44平方公里，与2009年相比，增加5.35平方公里，其中梅州城区(含梅县新县城)建成区面积45平方公里。

【城镇村庄建设】 2010年，市委、市政府出台《关于建设宜居城乡的实施意见》、《关于推进“客家新民居”建设工作意见》，并对各县(市、区)创建宜居城乡工作进行考核。通过汇总创建实绩、组织保障、公众满意的调查、专家实地考察的综合评分，形成《关于对县(市、区)开展创建宜居城乡工作绩效考核情况的报告》，接受省对梅州市宜居城乡建设工作的考核，获得全省排名靠前的较好成绩。

各城镇供水、供气、市政道路、路灯、园林绿化、城市公交等方面的建设水平有较快提高。至年底，全市建制镇以上城镇建成区面积 251.56 平方公里，与上年相比，增加 0.77 平方公里；城市日供水能力为 45.21 万平方米，与上年基本持平，自来水普及率 100%；城市道路总长度 1056.6 公里，与上年相比增加 43.7 公里；城市建成区绿地率 33.62%，绿化覆盖率 38.35%，人均公共绿地面积 10.1 平方米。

城镇治污保洁水平进一步提升。兴宁市黄泥坑垃圾填埋场(一期)申报垃圾无害化处理考核，经省住房和城乡建设厅组织专家组进行评价考核，符合国家垃圾无害化二类标准，成为梅州第二家垃圾无害化卫生填埋场。2010 年，27 个申报省治污保洁专项资金项目向省提交申报材料，其中，15 个申报项目获得省下拨的 1490 万元专项补助资金。

【中心镇建设】 梅州市有 22 个中心镇，占全市建制镇总数的 21.15%。中心镇供水、供气、市政道路、路灯、园林绿化等建设不断完善。污水处理设施列入“十二五”规划，通过采取省、市扶持和补助，县、镇解决方式，提高中心镇污水处理水平。

不断加大对农村垃圾收运处理。大部分中心镇对农村垃圾采取户收集、村运输、镇处理的模式，有效解决农村垃圾污染环境的问题。

加大客家古民居保护和新民居建设力度。市委、市政府开展“市级客家古民居”评选活动。经组织申报、初评和现场考察、专家组评议等一系列程序，评出以梅江区“联辉楼”等为代表的市级客家古民居 80 个，授牌表彰奖励。同时，不断推动客家新民居建设的深入开展。

【绿道建设】 为推进绿道网建设工作，建设宜居城乡，实现绿色崛起，打造好世界客都，市委、市政府制定《梅州市绿道网建设工作方案》，编制完成梅州市区绿道示范段线路规划方案，全市已建成 14 公里绿道，正按绿道标准完善相关设施。

(蔡小裕)

建筑业

【概述】 2010 年，市建筑业总产值为 126.49 亿元，比增 26.74%；建筑业增加值 29.72 亿元，比增 10.03%；建筑业增加值占全市 GDP 的 4.85%，比降 6.74%；建筑业上缴税收 5.71 亿元，比增 19.70%；建筑业税收占全市地方税收的 17.03%，比上年同期下降 0.63 个百分点。市发生建筑施工安全生产事故 2 起，死亡 2 人。12 项工程评为“梅州市建设工程安全生产、文明施工样板工地”，1 项工程评为“梅州市质量优良样板工程”，6 项工程评为“广东省建设工程安全生产、文明施工样板工地”。继续加强新技术新材料的应用推广，加大人才管理和教育培训力度。全市有 103 人参加高级工程师评审，通过 63 人；496 人参加工程师评审，通过 387 人；16 人参加助理工程师评审，通过 16 人。

【建筑市场管理】 开展建筑业企业资质监督检查工作，抽查 31 家三级资质施工企业，重点检查企业的资质达标、制度建设、市场行为等情况，对达不到资质标准要求的 4 家企业采取撤回资质的处理。对 5 家施工企业、1 家勘察设计企业、1 家建设单位、1 家监理企业和 8 名相关责任人作出通报批评，对 2 家在工程投标中弄虚作假的外来施工企业作出相应处罚。

【招投标管理】一是贯彻执行《中华人民共和国招投标法》、《广东省实施〈中华人民共和国招投标法〉办法》、《国务院办公厅关于进一步规范招投标活动的若干意见》以及国家发改委等9部门印发的《关于贯彻落实扩大内需促进经济增长决策部署进一步加强工程建设招投标监管工作的意见》等相关法律法规，以政府投资项目为重点，依照市政府关于各职能部门在招投标活动中的职责分工，对市政和房建工程项目，严格按照市发改局核准的招标范围、招标方式和招标组织形式进行监管，确保招投标活动公平、公正、公开。二是加强工程建设领域信息公开和诚信体系建设。及时披露工程建设各责任主体的市场信用记录，同时整合有关部门和行业信用信息资源，充分利用住建部和省住建厅建筑市场诚信信息平台，实现全行业诚信信息共建共享，在行政许可、市场准入、招投标资质管理等工作中，对失信行为进行惩处，对守信行为给予激励，逐步建立健全信用档案管理制度和失信惩戒制度。三是完善制度。针对各县(市、区)对外地企业管理较为混乱的现象，市住房和城乡建设局根据有关法律、法规、规章的规定，结合实际，制定《关于规范外地驻梅建筑业企业管理的通知》，规范外地驻梅建筑业企业的管理，维护工程建设各方责任主体的合法权益。

【工程质量监管】一是推行住宅工程质量分户验收制度。市直住宅工程从2009年4月1日起开始实行分户验收，各县(市、区)先后开展该项工作。二是加强工程质量检查，严厉查处违法违规行为。对存在违法违规行为的各责任主体和人员作不良记录予以公示。每年定期、不定期组织全市商品混凝土生产企业的检查和工程质量检查，通过检查，促进工程建设各方责任主体加强质量管理，同时，督促各县(市、区)建设局加强监管。三是突出监管重点。进一步加大对大型公共建筑、保障性住房、商品住宅以及市委市政府重点工程的监管力度，确保工程质量。四是强化地基基础、主体结构工程实体质量监管。坚持以地基基础、主体结构和影响使用安全及使用功能的关键部位为监督工作重点，执行工程建设强制性标准，确保工程结构安全。五是加强房屋建筑工程竣工验收管理，防止不合格工程流入社会。按照国家和省有关规定，对房屋建筑工程的竣工验收组织形式、验收程序执行情况、验收方案实施情况进行监督，对竣工验收资料进行审核，并对工程竣工验收执行国家强制性标准、规范情况和质量评价结果进行监督，切实保证工程竣工验收工作质量。

【建筑施工安全监管】一是促进工程建设各方主体落实安全生产责任制。严格执行《广东省住房和城乡建设厅建筑工程安全生产动态管理办法》，对工程项目施工现场的施工、监理企业，以及施工企业的主要负责人、项目负责人、专职安全员，监理企业的总监理工程师、专业监理工程师等人员未履行安全生产责任情况进行扣分，促进企业和现场管理人员落实安全生产责任。二是突出重点，严防建筑施工安全生产事故发生。针对易发生事故部位，开展安全生产专项治理工作，近两年分别开展建筑起重机械、高大模板支撑以及外脚手架等危险性较大分部分项工程专项整治工作，取得良好的效果。三是组织全市建筑施工安全生产检查。按照省住建厅、市安委会关于开展“安全生产年”、“安全生产月”和“百日整治”专项行动的要求，开展安全生产专项整治活动。全年组织各类安全检查6次，开展建筑起重机械专项整治1次，其中到各县(市、区)督察3次，检查工地358个，发现事故隐患1500多个，发出整改通知书300份，并对存在严重安全隐患的5个工程的施工单位和8名项目负责人进行通报批评。

【建设工程造价管理】一是召开《2010年广东省建设工程计价依据》宣传贯彻会议，规范计价行为，合理确定和有效控制工程造价，维护建设工程发包承包双方的合法权益。二是每季度定时发布建筑工程材料价格信息,满足建筑市场的需要。三是对全市650多名造价员进行继续教育培训和年检验证工作,提高造价从业人员的业务素质。

【勘察设计管理】 贯彻实施建设部2007年颁布的《建设工程勘察设计资质管理规定》、《建设工程勘察设计资质管理规定实施意见》,落实住房和城乡建设部2009年发出的《关于工程设计资质证书更换新证有关问题的通知》要求,组织市工程设计企业更换资质证书工作。完成15家设计企业资质换证工作,2家设计企业(兴宁建筑设计院有限公司、丰顺建筑设计有限公司)未按照规定时间换证,重新申报企业资质。5家设计企业未开展换证工作,其企业资质自行失效(五华建筑设计院有限公司、五华县水电设计室、丰顺县水电设计室、大埔县水电设计室、平远县水电设计室)。市勘察设计企业23家,其中房屋建筑设计资质企业甲级2家,乙级5家,丙级2家,勘察资质企业共8家。现有年度备案勘察设计企业3家(广东宏图、广东华强嘉捷、广州中煤),办理单项备案企业7家。

【市政府投资建设项目管理】 按照《梅州市政府投资市属非经营性建设项目代建管理办法(试行)》,强化"政府代建"工程建设项目安全质量管理,严格控制投资、工期,提高社会和经济效益。2010年在建代建项目80项,施工招标125个标段,立项总投资28.73亿元。

【建筑节能】 建筑节能管理制度不断完善。梅州市建设局一是发出《关于实施民用建筑节能信息公示制度的通知》,制定建筑节能信息公示制度,要求施工现场和商品房销售现场要进行节能公示,接受社会监督。二是发出《关于进一步加大工作力度 确保完成"十一五"建筑节能目标任务的通知》,制定工作目标,落实工作任务。三是推进可再生能源太阳能热水器的应用。发出《关于在民用建筑中推广使用太阳能热水器及成套技术的通知》,对设计、施工提出具体要求。四是建立建筑节能认定备案制度,推广建筑节能新技术、新材料的应用。五是开展政府机关办公建筑和大型公共建筑能耗统计,并在网上进行能耗公示,为开展能源审计、监管平台建设打下基础。2010年,实现建筑节能设计完成执行标准率100%,完成节能施工阶段执行标准率95%以上。

(郭俊雄)

房地产业

【概述】 2010年,继续执行2009年制定的一系列鼓励住房消费的政策,房地产开发投资明显增长,商品住宅供应充足,房价增长较快。

【房地产开发】 2010年,全市有房地产开发资质企业202家,完成房地产开发投资25.46亿元(市直7.83亿元),比上年增加116%;开发项目217个(市直24个),比上年增加40%;新开工面积119.55万平方米(市直26.79万平方米),比上年增加11%;竣工面积82.99万平方米(市直20.48万平方米),比上年减少2%,其中住宅竣工面积75.56万平方米(市直18.12万平方米),比上年减少7%;销售商品房面积99.29万平方米(市直22.05万平方米),比上年增加3%,其中住宅销售面积94.13万平方米(市直20.21万平方米),比上年增加4%;空置商品房面积32万平方米(市直17.15万平方米),比上年减少26%;存量住宅1324套(梅州城区436套),比上年减少31%。

【房地产管理】 落实国家和省调控房地产市场的一系列政策,引导房地产市场健康发展。一是增加商品房供应。鼓励扶持中小企业增加中小户型中低价位的商品房供应。二是支持自住商品房消费。对支持自住型商品房消费政策的执行情况进行评估后,市政府已决定将支持自住型商品房消费政策延长2年。三是规范市场。研究规范房地产市场的政策;推行并实施商品房网上销售,防止一房多卖,实现房源信息公开;分析统计购买对象地区分布;组织房地产市场专项检查;及时纠正违法违规行为;组织房地产中介服务机构学习房地产法律,规范操作,杜绝欺诈行为。

(郑嘉玮)

【产权产籍管理】 推进规范房地产交易和登记管理系统一体化建设,结合实际对原房地产交易登记内网系统和预售管理系统、测绘系统各自独立,不能适应和满足管理一体化要求的状态进行改造,重新构建房地产登记管理一体化系统建设。组织相关人员到揭阳、潮州、河源市房管部门进行参观学习和调研房地产管理系统一体化建设运行情况,进行构建新系统的招投标相关工作,通过招投标由广州科创电脑技术开发有限公司中标和实施。2010年6月底完成房地产管理一体化系统的软硬件安装试运行,7月中旬启用新系统操作。

2010年,全市共完成新建商品房现售成交11297套,比增13%,成交面积147万平方米,比增15%,成交金额计28.04亿元,比增29%;完成存量房(二手房)交易7537套,比增5%,成交面积96.6万平方米,比增4%,成交金额12.76亿元,比增31%;完成预购商品房和现房抵押贷款件数22209件,比增20%,抵押登记面积424万平方米,比减31%,抵押登记金额109.07亿元,比增174%。

市直全年完成新建商品房现售成交3468套,比增44%,成交面积41.8万平方米,比增35%,成交金额计12.47亿元,比增67%;完成存量房(二手房)交易套数4227套,比增23%,成交面积55万平方米,比增15%,成交金额6.64亿元,比增42%;完成预购商品房贷款抵押949件,比增37%,抵押登记面积11.7万平方米,比增84%,现房抵押登记件数6034件,比增34%,抵押登记面积131万平方米,比增2%。房地产权属登记4140宗,比增96%,房产档案管理接受新建档案16686份,比增10%,整理12050份,比增73%。

(丘加达)

【公房租赁管理】 根据《广东省公有房产管理办法》和市政府印发的《梅州城区廉租住房保障暂行办法》及《公房租赁合约》等规定,构建公房保障体系,着力解决城镇无房户、危房户及低收入家庭住房困难。

公房租赁管理部门制定、落实每季度进行一次用电、燃气、危旧房屋安全排查的制度,发现问题及时整改。特别是台风、暴雨季节,成立保障小组,将安全防范措施宣传到户,落到实处,并做好备案、跟踪复查工作,确保公房租赁户的人身和财产安全。

2010年,梅州城区公房面积154855.93平方米(其中廉租房面积17252.83平方米),符合租赁公房的租赁户数有2226户、人数6678人(其中廉租房租赁户数250户,人数750人),租金收入3575113.68元。公房维修宗数703宗,保障公房租赁户的居住安全。

(唐丁照)

【住房保障】 市政府出台《梅州城区低收入住房困难家庭购买自住商品房货币补贴办法》,对于符合市政府规定的经济适用住房保障条件的梅州城区低收入住房困难家庭,给予每户3万元的购房货币补贴。制订《梅州城区“十二五”住房保障规划(2011~2015年)》和《梅州市“十二五”住房保障规划(2011~2015年)》。对国有工矿棚户区和林业棚户区的基本情况进行初步的调查摸底。2010年,投入资金2649万元,建设廉租住房268套,建筑面积1.35万平方米。对842户符合廉租住房保障条件的城镇低收入家庭通过实物配租和住房租赁补贴方式进行应保尽保,保障人数2778人。投入资金3420万元,建设经济适用房320套,建筑面积1.95万平方米。其中梅州城区投入资金870万元,建设廉租住房83套,建筑面积0.42万平方米,对321户符合廉租住房保障条件的城镇低收入家庭通过实物配租和住房租赁补贴方式应保尽保,保障人数1060人。市政府与省政府签订的2010年“广东省解决城镇低收入家庭住房困难工作目标责任书”规定的各项目标任务全面完成。2010年,市直单位共发放住房货币补贴1178.65万元,合计588人。其中,财政拨款914.85万元,437人,单位自筹资金263.8万元,151人。 (赖维纲)

环境卫生

【概述】 2010年,市环卫局每天清扫保洁道路320万平方米,梅州城区道路机械化清扫率30%;每天清运处理生活垃圾360~380吨,清洗保洁果皮箱3000多套;管理公厕58座、固定垃圾中转站21座,上门服务收运生活垃圾5万多户。全年清运处理生活垃圾14万吨,规范受纳排放建筑垃圾20万立方米,查处乱倒乱堆建筑垃圾行为1258宗,查处扬撒漏行为637宗。

【奇龙坑垃圾填埋场】 至2010年年底,奇龙坑生活垃圾卫生填埋场建设项目完成投资7000万元,首期填埋区工程完工,渗滤液处理设备完成安装调试,正在进行综合管理楼及跨S223线进场天桥的建设。9月15日,新垃圾填埋场投入使用,关闭龙丰垃圾卫生填埋场。与此同时,总投资500余万元的粪便处理厂竣工投入使用,城区粪便无害化处理率≥80%,达到国家卫生城市标准。

【龙丰垃圾填埋场】 龙丰垃圾填埋场运用CDM机制对垃圾场进行综合治理,至2010年年底,实现收集处理垃圾沼气3916万立方米,发电502万千瓦时,累计减排CO_2总量29万吨,实现经济效益1796万元。该项目荣获2010年“迪拜国际改善居住环境最佳范例奖”全球百佳范例称号。

(李伟清)

环境保护

【概述】 2010年,梅州环境质量保持良好稳定。城市空气质量优良天数365天,优良率100%,是全省城市空气质量达到国家一级标准的三个市之一。水环境质量达标率继续保持100%,集中式饮用水源地水质达标率、地表水环境功能区水质达标率和跨市河流交接断面水质达标率100%,宁江、程江、琴江等河段水质进一步改善,声环境质量继续保持稳定。

【实施规划】 组织实施《梅州市环境保护规划纲要(2007~2020年)》和纲要实施方案,明确不同区域的功能定位和发展方向,将全市划分为严格控制区、有限开发区和集约利用区三个级别,实行生态分级控制管理。制定实施《梅州市电镀行业统一规划统一定点实施方案》,按计划推进电镀行业基地建设。编制完成《梅州市固体废物污染防治暨推进循环经济规划研究报告》、《梅州市环境保护和生态建设“十二五”规划》和《梅州市“十二五”主要污染物总量控制规划》,明确“十二五”环境保护、生态建设和污染减排目标、任务。

【环境监测】 开展城市环境空气质量、饮用水源水质、地表水环境和声环境等例行监测工作。加强城市环境空气质量日报自动监测系统和梅江长沙水质自动监测系统管理和运行维护工作。开展各县(市、区)落实"环境监测质量管理三年行动计划实施方案"情况现场检查考核和监测质量"大比武"活动。完成监督性监测、委托监测、污染减排比对监测、污染源现状调查监测、污染纠纷监测、环境应急监测等监测工作,全年取得有效监测数据143125个。

【污染减排】 围绕"十一五"和2010年度污染减排目标,认真落实减排措施,加强前置审核,建立健全建设项目环保管理主要污染物排放总量前置审核制度,把总量指标作为各县(市、区)和工业园区建设项目环评审批的前置条件,从源头上控制新污染源。加强监管减排,9家国家重点监控企业及污水处理厂开展自动监测数据有效性审核,确保污染减排项目稳定运行。进一步完善污水处理厂配套管网,"一县一厂"达到60%以上的处理负荷,城市生活污水集中处理率71.02%。加强结构减排,2010年6月底关停梅县电厂3、4号机组(2×12.5万千瓦),并经国家发改委专家现场核查通过。制定《关于落实2010年淘汰落后水泥产能计划的通知》,把年度淘汰任务分解落实到各县(市、区)和重点企业,严格执行差别电价政策,2010年淘汰落后水泥产能238万吨,"十一五"完成淘汰任务422万吨,超额完成省下达的275万吨任务。淘汰两家企业4条生产线共2.3万吨落后造纸产能,超额完成省下达的1.5万吨任务。加强减排责任考核,制定实施《梅州市2010年主要污染物总量减排计划》,将减排目标任务分解落实到各县(市、区)政府和重点减排企业。继续将主要污染物总量减排完成率纳入科学发展观评价指标体系,制定实施《关于加强2010年落实科学发展观环保考核工作的函》,落实考核责任,形成一级抓一级,层层抓落实的良好局面。经国家和省初步核定,2010年实现化学需氧量减排0.02万吨, 二氧化硫减排0.79万吨, 全面完成省下达的2010年和"十一五"污染减排目标任务。

【建设项目环境管理】 进一步规范建设项目环评受理、审批程序,出台《梅州市环境保护局建设项目环境影响评价文件内部审查程序规定 (试行)》、《梅州市内可能造成较大环境影响的项目名录》等制度,印发《关于市属三大园区实行建设项目主要污染物排放总量前置审核制度的通知》,严格建设项目审批、总量前置审核和环保"三同时"验收把关,对无总量指标和高污染、高能耗、工艺落后等不符合环保法律法规和产业政策的项目一律不予审批。同时,加强环评机构的备案和考核管理,不断提高环评文件质量。2010年审批项目798个,环评审批执行率100%,受理环保"三同时"验收项目330个。

【饮用水源水质保护】 制定实施《梅州城区梅江饮用水源保护和监管工作总体方案》,开展梅江河及上游环境综合整治。在饮用梅江河水期间,加强梅江河水质监控,实行三天一次监测、一月两次巡查,确保梅江河水环境质量稳定。根据实际情况,调整《梅江河水保洁防污染议案的实施方案》的城市污水处理率、建制镇集中式饮用水源保护区划定指标。加强清凉山水库饮用水源保护监测和监察,确保饮用水源安全。开展《水污染防治法》执行情况和梅西水库污染整治情况执法检查。

【环境整治与生态创建】 开展梅江区三角镇三角村“创卫”包段的环境整治，配合做好梅州城区“五乱”整治，梅州城区饮食服务业推行使用清洁能源，完成118辆黄标车以旧换新补贴资金审核，核发6181份机动车环保分类标志。组织开展广东省生态示范乡镇的创建和申报工作，持续巩固生态示范创建成果和生态优势。推进农村生态建设示范工作，全面开展农村环境综合整治。加强农村环境保护，改善农村环境质量，创建市级生态镇(街)17个，生态村(居)374个。兴宁市石马镇、大埔县湖寮镇获2009年度广东省级生态示范镇称号，兴宁市龙田镇、蕉岭县蕉城镇、五华县水寨镇获2010年度“广东省生态示范乡镇”称号。

【执法监管】 突出抓好重金属、电镀、电路板企业污染整治和水源水质保护等工作，严厉打击企业环境违法行为。2010年全市出动执法人员14183人次，检查企业4718家次；停产企业33家，发出限期责令改正通知书298份，立案查处118宗；处罚金额206.15万元，比增153.4%；征收排污费2816.8万元，比增10.66%。

开展丰顺县电声行业电镀企业综合整治，促进电声行业转型升级。市政府拨300万元支持丰顺县电镀企业污染整治工作，坚决整治丰顺县电镀企业污染；市环保局和市监察局开展联合督办，加强对保留电镀车间整改工作的指导服务。丰顺县通过加强现场执法检查，依法查处非法生产、违法排污企业，全力抓好电镀企业整治工作。通过整治，关闭12家专业电镀企业和10家自配电镀车间，完成6家保留自配电镀车间整改，如期完成挂牌督办任务。

加强梅州经济开发区环境综合整治，把经济开发区环境综合整治作为区域环境整治的重中之重。发出《关于进一步加强梅州经济开发区环境管理的通知》，加强园区环境监管，全面开展开发区电路板企业专项整治。对36家(次)电路板企业责令限期整改，对4家企业进行限期治理，立案查处14家企业环境违法行为，对3家废水排放量大企业推行环保设施第三方运营。环保、监察部门联合印发《关于挂牌督办广东梅州经济开发区环境问题的通知》、《梅州经济开发区环境问题挂牌督办工作方案》，对梅州经济开发区环境问题进行挂牌督办。以废水分质分类、统一收集治理和印制电路板企业整治为重点，强化治旧控新、监建并举，确保污染物稳定达标排放。成立梅州印制电路板行业协会，建立完善行业约束机制，加强行业自律，推动电路板行业整治整合、优化发展。

开展全市放射源和射线装置使用单位安全检查，收贮19家企业共37枚闲置、废弃放射源。加强医疗废物环境监管，全市约500家医疗机构1000多吨的医疗废物得到集中处置，全市医疗废物集中处理率89.81%，工业危险废物处置利用率100%。

【信访和应急】 进一步规范环境信访办理程序，落实岗位责任，畅通“12369”等群众举报渠道。高度重视污染纠纷的调查处理工作，对网上信访反映的废气、废水、噪声、电磁辐射污染等突出环境问题及时进行处理，维护群众环境权益。加强亚运期间环境信访工作，扎实开展领导干部“四访”活动，及时排查重点环境信访案件。对城市花园湘膳餐馆环境信访案件等9个重点信访案件领导包案调处，把环境信访问题解决在萌芽状态。2010年，全市受理环境信访案件2482宗，同比减少11.7%，调处率100%，未发生因环境问题而引发的群体性上访和越级上访事件。强化应急管理，举行“6.3”汕梅高速公路交通安全、环境污染突发事件应急联合演练。妥善应对“7·3”福建紫金矿业污水渗漏事故，开展水质监测、现场巡查和信息收集上报，及时报告水质监测结果。应对“9·3”汕梅高速(梅州水车段)运输车辆发生保险粉泄漏燃烧事故，事故未造成水和大气污染。

【环保宣教】 以“绿色经济，低碳生活”为主题，举办“6·5”世界环境日宣传活动；举办企业环保知识座谈培训会；举办短信互动、“绿色经济，低碳生活”签名、节能宣传周、绿色出行日、环境保护咨询、现场监测演示、废弃手机电池回收等活动；播放环保宣传片；举办环境保护与绿色崛起摄影作品展；形成浓厚的环保宣传氛围。办好《梅州环保》，制定实施《梅州环保编辑出版制度》、《梅州环保稿件评比办法》，不断提高办刊质量，2010 年共出版 4 期、4000 多份，评选出优秀稿件 12 篇、优秀编辑 6 人、优秀通讯员 12 人，《梅州环保》已成为宣传全市环境保护工作的主要窗口和重要平台。

（林巧娟）

责任编辑：吴跃华

世界客都大道（古礼贤摄）

旅游

【概述】 2010年，全市旅游行业努力创建客家文化生态旅游示范区、梅赣龙客家文化生态旅游圈、梅潮山海文化生态旅游圈，全力打造梅县雁洋保健疗养旅游线，大埔生态名人名居旅游线，丰顺、五华、兴宁温泉度假旅游线，蕉岭、平远秀美山水旅游线，推动旅游产业蓬勃发展。全市接待国内外游客747.2万人次，比上年增长35%；旅游总收入72.83亿元，比上年增长44.79%。

【旅游规划】 7月14日，平远县《广东南台山国家森林公园总体规划》通过华南师范大学地理学院专家组评审；7月15日，蕉岭县《广东镇山国家森林公园总体规划》通过华南师范大学地理学院专家组评审。10月，《平远县乡村旅游发展总体规划》通过中山大学地理科学与规划学院专家组评审。

【景区建设】 1月28日，全国首个旅游产业园——客天下旅游产业园正式开业。产业园位于梅江区三角镇东升村，占地面积2000公顷，2006年3月29日动工兴建，以“大旅游、大客家”为主题，以“强调特色个性、提升精品意识、发掘客家文化、尊重山水自然”为开发思路，以建设新型旅游城为主线。由广东鸿艺集团投资30亿元分三期开发，将客家文化精髓融入每一个构建的景观之中，成就一方原生态的山水圣地，精心打造集客家文化、绿色生态、休闲度假、观光娱乐于一体的多功能新兴产业园。首期开发面积637公顷，已建成的客天下广场、亚洲最大千亩杜鹃园、全球最大客家鼎、百米大型客家迁徙图浮雕、50米客家墟日图铜雕、客家赋石雕、客家祠、圣山湖、梅花园、儿童游乐世界、客天下演艺中心、客天下深航国际酒店一并开张迎客，成为梅州一座清新亮丽的旅游新城。兴宁市斥资1000万元，按修旧如旧的原则，对坐落于兴城北门138米长的明代古城墙进行抢救修复，完成城砖添补、城垛复原、护城河重掘等工程，再现古城墙古朴典雅的风貌，于2月24日竣工并向海内外游客开放。蕉岭县投入1600万元，在新铺镇尖坑村淞沪抗战英雄谢晋元将军故居和纪念馆的基础上扩建纪念园，于8月落成，为梅州“红色之旅”增添一处新景点。4月5日，大埔县富大陶瓷有限公司被省旅游局、省科技厅评为“广东省科技旅游示范基地”。10月12日，蕉岭县长潭生态旅游区、皇佑笔旅游区，大埔县丰溪森林生态旅游区，被省林业局、省旅游局评为“广东省森林生态旅游示范基地”。11月，叶剑英纪念园、平远县红军纪念园、大埔县“八一”起义军三河坝战役纪念园，被省委宣传部、省发改委、省旅游局评为“广东省红色旅游示范基地”。

至2010年年底，全市拥有国家AAAA级旅游区4家——雁南飞茶田景区、雁鸣湖旅游度假村、叶剑英纪念园、灵光寺旅游区；国家AAA级旅游区7家——五指石风景名胜区、汤湖热矿泥山庄、神光山旅游区、长潭旅游区、西岩茶乡度假村、龙鲸河漂流旅游区、益塘水库旅游区；全国红色旅游经典景区1家——叶剑英纪念园；全国农业旅游示范点2家——雁南飞茶田景区、雁鸣湖旅游度假村；省级风景名胜区、省级旅游度假区、省级农业旅游示范点各2家，省级乡村旅游示范基地、省级科技旅游示范基地各1家，省级红色旅游示范基地3家；共有星级饭店32家，其中四星级2家、三星级14家、二星级15家、一星级1家；拥有旅行社35家，其中出境游组团社3家、旅行社32家；旅游汽车公司4家，游船公司1家，高尔夫球场1家。

【旅游会议】 11月26日，市委、市政府召开全市旅游工作会议。市委书记李嘉强调，全市上下要从绿色的经济崛起的战略高度，进一步深化对发展旅游先锋产业重要性的认识，全市动员、全民参与，只争朝夕、破难攻坚，掀起旅游先锋产业的新一轮大发展热潮。市委副书记、代市长朱泽君总结全市旅游产业近年来的发展情况，并强调，各级各部门一定要达成共识，充分研究规律、层层落实责任、完善配套政策，以旅游先锋产业助推绿色的经济崛起。

【宣传营销】 2010年，市政府拨出150万元旅游宣传营销专项经费。市旅游局继续实施“整体营销、联动营销、主题营销”举措，与《中国旅游报》、《南方日报》、《深圳特区报》、南方电视台、新华网5家主流媒体开展旅游宣传营销合作。全年在5家媒体刊发及播放梅州旅游广告、旅游新闻、旅游专题、旅游资讯共838期次，其中《中国旅游报》、《南方日报》、《深圳特区报》刊登宣传图文26版、62篇；南方卫视播放“世界客都·梅州”30秒及15秒宣传广告629期次，“潮流假期”栏目播放20分钟旅游专题片15期次，总时长300分钟；新华网发布旅游专题、专访各2期，梅州旅游新闻40篇，梅州旅游推介文章90篇，实际传播天数1082天，传播覆盖面共19.4亿人次。市旅游局先后推出“客都丽人行”、“春游客都”、“休闲之旅”、“文化之旅”、“红色之旅”系列主题营销活动，以此为载体宣传推介“世界客都”旅游城市形象。市旅游局组织各县(市、区)旅游局及20家旅游企业一行39人，于4月22~24日首次赴上海市徐汇区宛平宾馆举行“世界客都·梅州旅游(上海)推介会”，利用上海世博会的机遇，主动对接上海旅游界及新闻界人士，通过现场展示与交流互动，大力宣传推介“世界客都”旅游产品，为拓展以上海为中心的华东客源市场奠定良好基础。组织梅县、蕉岭、五华、丰顺县旅游局及9家旅游企业一行25人，于6月11~13日先后赴福建省龙岩、三明市开展旅游市场营销活动。市旅游局组织各县(市、区)旅游局和主要旅游企业，参加3月25~27日的广州国际旅游展览会，4月23~25日的中国(重庆)国内旅游交易会，4月30~5月4日的台湾台北两岸观光博览会，9月6~11日的厦门市第6届海峡旅游博览会，9月25~28日的广东国际旅游展览会，进而提升梅州旅游的知名度和吸引力。

【行业管理】 2010年，市旅游局围绕国家旅游局确定的“全国旅游服务质量提升年”主题，以构建诚信旅游体系为基础，以提高旅游服务质量为目标，加强全市旅游行业管理。实力雄厚的广州市广之旅国际旅行社股份有限公司与梅州市假日国际旅行社联手合作，在梅州设立广之旅分公司，于5月30日上午正式挂牌成立。同日，市假日国际旅行社联合100家来自北京、山西、江西、海南、广州、汕头、河源等地的旅游企业代表，签订《旅游服务质量承诺》书，向社会公众郑重承诺严格遵守旅游合同约定，文明经营，规范服务，确保提供优质旅游产品和线路。市旅游局组织旅游质监执法联检人员共出动148人次，对主要旅行社、旅游景区、星级饭店、游船公司进行重点检查，下发整改意见书12份，处罚违规导游员4名；全年受理旅游投诉11宗，结案率100%。经市旅游局批准，4月取消梅县嘉得利酒店三星级饭店资格，12月成立丰顺县假日旅行社。市旅游局组织339人于3月、9月参加全国导游资格考试；组织梅州代表队参加全国旅游饭店服务技能大赛广东选拔赛，于5月获得优秀组织奖；7月2日与市人力资源和社会保障局共同承办"梅州市'喜多多杯'导游员职业技能大赛总决赛"，市农业学校的凌默利获得一等奖，客天下旅游产业园的刘苏琴、平远县五指石旅行社的鲁燕玲获得二等奖；组织4名选手参加9月10日的"广东省导游员职业技能大赛总决赛"，市旅游局获得优秀组织奖，平远县五指石旅行社的鲁燕玲、梅州客通游船有限公司的林文静获得"南粤优秀导游员"称号。由市精神文明建设委员会办公室、市旅游局联合开展的"文明风景旅游区和十佳文明导游"评选活动，于12月结束。神光山国家森林公园、雁南飞茶田景区、雁鸣湖旅游度假村、灵光寺旅游区、叶剑英纪念园、五指石风景名胜区、长潭旅游区、西岩茶乡度假村、龙鲸河漂流景区、汤湖热矿泥山庄入选"梅州市文明风景旅游区"；市旅游总公司的廖清、市中旅社的饶瑜、市假日国际旅行社的江小环、梅州客通游船有限公司的林文静、客天下旅游产业园的刘苏琴、兴宁市永嘉国际旅行社的梁菊芳、梅县中旅社的梁晓春、平远县五指石旅行社的鲁燕玲、大埔县中旅社的刘小丽、五华县华之旅旅行社的钟长文被评为"梅州市十佳文明导游"。

【梅台交流合作】 8月16~22日，市委书记李嘉，市委常委、常务副市长李金元率团赴台湾参加"台湾·广东周"活动，参观三峡客家文化园区、苗栗县三湾乡神农科技休闲农场、南庄乡山芙蓉咖啡屋、桂花园等特色农业旅游景点，考察现代农业与旅游文化、休闲度假有机融合的运作模式。8月17日，签订《梅台两地旅游合作框架协议》、《梅台两地旅行社交流合作框架协议》、广之旅国际旅行社《梅台两地旅行社交流合作框架协议》。两地签约确定在旅游项目开发、旅游产品推介和客源市场拓展方面进行深度合作。

【梅州客家美食文化节】 12月3~7日，由市政府主办，市旅游局、市旅游协会、市餐饮行业协会承办的"梅州客家美食文化节"，在梅城剑英体育馆广场举行。全国人大常委、农业与农村委员会副主任委员李乾元，广东省委常委、副省长肖志恒，广东省农业厅厅长谢悦新等领导出席3日上午的开幕式。市旅游局组织36家星级饭店及餐饮名店参展，设立42个展位，展销210种客家美食菜肴和客家特色小吃，共接待海内外游客与市民10万人次，销售收入100万元。

【自驾旅游日周系列活动】 由省旅游局、市政府主办，市旅游局、各县(市、区)政府承办，省自驾旅游协会、市自驾车旅游协会协办的"第四届广东自驾旅游日暨梅州金柚飘香自驾旅游周系列活动"，于12月5~12日举行。5日上午，省旅游局副局长周开生、省旅游协会副会长李进茂等出席在客天下旅游产业园广场举行的，由省旅游局、市政府主办，市旅游局、梅江区人民政府、广东鸿艺集团有限公司承办的自驾旅游日周系列活动启动仪式。市五套班子领导、各县(市、区)党政负责人、省内外旅游界人士、媒体记者、车行车友、自驾车游客等共3500人参加活动。启动仪式结束后，领导与来宾前往梅城剑英体育馆广场"客家美食文化节"现场，参观与品尝客家美食。来自广州、深圳、东莞等地品牌自驾游车队环游客天下旅游产业园，开启"金柚飘香·自驾游客都"之旅。

各县(市、区)自驾游活动丰富多彩。11月27日，蕉岭县在长潭旅游区举办首届枫叶节暨第四届金橘节。12月4日，平远县举办第六届脐橙旅游节；五华县在汤湖热矿泥山庄举办第三届热矿泥浴节。12月5日，梅江区在市体育训练中心足球场举行客都自驾游足球赛；梅县在雁鸣湖旅游度假村举办金柚节。12 月 5~12 日,兴宁市举办自驾车乡村旅游节。12 月 6 日,大埔县在枫朗镇西岩茶乡度假村举办第二届西岩茶香旅游节;丰顺县在千江温泉度假村举办第四届温泉文化旅游节。

【旅游扶贫】 6 月 30 日上午,市委、市政府在梅城剑英体育馆举行首个“广东扶贫济困日”活动捐助仪式,市旅游局捐款 7.37 万元,市旅游总公司捐款 0.35 万元。8 月 6 日,广东省旅游扶贫大型重点项目评审会在广州举行,市旅游局推荐大埔县西岩茶乡度假村参与竞标,以 87.2 的分数位列全省第三名,获得 300 万元旅游扶持资金。

【获得荣誉】 1 月,大埔被中国烹饪协会评为“中国小吃名县”。2 月,梅州被省政府命名为“广东国民旅游休闲示范市”;雁南飞茶田景区被国际休闲产业协会授予“国际最佳生态休闲景区”称号。3 月,梅州被联合国旅游经济促进会命名为“国际魅力旅游城市”;雁南飞茶田景区被世界休闲组织中国分会、广东省旅游协会评为“最喜爱的休闲景区”。4 月,平远县被中华文化促进会旅游文化研究中心评为“中国最佳文化休闲旅游县”、梅县雁洋镇获评“中国优秀文化休闲旅游镇”,平远县县委书记肖文浩、梅县雁洋镇党委书记李理和被授予“中国文化休闲旅游建设杰出人物”称号。7 月,雁南飞茶田景区围龙大酒店被中国饭店年会组委会评为“中国最佳绿色酒店”。8 月,雁南飞茶田景区被全国绿化委员会授予“全国绿化模范单位”称号。9 月,参加“迎亚运花车嘉年华”广州街区大巡游活动的梅州旅游花车,被广东国际旅游文化节组委会评为一等奖。10 月,雁南飞茶田有限公司,被国家林业局、教育部、共青团中央授予“全国生态文化示范企业”称号。11 月,大埔县被国际旅游营销协会、国际旅游促进会授予“中国特色旅游休闲度假胜地”称号,大埔县县长谢志云获得“推动旅游品牌建设贡献奖”。

(饶贵祥)

责任编辑:吴跃华

2010年8月17日,梅州市旅游协会与台北旅行商业同业公会签订《梅台两地旅游合作框架协议》。(市旅游局提供)

教育

综述

2010年,全市有各级各类学校1939所。其中小学1292所,在校生313281人,学龄人口入学率100%,毛入学率101.89,升学率102.87%;初级中学180所,在校生249625人,学龄儿童入学率100%,毛入学率103.35%,升学率99.00%;普通高中(含完全中学)65所,在校生124973人,毛入学率48.56%,升学率78.81%;中职学校31所,在校生70012人,毛入学率89.34%;幼儿园367所,在园(班)幼儿人数97319人;特殊教育学校4所,在校生615人。全市有国家级示范性普通高中10所,国家级重点中职(技工)学校8所,省级重点中职(技工)学校2所。

2010年,梅县、平远县被评为教育强县;全市有26个镇(街)被评为教育强镇,成为同时期全省通过“创强”验收镇、县最多,推进速度最快的市。至此,全市有教育强镇48个、教育强县(区)4个。2010年12月12日,《中国教育报》头版以《走向教育现代化的必然选择》全面总结广东创建教育强市之路,梅州市创建教育强市的经验做法作为欠发达地区典型报道。

【深化基础教育】继续深化基础教育课程改革,全市中小学按照课程计划开课,小学三年级起开设英语课、四年级起开设信息技术课,不断推进基础教育课程资源的开发、整合和利用,充分发挥基础教育资源的作用,为农村中小学提供良好服务。未成年人思想道德建设、班主任队伍能力建设和德育骨干队伍建设进一步加强,心理健康教育、法制教育和校园文化建设不断推进,新课程体系不断完善。大力实施教育精品工程,注重探究式、讨论式教学和创新精神、实践能力的培养,开展分层分类教学,加强对尖子生的培养,打造教育精品。

【普及高中教育】年初,市委、市政府决定提前一年即2010年实现普及高中教育目标。而2009年梅州高中阶段教育毛入学率仅为76.2%,学位缺少5000个。全市各级政府紧紧抓住“招生”这个“牛鼻子”,创新招生模式、拓宽招生渠道、加大扶困助学力度,建立招生工作县、镇、村“三级责任制”。同时,大力整合优化资源。市教育局将市财贸学校、市商业学校并入市职校,市工业学校并入市农业校,调整各校的办学定位、方向和专业设置。市职业技术学校、市农业学校提前一年实现打造万人学校的目标。全市高中阶段在校生为229915人,毛入学率89.34%,比2009年76.2%提高13个百分点,通过省普高督导验收组的督导验收,提前一年完成省委、省政府提出高中阶段教育毛入学率达到85%以上的普及高中阶段教育任务目标,被省教育厅授予“广东省高中阶段教育普及市”称号。

【提升教育质量】 不断改进教学理念与教学方式,大力推进教育信息化,促进教育资源的优化配置和教育质量的有效提升。2010年,市高考取得良好的成绩,高考普通类考生36824人,在比2009年减少3000多人的情况下,本科和专科入围率较2009年双双得到新提升。全市二本B线以上入围率33.77%,比增4.79个百分点;第三批专科B线以上入围率82%,比增5.8个百分点。

【加强队伍建设】 一是加强培训。进一步健全中小学校长培训机制,提升培训水平,2010年首次组织100名中学校长分两批到北京师范大学学习培训,到珠三角地区中职学校挂职和参加骨干培训。二是加强激励。争取到广东省金秋慈善基金会200万元奖励金,20万元表彰奖励“十佳校长”和“十佳教师”。三是打造名师。2010年市有5个“名师工作室”和1个“名校长工作室”获得省教育厅的确定,23名教师荣获“广东省中小学特级教师”称号。2010年,全市小学专任教师21694人,学历达标率为99.65%;普通初中教师专任教师15487人,学历达标率为98.73%;普通高中专任教师8170人,学历达标率91.81%;中职学校专任教师2025人,学历达标率78.57%。

【解决代课教师问题】 据2008年统计,全市有代课教师2590人。市委市政府高度重视代课教师问题,专门成立以市政府主要领导为组长,由市教育局、市财政局、市机构编制委员会办公室、市人力资源和社会保障局等部门负责人组成的,解决代课教师问题的工作领导小组,统筹协调解决代课教师问题。在调查摸底的基础上,坚持公开、公平、公正的原则,根据省的统一部署,严格按照政策规定,精心组织“代转公”招录考试,先后招录符合条件的代课教师共774人。市部分地区结合当地实际,对未通过两次“代转公”考试的代课教师组织转岗考试,招录教辅工作人员431人。全市先后有1205名优秀代课教师通过考试转为公办教职工,占全市代课教师总人数的46.5%。筹措7100多万元,妥善解决未能招录为公办教职工的1385名代课教师的经济补偿、代通知金和理顺社会保险等经费问题。2010年10月底,市全面稳妥解决代课教师问题,提前完成解决代课教师问题的工作任务。省委汪洋书记专门批示“梅州可以做到的事,其他地方也应当可以做到,关键是领导重视,扑倒身子去处理问题”。

【调整中小学校布局】 进一步整合优化教育资源,基本形成“高(职)中相对集中城区,初中一镇一校,小学规模适中,学前教育以镇为中心”的布局。2010年农村学校总数比2009年减少292所。全市普通高中形成以东山中学、兴宁一中等10所广东省国家级示范性普通高中为龙头,其他面上高中为依托的格局。以普及高中阶段教育为契机,将原属4个不同部门管理的5所中职学校统一归由市教育局管理。中等职业学校形成以市农业学校等4所万人职校为龙头、以梅江区城西职校等6所5000人职校为骨干,各县1所以上职校为基础,各乡镇成人文化技术学校为补充的职业教育办学格局。

【创建安全文明校园】 全市教育系统全面落实各项安全防范措施,开展法律和安全教育宣传活动,加大学校安全整治力度,加强学校内部管理,强化安全工作队伍素质和开展“安全文明校园”创建工作,2010年,全市中小学(幼儿园)校园安全稳定。

(卢伟周)

嘉应学院

【概述】 2010年,嘉应学院校园占地面积108.5万平方米(其中校本部89.5万平方米,梅州师范分院9万平方米,医学院10万平方米),校舍建筑面积50.9万平方米。设置21个院(部)。在校学生28239人,其中普通教育类学生20673人(本科生13755人)、成人教育类学生7566人(本科生2591人)。毕业生8649人,其中普通教育类毕业生4283人(本科生2188人授予学位数2116人)、成人教育类毕业生4366人(本科生2216人)。招生9331人,其中普通教育类招生5737人,成人教育类招生3594人。有45个本科专业(35个专业获得学士学位授予权),38个专科专业。专任教师1115人(不包括聘请校外教师),其中正教授96人、副教授278人,具有博士、硕士学位教师618人。馆藏纸质图书197.71万册,电子图书3478GB。《嘉应学院学报》由双月刊改为月刊,出版12期,定期出版《嘉应学院报》、《嘉应教育论坛》、《客家研究辑刊》3种专业刊物。拥有客家研究院、教育科学研究所、县域经济研究所、计算机应用技术研究所4个研究机构。聘有外籍教师16人。

【编制规划】 成立发展规划编制工作领导小组和发展规划办公室,举行发展规划编制工作动员,举办多场发展规划编制工作专题学习会、工作会、研讨会、咨询会、论证会、通报会和专题报告会,邀请华中科大、教育部评估中心、教育部高等教育研究室、广东外语外贸大学等单位的专家、教授指导规划编制工作,并派出相关人员到省内高校调研,通过一系列工作,编制《嘉应学院总体发展战略规划纲要(2010~2020)》、《嘉应学院“十二五”教育事业发展规划》。根据全省事业单位岗位设置工作的总体安排,学校从4月份推进岗位设置管理工作,成立岗位设置管理工作领导小组,举行“岗位设置管理工作”专题动员会,经过多次开展专题调研工作,对定编定岗进行调查摸底,10月份制定《嘉应学院岗位设置与聘用实施方案》。

【基础设施建设】 2010年新建南区第8栋学生宿舍,建筑面积5565平方米,工程造价650万元;完成活活艺术教育中心大楼的建设工程,建筑面积12700平方米,工程造价2500万元(其中罗活活校友捐资300万元),该大楼于12月20日落成剪彩,7层框架结构,内设演艺中心、教室、舞蹈室和琴房等,是设施齐全的艺术教育中心大楼;为进一步改善办学条件,学校对南区学生宿舍区、东区球场侧的园林绿化和土木工程学院施工技能实训中心进行施工改造,又对中区第2、3栋学生宿舍、江南校区第4、5栋学生宿舍、江南校区礼堂、丽群图书馆、成教楼、宪梓艺术宫等楼内设施、天面进行翻新及维修;另外,投资400万元用于东区运动场400米田径运动场改造工程建设。

【学科建设】 2010年学校组织申报的历史学、心理学、园林、护理学、药学等5个专业通过省学位委员会的评审,被批准为学士学位授权专业,获得学士学位授予资格。至此,学校有45个本科专业中获得学士学位授予资格的专业35个。9月,省教育厅批准学校政法学院的思想政治教育专业为广东省高等学校特色建设专业。10月,学校组织第四批校级精品课程的评审工作,对申报的16门课程进行评审,《教师职业技能课》等12门课程为学校第四批精品课程。11月,学校评审委员会对

15 支教学团队和 9 个特色专业进行评审，评选出《大学英语课程教学团队》等 5 支校级优秀教学团队，《函数论教学团队》等 5 支校级建设教学团队，《生物科学》等 4 个特色专业及《财务管理》、《计算机科学与技术》为特色专业建设项目。

【成人教育与培训】 一是拓宽生源渠道，稳定招生规模。学校主管领导多次带领有关人员，走出校门，到粤东各市、县、珠三角地区和梅州市各县(区)，寻找具备条件的地方设点办学，同时积极邀请校外的一些教育机构、企业界人士来校洽谈合作办学事宜，寻求新的生源点，努力挖掘外地和本市生源市场。2010 年成人教育类招生规模相对保持稳定，招生人数 3594 人，完成招生计划。二是抓好教学管理。学校把成人教学点管理作为工作重点，3 月 26 日，召开梅州城区教学点管理工作会议；4 月 8~9 日，召开外地教学点管理工作会议，学习教育部和省教育厅有关加强成人高等教育规范办学的有关文件，并围绕教学点如何进一步规范招生、规范办学、保证教学质量、加强教学过程管理等问题进行探讨和交流。编印成教各专业教学计划并做好教学计划的实施，重点抓好校外教学点的检查工作，学校专门组织教务、学籍和考试科相关人员组成检查小组，先后赴东莞、深圳、佛山和广州等 7 个教学点检查，与教学点的师生座谈并开展问卷调查，了解教学点的教学、管理和服务情况，加强各教学点教学工作管理。三是抓好教师培训。根据省市教育主管部门的有关文件精神和统一部署，完成市教育局委托的 2009~2010 年市中学骨干教师培训，培训高中骨干教师 360 人；完成高中教师职务培训 1559 人；四是抓好干训工作。学校举办市普教系统“百千万人才工程”第三期高级研修班的两次集中学习，参加培训的学员 101 人，其中教育专家培养对象 1 人，名校长培养对象 23 人，名教师培养对象 77 人，聘请有关专家对该班学员的课题进行中期检查，组织学员到省外及市内进行教育考察。此外，学校重视本市企业家的培训工作。完成梅州市第二期企业经营管理人才战略高级培训班的培训，组织培训班学员四次理论学习，并到梅州市卷烟厂、荷树园电厂、雁南飞茶田等企业参观考察，参加培训的企业家有 100 人，7 月赴清华大学进行 4 天的理论学习。

【科研项目与成果】 2010 年制定《科研目标管理实施意见》。纵向科研项目获省级以上立项 19 项，资助经费 101.5 万元。其中，获国家自然科学青年基金项目 1 项，资助 18 万元；获国家社会科学基金项目 1 项，资助 10 万元；获教育部人文社科立项 3 项，资助 21 万元；获省哲学社会科学基金项目 1 项，资助 4 万元；获省哲学社会科学“十一五”规划学科共建项目 7 项，资助 21 万元；获省自然科学基金项目项 4 项，资助 12 万元；获省产业技术研究与开发项目 2 项，资助 9 万元；获省高校学科建设专项资金项目 3 项，资助 6.5 万元；获省体育局软件科学立项不资助项目 1 项。横向合作项目与理思拉链集团、广东梅雁水电股份有限公司、梅州市风华公司签订 145 万元的产学研合作协议。2010 年梅州市科技计划申报项目评审结果中，获 14 项立项资助，资助经费共 7 万元。申报专利 6 个，其中发明专利 4 个，实用新型 2 个，5 个发明专利的授权。学校被广东省知识产权局确认为市首家省知识产权试点事业单位。2010 年全校发表核心论文数 212 篇，公开出版著作和教材 23 部(套)。

【客家文化研究】 学校积极开展客家文化学术研究活动。4 月，承办“2010 年广东省地方历史文化研究基地工作会议”，全省各地相关研究基地负责人以及各市社科联领导共 40 余人参会，共同探讨总结 2009 年全省基地工作以及未来发展。6 月，承办在河源召开的“粤东客家文化学术研讨会”，有来自美国、新加坡、马来西亚、日本和我国台湾、香港地区及北京、广州等地的学者 30 余人，会议收到论文24篇,包含客家与当代社会、文化产业、历史、建筑等多项内容;同月,举办"走进客家社会:2010年广东梅州田野调查实作研习营"活动,来自新加坡国立大学中文系、台湾大学客家研究中心、台湾中央大学客家学院、台湾联合大学客家研究学院和台湾交通大学客家文化学院40位硕士、博士研究生和老师参加此次活动。学校新确立15个文化科研研究课题,完成课题招投标工作;实施委托课题研究项目10个,每个课题经费0.75万元。

【学生就业与助学】 2010届毕业生4283人,就业4256人。毕业生生源来自辽宁、海南、广西、四川、湖南、云南、广东等13个省、自治区,涵盖文学、理学、工学、教育学、经济学、管理学、法学、医学等各大学科门类70个专业。4月,学校举办本学年度第二场毕业生供需见面会,来自广州、深圳、东莞、惠州、汕头等地及本市的113家用人单位前来招聘,提供2000就业岗位。2010年学校毕业生的就业率98.98%,高于全省平均就业率。

2010,香港梅州联会乡贤等社会各界人士捐资助学197.78万元,受惠学生555人。其中:香港梅州联会助学金160万元,资助400名贫困学子;梅州市女企业家协会资助6万元,资助学生15人;公颜助学金6万元,资助学生20人;仲明助学金5.4万元,资助学生18人;理思拉链集团助学金5万元,资助学生50人;梅州市江西商会助学金3万元,资助学生20人;千佛塔扶贫奔康助学金2.1万元,资助学生7人;梅州市建设银行10.28万元;资助学生25人;国家奖学金20万元,获奖学生25人;国家励志奖学金282万元,获奖学生564人;国家助学金544万元,受惠学生2720人。

【学术交流与合作】 2010年,学校积极开展国际教育文化交流活动。李俊夫书记、邱国锋校长和刘明贵副校长分别率学术代表团赴加拿大、日本、美国访问交流;邱国锋校长获"日本创建大学最高荣誉奖";侯宪华副校长率校中层领导干部21人赴新加坡南洋理工大学培训学习;刘明贵副校长参加广东省人民政府组团"台湾·广东团"赴台开展教育文化交流活动,代表学校与台湾省联合大学签署两校交流合作备忘录;学校党委副书记李友文、副校长刘明贵分别赴香港中文大学、香港大学开展高等教育交流活动;与香港国际创价学会在学校举办"与自然对话——池田大作摄影展",与广东省社科院、香港国际创价学会在梅州举办"以人为本与全球文明——2010池田大作思想研讨会";学校派出32批103名教师,先后参加新加坡国立大学、香港多所高校、澳门大学开展的人文和客家文化学术研讨活动;学校李维红副教授、张俊玲副教授、吴忠伟讲师,获受国家教育部、广东省侨办公派,赴萨摩亚、老挝、印尼等高校任教。此外,接待国(境)外社团机构访问团62批次;接待侨领和海外专家学者806人次;接受华文教育的外国留学生有12人。

【校友会活动】 2010年启动百年校庆筹备工作。9月30日,学校召开第二届校友代表大会,会议审议并通过《嘉应学院校友会章程》修改方案、《嘉应学院校友捐赠激励办法》和"嘉应学院第二届校友会机构及组成人员名单",筹得捐助资金996万元。

(张千荣)

梅州市广播电视大学

【概述】 2010年招收新生3075人,承接市委组织部与华南农业大学合办的"农业区域经济硕士研究生班"的办学,在提升办学层次上取得新突破。

【制度建设】 2010年制定《督查督办制度》、《责任追究制度》、《固定资产管理办法》、《教务管理流程手册》、《班主任工作手册》等制度。为使制度落到实处，领导班子率先垂范，坚持民主管理，科学决策。尤其在用人、使用经费、工程维修、物资购置等方面充分发扬民主，按规办事，从而使学校各项工作管理更科学，运作更规范。

【教学科研】 坚持科研促教研、教研促教学的原则，重点围绕远程开放教育改革和发展中的重大理论问题和现实问题，开展远程开放教育科学研究和学术交流活动。2010年在省电大立项课题两项，有10多篇论文在省级以上公开刊物上发表，赖粤东、陈元双撰写的论文获省电大优秀论文奖。

【校园建设】 2010年，学校对年久失修的B栋教学楼卫生间进行彻底改造，对文化长廊、校务公开栏、摩托自行车停车区等进行整合和美化。

（市电大）

责任编辑：吴跃华

2010年1月4日，嘉应学院在宪梓体育馆举行2010年毕业生供需见面会。（嘉应学院提供）

科学技术

综　述

【科技计划项目实施】 2010年，科技部门向国家申报科技计划项目13项，获得立项10项；向省科技厅申报科技计划项目254项，获得立项130项，获得科技经费5400万元。其中：广东绿色照明示范城市专项1500万元，省重大科技专项经费300万元，粤港重大科技招标项目经费500万元。

【科技创新体系建设】 2010年，认定4家省技术创新专业镇：五华岐岭的酒业、安流及兴宁坭陂的工艺品、梅县水车的水产养殖；认定9家市级技术创新专业镇：梅县隆文镇、梅江区长沙镇、五华县棉洋镇、五华县岐岭镇、兴宁市水口镇、兴宁市黄陂镇、蕉岭县广福镇、梅县梅南镇、大埔县桃源镇；增加5家省级工程中心，组建企业分别是：塔牌水泥、华银生物医药、梅州市宝丰陶瓷有限公司、旺兴达电子有限公司、南台药业；增加11家市级工程中心，组建企业分别是:广东嘉和电器股份有限公司、广东华银集团有限公司、蕉岭玉纯酒业有限公司、广东南丰电气自动化有限公司、大埔县桃源昌隆陶瓷工艺厂、广东省梅州市磁性材料厂、冠锋电子科技(梅州)有限公司、梅州市锦芳工艺有限公司、丰顺新天时陶瓷制造有限公司、广东联康药业有限公司、旺兴达电子有限公司；广东富农和大埔顺兴种养股份有限公司两家企业被批准为“广东省健康农业科技示范基地”；嘉味鲜食品公司和蕉岭天然蜂业公司获准组建省级“农业科技创新中心”；组建市级农业科技创新中心11家，组建企业分别是：蕉岭县天然蜂业有限公司、梅州市新俊现代农业有限公司、丰顺温氏家禽有限公司、广东侨微生物科技有限公司、梅州市金穗生态农业发展有限公司、裕丰食品加工(梅州)有限公司、梅州市田信农业科技发展有限公司、广东顺兴种养股份有限公司、广东泰源农科有限公司、广州五谷昆虫资源利用有限公司五华分公司、广东宝兴农牧科技有限公司。

到2010年年底，市有省级技术创新专业镇25家，市级24家；产学研创新联盟2个，产学研示范基地13家；省工程中心21家，市级18家；国家农业科技创新中心1家，省级7家，市级13家；省双转移技术对接中心1家；省健康农业科技示范基地12个；省科普教育基地6家；省级生产力促进中心4家；省创新型企业2家；省创新试点企业2家；省“百强创新型企业培育工程”示范企业2家；国家可持续发展实验区2个，省可持续发展实验区2个。

【高新技术产业】 培育发展战略性新兴产业，编制出台《梅州市 LED 产业发展规划(2010~2015年)》，推进“绿色照明示范城市”建设。落实高新技术企业奖励政策，鼓励高新技术产业发展，对新认定的高新技术企业每家给予 10 万元奖励。2010 年新认定高新技术企业 7 家，分别是：广东先达电业股份有限公司，梅州博敏电子有限公司，梅州环保设备有限公司，广福建材(蕉岭)精化有限公司，广东健神科技股份有限公司，广东联康药业有限公司，梅州嘉和换向器有限公司。组织申报国家火炬计划重点高新技术企业 3 家。到 2010 年年底，市有高新技术企业 35 家，高新技术企业技工贸总收入 43.14 亿元，增长 65%；产值 3 亿元高新技术企业 4 家，超亿元 12 家；生产高新技术产品的企业 96 家，生产高新技术产品 136 种，高新技术产品产值 59 亿元，增长 20%。

【专业镇特色产业】 落实“一镇一策”方针，加快专业镇技术创新，推动特色产业发展，壮大县域经济。2010 年新认定省级技术创新专业镇 4 家，市级专业镇 9 家。2010 年 25 家省级专业镇特色产业 140 亿元，比“十一五”初期的 60 亿元净增 1 倍多。

【民营科技企业】 到 2010 年年底，全市有 87 家省级民营科技企业。其中 2010 年认定 8 家，分别是：大埔县发源陶瓷有限公司、梅州嘉味鲜食品有限公司、广东新南方青蒿科技有限公司、梅州市飞龙果业有限公司、梅州市三峰能源科技有限公司、大埔县桃源陶瓷工艺厂、兴宁市精细化工厂有限公司、梅州市溪山陶瓷有限公司。2010 年，全市有 70 家民营科技企业参加统计，年总产值 39 亿元，资产总额 65.7 亿元，技工贸总收入 32.7 亿元，利润总额 1.76 亿元，上缴税金 6958.1 万美元，创汇总额 1.05 亿美元。

2010 年 6 月 8 日，广东省民营科技企业协会年会暨换届大会在广州迎宾馆召开。梅州市广东华银集团有限公司董事长陈彩银、梅州市林海陶瓷有限公司董事长张枫林、丰顺泰昌电声元件有限公司总经理谢文胜被评为广东优秀民营科技企业家；广东华银集团有限公司、梅州市宝丰陶瓷有限公司、广东省四〇一厂、丰顺县培英电声有限公司 4 家企业评为广东优秀民营科技企业，在会上得到表彰。

【科技合作】 落实省市“科技合作协议”和《梅州市加快科技创新实现绿色崛起科技合作实施方案》，加强省市科技合作，借助广东省科技厅资源优势推动梅州科技事业发展。针对市产业发展的关键共性技术和产业发展的热点难点，加强与华工、华农和武汉理工大学等国家重点建设高校合作，推进产学研示范基地、创新平台和创新联盟建设。到 2010 年年底，市与国内 53 家高校、科研机构建立产学研合作关系；组建科技特派员工作站 1 个，与 132 名专家教授签订科技特派员合作协议，引进科技特派员 85 人。

【科技成果奖励】 2010 年获得市科学技术奖项目 46 项。奖励项目中，可直接产生经济效益的项目累计新增产值 29.7 亿元，年新增利税 2.8 亿元。2010 年市新增自主创新产品 2 种。

梅州市科学技术奖获奖项目

序号	项目名称	项目完成单位	奖励等级
1	自主研发300兆瓦循环流化床锅炉机组及资源综合利用工程	广东宝丽华电力有限公司	特等奖
2	新型多卷同步分切技术	广东梅县梅雁电解铜箔有限公司 梅县金象铜箔有限公司	一等奖
3	全釉薄胎陶瓷技术的研究与应用	大埔县桃源昌隆陶瓷工艺厂	一等奖
4	无导杆气动执行装置的产业化开发	广东明珠流体机械有限公司	二等奖
5	凉茶专用药材安全生产技术研究及产业化	广东南台药业有限公司	二等奖
6	梅州市新生儿遗传代谢病普遍筛查与早期干预模式的研究	梅州市妇幼保健院	二等奖
7	从铜电解废液中提取硫酸镍的方法	梅州市金雁铜业公司	二等奖
8	梅州客家人采用血10年循证及其在血液科学管理中的应用	梅州市卫生局 梅州市献血领导小组办公室	二等奖
9	急诊早期支气管肺泡灌洗对机械通气下重症哮喘的作用	梅州市人民医院	二等奖
10	颈深筋膜浅层在喉咽颈段食管肿瘤术后缺损修复中的应用	梅州市人民医院	二等奖
11	稀土冶炼萃取有机废气治理技术	平远县环境保护监测站 梅州环保设备有限公司	三等奖
12	梅州市“网络问政”在线交流平台项目	中国电信股份有限公司梅州分公司	三等奖
13	中温强化日用陶瓷的研制	广东宝丰陶瓷科技发展股份有限公司	三等奖
14	中温亚光陶瓷的研制和生产	大埔县富大陶瓷有限公司	三等奖
15	高档骨质陶瓷的研制	梅州市裕丰陶瓷有限公司	三等奖
16	爆破器材保管箱	梅州振声包装技术有限公司	三等奖
17	改性超细白云石粉的制造方法	广福建材(蕉岭)精化有限公司	三等奖
18	用金刚根酿造酒的方法	蕉岭县文福马甲头酒厂	三等奖
19	特新1号无籽西瓜反季节高产规范化栽培技术研究与推广应用	平远县农业局中行农业站 平远县农业技术推广中心	三等奖
20	红茎仙草高产栽培技术的研究与推广	丰顺县农业局	三等奖
21	水果型小黄瓜“长青1号”引种及大棚高产规范化栽培技术研究	蕉岭县农业局 梅州市新丰收现代农业有限公司	三等奖
22	猫尾草栽培技术规程	广东省梅州市林业科学研究所	三等奖
23	蓖麻优质高产新品系选育及配套栽培技术研究、应用	广东绿能农业股份有限公司	三等奖

续上表

序号	项目名称	项目完成单位	奖励等级
24	红火蚁入侵监测防控技术研究与应用	梅县农业局、梅州市植物检疫站 大埔县植物检疫站	三等奖
25	竹鼠养殖技术的开发和应用推广	平远县畜牧兽医局 梅州市森海动物养殖专业合作社	三等奖
26	赤南在园林绿化中的开发应用	梅县鸿园花木有限公司 嘉应学院生命科学学院	三等奖
27	板栗测土配方施肥及配套栽培技术研究、推广	广东省五华县农业技术推广中心	三等奖
28	五华县耕地地力培育研究与推广	广东省五华土壤肥料站	三等奖
29	中东海枣引种及规范化栽培技术的研究推广	梅州农业学校	三等奖
30	安全优质生鲜山羊奶生产技术	平远县畜牧兽医技术推广站 平远县凤溪生态养殖有限公司	三等奖
31	枇杷高位嫁接换种及配套栽培技术研究与推广	梅县城东镇农业站、梅县农业局 梅县城东镇人民政府	三等奖
32	冬种马铃薯免耕覆盖稻草高产栽培新技术研究与推广	兴宁市土壤肥料研究站	三等奖
33	青鱼高产养殖技术试验与推广	梅州市梅江区水产技术推广站	三等奖
34	沼气无动力集中供气技术研究与应用	蕉岭县农业局	三等奖
35	沙田柚无病毒苗繁育技术研究	梅州市农业科学研究所 梅州市果树研究所	三等奖
36	中华鳖仿野生养殖技术研究	梅州市水产研究所	三等奖
37	胸腺肽与大观霉素联合二氧化碳激光 治疗宫颈糜烂的疗效观察	梅县慢性病防治院	三等奖
38	NBNA 评分法结合头颅 CT 在缺氧缺血性脑病 预后评估中的临床应用	梅县人民医院	三等奖
39	脑疝复位天幕切开治疗重型脑外伤脑疝的临床研究	兴宁市人民医院	三等奖
40	无创通气技术在基层医院急重症治疗中的应用	丰顺县人民医院	三等奖
41	MARS 人工肝治疗重型肝炎的临床研究	梅州市人民医院	三等奖
42	LCT 技术结合阴道镜和宫颈锥切在 CIN 诊治的临床应用	梅州市人民医院	三等奖
43	侵袭眼眶鼻窦良性病变的鼻内镜手术的临床研究	梅州市人民医院	三等奖
44	改良下肢皮神经营养血管蒂逆行皮瓣的临床应用研究	梅州市人民医院	三等奖
45	肺表面活性物质治疗新生儿肺透明膜病效果探讨	梅州市人民医院	三等奖
46	经尿道等离子体双极电切术治疗前列腺增生症	梅州市人民医院	三等奖

【科技进步月活动】 市科技局与梅江区政府在梅城剑英体育馆联合举办以“转变经济发展方式，携手建设创新型梅州”为主题的大型科技集市活动。活动围绕加快实施《珠江三角洲地区改革发展规划纲要(2008~2020年)》、《广东自主创新规划纲要》和《广东省建设创新型广东行动纲要》的要求，突出科技惠及民生和科技支撑发展两大主线，宣传和展示自主创新科技成果，普及科学知识，推广先进技术，落实自主创新促进政策，激发全社会的创新热情，促进全社会树立科学发展观、弘扬科学精神和提高公众科学素质。活动现场为80多名群众义诊，送去各类先进适用农技书籍、防灾减灾宣传小册4000多份，良种果树2000多条，名贵树种1000多条，食用灵芝、虫草1000多份，展示防震减灾等科技宣传画册、挂图30多幅。

【知识产权】 全市专利申请量575件(其中发明80件，实用新型210件，外观设计285件)，比上年增长18.6%；专利授权量530件(其中发明28件，实用新型170件，外观设计332件)，比上年增长91.3%。办理专利申请资助203件，资助经费10.59万元。其中广东新南方青蒿科技有限公司成功申报涉外专利，是梅州市在涉外专利申请上的首次突破，获得国家财政涉外专利资助16万元。开展知识产权专项执法行动5次，出动执法人员30人次。查处假冒专利5件，专利侵权纠纷案立案1宗。梅州博敏电子有限公司被认定为省知识产权优势企业。丰顺县电声行业商会成为市首家广东省行业协会知识产权保护试点单位。嘉应学院被确认为省知识产权试点事业单位，成为市首家列为省知识产权事业单位试点。到2010年年底，全市有省知识产权优势企业8家，省知识产权教育试点学校8所。

【防震减灾】 贯彻落实《国务院关于进一步做好防震减灾工作的意见》文件精神，突出重点，强化管理，切实提高震情监测预报、防御破坏性地震和应急救援能力，为人民生命财产安全提供更可靠保障，维护社会和谐稳定。2010年梅州市发生14次小地震，均属于小震级，无3.0级以上的有感地震，释放的能量较往年小，地震活动处于正常范围。

科技成果选介

【自主研发300兆瓦循环流化床锅炉机组及资源综合利用工程】 项目采用国内首台具有自主知识产权300兆瓦CFB锅炉及全内燃高掺量粉煤灰烧结砖等多项自主研发技术，形成完整的资源综合利用及循环经济产业链，整体技术达到国际先进水平，特大床面等部分技术处于国际领先水平。完成单位：广东宝丽华电力有限公司。

【新型多卷同步分切技术】 新型多卷同步分切技术是一种有别于目前国内大规模使用的分切技术，它能一次同步分切多卷产品，可大幅提高生产效率和产品合格率等，而且可根据不同行业、产业进行推广应用。目前项目已取得两项技术专利，其中1项为发明专利。完成单位：广东梅县梅雁电解铜箔有限公司、梅县金象铜箔有限公司。

【全釉薄胎陶瓷技术的研究与应用】 项目通过原料配方、成型烧成、产品造型和装饰工艺的攻关试验、改进和创新，克服传统薄胎瓷器配套难和平粗口、粗脚等一系列技术难题，具有较高的技术水平。完成单位：大埔县桃源昌隆陶瓷工艺厂。

【无导杆气动执行装置的产业化开发】 装置能广泛应用于阀门的自动化控制,其传动采用无导杆形式,可提高输出扭矩,主要零件采用压铸铝件,结构紧凑,传动可靠,使用寿命长,产品深受广大用户欢迎。获国家实用新型专利授权一项。完成单位:广东明珠流体机械有限公司。

【凉茶专用药材安全生产技术研究及产业化】 "凉茶"被列入国家首批非物质文化遗产,是广东重要的食品产业。项目围绕在凉茶专用药材生产中切实控制重金属、农药残留和有害物质含量,保证食品安全,开展全面系统的关键技术研究,创新性强,成效显著。完成单位:广东南台药业有限公司。

【新生儿遗传代谢病普遍筛查与早期干预模式的研究】 建立市新生儿遗传代谢病筛查网络,常规为每例新生儿进行先天性甲状腺功能减低症、苯丙酮尿症、G6PD缺症和地中海贫血筛查、确诊和干预。建立适合本地区的筛查和干预模式,提高筛查率和质量,以提高人口素质。完成单位:市妇幼保健院。

(饶火东)

科学技术协会

【贯彻落实《全民科学素质纲要》】 坚持"政府推动、全民参与、提升素质、促进和谐"的工作方针,组织成员单位贯彻落实《全民科学素质纲要》,并对各成员单位贯彻落实情况进行检查。同时,根据机构改革变化情况,对领导小组成员进行调整,健全机构。

【开展科普活动】

组织开展"科技进步活动月"、"科技活动周"、"全国科普日"活动　市科协根据上级科协的活动安排和部署,在"科技进步活动月"、"科技活动周"活动中、围绕主题,超前谋划,精心组织,以老百姓喜闻乐见的形式,开展丰富多彩的活动。在梅江区举办大型的科技集市活动,内容涉及低碳,节能减排、防震减灾、科技知识、生活常识、农科知识、医疗保健知识、义诊咨询、专利知识宣传等。在三角镇和江南、西郊办事处举办"渔业科技入户2010年夏季大行动暨规范用药及发放鱼苗"和"蔬菜安全生产知识培训"大型活动,省、市、区专家现场授课并为专业户解答疑难问题、赠送技术资料和良种鱼苗。

2010年9月18~21日,广东科学馆、市科协、梅江区科协、梅江区教育局、市科学技术馆、梅江区人民小学、梅江区乐育中学、城西职业中学围绕"低碳、节能,推动梅州绿色的经济崛起"主题联合开展"科普日"活动。科普大篷车首次开进梅州,开展科普进校园活动,约5000人参加。向学校师生发送8000多份(套)科普知识图书资料,内容涉及科技前沿与展望、保护生态环境、低碳节源、心理生理健康、安全避险等知识。活动期间,在百花洲科普画廊展出《羊城绿色迎亚运,白云爱心满人间》、《生活习惯与节能减排》科普挂图。

实施"科普惠农兴村计划"　市科协以"科普惠农兴村计划"为抓手,全力配合中国科协、省科协搞好"科普惠农兴村计划"工作。按照省科协《关于组织开展广东"科普惠农兴村计划"回访检查和绩效总结工作的通知》要求,到蕉岭、梅县、平远、丰顺、五华、兴宁对全市获奖单位和个人进行回访检查。2010年获奖单位和个人共举办各类种养技术培训班60场次,参加培训8000多人次,辐射带动农户17400户。市科协4月份对各县科协、财政局推荐申报2010年全国的"科普惠农兴村计划”单位和个人进行实地考查和材料审核，经市科协和市财政局核准，推荐两个农技协，两个科普基地和两个科普带头人上报省科协和省财政厅再择优上报中国科协和财政部参评。其中梅县养猪协会被中国科协和财政部评为“2010年全国科普惠农兴村计划先进农技协”并获20万元奖励，丰顺县罗喜华被评为“2010全国农村先进实用技术科普带头人”并获得5万元奖励，兴宁市养蜂协会被广东省科协和财政厅评为“2010年广东省科普惠农兴村计划先进农技协”并获15万元奖励，大埔县西岩茶场科普示范基地被评为“2010年广东省科普惠农兴村计划先进农村科普示范基地”并获15万元奖励。市科协根据省科协的统一部署，开展“千会服务千村”行动。邀请广东省昆虫研究所罗岳雄高级工程师到梅南镇养蜂协会举办“蜂产品安全与标准化生产技术培训班”。对梅南、长沙、水车、畲江、城东等周边乡镇200多养蜂户进行养蜂专业技术培训。

创建科普示范(教育)基地　《广东省科普教育基地管理办法(试行)》下发后，梅州市科普示范基地创建工作步入规范化、动态化的管理轨道。根据《梅州市科协科普示范(教育)基地管理办法(试行)》规定，经各县(市、区)科协推荐，市科协材料审定，现场考察评估后，市科协命名梅县鸿园花木有限公司、兴宁市广东绿能农业股份有限公司、蕉岭县山之雅农业有限公司、蕉岭县广东金珠农业科技有限公司、蕉岭县天然蜂业有限公司、五华县腾骊绿色食品开发有限公司、五华县梅州丰华有机农业发展有限公司7个单位为“市科普示范(教育)基地”。

举办青少年科技创新竞赛　市科协与市教育局共同举办第25届市青少年科技创新大赛并参加第25届省青少年科技创新大赛。获省一等奖项目1个，二、三等奖项目共19个。其中，大埔县田家炳小学魏怡恒创作的“人与自然”获科幻绘画类一等奖；梅县新城中学钟鹏辉获大赛“南海创新奖”，并获得广东实验中学南海学校科技特长生免试录取资格、获取创新竞赛奖学金2万元；梅县新城中学余顺欢获“优秀教师奖”和国家大赛科技辅导员创新项目二等奖。

开展防灾减灾科普宣传　市科协定期在百花洲科普画廊展出科普挂图，内容涉及如何应对地震自然灾害、袭击、绑架、交通安全、消防安全、食品安全等公共安全应急防范科普知识。5月7~13日市防灾减灾宣传周期间，市科协先后向市职校、学艺中学、城北中学等有关学校赠送《防震减灾》和《公共安全与应急防范》等科普宣传手册4500册和5套《科学防灾避险，如何防震》、《侵害防范应急自救》、《意外伤害与应急自救》、《野外逃生自救》等科普挂图，提高学生和广大市民应对自然灾害和突发公共事件的应急自救能力。

推动农村党员现代远程教育网建设　成立农村党员现代远程教育领导小组，选制提供《食品安全与有机农业》、《南斯拉夫高产节水白莲藕池田种植技术》、《“西瓜—花生—玉米—白菜”四种四收新模式》、《营养佳品蜂王浆》等农村实用技术课件节目。

开展第八次中国公民科学素质调查　梅江区和五华县列入调查范围，均按时按质按量完成任务。

【研讨与培训】

举办金柚科技创新研讨会　年初，省农村专业技术协会、省科技咨询中心、市科协和梅县科协联合在梅县举办梅县金柚科技创新发展研讨会。与会专家教授深入梅县金柚种植现场“问诊把脉”，交流金柚生产发展的先进经验，为稳定提高金柚品质，加快深加工产品开发，打响金柚品牌出谋献策，提出要从现有的金柚中优中选优，把品质非常好的柚子挑选出来进行保鲜，做到周年供应；在梅县建立一个冷库等意见和建议。

举办市管拔尖人才研发成果首届推介会　年初，市科协协助市委组织部和市科技局举办梅州市市管拔尖人才研发成果首届推介会，展出58项市科协成果。

承办省基层农村专业技术协会领办人(粤东片)培训班　2010年6月3~4日，由中国科协农技中心、中国农村专业技术协会、省科协主办，省农村专业技术协会、市科协承办的广东省基层农村专业技术协会领办人(粤东片)培训班，在梅县雁洋镇雁鸣湖旅游度假村举办。中国科协农技中心主任翟晓斌提出要逐步实现环保、低碳、节能减排等现代农业科技；要重视市场准入，做好农产品推广工作等意见。来自汕头、潮州、揭阳、汕尾、河源、梅州等市科协有关领导、农技协负责人和领办人以及梅州各县(市)区科协共80多人参加培训。

举办学术活动周活动　11月25日，市科协在嘉应学院国际会议中心举办2010年市学术活动周活动。邀请中山大学博士生导师杨中艺教授，蕉岭县副县长、广东省博士团团长刘玉涛博士分别作《受损人工悬崖生态系统恢复生态学研究》、《科学膳食吃出健康，良好习惯养出美丽》的专题学术报告。市风景园林协会，梅花协会，营养学会，微生物协会等9个学会有关人员以及嘉应学院生命科学院师生共200多人出席启动仪式和专题报告会并参观考察嘉应学院相关的科研成果。

(曹学军)

责任编辑：吴跃华

市供电局向市民宣传电磁科普知识。（曾丽娥摄）

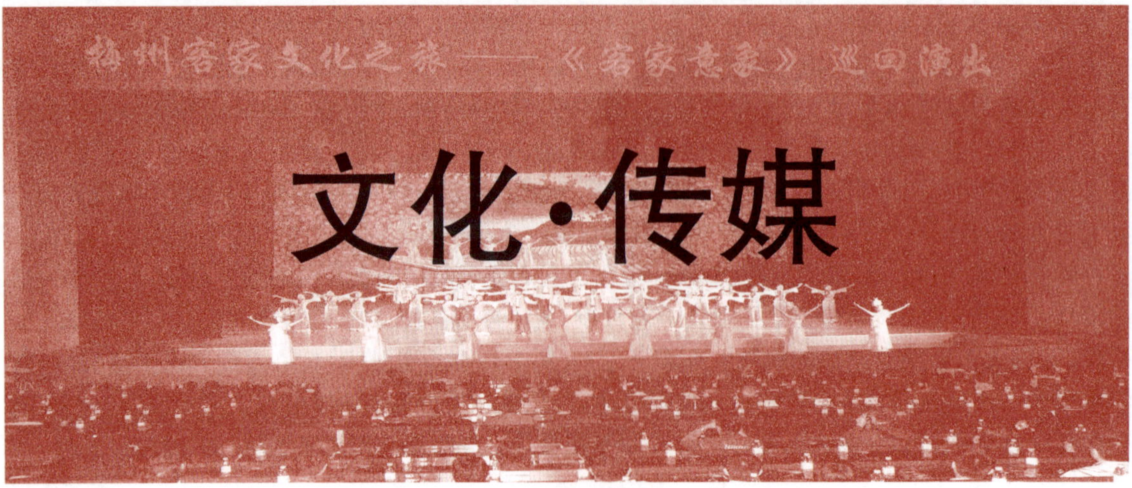

文化·传媒

综　述

2010年,梅州获文化部批准为全国第五个国家级文化生态保护实验区。

举办第四届中国(梅州)国际客家山歌文化节、林风眠诞辰110周年纪念系列活动、国家级文化生态保护区总体规划编制培训班。

组团参加第二届八省"优秀客家山歌"(东莞)邀请赛,夺得两金四银的好成绩,市文化广电新闻出版局获优秀组织奖;组团参加"台湾·广东周"活动;完成大型山歌剧《红婚纱》剧本的第一稿创作,为第十一届省艺术节做好剧目筹备;大型山歌剧《桃花雨》参加第九届中国艺术节,获得"文华优秀剧目奖"。客家山歌手和客家山歌创作"双战略工程"启动;梅州客家山歌、五华提线木偶、平远船灯在上海世博会表演。

建成787家农家书屋,省委宣传部、省广电局赠送数字电影流动放映设备38套,完成农村电影放映24299场次;大埔县被省政府授予"广东省文化先进县"称号。

文物普查实地调查完成率100%;新增各级文保单位55处;客家围龙屋申报世界文化遗产工作,被省政府确定为省文化厅负责跟进项目。

组织开展全市"扫黄打非"各项行动,全年共出动执法人员9911人次,查缴非法出版物2303册,盗版音像制品2481张(盒),查处违规网吧24家,违规印刷厂两家,成功侦破两家侵权网站。

(冯艳娟)

中国客家博物馆

【概述】 中国客家博物馆2005年3月28日奠基兴建。2007年10月经市编办批准成立梅州市客家博物馆,其职能是收集、整理、研究、展示客家历史文物与客家民俗文物,并通过挖掘、整理和研究实物的文化内涵来承传与弘扬客家优秀传统文化。2008年4月8日博物馆落成对外开放。2008年6月经广东省编办批准成立广东客家博物馆。2009年4月经国务院办公厅批准冠名为中国客家博物馆。

中国客家博物馆占地面积163.2亩，建筑面积2.5万平方米，总投资1.5亿元。分为东西两区：东区为客家博物馆区，由主馆客家博物馆和分馆大学校长馆、将军馆、客家匾额馆以及风格各异的廊、亭、榭等园林景点组成；西区为黄遵宪纪念馆区（黄遵宪纪念馆前身为市人境庐文物管理所）。2010年4月，市华侨博物并入中国客家博物馆。

中国客家博物馆现有馆藏民俗文物近2000件，古籍图书8000多册。文物为唐代水车窑产品、客家历代名人书画作品和各类型的客家民俗文物。古籍图书为清代著名爱国诗人、杰出外交家、思想家、政治家、教育家黄遵宪藏书。馆藏文物的管理和保护，按照《博物馆风险等级标准》的要求管理。做好馆藏文物的出、入库登记、藏品制卡及信息数据处理、古籍善本书目目录建立和库房安全管理等工作。

2010年3月20日，中国客家博物馆开始实行免费对外开放。2010年，中国客家博物馆接待国内外游客60多万人次，实行无节假日固定时间讲解。举办临时展览31场，如《谢映民藏古代陶瓷展》、《童心无极限·第二届广东省少儿美术优秀作品巡展（梅州站）》、《佛山·梅州书法联展》、《朝鲜国画展》、《杨应彬诗词书画展》、《林风眠师生书画联展》、《南岭梅画展》等。

【学术探讨与研究】 出版《涯客家》、《客家文博》等书籍和刊物。其中《客家文博》2010年10月申请出版刊号（CN44-（Q）1131），成为全国博物馆系统首家有正式刊号的馆刊。同时馆内承担并完成《社会、移民、信仰、三山国王之诠释》、《客家围龙屋夯土墙、泥砖墙技艺之研究》、《解说客家匾额》、《解读客家》、《黄遵宪藏书目录提要整理》等客家文化研究课题。

（中国客家博物馆）

剑英图书馆

梅州市剑英图书馆新馆坐落于东山教育基地院士广场侧，于2006兴建，2009年落成，并于5月全面开馆。占地15983平方米，建筑面积15240平方米。楼高四层，一楼为报刊服务区、二楼为图书服务区、三楼为综合服务区、四楼为自学服务区。设计藏书量100万册、日接待读者3000人次。设置中文图书借阅室、报刊阅览室、少年儿童借阅室、叶剑英文献资料研究室、客家地方文献资料室、古籍资料库、多媒体电子阅览室等多个读者服务窗口，有阅览座位1000席。开展外借、阅览、参考咨询、网络信息服务等业务。

2010年，市剑英图书馆接待读者251372人次（外借处131300人次、少儿部15372人次、阅览室95000人次、电子阅览室3100人次、典藏部6600多人次）；图书流通102628册次（外借处84721多册、少儿部15124册、典藏部2783册）；有效借阅证2987张；入藏图书2658种6029册，订阅2009年报刊680种835份（报纸89种111份，杂志591种724份）；过期报刊装订入藏3163册。7月2日，央视《大迁徙》摄制组韩阳编导和制作总监赵虹女士到市剑英图书馆古籍书库查阅珍贵历史资料。全球第一部中国客家先民南迁的长篇史诗系列电视剧《围龙》在梅州开拍。10月12~15日，举办由广东省图书馆学会和市剑英图书馆联合主办的全市图书馆业务知识培训班，各县（市、区）公共图书馆馆长及业务骨干80多人参加。

2010年，市剑英图书馆不断开展多种形式的文化活动。2月14日（大年初一），在馆一楼大厅举行“春节猜谜有奖”活动和到市消防局特勤队举行“送书到警营”活动。4月23日，举办“4·23世界读书日”全民阅读启动暨捐书赠书展书活动。单位和个人捐赠各类书籍5000多册，200多人参加。6月

1日,第60个国际儿童节,举行全市广大少年儿童"有奖知识问答、趣味猜谜语"系列活动。

(市剑英图书馆)

市山歌剧团

【机构】 2010年,市山歌剧团进行了内部机构改革和定员定岗,内设机构由三队两室变为三队、四室、一部(演员队、舞台队、乐队、艺术室、办公室、档案室、演出联络部),增加了档案室和演出联络部。现有干部职工64人。

【基础设施建设】 2010年,市山歌剧团在东山教育基地新团址办公和排演。加强新团址的基础设施管理和维护,投入资金对中央空调、消防控制、舞台设备进行维护和保养。在办公大楼顶安装"梅州市山歌剧团"LED节能电光字。在办公楼及剧场消防通道设置消防安全生产标志牌。

【文艺创作及演出】 2010年5月,梅州市山歌剧团表演的大型山歌剧《桃花雨》获第九届中国艺术节"文华优秀剧目奖"。这是梅州市山歌剧团自建团50多年来和梅州市文艺界获得的最高奖项和荣誉。青年演员潘倩获得第九届中国艺术节"优秀表演奖"。

8月中旬,市委书记李嘉带领广东省经贸文化交流团梅州分团前往台湾开展为期一周的"台湾·广东周"活动,梅州市山歌剧团随同表演的以"乡情之旅"为主题的文艺节目,得到台湾当地民众和社会各界的欢迎和赞誉。

10月,梅州市山歌剧团副团长杨苑玲、国家一级演员王映楼、青年歌手李莉参加第二届八省"优秀客家山歌"(东莞凤岗)邀请赛,杨苑玲、王映楼演唱的《喜事好运滚滚来》荣获金奖,李莉演唱的《客家乡亲》获得银奖及山歌新秀奖。

同月,亚运会火炬传递梅州站活动,梅州市客家山歌剧团进行客家山歌歌舞展演,被组委会评为"优秀表演单位"。

世博会期间,梅州市山歌剧团副团长、国家二级演员杨苑玲,国家一级演员王映楼赴上海参加中国2010上海世博会"广东周"文艺展演活动,现场对唱《喜事好运滚滚来》、《荷塘对歌》等歌曲,得到观众好评。

第四届中国(梅州)国际客家山歌文化节展演期间,市山歌剧团创排的"非物质文化遗产"节目《梅江船歌》参加展演并获得好评。剧团5位山歌手参加擂台斗歌,杨苑玲、谢曼丽获得山歌师称号,曹艳常获得优秀山歌手称号。青年演员廖小娴、陈晨光参加山歌新秀表演赛,获得金奖。

全年新创作排演《卖脐橙》、《打黄板》、《梅江船歌》等一批小戏、小品节目20多个及专题晚会节目10多台。

全年完成"文化大戏千村行"演出15场,送戏到园区演出3场,全面完成了三年"文化大戏千村行"任务。全年各类演出110场次,观众人数20多万人。

(市山歌剧团)

广东汉剧院

【文艺创作及演出】 编排大型汉剧《雏凤凌空》和复排《闹严府》、《齐王求将》、《春娘曲》等传统戏和综艺节目,录制《春娘曲》光碟。开展广东汉剧“进校园、进园区、进社区”演出活动;与有关部门配合,进行法制教育、国土、计划生育、税务等专题文艺宣传演出活动;举办“广东汉剧展演月”活动;利用宽带互联网视听平台的视频点播功能,与中国电信梅州分公司合作,在网络电视中设置广东汉剧专题板块,上线剧目10多出。剧院一团、青年实验剧团共完成演出任务125场,观众30多万人次。

【基础设施建设】 成立广东汉剧保护基地办公室,购置一批电脑设备,对现有的历史资料进行整理和挖掘,保障档案的完整与安全,完善档案资料的电子信息化管理。

(丘海虹)

梅州日报社

【宣传报道】

党和国家重大事件报道 坚持以科学发展观为指导,及时报道党和国家重要会议、重大决策,领导人重要活动;精心组织青海玉树震后救灾、上海世博会、亚运会等重大事件报道,营造有利于改革开放和现代化建设的舆论环境。从4月底起,组织策划“百年世博”、“世博圆梦”、“走进上海世博会”等专版,并在国内新闻版固定位置开设“世博会·园区览胜”专栏,对世博会重要展馆外观和基本情况、特点等进行图文报道。报道广州亚运火炬传递筹办工作,展示世界客都风貌和城市发展成果,开设“记者探营广州亚运”等专栏。

市中心工作报道 大张旗鼓宣传市委五届六次、七次全会。在市委五届六次全会前,组织“回眸2009”系列报道;在第一版开设“创新发展方式推动绿色的经济崛起”专栏设专栏,开展“我为绿色的经济崛起献策”征文活动,广泛发动社会各界读者踊跃参加,集思广益,出谋献策,为市委、市政府谋划发展蓝图提供意见建议,营造浓郁舆论气氛。全会召开后,及时组织评论员撰写评论文章,充分报道各级各部门紧紧围绕新一年的目标任务,找准履职着力点,狠抓工作落实,助推梅州实现绿色崛起新突破的情况;此外,以系列访谈的形式,分别从招商引资、特色产业、民生工程、文化名城、生态名城、平安名城、干部执行力等方面,分别采访各县(市、区)和市直主要相关职能部门负责人,就如何贯彻落实全会精神,谈具体的目标、措施和做法。

关注“两会”,首次采取网报互动的方式征集民意。在“两会”召开期间,及时、准确、如实反映市人大代表、政协委员依法履行职责、参政议政的情况。在会议动态报道的基础上,开设“两会”聚焦、委员提案专栏,并首次采取网报互动的方式,在梅州网征集网民和读者的意见建议,选择在民生版刊登,并就相关问题采访代表委员和职能部门,反响良好。

应对用工紧张的形势,加强企业用工报道。2010年新春过后,全国各地普遍出现用工紧缺的严峻形势。本报积极配合市用工办,开设“加强用工保障 促进企业发展”专栏,报道梅州大力改善工业园区软硬环境的情况,在加强先进典型用工企业报道的基础上,采访青年技工,反映他们的心声、期望等。

宣传扶贫济困活动,促进和谐社会创建。配合首届扶贫济困日活动,开设“走进贫困村”专栏,以记者见闻的形式,深入贫困村,接触贫困户,以点面结合的形式,分别采访报道市3个贫困县中特别贫困的村庄贫困现状、形成原因以及贫困户们的期望等;并以“扶贫济困、共建和谐”为主题,策划图文专版;同时加强典型报道、动态报道和公益宣传。

做好“创卫”报道,营造良好氛围。为早日实现“创卫”目标,严格按照“创卫”任务和“创卫”标准开展报道工作,分阶段制订“创卫”报道计划。开设了“争创双城·实惠百姓”、“创卫曝光台”等专栏。

此外,针对“梅州市第二届名优农产品展销暨梅台农业合作交流会”,策划“梅台农业合作交流”专题和金柚专版。会议期间,围绕梅州现代农业发展理念、经营、管理、销售等主题,采访与会专家学者,组织专家学者访谈图文专版。

其他系列报道和专题专版报道 2010年重点经营了校园安全问题、节能减排低碳系列报道,兵头将尾·村官的故事、对话客商、创建宜居城乡、争创双拥模范城、振兴足球之乡等专题专版报道。

【报业经营】 《梅州日报》创办于1972年,现有“一报一厂两刊一网站”(《梅州日报》、印刷厂、《梅州侨乡月刊》、《客家人》杂志、梅州网),2010年编辑部干部职工140多人,报社印刷厂职工100多人。1999年起报社自办发行,2010年投递发行队伍有300多人, 发行网点遍布全市城乡每个角落。2010年《梅州日报》平均日发行量约8万份,广告收入1900多万元。报社印刷厂年产值2000万元。

在办好主报的同时,《梅州侨乡月刊》、《客家人》杂志办刊质量不断提高,形成立足梅州,面向世界,传播挖掘研究客家文化,搭建世界客家人联谊交流平台的办刊特色。

为致力于打造集新闻门户、社区门户和电子商务三位一体的地方综合信息门户网站,投入百万元用于梅州网的建设,至2010年年底,已开通18个频道,实现图文现场直播。

(杨瑞春)

新华书店

2010年,市新华书店有限公司参与竞标2010年农家书屋工程配送服务项目,中标梅州地区787家农家书屋配送项目,在规定时间内完成所有图书配送工作。

在寒、暑假期间举办免费培训班,不定期举办公益文学讲座,健康咨询等系列公益性的活动,丰富市民的精神文化生活。

完成全市中小学,嘉应学院、嘉应师范分院高校的全日制教材发行和中小学教材的印制代发任务,为嘉应学院在校1.1万学生和全省25个成教点5千多名学员的教材配送到人、教材款结算到人的业务,图书发行市场份额扩大。实现总营业收入4042万元,与上年同期对比增加1252万元,增幅44.9%。全年实现利润总额300万元。

被广东省新华书店协会评为“全省新华书店系统先进单位”;被广东省书报刊发行业协会评为“2008~2009年度广东省书报刊发行业文明单位”;被广东新华发行集团股份有限公司评为“2008~2009年度先进集团”。

(市新华书店)

广播电视台

【专业设备】 市广播电视台通过公开招标的形式, 购置了SONY公司高清数字转播车。该车按2010年广州亚运会标准,设计6个有线讯道、2个无线讯道,配有4套数字高清摄像机、2套移动摄像机等设备,整车达到高清电视的顶级水平,系全省市级台第一部高清电视转播车,可担负起全市各类大型活动的现场直播和录播任务。

【宣传报道】 市广播电视台自办栏目收听率、收视率和市场占有率均创历史新高。两套广播节目市场占有率为65.3%，比上年同期增长32.7%。《新闻联播》月平均收视率25.8%，比上年增2.5个百分点；《民生820》月平均收视率接近30%，最高达到33%；《事事关心》单月最高收视率9.1%，是上年创办之初的5倍多，单篇最高达12.5%；《围龙故事》、社教栏目收视均创历史新高。一套黄金剧平均收视率达6.8%，比上年上升1.5%。特别是2010年9月、10月，收视率8点以上，达到历史最高水平。全年累计上送省级新闻单位播出广播电视新闻900多条，在广东卫视海外频道播出《家乡好梅州》专题168期。在中央级电台和电视台播出新闻360多条，上送中央级电台播出客家专题节目231个。据央视索福瑞公司统计，梅州市广播电视台电视节目影响力在全省地级市台中位居第二。

【产业经营】 市广播电视台通过重点推介电视新闻《新闻联播》、《民生820》和《财富屋家》等栏目的广告经营、探索节目与经营结合之路、举办大型活动等措施，努力提高经营创收能力，全年广告、栏目和专项活动收入实现重大突破，同比增长33.6%，是近十年来最大的增幅。周报实现部分自办发行，发行量保持在5万份以上。

打造《客家意象》演艺精品　《客家意象》到广州等珠三角5市进行10场巡回演出活动，成为梅州历史上最长时间、最大规模、最高规格的文艺巡演；又受邀赴湖南张家界参加首届中国国际文化旅游节精品推介展演活动，连续演出7天，每天3场。市广播电视台与梅州各大旅行社签订合作协议，把《客家意象》作为游客体验客家文化的首推项目，融入到梅州客家文化经典旅游线路的规划中。

创立“客家地区流行音乐金曲榜”　市广播电视台联合中央人民广播电台、省音乐家协会、省流行音乐家协会及台湾、香港、东南亚和内地十几家客属地区广播电视台，创立“客家地区流行音乐金曲榜”，共收到海内外来稿1000多首，打榜300多首。同时，市广播电视台与最早进入数字音乐领域的滚石移动公司达成彩铃合作协议，构建具有领先地位的客家数字音乐服务及销售平台。

普及数字电影院线　梅州市广播电视台下属广东客都文化发展有限公司已先后在梅城、大埔、蕉岭创办了三家数字电影院线，与揭阳、河源等其他市、县的电影院线合作也在洽谈中。这一做法得到了省委宣传部、省广电局的充分肯定，表示要进一步总结推广。

扶持嘉应音像出版社输出客家特色文化产品　该公司两大制作出版选题——《广东汉乐曲库》、《客家山歌库》已成功申报成为国家“十二五”重点音像、电子出版物出版规划项目，其中《广东汉乐曲库》已完成了前期录音。

创建“梅州客家文化产业基地”　梅州市广播电视台与南方报业传媒集团、南方广播影视传媒集团、北京国丰源投资有限公司签约，共同打造具备国家级规模的“梅州客家文化产业基地”，于2010年12月份签署《梅州客家文化产业基地项目合作框架协议书》。根据规划，梅州客家文化产业基地项目拟建设“文化之都、体验之都、养生之都和休闲之都”四大块，计划用地约5000亩，投资50亿元，10年完成。

（市广播电视台）

责任编辑：吴跃华

综　述

2010年,梅州市有卫生机构1178个,其中医院、卫生院166个;有床位10702张,其中医院、卫生院床位9826张;有卫生人员20078人,其中卫技人员17323人,含执业(助理)医师7856人、注册护士4506人。

【公共卫生】

疾病预防与控制　2010年,市甲类传染病无病例报告,乙、丙类传染病报告28419例,总发病率为675.41/10万(按常住人口4207643人计),总发病数比2009年同期(20725例)上升37.12%。乙类传染病15种,报告发病7353例,发病率174.75/10万,发病数比2009年同期(9000例)下降18.30%;死亡24例,死亡率0.57/10万,病死率0.33%。丙类传染病7种,报告发病21066例,发病率500.66/10万,发病数比2009年同期(11725例)上升79.67%;死亡6例(手足口病5例,其他感染性腹泻1例)。

2010年,梅州市继续实施一类疫苗免费接种,全市计划免疫接种率90%以上,计划免疫相应传染病控制在国家规定范围内。免疫规划进一步扩大,10月1日起梅州市甲肝减毒活疫苗纳入国家免疫规划,适龄儿童可免费接种甲肝减毒活疫苗、无细胞百白破疫苗。乙肝疫苗补种295486人,合计785345剂次,接种完成率90.91%(居全省第4位),无严重预防接种异常反应报告,安全接种率100%。甲型H1N1流感疫苗自愿免费接种117982人份,其中异常反应11人次均得到及时治疗,无严重预防接种异常反应报告。麻疹疫苗强化免疫任务全面完成,共接种适龄儿童247929人,接种率为97.88%,各年龄组接种率97%以上。

2010年,市重性精神病人排查任务完成率176.3%,列全省第5位,比全省平均完成率128.8%高出47.5个百分点。市、县级慢性病防治机构加强精神卫生、慢性非传染性疾病防治等公共卫生职能,充实精神科专业技术力量,开展精神病人筛查登记,为群众提供精神卫生咨询服务。市慢性病防治院成立精神卫生科,派员到中山大学专科进修。梅县、梅江区继续开展精神疾病医院—社区一体化防治康复示范区建设试点,做好精神病人确诊、登记、建档、制订治疗方案以及病人管理等社区康复工作。至年底,梅县规范管理重性精神病人 1588 例,门诊规范化治疗重性精神病人 301 例。梅江区对登记管理的病人每月免费发放药品两次。五华县慢病站首次开展精神病住院业务。落实精神疾病新农合报销政策,对卫生部门管治的精神病人每人每年分别给予门诊 80 元、住院 1000 元的补偿。举办全市精神疾病项目管理培训班 1 期。

2010 年,市共检查结核病可疑者 6400 多例,发现肺结核病人 3451 例,其中初治涂阳 1700 例,年度任务完成率 106.32%,复治涂阳 327 例,涂阴 1424 例。新涂阳病人治愈率 96.1%,结核病人系统管理率 99.5%,结核病人转诊率 54.6%,结核病人转诊追踪总体到位率 94.1%(列全省第 4 位),结核病人筛查率 96.7%。上半年,配合卫生部、省卫生厅开展全国、全省第五次结核病流行病学抽样调查工作,作为国家级流调抽样点的梅县城东镇汾水村和作为省级流调抽样点的兴宁市叶塘镇城镇居委,均顺利完成工作任务。下半年,开展《梅州市结核病防治规划(2001~2010 年)》终期评估。2001~2010 年,发现和管治肺结核病人 31000 多例,治愈 25499 例,超额完成规划目标。整理新中国成立后全市麻风病资料,建立麻风病例数据库,完善麻风信息管理。对现症麻风病人(5 例)实施全程、规则、足量联合化疗,及时处理并发症,联合化疗覆盖率 100%,规则服药率 100%。

2010 年,监测居民户碘盐 2316 份,不合格 14 份,碘盐合格率 99.40%,合格碘盐食用率 99.40%,非碘盐率为 0.00%,全市均未发现非碘盐,与 2009 年同期相比碘盐合格率、合格碘盐食用率均有所上升。组织第 17 个“5·15 防治碘缺乏病日”宣传活动,全市发放各类宣传资料 16889 份,张贴宣传画报 2100 张,参与咨询、义诊、讲座 73842 人,出动宣传车 14 辆,检查门店 55 家,现场碘盐检测 108 份。

2010 年度市疾病预防控制工作责任制综合考评结果,梅县、大埔县、平远县被评为考核优秀单位,受到市政府的表彰奖励,其他 5 个县(市、区)达标。开展《职业病防治法》宣传周活动,出动 50 人次,悬挂宣传横幅 10 条,发放宣传资料 830 余份,张贴宣传画 80 张,现场接受相关咨询 500 多人次。

卫生监督 2010 年,全市立案查处各类卫生违法案件 493 宗,其中公共场所 378 宗、医疗机构 111 宗、无证行医 168 宗、生活饮用水 3 宗、传染病 1 宗,责令限期整改 366 家,警告 9 家,停业整顿 57 家,取缔 144 家,罚款 318 家,金额 35.4 万元。对全市住宿、理发美容和游泳场馆等公共场所经营单位进行卫生信誉度等级评审并实行量化分级管理,评出卫生信誉度 A 级企业 5 家、B 级 182 家、C 级 259 家,不予评级 625 家。结合梅州市创建国家卫生城市工作,梅州城区重点开展公共场所“五小”行业整治。市政府拨出专款购置公共用具消毒盒、皮肤病患者专用工具盒和毛巾保洁柜(即“三件套”卫生设备),免费发给 935 家持有有效卫生许可证的理发美容门店。举办美容美发场所卫生管理人员培训班 4 期,参训 457 人。加大对理发店无卫生许可证或从业人员健康证行为的查处力度,发出“行政处罚事先告知书”368 份,实施处罚 81 宗,罚款 6 万多元。经整治,梅州城区各类公共场所经营单位持证率 100%;从业人员持证率 98.5%。配合梅州市创建国家卫生城市活动,重点开展梅州城区小餐饮卫生专项整治。以市卫生监督所力量为主,并从市、县有关单位抽调 93 名卫生监督员和协管员,组成 4 个工作组,开展小餐饮卫生整治“全年大行动”,共检查餐饮单位 38420 户次,监督检查覆盖率 100%。经多次检查、培训和督促整改,小餐饮企业卫生档案、卫生设施和日常卫生管理等卫生状况明显改善,卫生合格率从整改前的 85.3%上升到 94.1%。2010 年,梅州城区继续在餐饮经营单位中实施食品卫生信誉度等级评定,累计评定 A、B、C 级单位 1524 家,其中 A 级 22 家,B 级 117 家,C 级 1385 家。先后开展问题乳粉、“三无”酒类产品、含农药蔬菜、食用油和一次性筷子、重大节日、学校食堂的专项卫生监督检查,完成餐饮服务单位中秋月饼和餐具抽检任务。圆满完成10次重大会议、活动的卫生保障任务。全市连续6年未发生重大食物中毒事件。

卫生应急 2010年,全市未发生重大传染病疫情和重大公共卫生突发事件。全市无传染性非典型肺炎(SARS)和不明原因肺炎病例报告,无流感暴发疫情报告,无人禽流感病例报告。报告传染病突发公共卫生事件1起,得到及时有效的处置。报告手足口病病例10145例,其中重症病例6例,死亡病例5例,梅江区实验幼儿园等4起聚集性病例疫情均得到及时有效的控制。认真贯彻落实《广东省突发事件应对条例》,分别举行全市应对甲型H1N1流感疫情应急处置模拟演练、生物安全应急演练、食物中毒应急处理演练、突发公共卫生事件应急处置培训班各1次(期)。

公共卫生服务项目 在医药卫生体制改革6项重大公共卫生服务项目中,贫困白内障患者复明手术项目、农村无害化卫生厕所改造项目全面完成;农村孕产妇住院分娩补助项目完成67.1%;15岁以下儿童补种乙肝疫苗项目完成应种对象的90.6%;农村妇女宫颈癌、乳腺癌筛查项目梅县试点完成80.7%;农村妇女孕前和孕早期补服叶酸项目完成61.5%。9项基本公共卫生服务项目中,居民健康档案已建167.7万份,占常住人口数的40%,基于居民健康档案的区域卫生信息化试点工作正式启动,健康教育、预防接种、传染病防治、儿童保健、孕产妇保健、老年人保健、高血压和糖尿病管理、重性精神疾病管理等其他基本公共卫生服务项目也逐步开展并免费向居民提供。

【医政管理】 2010年,深入开展"医院管理年"活动和"医疗质量万里行"活动,启动新一轮医院等级评审工作,初步建立医院综合管理体系和医疗质量控制体系。市卫生局组织专家对全市各县(市)人民医院进行督导检查,重点督察各医院开展"医疗质量万里行"活动、临床输血管理、创优质护理示范工程活动、医院重点专科建设、医疗器械临床使用与安全管理等工作情况,促进医疗质量、医院管理水平、医疗技术和服务水平的提高。继续开展打击非法行医专项行动,重点查处无证行医和持证医疗机构非法行医行为。召开市、县(区)相关医疗机构参加的治理非法医疗广告工作会议两次,加强医疗广告市场管理。及时调查处理兴宁市妇幼保健院错输异型血事件,专门召开全市医疗安全工作会议,通报调查结果并加强医疗质量管理和医疗安全监管。继续开展创建标准化乡镇卫生院工作。进一步加强村卫生站建设与管理工作。加强对村卫生站医生落实公共卫生服务任务考核工作的指导,提高乡村医生的公共卫生服务意识。召开全市护理管理工作现场交流会,重点研讨解决2009年全市护理事业发展规划中期评估发现的问题,提高护理管理水平。5月份起,在全市二级以上医疗机构开展创建"优质护理服务示范工程"活动。市人民医院被省卫生厅确定为优质护理服务示范医院。市人民医院普外二科主管护师钟丽君被卫生部、总后勤部卫生部评为2010年优质护理服务考核优秀个人;市人民医院消化内科、丰顺县人民医院外二科被省卫生厅评为2010年广东省优质护理服务先进单位,梅县人民医院骨外科护士刘珊、大埔县人民医院内二科护师廖庆利被省卫生厅评为2010年广东省优质护理服务先进个人。成功争取香港培训与教育基金会的资助,分批选送护理专干、护理部主任、专科护士长、社区护士31人前往香港培训。认真贯彻落实《医院感染管理办法》等法规、规章、规范、标准及文件,按要求对市人民医院、丰顺县人民医院等9家医院的感染性疾病门诊、消毒供应室、手术室、急诊科等重点科室的规范建设进行指导,同时加强对医疗机构血液透析室、医疗废物管理工作的督察和指导。组织开展医疗机构处方点评,进一步加强药事管理工作。

2010年,参加无偿献血2.93万人,献血量6.96吨,比2009年同期增长0.4吨,增幅6.14%,临床用血增幅2.9%,与近年临床用血年增长10~15%的速度相比,临床用血得到较好的控制。临床用血100%来自无偿献血,100%实施科学成分用血。血液质量安全工作顺利通过省"医疗质量万里行"血液专项督察。

2010年,37家县以上非营利性医疗机构网上阳光采购药品58474万元,让利患者9357万元。蕉岭县8家乡镇卫生院从5月起实行基本药物网上阳光采购,共采购基本药物679123元,让利患者546450元。继续探索完善医疗机构医用耗材集中配送制度,市直5家医疗机构通过集中配送平台采购医用耗材9419万元。

5月1日起,蕉岭县作为广东省国家基本药物制度试点县,在全县8个镇卫生院全面实施国家基本药物制度,全部药品实行网上招标采购、零差率销售。与试点前相比,门诊病人医药费用下降3.6 %,出院病人医药费用下降7.2 %;药品收入占业务收入的比例下降8个百分点。10月19日,市卫生局在蕉岭县召开全市实施国家基本药物制度工作现场会,总结推广蕉岭县试点工作经验。至年底,110个基层医疗卫生机构(乡镇卫生院和社区卫生服务中心)全面实施国家基本药物制度,覆盖率100%,提前1年完成省下达指标任务。

2010年,市在全省推行公立医院改革试点取得成效的基础上,探索形成公立医院改革三大思路:一是改革公立医院管理体制、运行机制、监管机制和医药价格形成机制,二是改革公立医院补偿机制,三是加快民营医疗机构发展。已确定丰顺县作为公立医院改革试点县,从管理体制、补偿机制、用人机制、收入分配制度等方面入手,着手开展改革探索。

【基层卫生与妇幼保健】

农村卫生 2010年,卫生财政补助3.8亿元,是"十五"期末(2005年)的2.7倍,年均增长22%,政府卫生投入占地方财政支出比例逐步提高。29个中央扩大内需投资项目全面动工并已完成10个项目;22个省薄弱乡镇卫生院改造项目均已完成;34个省老区乡镇卫生院改造项目正在推进。全年完成投资总额7980万元,新建、改造业务用房面积78000平方米。市重点建设项目梅县人民医院新建住院综合大楼、门诊大楼已开始动工,大埔县人民医院整体迁建前期筹备工作顺利进行。

2010年,继续实施三级医院对口支援二级医院和乡镇卫生院建设、二级以上医院对口支援乡镇卫生院建设计划,进一步落实广州与梅州对口帮扶措施,开展巡回医疗和为基层贫困群众送医送药等活动。2009年,广东省属、广州市属、区属23家二、三级医院对口支援梅州1家市级医院、19家县级医院、30家乡镇卫生院,市属13家二、三级医院对口帮扶31家乡镇卫生院。对口支援乡镇卫生院的单位先后派出医务人员513人次,诊治住院病人3764人次,门诊病人39157人次,主持和参与手术289台次;举办技术培训班及讲座115次,培训医务人员3782人次,接受基层医务人员进修256人次,指导受援单位开展新技术、新项目5项,受惠患者241人次;无偿援助仪器和设备53台件,价值124万元。

新型农村合作医疗 2010年,345.8万人参加新型农村合作医疗, 参合率由2009年的90.4%提高到98.4%,实现常住人口全覆盖。筹资标准统一由2009年的110元/年·人提高到150元/年·人,其中个人缴纳30元,各级财政补助120元。镇级、县级、县外定点医院住院费用补偿比例分别为70%、60%、45%,起付金分别为100元、300元、800元,补偿年封顶线由2009年的5万元/年·人提高到8万元/年·人,比广东省的要求高2万元。从4月1日起,住院即时补偿从县、镇级定点医疗机构扩大到所有市级定点医院。探索实施参合农民跨县就医即时补偿方式,在广州(梅州)产业转移工业园企业务工的各县(市、区)参合农民可就近就医并得到即时补偿。门诊补偿方面,除兴宁

市、梅江区外，其他6个县已统一实行门诊统筹模式，补偿标准为门诊总费用的30%以上，各地结合实际设立日封顶、户封顶或年封顶线，这一做法得到省卫生厅的高度评价，在3月份召开的全省新农合支付制度改革培训班上作经验介绍。此外，住院分娩、白内障手术等单病种定额补偿额度全市统一并得到进一步提高；特殊病种门诊补偿种类保持在17种以上。2010年累计补偿260万人次，补偿金额5.2亿元，其中：住院补偿19.8万人次，补偿金额4.47亿元；门诊补偿226万人次，补偿金额4392万元；其他补偿14.2万人次，补偿金额2908万元。另大病救助2280人次，救助金额244万元。

社区卫生　2010年，组织14名全科医师骨干参加全省统一安排、为期10个月的培训。继续在嘉应学院医学院举办社区卫生技术人员岗位培训班3期，两年办班4期的任务全面完成，累计为全市6家社区卫生服务中心(梅江区、兴宁市各3家)培训全科医师和护士235名。积极创建全科医学教育培训社区实践基地，全市6家社区卫生服务中心顺利通过省卫生厅的评估。对社区卫生服务中心开展的公共卫生服务工作进行细化和量化，制订《梅州市社区公共卫生服务补助经费管理方案》，明确了社区卫生服务中心提供公共卫生服务的内容、标准及考核措施，加强对省财政购买社区公共卫生服务经费的管理。

妇幼保健　落实医药卫生体制改革妇幼卫生任务，重点抓好公共卫生服务项目中妇幼保健5个项目的组织实施工作。市卫生局持续开展2001~2010年梅州市妇女儿童“两个规划”卫生信息监测评估。市人大常委会对卫生部门实施妇女儿童“两个规划”情况进行视察。市妇儿工委牵头组织全市实施妇女儿童“两个规划”工作督导，督导结果表明，卫生保健17项主要定量指标中，已达标14项，达标率82%。11月，市人大常委会组织市人大代表会同市政府相关部门，对全市8个县(市、区)建设母婴保健“三道防线”(婚检、产检、新生儿疾病筛查)情况进行视察和检查。市卫生局年度人口和计划生育兼职职责落实较好，挂钩帮扶人口和计划生育工作达标，分别受到市委、市政府的通报表扬。4月上旬至5月下旬，在全市范围内开展妇女“两病”(乳腺、宫颈疾病)免费筛查活动，筛查3184人次。举办新生儿复苏新指南和技术要点培训班2期，培训市、县、镇级设产科的医疗保健机构妇产科、儿科医生264人。据统计，2010年，卫生部门免费向婚检对象、孕产妇等重点人群发放婚姻保健、产检(孕期保健)、新生儿疾病筛查等宣传资料25万多册(份)，举办婚检、产检、新生儿疾病筛查知识讲座20多期，组织大型宣传咨询活动20多次。2010年，全市婚检率7.4%，产检率97.2%，新生儿疾病筛查率71.1%，出生缺陷发生率119/万。全市住院分娩率93.58%，孕产妇死亡率8.84/10万；婴儿死亡率4.33‰，5岁以下儿童死亡率5.38‰；孕产妇系统管理率93.60%，7岁以下儿童保健管理率95.22%。

【科技教育】　2010年，市卫生系统获市科技进步奖二等奖4项、三等奖10项。获各级科研立项103项，其中广东省省科技计划项目2项，广东省自然科学基金项目1项，广东省卫生科研基金资助课题3项，梅州市科技计划项目36项，市医药卫生科研课题64项。审核批准推广应用新技术新项目38项、市医药卫生科研课题结题14项、阶段性(中期)成果评估105项。

全面升级远程继续医学教育管理系统　全市镇级以上医疗卫生单位统一启用省卫生厅科教管理平台。参加国家、省、市级远程继续医学教育学习11268人。举办国家级继续教育项目培训班1期，培训118人次；举办省级继续教育项目培训班3期，培训456人次；组织评审和实施市级继续医学教育项目23项，举办市级继续教育项目培训班109期，培训6243人次。参加住院医师规范化培训508人,取得合格证人数228人。参加在职学历教育人数522人,其中:研究生36人次,本科122人次,大专364人次。外出进修349人次。委托市医院协会、市医师协会、市医学会等社会组织开展多种形式的培训班,共培训医务人员1295人次。继续抓好676名乡村医生卫生保健专业中等学历教育工作。加强对45家市医学重点专科的建设管理并进行中期评估。2010年,全市卫生专业技术人员申报副高以上职称173人,评审通过118人,通过率68.21%。参加全国卫生系列中初级专业技术资格考试3511人。2010年,全市享受财政统发岗位补贴的卫生专业技术人员3525人,补贴金额509万元。经请示市政府,在岗位补贴政策试行三年期满后,同意继续实施该政策但补贴标准暂不提高。

卫生事业单位岗位设置管理和人员聘用工作全面启动 公共卫生与基层医疗卫生单位实施绩效工资工作逐步推进。嘉应学院医学院顺利通过2010年广东省普通高校新增学士学位授予专业的评审,获得药学、护理学两个本科专业学士学位授予资格,首届本科生85人取得学士学位。市人民医院于6月份被省认定为中山大学非直属附属医院,次月正式挂牌"中山大学附属梅州医院"并与中山大学签署为期5年的《医教研合作协议》。

【爱国卫生教育】 2010年4月,市创建国家卫生城市工作接受全国爱卫办暗访但未通过。之后卫生部门以健康教育、公共场所和生活饮用水卫生、餐饮业整治、传染病防治、病媒生物防制等工作为重点,开展迎国检创卫整改半年大行动、迎省复核创卫月活动和迎国家再次暗访全面整改等活动。11月底,市创建国家卫生城市工作通过国家暗访。2010年,市新创建市卫生镇2个,省卫生村8个、市卫生村81个。历年累计创建省卫生城市1个、省卫生镇(县城)3个,省卫生村24个、市卫生镇3个、市卫生村228个。组织开展第22个"爱国卫生月"活动,全市共悬挂宣传横幅330多条,张贴宣传海报2130张,发放爱卫月、创卫倡议书10万多份,出宣传专栏648期。各级各单位以"周末卫生日"活动为载体,广泛动员单位干部职工、小区居民群众积极参与环境卫生大整治,清除卫生死角,消灭蚊蝇孳生地,清理乱张贴、小广告,大力治理脏、乱、差现象。据统计,全市共出动12.3万多人次,清理卫生死角33435处,清洗乱张贴2万多张(处),疏通沟渠、下水道12600多米,清除各种积水14500余处,清理乱堆乱放垃圾900多车。梅州城区以巩固灭鼠、灭蝇和灭蚊达标成果和控制蟑螂密度为重点,落实以环境治理为主、药物消杀为辅的综合性防治措施,不断向控制区和周边的城乡结合部延伸。共投放灭鼠药约2万千克,灭成蚊、成蝇药物2000多千克,灭蚊蚴药物1500多千克,下水道灭蟑药物2000多千克。争取到中央、省、市财政补助资金640万元,完成2009、2010年中央改厕项目任务1.4万户。2010年,全市农村自来水普及率75.59%;卫生厕所普及率92.68%,无害化卫生厕所普及率67.51%。

【健康教育】 2010年,成立梅州市健康教育专家组,由市人民医院、嘉应学院医学院、市疾病预防控制中心、市健康教育所等单位的39名专家组成。配合公共卫生服务项目的开展,制订下发高血压病、糖尿病健康教育方案。在梅州城区设置健康教育宣传栏1000块,制作宣传画板650块、光盘84个,设置健康资料发放点50个,印发宣传资料20多万份。坚持在市电视台、《梅州日报》开设《梅州卫生》、《康健园》等健康教育专栏,登载"创卫"知识、健康知识问答250条,举办知识竞赛活动两次。通过制作电视宣传片,撰写科普文章和播放公益广告等形式,加强控烟健康教育宣传工作。梅州城区卫生行政部门和各医疗卫生单位积极开展创建"无烟单位"活动,基本达到"无烟单位"标准要求。组织中小学生、居民、职工和住院病人27.8万人参加健康知识测评,市民健康知识知晓率和健康行为形成率分别达到93.4%和94.4%。举办机关、学校、企业健康教育和健康知识业务培训班两期。做好《全国健康教育与健康促进工作规划纲要(2005~2010年)》终期评估工作。11月,五华县水寨镇启动创建亿万农民健康教育健康促进示范镇工作。

【中医药工作】 2010年,按照中共中央、国务院关于深化医药卫生体制改革的意见,组织市、县(市、区)各中医医院院长集中学习讨论《国务院关于扶持和促进中医药事业发展的若干意见》,围绕中医药人才培养、中医特色专科建设、新农合中医药补偿政策以及中医药行业管理等重点内容,结合实际制定实施配套政策。组织开展争创农村中医工作先进县活动,在全市推广五华县创建全省农村中医工作先进县经验。市中医院门诊大楼启用,五华县中医院门诊综合大楼封顶装修。兴宁市中医医院、五华县中医医院、蕉岭县中医医院被确定为全国农村医疗机构针灸理疗康复特色专科建设项目单位。下拨市中医专项资金到各县(市、区)卫生局用于举办基层中医药适宜技术培训班,参训432人次。2010年全市中医医院门(急)诊诊查人数671288人次,比2009年增8.3%;床位使用率70%,比2009年提高5个百分点;业务收入1.75亿元,比2009年增10%。

(罗楚伟)

红十字会

【概述】 2010年,市红十字会继续秉承"人道、博爱、奉献"精神,开展救灾、救助和救护工作。全年接收社会各界捐赠款物538万元;开展救灾、帮扶、慰问活动70多场次,发放款物495万元,受益30多万人。

【博爱送万家活动】 连续9年在元旦春节期间开展"红十字博爱送万家"活动。按照省红十字会2010年"红十字博爱送万家"的活动安排,将下拨的慰问物资大米300袋、家庭包300份、棉被300份、食用油300瓶以及梅州市红十字会筹集的物资共15万元,分别送到受灾地区的困难户以及社会弱势群体手中,有1000多户近万人受益。

【救灾】

为青海玉树地震灾区筹集款物 4月14日,青海玉树发生7.1级地震,造成生命财产严重损失。梅州市红十字会第一时间通过梅州电视台、梅州广播电台、梅州市红十字会网站播发倡议书,呼吁社会各界为灾区奉献爱心。4月23日晚,在客家亮胜艺术中心举办"客都大爱 情系玉树"大型慈善晚会,社会各界对玉树地震给予极大的援助,踊跃捐款。至7月9日,共接收社会各界捐赠款物127万元(其中药品10万元),所有款物已转交青海玉树灾区。

参与江西抚州市抗洪救灾 6月中下旬,江西抚州市发生特大洪涝灾害,造成严重的经济损失。灾情牵动着在梅经商创业的赣商的心,他们情系家乡,踊跃捐款,共募集2.65万元,通过梅州市红十字会转送抚州市红十字会支援临川灾区。抚州市红十字会特寄来感谢信,感谢梅州市红十字会在抗洪救灾的危急关头伸出援助之手。

捐赠物资接收和发放 全年募集及接受社会各界救灾救助款物300多万元,受益群众30万人。一是省红十字会下拨27万元的食品和生活用品、广州市红十字会捐赠10万元被帐、旺旺集团深圳分公司捐赠13万元米面,救助梅州市遭受5月5日洪涝灾害和贫困地区的群众;二是省红十

字会下拨 1.4 万元学习用品支持丰顺县留隍镇茶背小学开展扶贫助学活动；三是省红十字会下拨药品 10 万元、广西梧州制药(集团)股份有限公司捐赠药品 200 多万元，帮助梅州市基层卫生院开展扶贫济困活动。

【救助】

参与“广东扶贫济困日”活动　为配合市委、市政府推动“扶贫济困日”活动的广泛深入开展，市红十字会积极参与“广东扶贫济困日”活动，倡议社会各界踊跃捐款捐物，救助贫困群众。收到珠海市富安拍卖有限公司、东莞市达鑫江滨新城开发有限公司、深圳成丰电子有限公司、刘伟新企业家等社会各界的爱心捐款 258.6 万元，分别用于兴宁市水口镇卫生院建设、兴宁市坭陂镇农村桥路建设、兴宁市罗岗镇中心小学教学楼建设，以及开展助学和“规划到户、责任到人”的扶贫等活动。

关注“地中海贫血”患者　8 月 22 日，与深圳市红十字会“关怀地中海贫血病志愿工作者服务队”及深圳市香蜜湖狮子会联合举办梅州市地中海贫血病患者和家长联谊会，市的 15 名患者及家长参加活动。深圳市香蜜湖狮子会免费为市“地贫”患者发放价值 1 万多元的治疗药品。2010 年，帮助 0~14 岁的白血病患者向中国红十字会小天使基金申请救助，有 10 位白血病患者各获得 3 万元的资助，同时争取肇庆市封开县汤国华医院开展的“微笑行动”的支持，两名唇腭裂患者得到免费治疗。全年，共救助特困学生、因灾因病致贫的特困家庭、白血病等重症患者 22 人，发放救助金 3.7 万元。

【卫生救护】　贯彻落实中国红十字会总会等 15 个部、委、办关于广泛开展卫生救护工作的意见，开展卫生救护培训，提高群众自救互救能力。先后组织师资到供电、消防等高危行业进行卫生应急救护知识培训，系统传授心肺复苏，止血、固定、包扎、搬运四大技术以及家庭急症等内容，全年培训 2000 人次，其中取得卫生救护培训证书 300 人。

【救心行动】　2 月，省红十字会吴小毅部长带领广东省陈绍常基金会工作人员和省中医院珠海医院专家到梅州，对兴宁市、大埔县、蕉岭县的 70 例贫困先天性心脏病儿童进行筛查，为符合手术指征的 30 例患者在省中医院珠海医院进行手术。8 月，省红十字会莫益勇副会长再次带领有关工作人员和专家，对梅江区、梅县、平远县、丰顺县的 112 名贫困“先心病”儿童进行筛查，为符合手术指征的 29 例患者在省中医院大学城医院进行手术。

【无偿献血和造血干细胞捐献】　先后三次派出工作人员与市献血办一道宣传无偿献血的知识和意义，发动全民参与义务献血，为无偿献血志愿者活动提供帮助。全年，有 24564 人自愿参加无偿献血，献血量 538 万毫升，采集造血干细胞样本 52 份。

【对外交流】　5 月，市政协副主席、市红十字会会长郑少伟率市红十字会工作人员，随广东省红十字会系统考察团到上海、安徽、山东等地，参观学习三省红十字会的备灾救灾等基地建设，以及在救灾、救助、救护等方面的好做法、好经验，加强省市之间的交流与合作。10 月 13 日，市委书记李嘉、副市长陈丽霞率领市红十字会相关工作人员专程到省红十字会，汇报推动梅州红十字事业的发展工作。

【红十字宣传】 定期出版《梅州红十字会信息》，把全市最新的红十字工作动态及时传递给社会。同时加强与广播电视台、报社的联系，广泛传播“人道、博爱、奉献”的红十字精神。全年，在梅州市广播视电台播报红十字的相关信息40多条，在《梅州日报》宣传报道26篇。

（罗俊霞）

梅州市人民医院

【概述】 梅州市人民医院由院本部、田家炳医院、华侨城综合门诊部、江北院区和五官科院区组成，占地总面积26.8万平方米，建筑面积23.8万平方米，固定资产7.4亿多元，其中设备总值3.71亿元，开放床位2481张。在职职工2591人(含招聘合同制)，其中高级职称165人，中级职称372人。年总诊疗人数105.45万人次，出院病人数64868人次，住院各类手术2.9万台次。2010年7月5日，挂牌为中山大学附属梅州医院。

【专业建设】 新成立鼻咽癌科、介入科，麻醉科分设麻醉一科、麻醉二科、麻醉三科，重症医学科分设重症医学一科和重症医学二科，心血管内二科分设两个病区，神经内科分设两个病区，化疗科分设三个病区，药剂科下设静脉药物配置中心。2010年引进各类人才325人，其中有心脏大血管外科学科带头人1人、硕士研究生22人、本科学历130人。

【教学科研】 接收各类进修人员722人，实习生417人，其中大专以上实习生191人。全年获市级科技进步奖8项，获广东省医学科研基金立项1项；申报省级科研课题成果1项；省级以上杂志发表论文126篇；省级以上交流护理论文51篇。

（李季新）

2010年4月22日，梅州“消除麻疹，控制乙肝，你我共参与”预防接种宣传周活动现场。（市卫生局提供）

责任编辑：吴跃华

体　育

【群众体育】 全面实施《全民健身条例》,举办"迎亚运绿道行"环城自行车骑行活动、首届万村篮球赛、第三届老年人运动会、第十一届体育节启动仪式暨环城自行车"活力团队"活动等。全市2040个行政村基本建有农民体育健身工程。完成2500多个国民体质监测样本采集工作。培训社会体育指导员2200多人,其中有16人获省优秀社会体育指导员称号。2010年梅县体育局获国家"全民健身活动优秀组织奖",梅州监狱获国家"全民健身活动先进单位"称号。

【竞技体育】 在第十三届省运会上,梅州市代表团团体总分和奖牌榜排名均列第13位。奖牌总数超过上届5.75枚,超额完成预期目标。田径运动员何光两次打破省少年甲组三级跳纪录。少年球类五项排名第8位。梅州市代表团获得体育道德风尚奖。

【足球运动】 制定出台《梅州市振兴"足球之乡"十年规划》。确定梅县雁洋镇为足球基地建设点。2010年12月18日,举行了足球基地奠基仪式。组织校际间足球活动和比赛青少年校园足球活动,全年组织小学比赛270场、初中比赛112场。举办自驾游足球赛、"九龙杯"足球赛、全市"李惠堂杯"足球联赛等。

【亚运会火炬传递活动】 第16届亚运会火炬传递活动(梅州站)10月24日在梅城举行。起点客天下旅游产业园广场,终点院士广场。火炬传递活动"安全、隆重、热烈、圆满",得到亚组委火炬传递运行中心的赞誉。

【体育场馆建设】 获省和国家及广州市扶持资金558.1万元。市县两级加快体育设施建设步伐,蕉岭体育馆室内装修工程完成过半,丰顺县占地300亩的体育公园土地正在平整施工,梅县体育场、体育馆正在建设,平远体育馆正在建设,兴宁市曲棍球场正在建设。

【体育彩票】 全年体育彩票销售1.31亿元,再创历史新高,得到省体育局和省体彩中心的表彰。

(周丽婷)

责任编辑:吴跃华

社会生活

机构编制

【管理机构】 4月28日,设立市机构编制委员会办公室,正处级,列市委机构序列。市事业单位登记管理局为市机构编制委员会办公室直属行政单位。

【行政管理体制改革】

市政府机构改革 按省要求,省垂直管理的市食品药品监督管理局划归市管理列入市政府工作部门,市经济贸易局、市信息产业局整合组建市经济和信息化局,市人事局、市劳动和社会保障局整合组建市人力资源和社会保障局。重新“三定”(定机构、定编制、定职能)的部门39个,其中:市政府工作部门32个,派出机构3个(市政府驻京办、驻穗办、驻深办,梅州高新区),单独三定的挂牌机构2个(市扶贫开发局,市金融工作局),不计市政府机构个数的工作部门2个(市监察局,市民族宗教事务局)和列市委机构序列的1个(市机构编制委员会办公室)。

县(市、区)政府机构改革 5月,印发各县(市、区)政府机构改革方案。除蕉岭县深化行政管理体制改革试点县外,其他县(市、区)政府机构改革任务全面完成。

乡镇机构改革 按省的要求对全市111个乡镇(街道)进行分类测算。经测算,全市有特大镇3个,较大镇57个,一般乡镇51个。出台《关于简政强镇推进乡镇机构改革的十条意见》,并以市委办、市政府办名义印发实施。

事业单位分类改革 审核、上报行政类事业单位803个。结合实际,出台《关于推动我市事业单位分类改革的六项要求》。此外,抓好市直19个副处级以上参公单位的“三定”工作。

【机构编制管理和监督】

机构编制实名制管理 与相关部门联合转发中央和省委组织部、编办、人社、财政部门联合出台的加快推进机构编制实名制管理工作相关文件;建立机构编制管理协调约束机制,出台《关于在全市机关事业单位实行机构编制实名制管理的通知》和《梅州市机关事业单位实名制管理暂行办法》。

日常管理 全年收到省、市、县各级部门的通知、请示、函件586件,涉及调查改革进度、编制落实情况和请示机构设置、升格、更名以及职务高配、增加领导职数、增加编制等一系列的机构编制问题。对照相关政策规定和实际情况进行汇报、函复、批复。

监督检查 健全“12310”机构编制监督举报电话和投诉举报制度；根据省编办《转发中央编办关于湖南省处理溆浦县机构编制违纪问题的情况通报的通知》精神，在全市机关事业单位全面开展机构编制管理专项督查工作。

（罗瑞金）

人事·劳动

【人事】 实施事业单位岗位设置和人员公开招聘工作。全市纳入改革的事业单位有2930多个，涉及的工作人员有9.12万人；公开招聘事业单位岗位2385个，招聘人员2333人。不断完善收入分配制度，做好绩效工资的后续管理和清理公共卫生与基层医疗卫生事业单位津贴补贴工作。加强职称评审管理工作，评选出第二届高层次人才享受政府特殊津贴30人。做好企业军转干部维稳工作，全年接收安置军转干部共37人。人事考试工作有序推进，考纪严肃，体现公平公正。2010年接收大中专毕业生23人，帮助就业17人。

【就业】 开展“南粤春暖”就业服务月——劳务对接系列活动，举办与广州、佛山等地的劳务对接专场招聘会，成立招聘专业小分队到园区和镇、村（社区），推行“零距离”对接招聘，让农民工在家门口就能接触到招聘企业。2010年，全市新增就业人数32737人，完成年度任务的109.1%；新安置城镇失业人员就业26897人，完成年度任务的103.5%；城镇登记失业率2.48%；完成农民工积分入户城镇4796人，完成省下达任务的112%。

【社会保险】 一是全面铺开新型农村社会养老保险工作，建立困难群体参加新农保机制。省农保领导小组和省政府办公厅分别向全省印发梅州市农保工作的经验和做法。至2010年年底，全市60多万人参保，20多万人享受养老待遇。二是狠抓扩面征缴工作，超额完成各项工作任务。至2010年年底，全市参加养老、失业、职工医保、工伤、生育保险实际缴费人数分别为35.16万人、19.53万人、32.7万人、16.09万人和19.9万人，保费征缴23.96亿元，同比增长21%，完成全年任务的135%。三是养老失业保险市级统筹顺利实施、平稳推进。四是发行社会保障卡，信息化建设不断加快。

【技能培训和技工教育】 建立农村劳动力培训转移竞争性资金激励机制，加强农村劳动力转移就业服务，强化农村劳动力培训转移就业专项资金监管，创新培训模式等措施，全面推进农村劳动力培训转移就业工作，促进从劳动力资源大市逐步向人力资源强市转变，为全市经济社会发展提供人力资源保障，梅州做法被省主流媒体作为先进典型进行宣传和推广，被省政府评为先进单位。全年完成农村劳动力免费技能培训6.4万人，新增劳动力转移就业16.4万人，分别完成全年任务的123%、143%；开展品牌培训，培训“梅州的哥”513人，“客家大嫂”1880人；市高级技校申报技师学院、兴宁技校申报国家级重点技校已分别通过省专家组评审；梅县技校、市交通技校竞得全省技校建设竞争性专项资金；全市技工学校超额完成省下达的招生任务，毕业生就业率均100%；市高训基地建设全面完工，投入3000多万元购置新设备，年培训能力20000人次。

【维护劳动者权益】 开展加强人文关怀改善用工环境工作以及和谐劳动关系建设，支持、鼓励企业采取多种实现形式，加快创建“劳动关系和谐企业”，评选出首批11家“和谐劳动关系先进企业”，积极推动保持劳动关系的和谐稳定。同时，在非公企业成立“基层劳动争议调解组织”。通过加强劳动仲裁、劳动监察执法、完善“12333”咨询服务平台和妥善处理来信来访，有效化解各类劳资矛盾。2010年，全市立案处理劳动争议案件1504宗，结案1478宗，当期结案率为98%，涉及标的2377万元；受理日常举报投诉案件768件，为劳动者追讨工资714.9万元。

（曹志文）

社会保障

【低保救助】 抓低保政策的落实，2010年7月，全面完成农村年人均纯收入低于1500元的困难对象纳入低保救助的任务。至2010年12月底，全市低保对象103166户、278959人，对比上年增13471户、50094人。低保资金支出2.06亿元，医疗救助支出1482.6万元，救助人数80232人次，落实市、县两级配套资金共7426.7万元。

【“五保”供养】 申报第六批“千间敬老福星工程”计划。经省厅审核批准改造11间，下达补助资金220万元。开展“千间敬老福星工程”支出项目绩效评价工作，对2004年以来省资助的全市“千间敬老福星工程”进行绩效评估。开展全市敬老院安全大检查，加强敬老院安全管理工作。

【防灾救灾】 市成立减灾委员会及其办公室，办公室设在市民政局。建立完善全市四级应急预案管理体系。全市95%的镇（街道）、57%的村（居委会）制订本级预案，形成纵向到底的四级应急预案体系。

2010年5月以来，受洪涝、台风等自然灾害影响，全市不同程度受灾，强降雨造成全倒户674户。及时下拨1617万元自然灾害补助资金，确保灾民的基本生活。全市投入重建家园补助资金1400多万元，674户全倒户全部搬进新居。2010年全市赔付农户2000户、理赔资金539.7万元，比2009年全年399万元增加140.7万元。

2010年12月14日，广东中烟公司在梅州剑英体育馆广场举行“共创喜悦新生活、双喜慈善大行动”活动，捐赠价值90多万元的100多吨大米、4000多套棉被等救灾御寒物资，帮助困难群众和灾民温暖过冬。

【福利救助】 为贫困家庭、福利机构和分散供养的“五保”对象中患有唇腭裂的儿童提供免费手术和康复治疗。市50人次通过手术治疗。落实“祥安计划”。包括一个新建殡仪馆，一个殡仪馆改造工程和16个公益性生态公共墓地（骨灰楼）建设，力争用五年时间完成全市等级殡仪馆建设和镇（村）公益性生态公共墓地建设规划。开展救助管理服务，全市救助3625人次。做好老年人优待证发放和老年人维权接访等工作。组织落实“广东扶贫济困日”活动。全市民政部门和慈善会接收捐款（含认捐）2.03亿元。捐助工作得到省厅和市主要领导的肯定，市委李嘉书记在省转发简报上批示“很好，很及时”。

【福彩发行】 福彩发行工作再次突破亿元大关，提前4个半月完成省下达的1.35亿元任务，全省地级市中排第二位。至12月底，全市销售福利彩票突破2亿元，完成全年任务的160%，省福彩中心贺电市福利彩票发行工作。

【双拥优抚】 健全机构,加大宣传力度,查漏补缺,在“八一”期间组织开展双拥表彰大会暨慰问大会,评选表彰37个先进单位和70名先进个人,117个单位和260名个人分别受到各级表彰奖励。其中,市民政局被市委、市政府、军分区评为爱国拥军模范单位。全面落实双拥、优抚政策,调整提高驻军随军家属待业生活补助。从2010年1月起,驻军随军家属待业生活补助由每月500元提高到600元。做好复退军人的维稳工作。2010年,接访调处涉及复退军人群体性上访人员9批250多人次,答复民声通道等咨询信访件90多件,没有因政策不落实而发生的上访事件。做好退役士兵免费技能培训报名工作,积极推进优抚事业单位建设。

【基层政权和社区建设】 突出抓好村、社区“两委”换届选举试点工作,探索蕉岭县村务公开民主管理新形式,形成三权分设、互相制约、互相促进的局面。创建自治好、管理好、治安好、环境好、风尚好“六好”平安和谐社区。全市建设社区办公用房52个,全面完成社区办公用房建设任务。农村社区建设。梅县启动83个村的试点工作,走在全市前列。梅江区、平远、蕉岭、大埔4个县(区)被省命名为村务公开民主管理示范县,梅江区金山街道水巷等21个社区被省命名表彰为六好平安和谐社区。

【社会组织管理】 2010年1月,成立市社会组织党的工作委员会。敦促连续三年未参加年审的56个社会组织接受年检和进行整改。培育发展社会组织,做到严格把关,成熟一个登记一个,2010年成立9个社会组织。在社会团体中开展“小金库”治理工作。

【区划地名工作】 2010年4月,成立市地名委员会,修订《梅州市地名管理实施办法》。抓好地名标志设置和维护工作,完成市级界线梅州—汕尾线的联检任务。广泛开展平安边界创建活动,被省民政厅评为98分。

【占地毁林专项整治】 开展以S223线沿线整治为重点的全市国道、省道、铁道及风景名胜区、城市规划区“三道两区”内坟墓专项整治工作。全市“三道两区”范围内的坟墓共计5018穴,主要是采取深埋复绿和绿化遮挡的方式进行整治。全市各级各部门投入整治专项经费960多万元,投入人力3.6万多人次。专项整治涉及社会上万名事主,无一宗过激反应和群访事件发生。

(杨伟星)

人口和计划生育

【概述】 2010年,全市各级党委政府把人口计生工作纳入经济社会发展总体规划,围绕“稳定低生育水平、统筹解决人口问题”的目标要求,坚持党政“一把手”亲自抓、负总责,保持低生育水平。全年全市出生56321人,出生率为10.94‰,自然增长率为5.24‰,分别低于省下达指标任务的0.86‰和0.95‰,计划生育率为95.82%,市及下辖的平远、梅江、梅县、大埔、兴宁五个县(市、区)被省政府授予“广东省人口与计划生育先进单位”。全市自2006年以来连续5年保持“省先进”。

【宣传教育】 全市各级坚持把宣传教育作为推动工作的重要举措,先后投入大笔资金,对全市

1466个村(居)委计生“三栏”进行更新,在全市城区和主要交通路段设立10多块大型T字和电子滚动计生宣传牌,制作100条宣传长廊和1500个宣传灯箱广告牌,打造30多条“计生宣传街”。利用广播、电视、报刊等方式,加大宣传力度,做到广播有声、电视有影、报刊有文、网络有字,依托广东汉剧院编排一场以计划生育为主题的文艺节目,到各县(市、区)巡回演出,收到良好的宣传效果。

【“两无”创建活动】 进一步建立健全县、镇、村三级计生工作例会制度,把计生工作例会成为“情况汇报、问题分析、责任落实、工作布置”的有效载体,促进层级动态管理责任制的落实。同时,在抓好经常性工作的基础上,适时开展计生集中服务月活动,严控多孩出生。“两无”(镇无政策外多孩出生、村无政策外出生)创建活动走在全省前列。全市116个镇(街道、场)无政策外多孩出生的有95个,2241个村(居民委员会)无政策外出生的有1363个。

【综合改革示范创建活动】 制定出台《开展人口计生综合改革示范镇(街)创建活动实施方案》,全市确定33个综合改革示范创建镇(街),采取市、县、镇三级联创的方式,分别由市人口计生局、各县(市、区)委书记、县(市、区)长、分管领导和人口计生局长挂钩联系,以点带面推进综合改革示范创建活动。2010年,平远县被列为全省人口计生综合改革示范县,市被省人口计生委推荐为“全国人口计生综合改革示范市”候选单位。

【流动人口计生服务管理】 制定出台《加强流动人口计生服务管理工作的实施意见》,成立流动人口计生服务管理沟通协作工作组,强化与省内珠三角地区及闽、粤、赣三省边界区域协作,逐步建立“以证管人、以房管人、以业管人”的机制,初步形成“信息互动、服务互动”的区域协作“一盘棋”格局,加强全市流动人口的计划生育服务管理工作,堵塞流动人口政策外生育漏洞。

【计生服务平台】 2010年,全市在严格按照国家和省要求升级改造各级计生技术服务机构基础上,着力加强技术服务人员培训,提高技术服务水平,为广大育龄群众提供更加优质安全的服务。2010年,筹资700多万元,为市计生服务中心和8个县(市、区)计生服务站分别购置1台彩色B超机。为广大育龄群众提供更多更优质技术服务。

【人口计生挂钩帮扶】 全市人口计生挂钩帮扶工作自2009年实施以来,围绕至2010年年底全市13个挂钩帮扶镇升类转化的目标,完善市领导及市直单位挂钩帮扶镇、县领导及县直单位挂钩帮扶村、镇领导挂钩重点户的层层挂钩帮扶机制。各挂钩帮扶工作组经常深入基层,加强督察指导,在人、财、物等方面加大投入,加快后进转化步伐。据统计,市直挂钩帮扶单位500多人次到镇、到村开展工作,投入帮扶资金400多万元。至2010年年底,全市13个后进镇如期实现后进转化。

【利民惠民举措】 在全面落实国家和省奖励扶持政策的基础上,进一步完善集“奖励、保障、帮扶”为一体的计生利益导向机制。率先在全省山区市对全市城镇独生子女父母发放每月80元奖励补助。率先出台计划生育家庭意外伤害保险实施方案,由市、县两级财政全额出资,为全市农村独生子女户、纯二女户和城镇独生子女困难户购买计划生育意外伤害保险。同时,把建立计划生育利益导向机制与扶贫开发结合起来,对实行计划生育的困难户进行重点帮扶,在技术、信息、资金等方面给予倾斜扶持。

【政风行风建设】 一是通过开展人口计生系统“双评”(请农民朋友评计生,请流动人口评计生)活动,加强计生系统政风行风建设,广大育龄群众对计划生育工作的整体评价满意度96%。2010年,蕉岭县被国家人口计生委授予首批“全国阳光计生行动示范单位”荣誉称号。二是通过加强民生维权服务活动,进一步畅通群众维权渠道,及时有效回复或答复群众来信来访,全年处理各类信访案件10245件,及时回复率100%。10多年来,全市未因计划生育问题出现群体性上访事件,未发生行政复议、行政诉讼案件,没有发生重大或恶性案件,在维护群众计生合法权益的同时,提高全市计划生育工作的整体水平,维护计划生育国策的严肃性和连贯性。

(古文柳)

民　族

【概述】 2010年,围绕各民族共同团结奋斗、共同繁荣发展的主题,广泛开展民族政策和法律法规的宣传教育,增进民族互信,促进各民族相互交融。帮助散居少数民族凤坪畲族村发展经济,改善生产生活。加强城市民族工作调研,做好城市民族工作,从维护民族团结的高度,妥善解决矛盾纠纷,维护少数民族同胞的权益。

【维稳】 2010年,世博会和亚运会分别在上海和广州举办,梅州民族宗教部门把民族宗教领域维稳工作作为重要任务来抓。一是成立信访维稳工作领导小组,制订预防和处置突发公共事件应急预案,加强值班备勤工作,实行24小时值班制度。二是排查安全隐患,及时化解矛盾纠纷。三是与有关部门密切配合,做好信息沟通工作。

【组织参加会演、摄影展、运动会】 6月和9月,省民族宗教委、省文化厅等有关部门先后在广州举办广东省首届少数民族文艺会演和民族团结进步摄影展,梅州组织畲族舞蹈《祈福》参加会演,获省优秀组织奖;组织市摄影家协会会员到凤坪畲村,拍摄近年来畲村的发展变化,选送10幅作品参加民族团结进步摄影展,展示梅州近年来民族工作和民族团结进步事业取得的成绩。

9月14~20日,市民族宗教事务局与市体育局和嘉应学院合作,组织20多名包含瑶、壮、满、蒙古、畲、土家、回、仡佬、彝族、苗、侗、汉12个民族在内的运动员、教练员,代表梅州市首次参加全省少数民族传统体育运动会。参加蹴球、毽球、武术3个竞赛项目的比赛中,蹴球比赛女子单蹴获得一块银牌、男女混合双蹴第六名、女子双蹴第八名;参加武术比赛中,男子器械C组获得一块铜牌、女子拳术B组第四名、女子器械A组和男子拳术A组第七名。奖牌数排全省第17位。团体总分45.5分,排全省第19位。梅州市代表团获“体育道德风尚奖”和“优秀组织奖”。

宗　教

【充实宗教团体】 通过宗教团体成立、换届或人员调整等契机,把政治素质高,有一定威望的教职人员充实到宗教团体。12月9日,市道教协会召开第一次代表会议,钟标发,陈小玲、黄诚德、张伟贤、黄海清、范松先,宋浩雄等当选为道教协会首届领导成员。

【教职人员认定与培训】 根据《中国基督教教职人员认定办法》和《道教教职人员认定办法》,28

名牧师、34 名长老通过省基督教“两会”审核认定。

5 月 25~27 日，协助基督教在兴宁市基督教“长者之家”举办第十四期教会堂点负责人培训班，80 多人参加培训，选送 4 名人员到协和神学院参加 2010 级本科和专科班的学习；10 月 26 日，丰顺汤坑天主教堂举办第五期各堂点负责人培训班，梅州、河源两市共 70 多人参加为期 4 天的培训。此外，还组织各宗教团体负责人参加国家和省、市举办的各种培训。

【财务监督管理】 市各地宗教活动场所建立财务、会计、治安、消防、卫生防疫、文物保护等管理制度，实行民主管理。在梅县、兴宁、蕉岭、五华挑选出佛教、道教、天主教、基督教 4 个宗教宗教活动场所，开展财务监督管理试点工作。

【创建“和谐寺观教堂”】 根据国家宗教事务局《关于开展创建“和谐寺观教堂”活动的意见》和省民族宗教委关于《广东省开展创建和谐寺观教堂活动实施意见》，市民族宗教事务局定出 2010 年首批达标场所 50 所，选送 59 处宗教活动场所(其中佛教 33 处、道教 5 处、天主教 6 处、基督教 15 处)为省第一批达标场所，已被省民族宗教委确定。市道教协会钟标发会长被国家宗教事务局评为首届全国创建和谐寺观教堂先进个人。

【宗教活动场所配套建设】 平远县南台卧佛山文化旅游产业园大佛寺建设。该旅游产业园集“旅游观光、休闲度假、运动养生、生态保护、礼佛拜佛、水体景观”等功能于一体，规划面积 4 平方公里，总投资 20 亿元。首期建设项目大佛寺，经省民族宗教委批准新建，4 月 24 日动工奠基。寺院总占地面积约 130 亩，建筑面积 2 万平方米，总投资约 1.5 亿元，采用唐朝寺庙建筑风格，以现代建筑材料为主进行建设，募捐社会资金 2750 万元。千佛塔寺按佛教丛林规制扩建。大雄宝殿、伽蓝殿、祖师殿基本建成，药师坛城、天王殿、放生池、山门、停车场等配套工程规划建设中，扩建工程投入资金 5000 多万元。

【慈善活动】 引导宗教界发扬慈悲济世、奉献爱心的优良传统，热心社会公益，服务和谐社会。一是兴办慈善养老院。兴宁市基督教会投入资金 600 万元兴办“长者之家”，提供养老保健、医疗护理等设备，免费照顾孤寡老人。热心人士投入 2500 多万元在佛教协会念佛堂兴办“慈光安养院”，为老人提供养老和临终关怀。二是捐款捐物帮助受灾群众。青海玉树发生 7.1 级强烈地震、西南省区发生旱灾、舟曲发生泥石流后，梅州佛教、道教、天主教、基督教纷纷筹集资金，为灾区献爱心。市佛教协会、千佛塔寺策划举行主题为“千佛祈福，客都大爱”的抗震救灾晚会，当场筹集资金 63 万元。三是开展扶贫助学助困活动。千佛塔寺在嘉应学院设立“千佛塔寺助学基金”后，已连续 5 年为嘉应学院贫困学生每年提供 10 万元的助学金，2010 年，又资助特困大中小学生 50 名，发放助学金 38 万元。全市宗教界“扶贫奔康工程”落实 45 个宗教活动场所，连续 3 年帮扶 120 户贫困家庭，投入扶贫资金 40 多万元。四是开展对外友好交往，配合政府参与引进海外投资、捐资。澳门蓝钦文牧师、香港浸信会捐资 90 万元为基督教坭坡堂危房拆建，捐救护车给兴宁第三人民医院。2010 年各宗教共接待国(境)外来宾访问约 73 批次，人数 800 多人。全市宗教界捐助社会公益扶贫救灾款物 3000 多万元，捐资 60 万元省内外民族地区。捐助维修寺观教堂、文教卫生公益事业等资金 2980 万元。

(市民族宗教事务局)

责任编辑：吴跃华

县(市、区)建设

梅江区

【历史、地理、人文】 梅江区总面积298.4平方公里，辖城北、三角、长沙3个镇及江南、金山、西郊3个街道，下设54个村民委员会、39个社区居委会，2010年年末户籍人口31.91万人。

梅江区地处广东省东北部，梅州市中部，地理坐标位于北纬23°72′~23°95′，东经115°72′~115°97′之间。南北长37.5公里，东西最宽处11.2公里，最狭处4.5公里。区境为梅江河流经莲花山中部山谷而形成的河谷盆地，三面环山，一面临水，以低山、丘陵为主。地势东南高，逐渐向东北、西北倾斜。地理位置靠近北回归线，临海洋，属南亚热带季风气候。受山区特定地形影响，具有夏长冬短、气候温和，光照充足，雨水多且集中等低纬气候特点。又有冷热悬殊，气流闭塞、易变旱涝灾害地形，小气候突出等山区气候特点。山地面积230.1平方公里，占总面积的77.1%；耕地面积42240亩，其中水旱田29966亩，农村人均耕地0.575亩。矿产资源较丰富，有煤、石灰石、花岗岩、稀土、黏土、矿泉水等。

境内山清水秀，名胜古迹多。有人境庐、千佛塔、东山书院、梅江桥、梅州学宫、八角亭等各级文物保护单位14处和泮坑公王、义孚堂等众多未定级文物；有嘉应学院、东山中学、梅州中学等名校；有中山路、凌风路、仲元路等名街；有席狮舞、五句板、梅城山歌、舞龙、金狮、闹八音、拜"孔圣人"等33项区级非物质文化遗产保护项目。人杰地灵，英才辈出。有清代嘉应州入翰林院之第一人李象元，进士李黼平，"中国十大爱国主义诗人之一"、"晚清一位最杰出的诗人"黄遵宪；有中国工农红军第一方面军参谋长朱云卿；有祖籍梅江区的将军叶松盛、张建等23人，大学校长(书记)杨简、吴道钧等16人，梅江区籍或毕业于梅江区学校的"两院"院士有李国豪、黎尚豪等10人。交通便利，区内每百平方公里的公路密度75公里。梅县机场、205、206国道，梅揭、梅河、天山高速公路，广梅汕铁路和梅坎铁路形成纵贯南北、横跨东西的立体交通网络。

【发展概况】 2010年，梅江区坚持以科学发展观为统领，坚定不移走"绿色崛起"之路，加快建设全市绿色现代产业集聚区、宜居宜业示范区、文化发展繁荣区、社会管理先进区，全力推动绿色的经济崛起，全区经济社会发展取得可喜成绩。全区实现生产总值25.3亿元，增幅超14%；地方财政一般预算收入实现2.78亿元，比增36%；增幅居全市第二，增量和增幅创历史新高；外贸进出口以及实际利用外资增幅均排名全市第一。全社会固定资产投资 9.73 亿元,比增 47.3%;全社会消费品零售总额 46 亿元,比增 21.1%;工业总产值 23.21 亿元,比增 28%;农业总产值 8.3 亿元,比增 6.7%,农民人均纯收入 8511 元。

【重点工程建设】 2010 年,梅江区重点工程建设如期稳妥推进。机场扩建工程 100%完成 314 座房屋、336 亩集体土地征收任务,并实现无事故、无依法强制拆迁、无集体上访的目标;梅大高速征地拆迁工作进展顺利;世界客都大道环境整治工作落实到位,在国际客家山歌文化节期间顺利通车;广州大桥完成征地 21.5 亩,搬迁房屋 41 座,已全面进入扫尾阶段;客天下市政 40 米大道征地拆迁任务基本完成;周溪河堤防护岸工程、梅江碧桂园等江北人居环境改善工程动工前期准备工作加紧推进。

【农业】 2010 年,梅江区城郊农村经济保持稳定增长。全年农村经济总收入 26.08 亿元,同比增长 38%。其中:第一产业收入 4.72 亿元,第二产业收入 10.22 亿元,第三产业收入 11.12 亿元,同比分别增长 21%、38%和 47%。农民年人均纯收入 8511 元,同比增长 30%。农业龙头企业不断发展壮大。新培育发展起 3 家达到市级农业龙头企业标准的农业企业,其中梅州海雁实业发展有限公司和梅州市湛化肥业有限公司 2 家已通过市有关部门考核验收,龙头企业平均带动农户 1083 户,年户均增加收入 1257 元。建立农民专业合作社 5 个,各类农民专业合作社共有 16 个。组织农业企业参加农展会。参加市 12 月举办的农展会农业招商签约项目 2 个,农产品订货签约项目 3 个,农产品输出签约项目 10 个,组织 19 家企业参展,参展期间销售额 50 多万元,订单额 200 多万元。

种植业 全年粮食播种面积 4.4 万亩,总产 1.52 万吨,同比面积增长 5%,总产增长 5.55%。其中水稻播种面积 3.3 万亩,总产 1.28 万吨,同比面积增长 1.5%,总产增长 4.9%;全年水果面积 1.68 万亩,同比增长 7.7%,总产 1.075 万吨,同比减少 30%;全年蔬菜播种面积 4.5 万亩,总产 8.8 万吨,同比面积增长 7.4%,产量增长 2.56%。全区花卉种植面积 2000 多亩,同比增长 25%。城郊花卉特色产业发展势态良好。全区新发展花卉面积 400 多亩,引导市级农业龙头企业百老桂花木园艺公司成立和顺农民专业合作社在城北干光村投资上千万元兴建百亩精品兰花基地,建起大棚面积 100 多亩,种植各类名贵兰花 5 万多盆,年产值超 500 多万元。无公害蔬菜基地新建起 3 个标准化生产基地,获得省无公害农产品产地认证,两个蔬菜产品获得农业部无公害农产品认证。引进推广优质水稻、蔬菜良种成效凸显。引进推广华优 665、Q 优 6 号、天优 4118、培杂泰丰、金优 207、华优 8830、明优 06、全优 2689、谷优 2329 等水稻良种 10 多个,以及引进增城菜心、红菜苔、农夫长茄、水东芥菜等新优蔬菜品种 10 多个,全区全年水稻良种覆盖率 95%,蔬菜良种覆盖率 90%。

林业 全力抓好"绿色生态屏障体系"、"资源保护管理体系"、"惠民经济产业体系"三个现代林业体系建设,稳步有效推进林业工作。林业产值 13969 万元,其中第一产业 13818 万元(包括林木培育和种植 234 万元,木材和竹材采运 18 万元,经济林产品 9829 万元,花卉种植 3737 万元),第二产业 151 万元(主要是锯材,木片加工和人造板制造)。稳妥推进集体林权制度改革。全区 281000 亩集体林地中,完成集体林地所有权确权发证 258173 亩,占 92%;完成林地使用权确权发证面积 252769 亩,占 90%;完成股份权益证发证面积 80556 亩,占集体统一经营林地的 88%。争取省林分改造资金 180 多万元,完成 6000 多亩的林分改造建设任务。争取上级资金 100 万元,高标准改造 S223 线沿线景观林,种植观赏性树种 1000 多亩,对天鹅山省级森林公园 8 公里林区道路两旁实施绿道建设。

畜牧业　抓好畜产品质量安全、畜牧业结构调整、畜牧科技推广等工作，落实能繁母猪保险政策，对全区7490头能繁母猪进行投保。全年生猪饲养量21.5万头，三鸟饲养量347.8万只。

水产养殖业　全区水产养殖面积10829亩，比上年增加22亩，水产品总产量为6353吨，比上年增加507吨，增长8.67%。全区养殖平均亩产586.7公斤。水产品总产值5597.27万元，比上年增加673.27万元，增长13.7%。区水产良种试验场繁育各类鱼花鱼苗2亿尾，全区培育鱼种400万尾，投放鱼种250万尾。

【乡镇企业】 梅江区从城区实际出发，发展绿色环保和节能高效型产业，优化产业结构，提高经济效益，各项经济指标取得一定幅度增长，营业总收入完成45.7亿元，比增16.5%；现价企业总产值完成41.1亿元，比增16.4%；现价工业总产值完成17.6亿元，比增15.4%，企业税收完成1.6亿元，比增17.2%，企业利润完成1.6亿元，比增11.5%，固定资产投入4.71亿元，比增25.9%。登记注册企业913个，从业人数11936人；个体工商户12468户，从业人数24887人。

【招商引资】 全区新引进企业(项目)162个，注册资金2.8亿元，计划总投资53.1亿元，已投入资金30.6亿元。其中：已投产企业(项目)82个，已投入资金12.7亿元；在建企业(项目)80个，计划投入资金40.5亿元，已投入资金17.9亿元。新引进的162个企业(项目)中，计划投资1000万元以上的项目有102个，计划总投资50.2亿元，已投入资金27.3亿元。第三产业项目有132个，计划总投资46.9亿元；工业项目20个，计划投入资金4.4亿元，第一产业项目有10个，计划总投资1.8亿元。

【交通】 加强交通管理，开展整顿城区道路运输市场秩序、打击非法营运、治理超限载、迎亚运道路运输市场专项整治等行动，出动执法人员965人次，检查车辆2378辆，查处违法违规车辆654辆，其中：非法营运44辆，违规车辆38辆，超限超载513辆，未办理从业资格证59宗；暂扣证件87本，暂扣车辆71辆，强制卸载货物711吨，行政罚款68.73万元。抓好交通行业安全监管工作，重点抓好5家危货运输企业、6家客运企业、2座客运站和2个渡口的安全监管。做好地方公路建设、管理、养护。2010年，上级下达给梅江区的农村公路硬底化建设项目23个，共计24.74KM，计划总投资746.1万元，实际完成投资536.25万元，占计划数的72%。完成两个项目10.8KM的县道沙土路面改造，实际完成投资318万元。完成X963线集福桥，Y138线黄塘二桥、黄塘三桥，Y120线岭上二桥，Y110线樟坑桥5座危桥的改造工程，全区的危桥改造任务已全部完成。

【财税】 2010年，区级财政一般预算收入完成27750万元，为年度预算22439万元的123.7%，比上年增收7351万元，增长36%；区级财政一般预算支出完成61431万元，为年度预算63746万元的96.4%，比上年增支10474万元，增长20.6%。一般预算收入加上税收返还、上级补助收入、上年结余收入和调入资金等，收入总计64787万元；一般预算支出加上上解支出等，支出总计64693万元。财政收支相抵年终滚存结余94万元。国税工商税收收入16765万元，比上年同期增收3934万元，增长30.66%。占市局下达年初任务13730万元的122.10%。完成本级收入4126万元，比上年同期增收1021万元，增长32.88%。区地税局累计征起税费收入20.45亿元，同比增长23.34%，增收3.87亿元。全年地方税收收入完成114465万元，同比增长22.13%，增收20739万元。征收社保费61500万元，同比增长15.82%，增收8401万元。征收教育费附加11156万元，文建费302万元，堤围费2492万元，契税6769万元，耕地占用税7565万元，水资源费38万元，残疾人基金252万元。

【审计·物价】 审计部门完成审计项目25宗,其中:预算执行审计1宗,财政财务收支审计4宗,经济责任审计9宗,专项资金审计及专项审计调查11宗。提出处理意见和审计建议47条,查出违规金额2.23万元,管理不规范金额7056万元,上缴财政金额1万元。

物价部门加强市场监管,控制物价涨幅,加强对粮食、食用油、猪肉、石油、钢材等商品价格动态的监测;开展教育收费、药品医疗服务价格和涉农收费的专项检查。依法依规做好收费年审工作,对区属18个行政事业性收费单位开展收费年审工作,审查收费项目48项,审查票据凭证等1100多张,收费总额996.8万元。对区属14个经营服务性收费单位开展收费年审工作,审查收费项目26项,收费总额1014.09万元。对肉联厂因油价及人工工资等费用上涨,造成运输成本的增加,鲜猪肉运输费标准适当的调整。对区属民办幼儿园的保教费标准适当调整,提幅30%。物价局价格认证中心开展涉案物品价格鉴定49宗,标的金额48万元。全年共接待群众来信来访(含市局转来信函)10件,群众来访10多次,均作调查落实处理。

【教育·科技】 全区完全中学4所、初级中学4所、教师进修学校1所、中等职业学校3所(其中民办2所)、小学30所(其中民办及其他部门办6所)、独立设置的幼儿园50所(其中教育部门办1所),在校学生61229人,在职教职工3989人。梅江区"创建广东省教育强区"目标全面实现。"创建广东省教育强区"工作成绩突出,在全省农村中小学"新装备"工程总结会暨实验室标准化建设工作会议上作经验介绍,并为大会提供参观现场。不断巩固提升普及高中阶段教育水平。全区普及高中阶段教育规划招生总数3700人,实际完成招生数4698人、完成率127%;全区高中阶段教育在校生17321人,高中阶段毛入学率为98.3%,超额完成市委、市政府下达的普及高中阶段教育工作任务。11月,梅江区普及高中阶段教育工作代表梅州市接受广东省督导验收的检查,得到督导验收组的肯定。推进教师继续教育全员培训,组织选派6841人次参加各级各类教师培训项目的培训;推进"名师"工程,梅江区首届"名教师"100名学习培训结业,3名教师荣获省特级教师、2名校长荣获市名校长、1名教师荣获市名教师。加强学校德育工作。组织班主任能力大赛,并选派梅江区选手参加省、市比赛,获得省两个单项一等奖和综合能力一等奖。2010年,普通高考本科入围率35.16%,同比提高9.75个百分点,专科入围率90.33%,同比提高23.71个百分点。

全年评定科技进步奖7项,其中二等奖4项,三等奖3项。4项被评为市科技进步三等奖,可直接计算经济效益的有4个项目,可新增产值3850万元,创税利120.8万元。向省申报"超声波电机驱动相机变焦模组的研究"、"风送式节能环保除尘降温喷雾机"的研发和城北镇"城镇化技术集成应用试点"3个项目,均被省科技厅立项,得到支持资金100万元。申报市级计划项目"科技信息服务平台建设"被市科技局立项,得到支持资金4万元。梅州市嘉和电器有限公司被国家认定为高新技术企业。知识产权申请量50件。其中,发明专利17件,实用新型专利26件,外观设计专利7件。授权量32件,其中,发明4件,实用新型5件,外观设计23件。

【文化】 以建设"文化发展繁荣区"为载体,不断发展文化事业,完善各种文化设施,丰富群众的文化生活。修缮一新的梅州学宫魁星楼竣工启用。完善基层文化设施。江南、金山、西郊街道和城北镇被梅州市委、市政府评定为"梅州市文化先进镇(街道)",创建完成率67%。丰富群众精神文化生活。全年共开展游园、广场群众文艺晚会、文艺演出、电影晚会等各类文化活动50多场(次);送戏下乡85场(次);电影600多场(次);送书下乡、送书到军营活动10多场(次)。举行古建筑、古民俗图片展和民俗用品的实物展、"席狮舞"、"铙钹花"、"打莲池"等原生态民间舞表演展和文化遗产项目宣传展示活动。组队参加第四届中国(梅州)国际山歌文化节获两个金奖和7个铜、银奖,民俗舞蹈《春糍粑》入选开幕式表演。文艺创作成果丰硕。小品《谁都惦记》荣获省二等奖、市一等奖、《买帽》获市二等奖、《小店趣事》获市三等奖,少儿歌曲《踢毽子》获市一等奖、歌曲《客家情》获市二等奖,小戏《一本沉重的房产证》获市二等奖。做好文化遗产保护。梅江区第三次全国文物普查田野调查阶段工作在全市率先通过省专家组验收。三角镇泮坑外村福禄岌乡土建筑群由省人民政府公布为省级文物保护单位。强化市场监管。全年共出动文化市场巡查和专项检查达400多人次,检查各类文化经营场所153家(次),共查获盗版音像制品470多盒(片)、书报刊2781本(套),发出5份整改通知书,净化文化市场环境。

【体育·卫生】 体育部门以"体育就是生活、健身就是健康"为主题,积极开展群众性体育竞赛活动,先后举办乡镇村级篮球比赛、鸿都社区拔河比赛、"喜迎亚运会·创造新生活"全民健身日暨第十一届体育节活动启动仪式、万村农民篮球赛、礼行梅江·喜迎亚运的万人登山活动、"迎亚运2010'安利杯'梅州市业余羽毛球公开赛"、首届"中银杯"乒乓球男女单打公开赛、"红牛杯"三人篮球争霸赛全区老年人运动会等25次大型活动,人数6万多人。从区情出发,走出一条体教结合、资源共享、优势互补的特色体育发展之路,成效显著。在惠州市举行的广东省第十三届运动会,梅江区50多名运动员分别代表梅州市参加羽毛球、散打、套路、曲棍球、足球、田径等项目,占梅州代表团运动员人数的三分之一,其中羽毛球获得1金1银1铜,田径获得1金1银,梅江区体育局被授予"突出贡献奖",46名运动员受到表彰。为省、市输送8名运动员。

卫生部门切实加强医疗卫生服务管理和公共卫生建设,大力推进医改工作,积极开展创建国家卫生城市活动。梅江区卫生系统下属行政事业机构2个,医疗卫生机构13个。在职专业技术人员473人,全区医疗机构病床数349张;全区参加农村合作医疗保险73601人,参保率100%,各级财政对农村合作医疗补助标准提高到每人每年120元,镇级、区级、区外住院补助比例分别提高到70%、60%、45%,补偿率封顶线提高到8万元。实现即时补偿由区级以下定点医疗机构扩大到市级定点医疗机构。门诊补偿实行统筹补偿模式,住院分娩、白内障手术等单病种定额补偿额度标准提高,特殊病种门诊补偿由原9种增加到17种。做好儿童计划免疫,全年计免建卡率100%,建卡证率100%,一类疫苗基础免疫接种率99%以上;无脊灰炎、百日咳、白喉、新生儿破伤风等重大传染病发生,无重大传染病暴发流行。加强妇幼保健工作,孕产妇和儿童保健两个系统管理率分别为99.12%和96.58%以上,孕产妇建卡率99.81%,住院分娩率为99.74%。做好无偿献血工作,全年无偿献血687人,有效献血132600毫升,临床用血194500毫升。大力推进医改工作,完成80例贫困户白内障复明手术和600户无害化厕所建设。完成农村孕妇增补叶酸2410人,农村产妇住院分娩补助1223人,建立居民健康档案49725人。积极争取省、市财政支持1500多万元,解决医院和公共卫生事业建设。扎实开展创建国家卫生城市整改工作,全区各镇、街道、村(居)委及各单位多渠道筹集资金共2500多万元,完善和维修各种卫生设施,改造8米以下小街小巷道路、水沟70条;新建市场1个、改造扩建市场6个;改造或维修旱厕17座;清理死水塘198口、臭水沟8万多米,清理下水道口安装防蚊闸1003个,更换417个。共清理大小卫生死角2500多处。同时,在原有270名卫生保洁员的基础上,增拨专款再次聘请150名保洁员,成立流动保洁队,全面加强日常卫生保洁。积极创建卫生村,成功创建两个省级卫生村(塅明村和扎上村),12个市级卫生村。创建国家卫生城市,成功通过省爱卫会技术评估和国家爱卫办暗访。

【建设·环保】 建设部门严格加强对工程建设审批手续程序的把关，全年共办理工程施工报建56项，建筑面积17.08万平方米，投资12377万元，备案工程项目17项，面积7.25万平方米，邀请招标工程7项，公开招标工程3项，中标金额8354.03万元。贯彻落实现行建设工程质量安全的法律、法规，确保工程质量和安全，全年共组织开展全区建筑工程安全大检查及专项检查6次，检查在建工地70个(次)，发出建设工程安全隐患整改通知书46份，整改意见190条，要求被检查单位对发现的安全隐患必须按"五定"要求进行整改。加强常规质量、安全监督管理工作，全年实施监督工程37项，监督面积13.56万平方米；竣工验收工程20项，竣工面积10.83万平方米；完成23次安全文明达标验收，指导帮助施工企业创建两个"梅州市安全、文明施工优良样板"工地。工程造价管理坚持"公正、公平、公开"的工作原则，全年共完成结算审核267项，送审价6478.29万元，审结价5904.88万元，审减573.41万元；丽都农贸市场扩容工程和八一大道市场扩容工程结算金额共53.25万元。

环境部门加大污染防治力度，加快环境基础设施建设，扎实推进生态保护和环境综合整治。全年实现排污收费92.9539万元，监测收费62万元，获得监测数据3100个。加强环境监管，落实环评、总量前置审批和环保"三同时"制度，全年完成建设项目审批和验收共223宗，办理发放排污许可证32个。在全区范围内开展环保执法检查，全年检查企业557家次，出动1846人次，发出整改通知书42份，对两家企业实施了行政处罚。加强建筑噪声监管工作，共发放建筑噪声排放许可证54个。公正依法处理环保污染问题，受理环境信访案件694宗，查处553宗。加强生态建设，坚持环境保护与生态建设并举。全区森林覆盖率61.6%。全区5个生态旅游观光农业开发已初具规模。2010年，梅江区环境保护局获得广东省"全国第一次污染源普查先进单位"荣誉称号。

【旅游·侨务】 2010年，全区旅游接待178.82万人次，同比增长26.6%。旅游总收入13.33亿元(含旅游商品出口创汇)，同比增长21.8%，占全市旅游总收入的31.2%，占第三产业总值的28%，可以拉动GDP增长1.8%。国内游客在梅江区的花费：交通费支出占游客花费总额的22%；住宿费支出占19.91%；景区游览和娱乐支出占20.45%；购物和餐饮费支出分别占15.74%和14.55%。全年来梅江区的外地游客138.22万人，同比增加26.8%。

2010年，全年接待来自13个国家和地区海外侨胞2000多人次，接受海外侨胞捐资总额达1064.6万元人民币，接受华侨、港澳台同胞为家乡新办侨资企业7家，实际利用外资1000万美元，出口总额2100万美元，进口总额950万美元，实现税收2108万元。为出国、出境人员办理出国护照、赴港澳通行证33宗。处理侨胞来信17宗，接待来访及有关投诉150人次，办结率100%，为梅江区70岁以上困难归侨126名，每人1800元购买农村养老保险。

【社会生活】 社会福利事业 全年投入社会救济和社会福利事业2236万元，优抚保障经费1116万元，安置经费443.8万元。再次提高城乡低保补助标准和补助水平，从4月1日起，城市每人每月由250元提高到280元，农村每人每月由160元提高到180元，将全区农村年人均收入低于2160元，城市年人均收入低于3360元的困难群众纳入最低生活保障救助。根据物价不断上涨因素，11月和12月发放低保户每人每月60元的物价补贴，投入资金107.35万元。4月起，再次提高"五保"供养标准，集中供养由350元提高到370元，分散供养由250元提高到270元。做好困难灾民冬春救济物资的发放工作，发放口粮13吨，衣被689件(套)，3565名灾民得到及时救助。出台实施《梅江区优抚对象医疗保障实施办法》，为1500多名重点优抚对象分别办理城镇职工、城镇居民基本医疗保险和新型农村合作医疗保险；按上级要求，落实提高对优抚对象的抚恤补助标准，平均增幅15%；重点优抚对象享受门诊补贴、住院补助和大病救助待遇。全年共接收安置退役士兵98人，除3人被安置在区直单位就业外，全部实行城乡“一体化”自谋职业安置，安置率100%。自谋职业补助标准进一步提高，城镇义务兵补助资金从上年1.63万元提高到1.923万元；农村义务兵从5000元提高到6000元，平均增幅18.5%；完成好军烈属优待金兑现工作，普优标准4425元，适优标准3160元，同比增290元和207元。投入40万元建设资金，对长沙烈士纪念园建筑物进行系统改造和修缮，新建纪念园陈列室，成为市级爱国主义教育基地。全区共销售福利彩票9815万元，占年初下达销售任务数5300万元的185%，其中电脑彩票销售9401万元，即开型福彩销售414万元，筹集福利资金482万元，全年上缴中央、省、市福利资金2800万元。同时解决108名下岗工人、待业青年就业问题。

人口与计划生育　全年人口出生2867人，出生率为8.87‰，政策生育率97 %，人口自然增长率3.67‰，比上年同期降低0.79个千分点；落实“四术”3868例，同比上年增加216例；依法征收社会抚养费258万元，同比上年增加62万元。全区实现无政策外多孩镇(街)6个，占100 %，无政策外出生村(社区)57个，达到61.29 %以上，比上年同期有所增加。

【社会治安】 梅江区抓好综治信访维稳中心建设，到2010年9月，1个区级、6个镇街、93个村(社区)综治信访维稳中心全部建成使用，完成省下达三级“中心”建设任务。扎实开展信访维稳工作，采取积极有效措施，全力排查调处各类社会矛盾纠纷和不安定因素，深入开展各项严打整治行动，加强禁毒工作，打击非法宗教渗透及境内外敌对势力活动，维护社会稳定。公安机关进一步强化和落实“123工程”和“打防管控”工作措施，使梅州城区刑事警情持续下降，日刑事警情基本保持在个位数，曾实现“零发案”。 全年区公安分局共立刑事案件1305宗，比上年同期下降3.2%，破案943宗，破案率为72.3%，同比上升3.1%，抓获犯罪嫌疑人418人。严厉打击各种涉毒违法犯罪活动，全年共破获毒品案件17宗，抓获涉毒人员160人。检察机关不断提高办案水平，确保刑事案件捕、诉准确率100%，实现无错捕、错诉、漏捕、漏诉、无刑事赔偿，无超期羁押。受理公安机关移送审查批捕案件173件278人，批捕155件253人；受理公安机关移送审查起诉案件167件291人，提起公诉175件305人。区法院共受理各类刑事案件179件，审结179件，判处被告人306人，结案率100%。

【党风廉政建设】 抓领导干部廉洁自律。主要开展重点岗位廉洁风险防范活动、严格执行领导干部经济责任审计制度、坚持党员干部出国(境)备案制度、加强党风廉政建设责任制考核和廉政谈话制度。全年确定重点岗位136个，修订完善各类防范措施420多项，开展警示谈话68场次。对52个单位和299名副科以上领导干部进行民主测评考核。区纪委书记与新任的6位镇、街道及区直单位一把手进行任前廉政谈话。基层纪委负责人同各股、站、所新任职的46位负责人进行任前廉政谈话。加强违纪违法案件查处力度。全年全区受理群众来信、来访、电话举报36件，属纪检监察业务范围的27件，其中，信访立案8件，结案8件，结案率100%。共受理初查案件16件，构成违纪转立案15件15人，结案15件15人，结案率100%。挽回经济损失201.74万元。受到党纪处分15人，移送司法机关处理1件1人。澄清保护党员干部8人。回访教育受处分人员19人，恢复党员权利1人，解除行政处分4人。对2006~2009年区纪委机关立案的27名违纪违法党员处分决定执行情况进行监督检查，无一例申诉、复查和复议。全区6个镇、街道都有自办案件，实现农村基层自办案件率100%的目标，基层自办案件率连续9年达到省纪委要求。加强对国有和集体资产转让、政府采购和备案管理、有形建筑市场管理的监督检查。全年共有6个单位进行国有、集体资产产权转让,资产评估价1306.98万元,转让价1460.52万元,增值11.7%。进入政府采购中心的预算金额为1808.96万元,中标金额1589.73万元,节约资金219.23万元,节约率为12.1%。预审工程19项,审减金额310.14万元,审减率5.7%。抓好纠风工作。一是开展"政风行风热线"工作。组织区安监局等4个单位与市直相关单位联合上线,全年全区受理群众投诉、咨询、建议25件,反馈、办结25件。二是开展专项治理活动。发现工程建设领域突出问题5类16个,责成8个单位对存在的问题有效进行整改。对国有企业及62个社团组织的资金、资产进行检查,进一步巩固"小金库"专项治理成果。检查午托机构23家,依法关停不具备条件的午托机构5家。严格检查教育收费情况和社会保障资金、住房公积金管理使用情况。三是开展机关作风评议活动。

【乡镇·办事处概况】

江南街道办事处　地处梅州市区南部,东临梅江河畔与金山街道办事处相望,南与三角镇相连,西临梅江河畔与西街街道办事处相望,北临梅江河畔与金山街道办事处相望。总面积5.5平方公里,辖区内有省、市、县、区单位近200个。街道户籍总人口99702人,下辖14个社区居民委员会。2010年,完成税收1.37亿元,增长43.7%,街道辖区内企业总收入完成95155万元,同比增加18%;工业总产值完成23866万元,同比增加10%;企业利润完成1312万元,同比增加23%;企业税金完成6200万元,同比增加35%。

西郊街道办事处　地处梅江区西部,总面积6.24平方公里,下辖5个村民委员会、7个社区居民委员会。2010年年末,全街道办事处总人口37767人,其中非农人口6803人,农业人口30964人;有耕地面积1873亩,其中:水(旱)田1873亩,旱地0亩。街道税收本级收入3908万元,占年度任务的120.4%,比上年增收956万元,比增32.4%;农村经济总收入4.022亿元,其中农业总收入2318万元,分别比增30 %和31.2 %,农村人均纯收入7099元,比增30%。

金山街道办事处　地处东郊盘龙桥侧。总面积41.5平方公里,下辖10个村民委员会、10个社区居民委员会。2010年年末,全街道办事处有22529户73478人,其中农业人口3439人,非农业人口70039人;有耕地面积5165.9亩,其中:水(旱)田2386.4亩,旱地2779.5亩。全年四级总收入63872万元,四级工业总产值7348万元;农村经济总收入53580万元,比增30%;农民人均纯收入6679元,比上年增加1541元,比增30%。

长沙镇　地处梅江区南部,东邻梅县西阳镇,南连梅县梅南镇,西接梅县程江镇,北与梅江区三角镇交界,东南与丰顺县龙岗镇接壤。总面积94平方公里,辖6个村委会、1个社区居民委员会。2010年年末,全镇有3378户12370人,其中农业人口11143人,非农业人口1227人;有耕地面积10232亩,其中:水(旱)田6968亩,旱地3264亩。实现工业总产值21366.2万元,比增13.5%,农业总产值9722.82万元,比增10.3 %,农村经济总收入实现18773万元,比增36.8%;村集体经济生产性纯收入达28.9万元,比增21.9%;农民人均纯收入实现6039元,比增30.5 %。

三角镇　地处梅城南郊,东倚黄沙嶂高观音与梅县西阳镇交界,南与长沙镇接壤,西临梅江与梅县程江镇隔江相望,北与江南办事处毗邻。总面积39平方公里,辖13个村民委员会、2个社区居民委员会。2010年年末,全镇有8081户34484人,其中农业人口20917人,非农业人口13567人;有耕地面积5233亩,其中:水(旱)田3548亩,旱地1685亩。本级财税总收入1.1757亿元,完成区下达任务的122.5%,全年入库总数比去年同期增长3032万元,比增34.8%,工业总产值完成75864万元,比增24.6%;农村经济总收入10.03亿元,比增40.91%;村集体经济总收入802.3万元,生产性纯收入388.3万元,比增14%;人均纯收入7448元,比增30%。

城北镇　地处梅州城区北面,东邻金山街道、梅县城东镇,南邻梅州城区、西邻西郊街道、梅县程江镇,北邻梅县大坪、石扇镇。总面积119.4平方公里,其中城区面积有5平方公里,辖20个村委会、278个村民小组,5个社区居委会。2010年年末,全镇有19225户56098人,其中农业人口29090人,非农业人口27008人;有耕地面积23733亩,其中:水(旱)田16092亩,旱地7641亩。本级税收3803万元,比上年同期增长644万元,比增20.4%;镇级财政收入达到857.6万元,其中预算内收入757.1万元,预算外收入100.5万元。农村经济总收入4.79亿元,比增50%;村委集体经济总收入255.49万元,比增39%;农村人均纯收入6077元,比上年增加1403元,比增30%。

(张浩源　邹红香)

附:2010年梅江区五套班子成员名单

区委书记:谢耀琪
副书记:潘小韬　李庆明(任至12月)
常委:谢耀琪　潘小韬　李庆明(任至12月)　赖经烈　林雨兰　侯美昌
钟小清　巫繁星　魏伟辉(任至6月)　李思平　曾碧玉
区人大常委会主任:谢耀琪
副主任:黄国平　江全权　张传贵　朱海昌　王怀金　王　锦(3月任)
区长:潘小韬
副区长:林雨兰　杜延生　赖伟强　罗红葆　叶永辉　李信贤　黄伟华
于　静(任至12月)　魏伟辉(6月任)
区政协主席:郭勇谋
副主席:梁　青　田聪谋　刘伟球　丘元强　郑根基　黄运元
区纪委书记:沈敦辉
副书记:程成芳　何建平

梅　县

【历史、地理、人文】

位置·面积　位于广东省东北部,介于北纬23°55′~24°48′、东经115°47′~116°33′之间。东邻大埔,西界兴宁,南连丰顺,北接蕉岭。东北与福建省上杭、永定毗连,西北与平远接壤,中部环接梅州市梅江区。总面积2755.36平方公里。

地形·地势　梅县是山区县。境内山峦起伏,西北部有武夷山系延伸而下的项山山脉,形成一道天然屏障;东南部有莲花山系的阴那山脉,使县境与丰顺、大埔分隔。地势周高中低,自西南向东北倾斜。地形分为三个类型,即河谷盆地、丘陵、山地,分别占总面积的22.5%、55.4%和22.1%,向有"八山一水一分田"之说。有海拔逾千米和近千米山峰23座,以海拔1357米的明山嶂银窿顶为最高,次为海拔1297米的阴那山五指峰。大小河流43条,属韩江水系。主干流梅江,流经县境约75公里,注入大埔县三河坝衔接韩江。

气候　梅县地理位置靠近北回归线，且东近太平洋，属亚热带季风气候。气候温和，阳光充足，热量丰富，雨量充沛，雨热同季，干冷同期，但易旱易涝，偶有奇热和严寒，四季宜耕宜牧。梅县年平均气温21.3℃，极端最高气温(1971年7月25日)39.5℃，最低气温(1955年1月12日)零下7.3℃。年平均日照时数1874.2小时。年平均降雨量1528.5毫米，最多年降雨量(1983年)2355.4毫米，最少降雨量(1955年)979毫米。年均相对湿度78%。年均无霜期306天，最长霜期(1962年至1963年)117天，1997年2月至1998年无霜冻出现。主要灾害天气有：春季低温阴雨，倒春寒；5至6月的龙舟水和夏秋间的台风雨；秋季寒露风和冬季霜冻等。2010年，梅县主要天气情况：年平均气温21.8℃，比常年平均气温偏高0.5℃；年降水1416.1毫米，比常年平均偏少7%，全年共出现暴雨3次，日最大降水出现在5月6~7日，为175.8毫米。全年霜冻有2天。

民族·人口·语言　梅县居民绝大部分是操客家方言的汉族，约占总人口99.9%，还居住有部分壮、畲、苗等10多个少数民族，这些少数民族均因工作或婚姻关系来梅定居的。2010年年底，全县总人口625701人；其中农业人483095人。

政区设置　2010年年底，梅县下辖18个镇和1个城区办事处、1个高新技术产业园区管理委员会，382个村委会和36个居委。

【发展概况】 2010年，梅县实现生产总值128.54亿元，比上年增长15.6%；其中：第一产业29.37亿元，第二产业61.49亿元，第三产业37.68亿元，分别比增7%、23.1%和10.5%；完成农业总产值43.20亿元，工业总产值160.54亿元，分别比增14.9%和27.9%；完成固定资产投资41.35亿元，比增31.3%；完成税收13.83亿元，比增22.2%。实现本级财政收入7.58亿元，在全省山区五市30个县(市)中排名第三，比增38.13%；实际利用外资3750万美元，外贸出口总额4.29亿美元，分别比增85.3%和73.6%；社会消费品零售总额65.15亿元，比增19.8%；城镇居民年人均可支配收入14728元，农民年人均纯收入7743元，分别比增12.3%和26.6%。全县经济社会发展取得较大成绩，分别荣获：中国最具民俗文化特色旅游目的地、全国法治县创建活动先进单位、全国群众体育先进单位、全国家电下乡工作先进县、全省农村饮水安全工程建设省级示范县等荣誉称号；提前一年实现创建“广东省教育强县”目标；率先在全省山区市成立首家客家村镇银行；雁南飞成功创建国5A级景区，并荣获“全国绿化模范单位”和“全国生态文化示范企业”称号；水车镇茶山村荣获“中国古村落(客家民居)”和“中国历史文化名村”等殊荣。

【工业】 以结构调整为主线，依托上市公司和骨干企业，积极探索发展低碳经济和循环经济。一是抓好广州(梅州)产业转移工业园经济建设。全年分别引进计划投资9500万元的香港金锋科技有限公司金融自动设备零部件包装机项目和计划投资1.36亿元的深圳市嘉裕隆有限公司齿轮、轴套等粉末冶金制品项目。至年底，累计引进至转移园项目9个，计划投资8.52亿元，已有4家企业投产；此外，已审批等待进园项目有深圳市翰田LED、福建龙岩环保机械制造等4个，计划投资总额3.2亿元。二是全力抓好如下重点项目建设。投资26亿元的荷树园电厂三期项目，梅雁太阳能发电项目和155万吨旋窑水泥项目，投资2.4亿元的超华科技环保布基覆铜箔板项目，投资800万美元的BPW(梅州)车轴公司自动调整整臂生产线项目，投资1亿元的航海锰化厂高锰酸钠、高锰酸钾技术改造项目，投资2亿多元的梅县金象铜箔二期第二条年产2400吨生产线项目，投资300万美元的线艺(梅县)新生产线项目、投资6000万元联冠公司塑胶(PVC)生产线项目等。三是继续做大做强电子、电力建材、机械及配车零配件制造、编织工艺、医药化工等支柱产业，着力培育发展华银集团、四〇一厂等后备上市企业。四是重点培育梅雁铜箔、华银医药、四〇一厂等高新企业,全年高新企业产值占全县规模以上工业企业总产值24.2%。全县规模以上工业企业有117家,其中超亿元产值企业有22家。全县工业总产值160.54亿元,其中规模以上工业企业产值138.29亿元,分别比增27.9%和33%。

【农业】 围绕打造全省优质粮食、优质名茶、优质安全果蔬、特色养殖生产基地和加工供应中心,扩大特色基地规模,加快标准化示范区建设,大力发展高端农业和精致农业,加快西部现代农业产业板块建设。一是开展好产粮大县建设和粮食高产创建活动。重点开展创建石扇、南口、白渡3个千亩粮食高产示范点,全年共建两个万亩丰产示范片,36个百亩优质稻示范点,示范点平均亩产517公斤。二是实施优质旱粮生产示范基地建设项目,发展果蔬型玉米种植示范面积2000亩,推广种植面积5.8万亩。三是加快西部万亩银杏、万亩油茶、万亩脐橙生产基地建设。引进广东长荣林业发展有限公司总投资1.2亿元,种下银杏5000亩,规划种植5万亩,油茶种植已突破万亩。四是巩固提升金柚支柱产业。在松口镇建起6000亩金柚生态循环经济标准示范基地,全县建立起优质金柚示范园57个,评选出2010年“十大优质金柚园”,梅县“梅盛牌”金柚获全市优质金柚金奖。五是加快特色农业发展。投资800多万元打造韩江上游茶叶产业带基地建设,西阳镇900亩茶叶种植基地进入备耕阶段,同时新建一个千亩无公害蔬菜生产基地,全县蔬菜种植面积近17万亩,百亩以上生产基地有6个;全年新认证无公害农产品5家,绿色产品2家,有机食品1家,有7家企业8种农产品获评省农业名牌产品。六是努力实施全国基层农技推广体系改革与建设示范县项目。全年培育了1000户科技示范户、100名基层农技推广人员,建设农业科技试验示范基地10个,年终在全省22个“全国农技推广示范县”绩效考评中获得第一名。七是加快农业产业园建设,不断提升农业产业化水平。2010年申报省级农业龙头企业1家,市级农业龙头企业7家,至年底,全县有各级农业龙头企业210家,其中:省级6家、市级29家、县级31家;新登记注册专业农民合作社36家,共有农民专业合作社120家,其中:6家进行无公害认证,面积达1.5万亩;3家进行有机认证,面积900多亩;有12家合作社与省内外超市对接;国家级台湾农民创业园正式挂牌。八是加大金柚深加工研发力度及项目建设,已引进广东帝浓酒业公司计划投资5亿元兴建果酒生产基地项目建设。至年底,全县粮食播种面积51.60万亩,粮食总产19.53万吨,比增1.7%;水果面积42.22万亩,水果总产54.17万吨,比增8.6%;生猪饲养67.85万头,比增4.9%;三鸟饲养量1155.3万只,比增5.4%;水产品产量3.12万吨,比增4%;实现农业总产值46.38万元;比增14.9%。

【招商引资】 依托市县共建的广州(梅州)产业转移工业园区的平台,全力抓好招商引资,加快南部园区经济板块建设。由县委书记、县长挂帅,成立5个专业招商队,落实每招商分队年完成固定资产投资1亿元,各镇完成3000万元招商引资任务。至年底,产业转移园共引进项目2个,计划投资2.31亿元,累计引进转移园项目9个,计划投资8.52亿元;全年全县完成招商引资项目61个,计划投资总额45.3亿元,其中亿元以上项目有4个,如:计划投资30亿元的梅州市盛通科技有限公司名贵花木、名贵药材、生物制剂项目;计划投资5亿元的广东帝浓酒业有限公司金柚项目等。至年底,招商引资项目投产的有35个,在建项目19个。

【国内贸易,对外经济】 全年共办理各类开业登记3242户,注册资金4.48亿元,其中:个体工商户2834户,注册资金9700万元;至年底,全县在册各类企业、农民专业合作社、个体工商户共1.66

万户,注册资金102.13亿元,其中个体工商户1.45万户,注册资金3.69亿元。实现社会消费品零售总额65.15亿元,其中城镇零售额34.55亿元,农村零售额30.60亿元,分别比上年增长19.8%、20.8%和18.7%。零售物价总指数为103.6%,居民消费价格指数为102.8%。全年签订"三资"企业合同、意向15宗,合同规定外资2593万美元,实际利用外资3750万美元,比增85.3%;外贸进出口总额4.29亿美元,比增73.6%。年末有外资企业128家,完成产值26.3亿元,比增25.8%,上缴各项税收2.11亿元,比增22.8%。

【旅游】 进一步整合资源,推动旅游与现代农业、绿色工业、客家文化、特色资源等有机结合;围绕打造"客家文化生态旅游示范县",重点抓好雁洋镇创建"全国特色景观旅游示范镇"、雁南飞茶田创建"国家5A级旅游景区"、荷树园电厂建成"全国工业旅游示范点"、兴建雁鸣湖五星级休闲度假酒店等工作。雁南飞茶田景区投入1.3亿元创建国家5A级旅游景区,投入9000万元改造提升通往雁洋S223线公路等级,投资5.1亿元梅州豪生大酒店奠基动工兴建,总投资15至20亿元的南口麓湖山国家级文化旅游产业园进入首期工程建设,投资8000万元的桃花源生态旅游区已开业运营,天地人宾馆已完成三星级改造,新县城新延龄宾馆、皇朝假日酒店等相继开业。雁南飞茶田旅游度假村荣获"全国绿色模范单位"和"全国生态文化示范企业"称号,并成功创建国家5A级景区;水车镇茶山村获"中国古村落"和"中国历史文化名村"殊荣;叶剑英纪念园被评为首批"广东省红色旅游示范基地",雁洋镇被评为"中国优秀文化休闲旅游镇"。全年共接待游客183.5万人次,旅游总收入13.5亿元,分别比上年增长33%和35%。

【基础设施建设】 全年社会固定资产投入41.35亿元,比上年增长31.3%;其中基本建设投入14.11亿元,比增22.6%。交通基础设施建设全年交通公路部门共投入道路、桥梁等基础设施建设资金2.9亿多元。其中:公路部门投入公路改造资金2.1亿多元,重点完成县道X020线梅县上官塘至梅西马鞍山段17.7公里二级路面改造;国道205线锭子桥至城西出口、省道223线西郊至锭子桥6.6公里铺筑沥青路面;国道G205线梅县太和亭至月梅段路面全长21.55公里大修工程;省道S223线雁洋段全长6公里一级路面工程建设等。交通部门投入道路桥梁建设资金8390万元,重点建设了松口发清大桥,于10月17日举行通车庆典;完成了43米宽的梅县迎宾大道一期工程;完成5条总长50.6公里县道硬底化改造;完成乡村公路硬底化140公里和自然村道硬底化80公里建设。水利电力基础设施建设全年投入水利建设资金2.2亿多元。主要有:防洪堤围建设投入4426万元,完成畲江杉里、梅南、白渡堤长共7.9公里;水库除险加固投入4786万元,完成30宗病险水库除险加固任务;农村饮水安全投入1300万元,完成7宗共3.05万人农村饮水安全项目,累计解决农村饮水安全12.7万人,被评为"广东省农村饮水安全工程建设省级示范县";农田水利建设投入资金4200多万元,完成水圳道清淤、防渗和田间沟渠建设共长216公里及陂头加固14座;灌区建设投入资金2600多万元,完成巴庄水库、梅西镇羊耳灌区加固维修改造等。电网建设投入资金9996万元,其中:配网工程建设投入资金7000万元,计划建设10千伏线路192.1公里,新装10千伏配电变压器70台,容量合计4440兆伏安,改造台区106个,更换电能计量表1.19万块等工程;投资1971万元建设35千伏瑶上变化站一座,首期主变2台,容量10兆伏安;投资774万元建设城东、畲江供电所办公楼。全年累计供电量7.26亿千瓦时,售电量6.94亿千瓦时,分别比上年增长17.26%和17.27%,完成利润总额5045万元。城乡建设全年投入新县城建设资金5.5亿元,其中市政建设资金7500万元,主要用于"四馆一场"、人民医院、广梅路、科技路、程江中心小学道路等公共建筑和市政道路建设。全年办理建设工程规划许可112宗,建筑面积101.3万平方米,总造价4.72亿元;进行招标项目102项,总投资6.3亿元,其中公开招标工程75项,总造价5.59亿元,房地产开发投入资金4.5亿元,施工面积46万平方米,竣工面积33万平方米,实现税收2.46亿元。至年底,全县共投入市政建设资金13.5亿元,建成道路总长86.12公里,面积165万平方米,主排水沟104.2公里,路灯总长92.2公里计灯7223盏,绿化面积275.5万平方米,建成区绿化覆盖率达38.7%,人均公共绿化面积为12.8%。全年投入新农村建设资金3.69亿元,其中圩镇建设投入1.7亿元,村庄建设投入1.98亿元;小城镇建设规划面积达88平方公里,圩镇建成区面积32平方公里,公共绿化用地25.31万平方米,圩镇人均绿化面积9平方米。

【财政·税务】 全年一般预算收入7.58亿元,同比增收2.09亿元,比增38.13%;财政一般预算支出达14亿元,其中社会事业和一般公共服务支出比重占65%。全年实现税收13.83亿元,比增22.5%,其中,国税收入6.5亿元,比增11.8%;地税收入7.33亿元,比增33.8%。

【民生】 梅县坚持从群众最关心、最直接、最现实的利益问题入手,把更多的公共财政投入民生领域,让百姓分享更多的发展成果。注重抓好扶贫"双到"工作。实现全县73个贫困村年人均收入2500元以下的4045户贫困户与干部职工的帮扶对接。全县共投入帮扶资金4799万元,落实帮扶项目13345个,建设村公共文化、卫生、体育设施等共1921个,解决饮水安全5024户,住房困难户312户;完成就业转移15122人,发放各类助学金275万元,资助贫困学生616名。至年底,全县实现脱贫(年人均收入2500以上)的有2065户,脱贫率51%。扩大城乡低保覆盖面和提高低保标准。7月份,县政府常务会议决定增加城乡低保550户2000人,于10月份开始实施;5月份政府决定,从2009年12月份起提高城乡最低生活补助标准,城镇低保居民每月增加44元,提高至每月274元;农村低保人员每月增加18元,提高至每月163元。全力抓好社会保障工作。2010年10月,梅县正式列入全国第二批新型农村社会养老保险试点县,至年底,全县有18.02万人参加农村养老保险,有54724人领取了养老金,月人均养老金为110元;全县"五险"参保人数达20.79万人,比上年增长20.21%;此外,还为全县300多名村(居)"两委"干部、计生干部、早期离开国有和县以上集体企业员工审核办理了养老保险。努力提高农村合作医疗保障水平。全年参加农村合作医疗人口达47.36万人,参合率为98%,住院补偿最高限额由5万元提高到8万元。全年有13.68万人次参合农民受益,报销总额达7145.14万元。进一步完善住房保障体系。制订了《关于切实解决梅县城镇低收入家庭住房困难实施意见》,全年新建8套廉租住房,购买和改造了13套廉租住房,共解决20户符合享受廉租住房条件的家庭。

【计划生育】 认真贯彻国务院《流动人口计划生育工作条例》,深入开展创"两无"活动,切实抓好"三个试点"和绩效考核。全年完成"四术"6360例,征收社会抚养费703.4万元;出生6474人,出生率为10.03‰,自然增长率为4.05‰,计划生育率达96.94%;出生人口性别比为105.59:100。实现保"省优"、保"国优"目标。

【国土资源】 县、镇土地利用总体规划编修数据库已建立并上报省国土厅审查。完成13个镇共37个利用园地山坡地开发整理补充耕地项目,新增耕地面积1.74万亩。正在实施和已改造"三旧"项目有20多宗,涉及面积1000多亩,投入资金约13亿元。完成农用地转用及征收报批6件,面积

969.5 亩,其中耕地 350.5 亩,有效保障梅大高速、荷树园电厂三期、梅县机场等省、市、县重点工程项目建设用地需求。做好依法征地拆迁工作,主要做好宝丽华山水城 1427 亩,扶大高管会储备土地 2244 亩、程江储备土地 200 多亩等征地工作。全年土地交易 5899 宗,面积 2940.56 亩,交易金额 14.21 亿元;土地评估 2599 宗,面积 1.13 万亩,显化土地 17.83 亿元。全年发现土地违法行为 135 宗,制止萌芽状态 39 宗,拆除 38 宗,立案查处 58 宗,查处结案率均达 100%;处理来信来访等案件 208 件,其中来访来电 130 批 186 人次;调处土地纠纷 12 宗。

【环境保护】 全年环境空气质量达国家二级标准;梅江河干流及主要支流水质达国家Ⅱ—Ⅲ类标准,地面水功能水质达标率 100%;饮用水源水质为清洁水质,基本符合饮用水源水质安全要求。全年审批建设项目 68 宗,否决 3 宗;补办验收建设项目 74 宗。污染减排淘汰 7 家水泥企业的 10 条落后生产线,产能 94 万吨,同时还另淘汰了 3 家落后产能企业,共削减 GOD353 吨、SO29098 吨,超额完成减排任务。开展环境监测项目 61 个,取得有效数据 8000 多个,出具监测报告 355 份。新办排污许可证 18 个,换证、年审 137 个,发放排污口标志牌 35 块。环境执法检查企业 823 家,限期整改企业 50 家,立案调查 8 宗违法排污行为;全年接待群众来访 25 批 44 人次,收到各类投诉环境信访件 313 宗,处理率和满意率均为 100%。2010 年,县环保局被国家评为“第一次全国污染源普查先进集体”。

【科技】 全年有梅县梅雁电解铜箔公司的“锂离子电池用高性能超薄电解铜箔”项目列入国家级火炬计划,广东宝丽华电力有限公司的“高可塑成型全内燃高掺量粉煤灰砖的制备与应用研究”项目列入省重大科技专项计划。1~10 月,全县专利申请量 114 件,专利授权量 131 件,分别比增 17%和 253%。梅州振声获批为广东省第四批创新型试点企业;华银集团有限公司和四〇一厂分别被评为省优秀民营科技企业;华银集团获准组建广东省病毒体外诊断试剂工程技术研究开发中心;水车镇被认定为省级水产养殖技术创新专业镇;隆文镇和梅南镇分别被认定和市级毛竹种植加工和蔬菜种植加工技术创新专业镇。全县有国家高新技术企业 7 家,省民营科技企业 21 家,省级工程研究开发中心 6 家,省专业镇 5 个。全年获市科技奖 8 项。其中:广东宝丽华电力有限公司的《自主研发 300 兆瓦循环流化床锅炉机组及资源综合利用工程》项目荣获全市自设立科技奖以来唯一的特等奖,梅雁电解铜箔有限公司的《新型多卷同步分切技术》项目获一等奖。梅县新城中学被广东省科协、教育厅、科技厅授予“广东省青少年科学教育特色学校”称号,是梅州市唯一获此殊荣的学校。在省第 25 届青少年科技创新大赛中,分别获得一等奖 2 个,二等奖 3 个,三等奖 2 个。

【教育】 围绕实现创建广东省教育强县目标,全年投入“创强”资金 2.6 亿多元,县财政拨给 8 个有“创强”任务的镇各 300 万元启动金。全县撤并 31 所完全小学、17 个教学点、1 所初级中学和 2 所完全中学。至 10 月,全县 8 个创强镇顺利通过“广东省教育强镇”督导组验收,全县创强镇数达 13 个,占全县镇级单位的 65%,随之顺利通过广东省教育强县督导验收组的验收,提前一年实现创建广东省教育强县目标。全年招录 12 名“211 工程”大学毕业生到高级中学和新城中学任教,招录 56 名大专以上毕业生到山区中小学校任教。小学、初中、高中教师学历达标率分别达到 100%、98%和93.8%。顺利为 8 名代课教师转为“公办”,彻底解决了代课教师问题。在省青少年科技创新大赛中,1 位学生获“南海创新奖”,并获奖金 2 万元;华侨中学再次被教育部评为“全国学校艺术教育先进单位”。高中阶段教育毛入学率达 92.8%, 高分通过省普及高中阶段教育验收, 并获奖金

200 万元，同时成功竞得广东省高中阶段教育专项资金 900 万元。高考上本科线考生人数达 1200 人,入围率 28.17%,比增 4.25%;高级中学考上本科线人数有 751 人,入围率达 67.17%,比增 9.82%,在全市各县区重点中学名列前茅。中考全县入围市重点线的人数有 1383 人,比上年增加 223 人。

【文化】 以创建“文化名城”为载体,按三年规划目标,2010 的规划松口、松源、白渡、畲江、南口、城东 6 个镇创建“文化先进镇”。全年收到各类文艺作品 71 件,上送市参评戏剧曲艺作品 5 个,获奖 4 件;送市参评音乐作品 4 件,获奖 2 件;送省参评美术、书法、摄影作品 16 件,其中美术作品获三等奖 1 件。梅县山歌剧团表演的山歌表演唱《自古山歌从(松)口出》,在参加广东省文化厅举办的第二届省优秀客家山歌(东莞凤岗)邀请赛中荣获“金奖”;梅县木偶剧团表演的提线木偶戏“化子进城”,在参加广东省委宣传部、省文化厅、中山大学联合主办的广东省特色剧种展演暨学术研讨会中,荣获“优秀剧目奖”。梅县山歌剧团先后赴北京参加中央电视台“民歌·中国”栏目组《天南地北客家情》节目录制;赴台湾参加“台湾·广东周”文化交流演出;赴深圳、香港参加梅州乡情通报会文艺演出等。此外,还成功举办了迎国庆、庆中秋暨梅县第二十五届中秋山歌节文艺晚会和两年一次的业余农村文艺汇演,业余农村文艺汇演共有参演队伍 17 个、节目有戏剧、曲艺等 19 个。全年县山歌剧团送戏下乡演出 175 场,观众达 2.5 万人次;木偶剧团送戏 90 场,观众达 5.5 万人次;送电影下乡合计 4879 场,观众达 45 万人次;圆满完成“文化大戏千村行”和电影“2131”工程任务。省新闻出版局给予梅县 157 家“农家书屋”选定点,并为每个“农家书屋”配备牌匾及价值 2 万元以上的图书出版物,至年底,全县已建“农家书屋”172 家。物质文化遗产普查,发现新文物点 331 处,复查文物点 108 处,其中涉及古文化遗迹、古建筑、石刻、墓葬等重要史迹,县政府新批准县级文物保护单位 33 处 53 个单体,梅县并通过省普查验收组验收。非物质文化遗产挖掘出社会影响较大、文化价值较高的有 12 类 38 项,五句板说唱、客家娘酒、畲江菊花糕等 3 项申报梅州市第三批市级非物质文化遗产名录。1~10 月份,共开展文化市场巡查 1556 人次,处罚网吧 14 家,收缴非法出版物 235 册(张),收缴各类盗版音像制品 193 张,取缔非法游商 2 个,有效净化了文化市场。广播 电视新开设了《加快四大板块建设,全力打造客都明珠》、《全民参与同城同创卫生城市》专栏;制作了《梅县农情》、《民众心声》等社会反响较好的专题;进一步办活了《梅县公安》、《服务大广场》等自办节目。有线电视网络升级改造投入资金 360 多万元,分别开通了城区 65 个光点,农村基层有石坑、梅南、丙村、雁洋、西阳等 13 个光接收点,解决当地线路长信号质量差的问题。全年累计新增有线电视用户 3300 户。上半年全面完成城区有线电视数字化整体转换,户数达 3.5 万户。2010 年,梅县广播电视台被全国县城经济研究中心评为“2009~2010 年度文化惠民工程工作先进单位”。

【卫生】 2010 年 10 月 15 日召开全县医药卫生体制改革动员大会,并成立梅县深化医药卫生体制改革工作领导小组,转发县政府《梅县医药卫生体制改革近期重点实施方案(2009~2011 年)》,重点抓好国家基本药物制度等四大医改任务的落实。全年筹资 5648 万元投入医疗基础设施建设。一是争取华侨乡贤共投资 2350 万元,其中较大项目有:李有权博士捐资 300 万元,兴建梅县白宫卫生院综合楼;黄华先生捐资 2000 万元,新建松源中心卫生院。二是争取各级政府支持 1430 万元,对南口、畲江、丙村等 10 间镇卫生院进行改造。三是多方筹资 1868 万元购置 16 台螺旋 CT 机、腹腔机、血液透析仪等一批先进设备。此外,正筹集 5.2 亿元新建梅县人民医院按三甲医院标准建设,至年度,已有梁亮胜先生认捐 1000 万元,李有权先生认捐 800 万元。全年新增卫生站 7 个,完成了“一村一站、一镇一院、一县三院”建设。至年底,全县有公立医疗卫生单位 27 间,其中镇级卫生院20间,设有村级卫生站442个;民营医院4间,个体诊所34间;有医师1015人。全年门、急诊总人数达93.6万人次,比增10%;出院病人达3.61万人次,比增2%;业务总收入2.03亿元,比增15.3%。2010年梅县农村妇女宫颈癌、乳腺癌普查和食管癌、贲门癌早诊早治筛查均被列为国家免费普查试点项目,全年完成宫颈癌检查2.21万人;确诊8例;乳腺癌检查4546人,确诊2例,分别完成年度任务的67.1%和113.6%;完成食管癌/贲门癌筛查1000例。全年参加农村合作医疗人口为47.36万人,参合率为98%;筹资总额7104万元,住院医药总费用实际补偿比例达42%,住院补偿上限由5万元提高到8万元;全县有13.68万人次参合农民受益,报销总额达7145.14万元,其中有5人住院实报8万元。全年投入改厕资金113万元,完成农村无害化卫生厕所改造2000户,其中1800户得到中央补助,成功创建省卫生村的有雁洋长教、松口横东2个村;成功创建市卫生村的有雁洋对坑村、鹧鸪村、雁上村、雁中村、雁下村、松坪村和丙村红光村等7个村。全年受理发放各类卫生许可证1982份,医疗机构执业许可证14份;检查医疗卫生单位560间(次),立案查处并罚款12宗,合计人民币2.9万元;受理医疗争议、投诉17宗,其中申请医学鉴定1宗。

【体育】 群众体育以老年协会、强民足球协会、梅县信鸽协会等为纽带,带动全民健身活动开展。8月8日,丙村镇举办了800多人参加"全民健身日"暨广东省第11届"体育节"启动仪式和展示表演;9月份组织了"健身气功"6个站点计100多人参加的健身气功展示表演;重阳节,梅县老人体育运动会有400多人参加了门球、乒乓球、象棋、气功展示等7个项目比赛。全年农村与机关、企事业单位之间进行了8个项目70多场次比赛,参加人数有4500多人。先后成功举办了梅县第六届中、小学生足球联赛和小学女子足球网点联赛及梅县第51届中小学田径运动会;协助强民体育会举办了第29届"强民杯"足球赛,参加比赛运动员达300多人;与团县委联合举行了有14个部门参加的梅县第14届"五四"杯足球赛等。全年争取上级体育设施经费100多万元,支持解决了镇村一批体育健身器材。竞技体育比赛先后获得:广东省少年女子U-11足球联赛冠军;广东省少年男子U-11足球联赛第三名。人才培养输送有男足运动员刘杉杉入选国家青年队,女足运动员何坚荣、张佳丽、曾妮辉、李足玲入选国家女足青年队集训。在全国第三次国民体质监测中,梅县共监测了636人,监测效果良好。2010年,梅县体育局被国家体育总局授予"全国群众体育先进单位",被省体育局授予"2006~2009年度和2010年"全省群众体育先进单位"。

【民主法制建设】 梅县人民政府坚持依法行政,扎实推进法治县创建活动,认真执行人大及其常委会各项决议并向其报告工作,坚持向人民政协通报情况,广泛听取民主党派、工商联、无党派人士和各人民团体的意见,认真做好代表建议和政协提案办复工作,不断深入开展机关作风评议,严格规范行政复议、行政执法监督工作,2010年,分别被省和国家评为"法治县创建活动先进单位"。县人大常委会依法行使监督职权,督促和支持"一府两院"工作,先后听取和审议了10个专项工作报告和6个行政职能局的工作报告,审查批准"十二五"规划纲要,依法审议通过了《梅县征地和土地储备中心向农发行梅县支行融资的方案》。始终把关系人民群众切身利益的热点难点问题作为工作重点,听取和审议了县政府关于农村社会养老保险工作报告;对《土地管理法》、《城乡规划法》进行执法检查;组织市、县人大代表视察创建"教育强县"、同城同创"国家卫生城市"、"林改"和扶贫"双到"等工作。坚持把民主法治建设摆到突出位置,以开展法治县创建活动为契机,进一步做好组织协调和督促指导工作;努力促进司法公正,听取和审议了检察院预防职务犯罪专项工作报告和司法局工作报告,督促司法机关树立"为大局服务、为人民司法"的理念。围绕"五五"普法规划目标要求,对全县38个具有行政执法职能单位进行检查,并审议了县政府“五五”普法工作。认真开展“民主法制示范村(社区)”活动,全县有85%的村达到“民主法制示范村(社区)”标准,有9个村被国家或省授予“民主法制示范村(社区)先进称号。重视做好信访工作,全年共接群众来信93件,其中受理全国、省、市人大交办50件,接待来访群众43人次,各级人大代表参与庭审、调解纠纷等83宗。依法行使人事任免权。坚持对“一府两院”提请的拟任命干部进行任前学法和法律考试制度,全年共依法任免地方国家机关工作人员55人次,举行任前法律知识学习考试共4批18人。维稳工作,全年共排查各类社会不安定因素94起,妥善处置群众性事件苗头5起,医患纠纷5起,解决处理群众涉法涉诉来信来访问题26起。全县20个镇级单位建起有治安巡逻队20个155人,有治保会409人1121人,调解会409个1220人,组建护村队80个436人;建立起安全文明小区790个,有80%的小区实现零发案。公安部门全年组织30多次全县范围的集中统一专项行动,共立刑事案件694宗,破案418宗,破案率达60%;先后侦破白渡“4·12”跨省抢劫汽车杀人抛尸案等,刑事发案和抢车案件分别同比下降14.5%和70%。检察部门全年受理并批准逮捕案件147宗196人,立案查处依法贿赂职务犯罪案件6宗6人,挽回经济损失260多万元。法院全年共受理各类刑事案件209件,全部审结,给予刑事处罚的256人;受理各类民商事纠纷案件1411件,审结1403件,结案率99.4%,共解决诉讼标的金额7516.1万元;共受理各类执行案件562件,执结557件,执法率99.1%,执结权的金额6009.4万元。司法部门全年调解各类民间纠纷4028件,调解成功4016件,调解成功率为99.7%;办理法律援助案件150件,接待群众咨询3000多人次,避免和挽回经济损失约200多万元。

【党的建设】 党的思想、组织、作风建设加强党的思想、组织、作风建设,提高各级领导干部执行力;开展争创建设科学发展示范县“四强基层党组织”、争当“四优共产党员”、“四好党组织书记”和“星级村官”以及推进“板块建设”主题实践活动,全年选聘了首批82名大学本科生担任“村官”。坚持党委(党组)中心组学习制度,发挥龙头带动作用,带动全县党员干部掀起学习十七届四中全会热潮,突出树立梅县“当好梅州绿色经济崛起排头兵、建设广东科学发展示范县”和“培育绿色产业、建设宜居家园、打造客都明珠”发展理念。结合开展扶贫“双到”工作,推进基层党组织建设。全县有73个贫困村,年人均收入2500元以下的贫困户4045户15854人,在建好22个县领导挂钩联系点的基础上,规划雁洋上村、畲江双坪村、桃尧显朝村等3个村为全县统筹城乡基层党建工作示范点。全年共投入扶贫资金4799万元,落实帮扶项目13345个,其中帮助贫困户发展养猪3594头,种植水果3639亩、油茶1599亩,解决饮水安全5024户,铺筑水泥道路97公里,解决住房难贫困户312户,完成就业转移15122人。至年底,有2065户贫困户年人均纯收入达2500元以上,实现脱贫率51%。加大干部教育培训力度,全年培训科级干部788名,股级干部860名,培训信息干部1300多名;县、镇两级党校共举办各类培训班153期,培训党员干部1.62万人次。重新修订《中共梅县县委梅县人民政府关于开展全县作风评议工作的实施办法》,建立明察暗访制度,推动行政机关行风、作风转变,对行政事项的受理、承办、审核、批准和办结等进行监控,并纳入绩效评估和机关评议;把“五个零增长”和“四个减半”落到实处,全年公用费用支出和公务接待费用支出同比上年分别下降3.2%和10%。党的干部队伍建设推进干部制度改革。在全省率先启动乡镇党委书记公推直选试点工作,11月13日上午圆满成功选出石扇、石坑 两镇党委书记;先后3次实行乡镇党政正职和县直单位“一把手”初始提名人选由县委全委会书面差额推荐,按照得票多少确定镇党委书记初始提名人选3人,镇长初始提名人选7人,县直单位一把手初始提名人选6人。严格选拔任用领导干部,把好推荐关、公示关、考察关、酝酿关和票决关。全年共提任科级干部86名,交流轮岗副局以上领导干部53人,达到任职年龄控制线改非领导职务24人;同时把四次监督制度列入全县各级中心组学习内容,并对全县科局级以上干部进行试题测试。开展选人用人公信度示范县创建活动。8日,梅县被确定为全省30个创建“提高选人用人公信度示范县”活动之一。根据实施方案的工作要求,拟定实施配套《梅县干部选拔任用初始提名试行办法》和《梅县科学规范和有效监督“一把手”用人行为试行办法》等。11月,对全县部分镇和县直单位缺额正职的实际,在全县开展公推正科职领导干部后备人选77名。党风廉政建设开展党纪国法教育。推进廉政文化“六进”活动,营造尊廉崇廉的社会氛围;举办党纪政纪法纪教育学习班,树立廉洁从政思想;成立以县委书记为组长的贯彻落实《廉政守则》领导小组,集中学习《廉政守则》全文精神;结合纪律教育月学习活动,开展廉洁文化进办公场所和公共场所活动。抓好责任制的落实。建立《梅县落实党风廉政建设责任制量化实施考核办法》等制度,把述职述廉、考核检查、责任追究、重大事项报告、廉政谈话、制度建设六项工作纳入党廉责任制工作中;通过听取被检查单位“第一责任人”汇报情况、走访群众、民主测评等方式,对各单位落实责任制进行考核;全年有1名科级干部受到责任追究,25名基层干部受到诫勉谈话。建立规范农村基层干部权力运行的长效机制。出台了《基层党员干部廉洁自律规定》和《村干部管理办法(试行)》等规定;健全和完善了镇村领导班子议事规则和民主决策、民主监督和民主议事制度等章程。着力打造“阳光政务”。严格按照《干部任用条例》选拔任用干部,11月份,首次在石扇和石坑两镇实行党委书记公推直选;全年完成招投标项目101项,其中公开招标74项,邀请招标27项,总投资金额6.3亿元,共节约建设资金3220万元;政府采购预算金额3378万元,节约资金643万元。加大案件查处力度。全年县纪委、监察局共受理群众信访举报107件(次),属受理范围有93件(次),至年底,全部办结。其中信访立案办结31件;澄清保护党员干部16人;立案查处违纪违法党员、国家机关工作人员36宗36人,其中县纪委立案13宗13人;违纪党员中,科局级党员干部3宗3人,一般机关党员干部8宗8人,农村党员25宗25人;从案件性质分,主要经济违纪案件13宗13人,失职渎职违纪案件4宗4人,其他19宗19人;挽回经济损失529.71万元;结案33宗33人,受党纪处分31人,其中:开除党籍4人,受行政处分5人(含双重处分3人)。抓好专项治理工作。全年查处医疗服务方面违规行为2宗,追缴违规金额2.49万元。查处教育乱收费行为4宗,共清退违规金额74万多元。同时,还开展食品安全专项整治工作和开展公路“三乱”监督检查。

【乡镇·办事处概况】

新城办事处　2010年,梅县新城办事处实现经济总收入2.67亿元,完成工商税收1.17亿元,分别比上年增长35.8%和89%;财政收入217万元,比增8%,居民年均收入9692万元,比增3%。招商引资新办注册资金10万元以上企业35家,其中100万元以上企业有7家。同城同创“国家卫生城”投入资金200多万元,完成禽畜繁养、“城中村”上门收垃圾、卫生死角清理、死水塘及下水道、臭水沟清理改造等系列工作任务。城中村“三旧”改造正式启动,12月19日,位于广梅路与科技路交会处的梅县“三旧”改造示范项目“锦发·君城”正式动工兴建,总投资5亿多元。科技路至广梅路也顺利贯通,并铺打上水泥路面。城镇居民参加医疗保险率近80%以上,农民参加合作医疗覆盖率近100%。至年底,新城办总面积为3.88平方公里,有5个社区居委,总人口7万多人,其中户籍人口1.9万多人。

扶大高新区　2010年,扶大高新区全年实现社会总产值5.93亿元,完成税收8300万元,分别比上年增长 19.7%和 80%;农民年人均纯收入 7850 元,比增 25%。全年引进企业两家,接待入园企业 16 家。入园企业共有 57 家,投产企业 44 家;拥有国家级高新企业 1 家,省级科技企业 10 家,企业产品获得国家专利有 3 项。5 月份,通过广东省教育强镇督导验收组验收。至年底,全区总面积 19.5 平方公里,有 4 个村和 1 个居委会,总户数 3558 户,总人口 10245 人。

程江镇　2010 年,程江镇全年完成社会总产值 6.32 亿元,实现工商税收 1.38 亿元,分别比上年增长 12%和 63.5%;农村年人均纯收入 5981 元,比增 8%。全镇已发展种养示范村 5 个,种养示范户 50 户,蔬菜基地 5 个。全年招商引资注册登记企业 85 家,招商项目 85 个,新增个体工商户 650 户;招商项目投资额达 300 万元以上企业有 8 家,招商金额达 2.2 亿元,其中投资 5 亿元的五星级梅州豪生国际大酒店已动工建设。民心工程建设共投入资金 4813 万元,其中学校建设投入 4000 多万元,11 月份,通过了广东省教育强镇督导组的验收。99%以上农民、65%以上居民参加了农村合作医疗保险,75%符合条件的群众加入了养老保险。林改工作已发林地所有权证面积占 96.5%,已发使用权证面积占 87%,股份权益发证面积占 89.9%。至年底,全镇总面积 61.9 平方公里,有 14 个村和 1 个居委;总户数 14162 户,总人口 39369 人。

南口镇　2010 年,南口镇完成社会总产值 14.5 亿元,比上年增长 13.3%;完成工商税收 5852 万元,财政收入 673 万元,比增 3.5%;农村年人均纯收入 5912 元,比增 6.1%。新培育发展农业龙头企业 3 家,其中广东长荣林业发展有限公司种植 20 万亩的油茶与 5000 吨油茶系列产品加工项目进入广东省现代产业 500 强。车陂、葵岗 两个工业园,引进落户项目 3 个,累计投资金额 3 亿元,其中广东新基金文化创意集团有限公司投资 2 亿元打造麓湖山文化产业园,麓湖山国家级文化产业园被省委、省政府列入 2010 年重点建设项目。投入水利、电力建设资金 1400 多万元,其中水利基础设施建设投入 630 多万元,电力建设 800 多万元。规划南龙、瑶西、金声 3 个村为新农村建设示范点。扎实推进侨乡村乡村旅游开发步伐,着力打造提升侨乡村旅游品牌。全面完成集体林权制度主体改革任务,顺利通过市、县验收检查。农民参加新型农村合作医疗覆盖率达 98%,城镇居民参保率达 87%;农村养老保险参保率达 86.7%。至年底,全镇总面积 262.2 平方公里,有 46 个村和 3 个居委会,总户数 16694 户,总人口 67472 人。

畲江镇　2010 年,畲江镇实现农村经济总收入 10.4 亿元,完成税收 2501 万元,分别比上年增长 12%和 14.8%;财政收入 650 万元,农村年人均纯收入 6125 元,分别比增 10.5%和 5.5%。以服务园区建设为主要发展目标,扎实推进"南部板块"建设。先后设立了喜多多、韵生活、永昌等大型超市连锁店,兴办起肉菜、禽畜、成衣、摩托和家电销售等市场。努力打造纺织工艺"集散地",全年完成工艺总产值 2.5 亿多元,税收 1755 万元,比增 22.5%。引进梅州市然中园现代发展农业有限公司、梅州藤意工艺有限公司有 4 家企业,合计引资 4850 万元。筹集资金 2100 多万元完善水利、饮水工程和道路等基础设施建设;规划松棚、大湖两个村实施社会主义新农村建设。林改工作完成所有权任务占 94.8%,使用权(三权)任务占 82.3%。投入 1000 多万元创建教育强镇,5 月份,顺利通过省教育创强督导组的检查验收。至年底,全镇总面积 175 平方公里,有 23 个村和 2 个居委,总户数 9557 户,总人口 44222 人。

水车镇　2010 年,水车镇实现社会总产值 3.3 亿元,农村年人均纯收入 5646 元,分别比上年增长 12%和 7%;完成工商税收 293 万元。利用茶山村荣获"中国古村落"和"中国历史文化名村"的契机,抓好和完善茶山古村落环境保护和道路等建设,加速推动乡村旅游业发展。借助构建"南部园区经济板块"区域发展机遇,发展壮大工艺编织业,全年共招商引资 3600 万元,其中白沙矿泉水厂扩建项目达 3200 万元。全年投入 460 万元用于村道、农业水利、医疗卫生和教育基础设施建设;5月份,经省科技厅认定批准为“广东省水产专业镇”。林改工作在年底全县综合排名中名列第一。农民参加新型农村合作医疗参保率达100%,参加农村社会养老保险达48%。至年底,全镇总面积122.9平方公里,辖18个村和1个居委,总户数5702户,总人口21646人。

梅南镇 2010年,梅南镇实现农村经济总收入5.66亿元,完成税收3771万元,分别比上年增长12%和3.3%;农村年人均纯收入5310元。按照“南部经济园区板块”建设规划,着力打造省级蔬菜专业镇,6月份荣获“梅州市技术创新专业镇(蔬菜)”称号。全年共引进投资3500万元新恒发混凝土搅拌站和投资400万元梅州市凡富兰花种植有限公司2家企业。基础设施建设共投入资金1800多万元,其中:投入1470元对下村灌溉系统、轩外河堤、宋坑水库进行改造加固;投入200多万元铺筑顺兴、九龙浪荡石、轩外尖山共9公里长水泥村道。林改工作有序进行。教育强镇投入资金553万元,10月份顺利通过省教育强镇督导验收组验收。农民参加农村新型合作医疗参保率达100%,社会养老保险、城镇居民医疗保险全面完成县下达指标任务。至年底,全镇总面积146.5平方公里,有16个村和1个居委,总户数3950户,总人口15932人。

西阳镇 2010年,西阳镇实现农村经济总收入16.1亿元,完成工商税收1.49亿元,分别比上年增长8%和28.3%;农村年人均纯收入5890元,比增10%。以建设“林风眠艺术园”为契机,利用林风眠故居、联芳楼、牛角屋、清凉小茶园、高观音景区等旅游资源,发展客家乡村旅游;“五一”期间,投资近千万元的“胜顺发旅游度假村”正式挂牌营业。围绕梅县线艺建厂20周年厂庆,协助线艺厂做好招工和厂庆工作。认真做好威华集团威利邦电子厂征地拆迁,市垃圾场建设扩征、总长6.22公里西阳河堤建设等市、县重点工程工作。全年筹集帮扶资金287.66万元用于各贫困村铺筑水泥村道和发展生产。6月下旬,教育强镇工作顺利通过省教育强镇督导验收组的检查验收。集体林权制度改革工作有序进行。规划建设2个县级新农村示范村。至年底,全镇总面积272.5平方公里,有28个村和2个居委,总户数8907户,总人口34735人。

梅西镇 2010年,梅西镇实现社会总产值3.03亿元,完成税收1416万元,分别比上年增长9.9%和46%;本级财政收入444万元,比增60%;农民人均纯收入4922元,比增6.6%。围绕实现“西部现代农业产业板块中心镇”这一目标,推进“万亩银杏、万亩油茶、万头猪场”基地建设,广东长荣林业发展有限公司投资1.2亿元,种下银杏5000亩、油茶超万亩;广东客乡农牧有限公司生猪年出栏量达4~5万头。林改工作完成综合打发证率达90.4%。规划龙增村创建市级生态示范村,幸福村创建县级农村建设示范村。增城市新塘镇在扶贫“双到”工作中,投入帮扶资金121.5万元,帮扶田福、龙增、龙虎3个村贫困户118户465人。全年基础建设投入资金近500万元,铺筑水泥村道共长9.5公里;解决5600多人的饮水问题等水利设施建设。农民参加新型农村合作医疗参合率达98%。至年底,全镇总面积92.7平方公里,有17个村和2个居委,总户数7998户,总人口28847人。

石坑镇 2010年,石坑镇实现农村经济总收入2.02亿元,完成工商税收452万元,分别比上年增长8.4%和107%;农民年人均纯收入4579元,比增6.2%。围绕县委西部现代农业板块发展战略,实施“三个一”工程,服务好一家省级农业龙头企业石坑种猪场;新培育一家市级农业龙头企业天草农业开发公司;新引进一家实力雄厚的广东长荣林业发展有限公司,发展万亩油茶基地。全年基础设施建设投入资金300多万元,铺筑水泥村道6条共长14.1公里;投入近200万元用于水利工程建设,其中澄坑、澄中两个村的梅县小农水示范县建设工程投入130万元;投资160万元在圩镇建集健身、娱乐、休闲为一体的“转水梅园”。林改工作全面普开,有林地总面积9.48万亩,其中生态公益林面积2.64万亩。至年底,全镇总面积87.2平方公里,有17个村和两个居委会,总户数6218户,总人口25756人。

大坪镇　2010年，大坪镇实现社会总产值3.66亿元，完成税收340.7万元，分别比上年增长12%和38%；财政收入149万元，比增25%，农民年人均纯收入5053.5元，比增8%。招商引资分别引进金德宝股份有限公司投资5000多万元开发汤湖温泉资源，引进梅州锦绣大地生态环境股份有限公司投资1000万元建设5000亩名贵树种种植基地。林改完成所有权确权勘界占总面积98.7%，"三权"确权勘界占总面积85%。基础设施建设投入400多万元用于"小农水"和除险加固、主灌渠道改造建设；投资100多万元用于圩镇和村道亮化建设；扶贫投入资金共100多万元，铺水泥村道总长近6公里。参加农村新型合作医疗参保率达83%，参加农村养老保险率达65%。至年底，全镇总面积76.7平方公里，有12个村和1个居委，总户数4681户，总人口19352人。

城东镇　2010年，城东镇全年实现社会总产值10亿元，完成工商税收7400万元，地方财政收入2246.8万元，分别比上年增长11%、26.7%和21.6%，农村年人均纯收入5922元，比增7%。新发展生物柴油 生产基地1个，面积500亩，种上麻枫树约8万株；发展蔬菜种植面积1200亩。招商引资500万元以上项目有5个，其中BPW车轴四期投入4000万元，7月投产运营，五期准备投入2500万元；金盘健身中心投资2000万元；庆达有限公司扩产投入1500万元。林改工作完成林地所有权发证面积100%，使用权发证面积占86.8%，股份权益发证面积占80%。参加农村社会养老保险，参保率达81.4%，参加新型农村合作医疗覆盖率达100%。全镇12个村建成农家书屋，规划上坑、莲塘等8个村创建市级生态村及创建市级生态镇；做好竹洋、谢田两村新农村示范点建设的规划修编和基础工程建设。至年底，全镇总面积79.3平方公里，有12个村和1个居委，总户数4566户，总人口22792人。

石扇镇　2010年，石扇镇实现农村经济总收入5.04亿元，农村年人均纯收入5151元，分别比上年增长10%和5%；完成税收450多万元，实现财政收入158万元。大力发展金柚支柱产业和特色农业。建立起9个优质金柚示范点和7个金柚种植专业村；登记注册金柚专业合作两家，注册金柚商标两个；发展咸菜种植面积3500亩，玉米、花生等经济作物种植面积2500亩，形成新东玉米村、松林咸菜村等多个种植专业村。全年招商引资引进项目4个，共引进项目资金800多万元。林改工作有序进行，至12月底，顺利通过市级检查验收。规划中和、红南两村创建生态示范村。民生工程建设共投入资金800多万元，其中投入道路交通建设170多万元，投入标准化农田示范建设700多万元。农民参加新型农村合作医疗参合率达100%。参加农村社会养老保险有率达63%。至年底，全镇总面积91.4平方公里，有12个村和1个居委，总户数6242户，总人口21399人。

白渡镇　2010年，白渡镇农村经济总收入5.82亿元，工农业总产值3.1亿元，分别比上年增长5%和4.5%；农民年人均纯收入5296元，比增3%。引进广东长荣公司投资3000万元在建桥村种植油茶5000亩；石窟河二期5.3公里河堤建设投入资金2000多万元，白渡至雁洋的白渡5.47公里生态公路建设投入资金500多万元；对全镇13个村未实施农村低压线路改造的村进行农网改造，共投入资金上千万元。此外，还投入近600万元对沙坪、汶水等5个村进行村道改造、对梅大、公珠、建桥等8个村进行农村安全饮水工程建设、并解决蔚彩、蕉南两村1600多人安全饮水问题。参与县级新农村示范创建的有创乐村、桃柳村、白渡村等5个村，参与生态村创建的有创乐和江南两个村。至年底，全镇总面积187.6平方公里，有24个村和1个居委，总户数7136户，总人口27234人。

丙村镇　2010年，丙村镇完成农村社会总产值10.42亿元，农业总产值2.77亿元，分别比上年增长10%；税收入库3.73亿元(含荷树园电厂和梅雁水电站)，农村年人均纯收入5825元，比增6%。引进冠锋电子科技梅州有限公司投资3000万元兴建名杨村大酒店，支持梅县永恒建材有限公司90万吨水泥粉磨站第二条生产线建设，做好荷树园电厂和5家水泥企业等的服务工作。建设粮食高产创建示范片2000亩,实施中低产田改造3000亩,新发展农业龙头企业和农民专业合作社各1家。集体林权制度改革完成林地所有权打证面积97.8%、林木所有权打证面积80.7%,林木使用权打证面积89.2%。筹资1500多万元用于创强,并通过广东省教育强镇督导验收组验收。筹资1860万元重点解决群众行路难和饮用水难等民生问题。至年底,全镇总面积170.4平方公里,有21个村和1个民委会,总户数11254户,总人口44478人。

雁洋镇 2010年,雁洋镇实现社会总产值60.37亿元,其中乡镇企业总收入57.2亿元,分别比上年增长24.8%和25%;上缴国家税收5.35亿元,与上年持平;实现财政收入1512万元,比增9.8%;农民年人均纯收入6140元,比增10.4%。成功引进广东帝农酒业公司投资5亿元落户建设;卡莱公司完成第二期轮胎项目整体搬迁,成为梅州市首家超亿美元的外贸企业;宝丽华斥资26亿元的荷树园电厂三期项目开工建设,斥资41.6亿元打造扶大山水城高级商住区正进行基础设施建设;华银投入1380万元在阴那山建起有机茶叶标准化栽培基地1000亩,成功收购梅县中国旅行社有限公司。投入6000万元改造提升S223线雁洋段6公里公路等级,雁南飞顺利通过国家5A级景区国检,并荣获"2009~2010中国最佳绿色酒店"、"2010年中国最佳生态(度假)酒店"、"全国绿化模范单位"和"全国生态文化示范企业"称号;叶剑英纪念园被评为首批"广东省红色旅游示范基地";雁洋镇被评为"中国优秀文化休闲旅游镇"和"我最喜爱的岭南村镇"。完成鹧鸪村、石楼、下村等3村新农村示范建设;长教村通过省级卫生村检查验收,雁上、雁中、雁下等6个村通过市级卫生村检查验收;林农、黄沙两个村通过市级生态村检查验收。集体林权制度改革已完成一权工作,转入二、三权打证工作。农民参加新型农村合作医疗覆盖率达100%,城镇居民基本医疗保险参保率达100%。投资1.49亿元,占地247.7亩的梅州市足球训练基地奠基动工建设。至年底,全镇总面积183平方公里,有27个村和两个居委会,总户数7999户,总人口32255人。

松口镇 2010年,松口镇实现农村经济总收入7.57亿元,完成工商税收1861.3万元,分别比上年增长16%和193.3%;地方财政收入448万元,农民年人均纯收入6151元,分别比增11%和13%。梅州市盛通科技有限公司投入1.6亿元种植名贵珍稀树林面积1800多亩,梅县建兴水泥有限公司投资3500万元兼并韩江水泥厂,增设粉磨站,中大南药股份有限公司开发种植红豆杉4800亩。集体林权制度改革工作已完成38个村(共41个村)林地所有权登记工作,向县林改办送交宗地材料占林地总面积84.6%。投入水利建设资金898万元,改善灌溉面积3500亩,改造中低产田1500亩。10月17日,投资5000多万元的发清大桥举行隆重通车庆典仪式;10月份,创建教育强镇工作通过省"创强"专家组验收。参加新型农村合作医疗覆盖率99%,参加农村养老保险参保率达82%。至年底,全镇总面积328.6平方公里,有41个村和5个居委,总户数14617户,总人口73000人。

隆文镇 2010年,隆文镇实现社会总产值3.1亿元,完成工商税收700万元,分别比上年增长6%和45.5%,财政收入344万元,比增19%,农民年人均纯收入5110元,比增3%。在巩固原有1700亩烤烟基地的同时,扩大种植规模至2500亩;以联坑村为试点,种植名贵树木(罗汉松、红豆杉、香樟树、茶花等)达3万株。林改工作完成林地所有权界定换证面积占98.7%,全镇14个村均已完成林地所有权换发证工作,完成林地"三权"换证面积占82%,全面完成林改工作的有江上村等6个村。参与创建市级生态的有檀江村、苏溪村等8个村。投入700多万元用于农田水利基本建设和乡村道路建设,修筑村道共5.7公里。教育强镇投入资金900万元,于10月底顺利通过广东省教育强镇督导组的验收。至年底,全镇总面积113.4平方公里,有14个村和1个居委会,总户数5990户,总人口24000人。

桃尧镇　2010年,桃尧镇农村社会经济总收入2.38亿元,农民年人均纯收入5515元,分别比上年增长8%和8.8%,完成税收300万元,实现财政收入180万元。利用山区自然资源和人文资源优势,围绕“两山一园一故居”王寿山、鸡冠、桃花园、张民达故居发展旅游业。抓好县重点烤烟基地建设,全年实现烤烟产值228万元,引进台商拟在洋教村开发种植2000亩台湾文旦柚。林改工作完成林地所有权证打发证率达99.6%,林地使用权证打发证率达87.4%,“三权”工作完成95%。投入资金80多万元用于圩镇电网、路灯改造,投入资金共500多万元用村道和水利工程建设,共铺筑水泥村道12.1公里,解决566户2505人饮水难问题。参加农村新型合作医疗参合率达98.1%,养老保险新增参保人数500多人。创建教育强镇投入资金500多万元,10月份通过广东省教育强镇督导组验收。规划显朝、桃源两个村作为新农村示范点和生态村示范点建设。至年底,全镇总面积118平方公里,有15个村委和1个居委会,总户数4619户,总人口17454人。

松源镇　2010年,松源镇实现社会总产值5.04亿元,比上年增长8.2%,实现工商税收1003万元;完成固定资产投资3200万元。农民年人均纯收入达5392元,比增7%。完成县晚稻创高产示范片建设,实现平均稻谷亩产644.5公斤;完成烤烟基地种植面积7465亩,实现总收入1816万元;完成林地所有权宗地确权面积达98.2%、“三权”确权面积达93.5%、集体统一经营林地股权证发放面积达96.9%。基础设施建设投入资金6680万元,其中投入较大的有:农业综合开发投入820万元,惠及13个村面积达1.05万亩;架设宝坑至北磜18公里110千伏输变线路投入1650万元;松源宜康医院建设由黄华先生捐资近800万元;松源河九姑陂桥至口缺峰桥堤岸小流域治理工程投入2000多万元。规划彩山村、青塘村两个村为新农村示范点建设。参加新型农村合作医疗,参保率达98.2%,参加农村社会养老保险率68%。至年底,全镇总面积149.5平方公里,有21个村和两个居委会,总户数10764户,总人口40324人。

(叶永生)

附:2010年底梅县五套班子成员名单

县委书记:李远青
副书记:张文广　温向芳
常委:郭碧玲　肖济邦　陈伟建(任至11月)　彭思学　钟　强　钟秀堂　张灼明　洪国华　李理和　曾繁伟
人大常委会主任:李远青
副主任:刘新生(常务)　廖耀安　叶剑灵　谢　芳　刘　敏　张天禄
县长:张文广
副县长:陈伟建(常务,任至11月)　谢文威(常务)　夏文凯　李丹玲　曾京铭　饶新昌　曾庆辉(12月起任)　李　志(挂职2月起任)　谢小康(挂职5月起任)
县政协主席:林均庭
副主席:李发祥(党组书记)　熊科良　曾庆明　余洪昌　梁俊丰　肖大强　马苑华　钟梅福
县纪委书记:张灼明
副书记:赖洪彪　邓忠麟

蕉岭县

【历史、地理、人文】

建置沿革　明崇祯六年(1633),朝廷准设置镇平县。是年8月,在怀仁里(原平远县属地,今蕉城)建县城。次年,接管平远划割的石窟第一图、石窟第二图和程乡(今梅县)划割的龟浆第二图、松源第二图共四图完成镇平县建制。镇平县隶属潮州府。民国3年(1914),因河南省已先有镇平县而改称蕉岭县。1952年8月,蕉岭与平远合县,称蕉平县。1954年3月,蕉平分县,恢复蕉岭县建置。1958年12月,蕉岭县与梅县合并,称梅县。1961年3月,蕉梅分县,恢复蕉岭县建置。

位置、面积　蕉岭县位于广东省东北部,韩江上游,地跨北纬24°25′~53′,东经116°01′~22′之间。西界平远县,东南与梅县接壤,北与福建省武平县、上杭县相连。205国道、国家高速公路网络主干线天汕高速公路南北贯穿,全县总面积960平方公里,其中山地7.47万公顷,耕地0.7433万公顷。

地质、地貌　蕉岭县地质构造比较复杂,岩石类主要有砂页岩、侵入岩、石灰岩、变质岩等。这些岩类构成山地、丘陵、盆地等地貌。县境四面环山,地势由北向南倾斜。山地、丘陵、盆地的比例为6:3:1。

境内山系排列有序,山脉走向有东—西走向和东北—西南走向两类。共有五列山脉,这些山脉是本县众多溪河的分水岭,河谷低地也大致分布在这些山脉中间。海拔千米以上的山峰有金山笔(1170米)、铁山嶂(1164米)、皇佑笔(1150米)、大峰嶂(1092米)、小峰笔(1057米)、樟坑崇(1020米)等6座。

境内河流属韩江水系,主要河流韩江二级支流石窟河在县境内长61.4公里,集水面积728.2平方公里,石窟河流域(含其支流高陂河、柚树河、石扇河、广福河、溪峰河)是蕉岭县较大的盆地和主要耕作区,耕地约10万亩,居住人口17余万人。其他河流还有高思河、南磜河、北磜河亦分别冲积成山间小盆谷。

气候特征　县境属亚热带地区海洋性季风气候,夏长冬短,光照充足,雨季长,雨量充沛,由于南岭山脉的屏障作用,使冷空气影响减弱,所以冬季并不十分寒冷。历史最高年降雨量出现在1983年2488.6毫米,最低年降雨量出现在1991年1063.9毫米;历史年平均气温最高出现在1998年22.1℃,最低出现在1976年和1984年20.4℃;历史年平均最大风速出现在1953年10月8日24.0米/秒。

自然资源　矿产资源主要有锰、铁、铝、钨、铜、铅、锌、锡、煤、石灰石、大理石、花岗岩、石英砂、稀土等。尤以石灰石居多,资源储量约23亿吨,煤储量约450万吨,锰储量约240万吨,花岗岩储量约2700万吨。水力资源10万千瓦以上。野生动植物资源丰富,药用植物有288个品种,分隶95个科。旅游资源丰富,主要有国家AAAA级旅游景区长潭旅游风景区、全国重点文物保护单位丘逢甲故居、镇山国家森林公园、省文物保护单位石磜土楼、省红色经典旅游开发项目谢晋元故居。

行政区划　蕉岭县辖蕉城、新铺、三圳、文福、广福、长潭、蓝坊、南磜8个镇。全县共有107个村、居民委员会,1418个村民小组。县境内还有市属蕉华管理区。

人口、民族　2010年年末全县总人口229709人,其中非农人口63800人、农业人口165909人,人口出生率为9.87‰,自然增长率3.02‰。居民族属主要汉族客家人,占总人口的99.98%,从外地迁来的少数民族仅占人口的0.02%。旅居海外侨胞约8万人,台胞接近50万人。

【发展概况】 2010年,全县实现生产总值429547万元,比上年增长15.1%,增长速度创15年来的新高。其中第一产业增加值 81000 万元,增长 8.1%;第二产业增加值 209401 万元,增长 21.8%;第三产业增加值 139146 万元,增长 9.5%。三次产业构成为 18.9∶48.7∶32.4。全县实现国、地税税收入 47108 万元,增长 6.26%;财政一般预算收入 26213 万元,增长 21.96%。

全年居民消费价格总指数为 102.8%,上升 2.8 个百分点,主要八类价格指数呈"六升二降"的态势。其中"六升"即:食品类上升 5.8 百分点,烟酒及用品类上升 5.6 个百分点,医疗保健及个人用品类上升 4.5 个百分点,居住类上升 3.5 个百分点,衣着类上升 0.4 个百分点,家庭设备用品及维修服务类上升 0.1 个百分点;"二降"即:娱乐教育及文化用品服务类下降 0.1 个百分点,交通和通讯类下降 2.4 个百分点。

年末全县从业人员 114905 人,其中在岗职工 16309 人,比上年同期增长 0.22%。全年新开发就业岗位 1963 个,下岗失业人员实现再就业 1639 人。城镇人口登记失业人员 1251 人,登记失业率 2.28%,下降 0.02 个百分点。

【农业】 围绕农业增产、农民增收、农村稳定,不断加大新农村建设的力度,积极推广名贵树木、毛竹的种植,促进农村经济的平稳发展。全县实现农业总产值 (现行价)131477 万元,比上年增长 6.8%。其中种植业产值 60592 万元,增长 14.1%;林业产值 23045 万元,增长 1.5%;牧业产值 41599 万元,增长 2.9%;渔业产值 4001 万元,增长 15.5%;农林牧渔服务业产值 2240 万元,增长 16%。

农作物播种面积 21.26 千公顷,增长 1.82%,其中:粮食播种面积 12.11 千公顷,增长 0.33%;经济作物种植面积 2.78 千公顷,增长 10.76%;其他作物种植面积 6.37 千公顷,增长 0.95%。

粮食总产量 64065 吨,增长 3.64%,其中稻谷 56971 吨,增长 2.58%;烤烟 1465 吨,增长 4.94%;茶叶 982 吨,增长 0.92%;花生 3341 吨,增长 1.4%;水果 32688 吨,增长 12%;蔬菜 80946 吨,增长 11%;果用瓜 4133 吨,下降 4.84%。

全县当年有林地造林面积 40 公顷,更新造林面积 257 公顷,建成生态公益林 3 万公顷;森林覆盖率 78.9%;森林蓄积量 575.9 万立方米,森林资源继续保持林木年生长量大于年消耗量的良性循环。

肉类总产量 21343 吨,增长 3.87%,其中:猪肉产量 17058 吨,增长 4.5%;猪出栏 229320 头,增长 5.2%;牛出栏 4833 头,增长 3.49%;羊出栏 13922 只,增长 8.93%。生猪存栏 116431 头,下降 6%;牛存栏 8115 头,下降 0.61%;羊存栏 6195 只,下降 1.81%。

渔业水产品产量 4855 吨,增长 16.62%。

乡镇企业营业收入 78343 万元 (不含个体企业),增长 12.31%;实交税金 3886 万元,增长 10.84%;利润总额 6113 万元,增长 24.35%。

农业机械总动力 10.19 万千瓦,与上年持平;化肥施用量(折纯)7537 吨,下降 4.66%;农田有效灌溉面积 5311.2 公顷,下降 2.03%。

【工业和建筑业】 工业完成增加值 185201 万元,增长 21%。在工业增加值中,国有工业及年销售收入 500 万元以上非国有工业增加值 112277 万元,增长 29.1%。其中国有及国有控股企业增长 22.4%,集体企业增长 16.4%,股份制企业增长 7.7%,外商及港澳台投资企业增长 49.2%,其他类型企业增长 50.9%。分轻重工业看,轻工业增长 39.2%,重工业增长 9.3%。工业用电量 82124 万千瓦时,增长 4.01%。

规模以上工业主要产品产量。水泥 584.06 万吨,增长 0.31%,其中本县 334.83 万吨,下降

1.03%。人造板21408.26立方米,增长46.47%。电池6275.46万只,增长10.47%。发电量45144.5万千瓦时,增长16.57%,其中火电21109.7万千瓦时,下降17.53%,水电24034.8万千瓦时,增长83.04%。白酒1328.82千升,增长78%。有色金属铜(铜、锌)1558吨,增长3.44%。

国有及年销售收入500万元以上非国有工业实现产品销售收入360371万元,增长17.09%;实现利税46028万元,增长28.44%,其中税金23273万元,增长27.09%;实现利润22755万元,增长29.85%。

全社会完成建筑业增加值24200万元,增长28.7%。资质以上建筑企业8个,实现总产值31301万元,增长5.8%;实现利润1692.3万元,增长10.36%;实现税金1980.7万元,增长14.04%。建筑企业房屋建筑施工面积18.79万平方米;房屋竣工面积8.06万平方米。

【固定资产投资】 全社会完成固定资产投资111927万元,增长67.4%。其中城镇完成投资108347万元,比增74.04%;农村完成投资3580万元,下降22.34%。在城镇投资中,国有企业投资40084万元,增长10.2%;房地产企业投资8600万元,增长352.63%;城镇私人建房8759万元,比增29.3%。

新增固定资产47937万元,下降13.88%。新增的主要生产能力和效益项目:改建公路140.9公里。

【交通和邮电】 交通运输和邮电通信业完成增加值13317万元,增长17.4%。2010年年末,公路通车里程1288.3公里,其中高速公路通车里程40.46公里;每百平方公里公路密度达134公里,比全市平均100.2公里高出33.8公里。全年各种运输方式完成货运周转量61245.6万吨公里,增长13%;客运周转量23179.2万人公里,增长10%。

汽车拥有量6607辆,增长21.63%。其中:载客汽车4383辆,增长21.02%,普通载货汽车2205辆,增长25%。

电话交换机总容量73632门,固定电话用户41239户,下降0.6%;其中市话23752户,增长4.3%,农话17487户,下降6.6%。移动电话用户131000户,增长21.3%。每百户拥有固定电话56.8部,移动电话180.5部;互联网用户19188户,增长20%,每百户拥有互联网26.4条。

【国内贸易】 社会消费品零售总额186848.9万元,增长15.56%,其中县以上零售额102766.9万元,增长19.92%;县以下零售额84082万元,增长10.64%。从分行业看:批发零售贸易业174228.8万元,增长15.57%;住宿和餐饮业零售额12620.1万元,增长15.42%。

批发零售业实现商品销售额454235.3万元,增长70.22%,其中批发额312034.4万元,增长175.78%。限额以上商品销售额283448.3万元,增长154.86%,其中批发额280278.4万元,增长209.51%。

【对外经济和旅游业】 外贸出口总额1273万美元,增长57.9%。实际利用外资761万美元,增长121.87%。“三资”企业27家,从业人员1192人;主营业务收入18454万元;实现营业税金及附加161万元,利润总额654万元。

旅游住宿设施接待国内外游客22.85万人,其中国内游客22.65万人。旅游总收入17819万元(不含旅游创汇收入),增长38.86%。

【金融和保险】 金融机构各项人民币存款余额495507.7万元,增长21.06%,其中城乡居民储蓄存款余额328540.4万元,增长15.97%。金融机构各项人民币贷款余额191750.6万元,增长12.09%,其中:短期贷款88274.44万元,下降16.7%;中长期贷款105741.39万元,增长53.5%。

财产、人寿保险费收入6828万元,按同口径计算比上年增长12.97%。其中财产保险费收入1792万元,增长29.54%;人寿保险费收入5036万元,增长8.05%。支付险赔金额1865万元,增长10.75%,其中财产保险支付赔款金额677万元,下降6.36%;寿险给付及赔付金额1188万元,增长23.62%。

【科技、教育、文化、卫生、体育】 国有企业、事业、机关单位有专业技术人员3502人,其中具有中级以上职称人数2184人。获得市级科技进步奖4项,县级科技进步奖12项,其中二等奖3项,三等奖9项。

普通中学16间,在校学生13511人,下降4.33%;职业中学1间,在校学生1133人,下降4.47%;小学16间,在校学生人数10567人,下降7.17%。适龄儿童入学率100%;小学生升学率100%;初中学生升学率98.5%。考入大专以上的人数1453人,比上年增加103人,其中本科716人,比上年增加141人。

黄桂清图书馆藏书12.6万册,法刚博物馆馆藏物品736件。组织送戏下乡170场,送电影下乡1164场,送书下乡3600册,受教育人数52万人次。全县有300瓦立体声调频广播电台1座,有线电视用户3万户,城乡入户率78.6%,电视覆盖率98%。

各种卫生机构83个,床位474张,平均每万人拥有病床20.63张。卫生专业技术人员有713人,其中执业医师233人、助理执业医师93人、注册护士235人、其他152人。平均每万人拥有卫生技术人员31.04人。

各类体育场、馆609个,其中标准运动场4个,小运动场42个,各类球场、馆563个;召开各大中型运动会6场,参加人数2300人。在市级以上各种运动会中获得6块奖牌,其中2块金牌、3块银牌、1块铜牌。

【环境和人民生活】 环境监测站1个,设立县级以上自然保护区3个,面积11252公顷,当年投入环境污染治理资金6052万元,废气处理率100%,废水排放达标率98.8%。

城镇居民人均可支配收入10454元,增长10%。据农村住户调查统计显示:农村居民人均纯收入7008元,增长25.34%,居民家庭恩格尔系数45.19%,下降0.31个百分点。在岗职工工资总额35678.9万元,增长10.8%,在岗职工年人均工资21774元,增长10.58%。

参加基本养老保险的职工人数21876人,增长14.8%;参加基本医疗保险职工人数21195人,增长10%;参加失业保险职工人数15177人,增长10%;参加城镇居民基本医疗保险25933人,与去年同期持平。征收社保基金15773.2万元,增长36.49%。

各类型社会福利院9间,床位375张,收养人数183人。全县得到各级政府救济17705人次;发放救济金额901.72万元。享受低保救济的困难群众7693人,发放金额632.98万元,其中城镇778人,农村6915人。103户310人的特困职工家庭列入政府最低生活保障。保障体系日趋完善,全县农村居民由政府出资参加基本医疗保险;农村社会养老保险机制深入民心,农民参保人数达到25831人,增长137.59%。

【乡镇概况】

蕉城镇　位于蕉岭县境中部,是县城所在地、省定中心镇,是全县经济、文化、信息、交通的中心。全镇辖区总面积达57.68平方公里,其中城区面积20平方公里,耕地面积716.6公顷,山林面积2918.3公顷,下辖4个社区居委会和11个村委会,191个村民小组。桃源东路、205国道及天汕高速公路贯穿南北,互联互通。2010年年末,全镇总户数27813户,总人口72791人,其中农业户数6547户22337人。2010年,全镇工农业总产值达4.96亿元,其中,工业总产值3.23亿元,年均增长10.6%;农业总产值1.73亿元,年均增长6.8%,农民人均收入7168元,年平均增长23%。

长潭镇　位于蕉岭县城西部,石窟河西岸,东接蕉城,西邻平远泗水,南接三圳,北连广福,总面积91.59平方公里,其中山地面积10.3万亩,耕地面积1.5万亩,下辖新泉、白马、高陂、麻坑、长潭、长东、百美、神岗、上村、堑垣、浒竹11个村委会及1个社区会共167个村民小组,至2010年年底,辖区总户数4995户,总人口中18186人,其中非农人口647人。

长潭镇地处旅游区、国家4A级景区,境内有台湾度假村、闽粤赣释迦文化中心、一线天、高台庵、澳洲山庄、省级自然保护区桫椤树群、禾雀花、百竹园、母子树、情侣树等多个自然人文景点。境内西线公路贯穿南北,塔牌新桥、长潭大桥连接东西,形成了四通八达的交通运输网络。矿产资源丰富,主要有锰铁矿、高镁土、钨、铀、铅、锌黏土等矿藏;水力资源丰富,长潭水库库容1.69亿立方米,建有省属长潭电站,县属艾坝电站,镇办及民办小水电站一批。

2010,长潭镇实现经济稳步增长,全镇工农业总产值实现22861.95万元,比增8.5%;人均纯收入7087元,比增25%。村级集体经济总收入39.53万元。

三圳镇　位于蕉岭县中南部,东接205国道和蕉华管理区,西与平远县交界,南与新铺镇接壤,北与蕉城镇相邻,距蕉城10公里,石窟河贯穿而过。全镇面积96平方公里,耕地983公顷,山林5066公顷,森林覆盖率69.9%,辖9个村和1个社区居委会,144个村民小组。是蕉岭县现代农业示范镇、梅州市农业结构调整先进镇、梅州市蔬菜种植专业镇,也是省无公害蔬菜生产基地。镇属主要企业福头电站(装机360千瓦)、占50%股份的南丰电站(装机160千瓦)。2010年,全镇农村社会总产值3.81亿元,比增6%;工农业总产值2.8亿元,比增4%,农村年人均纯收入7053元,比增25%。

新铺镇　位于蕉岭县最南端,石窟河沿岸,毗邻梅县、平远县,是省级中心小城镇建设示范点、省级建材专业镇。全镇总面积184.9平方公里,其中林业用地21.3万亩,森林覆盖率达78%。下辖尖坑、长江、狮山、同福、矮车、油坑、潘田、福岭、矮岭、镇郊、象岭、金沙、下南、南山、北方、徐溪、高乾、东陂、黄坑、黄沙、三坑等21个村委会及1个社区居委会,户籍总人口42326人。该镇交通便利,天汕高速公路、205国道呈南北走向穿越辖区,石灰石、锰铁矿泥、石英沙、黏土、水力、电力等资源储量丰富,是著名的华侨之乡、文化之乡、水泥之乡、茶果之乡。2010年,全镇工农业总产值3.84亿元,其中农业总产值2.85亿元,比增25.6%,工业总产值0.98亿元,比增19.5%;农民年人均收入约6892元,比增20%;镇级机动财力99万元;村级集体经济收入约280万元。2010年该镇被评为“蕉岭县2010年度殡葬管理工作先进单位”、“蕉岭县2010年度人口与计划生育目标管理责任制考核优秀达标单位”、“蕉岭县2010年度普法工作先进单位”、“蕉岭县2010年度维护稳定及社会治安综合治理先进单位”。该镇于2010年顺利通过广东省教育强镇、梅州市文化先进镇和梅州市生态镇的验收。

广福镇　位于蕉岭县北部,地处闽粤两省交界,距县城24公里,是广东省首批中心镇之一,205国道和长深高速公路贯穿全境。全镇总面积107.3平方公里,其中耕地面积676.6公顷,山林面积9666.7公顷,森林覆盖率达78.8%。辖区有10个村委会(124个村民小组)和1个社区居委会。2010年年末全镇总户数4475户，总人口14570人，其中非农业人口1014人。2010年，全镇生产总值2.77亿元，比增12.1%。其中农业总产值1.13亿元，比增15.7%；工业总产值1.3亿元，比增8.3%；第三产业总产值3424万元，比增23.4%；农民人均纯收入5708元，比增6%。

文福镇　位于蕉岭县城以北12公里，是近代抗日志士、爱国诗人、教育家——丘逢甲的故乡。辖乌土、红星、鹤湖、白湖、长隆、坑头、暗石、逢甲8个村委会(142个村民小组)和1个居委会。全镇总面积122平方公里，总人口19119人，农业人口16978人。文福镇自然资源丰富，有石灰石、锰、铅、锌、铁、稀土等丰富的矿产资源，是蕉岭县工业重镇，是省、市建材专业镇，是省技术创新镇。

2010年度，文福镇以十七届四中、五中全会精神和市委、县委全会精神为动力，深入贯彻落实科学发展观，抢抓新机遇，谋划新举措，实现新突破。2010年全镇工农业总产值预计达4.2亿元，比增9%，镇级机动财力达205万元，比增2%，农村人均收入预计达5237元，比增4.5%。

蓝坊镇　位于蕉岭县东部，距县城6公里，总面积134.6平方公里，其中耕地面积776公顷，山地面积10319公顷；辖11个村委会和1个居委，2010年年末总人口17556人。境内矿产资源丰富，有煤、钨、稀土、铁、铅、锌、花岗岩、耐火石等；风景优美，有"文峰插汉"、"会仙洞"、"龙潭飞瀑"等自然景观。2010年，该镇紧紧围绕县委、县政府的各项决策部署，锐意创新抓工作，集思广益谋发展，全镇新农村建设取得重大突破，富民产业逐步发展壮大，农村环境得到显著改观，农民收入持续增长，社会大局和谐稳定，各项事业齐头并进，有力地推动了全镇经济持续健康发展和社会事业的全面进步。

2010年，该镇成功创建"省教育强镇"、"市文化先进镇"；获得"市人口与计划生育工作先进单位"、"市集体林权制度改革工作先进单位"、"市平安家庭创建活动先进示范镇"、"县人口与计划生育工作先进单位"、"县集体林权制度改革工作先进单位"、"县第五个五年普法教育工作先进单位"、"县武装工作先进单位""县征兵工作先进单位"等荣誉称号。该镇坚持以发展为第一要务，扎实推进产业结构调整，促进经济增长方式转变。按照"立足资源、突出特色、规模发展、培植产业"的原则，着力发展毛竹、名贵树木、酒业、水果、生态休闲游等绿色产业。2010年，全镇经济总收入达11684万元，比增6.2%，农业经济总收入达11300万元，比增6.5%，农民人均纯收入突破6657元，比增25%。

南礤镇　位于蕉岭县东北部，北部与福建省的武平、上杭两县毗邻，东面与梅县的松源、隆文两镇相连，总面积173.9平方公里，其中耕地面积859公顷，山林面积14325公顷。辖16个村民委员会，至2010年年底，全镇总人口19271人，其中农业人口18223人，总户数5659户。境内山清水秀，森林和水力资源丰富，是蕉岭县木材和毛竹的主要产区之一，森林覆盖率达85%。2010年，南礤镇认真贯彻落实科学发展观，按照"发展、富民、保平安"的工作要求，解放思想，拓宽发展经济的路子，全年实现工农业总产值18535.8万元，同比增长8%，其中，农业总产值16432.8万元，同比增长6%；镇级机动财力40万元；农民人均纯收入4870元，同比增加4%。

2010年，该镇被评为梅州市生态镇、梅州市2010年度无政策外多孩出生镇、蕉岭县创建广东省"教育强县"工作表扬单位、蕉岭县2010年度打击制售假冒卷烟工作二等奖、2010年度蕉岭县农村合作医疗工作先进单位。

（林　威）

附：2010年蕉岭县五套班子成员名单

县委书记：周章新

副　　书　　记:林健雄　张利民
常　　　　　委:周章新　林健雄　张利民　张新忠　戴军生　盘连欣　蓝伟东(女)
　　　　　　　卢尧生　钟光灵　巫敏和　林卫东　李　风　黄钧震(7月挂职到期)
县人大常委会主任:周章新
副　　主　　任:郭定国(常务)　谢富生　李应祥　张国喜　罗兴梅　黄清桐　刘昌永
县　　　　　长:林健雄
副　　县　　长:盘连欣　陈森权　邓国良　江立志　钟梅芬(女)　马志元
　　　　　　　黄钧震(7月任职)　周龙翔(1月挂职期满)　刘玉涛(1月挂职)
县政协主席:宁全兴
副　　主　　席:朱玉君(女)　钟生文　汤胜生(3月离任)　饶森健　廖　平　江运洪
　　　　　　　吴　忠　彭　刚
县纪委书记:卢尧生
副　　书　　记:罗威华　李晋洪

大埔县

【历史、地理、人文】 大埔县秦汉时属揭阳县地,建置于东晋义熙九年(公元413年),名义招县,属义安郡。隋大业三年(607年)改义招为万川县,唐武德四年(621年)废万川并入海阳县,属潮州。历宋、元及明前期,仍属海阳县光德乡。明成化十三年(1477年)立饶平县,大埔县地域属饶平。明嘉靖五年(1526年),从饶平划出重新成立县治,定名为大埔县,属潮州府。民国3年(1914年)隶潮循道,民国二十五年(1936年)属广东第六行政督察专员公署。1949年中华人民共和国成立后,先后属兴梅专署、粤东行政公署、汕头专署。1965年隶属梅县行署,1983年属梅县地区,1988年属梅州市。1961年春,县治由茶阳迁至湖寮五虎山麓。

大埔县位于广东省东北部、韩江中上游,东北紧靠福建省平和县、永定县,东南连接潮州市饶平县,西依梅县,南邻丰顺县。全县总面积2467平方公里。辖14个镇和1个丰溪林场,镇、场下设254个村委会(居委会)。2010年年末全县总人口54.09万人。

大埔物产丰饶、人文资源丰富,有“华侨之乡、文化之乡、陶瓷之乡、名茶之乡”的称誉,是广东首个中央苏区县。境内可供开发的水力资源70万千瓦,是全国100个农村电气化试点县之一;瓷土储量3.5亿吨,有700多年制作陶瓷的历史,是全国四大瓷都之一。

全县山地众多,大部分山地海拔500米以上,“高山云雾出名茶”,茶叶以清香甘滑醇驰名,多次获国家级金奖银奖。境内有著名的“八一”起义军三河坝战役烈士纪念园、全国最早的孙中山纪念堂、新加坡开国总理李光耀祖居中翰第、中国民族工业之父张弼士故居光禄第、首届感动香港十大人物田家炳祖居拱辰楼、中国共产党早期的革命活动家罗明故居兰瑞传芳、茶阳父子进士石牌坊、清代“一腹三翰林”(杨缵绪、杨黼时、杨演时)故居通义大夫第、中国首任驻日公使何如璋故居人境庐、明朝兵部尚书翁万达墓、客家民居大东土楼花萼楼和湖寮石楼泰安楼、粤东名胜万福寺,以及粤东旅游避暑胜地丰溪省级自然保护区和国家AA景区西岩茶乡度假村等。

【发展概况】 2010年,全县完成地区生产总值44.62亿元,比上年增长15.1%,其中第一产业增加值11.87亿元、第二产业增加值17.31亿元、第三产业增加值15.44亿元,分别增长7.2%、27.4%和

7.5%,人均GDP1.15万元,是全市平均水平的79.8%,不到全省人均水平的三成;财政一般预算收入3.04亿元,增长23.6%,连续7年20%以上的增速;全社会固定资产投资22.64亿元,增长47.3%;全社会消费品零售总额27.4亿元,增长15.6%;外贸出口总额8533.8万美元,其中一般贸易出口8442.7万美元,分别增长9.1%和8.5%;至年底,全县金融机构各项存款余额58.8亿元,贷款余额18.2亿元,分别比年初增长21.3%和33.1%;成立大埔县源丰小额贷款公司。

【工业经济持续提升】 2010年全县工业总产值32.7亿元,增长45.2%。其中,规模以上工业总产值21.16亿元,比增52.7%,规模以上工业企业有64家。陶瓷产业发展加快,全年陶瓷销售收入10.98亿元,税收4928.6万元,分别比增17.9%和5.1%,大埔县被中国陶瓷工业协会评为"中国青花瓷之乡"。电力产业持续发展,电力工业税收7046.4万元,比增53.2%,全县水电装机容量有33.5万千瓦,220千伏土岭输变电工程投入使用,较好地解决丰水期电力输送瓶颈问题。大埔被确立为"广东省可持续发展实验区"。

【招商引资有效推进】 制定招商引资优惠政策和考核办法,强化责任落实,创新招商方式,拓宽招商渠道,实施乡贤"回归创业工程",2010年,专门成立3支专业招商队,分赴珠三角、海西经济区等地开展招商。全年引进招商项目36个,投资总额10.1亿元,其中落户广梅产业转移园项目5个,计划投资总额7.45亿元,累计落户广梅产业转移园项目有6个,计划投资总额7.75亿元。

【现代农业加快发展】 发展壮大蜜柚、茶叶、烤烟、生猪、南药、油茶等特色农业基地,发展有机农业、绿色农业、精致农业,加快推进农业产业化,培育农业名优品牌,农业农村经济稳步提升。2010年,全县蜜柚、茶叶等农业主导产业种植面积增加2.04万亩,被认定为省级农业龙头企业1家、市级3家、县级12家,成立农民专业合作经济组织36家,西岩茶叶集团有限公司、顺兴种养股份有限公司进入"全省现代农业企业100强"。推进社会主义新农村建设,改善农业农村生产生活条件,2010年西河镇被评为全国新农村建设示范镇。全年全县农业总产值19亿元,比增13.8%,农村居民人均年纯收入5986元,比增22.1%。

【旅游产业稳步发展】 坚持保护开发并重,加大宣传力度,编制三河镇、茶阳镇和李光耀、田家炳祖居旅游开发规划,推进坪山梯田乡村游、高陂陶瓷工业旅游等项目建设,举办西岩茶香旅游节,促进旅游业快速健康发展。全年接待游客64.2万人次,旅游经济总收入3.4亿元,分别比增33%和35.1%。2010年,大埔县获中国特色旅游休闲度假胜地、中国乡村旅游示范县等称号,三河坝旅游区、丰溪森林度假区、富大陶瓷厂分别获省红色旅游示范基地、省森林生态旅游示范基地、省工业旅游示范基地称号。

【宜居城乡建设亮点纷呈】 加强交通、市政、电力等基础设施建设,加快宜居城乡建设步伐。一抓交通公路建设。抓好县道沙土路4条段30.44公里的改造、省道和县道4条段47公里的路面大修、农村公路93条段157.5公里的硬底化建设,初步完成282公里绿道建设,改造危桥15座,梅龙高速公路大埔段建设顺利推进。二抓宜居城乡建设。主动适应生态发展区的功能定位,基本完成集体林权制度主体改革,抓好林分改造和水源涵养林建设,生态优势巩固提升。加强环境治理力度,环境质量保持良好,全面完成节能减排任务。完成县城岭下新区、下坜新区、璜腾坑新农村示范区等的规划,新建梅河公园等一批市政工程,开展城镇乱搭乱建的整治,提升城区净化、绿化、亮化、美化水平。三抓城乡电网建设。全面完成110千伏三河变电站35千伏配套出线工程和湖寮、高陂110千伏变电站、大麻35千伏变电站改造任务,电力输送平稳安全。四抓堤围除险加固。加快韩江、梅江、汀江沿岸重点堤围除险加固工程建设,迪麻堤等7堤8段堤围除险加固基本完成,茶阳城区防洪堤等5条堤围全面动工。同时,抓好两批共21宗病险水库的除险加固,至年底,已完成10宗,另外11宗建设进展顺利。

【文化事业繁荣发展】 编辑出版《大埔县非物质文化遗产普查资料汇编》,做好父子进士牌坊、张弼士故居申报国家级文物保护单位和花环龙、仔狮灯申报国家级非物质文化遗产保护名录跟进工作,完善李光耀、田家炳、张弼士、罗明等四位名人展室布展工程,开展文化大戏"百村行"演出活动。百侯镇被国家住建部和国家文物局授予"中国历史文化名镇"称号,县地方志办公室被中国地方志指导小组授予"全国方志系统先进集体"称号。坚持教育优先发展,制定出台《大埔县优秀校长、优秀教师评选奖励办法(试行)》、《大埔县中小学校长特殊津贴发放方案》、《大埔县农村小学校长教师特殊津贴发放方案》等三个激励措施文件,推进教育强县、强镇的创建工作,新增大麻、茶阳两个教育强镇,11月动工建设县城实验小学。

【民生问题不断改善】 全年全县财政用于民生领域的支出7.4亿元,占一般预算支出10.6亿元的69.8%。以大埔县列入国家和省第二批新型农村社会养老保险试点县为契机,扩大新农保覆盖面,全县参保人数6.3万人。困难企业退休人员的基本医疗保险等得到解决,实现低保应保尽保,全县月人均养老金和失业保险金分别提高到867元和589元。全年共培训农村劳动力5516人,新增农村劳动力转移就业17568人。推进农村饮水安全工程建设,解决农村群众、学校师生的饮水安全问题。做好廉租房、经济适用房、保障性住房建设,解决城镇低收入群体住房问题。抓好县、镇、村三级综治信访维稳中心平台建设,加强矛盾纠纷排查调处。开展严打整治行动,社会治安持续良好。推进安全生产"一岗双责"制度,安全生产形势稳定。开展创建全国计划生育优质服务县活动,连续六年被省政府评为人口和计划生育工作先进单位。坚持抓好国土资源管理,县国土资源局被国土资源部授予"全国国土资源信访工作先进集体"称号。

【扶贫"双到"工作成效明显】 把扶贫开发"双到"(规划到户、责任到人)与"双转移"(产业转移、劳动力转移)、新农村建设和统筹城乡基层党建工作有机结合起来,加强组织领导,实施产业扶贫、智力扶贫、农村安居、基础建设、固本强基、社会保障等"六大工程",扶贫开发"双到"工作取得阶段性成果,得到省、市考评组"优秀"等次的评价。全年各级帮扶单位投入资金1.81亿元,其中到户资金0.26亿元,到村资金1.55亿元;102个贫困村中有72个村集体经济有稳定收入(其中22个村3万元以上),3282户贫困户人均年纯收入2500元以上,占贫困户6968户的47%;其他非贫困村的贫困户有2470户,全县244个村共有贫困户9438户。贫困村村容村貌有所改善,贫困户就业、医疗、住房、饮水、上学等问题得到逐步解决。

【广东首个中国书法公园剪彩】 5月28日,大埔县举行西岭中国书法公园落成剪彩典礼暨广东文艺家采风创作基地合作签约仪式和当代中国书法名家作品展开展仪式。在剪彩典礼上,省文联党组书记、专职副主席白洁和县长谢志云进行广东文艺家采风创作基地合作签约。随后在县博物馆举行当代中国书法名家作品展开展仪式,书法展览展出的作品,是从全国范围内征集国家和省(市、自治区)书法家协会主席团成员以上的当代中国书法名家作品200多幅中的110幅。西岭中国书法公园位于山环水抱的县城西北部,是广东省首个中国书法公园,规划面积2475亩,已建成首期工程,总面积1000多亩、总投资1500多万元。内容包括东门的历代名家经典作品、名家名帖部分和南门的当代名家部分。整个公园将进一步的完善、丰富和提升。中国书法公园的建成进一步改善了县城宜居宜业环境,提升了山城的品位。

【获“中国特色旅游休闲度假胜地”称号】 11月14日,在海南三亚举行的第二届全球旅游度假论坛上,拥有优美自然生态、深厚客家文化旅游资源的大埔县获“中国特色旅游休闲度假胜地”称号,县政府县长谢志云获“推动旅游品牌建设贡献奖”。

【百侯镇成为梅州首个中国历史文化名镇】 12月13日,第五批“中国历史文化名镇”授牌仪式在北京举行,大埔县百侯镇名列其中,成为梅州市首个获此称号的乡镇。百侯镇位于粤东北大埔县中东部,距县城11公里。百侯镇历史悠久,人文积淀厚重,古今名人辈出,特色民居众多,民间文化发展突出,有“文化之乡、华侨之乡、干部之乡”之称誉。百侯的古老街道、民居保存完整,传统文化比较集中,较完整地反映大埔县在明清和中国革命各个时期的历史风貌、地方特色、民族风格,具有较高的历史、文化、艺术和科学价值。

【乡镇概况】

湖寮镇 全镇总面积208.79平方公里,2010年年末全镇总人口91449人。全镇全年农村经济总收入4.2亿元,比增10.2%;农村人均年纯收入5976元,比增10%;完成财税收入3232.3万元,比增15%。新种植红肉蜜柚1380亩,新种植油茶100亩,种植烤烟400亩,出栏生猪3万头。铺筑水泥硬底化自然村道11.3公里,新建农田灌溉陂头7座、“三面光”圳道3.1公里。湖寮镇获“中国粤菜旅游美食之乡”称号,成功创建广东省生态示范镇。

百侯镇 全镇总面积94.2平方公里,2010年年末全镇总人口30553人。全镇全年农村经济总收入3.2亿元;比增10%;农村人均年纯收入5484元,比增11.3%;完成国税收入94.15万元、地税收入105.56万元。全镇粮食作物种植面积2.39万亩,早晚稻总产量8008吨,种植烤烟1200亩、蔬菜8411亩、花生2537亩、香蕉766亩、蜜柚5986亩,出栏生猪1.26万头。投入600万元,完成自然村道水泥硬底化建设21公里。百侯镇成为梅州市首个“中国历史文化名镇”。

枫朗镇 全镇总面积175.23平方公里,2010年年末全镇总人口49374人。全镇全年农村经济总收入4.68亿元,比增11.2%;农村人均年纯收入5281元,比增10.8%;完成国税收入348万元、地税收入219.7万元。新种植茶叶2000亩,茶叶总面积3.6万亩;种植油茶2000亩;新种植蜜柚2000亩,蜜柚总面积7300亩,产值300万元;种植青梅3100亩,产值130万元;发展桑田500亩,养蚕25批,产值300万元;种植烤烟600亩,产值180万元。投入250万元,完成6.3公里的农村道路水泥硬底化建设。

大东镇 全镇总面积99.29平方公里,2010年年末全镇总人口20443人。全镇全年农村经济总收入2.38亿元,比增6.6%;农村人均年纯收入4988元,比增6.5%;镇级财政一般预算收入73.5万元,村级集体经济总收入109万元。全镇种植水稻8565亩、板栗280亩、红肉蜜柚1800亩、白肉蜜柚360亩,出栏生猪2240头。引进海南袁粮水稻产业有限公司杂交水稻新产品和“云油杂2号”

油菜花在坪山千亩田种植，使梯田形成一年四季景色各异。铺筑21条水泥硬底化村道。

高陂镇　全镇总面积308.91平方公里，2010年年末全镇总人口84962人。全镇全年农村经济总收入7.28亿元，比增9%；农村人均年纯收入5238元，比增8%；完成国税收入1459.22万元、地税收入445.98万元。立足陶瓷镇的实际，鼓励、引导、帮助陶瓷企业做强做大，全镇全年陶瓷总产值3.5亿元。投入400万元，完成五家畲、红星、古野、稼社、岩霞、坪溪、代富等村的村道水泥硬底化建设；投入100万元，完成高陂镇文体广场建设；投入130万元，完成中山公园二期工程建设；投入120万元，完成河唇街、陂华路、万川路改造。

光德镇　全镇总面积131.07平方公里，2010年年末全镇总人口32314人。全镇全年农村经济总收入5.4亿元，比增10.4%；工农业总产值4.8亿元，比增11.5%；农村人均年纯收入5319元，比增10.6%；村级集体经济总收入145万元。全镇全年陶瓷总产值4.5亿元，税收入库2138万元。全镇早晚稻种植面积1.31万亩，粮食总产量4750吨；开发现代农业庄园两个，种植柚果等优质经济作物500亩。完成16条8公里长的自然村道水泥硬底化改造工程，修建桥梁两座。

桃源镇　全镇总面积76.98平方公里，2010年年末全镇总人口16265人。全镇全年农村经济总收入3.58亿元，比增11.8%；农村人均年纯收入5528元，比增6.9%；镇级财政一般预算收入181万元，村级集体经济总收入32万元；完成国地两税收入1162万元，其中国税入库987万元、地税入库175万元。全镇全年陶瓷总产值2.82亿元，税收1050万元。全镇粮食作物种植面积0.88万亩，总产量2974吨，种植油茶350亩。投入230万元，完成上墩村至丰顺县官溪公路水泥硬底化建设；投入90万元，开通新东下田1.2公里村道。

大麻镇　全镇总面积232.82平方公里，2010年年末全镇总人口39760人。全镇全年农村经济总收入3.75亿元，比增8.9%；农村人均年纯收入5313元，比增9%；完成国税收入101万元、地税收入191.6万元。全镇种植蜜柚7814亩、红柿1012亩、马蹄笋850亩、茶叶2442亩，总产量9万吨，产值2700万元。投入780万元，铺筑公路33公里；投入40万元，扩建敬老院。投入300万元改善中小学教学环境和教育设施，成功创建广东省教育强镇。

三河镇　全镇总面积150.23平方公里，2010年年末全镇总人口20414人。全镇全年农村经济总收入2.01亿元，比增7%；农村人均年纯收入5147元，比增7.5%；镇级财政一般预算收入105.2万元，完成国税收入562.3万元、地税收入216万元。全镇粮食作物种植面积1.46万亩，总产量4729吨，种植蜜柚1.5万亩、烤烟200亩、西瓜150亩，收购烟叶400担，水产养殖205亩。投入200万元，完成村道水泥硬底化建设8公里，安装路灯80盏。大力发展观光旅游业，在三江六岸省道沿线的路灯杆上挂设108幅洁净乡村宣传标语，做好《三河镇古城旅游发展概念性规划》，举办“魅力三河”摄影大赛，三河镇被评为广东省红色旅游示范基地。

洲瑞镇　全镇总面积83.98平方公里，2010年年末全镇总人口17468人。全镇全年农村经济总收入1.97亿元，比增11%；农村人均年纯收入5282元，比增10.9%；完成国税收入420.58万元、地税收入146.5万元。全镇粮食作物种植面积1.34万亩，总产量4954吨，其中水稻种植面积1.05万亩，总产量4240吨；种植高山茶800亩，种植香樟2500亩。铺筑华光村至大坑石门岭长2.5公里和下营光南村至田背柱圆凹长1公里水泥路。

银江镇　全镇总面积209.82平方公里，2010年年末全镇总人口25789人。全镇全年农村经济总收入1.72亿元，比增11.2%；农村人均年纯收入5065元，比增11.1%；完成国税收入153.37万元、地税收入128.85万元。全镇黄花菜干产10万公斤，产值630万元，单项人均增收245元。引导梅州市新绿农业有限公司在李子坪农业生产示范基地种植油茶1000亩，辐射带动邻近村群众种植油茶350亩。完成镇村道路水泥硬底化建设6.8公里。

茶阳镇　全镇总面积288.81平方公里,2010年年末全镇总人口56336人。全镇全年农村经济总收入5.41亿元,比增11%;农村人均年纯收入5212元,比增7.5%;完成财税收入1144.88万元,其中国税收入528.02万元、地税收入600.52万元、生猪税收16.34万元。全镇种植优质水稻3.92万亩,总产量1.89万吨,种植高产杂交玉米3625.7亩,新种植蜜柚3212亩,新种植茶叶613亩,种植烤烟5100亩,出栏生猪4.2万头。投入300万元,完成8个行政村18公里的自然村道建设。筹资1000万元完善教育教学设施,成功创建广东省教育强镇。

西河镇　全镇总面积210.1平方公里,2010年年末全镇总人口33968人。全镇全年农村经济总收入3.77亿元,比增10.7%;农村人均年纯收入5248元,比增9%;完成国税收入87.7万元、地税收入214.4万元。全镇新种植茶叶3000亩、蜜柚1500亩、油茶1500亩、南药150亩,种植烤烟5400亩、西瓜3000亩、甜玉米3500亩,饲养生猪4.4万头,其中存栏生猪2.1万头、出栏生猪2.3万头。投入200万元,完成横溪礤头至飞天马2.6公里旅游公路建设;投入80万元,完成4条13.2公里村道水泥硬底化改造;投入100万元,完善弼士公园广场建设。西河镇被人民网、中国品牌建设与管理协会、中国城市发展促进会评为“中国新农村建设示范镇”。

青溪镇　全镇总面积166.06平方公里,2010年年末全镇总人口20182人。全镇全年农村经济总收入3.19亿元,农村人均年纯收入5034元,完成国税收入25.5万元、地税收入59万元。全镇种植优质水稻1.11万亩,总产量5339吨;种植优质烤烟4800亩,总产量65万公斤;种植以蜜柚、沙田柚为主的优质水果3130亩,总产量6100吨;出栏生猪35万头,出栏山地羊10万头,饲养山地鸡20万只,渔业总产量527吨。投入500万元,完成12条19公里的村道水泥硬底化建设。

丰溪林场　全场总面积30.71平方公里,2010年年末全场总人口1692人。全场全年农村经济总收入1177.39万元,比增6%;农村人均年纯收入4936元,比增5%。抓好生态建设,强化林业生态保护。投入10万元,修铲长56公里,宽10~15米的防火林带,实现51年无山火。打造绿色生态旅游示范基地品牌,在场部规划区和实验区范围内建立综合性的森林资源保护和科学利用研究中心,动工兴建第一期工程“科学研发综合楼和专家接待楼”,建设用地面积2.27万平方米。

(肖继海)

附:2010年大埔县五套班子成员名单

县委书记:丘小宏
副书记:谢志云　曾昭明
常委:丘小宏　谢志云　曾昭明　黄建庭　李礼醒　罗时亮　张　帆　黄国良　李瑞金　郭　敏　刘坤明　赖畅群(任至11月)　温启龙(11月任职)　郑尚森(挂任至6月)
县人大常委会主任:丘小宏
副主任:邓加光　黄秋梅(女)　黄荣昌　谢坎光　谢以美　张昭锋(3月任职)
县长:谢志云
副县长:黄建庭(1月任职)　郭　敏　廖金鑫　吴启鸿　邓立新(女)　罗伟纯　郑尚森(6月任职)　张旭军(3月挂任)

县政协主席:何道城
副　主　席:郑德明　郑天生　罗奕欢　张友群(女)　刘小平　黄从发(3月任职)
县纪委书记:罗时亮
副　书　记:李俊喜　刘奕坚

丰顺县

【历史、地理、人文】 丰顺县建置于清乾隆三年(公元1738年),归潮州府管辖。民国时先后属广东省第五、第八行政督察专员公署。中华人民共和国成立后,先后属兴梅专区、粤东行署、汕头专区。1965年属梅县地区,1988年属梅州市。置县时县治设于丰良镇,1950年县治改设于汤坑镇。

丰顺县位于广东省东部,梅州市南端,属南亚热带季风气候区,辖16个镇和1个国有农场。全县总面积2710.22平方公里。2010年年末户籍人口是692242人。旅外华侨、华人和港、澳、台同胞40多万人,是著名的华侨之乡。梅汕高速公路穿境而过,并在县城设立两个出入口,广梅汕铁路横贯县内中部,县通镇公路全部实现了水泥硬底化,国道206,省道228、224、334线贯穿而过。

丰顺县旅游资源丰富。有众多的温泉、瀑布、奇峰异石、文物古迹,有千江温泉、龙鲸河漂流、龙归飞瀑、揭岭飞泉、铜鼓峰高山旅游区、黄花村乡村游、八乡山、韩山生态旅游区及太平寺、济公殿、西岩寺、丰顺公园、坚真公园等景点景区。有省内独特的畲族风情及客家民俗埔寨“烧火龙”。保留着水乳交融的潮客文化、历史悠久的宗教文化和红色激扬的老区文化。

丰顺山清水秀,人杰地灵。有晚清洋务运动领袖丁日昌,民族英雄徐名鸿,华夏女杰李坚真,数学大师李国平,旅台书法家陈其铨,客家学专家冯秀珍,作曲家巫天特,国民革命军吴逸志中将、陈勉吾少将等,中国人民解放军将军胡军、黄锦容、林才文,爱国侨领丁家骏、何侨生、郑明如、陈修试、罗锦碟、徐廷侨等,国内实业家有地产大王朱拉伊、朱孟依、朱庆伊兄弟,中南五省糖王冯小华、李国辉,自行车大王谭伟龙等。

【发展概况】 2010年,丰顺县认真贯彻落实科学发展观,以绿色的经济崛起为主题,加快转变经济发展方式,全面推进“调结构、扩内需、惠民生”各项工作,经济社会发展明显“提档进位”,实现了“十一五”规划的完美收官。全县完成生产总值58.7亿元,比2009年同期(下同)增长15.4%,其中一、二、三产业增加值分别为14.75亿元、28.56亿元和15.38亿元,分别比增7.1%、24.9%、7.2%;县级财政一般预算收入2.53亿元,比增21.5%;国税各税收入2.2亿元,比增16.4%;地税各税收入2.88亿元,比增21.82%;全社会固定资产投资完成19.3亿元,比增37.3%;社会消费品零售总额23.38亿元,比增18.1%;金融机构人民币各项存款余额55.63亿元,比年初增长12.9%;全县在岗职工人均工资20294元,比增15%;农民人均纯收入5892元,比增8%。

【农业】 2010年,认真落实强农惠农政策,加快特色农业基地建设,扶持温氏、新南方、马山、泰源等10多家农业龙头企业做强做特,油茶、茶叶、青榄等十大特色农业产业基地建设进一步加强。至年底,全县共种植甜玉米1.26万亩、油茶3.8万亩,高山优质茶1.09万亩,积极争取到中央、省一连三年每年1500万元资金支持,实施了丰顺县韩江上游油茶、茶叶产业带项目。全县农业总产值25.25亿元,比增6.1%。

种植业　2010年,全县粮食作物种植面积36.36万亩,比上年增长0.9%;粮食总产量121935吨,比上年减少1.5%。主要经济作物产量中:花生总产量4858吨,比上年增长8.0%;烟叶总产量632吨,增长8.0%;木薯总产量43615吨,减少8.0%;蔬菜总产量182956吨,增长20.0%;水果总产量63795吨,增长20.0%;茶叶总产量1931吨,增长20.0%。

林业　大力推进林业生态县建设,加强生态公益林、经济林建设和保护,森林资源保持林木总生为量大于消耗量的良性循环,加大森林防火工作力度。韩江流域水土涵养林、交通干道、城镇周围的生态公益林及县城主要街道绿化得到加强和完善,全县林业生产持续发展。2010年全年造林面积2.25万亩。

畜牧业、渔业　全年肉类总产量46920吨,比上年增长2.0%。其中猪肉产量18235吨,增长3.0%;禽肉产量27441吨,增长1.3%。水产品总产量8640吨,比上年减少3.5%。

农业机械化　全年农业机械总动力13.3万千瓦,比上年增长3.1%;农村用电量7862万千瓦时,增长11.8%。年末农田有效灌溉面积17.45万亩,增长0.6%。全年农用化肥施用量(折纯)18432吨,比上年增长0.1%。

农田水利建设　2010年,列入省城乡水利防灾减灾工程建设里程31.52公里,总投资1.27亿元,涉汤坑、汤西、汤南三镇辖段,按50年一遇洪水防洪标准设计实施达标建设,已完成总计划工作量的87.6%;列入梅州市韩江、梅江沿岸重点堤围除险加固建设范围有36.73公里(其中干流潭江堤1.1公里、留隍镇辖段19.81公里、支流黄金河15.82公里),总投资3.05亿元,涉潭江、留隍、黄金三镇辖段,按20年一遇洪水防洪标准设计实施除险加固,已完成总计划工作量的90.5%;列入省病险小型水库除险加固计划共36宗,其中小(一)型6宗,小(二)型30宗,总投资4854万元,已完成总计划工作量的66.3%;农村饮水安全工程66宗,2008年和2009年度12宗农村饮水工程验收已提交市级验收,2010年全面完成了12宗农村饮水安全工程;列入省农村机电排灌议案实施计划项目共8宗,总装机容量1425千瓦。2010年,抓好116宗冬修水利建设和修复57宗水毁堤围、塘库、陂圳等,新增渠道防渗142.7公里,加高加固堤防15公里,疏通河道336.8公里,加固水库14座,建村镇供水工程19处,新增灌溉能力1500亩。新增旱涝保收面积3890亩,新增灌溉面积1170亩,改善灌溉面积28870亩,改造中低产田6480亩,新增节水灌溉面积1680亩,年新增节水能力2.5万立方米,治理水土流失面积14.2平方公里,社会效益显著。

扶贫开发　认真贯彻省委、省政府和市委、市政府的决策部署,不断加强组织领导,积极创新帮扶思路,积极搭建"集体经济发展、农户创业融资、长者养老保障、学子教育资助、特困安居保障、医疗卫生求助、产业扶贫开发、致富领航孵化"等八大平台,推进扶贫开发"双到"纵深发展。至2010年年底,全县共筹措扶贫资金2.71亿元,其中县级财政投入1560万元,共落实帮扶项目345个,共有33个贫困村、3984户、16732人,达到省定脱贫标准以上,分别占全县省定贫困村、贫困户、贫困人口的33.7%、40%、42.1%。

【工业·建筑业】 全年完成工业增加值166973万元,比上年增长21.8%,其中规模以上工业完成116272万元,增长30.8%。全年实现工业总产值627781万元,比上年增长26.7%,其中规模以上工业完成439281万元,增长33.0%。主要工业产品中:发电量全年完成80800万千瓦小时,比上年增长183.8%;电声喇叭完成70750万个,增长15.8%;家具完成666万件,增长15.6%;钢材(含钢锭)完成142515吨,增长23.5%;日用陶瓷完成1410万件,增长2.8%。规模以上工业企业完成出口交货值162537万元,比上年增长47.2%。完成建筑业增加值118700万元,比上年增长14.3%。建筑业总产值 420920 万元，比上年增长 14.3%。

【招商引资·民营经济】 坚持主动出击招商，大力宣传市、县招商引资的优良环境、优惠政策、优质服务。成立了由县委副书记挂帅的招商工作队，瞄准珠三角和外出乡贤企事业家，突出以商引商，以情招商，大力实施"乡贤回归工程"动员丰顺籍企业家把外地企业迁回家乡或回乡设立企事业总部和工区总部。2010 年共洽谈意向进入畲江工业园的项目 4 个，总投资额达 13.07 亿元；引进企业总部 12 家，创税 3800 万元。培英、泰昌、旺兴达已将在外地生产线搬回丰顺，可增加年产值 2 亿多元，创税 1500 多万元。全县民营工业总产值 55.88 亿元，比增 20.6%。其中，电声产业产值 21.53 亿元，比增 12.31%；木具产业产值 42.6 亿元，比增 29.98%。重点项目建设按计划有序推进。投资 1.2 亿元的昌盛轧钢厂即将投产；投资 1.2 亿元的广东塔牌高强度预应力混凝土管桩项目已动工建设；重点采矿企业八乡山铁矿安全有序开采，宝丰公司正全力做好上市工作，潘田尖笔岽探矿顺利推进。

【基础设施建设】 交通公路方面：全年完成交通固定资产投资 1.64 亿元，圆满完成 2010 年交通基础设施建设目标任务。省道 224 线潘田至东联段公路改造工程、丰顺县城改线段工程，留隍大桥至大埔古野公路改造工程，天狮碑至打银河段公路改造工程，潭江大桥等重点项目建设进展顺利。国道 206 线石桥头至九斗一级公路改建工程、国道 206 线与省道 224 线连接线新建工程、国道 206 线至韩山森林公园新建工程、省道 334 线留隍圩镇环城路新建工程等各项工作进展顺利。水利方面：县城区防洪工程、韩江沿岸重点堤围除险加固工程建设顺利推进。东留大堤、葛布大堤工程项目得到乡贤捐资 6600 万元，已开工建设。投入资金 145 万元，完成八乡水库大坝坝前坡的加固；投入 400 多万元，将木头凹水电站由原装机 1000 千瓦扩容至 2630 千瓦，恢复原有二台机组的生产，两台扩容新机组已完成安装一台。市政方面：扩大了县城规划区范围，面积由 37 平方公里增加到 146 平方公里；新建或改造了滨湖路、狮山路、东山路、河东路、园林街、中兴一路、市政大道南段、火车站广场等工程；投入 1000 多万元改造老汤湖；坚真公园、万佛园系列工程相继完成；对多条路段进行路灯维修安装改造，完善配套设施，县城环境进一步美化、净化、亮化。电网方面：投入资金 1.68 亿元，完成 110 千伏汤留 II 回送电线路工程、110 千伏埔寨输变电工程，110 千伏大龙华输变电工程、110 千伏竹园(八乡)输变电工程等重点工程按时建成投入运行，完成一大批配网改造工程，丰顺电网构架进一步优化。全县移动电话用户 15 万户，互联网、数据通信、3G 网络覆盖全县。

【固定资产投资】 全年完成固定资产投资总额 192969 万元，比上年增长 29.8%，其中城镇投资 117236 万元，增长 47.6%；农村投资 75733 万元，增长 24.8%。在城乡固定资产投资中(不含房地产开发投资)，全年施工项目 129 个，其中城镇 76 个，农村 53 个；投产项目 82 个，其中城镇 43 个，农村 39 个。全年新增的主要生产能力有：改建公路 269 公里；新建独立公路桥梁 1 座、85 米，新建公路 5.4 公里，新建客运站 1 个、4500 平方米；热扎钢材 96 万吨/年；水力发电 5.12 万千瓦。

【商业·物价】 继续整顿和规范市场经济秩序，集中整治重点市场和重点商品，遏制偷税骗税、逃汇骗汇等违法犯罪活动。全县市场繁荣，商品充裕，销售稳定比增，居民消费能力进一步提升。县物价工作按照省、市物价局的工作部署，积极运用价格杠杆作用，加强价格调控，全面整顿和规范价格收费秩序，加大价格监督检查力度，强化价格服务，积极解决群众关注的热点价格收费问题，切实加强干部队伍建设，不断推进物价工作，为全县经济发展和社会稳定作出了积极贡献。

【财税·金融·保险】 努力增加财政收入。坚持依法治税,依率计征,切实加大税收征管和清欠工作力度,做到应收尽收;依法严厉打击偷税、骗税、逃税、抗税等违法行为,防止财源税源流失;加强对行政事业性收费收入、经营服务性收入、罚没收入、资产收益监管,拓宽收入来源。努力保障支出。按照中央和省、市提出公用支出“零增长”的要求,大幅削减车辆、会议、接待、学习考察和慰问等支出。在“保稳定、保运转”的基础上,抓好资金调度,重点保障工资、“三农”、教育、社会保障、医疗卫生、生态环境、公共安全等领域投入。全年县级财政新增支出1.6亿多元。年末全县各项贷款余额286952万元,比年初增长14.9%;各项存款余额702717万元,比年初增长12.1%。其中城乡居民储蓄存款余额556308万元,增长15.5%。全年保费收入6851万元,比上年增长14.6%。其中人寿险保费收入5318万元,比上年增长12.4%;财产险保费收入1533万元,比上年增长22.9%;全年保险赔款支出2258万元,比上年增长77.2%。其中人寿险赔款支出1452万元,比上年增长222.7%,财产险赔款支出806万元,比上年减少2.2%。

【外贸·侨务】 2010年,全年外贸出口总额25873万美元,比上年增长21.6%。其中异地出口6978万美元,比上年增长7.9%,一般贸易出口18895万美元,比上年增长27.6%。全年三资企业总产值113800万元,增长19.8%。全年实际利用外资72万美元,比上年减少71.5%。2010年,全年接待华侨华人和港澳台同胞638人次。其中接待团体15个,共办理出国出境11批24人次,接受华侨、港澳台同胞为家乡兴办公益事业16宗,共捐资人民币1399.2万元。

【旅游开发】 紧紧抓住梅州打造丰(顺)五(华)兴(宁)温泉度假养生线、建设“梅潮山海文化生态旅游圈”的契机,全年大手笔投入资金近2亿元,扎实推进韩山森林公园、八乡山生态旅游等景区景点建设,全力推进千江温泉大酒店、金日温泉度假村、龙鲸河漂流等改造升级,扎实推进宝丰温泉酒店、韩江麓湖温泉度假村等重点旅游项目建设。邓屋温泉区被省旅游局评为首批广东省温泉示范基地。成功举办第四届温泉文化旅游节。全县共接待旅客75万人次、实现旅游业收入3.3亿元,分别比增30%和32%。餐饮、旅店、交通运输、商贸、娱乐、金融等服务业加快发展。

【教育·科技】 全县有幼儿园19所,在园幼儿11119人;小学223所,招生6652人,在校学生42963人,毕业生10504人;普通中学36所,招生15304人,在校学生42273人,毕业生12619人;职业中学1所,招生2555人,在校学生3141人,毕业生160人。2010年,丰顺县高考上省线(3A线)1530人,上线率达到50.16%。教育“创强”工作有效推进,汤坑、小胜两镇顺利通过广东省教育强镇督导验收。全县高中阶段在校生人数为26936人,高中阶段教育毛入学率达85.9%,顺利通过广东省普及高中阶段教育督导验收。年末全县企业和事业单位各类专业技术人员7203人,比上年末减少7.9%。其中高级专业技术人员433人,中级专业技术人员3679人,初级专业技术人员3091人。2010年,丰顺县被省确定为“广东省新农村建设科技示范试点县”。

【文化】 年末全县有文化站16个,文化馆、博物馆和图书馆各1个;有广播电视台一座,播映内容丰富,节目多彩。全年发行各类报纸191.6万份,比上年增长7.0%,各类杂志18.1万份,比上年减少1.0%。全年出版的书刊主要有:县委办编辑的刊物《丰顺调研》,县政协编辑的刊物《丰顺文史》,县委党校编辑的刊物《丰顺学刊》,广东丰顺商会编辑的刊物《丰顺商人》,宣传部门编辑的刊物《丰顺宣传》、《丰顺乡情》、《丰顺文明》、《丰顺文苑》等。潮客文化、宗教文化和老区文化的挖掘、宣传不断深入。按照“一手抓繁荣,一手抓管理”的方针,不断健全文化市场体系,继续加大对文化市场的监管力度,开展清除非法音像制品专项行动,净化了文化市场,促进了文化事业的健康发展。不断加大广播电视事业建设力度,广播电视覆盖面不断扩大。

【卫生·体育】 卫生事业不断发展。全县年末有卫生机构471个,床位987张,卫生技术人员1837人。其中:医院4个,床位565张,卫生技术人员562人;镇级卫生院16个,床位389张,卫生技术人员659人;村卫生站413个,卫生技术人员418人;其他卫生机构38个,床位33张,卫生技术人员198人。卫生技术人员中有执业医师和执业助理医师720人,注册护士304人。农村医疗卫生保健工作全面加强。

年末全县有面积大小不等的体育活动场所1388个,比上年末增加63个。丰顺县运动员在参加市级以上竞技比赛中,有18项获得第一名、23项获得第二名、21项获得第三名。全年组织镇以上体育活动竞赛52次。全民体育健身活动广泛开展。

【人口·计生】 丰顺县辖16个镇和1个国有农场。2010年年末全县户籍人口692242人,比上年末增长6.1‰。全县人口出生率11.26‰,死亡率5.01‰,自然增长率6.26‰。计划生育工作紧紧围绕人口计划目标,层层签订人口计划目标责任书,坚决执行“一票否决”制度,推行计生依法行政工作。

【人民生活】 2010年,全年全县在岗职工工资总额60834万元,比上年增长23.6%;在岗职工年人均工资22259元,增长9.7%。农村居民年人均纯收入5892元,比上年增长26.0%。农村居民家庭食品消费支出占生活消费总支出为45.95%。新开发就业岗位3404个,新安置城镇失业人员就业3404人,下岗人员实现再就业3518人,城镇登记失业率控制在2.88%。全县征缴各项社会保险费2.42亿元,比增31.02%。将城镇年人均收入低于2500元、农村居民年人均收入低于1500元的困难家庭15900户、42400人纳入低保救助。全面提高“五保”供养标准,加大医疗救助力度,将优待金由2800元提高到3800元。农民参加农村合作医疗489749人,参保率98.12%;城镇居民基本医疗保险参保人数34379人。全县销售家电下乡各类产品22656台、4632.6万元,财政发放补贴622万元;投入资金300万元建设廉租房2幢,投入资金420万元建经济适用房4幢。坚持打击防范犯罪,大力实施“南大门平安建设工程”,社会治安形势明显好转。全年共立刑事案件322宗,比降14.8%,破194宗,比增9.1%。其中抢劫、抢夺案件分别比降45.7%和63.2%,一批影响大的社会治安案件及时破案。信访工作成效显著,连续多年实现全国和省“两会”期间、重大节日、敏感时段非正常上省进京“零上访”。实行县政府24小时值班制度,积极防控和依法妥善处置群体性、突发性事件。全年共调处各类民间纠纷2383件,调解成功2340件,成功率98.2%。加强安全生产监督管理,努力消除各类安全隐患,预防重大事故发生,全县发生各类事故42宗、死亡6人、直接经济损失65.7万元,分别下降73.9%、32.6%。

【乡镇概况】

汤坑镇 位于丰顺县东南部,靠近丰、揭交界处,上距梅州市58公里,下离汕头市85公里,广梅汕铁路、206国道和梅汕高速公路从境内通过,是梅州市与汕头两市之交通要地,素有“历史重镇”、“温泉之乡”、“电声之乡”、“华侨之乡”的美誉。属县城所在镇,是丰顺县的政治、经济、文化中心,是梅州市对外开放的一个窗口。汤坑镇是全省268个中心镇之一,被广东省科技厅确定为广东

省电声专业镇。全镇总面积233.23平方公里,辖有9个居委会、32个村委会,总人口139345人。

2010年,汤坑镇实现工农业总收入50.633亿元,比2009年增长(下同)15.7%。其中乡镇企业总收入46.9230亿元,比增16.3%;农业总收入3.71亿元。工农业总产值(现价)40.375亿元,比增17.9%;其中工业总产值37.3950亿元,比增19.4%;农业总产值2.98亿元,比增7.5%。财政收入3483万元,其中国税收入1912万元,地税收入1156万元,镇自筹415万元;村经联社和经济合作社集体经济纯收入4966万元,农村人均纯收入4735元。全镇乡镇企业有3485个,从业27580人。面对世界经济的复苏,汤坑镇民营经济保持健康快速的发展状态,镇电声及木具等龙头企业均取得良好成绩。其中,作为重点项目,祥旭公司在工业园投资2000多万元规划建设20000多平方米的梅州市丰顺家具广场,建立木具展示平台,现已投入使用营业,为丰顺木具企业树立了新形象;占地170多亩的蓝田科技园现已投入资金3000多万元进行厂房建设,机械设备正在安装调试中。2010年,全镇电声行业产值达19亿元,比增20.2%。出口企业109家,出口交货值达1千万元以上的企业有22家,出口交货总额14.1亿元,比增10%;出口创汇额2.11亿美元,比增9%,全镇外向型企业出口产品生产总值14.5亿元,占全镇工业总产值的45.2%。培英、旺兴达、泰昌、天盛、昌源、誉华、亿源、鸿润、荣鑫、新顺达等电声企业比2009年都有较大程度的业绩增长。

北斗镇 地处榕江北河上游,位于丰顺县境中西部,北邻建桥、丰良镇,南连汤西镇,西与五华县接壤,东与汤坑镇交界,距县城9公里,总面积91.8平方公里,下辖8个村委会,总人口16717人。境内四面高山环绕,韩山山脉和桐梓洋山脉东西相连,构成猴子崇一带绵亘20公里,海拔800米以上的高山。韩山、桐梓洋山溪水汇于桐栋村蛤蟆落井,形成榕江北河上源,流经镇内全境。

2010年,全年生产总值比增10.5%;财政一般收入比增8%;税收比增11%;农村居民人均纯收入比增3.5 %。北斗镇围绕农民增收,进一步加大财政支农力度,加快产业结构调整,积极发展高效优质农业,有力地促进了粮菜畜禽等产业的发展。全镇温氏养鸡户达126户,年产值上千万元,纯利润282.5万元;养猪专业户20多户,年纯利润达上百万元;香蕉种植面积达1580亩,产值达600多万元。此外,仙草、茶叶、茶油、紫胶等经济作物种植逐年增加。关注民生,纾解民困,不断完善基础设施,投入90多万元兴建的竹子坜大桥已通车,极大方便沿线群众的生产生活。新农村建设成效突显,拾荷坪坑村作为县新农村建设示范点,已经投入资金500多万元,建成新居14套,集凉亭、健身、游乐园于一体的休闲场所1个,后山花园1个,成为丰顺县观光休闲的新景点。

汤西镇 位于丰顺县城西郊,总面积196.29平方公里,西与革命老苏区八乡山镇交界,北与北斗镇、东与汤坑镇相连,南与汤南镇、埔寨镇相邻。交通便利,省道228线贯穿镇内19.8公里,梅汕高速公路穿越全镇。下辖12个村委会,总人口55789人。镇区内有南宋著名教育家、思想家朱熹题词"落汉鸣泉"并镌刻崖壁而闻名古今的丰顺八景之一"揭岭飞泉"等名胜,有著名侨乡的美称。

2010年,实现工农业总产值达7.9亿元,比增22.5%,其中工业总产值5.89亿元,比增32.06%,农业总产值2.01亿元,比增9%。镇财政收入774.57万元,其中补助收入394万元,其他收入380.57万元。农村人均收入达到4911元,比增13%。采取"公司+基地+农户"的发展方式,解决产、供、销问题,发动群众大面积种植甜玉米。全镇共种植甜玉米8500多亩,其中南礤村3000多亩,平均亩产值约2000多元。发动群众种植仙人草、沙姜等农经作物,双湖村在广州市帮扶单位支持下创办了一个150多亩香芋基地。汤西镇被广东省科技厅评为"养殖专业镇"。利用温氏家禽有限公司年产2000万只的养鸡场和年产5万头的养猪场落户汤西镇的有利契机,运用"公司+基地+农户"的现代经营模式,鼓励群众养鸡、养猪,不断增加农民收入。全镇有养殖专业户755户,水产养殖面积6000多亩,是梅州市最大的禽畜水产养殖基地。同时,与华南农业大学合作研发"无公害畜禽产品生产标准化”项目,最终形成无公害生猪生产和无公害优质黄羽肉鸡生产两大系列的标准化产品,促进农村经济发展。该项目取得了省科技厅的支持立项。

汤南镇　地处县城南端,毗邻揭东县,是梅州的“南大门”。206 国道、224 省道贯穿其中,全镇总面积 50 多平方公里,总人口 46875 人,下辖 8 个村委会、1 个居委会。榕江北河贯穿其中,广梅汕铁路、汕梅高速公路、国道 206 线和省道 224 线穿境而过,交通便利,气候宜人,民风淳朴,人杰地灵。

汤南镇以“崇商重企”的理念,认真落实各项优惠政策,营造宽松的外部环境,吸引客商,利用外资,增强企业活力,促进镇经济又好又快发展。2010 年,全镇实现社会生产总值 7.02 亿元, 比 2009 年(下同)增长 8.2 %,其中农业总产值 25440 万元,比增 6 %;工业总产值 39671 万元,比增 18%; 第三产业收入达到 4977 万元, 比增 50%; 镇级财政收入实现 1384 万元, 农村人均收入 4051.1 元。积极改善农业生产条件,大力调整农业产业结构,大力推广良种良法力度,促进“三高”农业发展。在隆烟村种植 300 多亩香蕉基地,商品率达 95%。在长坑村办 50 亩连片杂交稻“天优 998”丰产示范点,平均亩产 465 公斤。2010 年,全镇种植粮食 2 万多亩,与上年持平;荔枝投产 650 亩,总产量 502 吨,年产值 100 万元;龙眼投产 1800 亩,总产量 900 吨,年产值 200 万元;甜玉米 800 亩,年产值 120 万元;蔬菜 6550 亩,总产量 14082 吨,年产值 5240 万元;发展温氏养鸡专业户 30 多家,出栏肉鸡 80 多万只;养猪专业户 10 多户,出栏 1 万多头,比增 30%;扶持隆烟村月兔养殖,全年共出栏 4000 多只。

埔寨镇　位于丰顺县最南端,东南连揭东,西邻揭西,地处“两市三县”交界处,是中国民间艺术之乡,“埔寨火龙”是第一批国家级非物质文化遗产,“埔寨纸花”是广东省第三批省级非物质文化遗产。全镇总面积 97.7 平方公里,总人口 43840 人,辖 9 个行政村、1 个居委会。埔寨是环境优美的生态绿洲,境内林地广阔,山清水秀,是丰顺重要的休闲旅游胜地,有坎头山的抗日纪念碑,有佛教圣地飞龙岩,有道教青龙岩、崇和善堂、景云寺,有四百多年的雀舌罗汉松等。

2010 年,全镇财政收入 573.27 元;其中:国税收入 234.27 万元,完成 130%;地税收入 339 万元,完成 130% 。上级补助收入 354.30 万元;专项资金收入 158.12 万元;事业收入 130.14 万元;其他收入 133.72 万元;全镇财政总收入 1349.55 万元。埔寨镇坚持以经济建设为中心,认真完善和处理好工业园的征地遗留问题,大力贯彻落实“工业梅州”和县城经济建设的重大战略,借助县二期工业园的辐射作用,进一步加大招商引资力度,进入工业园区生产的共有宝丰球团矿等 4 家,其余厂房正在建设中。同时,广东塔牌高强度预应力混凝土管桩项目落户于埔寨镇,该项目征地需征地 150 亩,工作复杂,难度大。为确保征地工作的稳定、顺利推进,镇党委、政府高度重视,迅速成立了征地工作领导小组,多次召开征地工作会议及被征地村民代表大会,同时成立了四个征地工作小组,落实责任,深入群众,攻坚克难,已征旱地 28 亩,鱼塘 10 亩,水田 8 亩,已发放征地款 100 多万元。

八乡山镇　位于丰顺县西南边陲,地处丰顺、五华、揭西三县交界的莲花山脉中段,平均海拔 600 多米,总面积 193.62 平方公里,其中山地面积 23.8 万多亩。八乡山镇属亚热带季风气候,四季分明、气候温和、雨量充沛,具有得天独厚的气候优势和山地优势。镇内森林、水力、矿产资源丰富。全镇总人口 20338 人,下辖 15 个村委会和 1 个居委会,是“二战”时期著名的革命老区。

2010 年全镇实现工农业总产值 6143.93 万元,比增 9.2%,其中工业总产值 2193.09 万元,比增 8.1%;农业总产值 3968.16 万元比,比增 10.3%。农民人均纯收入 4303.2 元,比增 5.6%。充分发挥得天独厚的气候条件和种植绿茶的传统,在扩大种植面积、提高产量的基础上,进一步引导农民、企业改进加工技术,拓宽销售渠道,增加收入,今年成功引进丰联公司投资兴建茶叶加工厂,为八乡绿茶增加附加值,提高品质奠定了良好的基础。利用种植高山优质红薯的优势,以市级专业镇建设为动力,因势利导,进一步扩大高山优质红薯种植、生产规模,调优品种,提高效益。

丰良镇 位于丰顺县中西部,东连潘田镇,南接北斗镇,西邻建桥,北靠梅县,被省政府定为第一批中心镇,是新中国成立前老县城所在地。距县城汤坑镇31公里,距广梅汕高速径义出口20公里。全镇总面积249.61平方公里,辖22个村委会和1个社区居委会,81个自然村,全镇人口63136人。丰良素有"丰溪春涨"、"古榕夕照"、"龙山秋月"、"古寺溪桃"、"韩岽笼云"、"银瓶霁雪"等名胜美景,还有省、县文物保护区普济桥、文塔(斜塔)、吴逸志将军故居、吴六奇铁印总兵少师弟、保福寺、保福堂和石桅杆遗址、基督教堂。同时,拥有丰富的温泉和高岭土资源,温泉水日流量1500吨,可采量5000吨以上,水温高达92.5°C,高岭土蕴藏量在8000万吨以上。

2010年,全镇完成农村社会生产总值3.5亿元,比年增7%;农业生产总值2.1亿元,比增8%;工业总产值7725万元,比增6%;财政预算收入530万元(其中国地两税任务100万元),基本实现财政收支平衡。丰良是农业大镇,有耕地面积2.7万亩,山地面积32万亩,大力发展现代农业是富镇富民的必由之路,重点抓好"四大基地"建设。一是油茶基地。①丰田油茶基地。该基地位于丰田、璜溪两村,是县农业重点发展项目,并被市国土资源局确定为低坡山地综合开发示范点。首期规划2800亩,已投入150多万元完成山地征收、基地道路和开带,已种植600亩油茶。②双溪油茶基地,该基地属低坡地开发点,开发2000多亩,已完成500多亩,总投资达2000多万元。二是烤烟基地。丰良镇被县金叶有限公司确定为烤烟种植基地。通过近几年的努力,已在成东、莘桥、丰田、仙龙、仙洞、新洞等六个村发展面积为1500亩烤烟种植基地。建设烤烟基地不仅有效地带动了镇、村和农民经济收入,而且对当地农田基本建设、水利设施等极为有利。三是花卉基地。该项目集特色农业、绿色农业、旅游农业为一体,总投资8000万元,前期投资3000万元,采取"公司+农户+股份"的形式进行开发,建成后能解决当地富余劳动力300多人,并可带动二、三产业的发展。四是仙草基地。仙草种植是丰良镇调整农业结构的重点项目。丰良镇充分发挥山地多的优势,规划了2000亩的种植面积,已在仙龙、仙洞、丰京、下山等村发展面积1000多亩。

建桥镇 位于县西北部,离县城37公里,东接丰良镇,西与兴宁、五华县相邻,南连北斗镇,北与梅县径义镇接壤,206国道贯穿全镇,总面积94.1平方公里。周围群山环抱,南部有海拔897米的鸡公髻岽,东部有韩山高巅,海拔1047米;发源于兴宁市境内的建桥溪,由西向东,在丰良莘陂与大椹溪汇合流入丰良河。建桥属南亚热带季风气候,一年常绿,四季分明,气候温和,雨量充沛、阳光充足,无霜期长。镇内森林、水力、矿产资源丰富。全镇总人口28870人,辖10个行政村。

2010年,全镇农村经济总收入13860万元,比增9.6%;工农业总产值实现6534万元,比增7.3%;镇财政机动财力收入实现55万元,比增4.5%;农村人均年收入实现4311元,比增9%。建桥镇坚持以人为本,民生为重的理念,扎实推进民生工程建设,群众生活质量显著提高,农村面貌明显改善。一是扶贫工作扎实推进。认真细致做好老区、农村贫困户危房和贫困户调查登记,评估公示、信息录入、到户拍照及建档立卡工作,全面启动和实施扶贫开发"规划到户、责任到人"工作,确保帮扶规划具体到户,帮扶责任落实到人,做到定单位、定人、定点、定责,推动扶贫开发工作不断取得实效,主动与各帮扶单位沟通,把扶贫开发从单纯的扶贫,上升到惠民、富民。676户被帮扶的贫困户中今年完成221户基本实现稳定脱贫,占33%。二是深入推进林改工作。严格按照省、市、县林改规范操作要求,规范操作,先易后难,稳步推进改革,及时解决好改革中出现的问题,化解矛盾,加强督促检查,切实把集体林权制度改革工作落到实处,全镇共外业勘界勾图10.4万亩,完成林地所有权9.7万亩,占林地总面积93.3%;完成林地使用权、林木所有权、林木使用权8.5万亩,占林地总面积 81.7%;完成股权证 4.3 万亩,充分调动了农民护林、爱林的积极性,林业发展活力进一步显现。三是开展第六次全国人口普查,掌握建桥人口情况。以科学观发展为指导,以提高数据质量为核心,以舆论宣传为先导,创新工作思路,夯实目标责任,促进工作落实,把事关经济社会发展,事关人民生活改善,事关国家和民族未来的这项民生工程做好、做实,保质保量地完成了全镇人口普查工作。四是扎实抓好人口和计划生育工作,稳定低生育水平。切实加强对人口计生工作的领导,强化镇村干部层动态管理责任制落实,狠抓创“双无”活动措施的落实,加强季度和年度考评、考核。强化流动人口管理、计生信息化管理及例会档案建设,做好人口发展和生育规划,做好计生优惠政策和各项奖励金的落实,稳定低生育水平。五是落实和完善贫困家庭生活保障制度,扎实有效落实优抚、双拥工作,基本实现动态下的低保应保和“五保”供养;全年享受低保户数 612 户,发放低保金 110 多万元,医疗救助金 4.5 万元,优抚金 48.1 万元。六是农村合作医疗基本实现全覆盖,城镇居民基本医疗保险覆盖面也不断扩大,基本实现城乡居民有病能医治、重病有医保。2010 年全年农村合作医疗报销金额达 273.2 万元,医疗救助 21 人共 2.24 万元。完成 2011 年度新型农村合作医疗参保率达 86%;完成县下达城镇居民加入医疗保险任务的 186%。七是种粮直补、能繁母猪、生态公益林、家电下乡等补偿补贴款按政策全部发放到位,全年累计种粮直补、农资、种子补贴达 75.2 万元,生态公益林补偿款 25.7 万元,家电下乡摩托车汽车下乡补贴 28.4 万元。农户房屋保险由政府统一购买,使人民群众得到实实在在的实惠;八是全面全落实农村社会养老保险制度,全年农村参加社会养老保险 508,并积极做好贫困户年满 60 周岁共 325 人的申请参保工作。九是落实九年制义务教育阶段“二免一补”和贫困生补贴工作。

龙岗镇　位于县域北部山区,东邻黄金镇、大龙华镇,西南连接丰良镇,北与梅县接壤,与梅州市区相距 62 公里,距县城汤坑 38 公里,是全省著名革命老区之一,全镇总面积 111.88 平方公里,总人口 19945 人,辖 11 个行政村。周围四面高山环抱,群峰连绵,蜿蜒围绕,地势西北高、东南低,山脉由东北向西南走向,最高的北山嶂海拔 1051 米。主要河流为丰良河,从丰良双溪村入境,流经本镇 10 公里,落差较大,水力资源丰富。主要资源有森林、毛竹、水力、矿产等。龙岗镇马图村是著名的革命老区,革命战争时期,朱德、邓发、陈华、古大存、李坚真等革命前辈曾在马图村开展革命活动,他们原驻地马图“见龙居”现被丰顺县列为文物保护单位和爱国主义教育基地。

2010 年,全镇实现社会总产值 9735 万元,比增 5%,工业总产值 4266 万元,比增 10%,人均纯收入 4266 元,比增 8%。切实抓好特色经济,致力推动绿色经济发展。一是发挥茶叶专业镇作用,借助马图茶叶品牌优势,引进乡贤老板,带动茶农发展和壮大茶叶种植生产规模,使得茶叶生产基地化、规模化、专业化、现代化。全年新发展茶园面积达 5000 亩;同时,加强与华南农业大学、省农业科学院茶叶研究所等科研单位的合作,支持广东龙岗马图绿茶股份有限公司研发和有机茶认证工作,延长产品生产链,提高产品附加值。公司全年实现茶叶销售总额达 600 万元,参股茶农户均增收 12000 元以上。二是着力打造以茶叶、油茶和水电为主的绿色产业三大板块,形成了以马图、坪丰为主要生产基地的茶叶板块,以坪丰、江坑、松梅、上林、梅桥和松江为主要生产基地的油茶产业板块,以及龙岗河和马图村的水电产业板块;同时,认真抓好铅锌矿开发改造升级,尾矿库加固,做到安全生产,环保达标,全力构建好绿色产业格局,发展好绿色经济,为农民增收服务。

潘田镇　位于县境中部,与县城相距 28 公里,东邻留隍镇,西接丰良镇,南壤汤坑镇,北连黄金镇。镇周围四面环山,中间成高山小平原,整个地势由中间向四面倾斜,属丘陵地带,平均海拔 426 米,南北两溪及吉畲溪流经镇域,注入韩江。主要资源有森林、水力、矿产(以瓷土、高岭土、铅锌矿、铜矿、锡矿为主),矿源分布广、品位高,有较好的开发前景。全镇总面积 146.04 平方公里,辖

13个村委会、1个居委会,总人口37388人。

2010年,社会生产总值2.8632亿元,比增8.2%,其中工业总产值实现8723万元,比增6.8%,农业总产值实现9488万元,比增5.5%;农民人均纯收入4642元,比增10%,顺利完成各类财税任务。全镇粮食作物种植面积27517亩,总产量达10006.8吨;烟叶1557亩,总产量218吨,产值350多万元;甜玉米900亩,总产量274.5吨,产值52多万元;生猪出栏17221头,产值2067万元;开发油茶种植基地3200亩。在扶持潘田酒厂、丰顺艺精礼品厂等企业做大做强的同时,以情招商,积极引导社会能人参与招商,以商招商,引进电声零件加工厂、服装厂等一批来料加工型企业,为群众提供了大量的就业机会,有效地消化了镇域范围内的富余劳动力,使经济发展进入了快车道。

大龙华镇 地处粤东最高峰铜鼓嶂下,位于丰顺县东北部,离县城53公里,离梅城50公里,是著名的革命老区,革命前辈朱德、李坚真、古大存、刘永生、李井泉等曾在此战斗生活过。全镇总面积250平方公里,总人口21228人,辖16个村委会。

境内山清水秀,空气清新,旅游资源丰富,有粤东第一漂龙鲸河漂流,有天然植物博物馆泰崇生态园,有丰顺县八景之一的千年古刹"净水寺",有丰顺县革命委员会旧址叶华"宝田庐"等,是节假日休闲的好地方。龙鲸河漂流景区客流量不断攀升,年接待游客2万多人,年总收入200多万元;加大资金投入,大力完善龙鲸河漂流景区"食、住、行、游"等旅游服务体系建设,提升工作人员服务水平,做强做大景区,力争实现景区"换挡提速"上AAAA级,景区相关配套设施宾馆、接待场所等已开始筹备规划建设,景区道路正在规划建设中;建筑、运输、餐饮等第三产业在龙鲸河漂流旅游的带动下得到较大的发展。全年实现社会总产值1.36亿元,比2009年(下同)增长10.2%,其中:农业总产值5974万元,比增5.1%;工业总产值3860万元,比增11.5%;第三产业总产值3766万元,比增15.6%;农村人均年收入4424元,比增10.8%;居民储蓄总额8800万元。

黄金镇 位于丰顺县东北部,东与留隍镇交界,西邻龙岗、丰良镇,南连潘田镇,北接小胜、大龙华镇,居于丰顺北部中心位置,全镇有24个行政村、1个中心社区,总人口36165人,总面积154平方公里。黄金镇素有"砍不尽黄金竹"之称,竹林地达10万亩,遍布在风景如画的黄金产溪两旁,镇还是革命老前辈李坚真大姐的故乡,是重点革命老区。黄金镇民风淳朴、人民勤劳,依托丰富的资源和悠久的历史文化,经济和社会各项事业取得了瞩目的成就。一是水电开发,发展镇级经济。镇水力资源丰富,全镇有1万多千瓦水力资源,大部分开发完毕,水力资源的开发有力地推动了镇级经济的发展;二是专业镇建设,打造特色产业。黄金镇充分利用区位、资源等优势,实施"竹具强镇、科技兴镇"发展思路,努力进行竹具专业镇建设,并已被梅州市评为竹制品专业镇,竹制品产业的发展加快了镇经济发展,有效转移镇农村剩余劳动力,促使农民群众增收致富;三是探索生态旅游,增强发展后劲。黄金镇不仅有风景如画的竹林、山水相交的小溪流水等生态资源,有革命前辈李坚真大姐的旧居,有远近闻名的黄金姜糖、黄金娘酒、黄金竹子鸡等大量特产美味,还有畅销多国的黄金传统手工竹具艺品等,镇将依托这些资源探索一条围绕生态旅游产业的可持续发展之路。

留隍镇 位于韩江中下游,地处丰顺县东北部,东南毗邻潮汕、揭阳,县内与汤坑、潘田、黄金、小胜和潭江等5个镇接壤,省道S334线贯穿境内,交通便利,是革命老区,是梅州、潮州、揭阳三市交界处且是潮客文化交融的地区。2002年留隍被省政府定为中心镇。2004年10月原东留镇、茶背镇并入留隍镇。合并后全镇总面积428.23平方公里,下辖36个行政村、1个居委会,总人口97188人。

留隍镇依托人文、资源和传统产业"三大"优势,大力实施县委、县政府提出的"绿色的经济崛起"战略,在稳定粮食生产的基础上,继续扩大青榄、枇杷等优质水果的种植面积;出台各项优惠措施,加大招商引资力度,扶持民营企业发展;眼睛向外,打好外出乡贤"牌",抓好各项民心工程建设,尤其是着力抓好交通、能源等基础设施建设,有力地促进了镇经济和社会各项事业的全面发展。2010年,全镇农村社会总产值4.6326亿元,工业总产值2.1359亿元,乡镇企业总收入2.7839亿元,农村人均收入4156.9元,完成国、地税收入474万元。2010年3月经市环保局验收,留隍镇被评为"2009年梅州市生态镇";此外,22个行政村被梅州市评为"生态村"。

潭江镇 地处丰顺县东北部,韩江中游,东邻饶平县新塘镇,西接本县砂田镇和小胜镇,南与潮安县凤凰镇相连,北与大埔县洲瑞镇、高陂镇和桃源镇接壤。县道072线和县道027线纵横贯穿全镇,广东第三大河——韩江,自北向南穿过全镇,把镇区分为东西两岸。距梅州市68公里,距县城74公里,水陆交通十分方便。镇域面积271平方公里,下辖18个村委会、1个居委会,总人口29192人,其中凤坪村600多人中畲族有300多人,是梅州市唯一的少数民族(畲族)聚居地,也是有名的革命老区。

2010年,潭江镇实现社会总产值为2.79亿元,其中工农业总产值为1.978亿元,人均纯收入达4507.9元,分别比增8%、9%和11%;国地税收入为965万元,比增73.8%。经济运行方面,尤其是特色农业和陶瓷行业,潭江镇克服不利因素影响,大力发展特色经济。一是以省扶贫开发"双到"为契机,大力发展高山优质茶种植,2010年春因受霜冻侵袭,春茶影响较大,镇及时采取措施,把灾害损失降到最低限度,并对茶叶进行深加工以提升质量价格,确保减产不减收。2010年全镇有茶园1.5万亩(其中新种植3000亩),共产茶21万公斤,总产值达1696万元,茶农人均收入达1185元。二是充分发挥陶瓷协会的作用,以陶瓷企业转制为契机,加快现有陶瓷企业技术改造,引导陶瓷企业重组,整合资源,不断吸引外资外商兴办实业,早日筹建"潭江陶瓷工业园",促使陶瓷业不断向规模化、园区化方向发展,切实把陶瓷业做强做大,振兴"红陶专业镇"。

砂田镇 位于丰顺县东北部,距县城汤坑86公里。东邻潭江镇、大埔县洲瑞镇,西接大龙华镇,南连小胜镇,北与大埔银江镇、梅县西洋镇接壤。总面积146.25平方公里,辖16个行政村和1个居委会,总人口18497人。境内四面群山环抱,西北面莲花山脉主峰——铜鼓嶂,海拔1559.5米,属粤东第一峰;中间盆地,盆地中间主要河流砂田溪,自北向南流经砂田圩镇,再流入潭江镇三洲溪,汇入韩江。镇内森林、水力、高岭土、矿产(稀土、花岗岩为主)资源丰富,大部分尚未开发利用,有较好开发前景。

2010年,全镇社会生产总值达到1.9亿元,农村人均纯收入4325元,分别比增10%和9%;财政总收入1320万元。砂田镇依托丰富的资源和悠久的历史文化,经济和社会各项事业取得了瞩目的成就。一是大力调整农业结构,发展特色农业。镇党委镇府坚持把推进农业结构调整作为农业增效农民增收的重要途径,大力引导发展高山油茶、高山花卉等有市场前景,群众有种植经验的经济作物,不断提高名、优、稀、特作物的比重,大力发展订单农业,重点建设点上1000亩油茶基地、铜鼓峰1000亩高山花卉和万亩毛竹及速生丰产林基地,同时按"公司+基地+农户"的形式积极推进农业产业化经营,不断提高农业比较效益。二是充分发挥资源优势,发展民营企业。镇充分发挥陶瓷、水力资源优势,把发展民营经济作为壮大镇域经济,拉动农村经济增长的重要措施来抓,不断改善投资软硬环境,加大招商引资力度。重点发展以青花瓷工业为重点的民营企业。三是依托丰富的旅游资源,发展旅游产业。砂田镇具有丰富的旅游资源,有"粤东屋脊"之称的粤东第一高峰——铜鼓嶂、有远近闻名的教授村和"广东省乡村旅游特色村"——黄花村、有历史悠久的客家典型建筑方型楼——四角楼等。镇党委政府在科学规划本地旅游项目的基础上,逐步完善旅游设施,大力挖掘本地的旅游资源,发展特色旅游,每年接待游客达6万多人次,拉动旅游经济收入200多万元。

小胜镇 位于丰顺县东北部,韩江中游西岸,东临潭江,西毗大龙华,南连黄金,北接砂田;镇区经砂田到梅州64公里,经大龙华、丰良至汤坑县城68公里,水路顺流过留隍达潮州60公里。总面积73.5公里,下辖11个村委会,总人口15249人。镇内主要资源有水力、森林、竹木、瓷土和花岗岩石等。

2010年,全镇农村经济总收入5300万元,比增7.4%;农业收入1255.2万元,比增7.6%;工业收入1492万元,比增8%;镇级财政一般收入264万元;农村人均纯收入4395元,比增10%。镇政府重视民生工程,为民众办实事,按县委、县政府的要求部署,积极搭建八大平台,推进扶贫开发"双到"纵深发展。广州市人大常委会办公厅、广州市金融办等4个单位分别对口帮扶三坑村、小胜村等4个贫困村320户贫困户。至2009年年底,共落实帮扶项目8个,落实帮扶资金175万元(其中:基础设施建设12万元,农田水利设施建设3.2万元,自来水工程40万元,农村养老保险32.2万元,农村合作医疗10.8万元,扶贫助学5.4万元,造血项目71.4万元),帮扶成效明显。全面落实低保政策,去年全镇共有508户、1980人纳入低保范围,共兑现低保资金98万元。"五保"供养对象37人(其中:集中供养14人,分散供养23人),应保尽保45人,全年共发放供养经费12.6万元。因灾造成的9户危房和倒房户,及时上报县主管部门查核,已予申请补助7.2万元进行房屋重建或维修。

埔寨农场 位于县域最南端,与揭东县龙尾镇、揭西县五经富镇交界,交通便利,气候暖和,环境独特,原是梅州地区唯一能种植橡胶的省属国有农场。全场总面积4.2平方公里,下辖两个管理区及1个场企业,总人口2480人。场企业由于橡胶老化,企业经济不景气,于2009年11月转租给广东新南方科技药业有限公司。

2010年,社会总产值1707万元,比增3%;农业总产值1584万元,比增1.5%;农村人平纯收入3948元,比增11.2%。埔寨农场在加强农业科学技术指导和病虫害的防治的基础上,坚持以稳定粮食生产和发展"三高"农业为重点,努力促进农村经济全面发展。粮食生产稳定在1800亩,总产达544吨,主要经济作物水果966亩,总产304吨,总收入120万元,其他经济作物均有不同程度的增长,水产养殖全面丰收。在农场种植的新品种,200亩"火龙果"在今年也得到好的收成,投产上市,总产60吨,总收入80万元;青蒿生产25吨,总收入25万元。

(曾　波)

附:2010年底丰顺县五套班子成员名单

县委书记:姚森隆
副书记:李明权　张　锋
常委:姚森隆　李明权　张　锋　罗潮辉　李华耀　陈德志　徐庆青　朱云辉　凌　浚　余建华　梁　维　曾昭勇
县人大常委会主任:姚森隆
副主任:谢木新(常务)　吴瑞文　巫伟化　陈兴有　徐凤娇(女)　陈美琼(女)
县长:李明权
副县长:罗潮辉(常务)　凌　浚　陈辉祥　郑奕雄　邱翠茂(女)　刘超平　黄纯忠　蔡　琳
县政协主席:陈福超

副　　主　　席:刘愉快　巫自华　林桂庵　谢仁泉　张云生　蔡运林　蔡伟娟
县纪委书记:梁　维
副　　书　　记:谢伟良　廖若旦

五华县

【历史、地理、人文】

建置沿革　五华古称长乐,北宋熙宁四年(公元1071年)置县,归广南东路循州管辖。明洪武属惠州,清雍正属嘉应州。民国3年(公元1914年)易名五华,属潮循道。1949年中华人民共和国成立,属兴梅专区,1952年属粤东行政区,1956年属汕头专区,1965年属梅县地区,1988年后属梅州市。全县辖16个镇411个村34个社区居委会。

地质、地理　五华地处粤东,全县总面积3238.9平方公里。地质较复杂,主要有侵入岩、喷出岩、砂质岩、石灰岩、花岗岩等五大类岩石构成山地、丘陵、盆地等三大地貌类型。全县山地占49.1%,丘陵占41.3%,河谷冲积平原占5.4%,盆地占4.2%。县境四周群峰叠翠,海拔千米以上山峰31座,其中最高峰为七目嶂(海拔1318米)。县内集雨面积在10平方公里以上大小河流98条,水力资源丰富,理论蕴藏量6.8万千瓦,可开发量4.79万千瓦。自然资源丰富,有金属矿物34种,非金属矿物19种,矿点97处,其中钨、钼矿达国家标准一级一类、萤石矿属世界一级品、钾长石储量和质量均居全省首位。动、植物种类繁多,有兽类20多种,禽类100多种,两栖爬行类50多种;植物1500多种,其中七目嶂一株茎高6.5米、冠幅近20多平方米桫椤,被誉为中国乃至世界目前发现最高的"桫椤王"。五华交通便利,205国道、广梅汕铁路贯穿而过,境内梅河高速公路出口两个。

气候、物候　五华地处粤东丘陵地带,北回归线横跨县境南端,属亚热带季风性湿润气候,雨水丰富,夏秋温热多雨,冬季较短,开春较早,日照时间长,光能充足,农作物生长期长,一年三熟,四季宜耕。主要气象灾害有洪涝、干旱、低温霜冻、寒露风、倒春寒等。

人文、旅游　五华地灵人杰,英才辈出。武状元李威光、球王李惠堂、革命家古大存、院士钟世镇等是其中杰出代表。素有"工匠之乡"美誉,尤以石雕技艺精巧称著。土特产繁多,国优名酒长乐烧、贡品大田柿花历为名品,远近闻名。境内文物古迹众多,有华城南越国长乐台遗址、长乐学宫、狮雄山塔、李威光故居,双华英烈庙,横陂李惠堂故居,转水荣槐楼等省级重点文物保护单位7处,县级重点文物保护单位63处。民间传统艺术丰富多彩,其中五华提线木偶被评为全国优秀非物质文化遗产,竹马舞、石雕、采茶戏被列为省级非物质文化遗产保护项目。"山、水、泥"旅游独具特色,景点有被誉为"粤东明珠、物种宝库"的省级自然保护区七目嶂和国家AAA级旅游景区益塘水库旅游区、汤湖热矿泥山庄等。

【发展概况】　2010年,全县实现生产总值70.5亿元,比上年增长15.1%,增速居全市第三,其中第一产业增加值20.84亿元、第二产业增加值16.08亿元、第三产业增加值33.57亿元,分别对比上年增长7.1%、22.8%、15.6%。完成县财政一般预算收入1.98亿元,对比上年增长31.67%,增速居全市第三;财政总收入16.27亿元,对比上年增长12.77%;财政总支出16.08亿元,对比上年增长13.0%。全社会固定资产投资22.42亿元,万元GDP能耗下降1.5%,完成市下达的万元GDP年度能耗下降指标。

【农业】 2010年,农业产业结构调整稳步推进,促进农业产业化和现代化,使传统农业逐步向现代农业转变。全县实现农业总产值34.2亿元,对比上年增长7.2%;农村居民人均纯收入5411元,对比上年增长16.4%。全县粮食种植面积82.9万亩,优质稻种植面积占水稻播种总面积的88%,粮食总产30.17万吨。现代绿色农业建设成效显著,建立2000多亩中草药(岗梅)GAP种植全国示范基地;新增市级农业龙头企业6家,农业龙头企业总数达36家,其中市级19家,县级17家;新发展农民专业合作社62家、总数达157家;组织农业企业参加市第二届农产品展销暨梅台农业合作交流会、"山洽会"和省第三届现代农业博览会。全面落实惠农政策,发放良种补贴、粮食综合直补、种粮直补、能繁母猪饲养补贴、生态公益林补助等6930万元。

种植业　调整种植业结构,增加经济作物种植面积,粮食稳定增长,全年粮食总产30.17万吨,对比上年增长2.7%,其中水稻总产27.74万吨,对比上年增长2.6%;甘蔗总产5333吨,对比上年增长7.8%;烤烟总产3274吨,对比上年增长4.3%;水果总产5.39万吨,对比上年增长8.2%;花生总产5141吨,对比上年增长5.5%;大豆总产3479吨,对比上年增长1.2%;木薯(鲜)总产2.66万吨,对比上年增长0.1%;茶叶总产703吨,对比上年增长7.8%。

林业　以创建林业生态县为目标,抓好林业生态和林业体系建设。集体林权主体改革基本完成。新种油茶3万亩,在鸿图嶂林场建立600亩国家级油茶高产栽培示范基地。完成新造林9.52万亩,义务植树180万株,改造林分1.37万亩,新种珍贵林木1万亩;引资造林2500亩,累计达到42.25万亩,营造生物防火林带53.4公里。森林覆盖率65.1%,林木蓄积量456万立方米,对比上年增长3.0%。

畜牧业　畜牧业持续发展,肉类总产5.50万吨,畜牧业产值12.76亿元,分别对比上年增长2.45%、6.58%。年末生猪存栏头数43.13万头、耕牛存栏头数3.08万头,分别比上年减少4.8%、23.0%。

水产业　渔业生产较快发展。全县淡水产总量1.45万吨,对比上年增长14.7%。

水土保持　水土保持成果进一步得到巩固和发展。全年投入治理水土流失资金26万元,累计治理水土流失面积358.1平方公里,对比上年增长0.5%。

农业生产条件　农业机械化程度稳步提高。全年农业机械总动力22.1万千瓦,对比上年增长0.7%;化肥施用量(实物量)7.17万吨,对比上年减少3.0%;农村用电量10376万千瓦时,对比上年增长13.4%。农田有效灌溉面积39.41万亩,对比上年增长17.7%。

【工业】 着力培育五大特色产业(制酒业、制药业、五金电器制造业、汽车配件业、工艺塑胶制造业)。2010年,全县工业总产值42.4亿元,对比上年增长8.9%;完成工业增加值9.98亿元,对比上年增长24.6%;其中规模以上工业企业35家,实现产值22.6亿元,实现增加值6.86亿元,分别对比上年增长48.5%、38.4%,增速均居全市第二;完成工业固定资产投资7.92亿元;工业用电量1.41亿度,对比上年增长7.9%;新增两家年产值上亿元企业,总数达8家,实现工业产值16.8亿元,对比上年增长51.2%,占全县规模以上工业产值的74.4%,其中辉胜达电器公司产值4.5亿元;长乐烧酒业、辉胜达电器公司完成股份制改造;长乐烧酒业的3000吨地下酒窖、1万吨果露酒生产线和康奇力药业的药用变性淀粉葡萄糖生产线、食品饮料生产车间已基本建成。全年主要工业产品产量:发电量2.10亿千瓦时,对比上年增长76.7%;水泥12万吨,对比上年增5.3%;饮料、酒6847吨,对比上年增长10.5%;中成药3254吨,对比上年减少38.4%。

【招商引资】 继续扩大规划面积,打造万亩工业区,高标准绿化建设进园大道,设立人力资源招聘中心,产品展示大厅和工业区规划沙盘模型建成使用,县城工业区整理闲置土地565亩,园区建设管理日臻完善。引进3家企业落户广州(梅州)产业转移园,合同固定资产投资总额1.43亿元;引进7家企业落户县城工业区,总投资5.71亿元。县城工业区实现工业产值13.67亿元、创税2456万元,分别对比上年增长57.0%、5.0%;县经济开发区实现工业产值2.98亿元、创税639万元,分别对比上年增长12.1%、14.1%。

【固定资产投资】 2010年,全社会实现固定资产投资22.42亿元(包括公路建设改造和上级拨款的邮电设备),比上年减少1.9%。在全社会固定资产投资中,城镇固定资产投资完成16.2亿元,对比上年减少5.7%;农村固定资产投资完成6.15亿元,对比上年增长9.9%。在全部固定资产投资中,基本建设投资14.32亿元,对比上年减少6.5%;房地产开发投资6795万元,对比上年减少13.7%。

【重点项目建设】 2010年,全县筛选储备项目48个、总投资35.57亿元;立项24个、总投资10.75亿元,新开工建设项目55个、总投资13.1亿元。梅州(五华)抽水蓄能电站项目部正式挂牌,电站选点规划通过专家组评审,电站建设预可研报告通过国家水电总院的审查,完成进站公路征地拆迁和招投标工作。投入10.2亿元的恒兴矿业顺利试产,国家矿山公园立项建设。五华河华城转水堤(二期)16.9公里,益塘、桂田、东方红水库除险加固工程基本完工。华福中心、中医院门急诊大楼、职业技术学校实训大楼基本建成。

【基础设施建设】

交通运输　全县投入2.6亿元加快交通公路建设,省道S228线水寨至华城段28.1公里高标准改造全面完成,投资1.71亿元、29.1公里的省道S238线安流龙中至棉洋塘唇段实现单边通车,国道G205五华段28.3公里、省道S228线新桥至董源段9.1公里改造基本完成,县道X029线斋公井至双华、X952线黎洞至七畲径和钼矿生态旅游专线公路基本完成;县道X960线华阳至龙村段、X958线塅陂至流洞段、X151线紫市至大田段公路开工建设;完成村道延伸线硬底化330.6公里,新开通300人自然村公路30公里。交通运输业稳定发展,基础设施不断完善,各种运输形式竞争有序,综合运力进一步提高。全年完成货物周转量5.87亿吨公里,增长24.5%,完成旅客周转量8.98亿人公里,增长23.0%。年末,全县公路通车里程2716公里,比上年增加427公里,增长18.7%,其中高速公路32.2公里;公路密度每百平方公里由上年的71公里增至84.2公里,增长18.6%。

水利电网　全县投入水利建设资金3.01亿元,完成维修、加固、新建、续建工程630宗。县城河堤加固和15宗病险小型水库除险加固基本完工;启动新一轮12宗病险小型水库除险加固;完成14宗农村饮水安全工程建设任务,解决了54个村共34217人的饮水问题;县城供水应急备用水源建成使用;完成县水保站国家级科技示范园首期工程建设任务的85%,城乡防洪减灾能力进一步增强。投入电网建设资金1.21亿元,完成110千伏琴江至安流输电线路工程、110千伏双头主变增容扩建工程和35千伏双头至长布输电线路工程,35千伏钼矿用电工程、35千伏合江电站输变电工程投入使用,供电能力、供电可靠性得到进一步提高。

宜居城乡　"一园一场五馆"建设的各项前期工作积极推进;大存纪念大桥建成通车,县城华三路进行标准化改造,县城"三旧"改造工程示范点扎实推进;转水三塘堤景观"绿道"示范点基本形成;蒲丽顶森林公园晋升为省级森林公园;以公路主干道沿线村庄农村垃圾集中处理为示范点的农村垃圾整治扎实开展;县城垃圾填埋处理场无害化扩容改造已立项,县城污水处理厂建成运营并通过环保竣工验收。水寨、华城、安流 3 个镇,岐岭镇双头居委、长布镇长布居委等 9 个社区,水寨镇大沙村、河东镇增塘村等 45 个村的宜居城乡建设工作通过市考核验收。

邮电通信　2010 年,邮政电信业持续稳定发展,设备日益先进,通信能力不断增强。全年邮电业务量完成 2.64 亿元,对比上年增长 16.5%。全县电话装机容量 219409 门,对比上年增长 14.6%;城乡电话用户 116400 户,对比上年减少 17.8%;电话普及率由上年的 49.1 部/百户下降到本年的 39.6 部/百户,互联网用户 24800 户。

【旅游业】 2010 年,全力加快"山、水、泥"休闲旅游基地基础设施建设,成功举办第三届热矿泥浴节,新建四星级酒店 1 家;国家级卫星电视台旅游卫视《粤来越开心》摄影组到县拍摄大型旅游节目。全年接待旅游人数 62 万人次,旅游总收入 3.54 亿元,分别对比上年增长 30.4%、33.9%。

【商贸·财税】 2010 年,全县完成社会消费品零售总额 49.45 亿元,对比上年增长 15.0 %。社会消费品零售总额中,批发零售贸易业实现 47.26 亿元,对比上年增长 14.9%;住宿和餐饮业零售额 2.19 亿元,对比上年增长 18.4%。外贸出口总额 5152 万美元,对比上年增长 73.6%。其中"三资"企业出口额 60.3 万美元,对比上年减少 12.7%;一般贸易出口 5091.7 万美元,对比上年增长 75.6%,实际利用外资 461 万美元,对比上年减少 22.4%。

全年完成县财政一般预算收入 1.98 亿元,对比上年增长 31.67%,增速居全市第三;财政总收入 16.08 亿元,对比上年增长 13.0%。国税组织收入 1.54 亿元,对比上年减少 0.13%。地税组织税费收入 4.97 亿元,对比上年增长 39.76%。

【金融·保险】 2010 年,金融业快速发展。年末,全县国家银行各项本外币存款余额 93.39 亿元,对比上年末增长 16.6%。城乡居民储蓄存款余额 73.89 亿元,对比上年增长 17.3%。各项本外币贷款余额 27.05 亿元,对比上年末增长 25.0%。

保险事业呈现多家经营竞争趋势,保险事业稳中发展。财产、人寿保险费收入 9175 万元,按同口径计算,对比上年增长 15.7%,其中:财产保险保费收入 1387 万元,对比上年增长 17.4%,已决赔款 855 万元,对比上年增长 2.3%;人寿保险费收入 7788 万元,对比上年增长 15.4%。

社保覆盖面进一步扩大,社保工作稳定发展。全县参加失业保险 25191 人,对比上年增长 10.0%;参加社会养老保险 56289 人,对比上年增长 90.3%。其中:机关个人交费 14703 人,参加工伤保险 13126 人,对比上年增长 10.0%;有 13078 离退休人员享受社会养老保险,对比上年增长 5.0%;参加职工医疗保险人数 39561 人,对比上年增长 232%。

【教育·科技】 2010 年,教育事业较快发展,基础设施不断完善,教育投资进一步加大。办学条件继续改善,办学质量明显提高。全年教育财政拨款 5.51 亿元,对比上年增长 7%。全县有各类中等专业学校 1 所,在校学生 1164 人;普通中学 56 所,在校学生 117638 人,增长 2.2%。其中:高中学生 34439 人,增长 24.7%;职业中学 7 所,在校学生 12507 人,对比上年增长 145%。全县有小学 452 所,在校学生 109377 人,对比上年减少 14270 人,减幅为 12%;适龄儿童入学率 100%,与上年持平;小学毕业生升学率为100%,与上年持平;初中毕业生升学率为99.3%,同比上升20.6个百分点,高中毕业升学率65.4%,比上年上升4.1个百分点。通过深化教育改革,大力推进素质教育,高考成绩再创历史新高,入省大专A线以上人数达4613人,比上年净增加34人,入本科线以上人数2338人,比上年提高8.1个百分点。筹资1.04亿元,妥善解决了1945名代课教师问题,新招录2278名教师,解决教师缺额问题;投入5000多万元用于"普高"建设,高中阶段教育毛入学率85.8%,同比提高20.8个百分点,实现"普高"目标;积极争取义务教育规范化学校建设竞争性分配专项资金1000万元,扎实做好华城、郭田、双华等镇创建教育强镇工作,布局调整、各项基础设施建设顺利推进。

科技事业取得新进展,全县有各类专业技术人员16532人,比上年增长8.8%。参加省、市、县科技进步奖项目评选活动,2009年至2010年度获五华县科技进步奖励项目共12项,其中一等奖1项、二等奖2项、三等奖9项。

【文化·广电】 2010年,全县深入开展"文化名城"创建活动,建成5个文化先进镇和140家"农家书屋";五华县第三次全国文物普查通过省验收,李威光故居等被批准为省重点文物保护单位;五华提线木偶赴上海世博会展演。县木偶剧团、采茶剧团和县文化馆一条龙业余剧团送戏下乡演出120场。县城文化广场业余演出12场。电影行业在多种文化竞争的情况下,出动宣传车广泛宣传,送影下乡,全县放电影5060场。图书馆现有藏书10.9万册,进馆读者9万人次,图书流通量11万册次。

2010年,全县有调频广播电台1座,有线电视台1个,有线电视站16个,共用天线73个,有线电视用户6.9万户,比上年增长2%,广播、电视人口覆盖率98.5%。

【卫生·体育】 2010年,医疗卫生事业有新的发展,卫生技术人员队伍不断壮大,医疗设备日益先进,医保网络逐步完善,防范意识不断提高。全县有卫生机构42所,床位1325张。各类卫生技术人员3507人,对比上年增长8.6%,其中执业医师775人,对比上年增长25.6%,执业助理医师789人,对比上年增长36.3%。初级卫生保险工作稳步推进,并通过省级的审评。

2010年,全县各部门、单位和社会团体集资金200万元,开展群众性体育竞赛活动,举办大型足球、篮球、乒乓球、棋类、健身竞走等大型群众活动12次。

【环境保护】 2010年,环境保护工作力度加大,城市环境质量有较大改善。全县有环境监测站1个,环境监测人员20人。加强对11个自然保护区、4个县级森林公园、1个省级森林公园和5个一级饮用水源保护区的管理,固定废物综合利用率达91.3%,建成区绿化覆盖率34.8%。

【民生改善】

规划到户、责任到人　全县确立"油茶种植、养猪、养鸡"三大主导产业,实施"三项帮扶机制",省确认的115个贫困村13340户贫困户63424人全部落实帮扶单位和责任人;各级帮扶单位投入帮扶资金1.8亿元,落实发展集体经济项目138个、基础设施建设项目218个,贫困村、户脱贫能力明显增强。58个贫困村集体经济收入达到3万元以上,占省定贫困村的50.4%,60%的贫困户实现稳定脱贫,全县扶贫开发"双到"工作取得阶段性成效。组织首个"广东扶贫济困日"活动,筹集善款955万元。

民生保障　全县用于民生领域财政支出12.54亿元,占财政总支出的77.18%。全县农村年人均收入1500元以下的贫困户全部纳入低保,财政供养人员全部纳入职工医疗保险,提高年终一次性福利补助;兴建廉租房30套,发放租赁补贴26户;完成1491户贫困户危房改造;归集住房公积金4849万元,发放贷款4513万元;举办各类技术培训班533期,培训贫困人口2.65万人次;新增就业岗位4806个,下岗失业人员实现再就业4602人,全县城镇登记失业率为2.26%,农村劳动力新增转移就业2.45万人;启动实施了国家新型农村社会养老保险制度试点工作,农村养老保险参保78856人,居民医保参保59561人,新型农村合作医疗参保869692人,实现常住人口全覆盖;征缴社保费2.84亿元;失业保险待遇增加至589元、企业离退休人员的月人均基本养老金增加至904元、居民医疗保险统筹基金最高支付限额提高至8万元,分别增加38元、138元、3万元,民生保障水平不断提高。

综治维稳　扎实推进社会治安综合治理,深入开展"粤安10"、"创平安、迎亚运"、"校园治安防范"、"社会治安重点整治"等活动,加快了县城和各镇主要街道路口的治安视频监控建设,加强县、镇两级综治中心建设,积极排查化解社会矛盾,未出现大型群体性事件,信访总量对比下降17.8%。调解各类矛盾纠纷3717宗,调解成功3672宗,成功率98.8%,提前一年实现"平安名县"创建目标。华城镇人民调解委员会荣获"全国模范人民调解委员会"称号。五华县"民声通道"专栏获省农村信息化优秀成果奖。

【人口·计划生育】 2010年,全县总人口为1311191人,比上年增加28006人,当年出生15220人。非农人口180340人,占总人口13.8%;农业人口1130851人,占总人口86.2%。总人口中,男性人口674348人,女性636843人,性别比为105.9%。人口出生率11.8‰,对比上年上升0.12个千分点;死亡率5.48‰,与上年持平;自然增长率6.32‰,比上年上升0.12个千分点。全县落实"四术"11431例,征收社会抚养费808万元,政策生育率94.68%,无政策外多孩出生的镇6个、无政策外出生的村(居)223个,对202个村进行人口计生考核,如期实现省计生优质服务先进县创建目标。

【人民生活】 2010年,城乡居民收入进一步增加,生活水平稳步提高。全县在岗职工工资总额6.04亿元,对比上年增长9.5%。在岗职工年平均工资19937元,对比上年增长7.8%,扣除价格因素实际增长4.9%。农村居民人均年纯收入5411元,对比上年增长16.4%,剔除价格因素实际增长13.2%。农村居民恩格尔系数46.04%,农村居民人均住房面积27.9平方米,农村居民每百户家庭拥有彩电117台,电冰箱35台,家用洗衣机47台,摩托车97辆,固定电话70部。

【乡镇概况】

水寨镇　地处五华县城,总面积99平方公里。辖23个村委会,475个村民小组和4个居委会。2010年年末,全镇有52219户157517人,其中农业人口71255人,非农业人口86262人;有耕地面积15942亩,其中:水(旱)田12122亩,旱地3796亩。农村经济总收入10.95亿元,对比上年增长21.3%;国、地两税收入2480万元,对比上年增长33%;镇机动财力442万元,对比上年增长3%;农村年人均收入5763元,对比上年增长21%。

河东镇　地处五华县城东部,总面积229平方公里。辖43个村委会、545个村民小组和3个居委会。2010年年末,全镇总户数26046户,总人口为128026人,其中非农业人口4294户12660人,农业人口21752户115366人。全镇耕地总面积67446亩,其中:水(旱)田50850亩,旱地16596亩。全镇农村经济总收入7.51亿元,镇级财政收入1485万元,农村年人均收入5298元,对比上年增长23%。

转水镇 位于县城北部13公里,总面积158.5平方公里。辖21个村委会和1个居委会。2010年末,全镇有山地面积153042亩,耕地面积38360亩,其中水田29779亩,旱地8581亩。有13552户,65545人,农业人口61247人。工农业总产值4.86亿元,对比上年增长21%;镇级机动财力516万元;农村年人均收入4753元,对比上年增长21%。

华城镇 位于县城北部27公里,辖34个村和3个居委会,总面积216.8平方公里。2010年年末,全镇有33564户,120617人,农业人口100926人,其中非农业人口19691人;有耕地面积53946亩,其中水田45734亩。实现国内生产总值8.58亿元,对比上年增长10.5%;镇级财政收入731万元,对比上年增长7%;农村年人均收入5172元,对比上年增长21%;国地两税收入1830万元。

岐岭镇 位于县城西北部49公里,总面积154.5平方公里。辖25个村委会和两个居委会。2010年年末,全镇有17860户,74712人,其中非农业人口7917人,农业人口66910人;山地面积164778亩,耕地面积23444亩,其中水田19801亩,旱地3643亩。全镇国内生产总值4.86亿元,镇级财政收入190万元,农村年人均收入4956元,对比上年增加21%。

潭下镇 地处县城西北部35公里,总面积260.8平方公里。辖20个村委会,1个居委会。2010年末,全镇有10490户56143人,其中非农人口321户3322人。山地面积31.1万亩,耕地面积22473亩,其中水田20510亩。实现农村经济总收入4.7亿元,对比上年增长6%;镇级财政收入1020万元,对比上年增长5%,镇级机动财力106万元;农民年人均收入4398元,对比上年增270元。

长布镇 地处县城西北部,距县城66公里,总面积284.1平方公里。辖25个村委会194个村民小组和两个居委会。2010年年末,全镇有耕地面积26073亩,其中水(旱)田23663亩,旱地2410亩。有11652户,70138人,其中:农业人口65905人,非农业人口4233人。农村经济总收入3.03亿元,农村年人均收入4314元,对比上年增长21%。

周江镇 位于县城西南部38公里,总面积199.4平方公里。辖22个村委会,399个村民小组和两个居委会。有山地面积25.9万亩,耕地面积22558亩,其中:水(旱)田19928亩,旱地2630亩。2010年年末,全镇有9037户,人口52644人,其中非农业人口2100人,农业人口50544人。实现工农业总产值3.15亿元,对比上年增长9%;镇级财政收入460万元,农村年人均收入4491元,分别对比上年增长9.5%、21.81%;全镇居民储蓄大幅度增加,人民生活水平有较大提高。

横陂镇 位于县城西南8公里,总面积236平方公里。辖35个村委会、569个村民小组和3个居委会。横陂山清水秀、人杰地灵,民风淳朴;历史文化传统悠久,崇文之风久远,古今仁人志士辈出,涌现过世界球王李惠堂、画坛方家魏岸觉,抗日名将魏崇良等名人,留下"魏氏书院"、"儒林第"、"叶湖石窟"等文化遗产。2010年年末,全镇有21920户,104210人,其中农业人口95720人,非农业人口8490人。耕地面积43500亩,其中水田40497亩。农村经济总收入4.29亿元,镇级财政收入311万元。农村年人均收入4666元,对比上年增长1.7%。

郭田镇 位于县城东南方,距离县城25公里。辖12个行政村1个社区居委会。2010年年末,全镇有耕地17656亩,其中水田13305亩、旱地4351亩;有6543户35616人,其中非农1368人。全镇工农业总产值1.73亿元,对比上年增长21%,其中工业产值789万元,对比上年增长37%;镇级机动财力收入80万元,对比上年增长5.2%;农村年人均收入3907元,对比上年增长6 .5%。

双华镇 位于县城东南28公里,总面积141平方公里。辖16个行政村和1个居委会。2010年末,全镇有耕地面积14772亩,其中水田1192亩,旱地3402亩。总人口6005户36442人,其中农业人口34169人。农村经济总收入1.70亿元,农村年人均收入4328元。

安流镇　地处县城西南33公里,总面积238平方公里。辖42个村民委员会、288个村(居)民小组和4个社区居委会。2010年年末,全镇有山地20万亩,耕地总面积65297亩,其中水田50724亩。有28627户131939人(其中农业人口120209人,非农人口11730人)。农村经济总收入5.3亿元,农村年人均收入3800元。

棉洋镇　位于县城南部46公里,总面积254平方公里。辖25个村委会、682个村民小组和两个居委会。2010年年末,全镇有耕地面积31559亩,其中水(旱)田25899亩,旱地5660亩;总户数18567户、人口95226人。工农业总产值5.05亿元。农村年人均收入3629元。

梅林镇　位于县城西南部51公里,总面积128.4平方公里。辖18个村委会和1个社区居民委员会。2010年年末,全镇耕地总面积27461亩,其中水(旱)田22638亩,旱地4823亩。有8879户49179人,其中非农业人口2589人,农业人口46590人。实现农村经济总收入2.5亿元,农村年人均收入4784元,对比上年增长21.5%。

华阳镇　位于县城西南部62公里,毗邻紫金,总面积153.5平方公里。辖13个村委会,166个村民小组和1个居委会。2010年年末,全镇有耕地面积2.2万亩,山地面积18万亩;人口有8909户48883人,其中非农人口2702人,农业人口46181人;工农业总产值3.6亿元,对比上年增长5.9%,农村经济总收入2.27亿元,农村年人均收入4640元,对比上年增长8.7%。

龙村镇　位于县城西南65公里,总面积349.1平方公里。辖37个村委会709个村民小组和3个居委会。2010年末,全镇有山地面积42万亩,耕地面积40081亩,其中水(旱)田32880亩,旱地7201亩。有人口19506户89502人(其中非农人口5072人,农业人口84430人)。农村经济总收入4.53亿元。镇财政总收入2655.76万元,一般预算收入320万元。农村年人均收入4412元。(江连辉　黄焕坤)

附:2010年五华县五套班子成员名单

县委书记:黎健平
副书记:余其豹　朱汉东(任至11月)
常委:黎健平　余其豹　朱汉东(任至11月)　吴文龙　李伟华　赖志侃
林锐华　叶天泉　邓伯锦　黄海浪　杨斌宗　谢俊荣(任至3月)
彭润根(9月任)　邓国功(挂职至7月)
县人大常委会主任:黎健平
副主任:钟赐传(常务)　幸小明(1月任)　胡洪乃　徐建雄　曾彩良　戴庆文
胡高云(1月任)
县长:余其豹
副县长:邓伯锦　温浩泉　刘　水　邓秋香(女)　曾天良　宋学希
陈冬奕(2月任)　熊锦强(4月任)　邓国功(8月任)
县政协主席:张建华
副主席:李胜文　李启洪　钟宏光　曾冬云(女)　李兆凤　胡高云(任至1月)
周国富(1月任)
县纪委书记:杨斌宗
副书记:魏新来　陈奋娣(女)

兴宁市

【历史、地理、人文】

建置沿革 兴宁建县于东晋咸和六年(公元331年),县名由兴宁江而得。北魏太和七年(483年),分设兴宁、齐昌两县。北魏景明四年(503年),齐昌并入兴宁。唐武德五年(622年)析兴宁复置齐昌县。唐贞观元年(627年),撤齐昌县,隶属兴宁县。后梁贞明三年(917年),又析兴宁县。北宋熙宁四年(1071年),从兴宁划出五华县。1958年11月,平远县并入兴宁。1961年1月,兴、平分县。1994年6月8日,兴宁撤县设市,为县级市由梅州市代管。

位置·面积 位于广东省东北部,东江、韩江上游,东连梅县,南邻丰顺,西接五华、龙川,北界平远、江西寻邬,总面积2075.39平方公里。

地形·地势 属东北山丘地带,受北东到南西走向的莲花山脉和罗浮山脉控制,高低差明显。最高峰阳天嶂海拔1017米,最低处水口圩海拔100米,高低差917米。地形总趋势是从北西至南东逐渐下降,而南部则由南向北递降。北起阳天嶂,南至铁牛牯峰(海拔998米),直线距离100公里,东西最宽处,径心分水坳(海拔400米)至叶南�竹坳(海拔300米),直线距离36公里。四周山岭绵亘,中为断陷盆地,地形狭长,整个县境形似扁舟。地貌类型分为平原、阶地、台地、丘陵、山地5类。平原、阶地、台地(海拔200米以下)占38.1%,丘陵(海拔200~400米)占49.6%,山地(海拔400~1000米以上)占12.3%。

气候 属海洋性季风气候。春季冷暖多变,低温阴雨多;夏季高温、湿润、多雨;秋季前期以台风、热雷雨影响为主,后半期以冷空气影响为主;冬季寒冷、少雨,日照多,有冰霜。年平均气温在19.4℃~21.4℃之间,极端最高气温38.℃(1963年9月2日),极端最低气温零下2.7℃~6.4℃(1967年1月17日)。年平均日照时数2009.8小时,年平均降雨量1540.3毫米,年平均降雨天数151天。

行政区划 兴宁市下辖17个乡镇3个街道办事处,455个村和35个社区居委会。

人口、民族 2010年年末全市总人口116.82万人,其中农业人口93万人。民族主要是汉族,客家人,占总人口的99.98%,从外地迁来的少数民族仅占人口的0.02%。

【发展概况】 生产总值(当年价)98.96亿元,比增15.1%,其中第一、二、三产业增加值为26.63亿元、34.02亿元、38.31亿元,分别比增7.2 %、22.7%、13.4%;工农业增加值(当年价) 52.10亿元,占梅州市的15.6%,其中工业增加值25.47亿元,占梅州市的12.2%,农业增加值26.63亿元,占梅州市的21.4%;三次产业结构比重为26.91∶34.38∶38.71;全社会固定资产投资27.78亿元,占梅州市的14.2%,比上年增长12.9%;城镇居民年人均可支配收入10690元,农村居民年人均纯收入6856元,分别比增10%和23%,剔除价格上涨因素,实际增长5.9%和18.4%。城乡居民储蓄存款余额91.38亿元,占梅州市的18.4%。

【农业】 全市农村经济总收入76.23亿元,比增3.81亿元,增长5.3%。农民家庭经营收入69.83亿元,占91.6%,是农村经济的主导,也是农民增收的主要来源。全市农民所得总额40.89亿元,比增26302万元,增长6.88%,农民人均所得4426元,比增203元,增长4.8%。人均所得最高的镇(街道)是福兴街道,人均所得5266元,最低的是大坪镇,人均所得3889元,人均所得最高的村是新圩镇步东村,人均所得5511元,最低的是永和镇七层村,人均所得2899元。新增各级农业龙头企业9家,累计47家,其中省级2家、梅州市级23家、兴宁市级22家;新成立农民专业合作社58个。

粮食播种面积80.18万亩,比上年增长1.3%,平均亩产396公斤,总产33.76万吨,比增6.4%。水稻种植面积66.22万亩,平均亩产415公斤,总产27.5万吨,比增4.8%。开展粮食高产创建活动,重点建设2万亩高产示范片。农资综合补贴面积67.73万亩,补贴3630.328万元,中央水稻良种补贴面积67.73万亩,补贴846.625万元,广东省水稻良种补贴面积1万亩,补贴20万元。落实农机购机补贴672.06万元。蔬菜种植面积23.78万亩,总产36.28万吨。茶叶种植面积2.07万亩,投产面积2万亩,干茶总产量2208吨。水果种植面积9.59万亩,收获面积6.22万亩,总产11.11万吨,比增16%;

林业用地205.3万亩,其中林地面积181万亩,森林覆盖率65.1%,林木绿化率68.6%;活立木蓄积量414.6万立方米。是年11月底,全市完成集体林权主体改革阶段任务,其中自留山135.63万亩,集体统一经营山69.2万亩。低产林改造面积22000亩,同比增长34.3%。全市省级生态公益林88万亩,加强林政资源管理,全年共核发林木采伐许可证71份,采伐林木林积49307立方米。山火受害率控制在1‰以下;油茶造林5.1万亩,新老油茶种植面积达20.7万亩,建成万亩油茶基地4个,千亩油茶基地25个,500亩油茶基地32个,全市油茶挂果面积12万亩,茶果总产量3.9万吨,产茶油2457吨,茶粕17550吨,油茶总产值1.82亿元。是年8月,全省油茶产业发展现场会在兴宁召开。

全年肉类总产7.28万吨,比上年增长6.6%。全年饲养生猪92.34万头;出栏61.63万头,比增4.7%;家禽饲养量1916.24万只,比增3.5%,其中出栏1687.1万只,比增3.8%。水产养殖面积4.10万亩,比增0.4%,总产1.40万吨,比增2.2%。

投入水利水电建设资金5.1亿元,完成水利工程建设及维修项目2563宗;加固扩建大型水库1宗,除险加固中小型水库24宗,农村饮水工程22宗。第一自来水厂迁建工程全面启动。严格管理全市水资源,全年共办理取水许可证30宗,收取水资源费60万元。农机总动力31.88万千瓦,比增1.5万千瓦;农机原值2.43亿元,比增0.14亿元;全市耕、种、收机械化水平49.29%。落实购机补贴672.06万元。全市拥有沼气池10865个,年产沼气1395万立方米,折合标准煤10057吨,沼气综合利用面积38390亩,增收节支1875万元。

【工业】 完成工业总产值97.52亿元,比增19.3%;增加值25.5亿元,比增20.5%。其中规模以上工业产值40.14亿元,比增22.4%。全年引进合同意向招商项目26个,投资总额达31.88亿元,竣工投产项目5个。是年,实现园区工业产值9.4亿元,比增62.1%;工业增加值2.9亿元,比增46.3%;出口产值1750万美元,比增45%,税收2300万元,比增28%,解决就业7500多人。全市中小企业及民营经济生产总值81.2亿元,比增11.3%,上缴税金5.14亿元,比增9.8%。申报省技改创新扶持企业5家,获得资金170万元。二轻工业完成总产值3555万元,销售收入3197万元,税利52.7万元。东方红电线厂有限公司和算盘厂通过转让企业产权,企业改制退出。

全年销售电量5.24亿千瓦时,比增15.26%;全年共投资1.9036亿元完成电网建设与改造;自来水生产量2047万立方,售水量1283万吨,总收入3430万元;全年共投入建设改造资金1706万元,新发展用户5360户。

【对外经济贸易】 外贸出口7347万美元,进口335万美元。批准外商直接投资项目22宗,合同利用外资2892万美元,实际利用外资1521万美元,比增157%,完成工业制造业实际利用外资917万美元。组织企业参加广交会及境内外专业展会和商务活动,引导企业申报外经贸扶促政策专项资金,加强培育自主品牌,引导有关工艺企业产品的专利申请。加强招商引资,促成企业引资和增资。

【个体私营经济】 是年,共办理企业、个体工商户和农民专业合作社开业登记3851户,其中内资企业31户,私营企业197户,个体工商户3566户,农民专业合作社57户。至年底,全市实有内资企业948户,注册资本16.55亿元,私营企业1167户,注册资本38.12亿元,个体工商户20143户,资金数额2.69亿元,农民专业合作社104户,出资数额1.51亿元。扶持企业做强做大,协助企业冠省、市名称28户。办理股权出质、动产抵押登记、助企业融资逾2亿元,新增农民专业合作社59户。年检企业1751户,年检率91.5%,验照个体工商户17625户,验照率95%。查处烟花爆竹、成品油等无照经营案件共395宗,取缔无证照炼铁小高炉31条,非法稀土矿6个。新注册商标21件,至年底,全市共有注册商标1062件,其中省著名商标7件。查处商标侵权案件41宗,查处食品案件39宗。查处各类经济违法违规案件855宗,发出责令停止经营活动300份。

【交通·邮电】 全市公路通车里程2736公里,公路密度达131.8公里/百平方公里。投入交通建设1.8亿元,新建三级公路15.23公里,铺筑沥青路面3.8公里,新建四级公路163公里,新建跨宁江大桥1座。至年底,全市有客运站场7个,乡镇行政村候车亭319个。公路客运量832万人,客运周转量4.98亿人公里。投资660多万元完成石马桥等21座县乡危桥改造,投资850万元完成兴田路、团结路等7条城区道路共3.8公里路段沥青路面铺筑。检查运输车辆4985辆(次),纠正违章563辆(次),查处非法营运车辆75辆(次)。下拨农村客运油价补贴110万元。培训驾驶员5698名,受理教练员报名114名,完成车辆检测4313辆次。全年公路养护里程339.03公里,平均好路率89%,绿化公路200公里。

全市邮政收入5188.62万元,比增20.19%,其中邮政企业业务收入3616.03万元,比增13.74%,银行自营收入1315.55万元,比增57.68%。速递物流公司收入257.04万元,比增15.38%。邮储存款余额18.89亿元,净增3.87亿元。

电信纳税全年共计658.55万元。电话交换机总容量29.64万门,比上年增长3.7%,固定电话用户14.75万户,比上年下降6%,其中市话5.65万户,比上年下降1.7%,农话9.1万户,比上年下降8.5%,电脑网络发展迅速,年末互联网用户已有4.45万户,比上年增长24.7%。

移动运营收入2.08亿元,比增25.3%,上缴地方税收228万元。投入建设资金2200万元,市区、旅游景点、高速公路、国道及铁路沿线网络覆盖率达100%,农村网络覆盖率达99%以上。在热点区域开展WLAN/TD建设,有力推动无线城市建设进程。

联通公司在兴宁城区及附城范围全面建设3G基站,2G移动网络覆盖全市,新建固网宽带接入间7个。3G收入100万元,宽带收入比增300%,集团客户业务收入比增34%,企业业务比增4.5%。

【财政·税务】 本级一般预算收入3.24亿元,比增23.78%,其中税收收入2.64亿元,占81.62%;财政总收入16.6亿元,比增12.85%,总支出16.48亿元,比增12.19%;上划中央“两税”1.72亿元,比增1.11%;上划省“四税”8815万元,比增40.41%。基金预算总收入4.69亿元,总支出4.67亿元。政府采购363次,实际金额4910万元,节约资金407万元,节约率为7.66%。处置国有资产18宗,实现资产变现增值822.61万元,增幅2%。是年,兴宁市被列为4个财政省直管县改革试点县之一。

国税完成税收总额2.73亿元,比上年增加2429万元,增长9.76%。查补罚税款180万元,办理免抵退税5657万元。

地税完成税费收入 7.07 亿元，首次突破 7 亿元大关，其中地方税收收入 3.30 亿元，比增 23.94%。征起社保费 3.77 亿元，增长 13.5%。查补税款 625 万元。

【金融·保险·审计】 全市金融机构各项存款余额 133.38 亿元，比年初增加 21.45 亿元，各项贷款余额 50.13 亿元，比增 14.92%。共办理一般预算收入 15.31 万笔共 6.37 亿元，一般预算支出 5128 笔共 20.08 亿元，集中支付业务 4241 笔共 10.56 亿元。收缴假币 912 张 73130 元。

人寿保险保费收入 1.52 亿元；支付退保金 2955.15 万元。财产保险保费收入 3221 万元，赔款支出 1387 万元，上缴税金 140 多万元。

证券交易额 344.26 亿元。新增证券账户 6311 户，新增资金账户 2954 户。

审计单位(项目)43 个，查出违规金额 448.5 万元，管理不规范金额 5230.57 万元，处理处罚上缴财政资金 220.66 万元，归还原渠道资金 397.11 万元，调整账务 4992.18 万元。

【商业·物价】 社会消费品零售总额 49.15 亿元，比增 15.2%。生猪定点屠宰 24.5 万头。家电下乡和以旧换新产品销售额 15385 万多元，发放补贴 1596 万多元。烟草专卖实现销售收入 5.46 亿元，比增 3.82%，实现各种税费(不含所得税)3501 万元，比增 90.58%，全市共有卷烟零售户 2450 户，访销配送卷烟 16.9 亿支。查处烟草专卖案件 88 宗，查获制假窝点 1 个，罚没 5074.5 元。供销系统商品总购进 30322 万元，比增 7.1%，总销售 4.22 亿元，比增 3.4%。组建 13 家农民专业合作社，总投入股本 156.8 万元。发展农家店 156 家，争取专项扶持改造资金 60 多万元。盐业公司销售食盐 5600 吨，其中加碘食盐 3940 吨，碘盐合格率 100%，覆盖率 100%。石油公司销售成品油 6.68 万吨，营业收入 3.33 亿元，上缴税收 532 万元。

居民消费价格总水平上涨 3.9%，食品、烟、酒及用品、衣着、家庭设备用品及维修服务、医疗保健和个人用品、居住类价格分别上涨 6.8%、1.3%、0.7%、2.4%、3.4%、6.6%。交通和通信、娱乐教育文化用品及服务类价格分别下降 0.5%、0.7%。清理整顿国土等 6 个收费部门的收费项目，减轻企业和群众负担 1000 多万元。全年核发收费许可证 300 多份，查处价格违法案件 3 件，实施经济制裁总金额 52.45 万元，没收上缴财政金额 49.33 万元。各类认证评估 400 宗，评估金额 3000 万元。征收价格调节基金 43 万元

【教育·科技】 全市学校占地面积 400.9 万平方米，校舍建筑面积 124.7 万平方米。普通中小学 401 所，教职工 11538 人，在校中小学生 142574 人；幼儿园 206 所(含社会办学)，幼儿教师 1092 人，在园幼儿 21603 人。参加高考 8242 人，重点本科线以上 359 人，本科线以上 2821 人，专科线以上 6397 人。市职校与珠三角地区联办的校(企)达 14 个，开设专业 21 个，职中招生 3206 人(不含技工学校)，中职毕业生就业率达到 98%以上，本市职中在校生达 23558 人(含外送生)。组织教师参加各类教学竞赛，其中获国家级奖励 21 人次，省级 65 人次。组织学生参加各级各类学科竞赛，获国家级奖励 6 人次，省级 32 人次，梅州市级 20 人次。投入“创强”资金 7236 万元，完善教育教学设施，龙田镇、宁中镇和新陂镇通过省督导评估组验收，荣获“广东省教育强镇”称号。全市拥有国家级示范性高中 1 所，国家级重点职业技术学校 1 所，广东省一级学校 7 所(含幼儿园)。

申报各级各类科技计划项目共 48 项，其中省级科技计划 34 项，梅州市级科技计划 14 项，获得批准立项 31 项，争取项目配套经费 538 万元。组建“广东南丰电气工程研究开发中心”、“广东联康中成药研究开发中心”和“梅州市宝兴生猪育种农业科技创新中心”等三个梅州市级工程中心，成立 “兴宁市高新技术企业协会”。全市有 25 个企业与全国 16 所高等院所建立了产学研合作关

系,开展研发项目25项。组织省、市级科技成果鉴定5项,专利申请量91件。举办学术交流、讲座共30场次,参加学习培训3080人次,撰写论文103篇。审核防震图纸72宗。

【文化·体育·广播电视】

组织文艺工作者到东莞玉兰大剧院举办客家特色文艺专场演出,受到广泛好评。组织参加第四届中国(梅州)国际客家山歌文化节活动。选送一大批文艺作品参赛省、市文化比赛活动,分别获得奖项。完成第三次全国文物普查,全市共调查登记不可移动文物458处,其中新发现点433处。组织美术工作者以古民居为题材创作美术作品,到各地展出,扩大兴宁古民居的宣传。全面完成"两海会馆"维修,加强兴城古北门、古城墙的管理。积极开展创建"全国文化先进市"和"梅州市文化先进镇"活动,福兴、宁新、坭陂等10个镇(街道)被评为"梅州市文化先进镇"。查处违规经营网吧10宗,取缔"黑网吧"29间。

全市参加体育锻炼人口占43.2%,组织群众体育活动赛事20多次,城区有晨、晚练点80多处,每天参与活动者超过2万人次。市业余体校在训学员达300多人。全年销售体育彩票1800万元。

广播、电视中心共采编播出新闻4780多条,制作播出专题47部,各类公益标语3690多条次。全面推进数字电视整体转换工作,完成城区整转用户3.8万户。筹资50多万元对制作播出设备进行改造,提升节目质量。

【医疗·卫生·保健】 全市有公立医疗卫生单位33个,其中市直13个,乡镇卫生院17个,社区卫生服务中心3个,非公立医疗机构703家。医院床位1733张,卫生工作人员2877人,其中卫技人员2233人,占91.9%。全市诊疗人数达133万人次;住院6.5万人次,总收入4.42亿元。参加无偿献血4000人次,采血80万毫升。检查医疗机构1750多间次,立案查处非法行医个案64宗,取缔64间非法诊所,罚款11.5万元。调处医患纠纷27宗,调解结案23宗,诉讼途径3宗,调解结案率96%。

是年,卫生系统基建项目有中央拉动内需建设项目5个,省老区卫生院业务用房建设项目8个,计划投资约2000多万元,龙田镇中心卫生院住院楼、坭陂镇中心卫生院综合楼、罗岗镇中心卫生院门诊综合楼已建成使用。基础免疫接种率和儿童加强免疫接种率均达95%以上。改善精神病住院条件,对治愈存活的73例麻风病患者进行追踪随访。全市住院分娩率97.07%。全市农村合作医疗入保81.9万人,年报销1.27亿元,受益49.2万多人次。梅卫职校在校学生达2290人。

【城乡建设·环境保护】 审批发出"建设项目选址意见书"4份,"建设规划许可证"233份,占地14.54万平方米,建筑面112万平方米,工程投资4.5亿元。完成138米古城墙北门段建设。第一自来水厂和城南亲水公园工程启动。扎实推进城市道路升级改造工程,完善明珠体育广场建设。办理施工许可证164宗,建筑面积45.6万平方米,投资金额5.92亿元;办理竣工验收备案157宗,面积31.2万平方米;受监项目128项,工程造价1.2亿元,监理工程面积38万平方米,竣工项目86个,受监工程质量验收合格率100%。完成建设工程招投标47项,总造价4.9亿元,中标价4.7亿元,节约资金2000万元,完成工程预结算78份。全市有资质的房地产企业39家,新开工面积27.49万平方米,商品房销售面积23.78万平方米,预售20宗28.5万平方米,销售金额5亿元。兴建180套经济适用房和35套廉租住房,对187户住房保障户发入住房租赁补贴11.22万元。完成房地产交易5000宗,交易面积60万平方米,交易金额3037万元,办理房地产抵押5500宗,抵押登记面积204.32平方米,抵押金额3.9亿元,共办理各项房屋产权登记发证及他项权证11360本,共计

1141.06万平方米,全年归集住房公积金7000万元,累计归集总额3.6亿元,审批干部职工提取住房公积金3239万元,发放贷款557户,金额7698万元。城区建成区绿化覆盖面积619公顷,绿化覆盖率37.5%,公共绿地122公顷,人均公共绿地13.68平方米.

饮用水源水质达标率100%,城市地表水水质达标率100%。环境噪声达标区面积16.8平方公里,覆盖率100%。烟尘控制区面积16.8平方公里,覆盖率100%。市区污水排放总量1023.26万吨,城市生活污水集中处理率64.89%。生活垃圾产生量8.35万吨。无害化处理率80%。城市生活污水处理厂COD在线自动监测通过梅州市验收,投入1000多万元对垃圾填埋场进行改造。审批建设项目68个,执行"三同时"项目68个,征收排污费465.8万元。新核发排污许可证11份,年审换证230份,建筑噪声许可证83份,核发机动车环保标志890辆。是年,全市6个镇133个村申报梅州市级生态镇村。

【侨务·旅游】 全年共接待海外乡亲1000多人次,引进"三胞"捐资1000多万元。

旅游总收入4.07亿元,比增32.5%。接待游客57.3万人次,比增30%。是年,神光山旅游区被评为"梅州市文明风景旅游区",和山岩旅游度假村被评为"广东省乡村旅游示范基地"。

【社会科学】 搜集资料,着手申报"中央苏区县"和革命遗址普查工作。精心编纂《兴宁年鉴》,全面完成《兴宁市志》(1979~2000)的总纂任务,并通过梅州市复审和终审,准备出版有关事宜,计划于明年初出版发行。新编两种档案编研材料,接收文书档案887卷又1604件,完成馆藏档案电子目录录入25.3万条,全市有114个单位档案目标管理已达标升级。

【社会生活】 全市低保对象达25623户、56314人,投入26.2万元,为城市低保和农村"五保"办理城市居民医保和农村合作医保。全市有敬老院21间,拥有床位686张。殡葬管理目标达标,火化率保持100%。接收退役士兵490名,发放一次性自谋职业安置补助金300万元。全年销售福利彩票2000多万元,筹集公益金100多万元。全年办理结婚登记1.35万对,补办结婚登记100多对,离婚登记1000多对,落实全市852名孤儿救助,足额发放全市112名百岁老人长寿保健金,办理老年人优待证5万多份。

新增就业岗位5280个，城镇下岗失业人员实现再就业3760人（其中就业困难人员再就业623人),新增转移就业23215人,城镇登记失业率2.69%。开办"双转移"培训班20期,免费培训2132人。检查用人单位302户,涉及员工2.1万人,接待群众来访510人次,受理案件38宗,结案38宗,结案率达100%,追回拖欠工资35.5万元。受理劳动仲裁案件60宗,其中调解42宗,仲裁裁决18宗。市技工学校全年共招生1254人,为1000多名毕业生推荐就业。

参加养老、失业、职工医疗、居民医保、工伤保险、生育保险人数分别为6.69万人、3.84万人、5.25万人和9.26万人、3.37万人、3.07万人，农村养老保险参保人数12万人；征收各项社保金37169万元。发放各种待遇37711万元,其中养老保险待遇23381万元,失业保险828万元,职工医保5976万元,居民医保1595万元,工伤保险170万元,生育保险72万元,农村养老保险5689万元。残疾在岗职工391人,为491名白内障患者施行手术,节约医疗费共200多万元。投入专项资金9.6万元,资助49户贫困残疾人危房改造。为858名城镇居民残疾人员集中办理医保。

人口出生13225人,出生率11.41‰,性别比为100∶108,死亡6838人,死亡率5.90‰,自然增长率5.41‰,人口出生政策生育率95.67%;落实"四术"12706例,补救措施186例。征收社会抚养费1431.7万元。落实人口和计划生育目标管理责任制,评出先进单位20个、表扬单位8个,17个镇(街道)被评为"无政策外多孩出生镇(街道)",269个村被评为"无政策外多孩出生村"。纯二女结扎落实1805对,即扎即奖130万元,计划生育家庭奖励1849人62.36万元。是年6月,新建的市计划生育服务站投入使用,并投入150多万元购置医疗设备。

【民主·法制建设】 受理群众来信来访1573件(次),比降2.2%;完成省、市交办信访案件374宗,结案率100%。依法任免国家机关工作人员78人次。办理市十三届人大五次会议代表提出的议案和建议33件,市政协十二届四次会议委员提案94件。审核市政府规范性文件45件,部门规范性文件18件。依法受理行政复议案件13宗,办结12宗。

全年公安机关共立各类刑事案件1485宗,破获858宗;查处治安案件2732起2978人;受理群众来信来访431起341人次。"110"报警服务台受理求助90202起。交警部门出动警力3万人次,查处各类交通违法行为6.1万多起;办理车辆年检11008辆;全年发生交通事故314宗,其中重大事故41宗,死亡43人。

检察机关立案贪污贿赂案件10件15人,通过办案为国家挽回经济损失100多万元;审查决定逮捕221件341人,起诉277件427人,移送起诉5件6人;检察收押人犯616人,监督考察监外罪犯354人。人民法院受理刑事案件250件370人,审结率100%;民商事案件1422件,审结率99.5%;行政案件77件,审结率100%;执行案件1023件,执结率100%,执结标的1.7亿多元;立案4484件,立案标的2.9亿多元。

司法机关调解各类纠纷3184件,调解成功3102件;接收刑释解教112人;办理法律援助案件67件,挽回损失285万元;办结各类公证2592件;律师担任常年法律顾问62家,基层法律服务所代理诉讼案件34件、非诉讼事务202件。

【精神文明建设】 开展学习实践社会主义荣辱观和"爱国、守法、诚信、知礼"现代公民教育活动,聘请100多名司法干部担任学校法制副校长,加强未成年人思想道德建设和法制教育,免费开放爱国主义教育基地、博物馆。开展创建"文明城(圩)镇、文明村镇、文明行业"活动,营造宜业宜居环境。

【党风廉政建设】 深入开展机关作风提升年活动,开展"四个一"、创建"窗口之星"、规范行政执法行为、明察暗访等活动,开展专项治理、民主评议政风行风活动,拓展"行风热线"和"城乡一线"平台,解决群众投诉2531个,为群众做好事实事381件,减轻群众负担46万多元。受理群众来信来访和电话举报240件,立案45件,结案43件,挽回损失123多万元;商业贿赂案件3宗。落实建设工程报告备案制度,实行建设项目结算联签制,报备案169项,结算备案32项。加强对合水水库加固扩建工程资金、政府采购、财政性资金项目的审核、国有集体产权处置、行政审批的监督。按照"分片管理、行业划分"的原则,是年5月设立8个派驻纪检监察组,主要工作是重点项目监督、"三重一大"事项监督、党廉责任制落实、案件查处、机关作风建设等方面。不断提升电子监察功能,受理行政审批事项5591件。

【固本强基】 深入开展创先争优活动,全市共有1418个基层党组织、45009名党员参与。通过"五个争先"和"六个十"等活动载体,在全市上下营造了"比、学、赶、超"的浓厚氛围,周密部署村级换届工作,及早做好换届选举前期准备工作,按照《梅州市离任村、社区干部生活补助发放和管理办法》要求,妥善解决全市7000多名离任村、社区干部生活补助。建立党员领导干部挂钩联系制度,结成党组织帮扶对子167个,各级挂点单位共投入帮扶资金6768多万元。公开选拔镇级党委委员20名,在梅州范围内公推直选两名团委副书记,交流科级干部139人。选派两名领导干部到广州进行为期半年的挂职锻炼,3名优秀年轻干部到梅州市直单位挂职锻炼。安排75名新招录公务员到村挂职或任村党支部副书记或村主任助理。全年共选派领导干部参加中央、省、梅州市培训班20期103人次。

【扶贫"双到"】 全年共投入资金11500万元,对84个贫困村、5225贫困户进行帮扶。实施各类帮扶项目22149个,其中落实贫困帮扶项目21598个,落实贫困村帮扶项目551个。完成贫困村自然村道水泥硬底化75公里,新建农田水利圳道58公里,改善农田灌溉面积13564亩,解决2326户贫困户饮水安全问题,修建文化卫生设施、村级办公楼263宗。通过帮扶,2638户贫困户实现脱贫,脱贫率达到50.5%,56个贫困村实现新增集体经济项目,贫困村基础设施建设不断完善,村容村貌得到明显改观。

【乡镇概况】

兴田街道　兴田街道位于宁江盆地中部,是兴宁政治、经济、文化中心。面积13.2平方公里,东连宁新街道办事处,南接福兴街道办事处,西连新陂镇,北临宁中镇。2010年,辖区总人口17.2142万人,其中农业人口2.0037万人。

2010年,生产总值6.07亿元,比上年增长10.2%,财政预算内收入4194万元,城镇居民人均可支配收入10690元,比增10%;农村人均年纯收入4771元;是年,粮食播种面积10435亩,总产量4754吨;蔬菜面积5450亩,总产9886吨;水果种植面积161亩,总产289吨;鱼塘面积182亩,总产106吨。

宁新街道　宁新街道位于兴城东南,东连永和、坭陂,南靠刁坊,西邻福兴,北毗宁中、新陂,总面积29平方公里,下辖12个村和5个居委会。2010年,户籍人口49342人,常住人口88010人。

2010年,经济总收入达7.78亿元,比上年增长8%,工业总产值4.15亿元,比上年增9%,农业总产值达0.68亿元,农村年人均纯收入4659元。是年,种植水果171亩、蔬菜1200亩,鱼塘养殖面积679亩。

福兴街道　福兴街道位于宁江河西岸,东连宁新、兴田,西邻五华转水,南毗刁坊,北靠新陂,总面积34.94平方公里。辖10个村和1个居委会。总户数9277户,总人口33910人,其中非农人口6622人。

2010年,生产总值4.58亿元,本级财政收入836万元,农村年人均纯收入5266元。是年,粮食种植面积20975亩,其中水稻面积17332亩,总产量7059吨;水果面积1029亩,总产量1162吨;茶叶面积120亩,总产量34吨;水产养殖面积1087亩,总产量378吨。

宁中镇　宁中镇位于兴宁市城区东北面,东与永和,南与宁新,西与兴田、新陂、叶塘,北与龙田、石马相邻。总面积42.25平方公里。辖23个行政村和1个居民委员会。耕地19177亩,其中水田12177亩。2010年,总户数9410户,总人口36010人,其中农业人口34125人。

2010年,全镇工农业总产值35103万元,其中农业总产值10240万元,工业总产值24863万元,镇级财政预算内收入103.75万元,农村人均年收入4913元,比增5.2%。

刁坊镇　刁坊镇位于兴宁市东南部,东临坭陂镇,南连五华县水寨、转水两镇,西接福兴街道办事处,北依宁新街道办事处。辖22个村和1个居委会,总面积58.01平方公里。2010年,总户数9366户,总人口39983人,其中农业人口36681人。

2010年,全镇农村经济总收入34438万元,工农业生产总产值29490万元,其中工业总产值12900万元,农业总产值16590万元,农民年人均纯收入4345元。是年,粮食种植面积40247亩,总产16636吨;蔬菜种植面积11488亩,总产11615吨;水果种植面积2433亩,总产1981吨;水产养殖面积2635亩,总产1096吨。

坭陂镇 坭陂镇位于兴宁市中南部,东连新圩,西接刁坊、宁新,南邻五华县,北连永和。辖31个村和1个社区居委会,总面积99.51平方公里,其中耕地面积33201亩,山地面积60073亩。2010年,总人口82962人,其中农业人口76971人。

2010年,全镇农村经济总收入7.97亿元,比增14.8%,上缴税金960.6万元,比增22.7%,镇级财政一般预算收入428.31万元,比增36.2%,农村人均年纯收入4588元,比增4.8%。是年,粮食种植面积73344亩,总产30625吨,实现连年达标,蔬菜种植面积15041亩 ,总产22826吨,水果种植面积2457亩,总产2023吨,水产品养殖面积3549亩,总产1034吨。出栏肉猪93677头。

龙田镇 龙田镇位于兴宁市中部,东与石马相连,南与宁中接壤,西与叶塘为邻,北连合水。辖16个村委会和1个居委会, 总面积44.4平方公里, 山地14820亩, 耕地21997亩, 其中水田15459.8亩。2010年,总人口43966人,其中农业人口39694人。

2010年,全镇农村经济总收入3.14亿元,同比增长5%;财政、税收收入1289.78万元,同比增长17.6%,年人均收入4827元,比上年增加172元,同比增长3.7%;是年,粮食种植面积4.5万亩,总产2.6万吨,优质稻种植3.1万亩,产量1.86万吨,金星段国家农业部万亩水稻高产示范点通过实割验收,亩产达700公斤,是全国优质杂交水稻示范点之一。

合水镇 合水镇位于兴宁市中北部,东连石马,西接叶塘,南与龙田相邻,北靠黄陂、大坪,东北与梅县西部交界。辖18个村、1个居委会和1个合水国有农场、4个农场管理区,总面积101.98平方公里,耕地面积15542亩。2010年,总户数8757户,总人口37498人。

2010年,全镇工农业总产值35111万元,其中农业总产值14783万元,工业总产值20328万元,农民人均年纯收入4570元。是年,粮食总产9475吨,其中水稻总产7821吨。

叶塘镇 叶塘镇位于兴宁市西北部,东邻龙田,南接新陂、五华县,西靠龙川县,北接大坪,东北部毗邻合水。辖41个村和1个居委会,面积166.84平方公里。2010年,总人口82728人,其中农业人口77269人。

2010年,全镇工农业总产值4.81亿元,其中工业总产值1.51亿元,农业总产值3.30亿元,农村人均纯收入4201元。

新陂镇 新陂镇位于兴宁西部,镇府离兴城2.5公里,地处丘陵地区。东与兴田街道、宁中镇相接,南与福兴街道相连,北与叶塘镇相连,西与五华县毗邻,镇域从东到西长约10公里,从北到南宽约5公里,面积43.51平方公里,其中山地约占50%,辖13个村委会和1个居委会。2010年,总户数11225户,总人口38931人。

2010年,全镇经济总收入2.8亿元,比上年增长3%,本级财政一般预算收入173万元,占年度预算数100%,农村人均纯收入4370元,比增3%。

永和镇 永和镇位于兴宁市东部,东邻径南,西连宁新、宁中,南靠坭陂、新圩,北接石马。距市区约10公里,205国道、梅河高速、兴畲高速贯穿其中,交通便利,地理位置优越。辖24个行政村和1个居委会,面积109.63平方公里。2010年,总人口46491人,其中农业人口43566人。

2010年,全镇工农业总产值3.94亿元,其中农业总产值1.52亿元,工业总产值2.42亿元,镇财政收入397万元,农村年人均纯收入4182元。

径南镇 径南镇位于兴宁市东部山区,东邻梅县,南接新圩,北靠石马,西连永和。辖24个村委会和1个居委会。总面积140.49平方公里,其中有山林面积16.4万亩,耕地面积24549亩。2010年,总人口34924人,其中农业人口32340人。

2010年,全镇工农业总产值3.08亿元,其中农业总产值2.9亿元,工业总产值1791万元,镇财政一般预算内收入21.5万元,农村人均收入4157元。是年,粮食种植面积41950亩,总产量达17465吨;种植蔬菜15687亩、26572吨,水果10535亩、总产30065吨;茶叶5130亩、总产699吨;鱼塘面积547亩、总产301吨。

新圩镇 新圩镇位于兴宁市南部宁江下游,东邻梅县畲坑,北连永和、径南,西靠坭陂,南接水口。辖19个村和1个社区居委会。总面积117.79平方公里,耕地26956亩,其中水田22491亩,旱畲地4465亩。2010年,总人口43607人,其中农业人口40922人。

2010年,全镇社会总产值36895万元,比增6.4%;镇级财政预算内收入489.05万元;农村人均收入4650元,比增5.01%。民营工艺企业生产总产值达1.8亿多元,同比增长9.2%,上缴国家税收1451万多元。是年,粮食生产达19334吨,生猪存栏29010头,水产品产量720吨,水果种植5199亩,产量4528吨。

水口镇 水口镇位于兴宁市南端,东邻梅县畲江镇,西连五华县河东镇、水寨镇,南靠丰顺县,北接新圩镇,是省首批规划的中心镇之一,下辖38个村和1个居委会,总面积228.85平方公里。2010年,总人口80496人,其中农业人口75757人。

2010年,全镇工农生产总值4.18亿元。其中农业总产值2.87亿元,工业总产值1.31亿元,财政一般预算内收入219.60万元,农村人均年纯收入4410元。

罗浮镇 罗浮镇位于兴宁市最北部,距兴宁市区57公里,是东江河的上游和源头之一。辖25个村委会和1个社区居委会,总面积273.4平方公里,属山地丘陵地形。东部与罗岗、黄槐镇相连,西与龙川县交界,南与罗岗镇、龙川县新田镇接壤,北邻江西省寻乌县。是广东省中心镇、广东省卫生先进镇、国家小城镇经济综合开发示范镇、梅州市油茶专业镇,是兴宁的北大门。森林覆盖率85%,境内有渡田河省级自然保护区和黄毛嶂市级自然保护区。2010年,总户数10346户53758人,其中农业人口50987人。

2010年,全镇工农业总产值2.83亿元,财政一般预算收入115.5万元,农村人均纯收入4640元。是年,新增油茶种植面积2500亩,总面积达5.5万亩,产值4000多万元,占工农业总产值的15%,水稻种植面积49755亩,总产20143吨,亩产442公斤,亩增23公斤;杂交玉米种植面积4887亩。

罗岗镇 罗岗镇位于兴宁市北部,东临黄陂、黄槐,西连龙川县,南接大坪,北靠罗浮。总面积148.52平方公里,山地191456亩,耕地31289亩,其中水田17930亩。辖30个村委会和1个居委会。2010年,总人口71853人,其中农业人口66725人,非农人口5128人。

2010年,全镇工农业总产值1.7044亿元,其中工业产值7280万元,农业产值9764万元。财政预算内收入512万元,农村人均纯收入4000元。是年,粮食种植面积4.5万亩,总产1.78万吨,其中水稻3.6万亩,优质杂交水稻3.48万亩,总产1.4万吨。推广种植优质杂交玉米7000亩,总产2100吨。肉鸡饲养量80多万只,生猪饲养量3.47万头。

黄槐镇 黄槐镇地处兴宁市北部山区,东与梅县相邻,西北与罗浮、罗岗镇及江西省寻邬县相接,南连黄陂镇,北靠平远县,距兴城44公里,属两省三县交界地。辖12个村委会和1个社区居委会。2010 年,总人口 37086 人,其中农业人口 31053 人;总面积 95.1 平方公里,耕地面积 9904 亩。

2010 年,全镇工农业生产总值 8628 万元,其中农业总产值 6980 万元,工业总产值 1648 万元;财政收入 521.2 万元,人均纯收入 4324 元。是年,粮食总产量 7690 吨,其中水稻总产 5480 吨。

黄陂镇 黄陂镇位于兴宁市东北部,东邻梅县石坑镇,西连罗岗及大坪镇,南靠合水镇,北接黄槐镇,辖 28 个行政村和 1 个圩镇社区,总面积 127.52 平方公里。2010 年,户籍总人口 71223 人,其中农业人口 65099 人。

2010 年,全镇工农业总产值 43160 万元,其中农业 7910 万元,工业 35250 万元,财政预算内收入 1407 万元,农村年人均纯收入 4264 元。是年,新增油茶面积 3500 亩,挂果油茶面积 1.5 万亩,收获油茶果 1.2 万吨,产值 2880 万元;粮食种植面积 33440 亩,总产 12062 吨,其中水稻种植面积 26533 亩,总产 10672 吨;水果总面积 1939 亩,总产 2823 吨;蔬菜总面积 8110 亩,总产 9393 吨;鱼塘面积 418 亩,总产 228 吨。

大坪镇 大坪镇位于兴宁市西北部,东邻黄陂镇、南连叶塘镇、西接龙川县、北靠罗岗镇。距兴宁市区 29 公里,境内交通便利,省道甘赤线和 S226 线贯穿全镇。辖 37 个村委会和 1 个居委会,总面积 187.09 平方公里,。2010 年,总户数 16250 户、总人口 72968 人,其中农业人口 69049 人、非农人口 3919 人。

2010 年,全镇工农业总产值 33585 万元,其中农业产值 24861 万元,工业产值 8724 万元,镇级财政预算内收入 369 万元,农村人均年纯收入 3889 元。是年,新种植油茶 1.5 万亩,种植规模达到 5 万亩。种植桑树 350 亩,兴建蚕房 800 平方米。粮食种植面积 56774 亩,总产 22312 吨;茶叶 121 亩,总产 27 吨;蔬菜 26530 亩,总产 41287 吨;水果 3724 亩,总产 2514 吨;鱼塘 794 亩,总产 388 吨。

石马镇 石马镇位于兴宁市东北部,东邻径南及梅县南口,西连龙田、合水,南毗永和、宁中,北接梅县石坑。辖 26 个村委会和 1 个居委会。总面积 107.78 平方公里,耕地 1.96 万亩,其中水旱田 1.66 万亩,旱畲地 2925 亩,山地 13.5 万亩。2010 年,总户数 9016 户,总人口 38226 人,其中农业人口 35666 人;

2010 年,全镇工农业总产值 8851 万元,其中:工业总产值 1045 万元,农业总产值 7806 万元,财政预算内收入 586.88 万元,农村人均纯收入 5516 元。是年,粮食种植面积 29196 亩,总产量 11447 吨;水果面积 8815 亩,总产量 17073 吨;茶叶面积 177 亩,总产量 46 吨;油茶面积 2.5 万亩,生猪全年出栏 13692 头,年末存栏 11019 头。

附:2010 年兴宁市五套班子成员名单

市委书记:江理达
副书记:陈略宇 罗颖安
常委:江理达 陈略宇 罗颖安 张小奎 罗利娜 何志平 陈志宁 廖奇军 谢益民 夏思光 钟光振
市人大常委会主任:江理达
副主任:彭旺贤(常务) 罗纯辉(任至 1 月) 刘忠平 李福泉(1 月任) 刘卫星 袁水祥 罗干忠
市长:陈略宇
副市长:陈志宁(常务) 何剑清 何建元 肖卫华 罗苑铭 罗宇芳 黄启星

市政协主席：曾洪标
副　　主　　席：曾伟浩　何新春　谢文航　郑　华　饶静霞　张坚力
市纪委书记：张小奎
副　　书　　记：陈　辉　蓝新环　何小娟

平远县

【历史·地理·人文】 平远建置于明嘉靖四十一年(1562)。中华人民共和国成立后，平远隶属兴梅区专员公署。1965 年，隶属梅县地区行政专员公署。1988 年，梅县行署改为市一级政权机构，称梅州市，平远隶属梅州市。全县总面积 1381 平方公里，辖区 12 个镇，136 个村委会，7 个居委会。2010 年年末，全县户籍人口 76384 户，260337 人。县城设在大柘镇。

平远位于广东省东北部，地理坐标位于北纬 24°23′~24°56′，东经 115°43′~116°07′，与福建武平、江西寻乌两县相连，是由赣入粤的重要关口。明清时期是闽粤赣三省“盐道”的交通要冲。平远地处亚热带季风气候区，气候温和，光照充足，雨量充沛。水力资源丰富，是全国首批 100 个电气化县之一。境内主要河流有差干河、柚树河和石正河 3 条水系，为韩江二级支流。全县林业用地面积 10.89 万公顷，森林覆盖率 73.7%，活立木蓄积 488.8 万立方米，是粤东动植物资源保护得最好的县之一。县内龙文—黄田自然保护区为省级自然保护区；国家 AAA 级风景名胜区五指石以“中国丹霞地貌盆景”著称；粤东名胜、国家级森林公园南台卧佛山号称“世界第一天然大佛”。县境有丰富的金属和非金属矿藏。铁矿蕴藏量 7800 余万吨，稀土 8 万吨，石灰石藏量 2 亿吨以上，花岗岩 100 万立方；经国家地质部门勘查，境内稀土矿属品位较高、开采条件较好的中型矿藏。国道 206 线横跨境内 4 个镇并横穿县城，县至镇、至行政村公路全面实现水泥硬底化。

平远人文资源厚重，客家文化特点鲜明，是粤东客家先民的始兴地，客家先贤程旼的故乡，境内有保存完好的客家围龙建筑，有客家传统民间艺术船灯舞、落地金钱等。曾涌现世界客属名贤首贤程旼，明监察御史韩元勋，辛亥革命时期广东北伐军总司令姚雨平，爱国侨领姚德胜，抗日英烈姚子青、黄梅兴等著名人物。历史上太平军 4 次进入平远，红四军 3 次来到平远，抗日战争后期省政府曾搬迁到平远办公。

【发展概况】 2010 年，平远县坚持以科学发展观为指导，积极实施“生态经济县、文化先进县、安康和谐县”发展战略，以招商引资和项目建设为主抓手，大力调整产业结构，加快转变经济发展方式，积极推进经济各项工作。同时，以民生改善为主线，大力发展社会各项事业。经济保持平稳增长，保增长、保民生、保稳定目标全面实现。全县完成生产总值 35.5 亿元，比增 14.2%；工业总产值 47.7 亿元，比增 40.1%；农业总产值 13 亿元，比增 6.1%；全口径税收收入 3.18 亿元，比增 10.4%；全面完成中央“两税”、省“四税”上划考核基数任务；县级一般预算收入 1.62 亿元，比增 20.9%；县级一般预算支出 6.91 亿元，比增 19.6%；全社会消费品零售总额(新口径)12.3 亿元，比增 15.1%；外贸出口总额 6295 万美元，比增 75.7%；金融机构各项存、贷款余额为 36.29 亿元和 11.45 亿元，分别增长 13.65%和 39.63%；农民人均纯收入 6006 元，比增 20.2%。

【产业结构调整】 以结构调整为主线，促进一、二、三次产业健康协调发展，大力推动传统产业优化升级，稀土新材料、机械铸造、优质建材等三大工业产业发展水平全面提升。三次产业结构比例为 23.21：42.96：33.83，对比“十五”期末第一、三产业分别下降 4.7 个百分点和 2.93 个百分点，第二产业上升 7.64 个百分点，经济结构进一步优化，逐步形成农业为基础、基础产业和制造业为支撑、服务业全面发展的产业格局。

【工业集中区建设和招商引资】 基本完成生态工业集中区占地 2000 亩的一、二期建设，引进广东获赛尔、亚力盛电子等 21 家企业落户集中区，投产的有 18 家。2010 年，工业集中区实现工业总产值 4.92 亿元，税收 1880 万元，全县招商企业共解决 1.2 万人就业，实现税收收入 1.78 亿元，占全县税收收入的 56%。以集中区三期为基础，在济广高速公路石正出口与 206 国道连接线两边，规划建设 21 平方公里的生态工业集中区，投入 6500 多万元，完成三期工业集中区 3000 亩征地拆迁、首期 1075 亩土地平整。全力推进招商引资，通过制定各项招商优惠政策，打造招商平台，落实招商责任制，强化专业招商、节会招商、产业招商，引进广晟、广柴、宜华、宁江等大企业来平投资，形成新的经济增长点。2010 年，引进项目 9 个，计划投资总额 17.25 亿元，已投入 1.23 亿元，含往年项目再续投资累计 3.46 亿元。

【农业农村工作】 发展壮大脐橙、油茶、南药、优质稻等“四大农业主导产业”，种植面积分别 10 万亩、17.1 万亩、4.8 万亩、6 万亩。分别被国家农业部、国家经济林协会授予“全国粮食生产先进县”、“中国油茶之乡”称号。培育建成各类农业龙头企业 30 家，有 3 家企业进入广东现代农业 100 强和现代企业 500 强。建成国家级农业标准化示范区两个，县级农业产业园 10 个，农业基地 29 个，组建 68 个专业合作社。培育广东新大地、南台药业、金穗生态农业、飞龙果业、永桦果业等骨干农业龙头企业。扶贫开发“双到”工作扎实开展，全县 46 个贫困村 2113 户贫困户 7535 人制订帮扶规划，落实帮扶项目资金 1440 万元。积极创建生态镇、村，全面完成木材加工经营企业整治工作，完成集体林权制度主体改革工作。全面落实各项惠农政策，农村生产生活条件进一步改善。

【城乡规划建设】 2010 年全社会固定资产投资 9.4 亿元，比增 25%。完成《平远县城总体概念规划》和城南新区等部分重要节点规划编制，县城规划区、建成区面积扩大至 38 平方公里和 7.85 平方公里；启动城南新区建设，建成新汽车客运站、城乡规划建设展览馆，县文化体育中心及优山美地、平城花园、金色华府、新田花园等 4 大宜居社区建设全面推进；完成差干、河头、中行、热柘等 4 个镇的总体规划修编及 40 个自然村整治规划，新农村建设成效显著，农村人居环境进一步改善；县城水质净化厂正式运营，新垃圾填埋场投入使用；投资 9000 多万元完成县城防洪堤续建工程和市政配套工程建设，投资 5300 万元，建成东石河坝头段堤围除险加固防洪堤工程，黄田水库除险加固和高峰滩灌区加固改造工程全面推进；启动中央财政小型农田水利重点县项目建设，城乡水利防灾减灾功能全面强化。

【交通建设】 完成 100 公里农村公路改造，全面实现行政村公路水泥硬底化。全县公路通车里程 1318.9 公里，比“十五”期末增加 90.5 公里，每百平方公里公路密度达 95.5 公里，比“十五”期末增加 6.55 公里。完成县道 038 线东石矿山路段改线工程，重新启动县城环北路建设，程旼大道建设加快推进。济广国家高速公路平远段项目已基本具备开工条件。

【文化·教育】 大力挖掘弘扬“红色文化、程旼文化、大佛文化”，扎实推进“文化先进县”建设。投入 3500 多万元，大力推进创建“广东省教育强县”工作，被省人民政府授予“广东省教育强县”称号。

高中阶段教育毛入学率92.6%,走在全市前列,顺利通过省普及高中阶段教育验收。民国广东四大银行金库旧址、井下吴屋被列为省级文物保护单位,仁居镇、石正镇被评为市级文化先进镇。完成南台卧佛山文化旅游产业园首期项目南台大佛寺大雄宝殿主体工程建设,举办首届“程旼·福文化节”,加快推进申报中央苏区县工作。有线数字电视整体转换和网络升级改造工作全面铺开。

【科技·体育·计划生育】 扎实推进产学研平台、工程研发中心和农业科技创新中心建设,自主创新能力不断提高。2010年13个项目获省、市科技计划立项,产学研平台7个、产学研示范基地2个、市级农业科技创新中心1家、市级工程研发中心2家、省级工程研发中心2家,研发拥有知识产权的新产品23项。深入开展全民健身运动,在广东省十三届运动会上获得一金二银一铜佳绩,被梅州市十三届省运会代表团授予“突出贡献奖”。全年人口自然增长率4.53‰,计划生育率96.79%,被省政府确定为人口和计划生育综合改革示范县。

【旅游产业】 着力提升南台卧佛山、五指石、大河背和龙文—黄田省级自然保护区等原生态旅游资源品位。启动南台卧佛山文化旅游产业园建设,改造程旼公园,基本完成大佛寺一期主体工程建设。旅游公路、星级酒店、景区服务区、乡村旅游驿站等配套设施建设步伐加快,“赏茶花—拜大佛—品脐橙—游五指—泡温泉”生态乡村游线路进一步打响。2010年,平远入选“中国最佳文化休闲旅游县”,坐落在仁居的红军纪念园被认定为“广东省首批红色旅游示范基地”。通过举办第六届脐橙旅游节,吸引更多旅客。2010年,接待旅游总人数28万人次,旅游总收入1.02亿元,分别比增22%和45%。

【民生保障】 民生方面财政支出4.72亿元,比“十五”期末增长186.1%。投入4000多万元,用于“6·14”、“6·22”特大洪灾420户受损房屋维修和525户全倒户家园重建,修复重建灾毁公路、桥梁、农田、水利和市政设施。建设保障性住房80套4748平方米。实行行政事业单位统一津补贴制度。农村卫生、公共卫生服务、医疗服务和医疗保障体系建设不断强化,实现城镇职工基本医疗保险、城镇居民基本医疗保险和新型农村合作医疗等基本医疗保险全覆盖。征缴社保费13446万元,全县参保人数8.6万人,农村人均年纯收入低于1500元的困难家庭全部纳入低保,优抚、低保、“五保”标准位居全市前列。新增就业1827人,城镇登记失业率2.92%,举办各类型招聘会40场,为求职者提供9634个就业岗位,开展7个工种46期3613人的农村劳动力转移培训,全年新增转移就业9307人。加强社会治安综合治理,公众安全感位列全市第一、全省第二,县公安局被公安部授予“全国公安机关执法示范单位”。

【平远入选“中国最佳文化休闲旅游县”】 2010年4月,在由中华文化促进会旅游文化研究中心、世界华侨华人社团联合会旅游合作组织和国际休闲产业协会共同主办的“中国文化休闲旅游品牌评选活动”上,平远县入选“中国最佳文化休闲旅游县”。

【南台卧佛山大佛寺和广东南台卧佛山国家森林公园文化广场奠基】 4月24日,平远县举行南台卧佛山大佛寺和广东南台卧佛山国家森林公园文化广场奠基、经贸签约等系列活动。原广州军区空军副司令员张书田将军,香港特别行政区太平绅士何冬青,中国旅游文化资源保护委员会、中国旅游文化资源发展促进会会长、秘书长黄志勇,世界华人联合会副会长兼秘书长、世界华人企业家联合会会长兼秘书长、全球经济发展促进总会会长聚博圣,市及省、市直有关领导杨源兴、李纯德、陈丽霞、何万真、谢荣章、林清亮,及中国佛教协会、广东佛教协会和各省市县宗教界的朋友,省、市有关单位,兄弟县(市)的和各地企业界的领导等参加奠基仪式。

【平远被授予"中国油茶之乡"称号】 2010年11月,平远被经济林协会授予"中国油茶之乡"称号。

【平远县红军纪念园被评为首批"广东省红色旅游示范基地"】 2010年11月,平远县红军纪念园被省委宣传部、省发改委、省旅游局评为首批"广东省红色旅游示范基地"。

【平远被授予"全国粮食生产先进县"称号】 平远被国家农业部授予2010年度"全国粮食生产先进县"称号。

【平远县第六届脐橙旅游节】 12月4日,平远县第六届脐橙旅游节在平远县人民广场开幕。国务院聘任原港事顾问、香港太平绅士何冬青,市及省、市直有关领导陈小山、涂麟清、何万真、危金峰、邓建华、谢荣章、吴远扬等,港澳台及海外嘉宾,省内外企业家代表,部分外出乡贤等社会各界人士等参加开幕式。仪式现场举行经贸签约活动,签订经贸签约项目14个,总投资26.28亿元。其中现场签约8个,总投资21.3亿元。

【乡镇概况】

差干镇 差干镇位于平远县北部,距县城54公里,东邻福建省武平县下坝乡,西接江西省寻乌县项山乡,南与本县仁居、上举接壤,北靠福建省武平县民主乡。全镇总面积93平方公里,辖新岭、湖洋、三达、差干、文丰、加丰、湍溪等7个村民委员会42个村民小组。国家AAA级旅游区、省级风景名胜区五指石坐落于该镇境内。2010年年末,全镇总户数1879户7936人,其中农业人口1707户7474人,非农业人口172户462人。

2010年,全镇完成国内生产总值9054万元,同比增长11.9%;工业总产值14270万元,同比增长29.9%;农业总产值4803万元,同比增长6.9%;镇级财政收入135万元,同比增长11%;村级集体经济收入50.07万元,同比增长12%;农民人均纯收入6103元,同比增长6%。人口自然增长率6.2‰。

仁居镇 仁居镇位于平远县西北部,东邻差干、上举两镇,西接八尺镇,南连东石、河头两镇,北毗江西省吉潭镇项山乡,距县城36公里。全镇界域面积191平方公里,下辖15个行政村和1个社区居委会,共192个村民小组。2010年年末,全镇总人口6132户22956人,其中农业人口19035人。

2010年,全镇完成人均生产总值(绝对值)9002元,同比增长12.1%;完成工业总产值(绝对值)2.12亿元,同比增长18.2%;完成农业总产值(绝对值)1.28亿元,同比增长5.5%;完成固定资产投资2851万元(绝对值),同比增长10.1%。实现镇级财政一般预算收入333.1万元;村级集体经济纯收入82.53万元,比增7.3%;农民人均纯收入6244元(绝对值),同比增长6.9%。

八尺镇 八尺镇地处平远县西北部,东邻仁居、河头镇,南连中行镇,西北分别与江西省寻乌县留车镇、南桥镇接壤,206国道贯穿其间,是平远县的北大门。界域面积108平方公里,辖11个村委会,1个居委会,118个村民小组。2010年末有3847户14625人,其中农业人口11280人。

2010年,全镇完成国内生产总值13266万元,比增10%;完成工业总产值7835万元,比增21%;农业总产值10704万元,比增5%。镇级财税收入1374.2万元;农村人均纯收入4441元,比增4.99%。

河头镇 河头镇位于平远中部,东邻东石镇,西接八尺镇、中行镇,北靠仁居镇,南连大柘镇。

地形呈长形块状,界域面积 82.42 平方公里,辖 9 个村民委员会,80 个村民小组,2010 年年末,全镇有 2788 户 10627 人,其中农业人口 10031 人,圩镇居民 596 人。

2010 年,全镇完成生产总值 7782 万元,比增 10%;农业总产值 6354 万元,比增 6%;工业总产值 2974 万元,比增 13%;镇级财政收入 121.5 万元,比增 14.8%;村级集体经济收入比增 15%;农村人均纯收入 4590 元,比增 6%。

中行镇 中行镇位于平远县西部,距县城 14 公里,206 国道贯穿其间。东邻河头镇,西接江西省寻乌县丹溪乡,北靠八尺镇,南连大柘镇,界域面积 74 平方公里,辖良畲、仲石、儒地、中行、官坑、快湖 6 个村民委员会,51 个村民小组。2010 年年末全镇总户数 2408 户 8592 人,其中农业人口 6151 人。

2010 年,全镇完成国内生产总值 6363 万元,比增 10%。工农业总产值 15127 万元。其中,工业总产值 10091 万元,比增 33.2%;农业总产值 5036 万元,比增 6.9%。镇级财政收入 86 万元,比增 10%。农村人平纯收入 4853 元,比增 6%。

上举镇 上举镇位于平远县东北部闽粤交界处,距县城 33 公里。界域面积 98.6 平方公里,山林面积 13 万多亩,其中龙文省级自然保护区 3.3 万多亩,年末耕地面积 5452 亩。全镇辖 6 个行政村,53 个村民小组。 2010 年年末,全镇总人口 1852 户 7365 人。

2010 年,全镇国内生产总值 7902 万元,比增 11.9 %。工农业总产值 11092 万元,比增 18.1 %。其中,工业总产值 5415 万元,比增 29.8 %;农业总产值 5677 万元,增长 6.9 %。农村人平纯收入 6763 元,比增 19 %。年末居民储蓄余额 2700 万元。

泗水镇 泗水镇位于平远县东北部山区,东邻蕉岭县,西接上举镇,南连东石镇,北毗福建省武平县。界域面积 137 平方公里,辖 8 个村民委员会、140 个村民小组,全镇耕地面积 9106 亩、山林面积 17 万亩,是平远县的重要林区。2010 年年末,全镇总人口 2829 户 10462 人。

2010 年,全镇完成国内生产总值达 9798 万元,比增 9%。农业总产值 6787 万元,比增 6%。完成镇级一般预算收入 74 万元,比增 10%。国、地税收逐年递增,完成国税 466111 元,比增 8.5%;省县共享税 115776 万元;所得税 17162 万元;地方各税 134845.56 万元,比增 8%。完成全年任务总数 714168 万元,占全年 114.91%。2010 年,农村人均纯收入达 7438 元,比增 8.6%。城乡居民储蓄余额由上年的 2750 万元增加到 3710 万元,增长 34.9%。

东石镇 东石镇位于平远县中部,东邻蕉岭县,西接河头镇,南与大柘镇、热柘镇接壤,北靠仁居、上举、泗水镇。全镇界域面积 163.1 平方公里,辖 17 个村民委员会 223 个村民小组和 1 个社区居委会。2010 年年末,全镇总人口 8354 户 33624 人。

2010 年,全镇完成生产总值 36302 万元,人均增长 11.9%。工农业总产值 58812 万元。其中,工业总产值 48507 万元,比增 20.5%;农业总产值 10305 万元,比增 5.5%。完成财税包干 647.8 万元,占县下达全年任务的 102.4%。农村人均纯收入 6896 元,比增 23.3%。

大柘镇 大柘镇地处平远县城,界域面积 154.51 平方公里,辖 28 个村(居)民委员会,266 个村(居)民小组。2010 年末,全镇有 31853 户 89383 人。其中,非农人口 52358 人;农业人口 37025 人。

2010 年,全镇完成国内生产总值 55737 万元(现价,下同),比上年增长 7%;工业总产值 83494 万元,比增 11%;农业总产值 20365 万元,比增 5%;镇级财政收入 280 万元,比增 6.1%;村级集体经济纯收入 132.3 万元;农村人平纯收入 6597 元,比增 7.4 %。

石正镇 石正镇位于平远西南部,东连大柘镇,西、南、北分别与兴宁、梅县和江西省寻乌相连,辖区面积 98 平方公里。全镇设有 17 个村委会和一个居委会,173 个村民小组。2010 年年末,全镇有8446户32438人,其中农业人口27282人。

2010年,全镇完成国内生产总值22554万元,比增10%;工业总产值14005万元,比增18%;农业总产值12119万元,比增5%;上缴各项税收344.5万元,占县下达任务122.2%;镇财政收入300.9万元,全面完成县下达的财政包干任务。

长田镇　长田镇是平远县南大门,东、西、南与梅县的石扇、梅西及大坪镇接壤,北与本县热柘镇、大柘镇相连。206国道南北贯穿全镇,距梅州市区30公里,离平远县城14公里。全镇界域面积69平方公里,下辖7个村委会。2010年年末,全镇总人口2559户9430人,其中农业人口6319人。

2010年,全镇国内生产总值9303万元,同比增长10.8%。工农业总产值22568万元,其中农业总产值5483万元,同比增长6%。镇级财政收入57.5万元,比增10%。全年完成财税包干任务94万元,完成县下达任务数。农民人均纯收入4311元,同比增长6.6%。

热柘镇　热柘镇位于平远县东南部,东与蕉岭县新铺镇、梅县石扇镇接壤,西与大柘镇为邻,南连长田镇,北接东石镇,是革命老区,"华侨之乡"。热柘镇距县城13.9公里,全镇行政面积108平方公里,辖有热柘、热水、上山、升平、下黄地、小柘、礤上、韩坑8村民委员会共74个村民小组。2010年年末,全镇总人口3437户12899。全镇有山林面积13.3万亩,有耕地面积16104亩,其中水田10091亩。

2010年,完成国内生产总值7300万元,比增14%。镇级财税收入136万元,比增14%,超额完成县下达的财税包干任务。农村居民人均纯收入3207元,比增7%。

(林绪远　钟尚平)

附:2010年平远县五套班子成员名单

县委书记:肖文浩
副书记:张映平　朱少辉
常委:肖文浩　张映平　朱少辉　凌志达　张丽霞(女,任至11月)　张庆贤
凌声宏　陈颖明　谭立威(任至9月)　吴　晖　胡新文
甘亦长(9月起任)　温助明(挂任至7月)
县人大常委会主任:肖文浩
党组书记:陈征宏
副主任:姚新炎(常务)　陈征宏(3月起任)　刘金宏(兼)　谢仁烈　肖似英
秦秋华(女,任至3月)　张荣忠
县长:张映平
副县长:凌声宏(常务)　姚永波(常务)　徐　甦　姚小玲(女)　凌　峰
赖彬洪　温助民(5月起任)　潘伟明(挂任至1月)　赵　明(3月起挂任)
县政协主席:凌征忠
副主席:肖宜煌(常务)　谢泳凤(兼)　林国光　廖文香(兼)　韩垂辉(兼)
凌　健(兼)　丘建平(3月起任)
县纪委书记:吴　晖
副书记:赖家琳　冯　振

责任编辑:吴跃华

社会经济统计资料

国民经济和社会发展主要指标

1-1

指　　标	单位	2000年	2005年	2006年	2007年	2008年	2009年	2010年
一、人口与就业								
年末总人口	万人	485.15	498.92	500.94	503.36	505.28	507.36	514.75
农业人口	万人	385.04	376.34	377.54	379.57	380.57	382.19	388.52
非农业人口	万人	100.11	122.58	123.40	123.79	124.71	125.17	126.23
男性人口	万人	250.07	256.55	257.73	258.89	259.50	260.32	263.64
女性人口	万人	235.08	242.37	243.21	244.47	245.78	247.04	251.11
年末从业人员数	万人	207.23	212.0	212.9	214.8	217.51	219.69	211.80
#职工人数	万人	28.68	24.8	24.8	24.4	23.2	23.0	23.50
二、国民经济核算								
生产总值(当年价)	亿元	180.50	314.61	349.58	411.62	479.61	519.29	612.85
第一产业	亿元	56.02	72.73	77.65	87.76	103.91	109.12	124.24
第二产业	亿元	63.18	129.32	150.56	173.41	195.87	206.37	252.43
第三产业	亿元	61.30	112.56	121.36	150.45	179.83	203.79	236.18
三、固定资产投资								
全社会固定资产投资	亿元	48.49	120.47	129.63	137.73	142.19	162.98	195.52
#国有单位	亿元	19.87	50.13	56.77	60.07	55.80	77.63	88.00
集体单位	亿元	13.94	18.29	16.61	16.22	4.52	4.03	6.88
个体经济	亿元	7.35	20.15	20.90	23.84	35.32	29.31	41.30
四、财政								
财政收入	亿元	7.18	15.18	18.25	22.97	27.11	30.77	38.95
财政支出	亿元	23.04	46.25	59.20	72.08	81.61	96.92	117.69
五、物价总指数(上年=100)								
居民消费价格总指数	%	100.5	102.2	100.2	104.8	104.4	97.0	102.8
六、企业景气指数	%	–	125.90	139.26	127.83	105.77	124.51	129.40
#工业企业景气指数	%	–	116.96	151.15	137.49	96.55	122.2	117.39
全社会用电量	亿千瓦时	–	41.01	42.51	48.80	52.03	56.4	60.98
#工业用电量	亿千瓦	–	29.31	29.92	35.67	36.51	38.67	40.99

注:①财政收入2002年与2001年数存在不可比因素。

②耕地面积从2008年起采用国土部门的统计口径及数据。

续表 1

指　　标	单位	2000年	2005年	2006年	2007年	2008年	2009年	2010年
七、农业								
耕地面积	万公顷	13.44	12.19	12.17	12.24	16.54	15.93	16.31
农业总产值(当年价)	亿元	86.33	112.87	127.04	145.22	173.06	179.38	201.85
主要农产品产量								
粮　食	万吨	156.95	133.22	113.24	116.56	116.3	119.73	119.86
玉　米	万吨	7.02	6.92	2.98	2.83	2.62	3.35	3.69
水　果	万吨	59.74	81.04	72.41	76.99	83.33	93.16	100.62
茶　叶	吨	7953	9804	9912	10680	10800	11230	11313
猪　肉	万吨	16.23	16.69	17.58	16.58	17.61	17.95	18.73
水产品	万吨	7.04	8.18	7.73	7.73	8.36	8.61	9.03
造林面积	万公顷	0.43	1.78	1.40	1.17	–	0.13	0.39
八、工业								
全部工业总产值(当年价)	亿元	167.09	314.66	362.62	427.64	480.73	487.44	620.11
#规模以上工业总产值	亿元	81.81	207.10	240.18	293.16	333.56	351.11	455.97
#轻工业产值	亿元	64.98	108.06	124.52	140.86	158.35	160.56	203.40
重工业产值	亿元	102.11	206.60	238.10	286.78	322.38	326.88	416.71
主要工业产品产量								
原煤	万吨	93.80	177.44	–	–	–	–	
发电量	亿千瓦时	35.85	70.58	89.36	99.85	93.66	113.15	125.44
中成药	吨	1240	2104.13	3186	3344	3702.3	5406	4197
布	万米	350.61	472.00	340.9	124.0	123.1	80.5	142.4
卷烟	万箱	20.00	25.06	26.10	28.42	29.6	30.22	32.78
水泥	万吨	806.36	1124.96	1164.53	1320.17	1308.01	1332.02	1336.78
日用陶瓷	万件	6469	19331	20134	17807	9892	4191	7010.00
服装	万件	175.65	289.57	298.23	218.41	338.2	311.72	349.85
独立核算工业企业财务指标								
固定资产原价	亿元	112.24	194.51	197.34	233.67	270.40	288.64	318.21
固定资产净值	亿元	80.97	142.65	146.32	160.89	186.30	190.28	205.16
利润和税收总额	亿元	12.69	47.75	55.33	72.19	69.02	77.71	100.36

注:1.主要工业产品产量为限额以上工业。
　　2.独立核算工业企业财务指标为限额以上工业数值。

续表 2

指　标	单位	2000 年	2005 年	2006 年	2007 年	2008 年	2009 年	2010 年
九、建筑业								
建筑企业职工年均人数	万人	3.42	6.94	6.96	6.91	8.05	7.50	8.87
建筑业总产值(当年价)	亿元	16.92	54.80	66.99	79.36	96.0	100.91	125.91
施工房屋面积	万平方米	274.00	776.23	876.57	871.52	1052	1146.44	1315.80
竣工房屋面积	万平方米	142.00	265.07	346.97	306.08	516	469.71	494.34
十、交通运输邮电								
货运量	万吨	3905	4137	4189	4434	4605	3896	4504
铁路	万吨	264	386	395	419	460	395	412
公路	万吨	3534	3649	3708	3940	4085	3444	4029
水运	万吨	107	102	86	75	60	57	63
客运量	万人	4089	3650	3924	4027	4341	4016	4538
铁路	万人	116	97	107	120	127	122	134
公路	万人	3946	3523	3781	3880	4186	3873	4377
水运	万人	22	27	34	25	26	18	22
空运	万人	5	3	2	2	2.0	3	5
邮电业务总量(1990 年不变价)	亿元	11.51	13.77	14.24	16.75	15.54	16.88	18.22
十一、商业								
社会消费品零售总额	亿元	67.28	131.85	154.99	184.59	228.94	267.98	315.10
#批发零售贸易业	亿元	49.01	117.00	137.22	164.10	203.96	247.51	291.18
餐饮业	亿元	6.09	13.58	16.54	20.38	24.98	20.47	23.92
制造业	亿元	6.36	–	–	–	–	–	–
其他行业	亿元	5.82	1.27	1.22	0.11	–	–	–

注:1.邮电业务总量 2001 年后为 2000 年可比价。

2.2005 年后交通运输指标按省调整反馈数。

3.2008 年后邮电业务总量为邮电业务总收入。

续表 3

指　　标	单位	2000年	2005年	2006年	2007年	2008年	2009年	2010年
十二、对外经济贸易和旅游								
外贸出口总额	万美元	29714	31031	38122	43627	57829	67090	95100
#一般贸易出口	万美元	21623	28440	31429	33741	44558	52716	69397
"三资企业"出口	万美元	7785	7171	14993	20770	30470	33616	51328
海关进口总额(梅州海关)	万美元	5199	5168	8298	9181	18449	11810	22240
实际利用外资	万美元	9663	11142	8205	11252	12859	8006	8959
接待旅游者人数	万人	72.57	300.3	337.14	401.20	460.43	553.48	747.20
#国际旅游者	万人	6.13	7.17	7.78	8.48	8.75	7.94	8.71
十三、金融保险								
金融机构存款余额(人民币)	亿元	141.52	429.78	471.73	483.29	596.72	700.08	839.63
金融机构贷款余额(人民币)	亿元	93.36	206.37	204.78	215.57	206.45	273.40	331.10
保险费收入	万元	37308	66150	83200	100800	147000	137900	170800
十四、人民生活								
全部职工工资总额	亿元	20.99	32.52	36.77	44.16	49.21	54.08	61.10
全部职工年平均工资	元	7223	12909	14788	17983	21088	23470	26195
市区城镇居民人均可支配收入	元	7137	8695	9259	10802	12109	13113	14728
农民人均纯收入	元	3539	4181	4369	4613	5038	5390	6367
十五、教育、文化、卫生								
在校学生数								
高等学校	人	7550	14617	13632	14279	15364	19282	20673
普通中学	万人	31.97	38.06	38.84	38.31	38.23	38.13	37.46
小　学	万人	57.16	51.37	47.93	43.69	38.95	34.74	31.33
卫生机构数	个	460	1467	1432	1247	1212	1172	1178
卫生机构病床数	张	7257	8324	8522	8459	8810	9360	10702
卫生技术人员	人	14228	14402	14817	17012	14535	14982	16879
#执业(助理)医师	人	–	5879	6029	5728	–	–	–

注:金融机构贷款中,2000年后数据不含资产剥离数,2004年前金融机构存、贷款数据为国家银行数据。外贸出口总额2001年后为海关数。2002年后卫生技术人员数为新统计口径。市区城镇居民人均可支配收入2002年实行新统计口径。2005年后实际利用外资为外商直接投资数。

各县(市、区)生产总值

(当年价) 单位:万元

县(市、区)	生产总值	第一产业	第二产业	工业	建筑业	第三产业
2010年						
梅江区(含市直)	1176356	44713	674901	623401	53500	454742
#梅江区	258755	44713	83505	60005	23500	130537
兴宁市	989607	266313	340186	254686	85500	383108
梅　县	1285355	293669	614907	533407	81500	376779
平远县	352074	79363	152580	138980	13600	120131
蕉岭县	429547	81000	209401	185201	24200	139146
大埔县	446232	118712	173125	144325	28800	154395
丰顺县	587042	147513	185673	166973	118700	153856
五华县	704967	208433	160832	99832	61000	335702
2009年						
梅江区(含市直)	1037163	41975	594930	554334	40596	400258
#梅江区	220372	41975	61643	47319	14324	116754
兴宁市	825174	223853	267192	203535	63657	334129
梅　县	1078550	254072	483416	416916	66500	341062
平远县	291212	73352	111834	100969	10865	106026
蕉岭县	361151	69705	171540	153455	18085	119906
大埔县	389851	116710	131428	109695	21733	141713
丰顺县	494886	128015	221697	132842	88855	145174
五华县	594388	177302	127269	77659	49610	289817
2008年						
梅江区(含市直)	988605	42307	585801	542816	42985	360497
#梅江区	206958	42307	58412	45956	12456	106239
兴宁市	775628	216696	257620	196020	61600	301312
梅　县	1011683	249044	451604	385604	66000	311035
平远县	278602	70531	109938	99154	10784	98133
蕉岭县	339665	68138	163430	145930	17500	108097
大埔县	350670	98301	123788	103108	20680	128581
丰顺县	472982	125615	213541	125029	88512	133826
五华县	556309	175590	117036	71854	45182	263683

备注:1993年以来的各县(市、区)生产总值按经济普查资料进行了调整修正。

各县(市、区)生产总值发展速度

(按可比价计算)　　单位:%

县(市、区)	生产总值	第一产业	第二产业			第三产业
				工业	建筑业	
2010年						
梅江区(含市直)	110.9	106.6	109.8	108.6	126.0	112.8
#梅江区	115.4	106.6	130.1	122.1	157.7	110.3
兴宁市	115.1	107.2	122.7	120.5	129.1	113.4
梅　县	115.6	107.0	123.1	123.8	119.1	110.5
平远县	114.2	106.9	119.7	119.6	120.4	112.9
蕉岭县	115.1	108.1	121.8	121.0	128.7	109.5
大埔县	115.1	107.2	127.4	127.1	128.8	108.8
丰顺县	115.4	107.1	124.9	121.8	129.8	107.2
五华县	115.1	107.1	122.8	124.6	119.5	115.6
2009年						
梅江区(含市直)	106.6	106.2	102.8	102.3	109.7	113.0
#梅江区	110.4	106.2	109.5	106.5	121.6	112.3
兴宁市	110.4	106.5	110.7	108.4	118.4	112.4
梅　县	110.5	105.9	111.0	110.3	115.4	112.9
平远县	108.6	105.0	109.6	110.0	106.5	109.7
蕉岭县	110.4	106.9	110.6	109.7	118.4	112.1
大埔县	110.6	106.5	111.8	109.8	121.2	112.2
丰顺县	108.8	105.8	109.0	110.9	106.1	111.0
五华县	110.9	106.6	113.4	112.0	116.1	112.2
2008年						
梅江区(含市直)	110.0	107.2	109.1	109.8	99.9	111.9
#梅江区	110.5	107.2	109.5	110.0	107.7	112.1
兴宁市	110.2	106.5	108.3	110.8	101.0	114.1
梅　县	110.2	106.4	109.1	110.4	101.9	114.9
平远县	109.6	106.9	108.7	109.8	98.7	112.3
蕉岭县	110.1	107.6	110.3	110.3	110.2	111.2
大埔县	110.3	106.5	109.8	111.6	102.1	113.4
丰顺县	108.5	106.5	107.7	113.7	99.7	111.2
五华县	110.7	106.7	112.4	112.1	112.9	112.2

(刘大河)

责任编辑:陈映萍

文献法规选编

政府工作报告

——2011 年 1 月 13 日在梅州市第五届人民代表大会第六次会议上

梅州市代市长　朱泽君

各位代表：

我代表市人民政府向大会作政府工作报告，请予审议，并请政协委员和列席人员提出意见。

"十一五"时期工作回顾

"十一五"时期是极不平凡的五年。五年来，市政府在省委、省政府和市委的正确领导下，在市人民代表大会及其常委会和市政协的监督支持下，认真贯彻落实党的十七大精神，坚持以科学发展观为指导，在破难攻坚中奋发有为，经受了煤炭行业退出、淘汰落后产能、国际金融危机等带来的严重冲击，加快转变经济发展方式，努力建设生态、文化、平安名城和绿色现代产业基地，经济实现平稳较快增长，城乡环境明显改善，人民生活水平显著提高，经济社会各项事业全面进步，市五届人大常委会五次会议确定的 2010 年各项预期目标全面实现，"十一五"确定的各项任务顺利完成。

——经济总量不断壮大。预计 2010 年全市生产总值实现 603 亿元，比上年增长 13%以上，增幅可望超过全国、全省平均水平，年均增长 11%。人均生产总值 1.45 万元，年均增长 10.8%。来源于梅州的财政总收入突破百亿，达 114.46 亿元，年均增长 15.6%。地方财政一般预算收入 38.95 亿元，年均增长 20.8%。全社会固定资产投资 195.6 亿元，社会消费品零售总额 319.05 亿元，年均分别增长 10.2%和 19.3%。

——产业结构优化升级。把发展绿色现代产业作为提高经济质量和效益、转变经济发展方式的有效途径，出台《促进中小企业平稳健康发展实施办法》等政策措施，安排资金用于加快产业结构调整，鼓励企业增资扩产，2010 年三次产业结构调整为 20.6:41.8:37.6。全市工业增加值 207.3 亿元，年均增长 12.5%。规模以上工业增加值从 73.5 亿元增加到 164.4 亿元。烟草、电力、建材、电子、机电和矿冶加工六大产业占规模以上工业总产值的比重由 75.2%提高到 79.6%。高新技术企业产值从 20.5 亿元提高到 48.5 亿元，占规模以上工业产值的比重从 9.8%提高到 11.5%。蕉岭、丰顺被确立为"国家可持续发展实验区"。中国驰名商标实现零的突破，省级著名商标达 38 件，居山区市前列。全面完成省下达的淘汰落后产能目标任务，单位 GDP 能耗比 2005 年下降 17.6%。高度重视“三农”工作，农业、农村发展水平不断提高。特色农业基地面积 300 万亩，农业龙头企业 321 家，新增国家级农业标准化示范区 5 个，“梅县台湾农民创业园”成为国家级台湾农民创业园，新增省级以上名牌产品 20 个，预计全市农业总产值 204.8 亿元。我市被国家确立为“广东省韩江上游油茶、茶叶产业带”，梅州金柚打进欧美市场。新农村建设扎实推进，农民生产生活条件不断改善。服务业快速发展，创建了“客家文化生态旅游示范区”，建成重点景区 23 处，3A 以上景区 11 个，雁南飞通过国家 5A 级景区评审，梅州成为“广东最受欢迎自驾游目的地”，梅县成功创建“中国旅游强县”，全市旅游接待人数和旅游总收入均比 2005 年翻一番。梅州被确定为全省“农村金融改革创新综合试验区”，率先在山区市组建了小额贷款公司和村镇银行，全市 7 家上市公司(新增 4 家)，居全省第六。商贸、金融、保险等服务业蓬勃发展，汽车、住房、体育等成为新的消费热点，第三产业增加值 227 亿元，年均增长 13.4%。

——园区建设和招商引资成效明显。以“生态园区、工业新城”为发展定位，创新市县共建共享模式，举全市之力推进产业转移园区建设。制定实施《加快广州(梅州)产业转移工业园发展的决定》等政策文件，组建专业招商队，强势推进招商引资。我市连续两次以最高分竞得省共 10 亿元扶持资金，有力地推动了产业转移园的建设，首期开发了 4.03 平方公里，二期开发正在加快推进，园区配套设施不断完善。蕉华工业园、东莞石碣(兴宁)产业转移园，丰顺、五华经济开发区等特色园区建设步伐加快。五年来，全市共引进 1689 家企业，投资总额达 806 亿元，其中亿元以上项目 125 个，招商引资企业累计实现产值 663 亿元、税收 30.8 亿元，年均分别增长 17%和 21%。全市合同利用外资 12 亿美元，外贸出口 30 亿美元，比“十五”时期分别增长 49%和 170%。

——城乡交通明显改善。西环、天汕、兴畲高速公路建成通车，梅大高速加快建设，全市高速公路通车里程达到 257 公里，比“十五”期末增加 103 公里。完成 392 公里国省道改造、138 座危桥大修加固，所有行政村实现公路硬底化，累计投入 133 亿元。梅县机场扩建工程动工建设，梅江、汀江航道整治主体工程竣工。我市公路通车总里程、每百平方公里公路密度居全省山区市前列，被确定为国家级公路运输枢纽城市。

——城乡建设亮点纷呈。出台了《建设生态、文化、平安名城行动纲要》和《建设宜居城乡实施意见》，积极推进宜居城乡示范市建设，启动修编《梅州市城市总体规划》和《梅州市域城乡总体规划》，推进中心镇、重点建制镇及村庄整治规划，全市城镇化率达 46.5%。投入 30 多亿元新建、改造市政工程，江南人居环境改善工程大力推进，江北人居环境改善工程开始启动，新建、改造市政道路 65 公里，城区绿化覆盖率提高到 43%，城市人均公园绿地面积提高到 11.8 平方米，城市功能不断完善，城市管理水平不断提高，城区绿化、亮化水平大幅提升。东山教育基地、归读公园、客都大道成为城市新亮点。成功创建国家园林城市，创建国家卫生城市通过暗访。省市共建生态文明(林业)示范点，集体林权制度主体改革基本完成，全市森林覆盖率达 69.4%，成功创建 5 个省级林业生态县，梅县、蕉岭荣获“全国绿化模范县”称号。全市有 9 个省级森林公园、6 个省级自然保护区。新建 5 个垃圾填埋场和 8 家污水处理厂，城市生活垃圾处理率、污水处理率分别达 98%和 65%。梅城公厕建设管理模式获“中国人居环境范例奖”，龙丰填埋场垃圾发电项目获联合国“迪拜改善居住环境最佳范例奖”。城乡水利防灾减灾能力全面提升。五年共投入 50 多亿元，实施 12 宗 16 项城乡防灾减灾工程，180 公里重点堤围、177 宗水库除险加固工程基本完成，梅城和各县城区防洪标准提高到 50 年或 100 年一遇。

——文化教育事业蓬勃发展。深入开展文化名城创建活动，叶剑英纪念园、中国客家博物馆、广东汉剧院、市山歌剧团等一批文化重点项目建成使用。客家山歌、广东汉乐等6个项目列入国家和省非物质文化遗产,4人被确定为国家非物质文化遗产传承人,东山书院等17处文物点被列为省级文物保护单位,我市成为全国第五个国家级文化生态保护实验区,兴宁、平远被评为"中国民间文化艺术之乡"。成功推出《桃花雨》、《客家意象》、《黄遵宪》等文艺精品,出版发行《客商概论》、《客商人物》、《客家梅州》等书籍,世界客商大会、客家山歌文化节成为弘扬客家文化的重要平台。创建教育强市工作稳步推进,梅江区、蕉岭县和41个镇(街)实现"创强"目标,全市高中阶段教育毛入学率从2005年的54.8%提高到89.3%,提前完成普及高中阶段教育任务。实现教师待遇"两相当",妥善解决代课教师问题。创建职业教育基地,建成3所万人职业(技工)学校,市技工学校晋级国家重点技校。嘉应学院办学规模进一步扩大,办学质量不断提高。

——民生福利全面改善。公共财政重点向民生倾斜,累计投入民生资金达296亿元,比"十五"时期增加192亿元。科学制定扶贫开发"规划到户、责任到人"规划和年度计划,落实帮扶资金6亿多元,实施帮扶项目6万多个。采取产业、招商项目、学技就业、安居工程、社会保障等帮扶方式,帮助贫困村、贫困户脱贫致富。省市共建劳动力资源开发示范市,推动劳动力培训转移就业,建立市县镇村四级就业服务平台,30多万农村劳动力得到免费技能培训,49.9万人实现转移就业,2010年城镇居民人均可支配收入14726元,农村居民人均纯收入6667元,年均分别增长11.1%和9.8%。率先在山区市实行新型农村社会养老保险制度,实行城镇居民基本医疗保障,新型农村合作医疗实现常住人口全覆盖。农村年人均纯收入低于1500元的困难家庭全部纳入低保,13.2万农村群众饮水安全问题得到有效解决。全市月人均养老金和失业保险金分别由2005年的410元、340元提高到2010年的1018元和589元,为3083户城镇低收入家庭解决住房困难。3万多名离任村(社区)干部的生活保障得到妥善解决。残疾儿童全部纳入社会保障。优抚、低保、"五保"标准居全省山区市第一。开展平安名城创建活动,开通"梅州民声"、"民生820"等八大民意诉求渠道,被省政府列为"实施网络民生民情工程试点示范市"。落实安全生产"一岗双责"制度,全市安全生产形势持续稳定。连续两年获得"全国十大最具安全感城市"称号,大埔被评为全国平安建设先进县。

与此同时,全面完成全国经济、农业和人口普查等统计调查任务。人口和计划生育工作连续四年获省先进。制定振兴"足球之乡"十年规划,群众体育活动蓬勃开展。国防教育、人民防空、民兵预备役建设扎实推进,全国双拥模范城创建工作深入开展,大埔被确认为"中央苏区县"。妇女儿童发展十年规划目标基本实现。外事侨务、对台工作取得新进展。穗梅对口帮扶、粤闽赣边合作取得新成效。新闻出版、广播电视、工会、共青团、妇女儿童、残疾人、慈善、红十字会等事业取得新进步。人事编制、供销合作、打私、方志、档案、史志、气象、民族、宗教等工作取得新成绩。

——政府自身建设不断加强。认真执行市人大及其常委会各项决议并向其报告工作,坚持向市政协通报情况,广泛听取民主党派、工商联、无党派人士和各人民团体的意见,325件代表建议、902件政协提案全部办复。建立实施行政执法责任制、行政审批监督、行政过错责任追究等制度,行政审批事项减少672项,减幅达79.3%,推行政务公开、村务公开,"五五"普法任务全面完成。开通市县电子监察系统,电子监察绩效测评居全省前列。市行政服务中心建成启用,机关作风评议活动深入开展。积极推进富县强镇、医药卫生、农村金融、蕉岭县"大部制"试点等改革。落实党风廉政建设责任制,加强对重点项目、重点领域的审计监督,加大防治腐败力度,市政府班子连续两年在省党风廉政责任制考核中评为"好"的等次。

各位代表,过去五年的成绩来之不易,积累的丰富经验弥足珍贵。这是省委、省政府和市委正确领导的结果,是历届班子承前启后、继往开来、共同努力的结果,是全市人民团结齐心、奋发进取的结果。在此,我代表梅州市人民政府,向全市人民、驻梅人民解放军、武警官兵和社会各界人士,致以崇高的敬意!向长期关心和支持我市建设与发展的中央和省属驻梅单位、港澳台同胞、海外侨胞及外出乡贤,表示衷心的感谢!

各位代表,“十一五”的工作为“十二五”的发展奠定了良好基础,但我们也清醒地看到,当前经济社会发展中仍存在一些亟待解决的矛盾和制约因素。一是经济总量不大,县域经济发展不平衡,产业发展的基础仍然薄弱。2010 年全市经济总量仅占全省的 1.3%,人均 GDP 不到全省平均水平的三成,全社会固定资产投资仅占全省的 1.2%。二是交通等基础设施建设仍然滞后,区位优势不明显,工业化、城市化水平不高。特别是随着武(汉)广(州)、深(圳)厦(门)等高速铁路的开通或建设,潮汕国际机场的建成,全省山区市及粤东地区交通越来越发达,梅州交通问题尤为突出,招商引资和招才引智难度将进一步增大。三是人才支撑力量不足,高素质人才缺乏。全市技能人才占从业人员的比例仅为 8.8%,远低于全省 34% 的平均水平。四是有些干部作风不够扎实、责任心和执行力不强,有些部门办事效率和服务水平有待提高,等等。对这些问题,我们要高度重视,采取措施,认真予以解决。

“十二五”时期目标任务

“十二五”时期,是梅州加快推进绿色的经济崛起的关键时期,是梅州急起直追,推动科学发展的攻坚时期。一是国家大力推进区域合作和协调发展,梅州地处珠三角、海西区和粤闽赣结合部,随着珠三角改革发展规划纲要的深入实施和海峡西岸经济区的加快建设,其对梅州的辐射带动作用将不断增强,为我市加快建设粤东北区域性中心城市创造了难得的机遇和无限商机。二是省委、省政府高度重视山区发展,随着“双转移”、扶贫开发“双到”、文化强省、教育强省等一系列战略的深入实施,特别是省委十届八次全会提出要“加快转型升级、建设幸福广东”,进一步加大对粤东北地区的扶持力度,我市将获得更多的政策倾斜、资金投入和项目支持,必将为梅州发展注入强大的动力。三是“十二五”时期省市道路交通等基础建设将掀起新高潮,今年将掀起交通建设大会战,梅州到惠州高速铁路,鹰梅、浦梅快速铁路将加快建设,梅大、济广、畲华等高速公路将建成通车,潮汕国际机场通航、梅县机场扩建完工。快捷的交通将拉近我市与珠三角、海西区乃至世界各地的时空距离,必将提升我市的区位优势和地区竞争力。四是市委、市政府在广泛征求意见、科学论证的基础上,先后制定实施了《加快绿色的经济崛起的若干意见》等系列政策措施,科学发展理念更加深入人心,目标更加明确,发展思路更加清晰,发展势头更加强劲。五是经过历届班子的共同努力,特别是经受了“十一五”各种复杂形势的严峻考验,为“十二五”加快发展积累了宝贵经验,奠定了坚实基础。全市干部群众追求科学发展的愿望强烈,全市人民干事创业和海内外乡亲关心支持家乡建设的热情高涨,梅州蓄势待发的态势已经形成,梅州发展站在了新的起点上。

但是,我们也要看到当前面临的挑战,“十二五”时期是我国发展增速减缓和结构加速转型时期,国家将实施稳健的货币政策,加大经济结构调整力度,强化资源环境和建设用地约束,我市产业转型升级、节能减排、环境建设、民生保障、公共服务、社会管理的任务将更加艰巨,特别是省内及周边各市争先恐后,迅猛发展,我市面临的竞争压力进一步加大。我们必须审时度势,迎难而上,变压力为动力,力争“三年大提速、五年上台阶、十年大跨越”,努力开创“十二五”新局面。

根据中央、省和市委的有关精神,我市组织编制了《梅州市国民经济和社会发展第十二个五年规划纲要》,提出“十二五”时期的奋斗目标是:到 2015 年,全市生产总值突破 1300 亿元,比 2010

年翻一番,年均增长15%左右;人均生产总值突破30000元;城镇居民人均可支配收入年均增长10%,农民人均纯收入年均增长9%;单位生产总值能耗完成省下达控制目标。全力加快绿色的经济崛起,建设富庶美丽幸福新梅州。

为实现上述目标,我们要认真贯彻落实科学发展观,以科学发展为主题,以加快转变经济发展方式为主线,更加注重以人为本,更加注重全面协调可持续发展,更加注重统筹兼顾,更加注重保障和改善民生,更加注重生态环境和基础设施建设,更加注重社会公平正义,正确处理好起步晚与起点高的关系,正确处理好绿色生态和经济崛起的关系,正确处理好有所为和有所不为的关系,正确处理好经济总量和发展质量的关系,努力探索工业文明与生态文明,城市文明与农业文明相融并进的山区科学发展之路。一是加快转型升级,建设绿色现代产业体系;二是加快交通为重点的基础设施建设,全面优化发展环境;三是注重城乡统筹,加快新农村建设步伐;四是大力推动绿色低碳发展,提高生态文明水平;五是着力建设文化强市,全面提升发展软实力;六是着力保障和改善民生,推进城乡基本公共服务均等化;七是坚持改革创新,增强发展活力;八是强化组织保障,为实现"十二五"规划目标而奋斗。通过五年的努力,我市绿色现代产业体系基本建立,公共服务均等化水平大幅度提高,城乡社会保障体系更加完善,生态环境更加优美,各项事业更加繁荣,社会更加和谐稳定,人民群众生活更加幸福美好,干部群众幸福感和自豪感明显增强,努力建设粤东北区域性中心城市和富庶美丽幸福新梅州。

2011年工作安排

2011年,是中国共产党成立90周年,是"十二五"规划的开局之年,也是推动梅州绿色的经济崛起的关键之年。今年政府工作的总体要求是:认真贯彻落实党的十七届五中全会、中央经济工作会议、省委十届八次全会和市委五届七次、八次全会精神,以科学发展为主题,以加快转变经济发展方式为主线,坚持走生态文明发展道路,加快转型升级,以交通建设提升区域竞争力,以产业发展提高经济实力,以优化环境增强招商引资吸引力,以大文化建设增强软实力,以改善民生增强凝聚力,以加强干部队伍建设提高执行力,扬长避短,因地制宜,发展高质量经济,建设高品位城市,培育高素质市民,凝聚民心、汇聚力量,全力打好招商引资和园区建设、交通建设、扶贫开发"双到"三场硬仗,务求宜居城乡建设、民生改善、文化教育等三项重点工作有新突破,全力加快绿色的经济崛起,建设富庶美丽幸福新梅州。

今年经济社会发展的主要预期目标是:全市生产总值增长13%以上,人均生产总值达到16500元左右;单位生产总值能耗下降2.2%左右;固定资产投资(新口径)增长20%以上;地方财政一般预算收入增长15%以上;城镇居民人均可支配收入增长10%,农民人均纯收入增长10.5%。今年要重点抓好以下工作:

一、高起点建好园区,强力抓好招商引资,努力加快新型工业化步伐

工业化是山区发展不可逾越的阶段,但梅州作为生态发展区,传统工业化模式既不可取,也难以实现绿色的经济崛起。因此,我市必须坚持走新型工业化道路,以实施"双转移"为契机,以广州(梅州)产业转移园等工业园区为主战场,以招商引资为突破口,大力促进产业转型升级,重点发展有利于发挥自身资源优势,符合生态环境要求,科技含量高、经济效益好、低污染、有增长潜力的主导产业,努力构建绿色现代产业体系。

全力推动园区建设,努力提升产业承载力。办好园区,是提高土地利用率和产出率,降低投资

成本,培育支柱产业,实现又好又快发展的重要举措。因此,要围绕"大开发、大提速、大见效"目标,尽快把园区建设成梅州重要的经济增长极和省级产业转移示范园区。各工业园区要按照产业集聚发展,土地集约利用,生活设施集中配套的要求,大力推动工业园区开发建设,促进产业项目向园区集聚,完善产业功能配套,形成优势特色产业群。迅速掀起广州(梅州)产业转移园、东莞石碣(兴宁)产业转移园和蕉华工业园大开发大发展高潮,依法征地拆迁,增加土地存量,认真解决有项目没建设用地问题,抢时间、争速度加快基础设施建设,提升园区服务水平和承接产业转移的能力。广州(梅州)产业转移园区要在推进"双转移"上实现重大突破,力争园区开发面积达8.5平方公里,推进畲江新桥、物流中心建设和商住配套项目开发。兴宁、梅县、蕉岭要高起点规划建设兴城、畲江和蕉城,既为园区提供生活配套服务,又为自身优化发展拓展空间。各县(市)要明晰发展定位,科学规划城镇和产业布局,全面盘活资源,大力推动环境友好型特色园区规划建设,筛选优质项目,引导企业入园发展,培育新型特色工业及相关产业。科学策划项目,打好招商引资这场硬仗。

大策划推动大招商,大招商带动大发展。一是创新招商方式。省里今年将组织三场重大招商活动,分别面向大型央企、龙头民企和世界500强招商。我们要抢抓机遇,抢占先机,务求实效,力争全年新引进项目投资总额300亿元以上。一方面要借势发力,主动唱戏。认真策划一批与梅州产业、资源和人才基础相适应,发展潜力大、带动能力强的大项目,加强沟通、提前对接,着力引进一批大项目、好项目。另一方面要自建平台,主动出击。市、县(市、区)也要策划大型招商引资活动,联合广州和省直部门专题招商,围绕本市资源开发与产业优势策划项目抓招商,加快发展新型特色工业、旅游先锋产业、特色文化产业、健康疗养产业、精致高效农业和信息物流业,重点促进珠江啤酒、五羊摩托、品尚光电等项目尽快建成投产,推动产业优化升级。二是动员乡贤回乡创业。充分发挥我市外出乡贤多、港澳台同胞和海外侨胞多、实力强等优势,力争召回一批,带动一片,致富一方,大力支持嘉应集团控股、广东客家商会等龙头企业回乡发展,加快发展先进制造业和新能源、新医药、新材料等战略性产业,尽快形成新的经济增长点。三是突出招商实效。重点项目专人负责跟踪落实,发挥市、县专业招商队作用,强化绩效考核,提高招商引资实效,确保招得来、留得住、尽快做强做大。

调整优化产业结构,积极培育支柱产业。一是推动传统产业"绿色转型"。实施《省市共同推进优势传统产业转型升级行动方案》,着力推动传统产业转型升级。烟草行业主动适应政策调整,积极争取支持,实现产值和税收平稳增长。电力行业加速向清洁生产、绿色发展转型,加快推进梅州(五华)抽水蓄能电站、荷树园电厂三期、大埔电厂、丰顺华润风电等重点项目建设。建材行业要淘汰落后产能,塔牌、油坑、梅雁等企业要做强做大旋窑项目。矿业以规模开发、集约经营为方向,精深加工,提高效益,重点推进兴宁霞岚钒钛磁铁矿、五华钼矿、广晟稀土等项目尽快投产。陶瓷产业围绕旅游做文章,向高端化、品牌化发展。酿酒产业加快建设广东省米香型白酒生产基地,打响"长乐烧"及"客家娘酒"等品牌。二是发展装备制造业。大力发展摩托车及汽车零部件、电气装备、农用机械等装备制造业。鼓励广东明珠、广汽强华、BPW车轴、荻赛尔铸造等企业扩容提质,尽快形成产业集聚效应。三是提升发展电子信息产业。创办清洁能源产业园区,扶持超华、国威、博敏、培英等企业发展,做强高端电路板和数字化电声产业,打造电子信息产业基地。

注重科技创新,实施品牌带动战略。出台鼓励扶持政策,实施现代产业"双百"工程,拉动工业投资,鼓励现有企业增资扩产,集中力量,培育一批有市场前景、有核心技术、有创新能力的优势企业和高新技术产业,提高产业竞争力。一是培育发展战略新兴产业。深化与中央和省属企业、科研院校战略合作,创建政、产、学、研结合示范基地,促进生命科学、保健疗养、生物医药、太阳能光伏、电动汽车等产业发展，促进嘉应制药、紫晶光电等加快发展。二是提高信息化水平。推进物联网的研发应用，促进信息化与工业化融合发展，打造"数字梅州"，建设"智慧城市"。三是培育名牌产品和品牌企业。制订激励创名牌措施，提高名牌产品知名度，壮大名牌企业，招商拓展名优品牌。规范市场经济秩序，维护名优产品企业合法权益，加大整体宣传推介力度，努力提高五叶神香烟、长乐烧酒、绅浪服装、强华电机等品牌的市场占有率，以名牌拓展市场，以名企带动产业。

二、科学规划，高效建设，努力提高城镇化水平

规划是建设的龙头，只有规划好才能建设好。我市要按照粤东北区域性中心城市的功能定位，以梅州市区为中心，以七个县(市)城为重点，以城带乡，建设宜居城乡，形成各具特色、优势互补、错位发展的"一个中心区、七个卫星城"的城镇群发展格局。

高起点抓好规划和建设，提高城镇建设品位。一是优化人居环境，着力建设市民满意的美丽新城。梅州市区要以规划建设百万人口的区域中心城市为方向，优化江南，改造江北，拓展梅县县城。江南以新城区建设为突破口，以剑英体育馆和剑英公园为核心，以客天下旅游产业园为重点，着手规划建设新城区和体育会展中心，建设集金融、商贸、物流、客家文化博览、美食美居于一体的高端商务区，以新城新业态带动现代服务业发展。江北以东山教育基地为龙头，以梅江碧桂园社区为重点，着力抓好总投资50亿元的客家文化产业基地建设，树立文化产业新标杆。梅县县城以山水城为龙头，向扶大方向拓展，主动高水平对接梅州市区。二是抓好城镇规划，提高城乡设计水平。高标准修编完善中心城区、各县县城及中心镇的总体规划和控制性规划。完善城市功能，提高工业化、城市化水平，带动人口、产业等生产要素向城镇集聚，促进城镇提质扩容。政府科学规划引领，引进国内知名企业参与城镇和旅游景点景区开发。严格把好规划实施关，坚决执行先规划后建设的原则，规范报建手续，强化规划管理，严防出现新的违章建筑和低水平重复建设。三是立足系统谋划，善于经营城市。坚持长短结合，工贸结合，旅游与文化和农业三位一体结合，做到生财有道，聚财有方，理财有规，用财有效。尤其要抢抓"三旧"改造契机，着力解决城市建设用地瓶颈问题，建立健全土地储备制度，改造整合盘活存量，提升优化扩大容量，谋划大项目争取增量，拓展城市空间，加快城市开发，依法做好经营城市文章，搞活城市经济。四是打造名镇名村，凸显客都特色。各县要立足长远，抓好名镇名村规划，完成75%的镇级规划和40%的村庄整治规划。各县(市、区)力争打造1~2个名镇、2~3个名村、1~2个"三旧"改造项目，建成两个以上绿道建设示范点，两个以上"三边"(路边、山边、水边)整治示范项目，各县城建好1~2个示范社区。

规划建设主体功能区，优化城镇与产业发展布局。按照生态发展区的功能定位，坚持从实际出发，科学论证，因地制宜规划功能分区。梅江区为优化开发区，着力在优化城市功能与产业结构和人居环境上狠下工夫，以发展城市经济为重点，大力发展商贸会议、文化创意、保健休闲、度假旅游、房地产等现代服务业。梅县、丰顺和五华为重点开发区，发挥靠近"珠三角"、潮汕平原等区位交通优势，在保护好生态环境的基础上，依法依规加快园区建设，主动承接高端产业转移，大力发展商贸、物流、旅游度假等服务业，发展投资密度大、科技含量高、环境污染少、经济效益好的产业，尽快形成梅州特色产业增长极。兴宁、平远、蕉岭、大埔为生态发展区。生态发展区不是慢发展，而是快速发展"慢生活"，发挥优势、转化劣势、借助强势，重点依托山水秀美生态环境，利用丰富的人文资源，大力发展保健疗养、休闲度假等产业，争创文化、旅游与品牌农业三位一体联动发展"特区"。

推进富县强镇，发展壮大县域经济。"小河有水大河满"，只有全面促进县域经济的大发展才能实现梅州综合实力的大提升。一要大力发展民营经济。民营经济是县域经济实现新跨越的骨干力量，尽快出台《关于促进民营经济发展上水平的实施意见》，推动我市民营经济发展再上新台阶。关心爱护和大力扶持民营企业和民营企业家，优化政策、政务和舆论环境，着力解决民营企业用工难、用地难和融资难等问题。推进“农村金融改革创新综合试验区”建设，发挥中科客家股权投资基金等作用，搭建银企交流合作平台，鼓励实力强、信誉好的中小企业上市融资。设立企业投诉服务中心，凡对企业“卡、拿、压、要”的，一经查实，严肃查处并予以曝光。二要加快发展特色产业。各县（市、区）要充分发挥资源优势，力争“人无我有、人有我精、人精我特”，做强做大县域特色经济。科学规划发展专业镇，简政放权，调动各镇的积极性和创造性，发展特色工业、特色旅游、特色农业，形成一镇一特色，尤其要抓好富余劳动力培训转移就业，大力发展劳务经济，不断增强镇级经济实力。

三、以人为本，优化环境，全面提升地区综合竞争力

环境既是生产力，也是竞争力，梅州作为生态发展区只有更生态、更文明才更有发展潜力。我们要坚持交通先行，文明引领，生态优先，宜居为重，大抓文化教育、修路建桥、治山蓄水、种树添绿等造福千秋万代的好事实事，营造优美的创业安居环境。

狠抓基础设施建设，以发达交通改善区位条件。梅州不是区位差，而是交通欠发达。交通是经济发展的命脉，我们要抢抓全省掀起粤东西北交通建设大会战历史机遇，打好交通建设这场硬仗，大力推进15项重点交通建设项目，尽快打通梅州直达珠三角、海西区及潮汕地区的交通大动脉，千方百计摆脱边缘化的困局。一要规划建设“两高”，尽快融入“珠三角”。结合编制“十二五”规划，加快建设直接连通珠三角的高速铁路和高速公路，全力争取立项建设梅州至惠州高速铁路，尽快动工建设鹰梅、浦梅快速铁路，力促梅州早日走进“高铁”新时代。争取畲江到华阳、梅城至平远、梅州东环高速公路尽快立项，加快梅大高速建设和梅河高速加铺沥青改造工程进度，促进济广高速平兴段、汕湛高速梅州段、梅大高速东延线尽快动工，促进梅州尽快融入“珠三角”“三小时经济圈”。加快市域交通道路的建设和扩建改造，构建发达的交通网。二要改造提升市政基础设施，努力解决梅州城区交通拥堵问题。坚持“一手抓适应，一手抓提高”，抓好梅州城区绿色交通专项规划，调整梅城公交站场规划，加快建设广州大桥，推动彬芳、梅江等市政道路改造升级和打通“断头路”，改造建设一批小公园、小广场，以良好的公共服务带动新旧城区的综合开发。三要确保梅县机场扩建如期完工，力争增加航班，多开航线，变小飞机为大飞机，全面拉近梅州与大都市的时空距离。

狠抓教育改革与发展，着力提高人口素质。地区的发展靠人才，人才的培养关键靠教育。弘扬梅州崇文重教的光荣传统，努力创建教育强市。出台《关于进一步加快教育改革与发展的决定》，整合教育资源，优化中小学校布局，推动新建中学和职业技术学校向市区或县城集中，小学、幼儿园向镇区或中心村集中，想方设法让所有农村的孩子共享城市一样的优质教育。在梅城江南规划新建市实验小学，各县（市）要在县城、中心镇规划建设一批义务教育规范化学校和幼儿园。加强东山中学、曾宪梓中学等10所国家级示范性高中建设，加快建设5所万人、6所5000人职业（技工）学校，筹建高等职业技术学院，把东山中学办成全国知名学校，力争大埔县和13个镇通过教育“创强”验收。发挥嘉应学院专业人才多、科研能力强的优势，开设与地方经济社会发展相适应的专业，创建国内知名特色大学。完善中小学校长选拔制度，健全教师培训和引进机制，改善教师工作生活条件，稳步提高教师生活待遇，不断提高师资整体素质。创建学习型社会，开展社会公德、职业道德、家庭美德和法制教育活动，全面提高人口素质和文明程度。

强化城乡管理，建设宜居城乡。弘扬客家人爱干净、讲文明的传统美德，全民动手，全社会参与，共同把搞好环境卫生这件“小”事办好。创建国家卫生城市，全面整治城乡“脏、乱、差”和交通秩序，推进市、县及中心镇生活垃圾填埋场建设，完善城乡精细化管理长效机制和科学合理的拆迁补偿机制，大力推进人居环境改善工程和绿化美化亮化工程，加快商业街区改造、市场、公园、广场环境治理等项目建设,完成“一江两岸”及叶帅旅游大道的景观照明工程。加强农村规划,掀起新农村建设热潮。结合客家新民居建设,引导农民集中建设,为农民做好规划报建、验收服务,禁止抢建乱建,全面规范农民建房。大力推广梅县长教村等典型经验,以点带面,建设一批富有客家特色的示范村。

开展“绿满梅州”行动,营造优美生态环境。山水秀美是梅州的亮丽名片,生态优势是梅州最大的后发优势,我们要倍加珍惜和爱护。以“幸福市民、快乐游客、致富农民”为宗旨,广泛开展“屋前屋后树成荫,庭内庭外花飘香”活动,拆围建绿、绿上添花,扩大城乡绿地,建设城市绿道,创建生态文明社区,营造鸟语花香的城乡环境。动员全民爱绿护绿,积极参与义务植树造林活动。开展“回赠母校一棵树”等绿化美化和创建校园文化活动,率先推进校园公园化。各县(市、区)要以高速公路、城镇主干道、主要河道和旅游线路为重点,规划建设绿化景观林带,力争用三年时间建成优美的绿色景观长廊。加快梅江、程江、黄塘河、周溪河生态景观绿化带和百岁山、泮坑公园、梅县公园等城市生态休闲区建设。抓好生态公益林、自然保护区、森林公园等林业重点工程建设,力争完成造林10万亩。采取最严格的措施,控制林木采伐,强化森林防火,全面提高森林管护水平。鼓励引导农民和林业大户树立“保护也是发展”的理念,变砍树为“看树”,多种“优质树”、营造“致富林”,既优化生活环境,又搞旺旅游,发展绿色经济。

加强水环境治理,落实节能减排硬任务。大力推广“宝丽华”现象经验,倡导低碳生活和绿色消费,打造一批循环经济、清洁生产企业。完善环境保护政绩考核机制,严格把好环境保护关,决不以牺牲环境为代价换取一时的发展。大力推进中小河流、灌区改造等185宗重点水利项目建设,加强地质灾害和水利隐患排查整治,增强城乡防灾减灾能力。加快推进市环境监控中心、江南污水处理厂、东升和畲江园区污水处理厂二期建设,完成省下达的节能减排目标任务。落实人大常委会清凉山饮用水源水质保护议案,筹建梅南水库,加大水源水质保护,确保全市人民喝上优质水。

四、传承创新,保护利用,大力发展文化和旅游产业

文化是城市的灵魂,旅游是文化的体验,创新促进文化和旅游融合发展,既发展特色经济,又保护优美环境,对破解山区科学发展难题,提升城市品位意义重大。

突出保健休闲特色,做强旅游先锋产业。旅游是关联性强、带动力大的朝阳产业,一业带旺百业。我们要善于变资源优势为产业竞争优势,加快打造客家文化生态旅游示范区、梅赣龙客家文化生态旅游圈和梅潮汕山海文化生态旅游圈,想方设法搞活旅游,与发达地区形成错位发展态势。一要抓好旅游总体规划。推进《客家文化生态旅游示范区规划》,整合资源,串珠成链,点线面结合,加快形成雁洋保健疗养线、大埔名人名居生态旅游线、丰顺五华兴宁温泉度假线、蕉岭平远秀美山水旅游线等精品线路。二要抓好景区景点建设。出台扶持文化与旅游企业的政策措施,推广雁南飞、雁鸣湖、客天下等的建设经营管理模式,带动新景点景区建设与发展。以叶剑英纪念园、雁南飞、雁鸣湖等景区为核心,全面整合资源,全力推进雁洋保健休闲度假区建设,着力引进知名医疗保健机构,积极发展以保健休闲、疗养度假为重点的健康产业。加大扶持力度,推进蕉岭长潭、大埔西岩山、平远五指石、五华热矿泥、丰顺千江温泉等创建国家AAAA级景区。三要抓好旅游招商。策划客天下婚礼殿堂、生态放生区、野生动物园、乡村高尔夫和疗养院等一批旅游与健康产业项目,拉长产业链条,拓宽消费领域,拉动休闲消费,引导民间资本大力参与项目和商品开发,支持建设星级酒店、娱乐场所和主题公园,做强做大旅游经济。

大力弘扬客家文化,促进文化与经济融合发展。客家文化博大精深,创新推动客家文化有形化、市场化、品牌化大有可为。勤劳智慧的客家人,亲切悦耳的客家话,优美动听的客家山歌,绿色

健康的客家美食,包容开放的客家围龙屋是祖先留给我们的宝贵财富,是发展文化与旅游产业的重要题材。我们要深入研究,深度开发,开拓创新,形成产业,带动创业。一要加快文化重点工程建设。大力推进梅州客家文化产业基地、麓湖山文化产业园、千佛塔文化旅游区、林风眠艺术园等项目建设。尽快组建客都演艺集团,支持市广播电视台、梅州日报社实施集团产业化战略。开发传媒出版、影视制作、音乐创作等新兴文化产业,设立世界客家网站,培育有客家特色、竞争力强的文化骨干企业。二要支持创作精品力作。大力培育山歌、汉乐等文艺人才,组织创作客家题材的《叶剑英》、《红婚纱》、《合家福》、《大迁徙》等影视戏剧作品,着力打造一批富有特色、叫好又叫座的文艺精品和主题晚会,弘扬提升传统文化,拉动旅游促进消费。

三要科学开发利用。高度重视文化产业与其他产业相融并进,以注入文化内涵提升新兴工业、绿色农业、旅游度假产业的发展水平。推进中国客家博物馆和剑英图书馆申报国家一级馆工作,充分利用客家围龙屋、古村落和博物馆、纪念馆,开展客家文化特色精品游,推动文化事业和文化产业大发展。四要丰富群众文化。加强基层文化设施建设,广泛开展群众文化活动,不断满足城乡群众文化需求。

加强策划推介,提升世界客都形象。挖掘客家民情民俗和典故传说,深入浅出编撰通俗易懂的客家故事,整体策划包装,系统联动推介。精心办好世界客商大会、海峡两岸客家高峰论坛、客家风情啤酒节、金柚飘香旅游节、"李惠堂杯"足球联赛等系列活动,加快客商会馆建设,策划举办客家文化博览会,规划论证筹建代表客家人精神家园的标志性建筑,进一步提升梅州的美誉度和影响力。

五、提质增效,培育品牌,大力发展精致高效农业

梅州农业基础好,绿色、健康、有机、安全的农产品市场前景广阔。以"增加农民收入、提高生活水平"为目标,切实加强"三农"工作,大力推进传统农业"绿色再造",构建完善的绿色农业产业链,变农业大市为农业强市。

扩大基地规模,形成品牌效应。深化与省农科院、华南农业大学等科研院校的合作,培育和引进良种良法,大力促进油茶产业健康发展,打响梅州金柚、平远脐橙、有机茶、有机蔬菜等品牌农业。争取新增4个省级农业类名牌产品,新认证无公害农产品10个,绿色食品、有机食品各两个,辐射面积达到50万亩以上。

发展精深加工,提高综合效益。发挥农业专项资金和农业龙头企业贴息政策的引导作用,培育一批农业龙头企业,扶持新大地、富农、裕丰等农业龙头企业发展,提升绿色农产品、有机食品的精深加工水平,提高农产品附加值,力争全市农产品加工产值达60亿元以上。规划建设特色农产品综合批发市场,加快建设粤闽赣边农产品物流中心和省深加工农产品质量监督检验中心。

加强梅台合作,提升农业产业化水平。加快台湾农民创业园建设,拓宽梅台农业合作领域,积极引进台湾农业龙头企业,以新理念、新技术培育梅州农业新品种、新品牌。组团参加香港工展会等展销活动,推动梅州农产品打进国内外市场。

深化农村综合改革,不断提高农民收入。加大财政支出向"三农"倾斜力度,完善城乡一体化基本公共服务。落实好粮食直补、农资综合补贴、农机购置补贴等政策,鼓励农民优化种养结构,拓宽农民增收渠道,确保粮食安全。推进农村土地承包经营权有序流转,完善依法征地制度,健全农村宅基地管理制度,完善农房统保和政策性农业保险,全面完成集体林权制度改革。

六、富民优先,民生为重,积极探索扶贫开发"双到"新路子

想问题、作决策、办事情要以人为本,科学算好"三笔账":即一是有多少群众受益、二是群众从中得到多少利益、三是长期受益还是短期得利,"算了做"而不是"做了算",创新帮扶模式,实现稳

定脱贫，长效致富。

打好扶贫开发“双到”这场硬仗。扶贫开发“双到”是省委、省政府的战略部署，是我市加快绿色的经济崛起，实现脱贫致富的重大机遇，我们要以强烈的紧迫感和责任感，扶真贫，真扶贫，扶贫扶到点子上，开发开出生产力。一是正确引导农民抢抓机遇率先致富。建立激励竞争机制，评选百个脱贫致富先进村和千名致富之星，鼓励农民自强不息，形成“被动等、靠、要可耻，自力更生致富光荣”的良好氛围，激发农民创业致富的内生动力和创造潜能。二是拓宽帮扶路径。以提高贫困户和村集体收入为重点，探索发展产业、转移就业、基础设施建设、市场对接、技能培训、为老弱病残致贫者购买社保等有效途径，变“输血”为“造血”，突出抓好“五帮”：帮树立先进的发展理念、帮策划实施优质的项目、帮搞好农村基础设施和新农村建设、帮富余农民培训转移就业、帮贫困学子读上书读好书，力争80%有劳动能力的贫困户实现脱贫。

狠抓城乡就业创业。就业是民生之本，创业是致富之源。开展全市劳动力资源大摸底行动，完成市人力资源市场的升级改造工程，加快中心镇人力资源社会保障办事大厅建设。开展城乡当年新增劳动力免费全员培训和转移就业大行动，重点抓好当年应届大中专、高中毕业生和退伍复员军人培训转移就业，力争全年培训劳动力8万人、转移就业10万人。办好各类招聘会，免费提供就业指导和服务，确保全市企业用工需求。鼓励支持返乡农民工、高校毕业生自主创业，以创业带动就业。

切实提高社会保障水平。深化医药卫生体制改革，加快公立医院规划建设和改革试点工作，提高全市医疗卫生水平。加快社会保险市级统筹步伐，探索建立城乡一体化医疗保险制度，建立城镇居民养老保险制度，推进农村养老保险工作，力争梅江区、蕉岭、丰顺列为省第三批试点县，实现养老保险城乡居民全覆盖。全市家庭收入低于1500元的困难人员实现应保尽保，加快儿童福利院和乡镇敬老院建设，提高“五保”户、残疾人等特困群体保障水平。继续推进保障性住房建设。建立城乡居民收入增长机制，提高城镇职工工资水平。

确保社会和谐稳定。强化安全生产教育，落实安全生产“一岗双责”制度，抓好消防安全隐患专项整治，坚决遏制重特大事故的发生。完善灾害事故、公共卫生、食品药品安全、环境污染等公共突发事件应急处置救援体系建设。加强市场监管，稳定物价水平。加强县镇综治信访维稳中心建设，完善社会治安防控体系，完善调解机制和县镇村三级法律援助服务网络。创建全国双拥模范城和人口计生综合改革示范市。大力发展体育事业，加快建设足球训练基地，振兴“足球之乡”。积极实施“人才强市”战略，关心老干部生活，重视妇儿工作，统筹推进人事、编制、统计、档案、史志、民政、民族、宗教、社会科学等社会各项事业全面协调发展。

七、勤政廉政，高效服务，努力建设人民群众满意政府

以人民群众满意为目标，努力建设法治政府、诚信政府和高效服务的政府。

转变政府职能，创新管理机制。坚持依法行政，强化政府经济调节、规划引领、市场监管、社会管理和公共服务职能，办好市行政服务中心，对投资审批项目实行“一站式”服务。大力推进依法治市，强化行政复议，加强司法救助和普法工作，健全行政执法责任制、评议及分类考核制和问责追究制。

自觉接受监督，坚持民主科学决策。主动向市人大及其常委会报告工作，向市政协通报情况，高度重视人大常委会议案、代表建议和政协提案，切实提高办理质量。深入开展法治城市创建活动。积极支持工会、共青团、妇联、科协等群团组织、民主党派和工商联工作。完善重大决策依法审查、听证咨询、社会公示制度，推进政府工作科学化、民主化、公开化。

强化科学理财，注重用财有效。积极培植税源，加强预算管理，集中财力办大事，把财政有限的钱用在“刀刃”上，发挥财政资金“四两拨千斤”的综合效应。加强税收征管，开展评选纳税大户活

动。严肃财经纪律，规范政府采购行为，加强对重点项目、重点资金、重大工程的审计监督。

加强队伍建设，提高公务员素质。公务员的形象直接关系到政府的形象，打造一支想干事、敢干事、会干事、闯劲足、懂经济、善发展的干部队伍，是推动我市绿色的经济崛起、建设富庶美丽幸福新梅州的关键。一要增强学习意识，敢于解放思想。学习是创新的前提，是打破传统思想束缚，解放思想超越自我的重要途径。我们要善于学理论，学业务，学做人，下真工夫，学真本领，在工作中不断总结，在实践中善于思考，敢于打破传统的思维定势，善于跳出"框框"看问题，学习别人的点子，创新自己的路子，正确把握客观规律，寻求与众不同新突破。按市委的要求，采取走出去、请进来、传帮带等多种形式大规模培训干部，以改革创新的精神加强公务员队伍建设，以转变经济发展方式、规划建设美好家园和如何做好群众工作为重点，全面提高公务员能力水平。二要增强服务意识，真正做到执政为民。树立强烈的群众观念，坚持走群众路线，把为人民群众谋福祉作为抓发展的出发点和落脚点，生活上关心群众，工作上依靠群众，一切发展为了群众。发挥"梅州民声"和"行风热线"作用，继续开展机关作风评议活动，坚决克服形式主义、官僚主义、脱离群众等不良作风。三要增强公仆意识，勤政廉政。"公生明，廉生威"，无私才能无畏。政令要畅通，关键要清正廉明，不急功近利，不心浮气躁，不贪图享乐，立足打基础、做实事、创业绩、重品行，带头执行廉洁自律的各项规定，认真落实党风廉政建设责任制，努力从源头上预防和惩治腐败，让各项工作经得起实践、群众和历史的检验。四要增强责任意识，敢想会干。全市公务员尤其是领导干部要视权力为责任，把自己的前途命运与地区的兴衰荣辱紧密结合，爱岗敬业爱梅州，增强工作的责任感和光荣感，发扬良好的团队精神，共同营造"我为梅州争光、梅州以我为荣"，奋勇争先、不甘人后、万马奔腾的干事创业氛围。工作中要敢讲真话、敢于碰硬、敢于负责、敢于争取、善于作为，有所作为关键要想得到、讲得通、干得成。干得成关键要目标明确，思路清晰，措施得力，责任到人，奖罚分明，对想好看准了的事情要一抓到底、抓一件成一件，以实绩实效取信于民。

八、真抓实干，务求实效，努力为民办好 10 件实事

一是实施城乡居民免费培训转移就业工程；

二是实现社会养老保险制度城乡全覆盖；

三是规划建设主干道景观林带；

四是开通梅州城区至主要旅游景点景区公交专线；

五是实施江北人居环境改善首期工程；

六是完成东升水厂扩建工程；

七是推进农村低收入住房困难户危房改造工程；

八是完成 300 人以上革命老区自然村通公路二期工程；

九是完善全市治安视频网、社区群防群治网建设；

十是规划建设梅州市儿童福利院。

各位代表！回顾"十一五"，我们信心倍增；展望"十二五"，我们豪情满怀。让我们在省委、省政府和市委的正确领导下，抢抓机遇破难攻坚，坚定信心迎接挑战，坚持不懈奋起直追，同心同德共谋发展，为迎接建党 90 周年，为全力加快绿色的经济崛起、建设富庶美丽幸福新梅州作出新贡献！

中共梅州市委　梅州市人民政府关于加快绿色的经济崛起的若干意见

(2010年10月16日)

为深入贯彻落实科学发展观，转变经济发展方式，按照省委、省政府关于促进粤北山区跨越发展的决策部署和我市推动绿色崛起、实现科学发展的目标任务，现就加快梅州绿色的经济崛起提出如下意见。

一、明确指导思想和总体目标

1.指导思想。深入贯彻落实科学发展观，全面落实省委、省政府关于促进粤北山区跨越发展的新要求、新部署，结合生态发展区的功能定位，以实施《珠江三角洲地区改革发展规划纲要》、“双转移”(产业转移和劳动力转移)、“双提升”(提升产业竞争力和提升自主创新能力)、扶贫开发“双到”(规划到户、责任到人)和建设文化强省战略为契机，坚持走生态文明发展道路，加快转变经济发展方式，充分依托梅州特有的生态、文化、区位、资源、人才等优势，大力推动产业生态化和生态产业化，以新型特色工业、旅游先锋产业、绿色现代农业、现代商贸物流业和特色文化产业为重点，大力推动产业集群发展，构建具有梅州特色的生态型、循环型、低碳型现代产业体系，积极探索山区科学发展之路。

2.发展定位。弘扬生态优势，突现客家特色，坚持错位发展，努力实现发展理念、发展战略、发展方式、发展水平的新跨越。力争实现三年大提速、五年上台阶、十年大跨越，努力建设广东重要的绿色现代产业基地和粤东北区域性中心城市，争当广东山区科学发展的先行市。

3.发展目标。

2013年，绿色现代产业体系建设加快推进，力争3~4个产业的工业总产值超过百亿元。先进制造业、电子信息产业、新兴产业等三大战略产业发展取得突破，规模不断壮大。旅游先锋产业、绿色现代农业、商贸物流业、特色文化产业快速发展。全市生产总值达860亿元，年均增长13%以上，年均增幅超过全省平均水平；人均GDP达19300元，年均增长12%以上。三次产业结构进一步优化，万元GDP能耗逐年下降，县域综合实力和竞争力明显增强。

2015年，绿色现代产业体系初具规模。先进制造业、电子信息、新兴产业等三大战略产业的产值占全部工业增加值的比重超过50%。旅游先锋产业、商贸物流业和特色文化产业增加值与工业增加值相当，休闲度假、文化旅游、保健养生成为知名品牌。具有规模效应、品牌效应和生态效应的绿色现代农业发展框架基本形成。文化产业初具规模。县域经济实力显著增强。生产总值突破1200亿元，比2010年翻一番，年均增长15%以上，人均GDP突破26400元，年均增长14%以上，三次产业结构更为合理。

2020年，基本形成产业结构和产业布局合理化的绿色现代产业体系，全市生产总值突破2400亿元，人均GDP突破50000元，综合经济实力达到全省中等水平，与全省同步实现全面建设小康社会的奋斗目标。

4.基本原则。

——科学发展、绿色先行。坚定走生态文明发展之路，建设资源节约型、环境友好型的产业体系，促使产业生态化、生态产业化，实现生态与发展共赢。

——立足当前、着眼长远。既重视以世界眼光、战略思维谋划未来发展,科学编制总体规划和各项发展规划,又做到立足当前实际,找准突破口,找准着力点,分步实施,稳步推进。

——政府主导、市场运作。加强规划引导和政策扶持,发挥政府在产业发展中的统筹协调作用。遵循产业发展规律,发挥市场在资源配置中的基础作用。

——突出重点、统筹兼顾。以发展绿色现代产业为重点,提升传统优势产业,培育战略新兴产业,整体推进,联动发展。

——因地制宜、分类指导。坚持一切从实际出发,根据各地、各产业的资源禀赋和发展优势,突出区域特点和产业特色,互补互动协调发展。

二、加快构建绿色现代产业体系

5.做强做大新型特色工业。

(1)三大战略产业。

——先进制造业。重点发展汽车零部件、数控机床、发电设备、机械等装备制造业,形成若干具有特色、知名度高的机械装备制造产业集群。到2015年,先进制造业总产值超过100亿元。

加强与国内外大企业的合资合作,着力提升电机、柴油机、车桥等汽车零部件产业发展水平,把梅州建设成为粤闽赣地区重要的汽车零部件制造基地与配套中心。大力发展精密铸造,着力形成以铸造业为基础的产业集群。巩固提升机械装备制造业,积极发展大型水电、风力发电装备制造产业。

——电子信息产业。大力发展以高端电路板、电子元器件、电声器材和通信设备等为代表的电子信息产业。力争到2015年,通过大项目引进带动形成超百亿元的工业总产值,高新技术产品产值比重提高至30%以上。

加快推进与省共建全省重要的高端电路板生产基地。坚持培育和引进相结合,大力扶持新型电子元器件的研发和产业化,壮大一批电子元器件龙头骨干企业。积极发展数字化电声产品、TFT新型平板显示器和3C融合产品为重点的高端数字家电产品。鼓励发展电子商务、软件开发等现代信息服务业。

——战略新兴产业。坚持高起点进入、高标准培育、高效能发展,积极培育以新医药、新能源、新材料和环保产业为重点的新兴产业。

推进具有自主知识产权和广阔市场前景的疫苗、诊断试剂、新药的开发和产业化,加快发展生物医药产业。依托南药资源,打造一批全国知名的梅州中药品牌,加快发展现代中药产业。积极发展风电、生物质能、太阳能光伏为重点的新能源产业。积极培育LED外延设备、大功率封装设备和灯具等新光源产业。

(2)六大传统工业。实施改造提升、自主创新、名牌带动、项目带动、转型升级战略,加快推动烟草、电力、建材、矿业、陶瓷、酿酒等产业的转型升级。

——烟草。发挥"五叶神"的品牌优势,争取梅州卷烟厂扩大产能、研发新品、优化结构,确保烟草产业产值和税收平稳增长。

——电力。围绕打造全省电力生产基地的目标,发展清洁火电、绿色水电能源项目以及水泥企业余热发电项目。重点推进梅州(五华)抽水蓄能电站、荷树园电厂三期、华润兴宁电厂二期、大埔电厂等重点电力项目建设,力争到2015年全市电力装机容量达到460万千瓦。

——建材。加快淘汰落后产能,推进结构调整和资源整合,发展新型干法旋窑水泥生产,力争到2015年全市形成2000万吨水泥熟料生产规模,打造全省重要的绿色建材生产基地。

——矿业。发展稀土规模化精深加工，加快平远稀土项目建设，打造知名的稀土新材料生产基地。推进资源高效整合、统一布局和综合开发，加快五华钼矿、兴宁霞岚钒钛磁铁矿等重点项目建设。到2015年，全市矿产工业总产值超过150亿元。

——陶瓷。整合瓷土资源，改善装备水平，提高工艺技术，强化产品研发，提升产品档次，打造“大埔陶瓷”、“高陂青花瓷”、“潭江红陶”等区域性品牌。到2015年，全市陶瓷产业工业总产值超过30亿元。

——酿酒。以长乐烧、一线天、南国白珍珠等为重点，大力发展酿酒业，打造客家娘酒品牌，建设广东省米香型白酒生产基地。

6.加快发展旅游先锋产业。开发利用客家文化和自然生态资源，深化省市共建客家文化生态旅游示范区合作，建设“梅赣龙客家文化生态旅游圈”和“梅潮山海文化生态旅游圈”，打造国家级“客家文化生态旅游产业园”。推进客家文化生态旅游示范区规划与客家文化、现代农业、生态林业、绿色工业等有关规划的对接，打响客家文化之旅、度假休闲之旅、保健养生之旅、红色文化之旅等特色旅游品牌，打造全国有影响的绿色健康度假区。加快20公里梅江画廊、客天下旅游产业园、梅县健康度假区、梅城文化产业城、梅江区泮坑客家文化精品长廊、千佛塔宗教文化旅游区、丰顺温泉度假城、平远卧佛文化旅游产业园、蕉岭生态文化休闲城等景点、景区建设，打造一批集古村落、客家文化、秀美生态、精致农业于一体的经典景区，新上一批国家级4A、5A景区。加大区域旅游资源整合，集中打造雁洋度假保健旅游、大埔名人名居旅游和五丰兴(五华、丰顺、兴宁)温泉养生旅游等精品线路。加快建设休闲观光绿道，做到“县县有亮点、处处有精彩”。进一步擦亮国际客家山歌文化节、金柚节、脐橙节、自驾游节等品牌，实现“一年一节庆、一季一活动、一县一品牌”。加大宣传营销力度，建立完善旅游开发的投资和退出机制，着力打造度假旅游、保健养生旅游目的地。

7.大力发展绿色现代农业。加快发展特色农业、生态农业、高质农业、旅游农业，推动传统农业“绿色再造”，不断提高农业综合生产能力和综合竞争力，打造全省重要的优质粮食、高端植物油及优质有机茶、优质安全果蔬、特色养殖生产基地和加工供应中心。

——特色种养。坚持以生产无公害农产品、绿色食品、有机食品为导向，实行标准化生产和产业化经营，抓好农地整理改良，加快建设水果、茶叶、油茶、南药、优质稻、蔬菜、烤烟、畜牧水产养殖等八大特色产业基地。积极发展名贵苗木、高值花卉、用材林、生物质能源、毛竹等特色种养业。到2015年，全市八大主导农产品基地规模达到330万亩，其中油茶种植面积80万亩。

——精深加工。大力发展油茶精深加工，着力建设全省最大的高端植物油生产供应基地和全国重要的油茶研发中心。推动金柚产品的研发利用，扩大金柚系列加工产业的生产规模，提升“金柚之乡”品牌。运用新技术、新工艺，大力发展肉类加工、果蔬加工等客家风味食品。到2015年，全市农产品加工率达30%以上。

——休闲农业。树立发展精致农业理念，充分挖掘丰富的农业资源，积极支持有条件的农业龙头企业利用现有的果园、茶园等基地，建设一批集生产、加工、休闲、游乐于一体的农业旅游景点。到2015年，3A级以上农业综合旅游景区达到10个以上，建成区域性的休闲农业旅游中心。

——打造品牌。强化科技兴农，推广良种良法，提升产品质量，着力打造梅州大品牌。建设国家级农产品深加工质检中心。加强农产品标准体系建设，争取若干“梅州标准”上升为国家标准。高度重视原产地域产品保护工作，争取若干产品获得地理标志产品认证。大力培育无公害农产品、绿色食品、有机食品，打造一批国家级、省级知名品牌，力争到2015年，全市新增“三品”50个以上，省级以上名牌产品35个以上。每年举办农产品国际订货会和特色农业节庆活动。力争把梅州建设成为金柚、油茶等农产品价格形成中心。

——推进农业产业化。注重组织和制度创新，增强农业龙头企业和农民专业合作组织的辐射带动能力，依托龙头带动，发展规模经营，形成市场牵龙头、龙头带基地、基地连农户的产业组织形式，提高农业产业化水平。按照扶大、扶优、扶强的原则，支持有条件的农业龙头企业通过上市、兼并等形式，发展成为大型农业龙头企业集团。引导龙头企业、合作组织与农户建立利益共享、风险共担的新型利益联结机制，提高农业生产和农民组织化程度。出台鼓励台湾企业来梅创业的政策措施，每年办好梅台农业合作交流会，加快建设一批现代农业产业园、台湾农民创业园。积极借助海内外乡贤的力量，着力扶持发展香港嘉应集团控股有限公司等一批与国际国内大市场对接的农产品流通企业，不断提高农产品外销和出口水平。

8.*发展商贸物流金融服务业*。以揭阳潮汕国际机场、梅县机场和日益发展的快速铁路、高速公路形成的交通网络为依托，建设集航空、陆路物流、海关保税、国际贸易服务、快件服务、展览展示、金融服务、商务旅游等为一体的现代物流中心。加快规划建设机场远程货站，增强口岸服务功能，提高通关便利水平，发展航空指向型的高端临空现代服务业。围绕现代产业体系建设，精心策划物流产业，优化空间布局，着力培育大型商贸连锁经营商和第三方物流企业，加快推进原燃材料、服装、农副产品等商品交易中心建设，整合提高物流业的组织化程度和社会化配置能力，将物联网等信息技术融入物流业，推进物流中转的无缝连接，形成专业化、规模化、集约化的现代物流体系，打造辐射粤闽赣的梅赣龙特色农产品物流圈、原燃材料集散基地和工业物流中心。加大对金融机构的支持和服务力度，搭建新的金融服务平台。积极创建金融生态示范市，进一步完善社会信用体系和融资担保体系，为重点项目、产业园区、城市基础设施、绿色现代产业体系等方面的建设提供高效便捷的融资服务。充分利用和发展资本市场，培育上市后备资源，加快推进企业上市步伐，努力扩宽直接融资渠道。积极推动“农村金融改革创新综合试验区”建设，深化农信社改革，尽快组建农村商业银行，更好地服务农村和基层。引入战略投资者、风险投资基金、有实力的企业和个人，加快设立村镇银行和信用保险公司、担保公司，缓解中小企业融资难题。

9.*积极培育特色文化产业*。扎实推进文化名城建设，加强对全市文化产业的统一规划和科学布局，建设文化产业强市。加快建设中国客家文化生态保护区，推进中国客家博物馆晋升国家一级馆工作，保护开发“客家围龙屋”、客家古村落和客家山歌、汉乐等物质和非物质文化资源，办好“国际客家山歌文化节”等节庆活动，推动文化与旅游、商业融合，发展文化会展业。以客家文化创意为核心，承接珠三角地区文化产品制造等产业转移，加快规划建设文化创意园区，推进麓湖山文化产业园、林风眠艺术园等建设。积极开发传媒出版、动漫游戏、影视制作、音乐创作、广告设计和网络广播电视等新兴文化产业，培育2至3家有客家特色、竞争力强的文化骨干企业。盘活客家文化特色资源，拍摄反映客家题材的影视作品，创作在国内外有影响力的客家文艺精品。深化以亮胜客家艺术中心、市山歌剧团、广东汉剧院等基地为主体的创作演出，加快建设电影院线等文化网络，推进客家文化有形化、市场化，发展客家文化休闲娱乐业。健全文化产品、服务和要素市场，建立文化产权交易平台，培育文化中介行业，延伸文化产业链条，逐步把文化产业建成我市支柱产业。实施振兴“足球之乡”规划，加快建设国家级足球训练基地，举办高水平体育赛事，培育发展以足球为重点的体育产业。

三、抓好加快绿色的经济崛起的关键环节

10.*着力构建粤闽赣三边现代交通枢纽*。以大交通促进大发展，实施梅河高速加铺沥青工程，全力推进梅大和济广、汕湛梅州段高速公路建设，争取立项建设畲华(梅县畲江—五华华阳)、大潮

(大埔—潮州港)高速公路,加快205、206国道主干线改造,尽快动工建设鹰(潭)梅(州)、浦(城)梅(州)快速铁路,力争梅兴河增(梅州—兴宁—河源—增城)高速铁路和梅州至汕头连接深厦的快速铁路列入省"十二五"规划,加快构建粤闽赣交通运输枢纽中心和国家公路枢纽城市,缩短与周边地区特别是珠三角、厦漳泉和潮汕地区的时空距离,努力把梅州打造成为对接珠三角、海西区和长三角的复合交通走廊和重要交通枢纽。确保如期完成梅县机场扩建工程,争取开辟国际货运航线,努力增加航线航班,把梅县机场建成重要的区域支线机场。

11.*着力加快产业和劳动力"双转移"*。积极推动项目大招商。进一步转变理念,出台《梅州市招商引资绩效考核办法》等政策措施,对各县(市、区)、市直有关经济部门和市属驻外专业招商队进行分类考核,加大力度,有选择性地招商引资。按照产业高端化、高质化、高新化的要求,围绕转移园主导产业集聚发展,瞄准珠三角、海西区、长三角和新能源集聚区等国际国内大市场,加大策划招商、专业招商、专题招商、产业招商力度,突出产业集群招商,着力引进生产力骨干项目。发挥外出乡贤多、港澳台同胞多和海外侨胞多的优势,大力实施"回乡创业工程"。加强与大企业的对接,力争引进一批央企、大型国企、行业龙头企业等规模实力型企业。加强与省直部门的合作共建,依托其政策、资金、技术、信息等方面的优势,扩宽发展领域。各县(市、区)要突出产业特色,大力发展园区经济,不断集聚提升壮大主导产业,加快培育绿色的经济崛起的增长极。统筹园区工业化、生态化、城市化和城乡一体化,出台《关于加快广州(梅州)产业转移工业园发展的决定》和入园工业投资项目评审及管理办法,抓紧完善生产、生活、物流、文化、教育、医疗等配套设施,抓好重点项目特别是与主导产业配套、高科技、高效能项目,加强园区资源配置,创新园区开发模式,推动汽车配件园区、专业创业园区等的开发建设,加快把广州(梅州)产业转移工业园建设成为"生态园区、工业新城"。加快东莞石碣(兴宁)产业园、丰顺园区的开发建设,瞄准先进制造业、高新技术产业等战略产业,加强与珠三角地区、空港经济区的产业对接,发挥集聚效应,加快形成各具特色的产业集群。蕉华工业园和各县(市、区)要围绕各自产业与功能定位,打造特色产业园区,实现错位发展。加强人力资源培训,出台《关于进一步加快农村劳动力培训转移就业的实施意见》和相配套的目标责任制考核办法,加快推进5所万人、6所五千人规模中职技工学校建设,力争创办高等职业技术学院,打造全省劳动力资源开发示范市和山区职教基地,加大农民技能培训力度,切实提高劳动力整体素质,促进劳动力转移就业。

12.*着力提升中心城镇辐射与带动能力*。围绕"世界客都、宜居城乡"的目标定位和"城市向山拓展、生产要素向城市集中"的思路,建立全市空间规划协调机制,形成经济社会发展规划、城乡规划、土地利用规划"三规合一"的规划体系。坚持以城带乡,扩大城市规模,加快"三旧"改造,增强城乡实力,提升城市价值,力争通过10年左右的努力,把梅城打造成为面积100平方公里、人口近百万的粤东北区域性中心城市。加快兴宁、丰顺两个次中心城市和其他县城、中心镇的建设,形成规模等级有序、空间布局合理、功能优势互补、城乡协调发展的市域城镇体系。坚持工业化与城镇化同步推进,增强城镇在资源、人才、技术、产业、商品、信息的集聚功能和带动作用,加快构建梅城、兴宁和畲江的"金三角"城镇组团,推进产业集群、人口集聚。突出客家文化特色,高起点规划、高标准搞好城市建设,提升世界客都影响力。完善城市公共设施,加快重点电网、重点水利项目建设,加强城市管理,搞活城市经营,促进城市功能升级。大力倡导"绿色城市、低碳生活",如期创建国家卫生城市和全国文明城市。

13.*着力推动改革创新*。深化行政管理体制改革,加快推进市、县、镇电子监察系统三级联网建设和富县强镇事权改革,深化事业单位改革、国企改革和乡镇机构改革,进一步激发体制活力,促进县域经济加快发展。加强与高校、科研院所的战略合作，建立“产学研”有机结合的新机制、新模式，建成一批省级公共实验室、企业技术中心、企业工程中心和农业科技创新中心。实施“双百工程”，重点扶持绿色现代产业100个优强项目和100家成长企业，使之成为推动经济增长的重要动力。加强通信、电视、数据网络“三网”建设，推动政务活动、城市管理、企业管理、公共服务、社会发展资源信息的电子化、数字化，着力打造“数字梅州”。

14.着力改善民生福利。以农村规范化学校建设为重点，促进义务教育均衡化、高中阶段教育普及化、职业技术教育体系化、高等教育大众化，力争2013年建成“广东省教育强市”。深化医药卫生体制改革，加强城乡公共卫生、医疗服务、医疗保障和药品供应体系建设，全面推进卫生公共服务向农村延伸。全面推进农村养老保险，扩大农村合作医疗覆盖面，继续实施农房统保政策，提高“五保”户、残疾人等特困群体救助救济水平，加快实现社会保障市级统筹，有重点地提高养老保险赡养比例、医疗保险报销比例和困难群众救济金标准，切实提高全市的社会保障能力。到2020年，全市居民平等享有公共教育、公共卫生、医疗保障、住房保障、生活保障等基本公共服务，总体实现城乡公共服务均等化。

15.着力推动扶贫开发“双到”工作。深入贯彻落实省委、省政府关于“双到”工作的决策部署，加强领导，精心组织，明确责任，落实“一村一策、一户一法”措施，确保到2012年，全市44315户贫困户实现“八个确保”、年人均纯收入达到2500元以上，551个贫困村实现“六有”目标。建立实施市、县(市、区)财政投入保障递增机制，整合涉农项目资金，广泛发动社会各界投入，形成全社会大扶贫格局。积极推动“双到”工作与落实“双转移”、发展农业产业化、建设社会主义新农村、构建农村社会保障体系、统筹城乡基层党建相结合，大力实施产业帮扶、龙头企业帮扶、招商项目帮扶、社会保障帮扶、学技就业帮扶、安居工程帮扶和金融帮扶等模式，推动贫困村、贫困户稳定脱贫、长远致富。实施专项督察制度和人大常委会、政协专题视察活动，依照省、市的《考评办法》和《广东省扶贫开发工作问责暂行办法》，对思想不重视、措施不得力、工作不落实、任务不完成等现象，实行最严格的行政问责。

16.着力加强生态建设和环境保护。以推进全省首个省市共建生态文明(林业)示范点建设为契机，深入开展林业生态县和生态示范镇创建活动，兴起植树造林、护林、绿化、美化高潮，重点加大城镇区域、旅游景点景区、主干道沿线的绿化、美化和亮化，为绿色的经济崛起营造优美的生态优势。深化集体林权制度改革，大力推进生态恢复重建、重点水源涵养林的生态工程，加强生态公益林保护管理，力争经过3至5年努力，森林覆盖率达70.5%以上。推动南岭山地森林生态与生物多样性功能区建设和保护工作。加强江河、水库水源水质保护，提升城市后备水源供水能力。加大水利建设力度，加强水土保持工作。加快完善污水集中处理和垃圾填埋处理设施，到2020年，城镇污水处理率达到90%以上，城镇生活垃圾无害化处理率达到100%，农村垃圾实现集中收集治理。建立健全节能减排问责机制，加强重大污染源控制，如期完成国家下达污染物减排总量任务。

17.着力提高政务服务水平。全面整合各级政府部门服务资源，加快推进并联审批、联合审批和相对集中审批新模式。简化审批事项手续，进一步提高行政效率。完善政务服务平台，建立服务企业的“直通车”制度，健全行政服务中心功能，完善中小企业服务中心等“一站式”服务平台，不断完善企业融资、企信担保、信息咨询、创业辅导、教育培训、技术创新等行政服务功能。健全首问负责制、一次性告知制、首办负责制、限时办结制等工作制度，建立实施每半年企业评议政府工作部门制度。严格规范执法行为，坚决杜绝乱收费、乱摊派、乱罚款等行为。强化行政效能监察，严格执行行政不作为问责制和过错责任追究制，规范行政行为，提高行政效能。

18.*着力营造平安和谐的法治环境*。以创建公平正义法制环境和幸福祥和生活环境为目标,加强社会治安综合治理,严厉打击违法犯罪活动,巩固提升全省刑事发案率最低、群众安全感持续增强的治安优势。高度重视信访工作,扩宽民意诉求渠道,充分发挥民声网上信访平台作用,完善县、镇、村(居)综治信访维稳中心和网络信访平台建设。健全自然灾害、事故灾难、公共卫生、社会安全等应急机制,加强应急管理。抓好安全生产工作,突出重点行业领域安全隐患专项整治,确保安全生产。改善用工环境,加强人文关怀,构建和谐劳动关系。加强人口计生工作。深入开展军民共建活动,推动国防建设与经济建设协调发展,力争2011年成功创建“全国双拥模范城”。

四、强化政策支撑和组织保障

19.*加强组织领导和统筹协调*。结合全市“十二五”规划编制,抓紧制定《梅州市绿色现代产业体系建设规划》,成立专门的绿色现代产业发展领导小组,按重点产业发展的需要设置若干工作组,实行分类指导,统一协调,统筹推进绿色现代产业体系建设。按照加快绿色的经济崛起的总体目标和要求,定期研究解决产业发展中的重点难点问题,及时制订相关配套措施,有计划、有重点、有步骤地加快绿色的经济崛起。

20.*建立竞争性财政激励机制*。设立产业发展引导资金,重点支持关系产业全局关键领域和新兴产业关键技术的项目。对落户广州(梅州)产业转移园区的汽车零部件等主导产业企业,给予技术研发、品牌培育、自主创新等专项扶持。统筹惠农资金的使用,突出对八大主导产业、特色产业园区、台湾农民创业园区和农产品深加工项目的支持。

21.*建立政策协调机制*。建立县域发展协调机制。按照错位发展、协调发展的原则,明确各县(市、区)发展定位。建立市委常委会每季度专题研究各县(市、区)工作制度,集中研究解决各县(市、区)经济发展工作,解决存在的困难和问题,推动市、县(市、区)之间和各县(市、区)之间在产业发展、园区共建、重点项目等方面的合作。建立项目推进协调机制。建立市委、市政府不定期研究重点项目检查分析制度,集中解决项目规划、策划、招商、申报和建设中面临的突出问题,强化省市、市县、部门之间的联动。落实土地管理共同责任制。建立统筹安排全市重点项目用地计划指标调节分配制度,完善节约集约用地评价考核机制,积极推行征地拆迁联动机制,加大力度盘活利用闲置土地,切实解决土地“瓶颈”制约问题。

22.*进一步完善考评体系*。修订完善《梅州市县处级党政领导班子和领导干部落实科学发展观评价指标体系及考核评价办法(试行)》,提高发展现代产业、建设重大项目、招商引资、发展县域经济、节能减排、生态保护开发等方面的指标权重,进一步完善其他配套考核机制,把招商引资、劳动力转移就业、创建教育强市、“三名城”考核评价与综合考评体系相互对接,确保考核结果真正反映科学发展的总体要求,成为评优评先和干部选拔任用的重要依据。

23.*锻造高素质的人才队伍*。在我国香港地区、新加坡和国内有关高校、地方建设干部和人才培训基地,创新人才培训模式。在嘉应学院设立产业人才培养基地,按照党政干部战略后备人才培养方式,每年培养一批在校生,毕业后选拔推荐到企业任职,对业绩优秀的定向招考到基层经济管理部门任职。制定完善加快引进优秀人才和稳定高层次人才的政策意见,优化吸引人才环境,着力引进和培养一批适应我市绿色现代产业需要的创新科研团队、领军人才和其他拔尖人才。加强政策引导,大力培养实用型的技能人才。公开选拔或招聘经济管理部门、产业发展部门的领导干部和专业人才。坚持按科学发展要求不拘一格用人才,树立正确的用人导向,大胆创新用人方式,选准配强各级领导班子,全面开展“创先争优”活动,夯实基层基础,强化固本强基,着力培养造就一支想干事、会干事、敢干事、干成事的优秀人才团队。

中共梅州市委 梅州市人民政府
关于加强招商引资工作的意见

(2010年2月22日)

为深入贯彻落实省委十届六次全会、粤北山区工作会议和粤北地区(梅州市)现场会精神,加快建设绿色现代产业基地,推动梅州绿色崛起、科学发展,现就加强全市招商引资工作,提出如下意见。

一、进一步明确目标任务

1.指导思想。坚持以科学发展观为指导,积极抢抓全省推进"双转移"的战略机遇,依托广州(梅州)产业转移工业园等重点园区,围绕推进新型工业化、新型城市化、特色资源产业化和发展生态经济、循环经济、低碳经济,拓宽思路、创新方式,强化责任、完善机制,立足珠三角,面向我国港澳台、东南亚、广大海外地区和中央、省属国有企业,大力实施"乡贤回归工程",以更高的目标、更强的队伍、更严的要求、更好的效益,千方百计承接产业转移,全力提高"双转移"水平,以招商引资的新突破,加快推动绿色的经济崛起。

2.总体目标。围绕发展壮大先进制造业、优势传统产业、现代服务业、战略性新兴产业和现代农业,力争通过两年努力,引进一批科技含量高、产业链条长、财税贡献大、节能环保型的重大项目,培育一批以低碳经济、循环经济为导向的新材料、新能源等战略性新兴产业,壮大烟草、建材、电力、矿业、汽车零部件、电子信息、制药、陶瓷、酿酒等重点产业;广州(梅州)产业转移工业园投资项目平均投资额达到或超过全省同类园区的平均水平,加快建设成为梅州的新经济增长极、全省的产业转移示范园。

二、进一步加强组织领导

3.完善领导机构。调整全市招商引资工作领导小组成员,由市委书记任组长,市长任第一副组长,相关市领导任副组长,各县(市、区)委书记、市直有关单位主要负责人为成员。领导小组下设办公室。

4.配强招商力量。将市招商引资办公室更名为"市招商局",并与广州(梅州)产业转移工业园管委会合署办公。全市组建15个驻外专业招商队,除各县(市、区)各组建1个外,市属7个由广州(梅州)产业转移工业园建设指挥部直接管理,常驻广州、深圳、东莞和省外等地开展招商引资工作。市属驻外专业招商队人员在全市机关和企事业单位优秀干部中选拔,队长人选原则上从副处级干部中产生,队员人选从科级干部中产生。

三、进一步加快园区建设

5.全力推进广州(梅州)产业转移工业园建设。按照"生态园区、工业新城"的发展定位,坚持"工业化、城市化、生态化"的有机统一,围绕"扩园、提质、增效"目标,充分发挥10亿元扶持资金的放大效应,全面推进园区的二期开发,加快环保基础设施、华南理工大学梅州现代产业技术研究院和广东青年(梅州)创业园的建设,抓紧建立相关职能部门园区分支机构,尽快完善畲江中心镇学校、医院、市场、道路、文化体育等市政设施功能,切实提高技术、金融、信息、人才、物流、生活等配套服务水平,增强园区承接产业转移的能力。

同时,要全面提升梅州经济开发区、蕉华管理区产业集聚水平,通过完善配套设施,提高服务水平，促进园区现有企业增资扩产，扩大产业规模，形成集聚效应，提高办园效益。鼓励有条件的县(市、区)建设特色园区，加快专业配套基地和东莞石碣(兴宁)产业转移工业园、丰顺再生资源产业园的建设，进一步拓宽承接产业转移的空间。

四、进一步落实保障机制

6.强化党政领导负责制。把招商引资作为“一把手”工程，市党政主要领导每年要有总时间的一半用于招商引资，党政班子成员和人大常委会、政协班子要各负责挂钩联系1个亿元以上项目。各县(市、区)党政主要领导要有一人专门抓招商，班子成员每年要有一半时间用于招商引资。

7.完善招商引资责任制。继续贯彻落实《中共梅州市委、梅州市人民政府关于在广州(梅州)产业转移工业园实行招商引资责任制的决定》(梅市发〔2008〕41号)精神的基础上，至2011年12月31日前，各县(市、区)引资到广州(梅州)产业转移工业园总任务增至4亿元，其中亿元以上项目要有两个，2010年要完成引资任务2亿元(其中至少要有1个亿元以上项目)；市属7个驻外专业招商队〔含广州(梅州)产业转移工业园管委会、市招商局两个驻外专业招商队〕引资总任务各2亿元，其中亿元以上项目要有1个，2010年要完成引资任务1亿元；市经济和信息化局、市对外经济贸易合作局、市中小企业局、市经济协作办公室等4个市直经济口单位的引资总任务增至1亿元，其中2010年要完成引资任务5000万元。

8.健全奖惩机制。把招商引资工作成效作为评价考核干部的重要依据之一，对完成广州(梅州)产业转移工业园招商引资任务的责任单位，按梅市发〔2008〕41号文的规定给予表彰奖励；对引进单一项目固定资产投资1亿元以上的个人(除党政干部外)或单位，按实际投资额的10‰给予奖励。市属7个驻外专业招商队队长，享受其现职级高一职级的工作条件和生活津贴补贴，工作两年后，成绩突出的，在市级干部管理权限内，经考核给予提拔；市属7个驻外专业招商队队员，成绩突出的，经考核同样给予提拔；县属8个驻外专业招商队人员成绩突出的，经考核，属市级干部管理权限内的由市给予提拔，属县级干部管理权限内的由县给予提拔。对未完成年度招商引资任务的县(市、区)、7个市属驻外专业招商队和市经济和信息化局、市对外经济贸易合作局、市中小企业局、市经济协作办公室等4个市直经济口单位，进行通报批评；连续两年未完成任务的县(市、区)，市经济和信息化局、市对外经济贸易合作局、市中小企业局、市经济协作办公室主要负责人和市属驻外专业招商队人员三年内(至2012年12月31日前)不评先、不转任、不提拔。

9.提供经费保障。市、县两级要把招商引资工作经费纳入财政预算。2010~2011年，从广州(梅州)产业转移工业园开发建设、招商引资资金中，每年安排1亿元，专门用于广州(梅州)产业转移工业园招商引资、宣传推介和扶持发展重大项目。

10.实行大项目特惠政策。对固定资产投资1亿元以上或年纳税2000万元以上的项目，实行“一企一策”，从土地安排、资金扶持、费用减免、水电补贴等方面给予更大的优惠。

11.加强督察督办。建立实行市委常委会每季度、市政府每两个月、园区建设指挥部每个月专题研究一次招商引资工作制度，及时通报情况、解决问题。

12.强化用工保障。围绕产业发展和企业用工需要，加快4所万人、6所五千人职业(技工)学校和各类技能培训机构的建设，深化校企合作，提高培训质量，加强就业引导，为招商引资企业提供足够的技工人才。

五、进一步优化服务环境

13.扩大对外宣传。加强与主流媒体、招商网络的合作，建立全市统一的招商引资信息平台，积极参加各类大型经贸活动，宣传我市吸引外来投资的发展战略，介绍重点产业的发展规划、投资环境及优惠政策,推介招商引资项目。积极利用各类行业协会、地区商会和海内外客属团体等招商平台,主动加强与中央企业、省属国企和民营龙头企业的对接,进一步拓宽招商引资渠道,拓展招商引资空间。

14.加大服务企业力度。大力宣扬“崇商重企”的时代理念,在全市上下形成亲商、爱商、护商的良好社会氛围。对固定资产投资1亿元以上的企业,分别安排一名处级以上干部挂钩服务。加强对招商引资政策落实情况的督促检查,确保各项优惠措施落到实处。

15.建立项目审批快速通道。加快建设新行政服务中心,加紧建立行政审批事项网上审批系统,把现有行政服务中心的所有办事窗口整体迁移到广州(梅州)产业转移工业园内办公,由各职能部门选派熟悉政策、精通业务、能够真正办成事的业务科长或副科长任窗口工作人员,严格落实限时办结制,为投资者提供真正的“一站式”高效服务。

16.严肃处理损害企业利益行为。建立实施每半年一次由外来投资者集中评议“窗口”单位、职能科室的工作作风、机关效能制度,对企业反映强烈的,政策不落实、服务不到位,甚至损害企业合法权益的单位和个人,要及时查处、严肃处理。

17.本意见从颁布之日起施行。如与本市以前所发文件不一致,以本意见为准。

中共梅州市委办公室 梅州市人民政府办公室关于印发《梅州市招商引资绩效考核办法(试行)》的通知

各县(市、区)委、人民政府,市直和中央省属驻梅有关单位:

《梅州市招商引资绩效考核办法(试行)》已经市委、市政府同意,现印发给你们,请结合实际认真贯彻执行。

中共梅州市委办公室　　　　梅州市人民政府办公室

2011年1月10日

梅州市招商引资绩效考核办法(试行)

第一章 总 则

第一条 为更好地调动全市招商引资工作的积极性和创造性,壮大县域经济及市本级财政收入,增强地区综合竞争力和发展后劲,全力推进绿色的经济崛起战略的实施,本着科学合理、客观公正的原则,根据《广东省人民政府关于进一步做好对外招商引资工作的若干意见》(粤府〔2010〕117号)和《中共梅州市委、梅州市人民政府关于加快绿色的经济崛起的若干意见》(梅市发〔2010〕42号)的规定,制订本考核办法。

第二条 考核对象:

(一)各县(市、区)人民政府,广州(梅州)产业转移工业园管委会、市蕉华工业园区管委会;

(二)市直纳入考核的7个部门:市经信局、市外经贸局、市经协办、市中小企业局、市农业局、市旅游局、市文化广电新闻出版局;

(三)市属7个驻外专业招商队。

第三条 考核机构。成立梅州市招商引资绩效考核工作领导小组,组长由市领导担任,成员由市纪委、市委办、市府办、市委组织部、市监察局、市统计局、市法制局、市招商局、市农业局、市旅游局、市财政局、市审计局、市发改局、市环保局、市经信局、市外经贸局、市文化广电新闻出版局、市国税局、市地税局、梅州海关等单位负责同志和各县(市、区)1名分管领导组成。考核领导小组下设考核办公室,设在市招商局,负责具体的考核工作。考核办公室主任由市招商局局长兼任,成员由领导小组成员单位抽调人员组成。

第四条 考核采用自评、考核办审核、考核领导小组审定的方式。

第二章 对各县(市、区)人民政府,广州(梅州)产业转移工业园管委会、蕉华工业园区管委会的考核

第一节 对各县(市、区)人民政府的考核

第五条 考核项目的范围:

(一)时间范围。2011年1月1日后签约并完成工商注册的项目(下称协议项目)。

(二)资金来源范围。市外资金投资项目、市内资金投资的非搬迁性质全新项目。

(三)产业及规模范围。

1.制造业以及电力、燃气及水的生产和供应业:固定资产投资500万元以上或年销售收入500万元以上的项目。

2.农、林、牧、渔业:投资额在200万元以上的农、牧、渔业项目,以及投资额在600万元以上的精致农业、休闲农业项目。

3.旅游:投资额超2000万元的项目。

4.文化:注册资本超50万元且对梅州经济发展有重大作用的项目。

5.商贸:注册资本超50万元且对梅州经济发展有重要作用的项目。

6.物流:注册资本超50万元且对梅州经济发展起重要作用的项目。

7.商品房开发:单个项目投资额超1亿元以上的国内知名开发商投资的房地产开发经营项目。

各产业纳入考核的具体考核项目见附表八《按国民经济行业分类标准设定的各产业纳入考核的具体范围》。

(四)区域范围。各县(市、区)人民政府引进本行政区域内及市辖工业园的项目。

第六条 考核指标内容:

(一)2011年1月1日后所有协议项目在考核当年实现的实际入库税收额;

(二)2011年1月1日后所有协议项目在考核当年实现的增加值;

(三)2011年1月1日后所有协议项目在考核当年实现的实际利用外资数额;

(四)2011年1月1日后所有协议项目在考核当年实现的外贸出口额;

(五)2011年1月1日后所有协议项目在考核当年的实际投资额,其中制造业以及电力、燃气及水的生产和供应业采用实际固定资产投资额;

(六)当年进入在建项目的计划投资额,其中制造业以及电力、燃气及水的生产和供应业采用

计划固定资产投资额(本指标在项目存续期只计一次);

(七)当年新签协议项目的计划投资额,其中制造业以及电力、燃气及水的生产和供应业采用计划固定资产投资额(本指标在项目存续期只计一次)。

第七条　考核时间:2011年为第一个考核年度,每个考核年度的次年第一季度进行考核。指标数据统计的时间为本考核年度1月1日起至12月31日止。

第八条　考核标准和办法:

单项指标分值乘以单项指标实现数,为单项指标的原始分。具体考核指标及分值见表一《各县(市、区)考核指标分值表》。

根据各县(市、区)各产业承载能力的不同,设定区域产业权重系数,具体见表二《各县(市、区)区域产业权重系数表》。根据省设定的主体功能区的鼓励发展方向,设定区域功能权重系数,具体见表三《各县(市、区)功能权重系数表》。各县(市、区)的权重系数,根据年度考核实际情况,经市领导同意后可作适当调整。

单项指标原始分乘以区域产业权重系数,再乘以区域功能权重系数,为单项指标的实际得分。

全部指标的实际得分累加为考核对象的实际总分。

各县(市、区)实际总分的算术平均分,为排序标准分的150分;某县(市、区)的实际总分,除以实际总分的算术平均分,乘以150分,为该县(市、区)的排序标准分(考核最终得分)。

排序标准分150分以上(含150分)且排名前两名的为"优秀";排序标准分70分以下(不含70分)且排名末两位的为"不达标"。

第二节　对广州(梅州)产业转移工业园管委会、蕉华工业园区管委会的考核

第九条　考核项目的范围:

(一)时间范围。2011年1月1日后签约并完成工商注册的项目。

(二)资金来源范围。市外资金投资项目、市内资金投资的非搬迁性质全新项目。

(三)产业及规模范围。制造业:符合园区准入条件的项目。

(四)区域范围。各单位引进到园区的所有协议项目。

第十条　考核指标内容:

(一)规划建设;

(二)节能环保;

(三)招商引资;

(四)发展质量;

(五)科技创新;

(六)基础设施;

(七)公共服务体系建设。

第十一条　考核时间:

2011年为第一个考核年度,每个考核年度的次年第一季度进行考核。指标数据统计的时间为本考核年度1月1日起至12月31日止。

第十二条　考核标准和办法:

以园区建设和招商引资为重点的综合考核。采取百分制的形式,得分在90分以上(含90分)为"优秀";在70分以下(不含70分)为"不达标"。

具体指标见表四《广梅转移园、蕉华工业园考核指标分值表》。

第三章 对市经信局、市外经贸局、市中小企业局、市经协办、市农业局、市旅游局、市文化广电新闻出版局的考核

第十三条 考核项目的范围：

(一)时间范围。2011 年 1 月 1 日后签约并完成工商注册的项目。

(二)资金来源范围。市外资金投资项目、市内资金投资的非搬迁性质全新项目。

(三)产业及规模范围。

1.制造业：符合园区准入条件的项目。

2.市农业局引进的农、林、牧、渔业项目：投资额在 200 万元以上的农、牧、渔业项目，以及投资额在 600 万元以上的精致农业、休闲农业项目。

3.市旅游局引进的旅游项目：投资额超 2000 万元的项目。

4.市文化广电新闻出版局引进的文化项目：注册资本超 50 万元且对梅州经济发展有重大作用的项目。

(四)区域范围。引进市辖工业园的制造业项目；引进到各县(市、区)农业、旅游或文化项目。

第十四条 考核指标内容：

(一)2011 年 1 月 1 日后所有协议项目在考核当年实现的实际入库税收额；

(二)2011 年 1 月 1 日后所有协议项目在考核当年实现的增加值；

(三)2011 年 1 月 1 日后所有协议项目在考核当年实现的实际利用外资数额；

(四)2011 年 1 月 1 日后所有协议项目在考核当年实现的外贸出口额；

(五)2011 年 1 月 1 日后所有协议项目在考核当年的实际投资额，其中制造业采用实际固定资产投资额；

(六)当年进入在建项目的计划投资额，其中制造业采用计划固定资产投资额(本指标在项目存续期只计一次)；

(七)当年新签协议项目的计划投资额，其中制造业采用计划固定资产投资额(本指标在项目存续期只计一次)。

第十五条 考核时间：2011 年为第一个考核年度，每个考核年度的次年第一季度进行考核。指标数据统计的时间为本考核年度 1 月 1 日起至 12 月 31 日止。

第十六条 考核标准和办法：

将市直纳入考核的 7 个部门进行排序考核。

单项指标分值乘以单项指标实现数，为单项指标的原始分。具体考核指标及分值见表五《市直纳入考核的 7 个部门考核指标分值表》。

全部指标的原始分累加为考核对象的实际总分。

市直纳入考核的 7 个部门实际总分的算术平均分，为排序标准分的 150 分；某一个考核对象的实际总分，除以某一类考核对象实际总分的平均分，乘以 150 分，为该考核对象的排序标准分(考核最终得分)。

排序标准分在 150 分以上(含 150 分)且排名前两名的为“优秀”；排序标准分在 70 分以下(不含 70 分)且排名末两位的为“不达标”。

第四章 对市属7个驻外专业招商队的考核

第十七条 考核项目的范围:

(一)时间范围。2011年1月1日后签约并完成工商注册的项目。

(二)资金来源范围。市外资金投资项目、市内资金投资的非搬迁性质全新项目。

(三)产业及规模范围。制造业:符合园区准入条件的项目。

(四)区域范围。引进市辖工业园的项目。

第十八条 考核指标内容:

(一)2011年1月1日后所有协议项目在考核当年实现的实际入库税收额;

(二)2011年1月1日后所有协议项目在考核当年实现的增加值;

(三)2011年1月1日后所有协议项目在考核当年实现的实际利用外资数额;

(四)2011年1月1日后所有协议项目在考核当年实现的外贸出口额;

(五)2011年1月1日后所有协议项目在考核当年的实际投资额,其中制造业采用实际固定资产投资额;

(六)当年进入在建项目的计划投资额,其中制造业采用计划固定资产投资额(本指标在项目存续期只计一次);

(七)当年新签协议项目的计划投资额,其中制造业采用计划固定资产投资额(本指标在项目存续期只计一次)。

第十九条 考核时间:2011年为第一个考核年度,每个考核年度的次年第一季度进行考核。指标数据统计的时间为本考核年度1月1日起至12月31日止。其中,2011年度只考核超过《中共梅州市委、梅州市人民政府关于加强招商引资工作的意见》(梅市发〔2010〕10号)规定的2亿元任务的部分。

第二十条 考核标准和办法:

单项指标分值乘以单项指标实现数,为单项指标的原始分。具体考核指标及分值见表六《市属7个驻外专业招商队考核指标分值表》。

全部指标的原始分累加为考核对象的实际总分。

市属7个驻外专业招商队实际总分的算术平均分,为排序标准分的150分;某一个考核对象的实际总分,除以7个驻外专业招商队累计实际总分的平均分,乘以150分,为该考核对象的排序标准分(考核最终得分)。

排序标准分在150分以上(含150分)且排名前两名的为"优秀";排序标准分在70分以下(不含70分)且排名末两位的为"不达标"。

第五章 考核结果运用

第二十一条 通报。考核结果在次年第一季度予以通报。

第二十二条 招商引资绩效考核结果纳入"梅州市县处级党政领导班子和领导干部落实科学发展观考核评价"和"市直机关作风评议"考核范围。

第二十三条 实行以下激励:

(一)给予一定的资金奖励。原则上各县(市、区),广(梅)转移园管委会、蕉华工业园管委会考核达到优秀等次的,奖150万元;市直纳入考核的7个部门、市属驻外专业招商队达到优秀等次的,奖80万元。奖金用于补充招商经费;

(二)招商引资优秀单位的有功人员在同等条件下优先提拔任用;

(三)招商引资先进单位和个人通报表彰。

第二十四条 实行以下处罚:

(一)第一年度考核评为"不达标"单位的:对单位通报批评;党政一把手取消当年评先评优资格,并向市委、市政府作书面说明,提出下一步工作措施;

(二)连续两个年度考核评为"不达标"单位的:对单位黄牌警告;党政一把手两年内不提拔,并向市委、市政府作书面检讨,对完成下一步工作的作出承诺和保证;

(三)连续三个年度考核评为"不达标"单位的:对单位红牌警告;党政一把手调离工作岗位,三年内不得提拔任用。

第六章 附 则

第二十五条 有关指标界定:

(一)在建项目是:租赁厂房的,要求设备到位安装;购地自建的,要求基础达到±0的建筑占地面积占规划建筑总占地面积的50%以上,或竣工验收的建筑面积占规划建筑总面积的20%以上;

(二)计划固定资产投资额(计划投资额)以协议书约定的为准;

(三)固定资产是:土地、建筑物、机器设备、设施4项的投入总额;

(四)实际投资额或实际固定资产投资额可采取以下三种方式确定:

1.以"购买机器设备的发票金额"、"土地出让金额"、"造价统一定为1200元/平方米的建筑物投资额"三项累计的总额。

2.由市或县两级政府采购中心和财政审核中心审核评估后确认的投资额。

3.由各考核对象委托的且经考核办同意的中介机构出具的验资报告提供的投资额(评估费用由考核对象负责)。实际投资额中,商贸项目不包括货物投资。

(五)增加值:由市统计局统一设计表格,企业按属地统计的规定,每月向统计部门报送相关数据。考核时,以县级及以上统计部门出具的数据为准;

(六)实际入库税收:以县级及以上税务部门出具的数据为准,含先征后退税额和投资项目建设过程中的建安税;

(七)外贸出口额:以海关提供的书面数据为准。委托梅州市境内、外的其他出口企业代理出口的,在能提供代理合同、销售单、结汇单等有效证据的情况下,其外贸出口额可纳入考核;

(八)工商登记时间以企业工商营业执照登记时间为准。

第二十六条 考核的工作经费(每年20万元)、奖励经费由市财政拨给。

第二十七条 本办法自2011年1月1日起施行。此前本市制定的有关招商引资考核激励措施与本办法不一致的,以本办法为准。

中共梅州市委 梅州市人民政府关于加快广州(梅州)产业转移工业园发展的决定

(2010 年 11 月 17 日)

为深入贯彻落实《中共广东省委、广东省人民政府关于推进产业转移和劳动力转移的决定》(粤发〔2008〕4 号)和中共梅州市委五届七次全会精神,加快广州(梅州)产业转移工业园(以下简称“广梅产业转移园”)的发展,推动梅州绿色的经济崛起,特作出如下决定。

一、指导思想和总体要求

1.重大意义。广梅产业转移园是我市战略产业聚集的重要平台,也是加快我市绿色的经济崛起的增长极。全力推动广梅产业转移园大开发、大提速,是深入贯彻落实科学发展观、加快梅州绿色的经济崛起的重要举措,是转变发展方式、实现梅州“提挡进位”的现实需要,是集中优势资源、培育梅州战略产业的必然选择。全市上下要从全局和战略的高度,进一步统一认识、解放思想,增强责任感、紧迫感和使命感,只争朝夕、破难攻坚,敢为人先、勇于创新,以积极主动的姿态、高效务实的作风、坚强有力的举措,全力推进广梅产业转移园的开发建设。

2.指导思想。全面贯彻落实科学发展观,按照“生态园区、工业新城”的发展定位,坚持走新型工业化发展、城市化经营、生态效益型开发、城乡一体化推进的路子,以打造优质产业发展平台、提高招商引资承载力为突破,以先进制造业、电子信息产业、新兴产业的集聚发展为主导,以瞄准国内外大市场为重点,以引进生产力骨干项目和龙头企业为抓手,以大力发展高新技术产业、现代物流及生活配套设施为支撑,早日把广梅产业转移园打造成为全市生态环境美、经济增长快、创新能力强、投资回报率高、发展前景好的示范区。

3.发展目标。力争到 2015 年,全面完成 22 平方公里(含生态保留区)开发建设,规模以上工业企业达到 185 家,工业总产值达到 200 亿元、税收达到 8 亿元,在园区开发、招商引资、产业集聚、体制创新、新城建设中取得突破性进展,彰显示范、辐射和带动作用;到 2020 年,主要经济指标实现翻番,综合竞争力全面提升,成为生态良好、产业发展、人口聚集、宜居宜业的现代化工业新城,逐步形成梅州城市附中心。

4.基本原则。一是市县(市、区)共建、利益共享。广梅产业转移园是市与下辖各县(市、区)共同建设、共享发展成果的创新园区,各相关单位要有强烈的大局意识和责任意识,举全市之力共同推动广梅产业转移园科学发展;二是规划先行、同步建设。高起点规划,高标准建设,高效能管理,严格按规划实行土地的连片开发、基础设施的整体推进,快速形成承接产业转移的优质平台和有效载体;三是科学主导、市场运作。发挥党委政府在园区开发、招商引资中统筹协调和主导作用,政府重点主导发展方向、发展规划,积极为项目用地、建设到企业生产经营,全程提供优质服务,提供低成本、具有区域竞争优势的投资环境;发挥市场在资源配置中的基础作用,通过加强与国内外大企业合作,吸引更多的投资主体进园成片开发或建设专业园区,创新广梅产业转移园的开发模式。

二、全力抓好广梅产业转移园的规划建设

5.调整优化空间布局。坚持就近整合与异地整合相结合,积极拓展广梅产业转移园发展空间,把梅州经济开发区纳入广梅产业转移园的扩园区域,形成广梅产业转移园南区(畲江)、北区(梅州经济开发区)“一园两区”的空间布局。

6.明确规划控制范围。广梅产业转移园南区(工业新城)规划控制范围是:东至梅揭高速公路,南至水口镇下堡,西至雷公湖,北至畲江镇区,总面积47.73平方公里(含生态保留区);广梅产业转移园北区规划控制范围是:东至梅县西阳镇龙坑村、大塘肚,南至龙坑山地,西至规划进洋坑40米路面、现墙地砖厂西面18米路,北至梅江河,总面积7.06平方公里。

7.科学确定功能分区。综合"一园两区"发展现状、资源禀赋、产业基础,科学确定"一园两区"的功能定位,形成各自的主导产业和区块特色,构建既有明确主导产业、功能分工,又相互配套、具有联动效应的发展格局。广梅产业转移园南区:重点发展先进制造业、战略性新兴产业和现代服务业。广梅产业转移园北区:重点发展电子信息产业和战略性新兴产业,建设成为转移园南区的配套基地、互补园区。

8.全力加快开发建设。坚持规划先行,基础设施同步建设,严格按照广梅产业转移园的总体规划和控制性详细规划进行基础设施建设,利用省产业转移工业园的政策优势,发挥省产业转移竞争性扶持资金的放大效应,多渠道筹集建设资金,着力破解土地、资金等制约因素,整体推进广梅产业转移园土地征用、场地平整、道路桥梁等基础设施建设。同时,加快推进以汽车配件专业园、客商创业园为重点的园区建设。

9.完善提升配套功能。加快推进供水、供电、通信、物流、文化、教育、住房、医疗等配套设施建设,全面提高技术、人才、信息、金融等配套服务水平,切实增强广梅产业转移园的承接能力和投资吸引力。加快改造提升畲江中心镇的服务功能,为广梅产业转移园营造良好的投资环境。

10.切实保障用地需求。依法做好广梅产业转移园规划控制区的土地控制,及早做好规划区内土地利用总体规划的修编,加紧做好开发用地的报批工作,采取土地置换、土地使用权变更等方式盘活广梅产业转移园用地。广梅产业转移园耕地占补指标和建设用地指标在全市范围内优先平衡、保障供给。积极争取使用国家、省重大项目用地计划指标,对发展空间大、市场前景好、带动能力强、符合国家产业政策和广梅产业转移园产业发展方向的优质项目,优先安排用地。强化土地储备,采取一次性征收的方式依法强势推进征地拆迁安置工作。加强广梅产业转移园土地节约集约利用,严格控制进园企业容积率和企业行政办公及生活服务设施的用地比例,发挥土地资源的最大效益。

11.加强节能环保工作。严格执行环境保护法律法规和节能法规政策,切实加强广梅产业转移园环保和节能基础设施建设,严格执行环保"三同时"制度,加强环境保护工作的监督管理,大力推行清洁生产,对广梅产业转移园实行环境保护责任考核和主要污染物排放总量控制,严格执行广梅产业转移园企业准入条件和环境保护管理办法,严禁引进制革、漂染、电镀、化工、造纸等重污染和废水排放量大、含有毒有害的一类污染物和持久性有机污染物排放项目及高能耗项目。

三、强力抓好广梅产业转移园的招商引资

12.完善优惠政策。修订完善广梅产业转移园吸引外来投资优惠政策。对广梅产业转移园重点引进的重大项目,需要实行特殊优惠的,由企业提出申请,广梅产业转移园管委会提出方案,报市政府常务会议研究决定。申请实行特殊优惠的项目,其前提必须是对广梅产业转移园完善产业链、增强主导产业集聚具有突出贡献的项目,或高新科技项目,或总部整体转移的项目。

13.主攻重大项目。按照产业高端化、高新化的要求,围绕广梅产业转移园主导产业集聚发展,瞄准珠三角、长三角、海西经济区、港澳台和新能源集聚区等国际国内大市场,策划项目专业招商和专题招商,加大产业招商力度,大力实施乡贤"回乡创业工程",主动承接高新技术产业的直接转移、总部经济的整体转移,着力引进一批绩优型、科技型项目,力争在引进世界和中国500强、央

企、大型国企、行业龙头企业等实力型企业上取得新突破。对符合广梅产业转移园主导产业的高科技项目、亿元以上项目,落实领导专人跟踪服务。

14.强化项目审核。制订出台广梅产业转移园工业投资项目评审及管理办法,健全完善进园项目评估预审制度。对拟进入广梅产业转移园的项目从产业方向、用地规模、环境保护、节能评估、投资密度(强度)、建设计划、产能水平、财税贡献能力和合作条件等方面,进行严格的审查评估和前置把关,切实增强招商引资的针对性和实效性,确保引进项目优质高效。

15.集聚全市力量。充分调动全市的力量和资源,推动广梅产业转移园的招商引资。制订出台全市招商引资绩效考核办法,把县(市、区)、市直单位、市属驻外专业招商队对广梅产业转移园的招商引资纳入绩效考核的重要内容;完善招商引资激励机制,在不违背有关政策的前提下,对引进生产性项目的引资人予以奖励。

四、努力降低企业的运营成本

16.降低货物运输成本。实施分类引导,降低物流成本;引进大型物流公司和国际货运代理企业,建设物流中心。在广梅产业转移园吸引外来投资优惠办法规定的“财政扶持”资金中,安排大部分给企业补贴物流运输费用。

17.降低用水用电成本。广梅产业转移园用水最高不超过 1.2 元/立方米(不含污水处理费)。工业用电电价按省物价部门批准的目录电价执行,对企业缴纳的城市建设附加费由市财政给予相应的补贴。企业在缴纳生产环节税收的次年 1 月 1 日起 3 年内,在广梅产业转移园吸引外来投资优惠办法规定的“财政扶持”资金中,安排适当数额给予每千瓦时 0.05 元的电费补贴。

18.降低企业用工成本。在务工人员合法权益得到维护的前提下,企业可以按上年度全市在岗职工月平均工资的 60%为缴纳基数,为职工缴纳社会保险费。

对已办理参保手续并缴交养老保险费的企业,在 2014 年 12 月 31 日前,市财政给予个人缴纳部分每人每月 40 元补贴,给予单位缴纳部分每人每月 20 元补贴。

19.减轻企业规费负担。对进入广梅产业转移园的生产性企业和扩建的生产性企业,在项目立项到缴纳生产环节税收后 5 年内,除国家规定统一征收的税费外,推行“零收费区”的做法,不再对入园企业征收任何地方性收费。一些确需消耗物资的检测项目等服务性收费,对企业实行免、减收费,由收费单位根据成本费用报市政府,由市财政给予适当的补贴。

五、切实保障企业的用工需求

20.吸引外来人员到广梅产业转移园务工。广梅产业转移园企业的优秀务工人员,可按农民工积分制入户城镇的规定,办理入户城镇手续,其子女就读九年义务教育阶段学校的由教育部门按就近入学的原则统一安排,并一律免收借读费和政策规定之外的任何费用;对引进的具有中级职称以上和在广梅产业转移园企业担任中层管理以上的技术和管理人才,不论工作时间长短均可在就业城镇入户,其配偶及未成年子女可随迁;对企业引进人才的子女,需在本市九年义务教育阶段公办学校就读的,由教育部门按就近入学的原则统一安排,并一律免收借读费和政策规定之外的任何费用。

21.解决外来务工人员的住房需求。在广梅产业转移园务工 3 年以上,依法与企业签订劳动合同并在人力资源和社会保障部门备案,年龄在 23 周岁至 35 周岁且无自有住房的已婚人员,可申购由政府统一建设的务工人员公寓。

22.加强职业技能培训和就业引导。加强对广梅产业转移园务工人员的职业技能培训,免费为广梅产业转移园企业培训员工 1 次以上。建立校企合作机制,加强职业技能教育和就业引导,推行

"订单式"培训,依托全市重点高、中等职业(技工)学校,大力培养实用型、操作型技工队伍,切实保障企业用工需求。

23.加大对企业人才智力的支持力度。有关部门每年至少要免费为广梅产业转移园企业举办各类人才招聘会两次以上,并根据企业需求开展人事、劳务代理服务。广梅产业转移园企业专业技术人员申报和评定专业技术职称,与本市其他非国有企业一视同仁。对引进到广梅产业转移园工作的高层次管理人才和技术人才,按梅州市人民政府《关于实施高层次人才享受政府津贴制度的意见(试行)》(梅市府〔2007〕50号)、《印发〈关于促进中小企业平稳健康发展实施办法〉的通知》(梅市府〔2009〕23号)的规定,给予享受特殊津贴和奖励。积极为广梅产业转移园企业申报引进外国专家和先进技术、选送企业专业技术人员到国(境)内外进修培训,并在项目和资金上给予支持。

六、优化广梅产业转移园的投资环境

24.改革行政审批。将事前审批与事后监管并重,将各部门分散的串联审批改革为市行政服务中心的并联审批。建立由市住房和城乡建设局牵头、市直相关职能部门参与的项目开工预审制度,对通过预审的建设项目,发给"建筑工程施工许可证"。工程验收实行由广梅产业转移园管委会牵头,相关部门参与的共同验收制度。

对符合有关设立登记规定、需取得而尚未取得前置审批的广梅产业转移园的企业,可核发筹建营业执照,待取得前置审批许可证后,办理企业营业执照变更登记。工商核准登记可实行"换照制",认可原注册登记的有效性,对企业名称和住所进行变更登记,换发营业执照。

25.提高政务效率。实行"一个中心"服务投资者,"一条龙"审批项目,"一个窗口"受理投诉,"一个口子"收取行政规费。

26.优化通关服务。海关要全面推行"属地申报、口岸验放"的通关模式。出入境检验检疫部门要改革检管模式,加快口岸通关服务,积极推进电子口岸物流信息平台建设,提供"一条龙"的口岸服务。

27.营造安居环境。广梅产业转移园企业高管人员(董事长、副董事长,董事,总经理、副总经理,总工程师,总会计师),在本市中心城区(含市内各县城)和广梅产业转移园内购买住房的,由市财政给予一定数额的补贴。

在新增企业的工业用地范围内,允许7%的工业用地用于行政办公及生活服务设施建设,按照工业用地价格供地。

28.健全服务体系。加快环评、安评、图审、会计、信息服务、知识产权、投融资担保、资产评估、信用评价、法律服务、就业服务等社会中介服务体系建设,为广梅产业转移园企业提供高效便捷的中介服务。

29.规范执法行为。大力推行行政执法责任制,减少多头检查,严禁重复检查、重复检测;从严控制对广梅产业转移园和进园企业的检查、考核和调研、考察活动;任何单位和个人不得指定施工队伍、不得指定产品、不得指定中介服务机构、不得漫天要价;严禁乱收费、乱摊派、乱罚款。对违法违纪行为,一经查实,严肃追究单位主要负责人和相关责任人的责任。

30.鼓励科技创新。广泛开展"科技强企、科技兴园"活动,鼓励企业设立研发中心、设计中心、创业中心等科技创新载体,加大创新研发投入,加快培育一批集研发、设计、制造于一体的科技型骨干企业,提高企业的核心竞争力,促进广梅产业转移园可持续发展。从2011年起,市财政每年安排1000万元以上专项资金,扶持广梅产业转移园企业研发新技术、新产品和产业结构优化项目。

七、完善广梅产业转移园的体制机制

31.明确管理职能。重新核定梅州高新区管委会(广梅产业转移园管委会)、梅州经济开发区管委会、市招商局的职能配置、内设机构和人员编制,整合梅州高新区管委会、梅州经济开发区管委会的力量,按照"小政府、大社会,小机构、大服务"的原则,建立统一、权威、高效的广梅产业转移园管理机构,统揽广梅产业转移园南区、北区的开发、建设、管理和招商引资工作。广梅产业转移园管委会为市政府派出机构(由市编办向省争取),与梅州高新区管委会合署办公,其内设机构、人员编制按规定程序报市机构编制委员会确定;其下辖直属企业1个:梅州市产业转移工业园投资开发有限公司。

依法授予广梅产业转移园管委会市级经济管理权限和相关的行政管理权限。除法律法规另有规定的外,市有关职能部门在广梅产业转移园设有分支机构或派出机构的,要将本部门行政审批权限下放到分支机构或派出机构;市有关部门在广梅产业转移园未设有分支机构或派出机构的,其行政审批权由广梅产业转移园管委会以相关部门的名义代理行使。土地管理权限按现行法律法规执行。对法律法规规定不能赋予广梅产业转移园的专属经济和行政管理权限,由市行政服务中心集中办理。对下放到广梅产业转移园的管理审批权限中需上报国家和省审批的事项,由市直相关部门"见章盖章",即时办理"换文上报"。市直各职能部门要按照本《决定》的要求,抓紧做好相关职能的移交衔接工作,不打折扣,不搞截留,确保广梅产业转移园各项管理职能及时到位,真正实现"园区的事园区办"。

32.加强派驻工作。市职能部门要积极争取上级主管部门的支持,在广梅产业转移园内设立分支机构或派出机构,负责相关业务。公安部门在广梅产业转移园设立派出所。市职能部门在广梅产业转移园设立的分支机构或派出机构,接受派驻(派出)单位和广梅产业转移园管委会的双重领导,业务上接受派驻(派出)单位的指导,日常工作由广梅产业转移园管委会统一管理;其人员、编制按规定程序报市机构编制委员会确定;其人员配备和领导干部的任免,应征求广梅产业转移园管委会的意见。

33.完善分配体制。从2011年1月1日起,各县(市、区)引进到广梅产业转移园南区的企业产生的市级税收留成部分,剔除税收征收经费、出口退税负担、兑付各项优惠和激励政策等支出以及广州市的利益分配后,按6:4的比例分成,60%归广梅产业转移园,40%归引资的县(市、区);各市属驻外专业招商队、市直各单位和社会力量等引进到广梅产业转移园南区的企业产生的市本级财政收入,剔除税收征收经费、出口退税负担、兑付各项优惠和激励政策等支出以及广州市的利益分配后,按6:4的比例分成,60%归广梅产业转移园,40%归市财政。

34.创新融资机制。积极探索多元化的投融资机制,强化土地运作增值,按照"谁投资、谁受益"的原则,采取BOT、BT、TOT等多种方式,鼓励和引导外资、民资和各类社会资本参与广梅产业转移园公共基础设施等重大项目的开发建设。

八、加强对广梅产业转移园的领导和考核

35.加强领导。实行市委常委会每季度,市政府每两个月和广梅产业转移园建设指挥部每月专题研究一次广梅产业转移园开发建设、招商引资等工作制度,及时解决工作中的重大问题。加强广梅产业转移园建设指挥部及其办公室力量,充分发挥其组织领导作用,切实做好广梅产业转移园的资源配置、资金运作、项目建设、土地储备、企业用工等工作,科学调配全市行政资源和集聚社会资源参与广梅产业转移园的开发建设。

36.落实责任。广梅产业转移园内的土地征用、拆迁安置和信访维稳、社会管理等工作,按属地管理的原则,分别由兴宁、梅县人民政府负责,所在县(市)委书记、县(市)长为第一责任人。对依法

依规按时完成征地拆迁任务的县(市),由市财政按征地拆迁成本总额的5‰给予奖励;对未能依法依规按时完成征地拆迁任务的,按有关规定对相关县(市、区)党委、政府进行问责。广梅产业转移园内社会稳定、人口和计划生育等社会事务,分别由梅县畲江镇、兴宁市水口镇负责,由市财政每年对畲江镇、水口镇核定给予工作经费。畲江镇要主动服务广梅产业转移园建设,大力发展现代服务等第三产业,并统筹抓好畲江墟镇和新农村的规划建设,为广梅产业转移园的加快发展创造良好的环境。

市直各职能部门和相关县(市、区)要增强全局意识、责任意识和服务意识,主动服务、超前服务、优质服务,并指定1名副处实职领导联系广梅产业转移园工作,协调解决广梅产业转移园开发建设和招商引资工作中碰到的困难和问题。

37.强化考核。制订广梅产业转移园目标责任考核评价办法,对广梅产业转移园的规划建设、节能环保、入园项目、投资强度、产业集聚、工业增加值、工业税收等进行全面考核评价,并将考核结果作为干部使用的重要依据。

本《决定》自下发之日起执行。如与本市以前所发文件不一致的,以本《决定》为准。

责任编辑:陈映萍

名　录

梅州市领导班子成员名单

中共梅州市委

刘日知　书记(任至7月)
李　嘉　书记(7月任职)、副书记(任至7月)
朱泽君　副书记(7月任职)
陈小山　副书记
林碧红　常委
黄伟闻　常委
李金元　常委(任至12月)
李纯德　常委
翁永卫　常委
张远方　常委
曾友爱　常委
彭耀新　常委

梅州市人大常委会

刘日知　主任(任至7月)
古小平　代理主任(7月任职)
　　　　常务副主任(任至7月)
黄开龙　副主任(任至1月)
张荣林　副主任(任至1月)
刘广新　副主任
古银增　副主任(任至1月)
雷近芳　副主任
陈林荣　副主任
陈卫平　副主任(1月任职)
胡国和　副主任(1月任职)

梅州市人民政府

李　嘉　市长(任至7月)
朱泽君　代市长(7月任职)
李金元　常务副市长
张远方　常务副市长
郑少伟　副市长(任至1月)
陈卫平　副市长(任至1月)
邓建华　副市长
叶胜坤　副市长
陈建青　副市长
陈丽霞　副市长(1月任职)

政协梅州市委员会

温华光　主席
曾百友　副主席
郑少伟　副主席(1月任职)
陈良海　副主席
李再先　副主席
邹浩元　副主席
陈丽霞　副主席(任至1月)
张光明　副主席
蓝德清　副主席

温纯青　副主席

中共梅州市纪律检查委员会

李纯德　书记
曾小华　副书记
周秋明　副书记
叶解春　副书记
邱开新　常委
张喜华　常委
张裕生　常委
郑安仪　常委
黄　涛　常委
李玉明　常委

梅州市领导机关秘书长、副秘书长名单

中共梅州市委

彭耀新　秘书长
王球堂　副秘书长
张　琪　副秘书长
曾永祥　副秘书长
陈维安　副秘书长
曾尚忠　副秘书长(任至12月)
温文青　副秘书长(任至2月)
钟礼文　副秘书长(2月任职)
杨　栋　副秘书长(2月任职)
陈锐锋　副秘书长(12月任职)
罗伟章　副秘书长

梅州市人大常委会

古汉斌　秘书长
廖海文　副秘书长(任至12月)
何海燕　副秘书长
黎　明　副秘书长
朱南昌　副秘书长
郑玉华　副秘书长

梅州市人民政府

李英龄　秘书长
肖　平　副秘书长
李卫东　副秘书长
蓝汕兴　副秘书长
钟广能　副秘书长
张映辉　副秘书长
张茂先　副秘书长
谢胜扬　副秘书长
陈震云　副秘书长
何小卫　副秘书长
陈东英　副秘书长
张运全　副秘书长
陈锐锋　副秘书长(任至12月)
王伟明　副秘书长
肖卫华　副秘书长(12月任职)
温向芳　副秘书长(12月任职)
朱汉东　副秘书长(2月挂任,12月任职)
谢加鹏　副秘书长(2月挂任,任至12月)
林龙云　副秘书长(2月挂任)
钟光灵　副秘书长(2月挂任)
陈志宁　副秘书长(2月挂任)
李理和　副秘书长(2月挂任)
詹天荣　副秘书长(2月挂任)
曾大群　副秘书长(12月挂任)

政协梅州市委员会

肖国强　秘书长
杨祥宇　副秘书长
孙秋珍　副秘书长
罗海涛　副秘书长
陈元星　副秘书长

梅州市市直单位局级领导干部名单

梅州市党群系统直属机关党委

陈力为 书记(5月任职)
李 宏 副书记
陈志文 副书记(5月任职)

梅州市人大常委会办公室

黎 明 主任
吴育新 副主任
姚铠滔 副主任

梅州市人大常委会研究室

范耀文 主任
叶可春 副主任
罗金良 副主任

梅州市人大常委会法律工作委员会

李振秋 主任
徐红明 副主任
戴国锋 副主任

梅州市人大常委会财政经济工作委员会

邓昌元 主任
张映虹 副主任(任至12月)

梅州市人大常委会农村农业工作委员会

丘光荣 主任
郑 青 副主任(任至2月)
彭柏华 副主任(6月任职)

梅州市人大常委会科教文卫工作委员会

李耿胜 主任
陈明奎 副主任

梅州市人大常委会华侨民族宗教外事工作委员会

陈良胜 主任
黄自香 副主任

梅州市人大常委会选举联络工作委员会

马启耀 主任
郭明哲 副主任(任至10月)
张卫东 副主任(10月任职)

梅州市人大常委会城乡建设环境与资源保护工作委员会

陈维中 主任(任至10月)
郭明哲 主任(10月任职)
钟宇鸣 副主任(2月任职)

梅州市人大常委会代表联络工作委员会

叶传秀 主任
王秋兰 副主任

梅州市依法治市办公室

陈林荣 主任
陈添云 副主任
李建辉 副主任
钟婉兰 副主任(任至10月)
陈 宁 副主任
廖海文 副主任(12月任职)

政协梅州市委员会办公室

罗海涛 主任
胡万强 副主任
李森盛 副主任(任至12月)
姚志华 副主任(12月任职)

政协梅州市委员会提案委员会

李华秋 主任
叶解春 副主任
何家南 副主任
李卫东 副主任
张琰明 副主任
肖伟良 副主任
李宙光 副主任(6月任职)

政协梅州市委员会经济委员会

徐万忠 主任(任至12月)
谢加鹏 主任(12月任职)
叶华能 副主任
罗国辉 副主任
张文广 副主任

曾佛应　副主任
张庆生　副主任
谢加鹏　副主任(任至12月)
王伟明　副主任(6月任职)
叶锡文　副主任(任至7月)
刘　苑　副主任(12月任职)

政协梅州市委员会文化和文史资料委员会

黄建美　主任
廖柏林　副主任
陈国章　副主任
王球堂　副主任
吴献华　副主任(6月任职)
李伟金　副主任(6月任职)
杨秀微　副主任
古清华　副主任

政协梅州市委员会科教卫体委员会

管尚行　主任
李友文　副主任(6月任职)
张奕明　副主任
刘美英　副主任
温冠文　副主任
罗嘉文　副主任
叶挺生　副主任
梁质寿　副主任
何联杰　副主任(任至11月)
李雪奇　副主任(12月任职)

政协梅州市委员会社会法制和人口资源环境委员会

马周文　主任
黄会康　副主任
肖　平　副主任
张国金　副主任
王承恩　副主任
吴寿康　副主任(6月任职)
陈添云　副主任
谢基建　副主任
赖柳章　副主任
曾小苏　副主任(任至11月)
李森盛　副主任(12月任职)

政协梅州市委员会港澳台侨外事委员会

杜茂江　主任
宋才华　副主任
张　晨　副主任(6月任职)
刘建中　副主任
陈浪滔　副主任

梅州市监察局

叶解春　局长
谢钦文　副局长(任至12月)
刘锐清　副局长(2月任职)
杨伟平　副局长(12月任职)

中共梅州市委办公室

王球堂　主任
沈　涛　副主任
王昌岳　副主任
杨文宗　副主任

中共梅州市委组织部

翁永卫　部长
朱　立　副部长
廖接良　副部长
李淑芬　副部长
范宜军　副部长(2月任职)
黄立强　副部长
张海涛　副部长

中共梅州市委政策研究室

曾永祥　主任
林　碚　副主任
张达宏　副主任

中共梅州市委党史研究室

刘小辉　主任(任至11月)
邓文庆　主任(11月任职)
张小猛　副主任
范美林　副主任
连建文　副主任(2月任职)

中共梅州市直属机关工作委员会

熊锋松　书记
刘健辉　副书记

陈辉林　副书记
张启文　纪工委书记

中共梅州市委老干部局

廖接良　局长
庄海华　副局长
杜红霞　副局长(任至5月)

梅州市国家保密局

吴立华　局长

中共梅州市委接待处

张　琪　处长

中共梅州市委办公室机要局

陈响明　局长

中共梅州市委信访局

陈汉杰　局长

中共梅市市委办公室机关事务管理处

范雄丁　主任

中共梅州市委党校

刘日知　校长(任至9月)
翁永卫　校长(9月任职)
肖伟良　常务副校长
邹礼祥　副校长
古国清　副校长
廖远忠　副校长

梅州市社会主义学院

刘日知　院长(任至9月)
翁永卫　校长(9月任职)
肖伟良　副院长
李志钧　副院长
邹礼祥　副院长
雷近芳　副院长
管尚行　副院长

梅州市总工会

刘广新　主席、党组书记(2月任职)
吴寿康　常务副主席
姚若亮　副主席
钟立强　副主席
侯炜勤　副主席
曾小勇　纪检组长

共青团梅州市委员会

杨　栋　书记(任至2月)
何铭峰　书记(6月任职)
陈远洋　副书记

梅州市妇女联合会

伍卫华　主席
丘美玉　副主席
刘红茹　副主席

梅州市地方志编纂委员会办公室

丘洪松　主任
叶小华　副主任

梅州市机构编制委员会办公室

朱　立　主任
刘　均　副主任(2月任职)
叶桂杰　副主任(2月任职)

梅州市统战系统直属机关党委

甘新境　书记
丘晓红　副书记

中共梅州市委统战部

甘新境　部长
张国金　副部长
刘思定　副部长
王伟明　副部长
管　雅　副部长

梅州市工商业联合会

叶华能　主席
王伟明　党组书记、副主席
廖振华　专职副主席(任至9月)
杨祥锐　专职副主席(9月任职)
王佛鹏　副主席
叶旺年　副主席
宁远喜　副主席
刘安仁　副主席
何运生　副主席
张坚力　副主席
张新辉　副主席
张愿汝　副主席
李云辉　副主席

李建华　副主席
李胜文　副主席
陈彩银　副主席
郑良六　副主席
梁俊丰　副主席
梁健坤　副主席
温　惠　副主席
温纯青　副主席
蔡鸿文　副主席
魏顶国　副主席

中共梅州市委台湾工作办公室
梅州市人民政府台湾事务局

刘建中　主任、局长
罗豪曾　副主任、副局长

梅州市外事侨务局
梅州市港澳事务局

宋才华　局长
黄胜平　副局长
黄功銮　副局长
王忠豪　副局长

梅州市民族宗教事务局

张国金　局长
张永豪　副局长

梅州市归国华侨联合会

朱　瑛　主席
汤志平　副主席
邓　锐　副主任(5 月任职)

中国国民党革命委员会梅州市委员会

李福泉　主委
伍德凤　副主委
肖维铮　副主委

中国民主同盟梅州市委员会

韩小林　主委
古学松　副主委
黄河文　副主委
李跃文　副主委

中国民主建国会梅州市委员会

郑少伟　主委
曾光辉　副主委
古广胜　副主委

中国民主促进会梅州市委员会

雷近芳　主委
叶小秋　副主委
李宙光　副主委
朱春辫　副主委

中国农工民主党梅州市委员会

邹浩元　主委
谢小银　副主委
李利平　副主委
丘元强　副主委

中国致工党梅州市委员会

张练宗　主　委(任至 1 月)
张　晨　主　委(1 月任职)
　　　　副主委(任至 1 月)
李丹玲　副主委
翁　兵　副主委

九三学社梅州市委员会

彭广福　主委
薛兴冰　副主委
邹国铮　副主委
宋　越　副主委

梅州市宣传系统直属机关党委

林碧红　书记
梁　放　副书记

中共梅州市委宣传部

林碧红　部长
李伟金　常务副部长
张运泉　副部长
李向阳　副部长
张德祥　副部长
袁远山　副部长
郭文烈　副部长(任至 9 月)
钟利文　副部长(11 月任职)

梅州市精神文明建设委员会办公室

刘建丰　主任

中共梅州市委讲师团

钟利文　团长(任至11月)
张广珍　团长(11月任职)

梅州市文化广电新闻出版局

杨剑忠　局长
杨秀薇　副局长
黄珊钟　副局长
叶小秋　副局长(任至2月)
丘胜发　副局长
林干良　副局长
黎清泉　纪检组长

梅州市广播电视台

袁远山　台长
杨延庆　副台长
杨晓军　副台长
王育平　副台长(12月任职)
叶　斌　总编辑
汤裕康　总工程师(12月任职)

梅州日报社

李向阳　社长
陈国章　总编辑、党委副书记(9月任职)
郭文烈　总编辑、党委副书记(9月任职)
刘小青　总经理、副社长
黄召晖　副总经理
王赢杰　副总编辑
黄山松　副总编辑
刘文昌　纪委书记

梅州市文学艺术界联合会

李永桥　主席(任至12月)
蓝伟东　主席(12月任职)
刘胜辉　副主席(任至9月)
徐维洁　副主席(任至8月)
李仙花　副主席
杨秀微　副主席
唐秀娟　副主席(11月任职)
陈桂昌　副主席(12月任职)

广东汉剧院

李仙花　院长
张德祥　党委书记
张小冰　党委副书记
宋小平　副院长(任至2月)
徐　青　副院长

梅州市社会科学界联合会

张运泉　主席
丘　灵　专职副主席
肖伟良　副主席
邱开新　副主席
李万清　副主席
钟利文　副主席
史伟华　副主席
李　敏　副主席
叶胜坤　副主席
何传国　副主席
谢志云　副主席
罗建青　副主席

梅州市政法系统直属机关党委

吴百鸣　副书记

中共梅州市委政法委员会

黄伟闻　书记
邓建华　副书记
钟勇生　副书记
何梅林　副书记
谢迪兴　副书记(任至11月)
杨　谊　副书记
陈万年　副书记
邓冠明　副书记(11月任职)
张茂欣　政治处主任(5月任职)

梅州市社会治安综合治理委员会办公室

胡文悦　主任
刘俊岳　副主任
刘远辉　副主任
陈　维　副主任

中共梅州市委维护稳定工作领导小组办公室

何科东　副主任

梅州市禁毒委员会办公室

杨　谊　主　任

何更文　副主任
张小凡　副主任
侯　维　副主任

梅州市公安局

黄伟闻　局长
张　阳　副局长
谢基建　副局长(任至5月)
林伟青　副局长
张小帆　副局长
李元祥　副局长
王成首　副局长
赖畅群　副局长(11月任职)
古高松　纪委书记
李昌龙　政治处主任

梅州市公安局指挥中心

王宁芳　指挥长
黄雪清　政治委员(任至10月)
钟小春　政治委员(11月任职)

梅州市公安局交通警察支队

余立章　支队长(任至11月)
赖畅群　支队长(11月任职)
刘剑锋　政治委员

梅州市公安局巡逻警察支队

温健忠　支队长
陈作彝　政治委员

梅州市公安局刑事警察支队

侯　维　支队长
顾粤海　政治委员(11月任职)

梅州市人民检察院

何梅林　检察长
张润芳　副检察长
李永平　副检察长
刘彩波　副检察长
黄荣祥　副检察长
饶德威　纪检组长
宋秦川　政治处主任

梅州市人民检察院反贪污贿赂局

刘彩波　局长

梅州市中级人民法院

钟勇生　院长
郑理良　副院长
曾国墙　副院长(任至12月)
钟夏彬　副院长
朱杭基　副院长
李常青　副院长
翁国良　纪检组长
徐　慧　政治处主任

梅州市中级人民法院执行局

杨苑岳　局长

梅州市司法局

李建辉　局长
邓冠明　副局长(任至11月)
刘远新　副局长
张小薇　副局长
洪庆松　副局长
余立章　副局长(11月任职)
王　辉　副局长(12月任职)
张维发　纪检组长
张继英　政治处主任(任至11月)
能　斌　政治处主任(12月任职)

梅州市劳动教养管理所

汤东灵　所长(任至5月)
廖增发　所长(5月任职)
钟　立　政治委员(5月任职)

梅州市政府系统直属机关党委

肖　平　书记
赖鹏新　副书记

梅州市人民政府办公室

肖　平　主任
黎清华　副主任
何育苗　副主任
谢钦文　副主任(12月任职)
丘小谋　纪检组长

梅州市招商局（广东梅州经济开发区管委会）

谢加鹏　局长(5月任职)

温志良　副局长(5 月任职)
曾大群　副局长(5 月任职)
饶新芳　副局长(5 月任职)
林龙云　副局长(2 月挂任)
朱汉东　副局长(2 月挂任)
钟光灵　副局长(2 月挂任)
陈志宁　副局长(2 月挂任)
李理和　副局长(2 月挂任)
詹天荣　副局长(2 月挂任)

梅州市人民防空办公室

谢又新　主任
赖柳章　副主任
刘理明　副主任
李伯乐　副主任

梅州市政府金融工作局

王伟明　局长
范利民　副局长(2 月任职)
何　伟　副局长(2 月任职)

梅州市人民政府打击走私综合治理办公室

钟　优　主任

梅州市人民政府调研室

刘许川　主任

梅州市人民政府信访局

钟广能　局长

梅州市应急管理办公室

罗映宏　主任

梅州市法制局

朱国城　局长
邓文庆　副局长(任至 11 月)
胡振兰　副局长
谭建明　副局长(12 月任职)

梅州市财政局

李　钢　局长
丘燕玲　副局长
张梓明　副局长
卓小玫　副局长
王新奕　副局长
古惠常　副局长
蓝天良　纪检组长

梅州市世界银行贷款业务办公室

魏仲权　主任

梅州市拍卖行

魏先球　总经理

梅州市审计局

刘耿灵　局长
张少抗　副局长(任至 5 月)
刘少庭　副局长
刘鸿涛　副局长
杨伟南　副局长
徐位平　纪检组长

梅州市经济协作办公室

何小卫　主任
曾海浪　副主任

梅州市民政局

黄会康　局长
何　忠　副局长
张　征　副局长
陈卫东　副局长
管　婷　副局长(2 月任职)
黄东强　纪检组长

梅州市残疾人联合会

廖柏林　理事长
王智敏　副理事长
曾宪鑫　副理事长

梅州市档案局(馆)

钟伟基　局(馆)长
卢钰明　副局(馆)长

梅州市旅游局

陈建新　局长
杨贵宏　副局长
丘加悦　副局长
李　智　纪检组长(2 月任职)

梅州市旅游总公司

林思生　副总经理
范永光　副总经理
廖　朴　副总经理(任至 10 月)

梅州高新技术产业开发区管理委员会

谢胜扬　主任
谢加鹏　副主任
林龙云　副主任
曾庆辉　副主任(任至12月)
丘创彬　副主任
刘洪洲　副主任
刘作昆　副主任
张炳荣　副主任(12月任职)
李为民　副主任(9月挂任)
温伟东　纪检组长

梅州市蕉华管理区

刘作昆　党委书记、主任
徐　文　副主任
张　军　副主任
赖志坚　副主任
古苑辉　党委副书记
刘锐清　纪委书记(任至2月)
肖伟承　纪委书记(2月任职)

梅州市人民政府驻北京联络处

温勇登　主任
温兆君　副主任

梅州市人民政府驻广州办事处

陈东英　主任
李南征　副主任
房　岿　副主任
邓志兴　副主任

梅州市人民政府驻深圳办事处

李　敏　主任
郭建导　驻深单位党委书记、副主任
刘良义　副主任
杨　思　副主任

梅州市人民政府驻东莞办事处

杨　思　主任

梅州市住房公积金管理中心

段　成　主任

梅州市行政服务中心管理办公室

何育苗　副主任(11月任职,主持全面工作)
何联杰　副主任(11月任职)

梅州市农业系统直属机关党委

曾佛应　书记
谢伟堂　副书记

梅州市农业局

曾佛应　局长
温桂新　副局长(任至11月)
李志新　副局长
孙中兴　副局长
黄　帆　副局长
刘晨雁　副局长(5月任职)
陈建勤　副局长(5月任职)
龙远开　纪检组长(任至12月)

梅州市委农村工作办公室

曾佛应　主任(2月任职)
刘晨雁　副主任(2月任职)
陈建勤　副主任(2月任职,任至5月)

梅州市扶贫开发局

温文青　局长(2月任职)
曾远煌　副局长(2月任职)
周锡成　副局长(2月任职)
利宝然　副局长(2月任职)

梅州市畜牧兽医局

魏祥灵　局长

梅州市农业科学研究所

谢岳昌　所长

梅州市林业局

凌松宏　局长
谢季元　副局长(任至2月)
陈益民　副局长
张世俭　副局长
谢新和　副局长
肖苑荣　纪检组长

梅州市绿化委员会

邓建华　主任

梅州市水务局

肖昭穗　局长(党委书记职务任至11月)
陈伟建　党委书记(11月任职)

蔡学祥　副局长、党委副书记(2月任职)
黄庆福　副局长(2月任职)
邓其昌　副局长(2月任职)
刘震涛　副局长(2月任职)
刘敬东　副局长(10月任职)
刘东华　纪委书记(2月任职,任至9月)
曹闻一　总工程师(2月任职)

梅州大堤管理处

马百灵　主任

梅州市梅西水库管理局(区)

曾荣祥　局长、主任
陆大为　党委书记

梅州市供排水管理处

黄永丰　主任

梅州市供销合作社

王　忠　主任
黄光华　副主任
张协斌　副主任

梅州市经贸系统直属机关党委

侯银生　书记
刁耀光　副书记(任至11月)
张映虹　副书记(11月任职)

梅州市经济和信息化局

管金华　局长
涂礼俊　副局长(2月任职)
江剑欧　副局长(2月任职)
李关良　副局长(2月任职)
凌春荣　副局长(2月任职)
谢　涛　副局长(2月任职)
陈梅生　副局长(2月任职)
陈佑中　纪检组长(2月任职)
曾志坚　总经济师(9月任职)

梅州市安全生产监督管理局

卜勇祥　局长
古惠龙　副局长
熊志仁　副局长
邱国强　副局长
郑国辉　副局长
罗远怀　副局长
张兴业　纪检组长

梅州市食品药品监督管理局

叶挺生　局长(2月任职)
朱志强　副局长(2月任职)
何新新　副局长(2月任职,任至12月)
刁　翀　副局长(2月任职)
张秀英　副局长(10月任职)

梅州市中小企业局

梅州市乡镇企业管理局

涂礼俊　局长
叶超良　副局长
利宝然　副局长(任至2月)
邓海恩　副局长
李　训　副局长(2月任职)

梅州市金雁实业集团公司

张小兵　总经理
李国华　副总经理
陈胜怀　副总经理
李志坚　副总经理
黄光雄　副总经理

梅州市交通系统直属机关党委

史明锋　书记
曾伟平　副书记

梅州市交通运输局

史明锋　局长
丘斯武　副局长(2月任职)
罗仕友　副局长(2月任职,任至12月)
廖迪环　副局长(2月任职)
吴志洲　副局长(2月任职)
刘振贵　副局长(10月任职)
林建华　纪检组长(2月任职)

梅州市交通运输局综合行政执法局

李秉科　局长(2月任职)

梅州市铁路建设办公室

曾伟平　主任(9月任职)

梅州市公路局

曾　光　局长

张绍英　副局长
刘伟红　副局长
罗健威　副局长
戴运贤　副局长(2月任职)
张金城　纪委书记
谢水平　工会主席

梅州市韩江实业公司(航运公司)

曾宪坤　总经理
李伟泉　副总经理

梅州市科教系统直属机关党委

罗嘉文　书记
陈运坤　副书记

梅州市教育局

陈丽霞　局长(任至2月)
罗嘉文　局长(2月任职)
赖厚芳　副局长
陈连豪　副局长
安国强　副局长
李足新　副局长
严玉群　纪检组长

梅州市科学技术局

梅州市知识产权局

梁质寿　局长(兼市知识产权局局长)
廖　峭　副局长(兼市知识产权局副局长)
阙炳亮　副局长
覃业霞　副局长(挂职)
伍德凤　副局长(5月任职)

梅州市人口和计划生育局

赖碧新　局长(党组书记职务任至11月)
张丽霞　党组书记(11月任职)
罗焕航　副局长
洪　霞　副局长
罗清华　副局长(5月任职)
丘锦乾　副局长(10月任职)
蓝巨暖　纪检组长

梅州市体育局

温冠文　局长
叶左权　副局长
刘　杰　副局长
黎俊红　副局长
曾光辉　副局长(5月任职)

梅州市人民医院

林新华　院长
刘美英　副院长
彭广福　副院长
钟志雄　副院长
张功联　党委副书记
曹向忠　纪委书记

梅州市广播电视大学

李志钧　校长
赖粤东　副校长
王　修　副校长(2月任职)

梅州市科学技术协会

林华玲　主席
叶胜坤　副主席
李　钢　副主席
李耿胜　副主席
丘国锋　副主席
林新华　副主席
徐惠明　副主席
黄会康　副主席
谢沐祥　副主席(任至2月)

梅州市卫生局

张奕明　局长
吴德永　副局长
张荣在　副局长
陈潮宁　副局长
李利平　副局长(5月任职)
熊　健　纪检组长
周秋明　党委副书记

广东梅县东山中学

梁财生　校长
李宇光　副校长
温向群　副校长
郭思健　副校长
谢欣元　副校长

林铭绪　副校长

嘉应学院医学院

邹浩元　院长
胡亚裕　党委书记
杨宇辉　副院长
谢有能　副院长

梅州市曾宪梓中学

李广平　校长

嘉应学院梅州师范分院

余胜光　院长
曾庆乔　副院长
李伟杰　副院长
卓烘成　副院长

梅州市红十字会

郑少伟　会长
刘　健　副会长
张荣在　副会长
罗嘉文　副会长

梅州农业学校、梅州市理工学校

赵仁发　校长

梅州市职业技术学校（市旅游职业技术学校、市财贸学校、市商业学校）

钟敬尧　校长(9月任职)

梅州市发展改革系统直属机关党委

沈小君　书记
张国周　副书记

梅州市发展和改革局

沈小君　局长
杨思维　副局长
梁　琳　副局长
刘　冲　副局长
郑春缀　副局长(2月任职)
李索夫　纪检组长
张劲龙　总经济师(2月任职)

梅州市人力资源和社会保障局

范宜军　局长
钟云来　副局长(2月任职，任至9月)
曾宪仕　副局长(2月任职)
李彩洋　副局长(2月任职)
刘应强　副局长(2月任职)
陈国清　副局长(2月任职)
蔡雪嫦　副局长(2月任职)
黎红英　副局长(12月任职)
叶敏强　纪检组长(2月任职)

梅州市社会保险基金管理局

黎红英　局长(2月任职)

梅州市统计局

傅学智　局长
曾德庆　副局长
张元韬　副局长
何益华　副局长

梅州市社会经济调查队

何益华　负责人

梅州市物价局

朱荣生　局长
张德中　副局长
慕小华　副局长(任至5月)
罗继平　副局长
曾伟光　副局长(5月任职)

梅州市粮食局

刘　冲　局长
刘汉国　副局长(任至12月)
朱春梅　副局长
李俊卿　副局长(2月任职)
连申威　副局长(12月任职)

梅州市建设系统直属机关党委

刁东平　书记
曾庆熹　副书记

梅州市住房和城乡建设局

刁东平　局长
罗海金　副局长(2月任职)
杨柏康　副局长(2月任职)
曾祥集　副局长(2月任职)
黄集贤　副局长(2月任职)
周耀坤　副局长(12月任职)
温镇彝　纪检组长(2月任职)

钟韶英　总工程师(2月任职)

梅州市城乡规划局

谢　航　局长
肖裕章　副局长
黎敏文　副局长
薛兴冰　副局长
廖秋均　纪检组长(任至9月)

梅州市城市综合管理局

吴献华　局长
罗运泉　副局长(2月任职)
陈海燕　副局长(2月任职)
侯东新　副局长(2月任职)
罗德彦　副局长(2月任职)
李庆明　副局长(12月任职)
张盛辉　党委副书记(2月任职)
曾繁欧　纪委书记(2月任职)

梅州市国土资源局

胡国和　局长
廖茂忠　副局长
吕悦初　副局长
张奕祥　副局长
郭琪营　纪检组长

梅州市征地和土地储备中心

彭柏华　主任(任至5月)
谢东安　主任(9月任职)

梅州市环境保护局

袁小平　局长
黄建国　副局长
罗颂伟　副局长
黎燕本　副局长(任至11月)
张文画　副局长
陈文泅　纪检组长

梅州市环境卫生管理局

陈问香　局长

梅州市经贸系统直属机关党委

侯银生　书记
刁耀光　副书记(任至11月)
张映虹　副书记(11月任职)

梅州市外经贸系统直属机关党委

曾祥海　书记
黎剑青　副书记

梅州市对外贸易经济合作局

曾祥海　局长
黄小辉　副局长
李小瑜　副局长
曾祥寿　副局长
钟先敏　纪检组长

梅州市口岸局

卢振中　局长
李健康　副局长
涂戈峰　副局长

梅州市辖工业园区系统直属机关党委

林龙云　书记
黄卫军　副书记

注：梅州市领导班子成员、领导机关秘书长、副秘书长、市直单位局级领导干部名单由市委组织部提供，统计时间为2010年1月1日至2010年12月31日。

中央、省属驻梅单位局级领导干部名单

中华人民共和国梅州海关

张坚生 关长(任至9月)
韦泳亮 关长(9月任职)
谢宪生 副关长
何　敏 副关长(11月任职)
候色社 副关长(任至11月)

中华人民共和国梅州海关缉私分局

谢宪生 局长(3月任职)
曾庆昌 副局长

广东省机场管理集团公司梅县机场公司

陈名刊 总经理
杜志安 党委书记
曾志勇 副总经理、纪委书记
黎利娟 副总经理、工会主席
黄会中 副总经理(3月任职)

梅州边防检查站

叶法清 站长
黄佐君 副站长
郑世雄 副站长
刘满园 综合办主任

中华人民共和国梅州出入境检验检疫局

廖圈扬 局长
李朝平 副局长
魏瑜 纪检组长

广东省煤炭工业总公司梅县留守处

梁檀祥 主任
钟新达 党委书记
刘及煌 副主任
罗畅云 副主任
曾吉祥 纪委书、工会主席

广东省煤矿专用设备制造厂

许伟强 厂长、党委书记
刘大海 副厂长

广东煤炭地质一五二勘探队

廖建根 队长
钟红兵 党委书记、纪委书记、工会主席
胡友军 副队长
丘雪平 副队长
巫东辉 副队长

广大东省地质局七二三地质大队

古锐开 大队长、党委副书记
麦贤海 党委书记(任至10月)
汤志军 副大队长
曾超龙 副大队长
王巨龙 副大队长(8月任职)
李华应 纪委书记、工会主席
陈仕明 总工程师

广东省梅州监狱

吴汉明 党委书记、监狱长
刘土生 党委副书记、政委
罗强忠 党委副书记、纪委书记
罗明涛 总经理
廖耀宏 副监狱长
杜应华 副监狱长
刘　宣 副监狱长
陈建国 副监狱长
沈黄福 副监狱长(7月任职) 政治处主任(任至7月)
曾红志 政治处主任(7月任职)

广东粤电长潭发电有限责任公司

张力行 董事长、总经理、党委书记
罗兴权 董事、党委副书记、纪委书记、工会主席
骆伟明 董事、副总经理

广东粤电青溪发电有限责任公司

钟振斌 董事长、党委书记、总经理

王业凌 副总经理
杨暹群 副总经理
骆日章 党委副书记、工会主席、纪委书记

广东粤嘉电力公司(梅县发电厂)

姜建文 总经理、党委书记
廖远东 副总经理
罗森标 副总经理
谢传亿 党委副书记、纪委书记、工会主席

梅州市工商行政管理局

张庆生 局长
黄月朗 副局长
邓建忠 副局长
王育先 副局长
王正昌 副局长

梅州市质量技术监督局

熊 强 局长(任至4月)、党组书记(5月任职)
房科辉 局长(4月任职)
郑文涛 副局长(任至7月)
陈万洪 副局长
温焕柱 副局长
张创超 副局长
谢 强 副局长(9月任职)
谢 强 稽查分局局长(任至8月)
张丽珍 稽查分局局长(11月任职)

梅州市食品药品监督管理局

叶挺生 局长、党组书记
朱志强 副局长
何新新 副局长
刁 翀 副局长、纪检组长
张秀英 副局长(10月任职)

中国人民银行梅州市中心支行

刘云生 行长、党委书记
李新耀 副行长、党委副书记
林光平 副行长
李伟勤 副行长
刘更生 纪委书记

中国银行业监督管理委员会梅州监管分局

宋纪平 局长
肖志勤 副局长
谭 波 副局长
郑注修 纪委书记

中国建设银行股份有限公司梅州分行

丁 辉 行长(4月任职)、副行长(主持全面工作,任至4月)
贾振毅 纪委书记
曾群星 副行长
林玉兰 副行长(5月任职)
李琪元 风险主管
郑盛科 行长助理(5月任职)

中国工商银行股份有限公司梅州市分行

林 伟 党委书记、行长
陈裕泰 副行长、纪委书记(8月任职)
肖文明 副行长
刘 凯 副行长
林炼杰 纪委书记(任至8月)

中国农业银行梅州分行

严国新 党委书记、行长(1月任职)
刘子开 副行长
陈发庆 副行长(8月任职)
欧建雄 副行长、纪委书记
曾伟滨 副行长(任至8月)
李小彬 副行长

中国银行梅州分行

杨志盛 党委书记、行长
郑星群 副行长
黄曙光 副行长
操慧琴 纪委书记

广东发展银行股份有限公司梅州分行

张爱华 行长
卢锦忠 副行长
孔宁亮 副行长

中国农业发展银行梅州市分行

侯色回 行长、党委书记
钟雪平 副行长、纪委书记
林立中 副行长(5月任职)

安信证券梅州地区中心营业部（梅州新中路证券营业部）

赵什让　总经理(1月任职,任至10月)

刘付羽　总经理(11月任职)

广发证券股份有限公司（梅州梅江二路证券营业部）

晁广华　总经理

广东省梅州市国家税务局

李尧祥　党组书记、局长

李保中　副局长

余达宁　副局长

邬万雄　副局长

韩学元　副局长

石小辉　纪检组长

杨原青　总会计师

梅州市地方税务局

李万清　局长、党组书记

张世光　党组副书记

邓坤泉　纪检组长

饶羽平　副局长

管仕浩　副局长

甘广木　副局长(7月任职)

廖永新　总经济师

中国人民财产保险股份有限公司梅州分公司

邹夏林　总经理、党委书记

邓建平　副总经理、纪委书记

罗头军　总经理助理

马书庭　工会主席

中国人寿保险股份有限公司梅州分公司

唐　威　党委书记、总经理

姚生华　副总经理

黄韩山　总经理助理

中国电信股份有限公司梅州分公司

黎　晓　总经理

林俊强　副总经理

吴海潮　副总经理

张　涌　副总经理、纪检组长、工会主席

刘卓番　副总经理(3月任职)

中国移动通信集团广东有限公司梅州分公司

戴希璋　总经理

张文泉　副总经理

过　松　副总经理

石海终　副总经理

梅州市邮政局

袁小平　党组书记、局长

陈　新　副局长、纪检组长、工会主任

汤懿晗　邮政储蓄银行分行行长

陈少侠　副局长(任至1月)

林远荣　副局长(6月任职)

陈桂标　速递物流有限公司梅州分公司总经理(6月任职)

中国联通有限公司梅州分公司

陈海锋　党委书记、总经理

赖英伟　副总经理、工会主席

张志雄　副总经理

周　飞　副总经理

铁通梅州分公司

刘卫东　总经理

梅州市气象局

林建华　局长、党组书记

吴志伟　副局长

朱建达　纪检组长

张晨辉　副局长

广东省梅州航道局

朱伟亮　副局长(主持全面工作)

张贵良　党组书记

李小明　副书记、工会主席

徐卫平　副局长

中华人民共和国梅州海事局

林大松　局长、党组书记

广东电网公司梅州供电局

郑海坤　局长、党委副书记

杨华生　党委书记、副局长

郭伟强 副局长
丘浪文 副局长
廖毅强 副局长(任至6月)
朱力方 副局长(6月任职)
钟其梅 工会主席(任至5月)
罗　民 纪委书记、工会主席(5月任职)

广东省梅州盐业总公司

陈　斌 局长(总经理)
张悦兴 副局长、副总经理
张发华 副局长、副总经理

中国石油化工股份有限公司广东梅州石油分公司

崔　勇 党委书记、经理
黄永新 副经理

广东省梅州市烟草专卖局(公司)

林建华 局长、党组书记、总经理(任至6月)
谢平华 副总经理(任至5月)、副书记、副局长(6月任职,任至11月)、书记、局长、总经理(12月任职)
游茂雄 副总经理(任至6月)
区思坚 副局长、纪检组长、工会主席
郭向勤 副局长

广东中烟工业公司梅州卷烟厂

刁东田 厂长、党委书记
吴宗雄 党委副书记、纪委书记、工会主席
饶智华 副厂长
李伟才 副厂长
刘依军 副厂长

广东梅州烟叶复烤有限公司

方文青 党委书记、总经理
汤锡斌 党委副书记、副总经理、工会主席
伍道江 纪委书记、副总经理

武警梅州市支队

黄伟闻 党委第一书记
巫振新 支队长
翁小林 副支队长(3月任职)
刘贞华 书记
刘　琦 副支队长(任至12月)
朱跃群 副政委(任至4月)
李德广 副政委((4月任职)
郑浩民 参谋长(4月任职)
操华平 政治处主任

广东省梅州公安消防支队(局)

罗云庆 支队长、局长
潘伟忠 政治委员
陈友家 副支队长、副局长
魏永洪 副支队长、副局长
杨得顺 副政治委员
蔡业雄 司令部参谋长
胡柏平 政治处主任
吴新天 后勤处处长
沈文元 防火监督处处长

嘉应学院

李俊夫 党委书记
丘国锋 党委副书记、校长
李友文 党委副书记
侯宪华 副校长
刘明贵 副校长
罗任权 纪委书记
薛访存 副校长(6月任职)

国家统计局梅州市调查队

黎建章 党组书记、队长
杜淑芳 副队长
罗澄祥 副队长

梅州粤运汽车运输有限公司

陈建安 董事长、党委书记
欧方信 总经理

注:中央、省属驻梅单位局级领导干部名单由各单位提供,再经核实。统计时间截至2010年1月至2010年12月31日。

先进单位与先进个人

国家级先进单位

单位	授予单位	荣誉称号
梅州监狱	国家体育总局	全民健身活动先进单位
梅县体育局	国家体育总局	全民健身活动优秀组织奖
梅州市国土资源局	人力资源和社会保障部、国土资源部	全国国土资源系统先进集体
梅州市妇女联合会	全国妇联宣传部、中国妇女报社	2010 年度全国妇女舆论宣传阵地建设地(市)级先进单位
中国人民银行梅州市中心支行	中国人民银行	2010 年中国人民银行“创新金融服务支持经济发展”先进集体
梅州市龙丰垃圾填埋场 CDM 综合治理项目	联合国人居署	2010 年“迪拜国际改善居住环境最佳范例奖”全球百佳范例
梅州供电局	中华全国总工会、国家安监总局	全国“安康杯”竞赛优胜企业
梅州供电局工会委员会	中华全国总工会	模范职工之家
梅州供电局输电部运检一班	国务院国资委	中央企业红旗班组
武警梅州市支队	国家绿委	全国绿化模范单位
武警梅州市支队	武警总部	连续五年安全无事故单位
武警梅州市支队亚运安保执勤四中队	武警总部	亚运安保先进单位
兴宁市人民法院	最高人民法院	全国优秀法院
大埔县地方编纂委员会办公室	中国地方志指导小组	全国方志系统先进集体

省级先进单位

单位	授予单位	荣誉称号
梅州市财政局	省委省政府	精神文明建设先进单位
梅州人民检察院	省委省政府	文明单位
兴宁市人民检察院	省委省政府	文明单位
蕉岭县地方税务局	省委省政府	文明单位
平远县地方税务局	省委省政府	文明窗口单位
五华县地方税务局	省委省政府	文明窗口单位

续上表

单位	授予单位	荣誉称号
梅州市依法治市工作领导小组办公室	省委	依法治省工作先进单位
广东梅州蕉华工业园区管理委员会	省委	依法治省工作先进单位
梅州市	省政府	2010年度人口与计划生育先进单位
梅州市口岸局	省政府	2010年度口岸大通关建设三等奖

市级先进单位(一)

单位	授予单位	荣誉称号
梅州市妇联	梅州市委、市政府	爱国拥军模范单位
梅州市妇联	梅州市委、市政府	挂钩帮扶人口和计划生育工作达标单位
梅州市科技局	梅州市委、市政府	挂钩帮扶人口和计划生育工作达标单位
梅州市食品药品监督管理局	梅州市委、市政府	挂钩帮扶人口和计划生育工作达标单位
梅州市交通运输局	梅州市政府	职业技能大赛先进单位
梅州市就业服务管理局	梅州市政府	职业技能大赛先进单位
中国人民银行梅州市中心支行	梅州市政府	应对金融危机突出单位贡献奖
中国移动通信集团广东有限公司梅州分公司	梅州市政府	"无偿献血促进奖"
梅州市口岸局	梅州市政府	2009年梅州市外经贸应对国际金融危机突出贡献单位
梅州市中级人民法院	梅州市委	反腐败查处大要案先进集体
梅州市中级人民法院	梅州市政府	卷烟打假先进单位

市级先进单位(二)

授予单位 / 单位名称 / 荣誉称号	梅州市委、市政府	
梅州市创建国家园林城市工作先进集体	梅江区人民政府	梅江区金山街道办事处
	梅江区三角镇人民政府	梅江区爱卫办
	梅县人民政府	叶剑英纪念园管理局
	梅县公路局	梅县公共事业管理局
	市委办公室	市政协办公室
	市人大常委会办公室	市委党校
	市纪委办公室	市府办督办科
	市委宣传部	市精神文明办
	市文化广电新闻出版局	梅州日报社要闻部
	市广播电视台电视专题中心	市公安局
	中国客家博物馆	市公安局交警支队直属大队
	市法制局	市旅游局
	市财政局	市水务局
	市林业局	市大堤管理处
	市科技局	市卫生局
	市发展和改革局	市住房和城乡建设局
	市城乡规划局	市环境保护局
	市国土资源局	市城市综合管理局
	市垃圾处理场	市城市建设管理监察支队
	市园林管理处	市文化公园绿化队
	市剑英公园管理处	市清源水质净化中心
	市市政工程维护管理处	市路灯管理所
	市公交燃气管理处	市城市公共汽车有限公司
	市市场物业管理服务总站	梅州市市政建设集团公司
	梅县宝丽华花木有限公司	广东鸿艺集团有限公司
	梅州市茂源园林绿化工程有限公司	
机关作风先进单位	**A类单位**	**B类单位**
	市财政局	市委办公室
	市国家税务局	市政府办公室
	市农业局	市委组织部
	市人力资源和社会保障局	市人大常委会办公室
	市城市综合管理局	市政协办公室
	市地方税务局	市委宣传部
	市招商局	
	市交通运输局	

<table>
<tr><td>授予单位
单位名称
荣誉称号</td><td colspan="2">梅州市委、市政府</td></tr>
<tr><td>机关作风先进科室</td><td>市财政局综合科
市财政局农业科
市城市综合管理局园林科
市气象局气象台
市人力资源和社会保障局市就业服务管理局
市财政局教科文科
市环境保护局环评审批科
市发展和改革局社会发展科
市林业局林政科
市工商行政管理局外商投资企业登记管理科</td><td>市质量技术监督局计量科
市住房和城乡建设局建筑管理科
市安全生产监督管理局人事科
市教育局职业与成人教育科
市城乡规划局建筑规划科
市公安局刑警支队
市国土资源局土地利用科
市人防办工程通信科
市财政局行政政法科
市财政局社会保障科</td></tr>
<tr><td>2010 年度扶贫开发“规划到户责任到人”工作先进单位</td><td>省政协办公厅
省财政厅
省地税局
省人力资源和社会保障厅
省国土资源厅
省总工会
省国家安全厅
省工商联
省广业资产经营有限公司
省农科院
中国建筑第四工程局
中国人寿保险股份有限公司广东省分公司
仲恺农业工程学院
广东出入境检验检疫局
广东省建筑工程集团有限公司
广东中旅(集团)有限公司

广州市委办公厅
广州市委宣传部
广州市纪委办公厅
广州市教育局
广州市司法局
广州市审计局
广州市人口和计划生育局</td><td>省妇联
省水利厅
省卫生厅
省物价局
省住房和城乡建设厅
省交通集团有限公司
省港澳办
省广晟资产经营公司
省农村信用社联合社
省社科院
中国南方电网公司广东电网公司
中交第四航务工程局有限公司
南方广播影视传媒集团
广东省对外贸易经济合作厅
广东水利电力职业技术学院(广东省水文局)

广州市委组织部
广州市委统战部
广州市民政局
广州市工商局
广州市农业局
广州市水务局</td></tr>
</table>

授予单位 单位名称 荣誉称号	梅州市委、市政府
2010年度扶贫开发“规划到户责任到人”工作先进单位	广州市发展和改革委员会 广州市协作办公室 广州市地方税务局 广州市人民政府外事办公室 广州市食品药品监督管理局 广州市增城市增江街道办事处 广州大学 广州发展集团有限公司 广州港集团外轮理货有限公司 广州港务局 广州开发区(萝岗区委组织部、区保税业务管理局) 广州开发区党政办公室(开发区企业建设局) 广州开发区广州恒运企业集团股份有限公司 广州开发区规划局、萝岗卫生局 广州汽车工业集团有限公司 广州市安全生产监督管理局 广州市白云区石井街 广州市白云区太和镇 广州市城市管理委员会 广州市城市建设投资集团有限公司 广州市地下铁道总公司 广州市番禺区东环街(广州市梅山物业发展有限公司) 广州市番禺区沙头街(区房地产建设企业集团公司) 广州市番禺区沙湾镇(广州市番禺区房地产联合开发总公司) 广州市番禺区石基镇人民政府(番禺区大龙街道办事处、番禺区经济发展总公司) 广州市国土资源和房屋管理局 广州市黄埔区建设局(规划分局、国土房管分局、城管局、环保局、区民防办、农业和园林局) 广州市黄埔区民政局(区残联、区工会、区团委、区妇联) 广州市黄埔区人大常委会办(发改局、统计局、审计局、乙丰公司) 广州市黄埔区政协办(财政局、国资局、侨联、科协、工商联、文联、贸促会) 广州市民防办公室 广州市南沙区纪委监察局(广州市南沙区农林局) 广州市天河区委办 广州市文化广电新闻出版局 广州医学院 广州市增城市新塘镇

授予单位 单位名称 荣誉称号	梅州市委、市政府
2010年度扶贫开发"规划到户责任到人"工作先进单位	梅州市委办公室 梅州市人大常委会办公室 梅州市纪委监察局 梅州市委宣传部 梅州市公安局 梅州市财政局 梅州市教育局 梅州市农业局(市委农办) 梅州市质量技术监督局 梅州市地税局 梅州市安监局 梅州市旅游局 梅州市中级法院 梅州日报社 梅州市粮食局 梅州市畜牧兽医局 广东中烟工业公司梅州卷烟厂 梅江区财政局 梅州市公安局梅江分局(中国银行梅江支行) 兴宁市物价局 梅县县委办公室 梅县人大常委会机关 平远县国土资源局 蕉岭县委政法委员会 大埔县委办公室 大埔县公安局 丰顺县审计局 丰顺县金叶公司 中国建设银行五华支行 梅州市人民政府办公室 梅州市政协办公室 梅州市委组织部 梅州市委政法委 梅州市总工会 梅州市国土资源局 梅州市交通运输局 梅州市食品药品监管局 梅州市扶贫开发局 梅州市水务局 梅州市经济和信息化局 梅州市检察院 梅州市工商业联合会 梅州市航道局 梅州市邮政局 广东梅州烟叶复烤有限公司 梅州大堤管理处 梅江区林业局 兴宁市人民政府办公室 兴宁市扶贫办 梅县人民政府办公室 梅县财政局 平远县公路局(平远县交通局) 蕉岭县财政局 大埔县纪委机关 大埔县扶贫办 丰顺县司法局 中国电信五华支公司

授予单位 单位名称 荣誉称号	梅州市委
红旗基层党组织	梅江区民政局党总支部 兴宁市宁中镇党委 梅县雁洋镇党委 平远县财政局党支部 蕉岭县蕉城镇龙安村党总支部 大埔县湖寮镇葵坑村党支部 丰顺县泰昌电声元件有限公司党支部 五华县河东镇党委 五华县人民检察院党总支部 梅州市纪委监察局机关党总支部 梅江区西郊街道桃西村党支部 兴宁市兴田街道城东社区党支部 梅县科教卫系统党委 平远县八尺镇八尺村党支部 蕉岭县蕉岭中学党支部 大埔县计生局党支部 丰顺县丰良镇仙龙村党支部 五华县水寨镇大沙村党支部 梅州市财政局党总支部 梅州市环境卫生管理局党委
创先争优活动示范单位	梅江区江南街道红光社区党支部 兴宁市委办公室党总支部 梅县 BPW 车轴有限公司党支部 新大地公司党支部 蕉岭县源源电力实业有限公司党支部 大埔县人大常委会机关党支部 丰顺县汤西镇南礤村党支部 五华县华城镇城镇村党支部 五华县城镇环境卫生管理所党支部 梅州市国家税务局直属机关党委 梅江区城北镇干才村党支部 兴宁市坭陂镇陂宁村党支部 梅县高级中学党总支部 平远县城南中学党总支部 蕉岭县县烟草专卖局(分公司)党支部 大埔县国土资源局党支部 丰顺县卫生局党委 五华县公安局刑事侦查大队党支部 梅州市广播电视台党委 梅州市人民检察院反贪局党支部
推动绿色的经济崛起四强基层党组织	梅州中学党总支部 梅江区人口和计划生育局党支部 兴宁市人民法院第四党支部 兴宁市新陂镇党委 兴宁市福兴街道五里村党支部 兴宁市合水水库管理处党总支部 兴宁市刁防镇卫生院党支部 兴宁市龙田镇碧园村党支部 兴宁市新圩镇蓝布村党支部 兴宁市兴田街道鹅三村党支部 兴宁市宁新街道洋里村党总支部 广东宝丽华集团雁南飞茶田党支部 梅县梅雁水电股份有限公司党委 梅县金象铜箔公司党支部 梅县程江镇西山村党支部 梅县松口镇党委 梅县国税局党委 梅县丙村中心卫生院党支部 平远县仁居镇邹坊村党支部 梅江区委区政府办公室党总支部 梅江区林业局党支部 广东明珠集团党委 兴宁市龙田镇凉伞村党支部 兴宁市福兴街道党工委 兴宁市宁新佛岭社区党支部 兴宁市黄陂镇上翁村党支部 兴宁市叶塘镇陂下村党支部 兴宁市第三人民医院党支部 兴宁市民政局机关党支部 兴宁市径南镇章峰村党支部 广东华银集团梅县中国旅行社党支部 梅县烟草专卖局党支部 梅县扶大高管会党委 梅县畲江镇党委 梅县丙村镇党委 梅县县委组织部党支部 平远县长田镇官仁村党支部 平远县泗水镇党委

荣誉称号＼单位名称＼授予单位	梅州市委
推动绿色的经济崛起四强基层党组织	平远县八尺镇党委 平远县公路局党支部 平远县法院党支部 平远县石正中学党支部 蕉岭县利华德服装有限公司党支部 蕉岭县委宣传部党支部 蕉岭县三圳镇党委 蕉岭县人民医院党支部 蕉岭县委办公室党总支部 蕉岭县新铺镇福岭村党总支部 大埔县光德镇党委 大埔县特陶有限公司党支部 大埔县水力发电设备总厂党支部 大埔县地税局党支部 大埔县纪检监察机关党支部 大埔县委组织部党支部 大埔县交通运输局机关党支部 大埔县三河镇党委 大埔县湖寮镇城北社区党总支部 大埔县大麻镇小留村党支部 丰顺县财政局党委 丰顺县财政局党委 丰顺县委办公室党总支部 丰顺县人民政府办公室秘书综合党支部 丰顺县人民医院党支部 丰顺县国土资源局机关党支部 丰顺县总工会党支部 丰顺县大龙华镇党委 丰顺县小胜镇机关党支部 丰顺县砂田镇占中村党支部 丰顺县埔寨镇埔南村党支部 五华县益塘水库管理处党支部 五华县自来水总公司党支部 五华县国家税务局党委 五华县安流镇红山村党支部 五华县第一小学党支部 五华县梅林中学党支部 五华县梅林镇党委 五华县华城镇党委 五华县交通系统党工委 五华县长布镇栋岭村党支部 五华县潭下镇文里村党支部 五华县横陂镇红光村党支部 五华县龙村镇中心卫生院党支部 五华县卫生局党总支部 五华县住房和城乡规划建设局机关党支部 梅州市安全生产监督管理局机关党总支部 广东电网公司梅州供电局党委 梅州市外经贸局机关党支部 梅州博敏电子有限公司党支部 梅州市工商业联合会党支部 梅州市委宣传部机关党支部 中国移动通信集团广东有限公司梅州分公司党委 梅州市食品药品监督管理局机关党支部 梅州市水务局机关党委 梅州市人民政府信访局党支部 梅县东山中学 2011 届高三年级党支部 梅州市委办公室党总支部 梅州市委政府办公室党总支部 梅州市气象局机关党支部 梅州市公安局出入境管理支队党支部 梅州市中级人民法院民一庭党支部 梅州市社会保险基金管理局党支部
依法治市工作先进单位	梅州市依法治市办公室 梅州市蕉华管理区 梅州市法制局 梅州市人民检察院 梅州市国土资源局 梅州市财政局 中共梅江区委 梅江区普法办公室 兴宁市综治办 兴宁市福兴街道办事处 兴宁市交通局 兴宁市石马镇党委 梅县人民政府 梅县雁洋镇党委 梅县交通局 平远县公安局 平远县石正镇党委 蕉岭县法制局 蕉岭县三圳镇人民政府 中共大埔县委 大埔县法制局 大埔县银江镇党委 丰顺县国土资源局 丰顺县汤坑镇人民政府 丰顺县汤西镇南礤村委会 五华县依治县办公室 五华县水寨镇党委 五华县国家税务局 五华县田家炳中学

国家级先进个人

姓　名	单位及职务	授予单位	荣誉称号
叶小华	梅州市人民政府地方志办公室副主任	中国地方志指导小组	全国方志系统先进工作者 全国方志系统特别嘉奖先进工作者
刘苏琴	客天下旅游产业园	国家旅游局	全国优秀导游员
丘美玉	梅州市妇联主席	全国妇联宣传部、中国妇女报社	2010年度舆论宣传阵地建设先进个人
陈丽琴	梅州市妇联副调研员、权益部部长	全国妇联、全国维护妇女儿童权益暨平安家庭创建协调组	全国维护妇女儿童权益先进个人
刘更生	中国人民银行梅州中心支行纪委书记	中国人民银行	2009~2011年度中国人民银行纪检监察先进个人
温举鸿	中国人民银行梅州中心支行人事科科长	中国人民银行	2010年中国人民银行“创新金融服务支持经济发展”先进个人
何翠晖	中国人民银行梅州中心支行办公室科员	中国人民银行	2010年中国人民银行保密(密码)专业先进个人
钟丽君	梅州市人民医院普外二科主管护师	卫生部、总后勤部卫生部	2010年优质护班服务考核优秀个人
陈纪忠	嘉应学院就业指导服务中心主任	国家教育部	2010年全国就业工作先进个人
古丽霞	梅州市中级人民法院干部	全国妇女联合会	全国维护妇女儿童权益先进个人
邱影玲	中国移动通信集团广东有限公司梅州分公司副总经理	全国妇女联合会	“三八·红旗手”
巫振新	武警梅州市支队支队长	武警总部	亚运安保先进个人
赵崇书	武警梅州市支队副连级干部	武警总部	优秀教练员

省级先进个人

姓　名	单位及职务	授予单位	荣誉称号
史明锋	梅州市交通运输局党组书记、局长	省委	依法治省工作先进个人
赵仁发	梅州市农业学校校长	省政府	省督学

市级先进个人(一)

姓　名	单位及职务	授予单位	荣誉称号
史明锋	梅州市交通运输局党组书记、局长	市委、市政府	爱国拥军模范个人
曾国墙	梅州市中级人民法院副院长	梅州市委	反腐败查处大要案先进个人
钟启铛	梅州市交通运输局党组书记、局长、主任科员、副科长	市政府	进技能大赛先进个人

市级先进个人(二)

荣誉称号 \ 姓名 职务 \ 授予单位	梅州市委、市政府
市直机关作风建设和“提高执行力，推进大行动”主题实践活动先进个人	吴远松　市纪委监察局正科级纪检监察员　　何红城　团市委市直团工委书记 曾建宇　市委办公室人事科科长　　张峥奇　市委组织部组织二科科长 李　娜　市外事侨务局办公室副主任 廖荣荣　市委台湾工作办公室、市政府台湾事务局副主任科员 李俊培　市委宣传部干部科科员　　李　莹　梅州日报社专题部记者 梁　庚　市广播电视台电视文艺节目中心主任　　魏广华　市政法系统党委办公室主任 罗鹏良　市司法局政治处副主任　　游思萍　市检察院控告检察科科长 徐　琼　市中级法院民一庭审判员　　郭燕嫦　市公安局交警支队车管所科员 古瑞雪　市旅游局市场开发科科长　　孔国泉　市政府办公室副调研员

荣誉称号＼姓名职务＼授予单位	梅州市委、市政府	
市直机关作风建设和“提高执行力，推进大行动”主题实践活动先进个人	侯卫芳　市财政局综合科科长	陈伟东　市民政局民间组织管理办公室主任
	杨等新　市审计局办公室主任	李秀萍　市法制局行政复议科副科长
	温景添　市植物检疫站站长	张通明　市林业局人事监察科科长
	庄小建　市水务局办公室主任	
	李世安　市扶贫开发局省属水库移民管理处主任科员	
	张瑜祥　市经济和信息化局技术改造投资科科长	李　玲　市安全生产监督管理局人事科副科长
	陈福新　市中小企业局主任科员	曾庆辉　市国家税务监察室科员
	陈秀梅　市地方税务局城北分局副局长	杨冠群　市食品药品监督管理局食品安全协调科科长
	刘伟君　广东电网公司梅州城区供电局用电检查班班长	林小峰　市烟草专卖局(公司)办公室业务主办
	张　浩　市交通运输局监察科科员	刘志强　市公路局监察科科长
	郑旭明　市粤运汽车运输有限公司人力资源部干部	林素芳　梅州海事局政务中心副主任
	梁　锋　市职业技术学校培训中心主任	李均兴　市广播电视大学办公室主任
	叶　敏　市人民医院院长助理、大外科主任兼神经外一科主任	
	蔡演歆　市卫生局人事科科长	张赞资　市教育局职业成人教育科科长
	陈超雄　市人力资源和社会保障局养老失业科科长	
	吴特宏　市发展和改革局主任科员、副科长	罗志方　市城乡规划局用地规划科科长
	黄兴国　市环卫局副局长兼清运分局局长	李　妙　市城市综合管理局园林科副科长
	丘加达　市住建局房地产权管理科科长	张建军　市外经贸局外资与加工贸易管理科科长
	黎铁英　梅州出入境检验检疫局副科长	罗颂生　梅州高新区委会招商部主任
创建国家园林城市工作先进个人	钟小清(中共梅江区委党委)	李信贤(梅江区人民政府副区长)
	周章勇(梅江区金山街道办事处主任)	范贵新(梅江区林业局局长)
	杨奎生(梅江区建设和环保局副局长)	卜志诚(梅江区建设和环保局股长)
	谢文威(梅县人民政府副县长)	饶新昌(梅县建设局局长)
	冯根生(梅县新城办事处党工委书记)	叶永辉(梅县程江镇人民政府镇长)
	陈国元(梅县公共事业管理局局长)	叶宁图(梅县大新城物业管理公司经理)
	张　琪(市委副秘书长、接待处处长)	李卫东(市政府副秘书长、市创园办主任)
	吴献华(市创园办常务副主任、市城市综合管理局局长)	袁小平(市环境保护局局长)
	罗运泉(市创园办副主任、市城市综合管理局副局长)	张海涛(市委组织部副部长)
	杨文宗(市委办副主任)	何铭峰(团市委副书记)
	余红辉(市委政研室副调研员)	刘小鹰(市委办行政科副科长、主任科员)
	陈小华(市府办行政科副科长、主任科员)	曾燕萍(市府办副调研员、督办科科长)
	钟宇鸣(市人大常委会城建环资工委副主任)	胡万强(市政协办副主任)
	曹志辉(市纪委办副主任)	尤显良(市府调研室科长)
	林立新(市府办综一科科长)	朱东昌(市双创办副科长)
	凌卫英(市双创办副科长)	李彭彪(市双创办副科长)
	甘志彬(市府办科员)	张伟杰(市城市综合管理局园林科科长)
	李　妙(市城市综合管理局园林科副科长)	郑演祥(市城市综合管理局办公室副主任)
	张文娜(市园林管理处干部)	王志山(市城市综合管理局园林科科员)
	黄素珍(市城市综合管理局园林科科员)	黎旭东(市市政集团公司行政部经理)

授予单位 姓名职务 荣誉称号	梅州市委、市政府	
创建国家园林城市工作先进个人	梁妙城(市环境卫生管理局科员)	李永红(市文化公园业务股股长)
	黄慧天(市园林管理处副科级干部)	邓春明(市园林管理处股长)
	刘岳宏(市公交燃气管理处科员)	李　信(市城市综合管理局工程科科长)
	丘　虎(市城市综合管理局办公室主任)	刘赞扬(市城市综合管理局人事科科长)
	陈春强(市文化公园副主任)	吴　冰(市城市综合管理局干部)
	陈雨秀(市城市综合管理局干部)	沈永谦(市东改办副主任)
	钟灵贤(市直属机关工委副调研员、宣传科科长)	罗达存(市委党校科长)
	杨建平(市老干活动中心主任)	王宇纯(市委宣传部宣传科科长)
	刘建丰(市精神文明办主任)	杨剑忠(市文广新局局长)
	刘世锦(梅州日报社科员)	李锦让(梅州日报社专题部主任)
	杨延庆(市广播电视台副台长)	许文辉(市广播电视台广播采编中心副主任)
	侯鸿忠(中国客家博物馆副馆长)	刘吉勇(市公安局户政科科长)
	黄民钢(市交警支队科长)	李学鹏(市交警支队机动巡逻大队科员)
	罗云庆(市公安消防队支队长)	杨裕瑜(市府调研室科员)
	罗辉连(市法制局法制一科科长)	谢森元(市旅游局副调研员)
	叶伟栋(市人力资源和社会保障局)	刘　钧(市编委办副主任)
	丘燕玲(市财政局党组副书记、副局长)	温勇登(驻京办主任)
	邓其昌(市水务局副局长)	曾佛应(市委农办主任、农业局局长)
	谢季元(市林业局副局长)	刘绍基(市绿委办主任)
	马百灵(市大堤管理处主任)	黎　晓(中国电信梅州分公司总经理、党组书记)
	戴希璋(中国移动梅州分公司总经理)	叶增昌(市公路局直属分局党组书记、局长)
	史明锋(市交通运输局局长)	余　懿(市科技局科长)
	温振岳(市卫生监督所科室主任)	叶友杰(梅县东山中学总务科副科长)
	刘举灵(嘉应学院后勤处副处长)	梁　萍(市发展和改革局主任科员、副科长)
	宋新元(市统计局社会科技科科长)	刁东平(市住房和城乡建设局局长
	徐东兴(市建设工程质量安全监督检测站站长)	吴诚华(市住房和城乡建设局城乡建设科主任科员)
	刘顺芳(市住房和城乡建设局副主任科员)	薛兴冰(市城乡规划局副局长)
	杜振球(市城乡规划局科长)	王炳春(市城乡规划局科长)
	罗志方(市城乡规划局科长)	李跃文(市环境保护局主任科员)
	罗彬源(市环境保护局主任科员)	张弈胜(市国土局直属分局局长)
	吴嘉明(市国土局办公室副主任)	彭柏华(市征地和土地储备中心主任)
	陈海燕(市城市综合管理局副局长)	张盛辉(市城市综合管理局党委副书记)
	蔡明基(市城市综合管理局副调研员)	练　志(市城市综合管理局公用事业科科长)
	尹小平(市城市综合管理局市容环卫科科长)	吴万如(市环卫局江南分局副局长)
	张瑞亮(市环卫局江北分局副局长)	李建文(市环卫局车队队长)
	邓志耀(市环卫局办公室主任)	侯东新(市城管监察支队支队长)
	赵荣标(市城管监察支队中队长)	肖海珠(市城管监察支队队员)
	丘志强(市城管监察支队江北大队西区中队队长)	陈新伟(市园林管理处主任)
	黄小飞(市园林管理处副主任)	丘征生(市园林管理处副主任)

荣誉称号 \ 姓名职务 \ 授予单位	梅州市委、市政府	
创建国家园林城市工作先进个人	王书庆(市园林管理处车队队长)	陈晓华(市园林管理处绿化所长)
	罗平典(市文化公园主任)	侯锦添(市剑英公园主任)
	古利芳(市嘉应桥头公园副主任)	饶义忠(市自来水总公司制水分公司经理)
	肖少伟(市自来水总公司水质科科长)	肖振威(市清源水质净化中心副主任)
	张桂华(市市政工程维护管理处办公室主任)	廖建文(市市政工程维护管理处干部)
	朱建林(市市政工程维护管理处干部)	罗慎勇(市路灯管理处副主任)
	杨依平(市路灯管理处副主任)	余桂玉(市公交燃气管理处干部)
	蔡兴君(市城市公共汽车有限公司保卫科主任)	刘敬彬(市市场物业管理服务总站党总支书记)
	丘　林(市拆迁办主任)	曾海新(市市政建设集团公司总经理)

市级先进个人(三)

荣誉称号 \ 姓名职务 \ 授予单位	梅州市委	
依法治市工作先进个人	胡振兰　梅州市法制局副局长	史明锋　梅州市交通运输局局长
	廖永新　梅州市地方税务局总经济师	
	张　戈　梅州市人大常委会办公室副调研员、市依法治市办公室科长	
	张小平　梅州市工商局法规科科长	罗奕山　梅州市经济和信息化局法规监察科科长
	吴献华　梅州市城市综合管理局局长	罗嘉文　梅州市教育局局长
	许春霞　梅州市卫生局妇幼科科长	汤青松　梅州市广播电视台电视专题中心主任
	梅江区：	
	朱梅昌　梅江区人大常委会副主任	梁登平　梅江区依法治区办公室副主任
	罗尚君　梅江区民政局局长	梁文辉　梅江区司法局政工办主任
	李昌友　梅江区长沙镇小密村党支部书记	曾昭建　梅江区劳动和社会保障局局长
	兴宁市：	
	罗崇苑　兴宁市司法局局长	彭晓明　兴宁市建设局局长
	刘秋宏　兴宁市法制局局长	温宏青　兴宁市依法治市办公室主任
	石启胜　兴宁市公安局巡警大队中队长	廖展文　兴宁市人民法院叶塘法庭庭长
	陈辉文　兴宁市兴田街道党工委书记	陈日新　兴宁市宁中镇党委书记
	梅　县：	
	陈伟建　梅县县委常委、常务副县长	曾利兰　梅县城东镇党委书记、人大常委会主席
	徐春辉　梅县国家税务局局长	林作鹏　梅县环保局局长
	叶福辉　梅县人大常委会委员、依法治县办公室主任	
	赖小林　梅县司法局副局长、普法办公室主任	

授予单位 / 姓名 职务 / 荣誉称号	梅州市委
依法治市工作先进个人	平远县： 张荣忠　平远县人大常委会副主任、依法治县工作领导小组副组长 李东宏　平远县法制局局长　罗益新　平远县大柘镇党委书记、人大常委会主席 林敦伟　平远县依法治县办公室主任　曾天福　平远县东石镇锡水村党支部书记 蕉岭县： 戴军生　蕉岭县委常委、政法委书记、依法治县工作领导小组副组长 黄京龙　蕉岭县依法治县办公室主任　林忠平　蕉岭县司法局副局长、普法办公室主任 丘安清　蕉岭县国土资源局执法监察队队长　谢　欣　蕉岭县公安局法制室主任 大埔县： 余　坚　大埔县依法治县办公室主任　刘青天　大埔县司法局局长、普法办公室主任 黄启蒙　大埔县林业局局长　何忠贤　大埔县公安局副局长 蓝辉照　大埔县家炳第二中学校长 肖曰生　大埔县百侯镇侯北村党支部书记、村委会主任 丰顺县： 王利珍　丰顺县人民法院院长　徐文生　丰顺县依法治县办公室主任 吕海宁　丰顺县卫生局局长　朱报正　丰顺县大龙华镇党委书记 刘国忠　丰顺县地方税务局局长　吴剑锋　丰顺县林业局局长 五华县： 胡洪乃　五华县人大常委会副主任、依法治县办公室主任 戴庆文　五华县人大常委会副主任、水寨镇党委书记 魏晓斌　五华县依法治县办公室专职副主任　黄泗清　五华县国家税务局局长 邓菊香　五华县水寨镇罗湖村党支部书记、村委会主任 周　文　五华县水寨中学校长　赵伟南　五华县司法局宣教股股长 吴明辉　五华县法制局行政复议应诉股股长
优秀共产党员标兵	范文辉　梅江区江南街道党工委书记　丘孝东　梅江区财政局局长 刘松茂　兴宁市教育局副局长，兴宁一中党总支部书记、校长 张钦欢　兴宁市福兴街道新联村党支部书记、村主任 黄清欢　梅县雁洋镇南福村党支部书记　刘煌粦　梅县水务局局长 谢文梅　梅县县委办副主任、调研室主任　叶英红　平远县妇幼保健院副院长 张教锋　平远县水务局总工程师　杨文浩　平远县仁居镇邹坊村大坑村民小组长 郭春兰　蕉岭县农村合作医疗办公室主任　王发胜　蕉岭县南礤镇金山村党支部书记、村主任 何汉能　大埔县老干部活动中心主任　戴玉文　大埔县三河镇汇城村党支部书记、村主任 罗仰龙　丰顺法院汤南法庭庭长　胡云流　丰顺县关工委主任 戴源发　广东康奇力药业股份有限公司董事长　李尚华　五华县水寨中学生物高级教师 侯文军　梅州市公安局梅江分局刑侦大队大队长、支部书记 叶　敏　梅州市人民医院大外科主任兼神经外一科主任

荣誉称号 \ 姓名职务 \ 授予单位	梅州市委			
推动绿色的经济崛起四优共产党员	邹田章	梅江区人口和计划生育服务站站长	梁旭光	梅州科捷电路有限公司党支部书记
	巫小娜	梅江区鸿都小学教师	王丙俊	梅江区卫生局副局长
	李常青	梅江区委区政府办公室副主任、区文广局局长		
	廖红彬	兴宁市安监局局长	何全君	广东鸿源集团有限公司董事长
	陈群辉	兴宁市坭陂镇宁南建筑工程有限公司总经理		
	陈国权	兴宁市第二人民医院院长	钟华柱	兴宁市纪委办公室主任
	曾卫东	兴宁市径南镇党委副书记、镇长	张映平	兴宁市人民医院妇产科主任
	张海威	兴宁市公安局刑侦大队五中队队长	石秀芳	兴宁市兴田街道党工委副书记
	黄桂祥	兴宁市水务局副局长	钟　强	兴宁市石马镇社会事务办公室主任
	幸立泉	兴宁市径南镇章峰村党支部书记	黄相将	兴宁市罗岗镇霞岚村党支部书记
	廖立泉	兴宁市新圩镇公路所所长	袁辉祥	兴宁市国税局党组书记
	赖建文	兴宁市刁坊镇党委委员、副镇长	彭远辉	兴宁市罗浮镇司城中学校长
	黄淦彬	兴宁市永和镇永和中学校长	彭志洪	兴宁市财政局党组书记、局长
	罗德强	兴宁市宁新街道高陂村党支部书记、村主任	黄志平	梅县四〇一厂厂长
	黄导文	梅县扶大高管会副书记、副主任	朱迪光	梅县博物馆馆长
	杨文平	梅县雁鸣湖餐饮部总厨	程贤章	梅县知名作家
	曾利兰	梅县城东镇党委书记	李建煌	梅县松源镇党委书记
	凌淼冲	梅县石坑镇副镇长	林作鹏	梅县环保局局长
	赖肇坤	梅县住建局副局长	周志涛	梅县人民医院医生
	余　军	梅县新城中心小学校长	李碧光	梅县高级中学教师
	范斯亮	梅县新城办党工委委员	李惠华	梅县人民医院医生
	韩宜德	平远县八尺镇个体劳动者协会党支部书记	王　超	平远县河头镇林业站站长
	姚春尹	平远县计生局党组书记、党支部书记、局长	余桂育	平远县人民法院东石法庭庭长
	林　松	平远县八尺镇党委副书记	黎红华	平远县石正镇正和村党支部书记、村主任
	张满运	蕉岭县环境卫生管理局环卫股副股长		
	林剑雄	蕉岭县油坑集团总经理助理、龙腾旋窑水泥有限公司党支部书记		
	黄运柱	蕉岭县刑侦大队二中队中队长	陈纪雄	蕉岭县蕉岭中学文体卫处主任、团委书记
	涂政平	蕉岭县蕉城镇党委副书记、镇长	张晋悦	蕉岭县环保局局长
	张红梅	大埔百侯镇党委书记	刘维彬	原大埔县人大常委会主任、县老促会会长
	陈小春	大埔县公路局党组书记、局长	郭展凌	大埔县长助理、县政府党组成员
	何源选	大埔县丰溪林场副场长	丘武秋	大埔县洲瑞镇党委委员、副镇长
	刘金明	大埔县田家炳职校副校长	郭伟军	大埔县政协办公室副主任
	罗育亮	大埔县文广新局人秘股长	黄振文	大埔县银江镇政府国土所所长
	林旭武	丰顺县祥旭家具有限公司党支部书记		
	林淑红	丰顺县商业企业总公司党委委员、人事股长		
	王锦辉	丰顺县委组织部副部长、县老干局局长	叶织南	丰顺县球山中学校长
	朱国武	丰顺县潘田镇党委书记	杨格明	丰顺县砂田镇党委组织委员
	邱勇明	丰顺县城市综合管理局环境卫生管理所所长		
	陈声欢	丰顺县司法局党组书记、局长	傅丽文	丰顺县委办公室秘书组组长

荣誉称号 \ 姓名 职务 \ 授予单位	梅州市委			
推动绿色的经济崛起四优共产党员	张天兆	五华县汽车运输公司党总支书记、总经理	邓湘源	五华县经贸系统党工委专职副书记
	魏园华	五华县工商局注册股股长	古汝霖	五华县华阳镇华新村党支部书记
	邓良华	五华县委组织部副部长、人社局局长	万裕华	五华县安流镇里江村党支部书记
	李耀根	五华县交通运输局党组书记、副局长	唐忠胜	五华县华城镇新亭村党支部书记
	吴作华	五华县转水镇畲维村党支部书记	曾光华	五华县华阳镇党委书记
	钟声涛	五华县岐岭镇凤凰村党支部书记	李国昌	五华县横陂镇党委副书记
	甘桂源	五华县政法委副书记、县综治办主任	詹祝英	五华县梅林镇琴口村党支部书记
	林日优	五华县棉洋镇政府村建办主任	古远方	五华县安流镇学少村党支部书记
	严兰芳	五华县林业局党组副书记、副局长	曾映贤	五华县棉洋镇党委委员、副镇长
	谢平华	梅州市烟草公司党组书记、总经理	廖　武	梅州市文化馆馆长、党支部书记
	廖聚如	梅州市就业服务管理局局长、党支部书记	温展权	梅州市城乡规划局办公室主任
	陈新伟	梅州市园林管理处主任、党支部书记		
	钟小坚	梅州出入境检验检疫局农食化矿产品检验检疫科主任科员		
	吴特宏	梅州市发展和改革局规划综合科副科长、主任科员		
	曾远明	梅州市人大常委会办公室秘书科科长		
	李恒珍	梅州市旅游局办公室副主任、助理会计师		
	李保民	嘉应学院文学院教授、党总支书记	朱　瑛	梅州市侨联党组书记、主席
推动绿色的经济崛起四好党组织书记	张金城	广东嘉和微特电机股份有限公司党支部书记	古爱琼	梅州市正兴房地产有限公司党支部书记
	叶存堂	梅江区江南街道鸿都社区党支部书记、居委主任		
	潘　弘	梅江区龙坪小学党支部书记、局长	黄裕新	梅江区安监局党支部书记、局长
	陈　东	兴宁市新圩镇梅州鸿兴工艺品有限公司党支部书记		
	伍淦彬	兴宁市宁新街道党工委副书记	李发祥	兴宁市罗浮镇党委书记
	刘海波	兴宁市罗岗镇党委书记	罗健辉	兴宁市教育局党委书记
	谢宏彬	兴宁市坭陂镇党委副书记	林汉辉	兴宁市龙田镇党委副书记
	罗国强	兴宁市新陂镇党委副书记	陈文智	兴宁市石马镇卫生院党支部书记、院长
	刘　波	兴宁地税罗岗税务分局党支部书记、局长	罗柏明	兴宁市叶塘中学党支部书记、校长
	伍红苑	兴宁市环境卫生管理所党支部书记、所长	蓝伟镜	兴宁市殡葬管理所党支部书记、所长
	孙尚梅	兴空市径南镇小教党总支部书记 中心小学校长	何远祥	兴宁市公路局广兴公司党支部书记、经理
	李彬荣	兴宁市兴田街道城北社区党支部书记、村主任	薛　维	兴宁市水口镇水西中学党支部书记、校长
	刘友秀	梅县岭东医药公司党支部书记	温增勇	梅县梅雁股份公司党委副书记
	周佩君	梅县超华集团公司党总支书记	余展雄	梅县城东镇建筑工程公司党支部书记
	钟联发	梅县经贸系统党委书记	王荣康	梅县松源工商所党支部书记
	刘文浩	梅县公安局刑警大队大队长、党支部书记	冯根生	梅县新城办事处党工委书记

荣誉称号 \ 姓名职务 \ 授予单位	梅州市委			
推动绿色的经济崛起四好党组织书记	廖　青	梅县统计局党支部书记	李新泉	梅县水车镇机关党支部书记
	丘孝良	梅县南口镇党委书记	吴伯文	广东南台药业有限公司党支部书记
	李远林	平远县农口系统党委书记、农业局局长	林　波	平远县大柘镇党委书记
	余义兴	平远县东石镇机关政府党支部书记	陈平南	平远县委统战部副部长、县工商联党支部书记
	李育青	平远县八尺中学党支部书记、校长	丘康林	平远县第一小学党支部书记、校长
	黄伟宁	蕉岭县公路局局长、党支部书记	张　福	蕉岭县广播电视台台长、党支部书记
	郭秋源	蕉岭县镇平中学校长、党支部书记	古赞进	蕉岭县药监局局长、党支部书记
	陈汉铭	蕉岭县南礤镇党委书记	丘志铭	蕉岭县长潭镇党委副书记、机关党支部书记
	陈山月	蕉岭县新铺镇社区居委党支部书记、居委主任	朱家森	大埔县桃源陶瓷工艺厂党支部书记
	陈京林	大埔县商业集团公司党委副书记副经理、机关党支部书记	邓汉庭	大埔县委办副主任、县扶贫办主任、党支部书记
	陈伟明	大埔县枫朗镇党委书记	管加周	大埔县银江镇党委书记
	黄海军	大埔县百侯镇党委副书记、镇机关党支部书记	吴海芳	大埔县田家炳小学校长、党支部书记
	赖敬春	大埔县大麻镇社区党支部书记、居委主任	涂启智	大埔县青溪镇卫生院党支部书记、院长
	余　敏	大埔县委党史研究室副主任、主任科员党支部书记	彭春梅	丰顺县汤坑镇红卫社区党支部书记
	廖木华	丰顺县八乡山镇中心小学党支部书记	黎振丰	丰顺县丰良镇成东村党支部书记
	罗英勇	丰顺县汤坑镇金汤村党支部书记	彭广沈	丰顺县龙岗镇党委书记
	罗勇生	丰顺县农业局党委书记	张壮生	丰顺县政府办公室副主任、党支部书记
	黄建斐	丰顺县电视台台长、党总支部书记	邹茂盛	丰顺县政法委专职副书记、党支部书记
	李云凤	五华县富胜五金有限公司党支部书记	李金松	五华县城镇建筑工程公司党支部书记、经理
	李定平	五华县辉胜达电器实业有限公司党支部书记、厂长	温建荣	五华县农业系统党工委书记、农业局局长
	钟冠寰	五华县双华镇党委书记	张炳忠	五华县公安局指挥中心党支部书记、指挥长
	钟竟明	五华县实验学校党支部书记、校长	邹国东	五华县委办副主任、信访局局长、信访局党支部书记
	吴浪标	五华县潭下镇党委副书记	陈其青	五华县横陂镇中心小学党总支书记、校长
	钟国强	五华县岐岭镇中心小学党支部书记、校长	江　炬	五华县郭田镇卫生院党支部书记、院长
	刘天佑	五华县棉洋中学党支部书记、校长	林龙云	梅州市辖工业园区系统党委书记，高新区管委会党组副书记、副主任
	方文青	广东梅州烟叶复烤有限公司党委书记	林建华	梅州市交通运输局纪检组长、机关党支部书记
	钟东军	梅州市地税局梅江区局机关党支部书记	陆大为	梅州市梅西水库管理局党委书记
	李淑芬	梅州市委组织部副部长、机关党支部书记	甘新境	中共梅州市委统战部部长、统战系统党委书记
	张广武	广东汉剧院一团团长、党支部书记	李重扬	梅州市国家安全局二科科长、党支部书记
	傅智河	嘉应学院医学院人事科科长、行政一支部书记	曾　政	梅州监狱办公室主任、行政党支部书记
	何铭峰	共青团梅州市委员会书记、机关党支部书记	谭建明	梅州市法制局副局长、党支部书记
	张小彬	梅州市林业局林政科科长、机关第一支部书记	罗焕航	梅州市计划生育局副局长、机关党支部书记
	陈文彬	梅州市教育局督导室主任、机关党支部书记	何益华	梅州市统计局副局长、机关党支部副书记
	黄东强	梅州市民政局纪检组长、机关党支部书记	丘洪松	梅州市地方志办公室主任、机关党支部书记
	邱小军	梅州市司法干部学校校长、党支部书记	王忠豪	梅州市外事侨务局副局长、机关党支部书记

荣誉称号 \ 姓名职务 \ 授予单位	梅州市委			
推动绿色的经济崛起优秀党务工作者	卢小敬	梅江区组织部副部长	罗涤权	梅江区城北镇党委书记
	黄勇平	梅江区三角镇党委副书记	彭红虹	梅江区教育局人事股股长
	刘苑红	兴宁市宁新街道党工委员组织委员	陈志文	兴宁市委组织部副部长
	袁勇华	兴宁市龙田镇党委书记	钟绍红	兴宁市坭陂镇党委书记
	钟洪彬	兴宁市刁坊镇党委副书记	罗媛霞	兴宁市新圩镇组织委员
	张向东	兴宁市公安局政工室主任	叶　克	梅县科教卫系统党委副书记
	杨燚宁	梅县纪委党廉室主任	梁怡然	梅县党群系统专职党务干部
	邹彤祥	梅县县委组织部组织室主任、基层办副主任	陈思杰	梅县县委党校常务副校长
	梁新强	梅县桃尧镇党委书记	叶　友	梅县大坪镇党委组织委员
	王秋香	平远县经贸系统党委副书记、纪委书记	肖桂华	平远县河头镇党委书记
	张惠兰	平远县县直机关工委书记	林福升	平远县大柘镇梅东村党支部书记、村主任
	吴茂正	蕉岭县委组织部副部长	李　芳	蕉岭县交通系统党委副书记、纪委书记
	林文建	蕉岭县新铺镇党委书记	钟丽阳	蕉岭县广福镇党委组织委员
	陈方华	大埔县三河镇党委组织委员	邬国奇	大埔县委组织部常务副部长
	刘首忠	大埔县百侯镇党委组织委员	刘晓燕	大埔县湖寮镇组织干事、社会事务办公室主任
	邓玉伦	大埔县大麻镇党委书记	谢悦练	丰顺县纪委办公室主任、县纪委机关党支部书记
	黄宗录	丰顺县国有资产投资有限公司办公室主任、工会主席	简国敦	丰顺县丰良镇党委组织委员
	彭永旋	丰顺县北斗镇党委组织委员	黎新辉	丰顺县委组织部组织室主任
	李清昌	五华县科教系统党工委书记、教育局局长	李发清	五华县委组织部副部长
	钟湘衡	五华县横陂镇党委书记	罗远辉	五华县建设系统党工委专职副书记
	黄国标	五华县周江镇党委副书记	李新群	五华县水务局机关党支部书记
	万仕林	五华县河东镇党委组织委员	刘健辉	梅州市直机关工委副书记
	肖伟承	蕉华工业园区管委会纪委书记、机关党支部书记	杨云金	梅州市经贸系统直属机关党委办公室主任
	王国华	梅州市质量技术监督局机关党支部组织委员	杨祥宇	政协梅州市委副秘书长、机关党委委员
	刘裕君	梅州市人民政府研究室副主任、支部宣传委员	杨瑞春	梅州日报社社委办主任、机关第一支部宣传委员
推动绿色的经济崛起星级村官	李昌基	梅江区城北镇扎上村党支部书记、村主任	梁义章	梅江区三角镇上坪村党支部书记、村主任
	刘优响	梅江区金山街道月梅村党支部书记、村主任	罗振南	兴宁市福兴街道锦华村党支部书记、村主任
	王求安	兴宁市兴田街道城东社区党支部书记、村主任	罗新云	兴宁市宁新街道横新村党支部书记、村主任
	黄子涛	兴宁市新陂镇先声村党支部书记、村主任	廖召龙	兴宁市新圩镇蓝布村党支部书记、村主任
	刘英华	兴宁市合水镇罗英村党支部书记、村主任	陈志立	兴宁市径南镇东升村党支部书记、村主任
	谢国新	兴宁市龙田镇坪见村党支部书记、村主任	何育宏	兴宁市石马镇新群村党支部书记、村主任
	余彦雄	兴宁市叶塘镇鸭池村党支部书记、村主任	袁　峰	兴宁市大坪镇小碰村委主任
	袁振烈	兴宁市罗岗镇五福村党支部书记、村主任	曾南杰	兴宁市刁坊镇三潭村党支部书记、村主任
	刘清灵	兴宁市坭陂镇陂宁村党支部书记、村主任	杨名清	兴宁市黄陂镇樟坑村党支部书记、村主任
	钟达珍	兴宁市罗浮镇罗栋村党支部书记、村主任	钟秋月	兴宁市宁中镇丝新村党支部书记、村主任
	曾通华	兴宁市黄槐镇槐西村党支部书记、村主任	钟远茂	兴宁市永和镇长新村党支部书记

授予单位 / 姓名 职务 / 荣誉称号	梅州市委			
推动绿色的经济崛起星级村官	刘坤华	兴宁市水口镇光夏村党支部书记、村主任	陈忠琼	兴宁市石马镇下庄村党支部书记、村主任
	赖育邦	梅县隆文镇苏溪村党支部书记、村主任	张少华	梅县桃尧镇桃源村党支部书记、村主任
	古翠娇	梅县大坪镇大坪村党支部书记、村主任	张均祥	梅县石坑镇杨化村党支部书记、村主任
	温小平	梅县松源镇横坊村党支部书记、村主任	吴淦兴	梅县松口镇富坑村党支部书记、村主任
	钟其共	梅县雁洋镇黄沙村党支部书记、村主任	邹文标	梅县丙村镇大雅村党支部书记、村主任
	李启松	梅县西阳镇龙岗村党支部书记	朱军灵	梅县城东镇书坑村党支部书记、村主任
	曾富元	梅县梅南镇顺里村党支部书记、村主任	叶美招	梅县畲江镇新化村党支部书记、村主任
	杨炽明	梅县水车镇灯塔村党支部书记、村主任	张桂灵	梅县梅西镇均田村党支部书记、村主任
	丘春荣	梅县白渡镇创乐村党支部书记、村主任	徐成昌	梅县石扇镇加庄村党支部书记、村主任
	张育如	梅县南口镇联合村党支部书记、村主任	黄国豪	梅县扶大高管会三丰村党支部书记、村主任
	凌尧发	平远县石正镇石正村村委主任	余桂珍	平远县大柘镇坝头村党支部书记、村主任
	张润忠	平远县河头镇田心村支部书记、村副主任	陈忠粦	平远县泗水镇大新村支部书记、村主任
	李绍芳	平远县东石镇洋背村支部书记、村主任	谢立生	平远县差干镇加丰村党支部书记、村主任
	张清华	平远县热柘镇上山村党支部书记	张斌荣	蕉岭县新铺镇东陂村党支部书记、村主任
	钟振平	蕉岭县三圳镇招福村党支部书记、村主任	涂添华	蕉岭县长潭镇上村村党支部书记、村主任
	吴元标	蕉岭县文福镇暗石村党支部书记、村主任	黄永辉	蕉岭县蓝坊镇大地村党支部书记、村主任
	王焕彬	蕉岭县南礤镇三泰村党支部书记、村主任	肖日生	大埔县百侯镇侯北村党支部书记、村主任
	黄大鹏	大埔县枫朗镇溪背坪村党支部书记、村主任	刘志强	大埔县湖寮镇新寨村党支部书记、村主任
	张永红	大埔县大东镇岩东村党支部书记、村主任	曾金域	大埔县高陂镇三洲村党支部书记
	郭云兴	大埔县光德镇上漳村党支部书记、村主任	邓诗白	大埔县桃源镇桃星村党支部书记、村主任
	林德平	大埔县三河镇小坑村党支部书记、村主任	罗柏昌	大埔县大麻镇莲塘村党支部书记、村主任
	余明光	大埔县银江镇坑口村党支部书记、村主任	刘家烈	大埔县洲瑞镇下营村党支部书记、村主任
	张样华	大埔县西河镇车龙村党支部书记、村主任	彭公强	大埔县茶阳镇广陵村党支部书记
	吴合利	丰顺县潭江镇胜溪村支部书记	李育富	丰顺县小胜镇三坑村党支部书记、村主任
	温锦彪	丰顺县留隍镇溪南村党支部书记、村主任	黄林生	丰顺县大龙华镇径门村党支部书记
	魏立开	丰顺县八乡山镇戏潭村党支部书记	徐历靠	丰顺县汤坑镇埔河村党支部书记
	陈育森	丰顺县潘田镇填江村党支部书记	张杨兵	丰顺县黄金镇东坑村党支部书记、村主任
	罗锦涛	丰顺县汤南镇隆烟村党支部书记、村主任	彭雪平	丰顺县丰良镇仙龙村党支部书记
	李启超	丰顺县砂田镇黄花村党支部书记、村副主任	张志荣	丰顺县埔寨农场半岭管理区党支部书记、管理区主任
	黄光栈	丰顺县北斗镇北斗村党支部书记、村主任	赖秀华	五华县华城镇湖田村党支部书记、主任
	曾星彰	五华县水寨镇员瑾村党支部书记、村主任	张发巨	五华县河东镇沙渴村党支部书记、村主任
	杨建华	五华县河东镇黄泥寨村党支部书记、村主任	钟育钦	五华县转水镇矮车村党支部书记、村主任
	田迎祥	五华县华城镇董源村党支部书记、村主任	钟益明	五华县岐岭镇王化村党支部书记、村主任
	李旭煌	五华县潭下镇金石村党支部书记、村主任	李汉涛	五华县长布镇横江村党支部书记、村主任
	张玩天	五华县周江镇增洞村党支部书记、村主任	蔡广辉	五华县横陂镇小都村党支部书记、村主任
	黄新连	五华县郭田镇坪上村党支部书记、村主任	陈继标	五华县双华镇虎石村党支部书记、村主任
	陈秋华	五华县安流镇半径村党支部书记、村主任	李新强	五华县安流镇福龙村党支部书记、村主任
	胡新初	五华县棉洋镇葵岭村党支部书记、村主任	彭思陶	五华县梅林镇宣优村党支部书记、村主任
	甘耿荣	五华县华阳镇太坪村党支部书记、村主任	钟宣宗	五华县龙村镇塘湖村党支部书记、村主任

2010年度梅州市纳税大户

金额单位:万元

名次	企业名称	行　业	法人代表	区域	纳税总额合计(万元)
1	广东中烟工业有限责任公司梅州卷烟厂	其他有限责任公司	刁东田	市　直	339331
2	广东宝丽华电力有限公司	其他有限责任公司	叶耀荣	梅　县	26183
3	广东烟草梅州市有限公司	其他有限责任公司	谢平华	市　直	19553
4	梅县线艺通信元件有限公司	港澳台商独资经营公司	李唐门	梅　县	8168
5	金利来(中国)有限公司	港澳台商合资经营企业	曾智明	市　直	5873
6	广东粤嘉电力有限公司	中外合资经营企业	林诗庄	市　直	5250
7	广东梅雁水电股份有限公司	股份有限公司	杨钦欢	梅　县	4781
8	华润电力(兴宁)有限公司	港澳台商独资经营公司	王玉军	兴宁市	4618
9	广东烟草梅州市有限公司五华县分公司	其他有限责任公司	温妙善	五华县	4601
10	广东电网公司梅州供电局	国有企业	郑海坤	市　直	4295
11	兴宁新兴房地产有限公司	港澳台商独资经营企业	曾浩仁	兴宁市	4218
12	梅州市正兴房地产开发有限公司	其他有限责任公司	郑健儿	梅江区	4135
13	广东电网梅州梅县供电局	国有企业	邹爱宏	梅　县	4008
14	广东烟草梅州市有限公司兴宁市分公司	其他有限责任公司	罗清尧	兴宁市	3930
15	梅州市塔牌集团蕉岭鑫达旋窑水泥有限公司	其他有限责任公司	李崇辉	蕉岭县	3910
16	广东富远稀土新材料股份有限公司	股份有限公司	郭省周	平远县	3550
17	BPW(梅州)车轴有限公司	中外合资经营企业	克里斯坚·彼得·苛兹	梅　县	3462
18	梅州金塔水泥有限公司	其他有限责任公司	钟华胜	蕉华管理区	3365
19	梅州市敏捷建筑工程有限公司	其他有限责任公司	王　铭	梅江区	3233
20	广东烟草梅州市有限公司大埔县分公司	其他有限责任公司	曾志伟	大埔县	3104
21	广东烟草梅州市有限公司梅县分公司	其他有限责任公司	肖大强	梅　县	3098
22	梅州市明珠冶炼有限公司	其他有限责任公司	宋志昌	市　直	3075
23	广东省兴宁市方圆房地产开发有限公司	其他有限责任公司	钟永腾	兴宁市	2826
24	梅州市鸿艺房地产开发有限公司	其他有限责任公司	蔡鸿文	梅江区	2740

名次	企业名称	行　业	法人代表	区域	纳税总额合计(万元)
25	广东粤电青溪发电有限责任公司	其他有限责任公司	钟振斌	大埔县	2727
26	梅州市金利来房地产开发有限公司	港澳台商独资经营企业	曾智明	市　直	2691
27	广东烟草梅州市有限公司蕉岭县分公司	其他有限责任公司	邹家华	蕉岭县	2604
28	丰顺宝丰球团矿有限公司	其他有限责任公司	徐旭亮	丰顺县	2509
29	广东电网梅州蕉岭供电局	国有企业	曾惠萍	蕉岭县	2505
30	梅州敬基实业有限公司	港澳台商独资经营公司	施意耀	梅　县	2474
31	梅县恒塔旋窑水泥有限公司	其他有限责任公司	卢扬忠	梅　县	2473
32	广东烟草梅州市有限公司平远县分公司	其他有限责任公司	胡爱红	平远县	2459
33	中国银行股份有限公司梅州分行	股份有限公司	杨志盛	市　直	2305
34	梅县东方房地产开发有限公司	其他有限责任公司	黄开立	梅　县	2208
35	广东塔牌集团股份有限公司	股份有限公司	刁东庆	蕉岭县	2140
36	广东客天下旅游产业园有限公司	私营有限责任公司	蔡鸿文	梅江区	2120
37	广东明珠集团股份有限公司	股份有限公司	涂传岚	兴宁市	2119
38	梅州市文华矿山有限公司长隆山石灰石矿场	其他有限责任公司	廖阳生	蕉岭县	1963
39	梅州线艺科技有限公司	外资企业	李唐门	梅　县	1959
40	大埔县梅江蓬辣滩水电站有限公司	其他有限责任公司	王业凌	大埔县	1932
41	广东电网梅州兴宁供电局	国有企业	黄光德	兴宁市	1911
42	梅县恒发建材有限公司	其他有限责任公司	卢扬忠	梅　县	1891
43	广东电网梅州丰顺供电局	国有企业	钟　怀	丰顺县	1816
44	安信证券股份有限公司梅州新中路证券营业部	股份有限公司	罗亿东	市　直	1769
45	梅州市金雁铜业公司矿冶分公司	国有企业	廖伴梅	市　直	1740
46	广东烟草梅州市有限公司丰顺县分公司	其他有限责任公司	杨文可	丰顺县	1697
47	平远县勇胜房地产开发有限公司	其他有限责任公司	姚勇祥	平远县	1609
48	丰顺县祥旭家具有限公司	其他有限责任公司	林旭武	丰顺县	1608
49	蕉岭华威贸易有限公司	其他有限责任公司	刘文东	蕉岭县	1603
50	梅县华信房地产开发有限公司	其他有限责任公司	王其坤	梅　县	1563
51	梅州市金雁铜业公司	国有企业	李国华	市　直	1555

名次	企业名称	行 业	法人代表	区域	纳税总额合计(万元)
52	广东梅州烟叶复烤有限公司	其他有限责任公司	何建华	梅 县	1488
53	广东梅雁实业投资股份有限公司	股份有限公司	李江平	梅 县	1457
54	大埔县深埔电力有限公司	其他有限责任公司	姚剑宇	大埔县	1384
55	梅州市汇胜木制品有限公司	其他有限责任公司	刘绍喜	平远县	1372
56	中国移动通信集团广东有限公司梅州分公司	港澳台商独资经营企业	戴希璋	市 直	1329
57	广东电网梅州平远供电局	国有企业	谢伟才	平远县	1310
58	梅州市华山水泥有限公司	其他有限责任公司	张志华	蕉岭县	1294
59	丰顺县培英电声有限公司	其他有限责任公司	黄佳培	丰顺县	1282
60	蕉岭县洋臣木制品有限公司	其他有限责任公司	吴卫臣	蕉岭县	1261
61	梅州皇马水泥有限公司	其他有限责任公司	马汉章	蕉岭县	1224
62	旺兴达(丰顺)电子有限公司	港澳台商独资经营公司	冯礼见	丰顺县	1206
63	广东宝丽华服装有限公司	其他有限责任公司	叶孟荣	梅 县	1204
64	梅县伟业基础设施建设投资有限公司	其他有限责任公司	汤超新	梅 县	1203
65	梅州市市政建设集团公司	集体企业	曾海新	梅江区	1198
66	广东省四〇一厂	股份合作企业	黄志平	梅 县	1168
67	梅县华景房地产开发有限公司	其他有限责任公司	李文华	梅 县	1146
68	兴宁市鸿源房地产开发有限公司	其他有限责任公司	钟惠香	兴宁市	1121
69	广东长乐烧酒业有限公司	其他有限责任公司	卓定华	五华县	1119
70	蕉岭恒基建材有限公司	其他有限责任公司	石志明	蕉岭县	1110
71	蕉岭县龙腾旋窑水泥有限公司	其他有限责任公司	钟少林	蕉岭县	1104
72	梅县冠华房地产开发有限公司	其他有限责任公司	黄冠胜	梅 县	1093
73	蕉岭县华怡废旧物品回收有限公司	其他有限责任公司	钟世先	蕉岭县	1089
74	业广利电子(梅州)有限公司	港澳台商独资经营公司	董伟杰	大埔县	1068
75	梅州市鸿艺建筑工程有限公司	其他有限责任公司	蔡湘文	梅江区	1059
76	广东粤电长潭发电有限责任公司	国有独资公司	张力行	蕉岭县	1055
77	平远县健跃稀有金属有限公司	私营有限责任公司	杨 健	平远县	1052
78	广发证券股份有限公司梅州梅江二路证券营业部	股份有限公司	晁广华	市 直	1009

名次	企业名称	行　业	法人代表	区域	纳税总额合计(万元)
79	梅州国威电子有限公司	港澳台商独资经营公司	朱广平	市　直	994
80	梅县洁源水电有限公司	其他有限责任公司	钟铭英	梅　县	980
81	兴宁市鸿隆房地产实业有限公司	外资企业	廖建琰	兴宁市	949
82	梅州市梅江区华星房地产开发有限公司	港澳台商独资经营企业	周书玲	梅江区	947
83	兴宁市华平废旧回收有限公司	其他有限责任公司	叶晓平	兴宁市	943
84	梅州博敏电子有限公司	港澳台商合资经营企业	徐　缓	市　直	937
85	广东嘉和微特电机股份有限公司	股份有限公司	张金城	梅江区	935
86	梅县润金房地产开发有限公司	其他有限责任公司	罗小忠	梅　县	931
87	广福建材(蕉岭)精化有限公司	外资企业	张文质	蕉岭县	931
88	中国建设银行股份有限公司梅州市分行	股份有限公司	于　辉	市　直	928
89	蕉岭新兴房地产开发有限公司	私营有限责任公司	徐新昌	蕉岭县	899
90	广东嘉应制药股份有限公司	股份有限公司	陈泳洪	市　直	895
91	广东华威化工实业有限公司	股份有限公司	饶森宏	兴宁市	885
92	兴宁市农村信用合作联社	股份合作企业	曾定华	兴宁市	883
93	梅县梅雁旋窑水泥有限公司	其他有限责任公司	李胜运	梅　县	871
94	蕉岭县鹏业水利水电建筑工程有限公司	其他有限责任公司	陈辉朋	蕉岭县	841
95	梅州宏丰工艺品有限公司	其他有限责任公司	罗勇权	梅　县	835
96	大埔县和平房地产开发有限公司	其他有限责任公司	吴科平	大埔县	830
97	中国工商银行股份有限公司梅州分行	股份有限公司	林　伟	市　直	828
98	广东海丰鞋业有限公司兴宁分公司	港澳台商独资经营公司	王文德	兴宁市	825
99	梅州市名磊农科发展有限公司	私营有限责任公司	赖绍辉	梅江区	824
100	丰顺泰昌电声元件有限公司	港澳台商合作经营企业	谢顺有	丰顺县	799

责任编辑：黄伟锋